Franco Rol

L'Uomo dell'Impossibile

Documenti, lettere, articoli, analisi su
Gustavo Adolfo Rol

Anni '70

VOLUME VI

© 2023 Franco Rol – Tutti i diritti riservati

Febbraio 2023

ISBN: 979-8-88896-627-3

1ª ristampa maggio 2024

Siti e pagine principali dell'Autore:

www.gustavorol.org

facebook.com/Gustavo.A.Rol

facebook.com/FrancoRolAutore

facebook.com/FrancoRolPilota

youtube.com/FrancoRol

INDICE

	Introduzione al Vol. VI..	9
1.	Incontro tra Remo Lugli e il prof. Carlo Castagnoli (1972).......	11
2.	Incontro tra Remo Lugli e amici di Rol (1972).........................	18
3.	Remo Lugli e Rol...	50
4.	*Strabilianti esperimenti d'un uomo che dissolve e ricompone la materia* (Remo Lugli)..	54
5.	*Il prodigioso "viaggio nel tempo" vissuto come in un sogno colorato* (Remo Lugli)..	62
6.	*Viaggia nel passato e vede nel futuro* (Luciana Jorio).............	73
7.	*Tre serate di esperimenti con Gustavo A. Rol* (Giorgio di Simone)...	82
8.	Lettere di Giorgio di Simone (1973a).......................................	93
9.	Incontro tra Remo Lugli e il prof. Hans Bender (1973).............	97
10.	*Il ragioniere del mistero* (Remo Lugli)....................................	103
11.	*Il mago di Torino* (Remo Lugli)..	108
12.	Lettere di Giorgio di Simone (1973b).......................................	114
13.	*Il favoloso dottor Rol* (I) (Jacopo Comin)................................	116
14.	*Il favoloso dottor Rol* (II) (Jacopo Comin)..............................	136
15.	*Il favoloso dottor Rol* (III) (Jacopo Comin).............................	153
16.	Lettera di Ugo Dèttore (1973)...	169
17.	*ROL Gustavo Adolfo* (Ugo Dèttore)..	171
18.	*Storia della parapsicologia* (estratti su Rol dal libro di Ugo Dèttore)..	176

19.	Olof Jonsson..	179
20.	*STASIA* (Ugo Dèttore)...	207
21.	*Gustavo Rol* (Aurelio Curti)...	213
22.	Lettere di Giorgio di Simone (1974).......................................	215
23.	*L'arte di aiutare il prossimo anche suo malgrado* (Leo Talamonti)...	217
24.	*I fenomeni prodotti dal dott. Gustavo Adolfo Rol* (Gastone De Boni)..	223
25.	*Parapsicologia* (Massimo Inardi)..	227
26.	*Gustavo Rol: una vita ai confini dell'impossibile* (Giorgio di Simone)..	229
27.	Inardi, il "mago" di *Rischiatutto*...	235
28.	*Gustavo Adolfo Rol - Il favoloso personaggio che da solo costituisce un'antologia delle capacità paranormali* (Massimo Inardi)..	267
29.	*L'eccezionale Gustavo Rol* (Massimo Inardi).......................	285
30.	*ROL, Gustavo* Adolfo (Massimo Inardi)...............................	295
31.	Gli articoli su *Gente*...	299
32.	*Mentre è a Torino lo fotografano in America*.......................	300
33.	*L'incredibile dottor Rol a colloquio con Mozart e Paisiello*.....	325
34.	*I pennelli si muovono da soli*..	339
35.	*Finalmente Rol rivela Rol*...	351
36.	*Sul foglio bianco appaiono tante piccole figure*...................	364
37.	*Rol, il supermago di Torino*..	380

38. APPENDICE I – *Il messaggio di Gustavo Rol* (Lorenzo Rappelli).. 383

39. APPENDICE II – *Memorie su Gustavo Adolfo Rol* (Luigi Gàzzera)... 394

40. APPENDICE III – I voti universitari di Rol........................ 418

41. APPENDICE IV – Due racconti di Donato Piantanida............ 423

42. APPENDICE V – Sulla resuscitazione di Franco Rol............. 440

Introduzione

Rol è unico nel suo genere, ha delle proprietà eccezionali che sono fuori dal razionale. Vien fatto di pensare che nel suo cervello ci siano dei centri nervosi che negli altri uomini sono embrionali, atrofici o inesistenti. Forse è il cervello di un uomo del futuro che si è realizzato ai giorni nostri per una anticipazione naturale e ci consente di intravedere leggi che saranno scoperte molto più avanti.
Dott. Alfredo Gaito, 1972

Fa delle cose che... nessun altro al mondo fa.
Dina Fasano, 1972

Il presente volume prosegue la raccolta in ordine cronologico di documenti inediti, articoli noti e meno noti, nuovi approfondimenti, riflessioni, analisi e fonti.
Ho anticipato nel volume precedente che gli anni '70 presentano una documentazione molto estesa, tanto che, a discapito di quanto pensavo in un primo momento, neanche in questo volume riuscirò a completare il decennio. In particolare, perché il solo anno 1978 necessiterà di un approfondimento speciale focalizzato sulla polemica originatasi dal giornalista Piero Angela, che aveva tentato tramite una trasmissione televisiva e un libro di screditare in blocco la *ricerca psichica* e i fenomeni cosiddetti "paranormali", inclusi quelli di Rol.
Pertanto, tranne qualche eccezione necessaria alla completezza testimoniale di qualche autore, ci fermeremo qui al 1977, anno che vide la pubblicazione dei fondamentali articoli sul settimanale *Gente* e che costituiscono uno dei documenti più importanti per comprendere Rol, perché furono scritti direttamente da lui (anche se firmati da Renzo Allegri) in vista di essere pubblicati e rivolti al grande pubblico. Si tratta di fatto di una vera e propria autobiografia condensata in 5 puntate (e che avrebbero potuto essere anche di più, se non fosse stato per il risentimento del direttore del periodico, come vedremo) dove Rol ha pesato ogni riga e dove ogni riga dovrebbe essere letta con attenzione. In un certo senso, quello fu l'unico "libro" che Rol pubblicò nella sua vita. Si comprenderà anche l'importanza e necessità di una analisi contestuale per comprenderli meglio.
Prima di arrivare ad essi però, vi è molto altro materiale altrettanto significativo: le trascrizioni delle conversazioni tra Remo Lugli e il prof. Carlo Castagnoli, uno dei fisici più autorevoli in Italia alla fine del secolo scorso, e tra Lugli e l'ing. Manlio Pesante, la moglie Dina Fasano nota cantante dell'epoca e il dott. Alfredo Gaito che divenne il medico di Rol

per molti anni. E poi i primi articoli di Lugli e il suo passare da indagatore/giornalista prudente ad amico di Rol e testimone assiduo completamente convinto delle sue *possibilità*. Troveremo ancora Giorgio di Simone con sue lettere inedite ed articoli, Leo Talamonti con estratti da un altro suo libro del 1974, Jacopo Comin con le tre lunghe puntate su *Scienza e Ignoto* nel 1973 che possono essere considerate il primo tentativo di ricostruzione biografica estesa su Rol; quindi il contributo di Ugo Dèttore, autore di cultura enciclopedica e uno degli studiosi meglio informati a quell'epoca sulla storia della parapsicologia e non solo, e soprattutto Massimo Inardi, che dopo la partecipazione al programma di Mike Bongiorno *Rischiatutto* nel 1971-1972 divenne una delle figure più popolari in Italia e la cui intelligenza e memoria voleva persino essere studiata dagli scienziati, ciò che lo colloca, tra i testimoni di Rol, in una posizione molto speciale per questa e altre ragioni che mostrerò.

In appendice pubblico finalmente, dopo 20 anni, lo scritto che Lorenzo Rappelli mi aveva mandato nel 2003 e che avevo già anticipato su internet nel 2005, naturalmente con mie note integrative, così da completare la sua importante testimonianza resa a partire dalla conferenza-dibattito del 1969 vista nel volume precedente e di cui si troveranno anche nuovi stralci negli articoli di Comin; nell'appendice II pubblico uno scritto inedito del dott. Luigi Gàzzera, commercialista, che con la moglie Luisita è stato uno dei più assidui frequentatori di Rol nella prima metà degli anni '70 talvolta menzionato da altri autori, senza però che nessuno avesse mai raccolto la sua testimonianza e che sarebbe stato un peccato perdere; nell'appendice III pubblico un quadro riassuntivo dei voti universitari di Rol, anch'esso in gran parte inedito; nell'appendice IV riporto estratti da due racconti di Donato Piantanida, autore già visto nel volume precedente che conobbe Rol, che hanno pertinenza a titolo diverso: al secondo si collega poi tematicamente l'ultima appendice, che integra nuovi elementi sul caso di resuscitazione di mio nonno Franco Rol, emersi proprio nei giorni della pubblicazione del mio libro dove tratto questo soggetto.

Incontro tra Remo Lugli e il prof. Carlo Castagnoli[1]

6 settembre 1972

Carlo Castagnoli: "… invece casomai… qualcosa che possa esserle utile… Le dico anche il perché, perché… per due ragioni diciamo: una perché, insomma, le posizioni della scienza ufficiale su queste cose son sempre un po' delicate come è facile capire; e in secondo luogo perché io sono un pochino contrario a queste cose, cioè all'atteggiamento in genere così di grande sviluppo che c'è negli ultimi anni sopra… l'interesse dei problemi esaminati… perché trovo che l'opinione pubblica è un pochino troppo stressata da queste cose qui; d'altra parte, penso, come ricercatore (ma non come fisico… di sapere di scienza) che invece sarebbe anche sbagliato l'atteggiamento opposto di ignorare queste cose. Allora in base a questa ragione io avevo avuto modo, con tanti comuni amici, di conoscere – perché questo poi è il punto – di conoscere il dottor Rol. L'ho trovata una persona di squisita cortesia e di grande intelligenza, veramente un uomo… Lei lo conosce…"
Remo Lugli: "L'ho conosciuto ieri"

---

[1] L'allora giornalista de *La Stampa* Remo Lugli, che avrebbe poi frequentato assiduamente Rol negli anni '70 e scritto una delle migliori monografie su di lui dopo la sua morte, nei giorni in cui aveva appena conosciuto Rol, col fine di scrivere uno o più articoli per *La Stampa*, stava anche raccogliendo testimonianze e opinioni di alcune persone che lo frequentavano in quel periodo. Una di queste era il prof. Carlo Castagnoli (1924-2005), all'epoca titolare della cattedra di Fisica Generale all'Università di Torino, che Lugli incontrò, con sua moglie Else, il giorno dopo aver conosciuto Rol e registrò parte della conversazione. L'audiocassetta è stata ritrovata nel 2016 nella documentazione di Lugli, deceduto nel 2014; ho provveduto alla digitalizzazione e ho montato l'audio in un video pubblicato nel 2017 (*youtu.be/orBtP_Foark*), e qui ne do per la prima volta la trascrizione.
Per un profilo biografico di Castagnoli si veda *aif.it/fisico/biografia-carlo-castagnoli*, da cui l'estratto seguente che ho messo anche nel video: «A Torino fondò l'Istituto di CosmoGeoFisica del CNR che diresse dal 1968 al '94, divenendo Presidente del Collegio dei Direttori del CNR dal 1972 al 1981. Diresse pure l'Istituto di Fisica Generale 'A. Avogadro' dal 1969 al 1981 e dal 1987 al '95 e la Scuola di specializzazione in Astrofisica. Al suo collocamento a riposo fu nominato Professore Emerito nel 2000. Fu presidente dell'Istituto Elettrotecnico Nazionale 'Galileo Ferraris', dell'Azienda Elettrica di Torino e membro della giunta dell'ENI. Dal 1968 al '96 è stato ai vertici della Società Italiana di Fisica (SIF), come Vicepresidente e Presidente (dal 1974 all'81), e direttore del *Giornale di Fisica* dal 1962 al 2005. In questa veste ideò, nel 1997, i 'Quaderni di Storia della Fisica'. Nel febbraio 2005 fu nominato Presidente Onorario della SIF. Autore di più di 300 pubblicazioni»; cfr. anche: *aif.it/castagnoli*

Castagnoli: "Un uomo molto notevole, di grande cultura in molti campi, un uomo veramente interessante e, proprio per apertura mentale mia – parlo molto amichevolmente, non [come con] un intervistatore, parlo amichevolmente – ho voluto assistere qualche sera alle cose che fa, proprio perché siccome sono molto … scettico su queste cose… (scettico non vuol dire non occuparsene), volevo rendermi conto di cosa era sta roba. Ecco, e allora molto francamente, onestamente, devo dire che qualcosa m'ha fatto piacevolmente impressione. Punto primo, di una estrema pulizia dal punto di vista… – poi loro[2] lo vedranno, lo avete già visto in azione? – "
Lugli: "No, lo devo vedere"
Castagnoli: "Io guardandolo con uno spirito molto scettico, come era mio dovere… ho trovato molta pulizia – parlo come sperimentatore, diciamo – prendendolo come se fosse un esperimento, l'ho trovato… esperimenti molto puliti. In secondo luogo…"
Lugli: "Liberi da frode, insomma"
Castagnoli: "Ecco, esattamente… e delle cose io francamente non le ho capite. [*Ripete perché Lugli non ha ben capito:*] E ho visto cose che francamente non ho capito sulla base di quello che è l'ordinario…"
Lugli: "Su base delle conoscenze fisiche…"
Castagnoli: "…Non è che parlo tanto come fisico, quanto… bisognerebbe prima di tutto stabilire se la fisica si deve o non si deve occupare di queste faccende, se la competenza fisica e invece i veri competenti non siano altre persone, che possono essere i fisiologi… quindi i fisici ho un pochino l'impressione che siano un po' come… Oggi… io ho pubblicato 110 lavori di ricerca scientifica e quindi diciamo [che] il metodo lo conosco insomma… lo conosco un po'… Su quel po' che conosco del metodo scientifico mi fa credere… visto non come un esperimento, è un esperimento pulito, e con dei risultati indubbiamente molto strani, ma questo lo dico per Lei, proprio perché così… – io ufficialmente faccio lo scienziato… la parte dello scienziato ufficiale, che certe esperienze sulla sperimentazione, a parer mio è una sperimentazione pulita, non ho visto… [*nulla di dubbio*]. Forse adesso Le potrà servire per farsi un giudizio suo eccetera"
Lugli: "Lei cosa ha visto ad esempio?"
Castagnoli: "Ma, dunque, ho visto due o tre cose: di cui una in particolare, moltissimi… molti giochi fatti con le carte, e veramente impressionanti proprio, di una bellezza… anche esteticamente, molto belli insomma. Io parlo con questa ammirazione perché so che non son cose riportate, … se no sarei estremamente più cauto nell'usare gli aggettivi… però veramente molto eleganti… un gran divertimento proprio, intellettuale, di vedere certe cose, perbacco, .. che succedono, insomma, e io ero molto scettico…

---

[2] Intende Lugli e la moglie Else.

Poi ho visto una cosa, anche lì, m'ha fatto una notevole impressione, per esempio... proprio come ricercatore quasi non ne vorrei parlare perché, insomma, mi sembra impossibile, però, insomma l'ho vista[3], cioè: andare in casa di amici, non nella sua biblioteca, tirar fuori un libro..."
Lugli: "Chi l'ha tirato fuori?"[4]
Castagnoli: "Io, ero lì con lui, proprio a caso abbiam scelto un libro così, e siccome c'era fisica mi ricordo abbiam scelto un libro di Pauli sulla relatività. Poi lui facendo estrarre a noi delle carte ha fissato il numero della pagina, che è venuto fuori non so, pagina 85, e poi allora ad un certo momento s'è messo lì e su un foglio di carta ha scritto le prime otto/dieci parole della pagina 85 di quel libro... era la teoria della relatività, e le abbiamo controllate..."
Lugli: "Esatte? quelle parole che ha scritte..."
Castagnoli: "Erano quelle. Dunque io devo dire proprio veramente che sono rimasto molto interessato... Questo per quanto riguarda il Rol e la figura del Rol, per cui a parer mio è una persona di indubbio interesse, che fa le cose... questa è la mia impressione. Poi dopo da questo adesso andare sia a giudicare sia a capire sia a interpretare io sinceramente non... L'unica altra cosa che forse penso, non so, se Lei vuole, se può essere utile, quello che mi sembra di dover dire su queste questioni qui è: quello che dev'essere l'atteggiamento... Io penso che anche dell'atteggiamento scientifico sia l'apertura e mai la negazione a priori delle cose... Se, non so, duecento anni fa avessero detto a qualcuno che c'erano le onde cerebrali che venivano rivelate dagli encefalogrammi, eccetera, la gente avrebbe detto che eran balle, che non era vero, cioè non lo sapevano neanche perché non sapevano neanche dell'elettricità, insomma non sapevano dell'elettromagnetismo, ma insomma diciamo anche cent'anni fa, quando conoscevano l'elettromagnetismo. Allora cosa vuol dire? È probabile, non è impossibile, non è escluso che nella realtà che ci circonda le capacità ricettive ordinarie... di ricezione di un'informazione di segnali che ci vengono emessi dall'esterno, sia estremamente parziale, in molti oggetti, in molte persone, e in molte altre invece questa ricezione sia più estesa, così come ci son degli occhi che vedono un po' più verso l'infrarosso che altri, oppure degli uditi che sentono più verso gli ultrasuoni degli altri, ci sia gente capace di... Allora questo... per me è il vero problema scientifico su cui possibilmente... che stanno lavorando su queste cose, lo sa meglio di me perché se n'è occupato... ed è questa la strada da seguire. Però siccome i processi che noi vediamo son processi molto complicati, se ammettiamo che le cose del Rol siano... allora però quelli sono già processi così altamente complicati che andarli a capire sarà

---

[3] Nella viva voce si percepisce quasi imbarazzo a dover ammettere di aver visto una cosa «impossibile».
[4] Domanda che mostra come Lugli fosse persona tutt'altro che credulona, volendo accertare i fatti.

molto difficile, il cammino precedente della scienza dovrà essere quello di suddividere tutto questo in processi molto più elementari, più semplici... da seguire... Capisce? Finché ci si muove in questa direzione io lo trovo anche scientificamente giusto che anche l'uomo di scienza... e allora in questo senso che la scienza ufficiale respinge in blocco tutto questo, può essere un segno un po' di ristrettezza, no? Però la giusta cautela a parer mio è quando invece la scienza ufficiale dice...: un momento, voi avete dei processi altamente, estremamente complicati e complessi ... e pretendete a un certo punto o di accettarli del tutto per buoni e di interpretarli, o dando delle buone interpretazioni quando son processi troppo complicati e non si conoscono ancora i processi elementari che gli possono opporre. Quindi io do ragione a tutti, insomma, in parole povere, non per conformismo, ma perché mi pare che la realtà è questa. Do ragione a chi se ne occupa, do ragione a chi ha la giusta curiosità e non respinge in blocco, però... il limite a parer mio sta nel pericolo che da tutto questo venga fuori una citazione di tipo acritico di quello che non è lo strettamente razionale in un momento come questo dove anche stamattina diciamo abbiamo le prove che il razionale sta per essere sommerso[5], sia un'operazione che non so quanto valida sul terreno culturale, o non possa anche essere un po' pericolosa sul terreno culturale..."

Lugli: "Senta professore, quando Lei è andato lì a fare questa seduta, con chi era?"

Castagnoli: "Ne ho fatte due o tre... con degli amici, gente che lo conoscevano..."

Lugli: "Gente che frequentava già la casa?"

Castagnoli: "Si, che frequentavano la casa, e che siccome in parte frequentavano anche il nostro laboratorio, cioè io sono un po' collegato con la scuola media, un seminario di scuola media... , li ho messi lì così e loro un po' per amicizia un po' per curiosità..."

Lugli: "Ha visto soltanto cose con la carta?"

Castagnoli: "No no, appunto, quella cosa di lettura di questo genere..."

Lugli: "Ma di pittura no, per esempio?"

Castagnoli: "No quello no, non l'ho visto. Ho visto questo qui di scrittura, poi... era già passato un anno, perché poi dopo purtroppo ho avuto da fare, poi anche insomma un conto era la curiosità per rendermi conto, un conto era continuare per voler capir di più e allora proprio non ho né il tempo né la possibilità per dedicarmi a queste cose benché la curiosità sia fortissima, diciamo[6].

---

[5] Il 5-6 settembre 1972 ci fu il tristemente noto attentato terroristico alle Olimpiadi di Monaco di Baviera.

[6] Questo passaggio è emblematico, e mette in luce la difficoltà che Rol aveva a trovare un collaboratore in ambito scientifico che fosse disposto a seguirlo per anni; a meno di un interesse di ricerca già stabilito nel "paranormale", gli

In quello del Rol, se lo vedranno[7]... è l'eleganza, cioè la semplicità, cioè il modo che il processo che si guarda è quasi sempre molto semplice[8]. Questi[9] sono processi incredibilmenti complicati... sai ci dovrebbe esserci fattori ipnotici, fattori più o meno... ma chi lo sa, ma poi dico io non me ne intendo, ho letto molte cose proprio per rendermi conto ma ho la convinzione che ci capiscono quasi niente nessuno.
Quelle del Rol sono molto belle... per l'estrema semplicità e l'eleganza, cioè una cosa molto chiara, pulita..."
Lugli: "Senta eravate in molti lì con Rol?"
Castagnoli: "No no, di solito cinque o sei persone... sei, tutte e tre le volte. ... Son cose molto strane e molto complicate, però proprio per

---

scienziati perseguono le loro proprie linee di studio e difficilmente sono interessati a dedicarsi ad altro, tanto meno qualcosa di così difficile da comprendere, tanto alieno, *apparentemente*, alla scienza e tanto rischioso per la propria "reputazione" e carriera. Quindi *tempo* necessario e *peculiarità* del campo di studio giocano contro, cui si aggiunge la necessità che comunque il collaboratore-apprendista debba anche essere psicofisiologicamente pronto e maturo: non è sufficiente che uno si dica disponibile se il Maestro non lo giudica qualificato. Vale la pena sottolineare: «*un conto era la curiosità per rendermi conto, un conto era continuare per voler capir di più e allora proprio non ho né il tempo né la possibilità per dedicarmi a queste cose*».
[7] Riferito ai Lugli.
[8] Castagnoli nella conversazione ritorna spesso sul giudizio di *eleganza* (cui si collegano gli altri termini che usa, come *semplicità* e *pulizia*): si tratta di una nozione che fa parte del linguaggio scientifico, si veda ad es. Glynn, I., *La scienza elegante. Il fascino della semplicità*, Edizioni Dedalo, Bari, 2012, da cui il seguente riassunto dalla quarta di copertina: «Le teorie scientifiche più raffinate e le scoperte che suscitano maggior ammirazione da parte degli scienziati stessi hanno una caratteristica in comune, l'eleganza. Che significato possiamo attribuire alla parola "eleganza" in ambito scientifico? Qualcosa di efficace e creativo. Da un lato, capita infatti che una soluzione proposta sia così semplice e chiara da produrre nell'osservatore un'esclamazione di stupore. Dall'altro, la scienza più alta, teorica o sperimentale che sia, riflette sempre una notevole immaginazione creativa». L'autore «esplora alcuni degli esempi migliori di eleganza nella scienza: l'incantevole semplicità delle leggi del moto dei pianeti scoperte da Keplero e da Newton; gli esperimenti di Galileo con il piano inclinato; i notevoli risultati di Thomas Young sulla luce; le folgoranti intuizioni sulla percezione umana di Richard Gregory e Vilayanur Ramachandran; gli incredibili progressi che portarono alla scoperta da parte di Crick e Watson della struttura del DNA e del suo funzionamento».
[9] Probabilmente sta indicando qualche articolo o libro davanti a loro, in contrapposizione agli esperimenti di Rol, forse il primo articolo che Lugli aveva scritto sul paranormale pubblicato su *La Stampa* il giorno prima (*Ho preso parte a una "seduta medianica". Lo spirito si è divertito a schiaffeggiarmi*, 05/09/1972, p. 9; Lugli aveva partecipato il 2 settembre, per la prima volta, a una seduta medianica, presente anche Gastone De Boni, col medium Bruno Lava, a Treviso).

quello io direi che ci vuole una gran cautela prima di accertarle e prima di accettarle… e poi per interpretarle addirittura ti raccomando… Insomma anche la pura raccolta del protocollo, diciamo no? il protocollo scientifico è un fatto molto complicato. Il bello del Rol a parer mio – io non ne ho visti altri, quindi può essere che ne esistano altri ancor più eleganti, ancor più belli – a parer mio è che la raccolta del protocollo avviene in maniera…"

Lugli: "Lei ha visto la carta che cambia? Cioè ha visto quel gioco lì della carta, cioè Lei ha guardato una carta, l'ha tenuta ferma, poi a un certo punto l'ha riguardata era un'altra carta, mentre l'aveva in mano lei?"[10]

Castagnoli: "Sì, ma molte di queste, ma non glielo voglio dire prima, li vedrà prima, ci sono delle cose veramente strane, veramente molto molto strane. Ma lì direi, dà proprio l'impressione che… l'intervento esterno è molto piccolo, è proprio dare la sensazione di una capacità sensoria molto più larga del normale. Però, proprio perché sono cose così complicate, nel Rol a me mi pare che il protocollo sia molto pulito, negli altri non lo so".

Carlo Castagnoli

---

[10] È l'esperimento che Rol aveva fatto, tra quelli noti, a Fasolo, Gec, Fellini, Cassoli e De Boni e che avrebbe fatto pochi giorni dopo allo stesso Lugli (*infra*, p. 56; non è dato sapere se perché Lugli glielo chiese o se Rol, sapendo che Lugli era interessato a vederlo, lo anticipò soddisfandone la curiosità).

Remo Lugli, il "physique" dell'inviato

Giornalista alla *Stampa* e brillante scrittore, è morto a 94 anni

ALESSANDRA COMAZZI
TORINO

L'ultimo articolo, Remo Lugli l'aveva pubblicato sul suo blog, il 10 agosto di quest'anno. Era un articolo dedicato al prosciutto, ricordi d'infanzia e di giovinezza: «Se stavo all'Ampergola d'inverno era perché erano i giorni delle vacanze di fine anno che si concludevano all'Epifania, quando sarei tornato nella casa di Modena, per riprendere la scuola». Il giornalista e scrittore se n'è andato domenica, nella sua casa di Torino: avrebbe compiuto 94 anni il 25 novembre. Lascia un figlio, Daniele, ingegnere e brillante egittologo in erba, ai tempi del liceo.

Lugli ha fatto il giornalista per 32 anni: nato a Rolo, provincia di Reggio Emilia, cominciò a lavorare alla *Gazzetta di Mantova*, e nel 1955 fu assunto alla *Stampa* di Giulio De Benedetti. Divenne inviato, ne portava anche la classica aitante complessione fisica, e mentre girava l'Italia per narrare le notizie, continuava a scrivere libri.

Aveva cominciato all'inizio degli anni Cinquanta, voleva creare «una storia bella, sostanziosa, molto più delle solite novelle sulla terza pagina della *Gazzetta*». Quella storia sostanziosa la mandò a Einaudi, che proprio allora aveva deciso di pubblicare una serie di racconti di giovani scrittori, scelti da Elio Vittorini, coadiuvato da Italo Calvino e Natalia Ginzburg. *Le formiche sotto la fronte*, nel 1952, diventò il 13° «Gettone» vittoriniano, fu tradotto in Inghilterra e gli valse la finale del premio Viareggio.

Tra un viaggio e l'altro, nacquero ancora: *Il piano di sopra* e *La colpa è nostra*; innamorato delle bellezze dell'antiquariato, pubblicò nel 1990 *Tarlo ci cova* traendo dalle decine di articoli apparsi sulla *Stampa-Tutto-come* gli aneddoti più divertenti del mondo antiquario. Viveva, Lugli, in una bella casa in collina, con la moglie Else e il figlio: aveva fatto amicizia con Rol e ne ha raccontato, ancora una volta da cronista, gli esperimenti portentosi in *Gustavo Rol, una vita di prodigi*: era affascinato dall'altra vita e pubblicò una serie di racconti talvolta inquietanti, *E se di là*. Ultimo volume, *Parenti nel mirino*, tre anni fa. E il blog. Perché i giornalisti di razza sono così: raccontano storie, e non mollano.

Remo Lugli era nato a Rolo (Reggio Emilia) nel 1929. Assunto da Giulio De Benedetti nel 1955, ha lavorato alla Stampa per 32 anni

Remo Lugli ricordato da *La Stampa* (29/10/2014, p. 31) dopo la sua morte.

Incontro tra Remo Lugli e amici di Rol[1]
(Manlio Pesante, Dina Fasano, Alfredo Gaito)

6 settembre 1972

Parte I

Manlio Pesante: "… e mi han raccontato queste cose di Rol. E io sinceramente ho pensato: 'Li hanno infinocchiati… sti qui son proprio…'"
Remo Lugli: "Quanto tempo fa, questo, con Rol?"
Dina Fasano: "Noi Rol lo abbiamo conosciuto… 6 mesi fa? 4 mesi fa?"
Pesante: "Sì, circa 4 mesi"
Fasano: "Ce l'hanno presentato degli amici, avevamo già sentito parlare di lui.."
Pesante: "…Prima degli amici ci han parlato di Rol, e mi hanno raccontato delle cose alle quali io non ho creduto, ho detto: 'Sì, [*saranno*] dei trucchi'. Ero convintissimo che fossero dei trucchi. E ho giudicato ste persone 'infinocchiabili', diciamo così. In effetti, non so, viaggiando all'estero, come vado spesso, ho visto degli spettacoli di varietà a Parigi o a Berlino, a New York, degli spettacoli di varietà con dei prestigiatori che facevano vedere i sorci verdi, con le carte no? E io ho pensato che fosse così. In effetti questi prestigiatori maneggiavano le carte, erano delle cose spettacolose ma è chiaro che era un trucco".
Lugli: "Cioè si capiva anche che era un trucco"
Pesante: "Beh no, capire no, non capivo il trucco…"
Lugli: "Non lo capiva ma era evidente che era un trucco"

---

[1] Lo stesso giorno dell'incontro con Castagnoli, Lugli andò con la moglie Else Totti a casa dei coniugi Pesante (probabilmente in corso Raffaello, a Torino, cfr. 1-XVI-17), ovvero l'ing. Manlio Pesante, che era capo del "Servizio esperienze" della RIV (azienda metalmeccanica di Villar Perosa co-fondata da Giovanni Agnelli e specializzata in cuscinetti a sfera, incorporata tra il 1965 e il 1979 nella svedese SKF), e la moglie Dina Fasano (1924-1996), nota cantante che con la sorella Delfina, anche lei frequentatrice di Rol, formava il "Duo Fasano" che partecipò ad alcune edizioni del *Festival di Sanremo* (terzo posto nel 1954 con *E la barca tornò sola*) e nel 1957 vinse (con Vittoria Mongardi) il *Festival della Canzone Italiana di Toronto* (con *Casetta in Canadà*). Nel 1986 vennero premiate dal Presidente della Repubblica Sandro Pertini come benemerite della cultura musicale e canora italiana.
Al gruppo si aggiunse in seguito il dott. Alfredo Gaito. Anche in questo caso parte dell'incontro venne registrato da Lugli; il nastro è stato rinvenuto nel 2016 da Daniele Lugli, figlio di Remo, che me lo ha consegnato, ne ho fatto un video nel 2017 (*youtu.be/YPYxuf1AnV0*) e qui ne presento per la prima volta anche la trascrizione.

Pesante: "...era evidente che era un trucco[2]. Una sera una signora ci ha invitato a casa sua e c'era Rol. Rol si è fatto un po' pregare... ah sì, non voleva fare gli esperimenti quella sera, forse si sentiva la mia... come dire... incredulità assoluta, lo captava, è estremamente sensibile quell'uomo. Allora dice: 'Non faccio niente stasera'. Poi dico: 'Ma perché? Siamo venuti qui, io son curioso di vedere quello che Lei può fare'. E lui mi fa, dice: 'Senta, se a Lei chiedessero, dopo cena, una sera, di lavorare per la Sua società... Lei lo farebbe?' Dico: 'No, non lo farei' 'Ma se Lei mi chiedesse di illustrarle in termini un po' terra-terra la teoria della relatività di Einstein, io gliela farei'[3]. Allora sta signora era un po' disperata, che c'aveva invitato... A un certo punto sta frase forse lo ha colpito, dice: 'Andiamo di là, facciamo degli esperimenti'. Però adesso non entro nei dettagli di questi esperimenti, però..."
Lugli: "Ma qualcosa mi dica, se vedere se son sempre gli stessi che fa oppure..."
Pesante: "Eh ma ne fa delle centinaia, posso dire"
Lugli: "Ah sì?"
Pesante: "Quelli che mi hanno colpito di più sono quelli più semplici, non i più complicati[4]. Cioè, lui fa degli esperimenti – e fa comparire una carta o scomparire una carta *senza toccare le carte*. Mi spiego?"

---

[2] Gli illusionisti e gli scettici in malafede, quando si imbattono in osservazioni come queste, le usano contro i testimoni, sostenendo che l'unica ragione per la quale un testimone affermi esserci ovviamente il trucco è *solo per il fatto che sa già a priori che quello è un gioco di prestigio e che chi lo esegue è un illusionista; se non lo sapesse, secondo loro, non sarebbe in grado di stabilire che ci sia senz'altro il trucco, indipendentemente da quale sia*. Spesso questo è vero, ma non sempre, soprattutto nel caso di Rol e per due ragioni principali: 1) la dinamica dei suoi esperimenti, tranne rare eccezioni (non si dimentichi che è l'illusionismo a voler simulare il paranormale, non il contrario), soprattutto quelli con le carte, indipendentemente dalla *sostanza* (ovvero dalle cause) non hanno in nulla l'*apparenza* di giochi di prestigio: anche io come Pesante e come molti altri ho assistito sia a giochi di prestigio in spettacoli sia agli esperimenti di Rol: *sono diversi* (quindi non solo nella sostanza ma anche nella forma), e basta leggere le dettagliate relazioni Poutet, che ne sono l'analogo, per rendersene conto; 2) la *certezza assoluta* che non ci possono essere trucchi è data, sia per me che per molti altri, incluso Pesante, dal fatto che Rol in genere non toccava le carte (nel mio caso, l'ho detto più volte, non le ha *mai* toccate, facendo fare gli esperimenti a me).
[3] Lo farei, gliela illustrerei. Interessante sia come scelta di esempio rispetto a qualunque altro, che suggerisce che Rol tenesse in una certa considerazione la teoria di Einstein, sia come termine di paragone con qualcosa che avrebbe potuto illustrare "facilmente", e che presuppone che questa teoria la conoscesse bene.
[4] È l'impressione che hanno avuto praticamente tutti i testimoni, io compreso. Tra le ragioni, anche il fatto che quelli più semplici erano più rapidi, immediati, ripetitivi (nella struttura e dinamica), lineari (nel senso che era più facilmente *percepibile* la causa-effetto tra un prima e un dopo, per quanto in realtà fossero

Lugli: "Sì"
Pesante: "Ora, in questo caso qualsiasi trucco di manipolazione è eliminato, a priori, perché se lui non tocca le carte, e le fa alzare e mischiare da uno, alzare da un altro, poi salta fuori una cosa di anormale, cioè di non conforme alle regole..."
Lugli: "Cioè le carte che prima avevate visto o no?"
Pesante: "No ma dico in generale, non so, faccio un esempio: lui prende un mazzo, lo fa mischiare, poi fa sei mazzetti e dice: 'Signora indichi un mazzo', la signora indica un mazzo; [*poi*] dice a lei [*a un'altra persona*]: 'Dica un numero', e allora lì lei dice "5" per esempio. [*Rol:*] 'Allora, in quel mazzo, la quinta carta è... la carta è 5 di quadri'. [*La persona*] gira la quinta, guarda, ed è il 5 di quadri. Sempre. Lo può ripetere cento volte questo esperimento."
Lugli: "E nel mazzo ce n'è uno solo ovviamente"
Pesante: "E il mazzo, le abbiamo comprate, carte nostre, che usiamo per giocare a *bridge*, qui. Verificate. Io poi... questa sera la signora ha assistito, io sono rimasto lì... Poi [*Rol*] è venuto qui molte volte... sarà venuto qui 25 volte. Una o due volte alla settimana, questo prima delle ferie. E allora io col mio spirito di indagine scientifica ho controllato... Dico: 'Beh, può darsi che lui ci suggestioni collettivamente'[5]. Lui faceva certi esperimenti per i quali era richiesto un notevole lasso di tempo per mettere le carte in un certo ordine, anche..."
Lugli: "E nel frattempo cosa faceva? Parlava, chiacchierava...?"
Pesante: "Parlava, chiacchierava, lui non è mai stato in *trance*, come me e Lei in questo momento"
Lugli: "Si distraeva anche"
Pesante: "Sì, sì sì, ogni tanto lanciava una battuta, anzi di spirito anche, uno anche molto spiritoso, quando vuole. Allora io ho controllato tutto, era sotto così, e avevo preso un vecchio orologio, coi secondi (questo qui non ha i secondi). Allora lui faceva un esperimento in cui ci voleva un certo tempo per disporre le carte in un certo ordine, per esempio. Cose che io ho provato a fare, per me ci voleva due minuti. Ma mettiamo che un

---

propriamente *non lineari*); mentre quelli più «complicati», dove le carte comparivano solo come mezzo per scegliere delle parole che poi potevano diventare il soggetto-*target* di un esperimento di materializzazione (di oggetti, dipinti, scritte, ecc.), erano molto più lenti ed elaborati e non avevano lo stesso impatto da "fuochi d'artificio" di quelli più "semplici" (che, beninteso, era una semplicità soltanto apparente, essendo in realtà di una inaudita complessità).
[5] A differenza di quanto gli scettici vorrebbero fare credere, la maggior parte dei testimoni di Rol, persone spesso non interessate in precedenza al paranormale, non era per niente disposta a bersi qualunque cosa senza verificare. Dire che *la maggior parte dei testimoni era inizialmente prudente se non scettica* è fare una affermazione corretta, mentre è falsa quella che, come ha scritto il disinformato o disinformatore Mariano Tomatis, «gli scettici non erano ammessi al suo cospetto» (*Rol. Realtà O Leggenda?*, Avverbi, Roma, 2003, p. 61).

abilissimo lo facesse in venti secondi, dieci secondi. Io sopra il tavolo controllavo, no?, e tutto avveniva in un paio di secondi. Quindi non era possibile che... a meno che lui ci suggestionasse e ci facesse vedere delle cose che non erano. Però controllando con l'orologio ho constatato che non era possibile questo. Per esempio io ho un mazzo, a un certo punto lui prende il mazzo, lo fa mischiare da me – ma tutto in piena luce eh – lo fa mischiare da me, tagliare da un altro, ritagliare da un altro, poi lo mette in un fazzoletto... – eh, Le posso spiegare questo esperimento – poi prende un altro mazzo e dice a un medico che era lì: 'Lanci in aria tre carte, così com'è, verso il soffitto'. Le carte volano verso il soffitto e cadono per terra. Allora per esempio la prima è venuta coperta, la seconda è venuta scoperta, la terza è venuta scoperta, e il mazzo era già chiuso dentro il fazzoletto davanti a me. Allora lui svolge il fazzoletto. Le carte erano: 1 coperta, 2 scoperte, 1 coperta, 2 scoperte, come... – una volta è successo 1 coperta 1 scoperta, l'altra volta 2 scoperte 1 coperta – come erano venute per terra. E il lancio di queste carte fatto in aria è stato fatto dopo che il mazzo era stato messo nel fazzoletto. Oppure delle volte si beveva un whisky e lui metteva il bicchiere di whisky sopra".
Lugli: "Ecco, lui quando le ha messe nel fazzoletto le ha messe... a caso, le ha messe a posto"
Pesante: "Le ho mischiate io"
Lugli: "Le ha mischiate Lei. Lei le ha mischiate ed erano tutte voltate da una..."
Pesante: "Certo, stavo attento in un modo pazzesco io"
Lugli: "Poi invece eran tutte girate verso un senso"
Pesante: "Come son le carte normali ... Poi lui apre il fazzoletto, lo mette così, no?, sul tavolo, e questo mazzo di carte si gonfia"
Lugli: "Chiuso nel fazzoletto"
Pesante: "No, no, lo toglie dal fazzoletto, dopo che questo medico ha tirato queste carte, e noi vediamo che il mazzo si gonfia"
Lugli: "Lo vedete così aperto, è aperto...".
Pesante: "No no, il mazzo è così no? e lo vediamo gonfiarsi, alzarsi, di un centimetro almeno. Poi... il mazzo, tiriamo e: 1 carta così, 1 carta così. Allora io ho controllato in tutti i modi perché io ero veramente scettico, e son venuti qui dei miei amici, degli ingegneri, il mio medico personale col quale siamo anche amici, e allora abbiamo concluso una cosa: di non raccontare a nessuno quello che abbiam visto perché ci prendono... [*per matti, e magari dicono*] 'Ma sto qui c'ha già l'arteriosclerosi...'"[6]

---

[6] Ecco una delle ragioni per cui le testimonianze su Rol sono venute fuori soprattutto dopo la sua morte e in crescendo: quanto più i testimoni hanno cominciato a vedere che anche altri, *molti* altri, avevano presenziato agli stessi tipi di esperimenti, prodigi, miracoli, tanto più non hanno più avuto timore di "esporsi" e condividere anche loro la loro testimonianza, temendo molto meno a quel punto di essere presi per "matti", affabulatori, ingenui, ecc. L'avvento delle

Lugli: "Anche… questi pezzi, questi articoli qui[7], sono difficili, perché poi la gente dice: 'Ma quello lì racconta delle cucchere'".
Pesante: "Ecco. Ora, io Le assicuro questo: che, quando sentivo raccontarmi di questi esperimenti qui, io pensavo: 'o li hanno infinocchiati, o sono arteriosclerotici o sono dei creduloni'… Ma certi esperimenti, specialmente i più semplici, quelli che ho potuto controllare, lì lui non ha toccato le carte. Quindi, per abile che sia nella manipolazione delle carte… Io ho pensato alla suggestione, allora ho controllato quanti secondi intercorrevano fra l'inizio di questo qui, controllavo le sigarette mentre si fumava, tutto ho fatto".
Lugli: "Sì, per vedere di essere ben presente insomma"
Pesante: "Sì, quindi io non ho – è chiaro che razionalmente non c'è una spiegazione, razionalmente, scientificamente. La scienza deve rifiutare razionalmente questi fenomeni, però mi son convinto che ci son delle forze che noi non conosciamo, cioè che la scienza non conosce e che non riconosce anzi. Del resto è come l'agopuntura cinese: la medicina ufficiale disconosce qualsiasi influenza dell'agopuntura, eppure mia moglie è un esempio vivente di cos'è l'agopuntura. In fondo Lei capisce che uno ha un dolore al fegato, gli mettono un ago nel lobo dell'orecchio e il fegato guarisce, sembra una magia. Eppure mia moglie è guarita di una grave forma di artrosi con l'agopuntura. (…) Lei c'ha un agopunturista fenomenale. (…)"

---

reti sociali ha poi avuto un effetto amplificatore e moltiplicatore, e reso estremamente facile per un testimone raccontare direttamente e senza filtri la sua esperienza in gruppi dedicati dove ha potuto essere compreso e non deriso.

[7] Quelli che Lugli aveva iniziato a scrivere, ovvero una «indagine sulla parapsicologia, una specie di viaggio nel mondo dell'occulto» come li introduce nel primo di essi (*Ho preso parte a una "seduta medianica". Lo spirito si è divertito a schiaffeggiarmi*, 05/09/1972, p. 9) pubblicato il giorno prima dell'incontro con Castagnoli e con Pesante e Fasano e referentesi all'incontro con il medium Bruno Lava a Treviso avvenuto qualche giorno prima, il 2 settembre; due settimane dopo pubblicherà il secondo articolo, una intervista al pittore Lorenzo Alessandri (*"Posso parlare del diavolo?"*, 19/09/1972, p. 9), quindi il 23 e 24 settembre due articoli su Rol (*infra*, p. 54 e 62), conclusione di questo breve primo ciclo; dopo un articolo isolato a gennaio 1973 (*La storia misteriosa delle bimba-folletto. Fa tremare la casa, muove cose a distanza*, La Stampa, 23/01/1973, p. 10) seguirà un secondo ciclo 8 mesi dopo, con 9 articoli: *L'olandese che vede nel futuro*, 29/05/1973, p. 9 (su Gerard Croiset); *Sulla sedia del medium*, 01/06/1973, p. 15 (recensione al libro di Massimo Inardi *L'ignoto in noi*); *Il veggente di Utrecht*, 06/06/1973, p. 3 (intervista a Croiset); *C'è un'Olanda sensitiva*, 10/06/1973, p. 3 (intervista a Wilhelm Tenaheff); *L'ectoplasma fa il chirurgo*, 16/06/1973, p. 3 (intervista a Lauro Neiva su medium chirurghi brasiliani); *Telepatia via radio*, 23/06/1973, p. 3 (incontro con Piero Cassoli e ricerche del CSP di Bologna); *Il ragioniere del mistero*, 03/07/1973, p. 3 (incontro con Hans Bender a Friburgo, *infra*, p. 103); chiude il secondo ciclo un nuovo articolo su Rol pubblicato l'8 luglio (*infra*, p. 108).

A questo punto Dina Fasano dice che ha telefonato il dottor Alfredo Gaito per invitarli a cena.

Pesante: "Conoscete Gaito? che è un medico..."
Fasano: "Conosce bene anche lui il dottor Rol"
Pesante: "...una persona molto intelligente, che ha fatto gli esperimenti..."
Lugli: "Infatti Rol m'ha detto che ha parlato con Gaito, per dire... Gaito gli ha detto: 'Sì sì ma fagli fare tre sedute, non due, per...'... non so, non son mica un bambino... ha paura che mi spaventi..."
Fasano: "In effetti lui va per gradi..."
Pesante: "Comunque sembra questo, cioè lui comincia a fare questi esperimenti, allora a un certo punto gli ho chiesto: 'Perché con le carte?'"
Lugli: "E lui lavora soprattutto con le carte"
Pesante: "Appunto. Lui mi ha detto: 'Perché così voi potete vedere... che ci sono delle forze supernormali'..."
Lugli: "Sì, lui dice: io faccio tutto alla luce..."
Pesante: "Certo, in piena luce, eccetera. Ora in effetti quello che mi aveva impressionato di più sono gli esperimenti più semplici. Perché lì io li ho potuti controllare, che è assolutamente... non ci è la possibilità di nessun trucco. Quelli più complicati io non li considero nemmeno, perché io quando attacco un problema, come ricercatore, attacco sempre gli elementi essenziali, non gli accessori, no? Per me l'esperimento più semplice che fa lui, per me è eccezionale più ancora di quello complicato perché quello lì forse è più appariscente, ma come sostanza Lei capisce che hanno una grande importanza. Allora io ho cercato una spiegazione ovviamente. Ora è chiaro che la teoria della relatività, così come è stata scritta da Einstein, e che è stata dimostrata da prove fisiche irrefutabili, e finora nessun esperimento ha invalidato la teoria di Einstein, esistono quattro dimensioni nel nostro universo e non tre. Noi siamo nati in tre dimensioni e i nostri sensi capiscono tre dimensioni: lunghezza, larghezza e altezza. Noi non possiamo concepire una quarta dimensione, però se la teoria di Einstein è vera – come al momento attuale nessun esperimento scientifico ha dimostrato il contrario –, convalidata, la teoria di Einstein potrebbe spiegare questi fenomeni. Per esempio, supponiamo di avere una cassaforte... Per esempio la teoria di Einstein potrebbe spiegare certi fenomeni apparentemente assurdi come per esempio gli apporti. Per esempio, prendiamo una cassaforte chiusa, sigillata... Lì dentro può apparire un oggetto, e se un essere o una forza misteriosa che non sappiamo riesce a prendere questo oggetto, a portarlo a quella dimensione, allora può entrare nella cassaforte che è tre dimensioni e lasciarlo lì, e c'è un apporto. Le faccio un esempio... Supponiamo che esista[no] degli animali a due dimensioni... Allora, sti qui abitano sulla superficie di una sfera... Einstein dice che l'universo è illimitato ma non infinito. Cioè se

Lei va dritto avanti il suo naso, così come siamo noi, dopo un po' di anni, dipende da dove sta…, Lei torna al punto di partenza, perché lo spazio è curvo. Noi non possiamo concepirlo, noi pensiamo che, se io vado con un'astronave velocissima in quella direzione, mi allontano sempre e mi perdo chissà dove, no? Invece no, si torna qui. Noi questo non lo possiamo concepire. Ma adesso Le faccio un'analogia: supponiamo degli esseri a due dimensioni, delle sogliole infinitamente piatte per esempio, dotate d'intelligenza, che vivono sulla superficie di una grossa sfera. Allora, questi animali, supposto che esistano, non capiscono la terza dimensione, cioè l'altezza, no? Allora, io che invece, che sono un uomo e che ho tre dimensioni, posso fare avvenire dei fenomeni di apporto in questo strano universo; io piglio un oggetto di questo mondo a due dimensioni, lo alzo di una quantità infinitesima, questo scompare alla vista di tutti gli abitanti di questo universo. Lo porto per esempio agli antipodi, lo appoggio lì, ecco lì improvvisamente appare, senza che nessuno si sia potuto spiegare come sia avvenuto. Allora, con questa analogia[8], che è soltanto… è banale [se] vogliamo, si può spiegare come, attraverso la quarta dimensione che noi coi nostri sensi non possiamo concepire, possiamo concepire solo con delle formule matematiche, possa avvenire un fenomeno come nell'apporto, oppure altri fenomeni che sono inspiegabili dalla fisica oggi. Si possono fare delle ipotesi, delle congetture su come avvengono sti fenomeni. Io ho cercato di avere un colloquio con Rol, non so se lui non vuole spiegare o non lo sa nemmeno lui stesso… O non lo vuole dire o non lo sa, perché i casi sono due no? E lui dà delle spiegazioni che a un ricercatore come me non spiegano il fenomeno in sé. Può darsi che il fenomeno sia addirittura inspiegabile, cioè che… Immagini che io volessi spiegare il funzionamento di un televisore a un negro di una tribù dell'Africa, nella sua lingua…. Non ci sono le parole per spiegare come funziona la televisione, quindi io per quanti sforzi faccio non riuscirò mai a spiegare, anche se quest'uomo è molto intelligente, perché il loro linguaggio è limitato[9]. Quindi

---

[8] Su una idea analoga, di cui probabilmente Pesante aveva sentito parlare o letto, è basato il geniale romanzo di Edwin A. Abbott del 1882, *Flatlandia*, dove vivono «degli esseri intelligenti la cui esperienza è confinata a un piano, o a un altro spazio bidimensionale, e che non hanno facoltà di rendersi conto di quanto possa esistere al di fuori di quello spazio, né mezzi di uscire dalla superficie sulla quale vivono» (p. 20, da una lettera pubblicata su *Nature* il 12/02/1920 (vol. 104, p. 629) intitolata *Euclid, Newton and Einstein*).

[9] Qualcosa di simile è capitato a me in Tanzania quando negli anni '90 ho cominciato a spiegare al mio *watchman* (guardiano) analfabeta, Nyende, in che modo l'uomo era stato sulla Luna, che in quel momento risplendeva piena, in una notte magnifica, sull'Oceano Indiano. Nyende non credeva nemmeno possibile che questo potesse essere mai accaduto.

probabilmente una persona come Rol gli mancano le parole per spiegare questi fenomeni[10], perché sono fenomeni che non sono..."
Lugli: "... lui li sente, li intuisce..."
Pesante: "Ma forse lui lo sa, anche, ma non trova le parole per comunicare"[11]
Lugli: "Ma lui cerca però...? Cosa dice? Cose vaghe o...?"
Pesante: "Sì, dice delle cose ma... a un certo punto io mi son messo nei suoi panni, il nostro linguaggio è quello della vita comune di tutti i giorni... Ho fatto l'esempio che se volessi spiegare come funziona un televisore a un negro dell'Africa di una tribù incolta, e lui una persona intelligentissima – vediamo sto negro – col linguaggio che hanno adesso, io per quanti sforzi faccio, come faccio a spiegargli come funziona il televisore? Mettiamo anche quella a colori. È impossibile, perché mancano le parole. Allora può darsi che in una dimensione più elevata delle nostre tre dimensioni, può darsi che ci sia dei fenomeni che nel nostro linguaggio non ci sono i termini corretti per spiegarli... Questa è una spiegazione. Oppure può darsi che lui, istintivamente, faccia quello che faccia, con una forza misteriosa, che non la si può spiegare, che lui non lo sappia, oppure può darsi che lo sappia e che non ha le parole per spiegarlo".
Lugli: "Lui ha detto anche qual è, perché – abbiam preso contatto ieri, sono stato lì una mezz'ora da lui – che chiunque, lui m'ha detto: 'Ah ma guardi che chiunque può riuscire a fare questo, è questione di volontà...'"
Pesante: "Sì, sì, sì lui ha detto anche questo e in effetti mi è successo dei fenomeni strani a me... Era un esperimento che faceva con mia moglie..."
Lugli: "Queste proprietà dicono che si affinano, cioè se uno esercita..."
Pesante: "Sì, sì. Allora Le faccio un piccolo esempio, che ha sbalordito... il primo ad essere sbalordito ero io".
Fasano: "Semplicissimo, però..."
Pesante: "Quest'estate eravamo in vacanza, nel nostro albergo, vicino a un tavolo c'era un medico romano con la moglie. Un giorno ci siamo messi a chiacchierare del più e del meno, il discorso si è messo sulla

---

[10] È in buona parte così, non perché non sapesse come avvenissero gli esperimenti, ma perché faceva fatica a spiegarlo (ciò che più di un testimone ha frainteso). In registrazioni audio inedite del mio archivio, della metà degli anni '70 – quindi successive a quanto Pesante sta qui spiegando – Rol in occasioni diverse dice: «Non ho i mezzi per dirlo, non c'è parole, non ho delle parole umane, non ho un parametro per esprimermi... non ho un linguaggio, si può intuire»; «Io vorrei bene aiutarvi. So tanto, ma non delle parole italiane e umane. Potrei darvi delle sensazioni, ma come faccio a esprimermi con le sensazioni? So come avviene»; «desidero scrivere su quel foglio di carta quel che io penso di questo esperimento, con parole come se fossi un domestico, uno spazzino municipale, non con la mia... [*coscienza sublime*(?)], [*ma*] umanamente parlando... non posso farlo».
[11] Precisamente.

parapsicologia... Allora noi abbiamo raccontato di Rol a questo medico. E allora, per dimostrarle un esempio di cosa faceva Rol... piglia il mazzo di carte Dina..."
Lugli: [*scherzando*] "Adesso assistiamo a una cosa... a un pre-Rol..."
Pesante: "Se viene adesso, guardi..."
Fasano: "Fai una figuraccia"
Pesante: "No no, ma è chiaro che la faccio... Raccontiamo [*di Rol al medico e alla moglie*] e questi qui come al solito mi guardano, dicono: 'Sto qui è picchiatello', no?"
Lugli: "Ma lei l'aveva già provato sta faccenda qui, l'aveva già provato?"
Pesante: "Noo..."
Lugli: "...era la prima volta che provava...?"
Pesante: "No ma l'ho fatto solo per mostrare un esperimento di Rol, ma senza la minima intenzione che riuscisse...[12] Allora, mischia le carte. L'esperimento che ho fatto è stato questo. Le mischi"
Fasano: "Se adesso ti riesce, Manlio, guarda... io vado via da sta casa perché ho paura"
Pesante: "Tagli una o due volte... tagli una volta, per fare in fretta. Chiuso, Lei le ha mischiate. Allora io faccio così... [*manipola le carte*] [Un] momento: prima, quando ho messo le carte, io faccio vedere l'ultima carta a mia moglie, qui c'è un trucco, una parte di trucco, ma il gioco però non cambia"
Lugli: "Ci sarà anche da lui..."
Pesante: "No no... rifacciamo. Allora, io ho messo delle carte, no?"
Fasano: "Io vedo il 7 di quadri"
Pesante: "Allora lei vede il 7 di quadri, no? Io comincio così, lei vede il 7 di quadri. Allora io faccio così, lo mescolo, poi dico a lei: lo tagli quante volte vuole... Adesso lo faccia ancora una volta per sicurezza, non ha importanza... Allora, prendo un mazzo e faccio così. [*Rivolto a Dina:*] Indica un mazzo".
Fasano: "Il terzo"
Pesante: "Terzo. [*Rivolto a Lugli:*] Dica un numero"

---

[12] È precisamente quanto accaduto a me con miei amici, in occasioni diverse (sei o sette) a distanza di anni. La prima volta che ho mostrato lo schema, «solo per mostrare un esperimento di Rol, ma senza la minima intenzione che riuscisse», l'esperimento è venuto sempre. Quando poi, tutte le volte, ho tentato il bis, in nessun caso l'esperimento è riuscito. La spiegazione è relativamente semplice e avrò modo di mostrarne tutte le angolature: nel primo tentativo non ero condizionato dal risultato, perché non avevo alcuna aspettativa; nel secondo invece sì. È quel *condizionamento* a far fallire l'esperimento, ergo per non farlo fallire occorre mantenere la stessa condizione di coscienza del primo tentativo; la difficoltà è evidente: *occorre non volere ciò che si sta volendo...* (per questo in precedenza ho parlato di *principio taoista*). Queste poche righe sono una delle chiavi principali per comprendere l'essenza degli esperimenti di Rol, per lo meno dell'ABC...

Lugli: "Due"
Pesante: "Che carta è la seconda carta?"
Fasano: "7 di quadri"
Pesante: "7 di quadri"
Lugli: "Ma avviene così con Rol?"
Pesante: "Sempre, cento volte consecutive"
Fasano: "Così! cento volte consecutive"
Pesante: "Allora questo medico romano…"
Lugli: "Avete provato a farlo diverse volte?"[13]

Pesante: "Dunque lui parte da un concetto che nell'universo c'è un'armonia: l'armonia dei colori, l'armonia della musica e così via. Ora io mi ricordo di una frase che lui ha detto dopo qualche esperimento. A un certo punto fa un esperimento straordinario, chiediamo 'ma come mai'? Dice: 'Ma è semplice, è già avvenuto'. Dice: 'Non esiste futuro, il presente si estende davanti a noi. Quello che per voi è futuro, per me è presente, io lo so già, è già avvenuto', che la carta vada da un posto all'altro o qualsiasi esperimento. IndicarLe quali esperimenti lui faccia non ha importanza…

*

Parentesi

Mentre Pesante parla con Lugli, Dina Fasano conversa separatamente con Else Totti – le voci si accavallano – alla quale dà altre informazioni su Rol, come ad esempio che è un esperto di Napoleone. A un certo punto c'è un cenno alla reincarnazione, e alcune frasi di Dina si capiscono bene:
«[*Alcune persone*] purtroppo rivivranno un'altra vita, altre più fortunate… non rivivranno. … Lui [*la reincarnazione*] l'ammette ma non è che sia una cosa ovvia, cioè ammette che alcune persone si reincarnano, altre no. Lui pensa che forse è una reincarnazione, non so, del tempo di Napoleone o qualcosa del genere, perché lui dice che da bambino ha avuto questa visione per Napoleone, non so… m'ha spiegato, Le dirò che poi non ricordo»;
e anche se aggiunge che
«lo abbiam visto talmente tante volte, ogni volta che è venuto ha fatto degli esperimenti bellissimi»,
va premesso, prima di qualunque analisi, che Dina conosceva Rol solo da «circa 4 mesi», *come il marito aveva affermato in precedenza e quindi non stupisce che non avesse,* anche lei e come tutti i frequentatori di Rol

---

[13] Qui termina il lato della audiocassetta originale, il racconto sul medico romano non è stato registrato. La riga seguente corrisponde all'inizio dell'altro lato.

rimasti a un livello exoterico o introduttivo, *le idee molto chiare su cosa Rol pensasse della reincarnazione, e ciò che disse loro dovrebbe essere analizzato contestualmente a ciò a cui loro credevano* prima *di conoscere Rol, visto che Rol non era solito deprimere le credenze altrui, soprattutto nei primi tempi di una frequentazione, quando poteva dare un colpo al cerchio e uno alla botte trasformandosi in* story teller, *con racconti allusivi di vite passate che non possono però essere interpretati troppo letteralmente.*
Dina Fasano afferma che alcune persone, «purtroppo», si reincarnerebbero, mentre altre «più fortunate» no. Ciò rispecchia quanto Rol aveva affermato qualche volta, ovvero che coloro che non superano la prova della vita dovrebbero affrontare una seconda prova... mentre quelli che la superano proseguono il loro cammino in altre dimensioni dello spirito o dell'essere, non sulla Terra. *E dalla affermazione collegata successiva,* anche questa *superficialmente* vera, *ovvero che Rol sarebbe stato* «una reincarnazione, non so, del tempo di Napoleone o qualcosa del genere», *ne trarremmo la conclusione,* exoterica, *che Rol aveva vissuto una vita in precedenza, che non superò quella prova, e che ora la stava ripetendo. In altre occasioni Rol si augurava di non dover ripetere la prova della vita, il che farebbe pensare che la prova potrebbe anche ripetersi più volte, fino a "passare l'esame", nonostante Rol abbia detto che la prova da rifare sarebbe eventualmente solo una; in un audio inedito del mio archivio, fa anche capire che non ci sarebbe alcuna relazione tra la vita n. 1 e la vita n. 2 (ovvero, nessun collegamento karmico, come sostenuto invece nella teoria della reincarnazione). Tutti questi punti io ancora non li ho affrontati nel dettaglio – limitandomi a una panoramica ne "Il simbolismo di Rol" – perché presuppongono uno studio estremamente approfondito, vista quanta superficialità, opinioni soggettive e fraintendimento c'è su questo argomento.*
Limitandomi qui a rimandare alle riflessioni che già ho fatte nel vol. IV (p. 353 nota 17), segnalo solo, come motivo di ulteriore riflessione, che un Maestro Illuminato, anche dopo la morte, ha la facoltà di entrare in qualunque corpo – con Rol già si sono visti vari esempi – ciò che ad alcuni potrebbe sembrare o che potrebbero interpretare come una "re-incarnazione", laddove invece è una "incarnazione" volontaria che può essere sospesa in un momento determinato.
Il problema della teoria popolare della reincarnazione, è che volgarizza in maniera superficiale e semplicistica aspetti fenomenologici diversi di situazioni diverse, come quello appena citato, o come i "ricordi di vite passate" che sono i "files" degli spiriti intelligenti *dei nostri antenati in collegamento con quelli di tutti coloro che conobbero, probabilmente racchiusi nel nostro DNA, fondendoli in un'unica, forzata e apparentemente logica teoria con il bonus consolatorio di poter giustificare le ingiustizie percepite nel mondo (Tizio è nato povero perché*

nella vita precedente ne ha combinate di tutti i colori, Caio è stato brutalmente ucciso perché nella vita precedente a sua volta ha brutalmente ucciso, e così via), ed essere rassicurati che, mal che vada, si tornerà a vivere sulla Terra. Una prospettiva ben diversa da quella molto più cruda – e infatti poco conosciuta perché non potrebbe essere "popolare" – per la quale sopravvivono coscientemente alla morte fisica solo coloro che si sono qualificati a vivere in una dimensione spirituale, ovvero, di fatto, molto pochi. Come ho spesso scritto, se non si è imparato a nuotare prima, come si potrà restare a galla quando, di punto in bianco, ci si ritroverà nell'Oceano?

*

Continua

Pesante: "Lui ha cercato di parlare con me e io ho cercato di parlare con lui, ma è chiaro che lui o non trova le parole, e probabilmente è questo, e l'esempio che ho fatto io, di spiegare una cosa scientifica, un razzo che va nella luna[14] o la televisione a colori a un negro dell'Africa..."
Lugli: "Senta un po' ingegnere, ma visto che lui dice: 'Ah ma anche voi se volete imparare riuscite, è questione di volontà', voi che vi siete frequentati tante volte, Lei non ha mai cercato di dire: 'Beh, mi insegni un pochino'?... perché lui dice che ha degli allievi, no? ha degli allievi anche per corrispondenza, perciò Lei non ha cercato di farsi spiegare un pochino?"
Pesante: "Sì, in effetti io c'ho un grave torto agli occhi di Rol. Io ho un lavoro abbastanza stressante, no? Io per esempio se stasera Rol mi dice: 'Vieni a casa mia', siccome so che si comincia verso le undici e mezzo e si fa le tre di notte, io..."
Lugli: "Si fa le tre di notte?"
Pesante: "Beh sempre, si fa sempre tardi. Allora io, non ce la faccio, io ho bisogno di dormire otto o nove ore. Allora abbiamo concentrato queste cose qui al venerdì e al sabato in cui il giorno dopo io posso dormire. Quindi non ho avuto contatti più frequenti come io avrei desiderato, solo per questo motivo qui[15].

---

[14] È per l'appunto quello che avevo tentato di spiegare al mio *watchman*. L'esempio ipotetico di Pesante io l'ho vissuto nella realtà, intrecciato curiosamente con l'altro esempio che tirava in ballo l'Africa e un «negro».
[15] Questi commenti ed altri successivi dello stesso genere si aggiungono a quelli fatti da Carlo Castagnoli visti in precedenza (p. 14) e mostrano alcune delle oggettive difficoltà – molto diffuse ed evidenti – che poteva incontrare un potenziale *collaboratore*, che doveva conciliare le proprie abitudini, la propria vita lavorativa e familiare con un apprendistato che, per portare a risultati effettivi, avrebbe richiesto molto tempo e disponibilità. Lo stesso Di Simone, che era un altro potenziale *collaboratore* anche se non era propriamente uno

Tagli così, la donna di quadri. A me m'è riuscito. Mi capitano delle volte delle cose strane... [*intanto mentre parla fa delle prove con le carte*] Son le cose strane che ogni tanto mi capitano e poi non mi capitano più. ... Un giorno in cui il giorno dopo è lavorativo, Rol ci ha telefonato: 'Vieni qui da me...' Dico: 'Guardi mi spiace, io non vengo" e ho detto a mia moglie: 'Vai tu', è andata mia moglie ma io no, io ho bisogno di dormire. Quindi io i contatti con Rol io li avrei fatti molto più frequenti se io non avessi il bisogno di dormire che ho. Io ho un lavoro molto stressante e ho bisogno di essere riposato, devo prendere delle decisioni importanti, insomma io non posso il giorno dopo... Io il giorno dopo sono distrutto, ci sono delle persone che potrebbero dormire tre ore e il giorno dopo se la cavano, io no. Allora io ho concentrato i miei incontri con Rol il venerdì e il sabato, no?"
Lugli: "Infatti lui m'ha detto: 'Si tenga libero venerdì", probabilmente o chiederà a Lei, può darsi che chieda a Lei anche"
Pesante: "Comunque, il punto è questo: io Le assicuro che quando dei miei amici, delle persone di prim'ordine mi raccontavano ste cose qui, insomma [*mi dicevo:*] 'Sti qui sono un po' picchiatelli, saranno intelligenti apparentemente, però...' Fatto sta che una sera, con degli amici, mia moglie ha accompagnato Rol a casa, e noi eravamo qui: 'Porca miseria' dicevamo 'non raccontiamo niente a nessuno perché ci prendono per picchiatelli oppure per arteriscleterotici'. ... Adesso Lei mi crede a quello che Le dico, no?"
Lugli: "Sì, perché l'ho già sentito da tante [*persone*]"
Pesante: "Lei mi crede. Però Le assicuro – anch'io ho sentito e ho ammesso anche che potesse esser vero – però se Lei vede, se Lei vede l'impressione è moltiplicata per un milione di volte, perché a un certo punto dice... Per esempio un mio amico, un certo Luciano... Non so, Rol fa così no? [*intanto agisce sulle carte*] piglia un mazzo e lo fa mischiare da me o da Lei, così. Taglia, taglio così... Poi da un altro mazzo di carte fa scegliere da uno una carta, metta non sia l'asso di cuori sta carta, da un altro mazzo no? questo rimane sempre qui. Allora, mettiamo che sia l'asso di cuori, allora viene su e con la sua matita, a questa distanza, fa uno scarabocchio. Poi dice: 'Adesso guardate l'asso di cuori'"
Lugli: "In questo mazzo qui"

---

scienziato, viveva in una città lontana (Napoli) e non poteva prendere in considerazione neanche una «operazione Biografia» (cfr. vol. V, p. 365 n. 8), figurarsi un apprendistato effettivo. Rappelli che era il candidato migliore (neanche lui, però, scienziato) negli anni '70 si trasferì in Costa Rica e il suo apprendistato di fatto terminò e non andò oltre la teoria. Le vicende della vita, nel caso di una *scienza ultracomplessa* come era quella di Rol, non costituiscono un laboratorio collaborativo dal momento che la ricerca, lo studio e la pratica devono spalmarsi su tanti anni e con tanti elementi di *qualificazione* necessari.

Pesante: "In questo mazzo qui. C'è la sua sigla sopra. Ora, questo esperimento può ammettere un trucco, cioè prima lui, con una maniera abilissima, riesce a fare la sua sigla sull'asso di cuori – ho alzato l'asso di cuori, ma guarda... [*ridono*] – fa la firma abilissimamente la mette qui e poi, anche lì è misterioso, fa scegliere proprio l'asso di cuori però la scrittura è qui. Allora questo mio amico mi ha raccontato che un giorno, dice: 'A me sto affare qui mi puzza di trucco'. Allora è andato da un tabaccaio e ha comprato un mazzo di carte. Allora viene lì – io non c'ero quella sera, ma ci sentiamo... giochiamo a *bridge* tutte le settimane – allora arriva lì e aveva in tasca il mazzo di carte, ancora involto nel celofan. A un certo punto lo tira fuori, e allora lui era seduto qui e Rol, un lungo tavolo, era seduto all'altro capo del tavolo, e Rol gli fa: 'Ah – dice – bravo – dice – non credi, credi che sia un trucco! – dice – bene piglia il tuo mazzo, sceglti una carta, solo tu, poi rimetti il mazzo davanti a te... scegli una carta mentalmente... pensala'. Allora lui toglie il celofan, pensa una carta e mette il mazzo così. Allora Rol si alza lì, viene in piedi qui, fa così per aria con la sua matita, torna lì. Dice: 'Che carta hai pensato?' E lui fa: 'Il 5 di cuori'. Dice: 'Beh tiralo fuori'. Lui tira fuori il 5 di cuori, c'era la firma di Rol. Sul mazzo che lui aveva preso dal tabaccaio".
Fasano: "E per esempio al ristorante no? È questa facilità di Rol nel fare le cose che è straordinaria. Al ristorante... una sera eravamo a cena tutti insieme, viene fuori non si sa come, parlando di vini, la parola *rond*, parlando del sapore di un vino, *rond*[16].
C'era un nostro amico che ha vissuto dodici anni in Francia e diceva: 'Sto vino ha un sapore *rond*'.
Fasano: "Bene, aveva il tovagliolo qua, glielo dà in mano, così, da tenere, [Rol] prende la matita, apriamo il tovagliolo: "rond" scritto su. Fa delle cose che... ma fanno i-m-p-a-z-z-i-r-e. No ma perché... dico: *ma cuma l'è pusivel chiel sì* ["ma come è possibile quella cosa lì"]? ... è vero? Aveva sto tovagliolo qua, quello dice "rond", lui [Rol] fa così, tira fuori la matita e *rond* viene scritto sul tovagliolo".
Else Totti: 'Come quella... la Ferraro... la mia amica... i coniugi Ferraro... Carlotta... Quand'erano fidanzati una volta erano a un ristorante, c'era anche lì un signore che lei non conosceva..."
Lugli: "È entrato lui..."
Totti: "Allora lei va per spiegare il tovagliolo, c'era scritto sopra 'buon appetito', scritto a matita. E poi lui si avvicina, dice: 'Le ho augurato buon appetito, se permette mi presento, sono il tizio, volevo dirLe una cosa che Le interessava: Lei sposi questo signore, perché in questo modo sarete contenti... siete bene indovinati, mi scusi ma non potevo fare a meno di non dirlo'... Ed era Rol. Ma lei non lo conosceva mica, assolutamente"
Lugli: "E pittura avete visto qualcosa, di pittura?"

---

[16] Un vino *rond* (rotondo) è una bevanda facile da bere, poco acida, si dice crei una certa "rotondità" in bocca.

Fasano: "No, noi pittura al buio non l'abbiamo vista…"
Pesante: "No ma lui ha fatto degli esperimenti complicati, semplici, complicatissimi, ecc. ecc. Però, Lei capisce che questo qui che Le ho fatto vedere adesso, dove…"
Lugli: "È il più semplice…"
Pesante: "Io Le parlo del più semplice… Lei immagini adesso che io voglio girare come fa lui una carta così e una carta così, una carta così una carta così… io ci metto tre quattro minuti… metta che lui lo faccia in dieci secondi… ammettiamo che lui lo faccia senza che noi vediamo… Ma ci vuole un certo tempo. Ora, io ho controllato con l'orologio: avviene istantaneamente".
Fasano: "No è fantastico, è bravissimo. Pare che sia uno dei medium più forti, uno dei due-tre medium più forti del mondo…"
Pesante: "Si dichiara anti-spiritista"
Fasano: "Lui non vuole essere medium"[17]
Lugli: "Anti-spiritista…"
Totti: "Però ammette la reincarnazione e c'ha dei rapporti con Napoleone[18]… secondo me non lo fa per ragioni religiose, siccome lui mi hanno detto che è cattolico…"
Fasano: "Sì è molto religioso…"

---

[17] Dopo aver definito Rol in maniera non appropriata, ovvero "medium" – non avendo altri termini di paragone – e dopo che il marito ha subito precisato che era "anti-spiritista", Fasano precisa comunque che Rol «non *vuole* essere medium», anche se non è questione di volere o non volere, piuttosto di essere o non essere, *essendo qualcosa di diverso*. La frase eventualmente corretta sarebbe stata che Rol «non vuole essere *definito* medium». L'affermazione netta di Pesante conferma ancora una volta, senza ambiguità, la posizione "filosofica" di Rol (che naturalmente non c'entra col fatto che si dichiarasse cattolico, argomento questo – vuoto come quando viene anche applicato alla posizione anti-reincarnazionista di Rol – ipotizzato da chi comprende poco il suo pensiero e il suo modo di agire).

[18] Else stava ripetendo quello che Dina Fasano le aveva detto prima, e come si può vedere in maniera ulteriormente distorta: se per Fasano ciò che le aveva detto Rol sembrava avere a che vedere con la reincarnazione, ma senza esserne sicura, ecco che avviene la trasformazione: dall'ipotetico passiamo al dato acquisito. Quante *fake news* in buona fede – al netto di quelle in mala fede – si originano in questo modo! Ma Else non aveva ancora incontrato Rol, e quindi doveva sapere ben poco del suo pensiero, saputo da altri o letto sulle fonti disponibili. Nel libro di Remo, scritto anni dopo e dopo molta frequentazione, nulla si trova di queste che sono solo speculazioni di persone ancora poco informate. Scrive infatti: «Il piccolo Gustavo è un bimbo strano, tardivo a parlare e i genitori se ne preoccupano; ma poi, compiuti i due anni, parla e dice come prima parola un nome: Napoleone. Rol, da adulto, preciserà che non ha mai pensato d'aver vissuto una vita precedente in ambiente napoleonico, né tanto meno di essere stato una reincarnazione di Napoleone. Tuttavia per tutta la vita egli avrà per la figura dell'imperatore francese un culto e diventerà un collezionista di suoi cimeli» (*Gustavo Rol. Una vita di prodigi*, 3ª ed. 2008, p. 18).

Pesante: "Ecco e in tutto questo contesto di esperimenti, di teorie, eccetera, c'è una cosa importante: la morale. A un certo punto gli abbiam chiesto, dico: 'Tu con queste doti qui puoi fare quello che vuoi, guadagnare i soldi che vuoi'. Lui dice no. 'Non posso farlo, è una questione morale...'
Lugli: 'Poi non riuscirei più', dice.
Pesante: "Si. Dice: 'Non posso farlo'. 'A parte – dice – che non vorrei farlo, ma non posso farlo'... Quindi in tutta questa armonia, come lui dice, è insita anche una morale, in fondo è la morale anche un'armonia se vogliamo, no? Perché noi gli abbiam chiesto... siamo in confidenza... dico: 'Ma tu puoi guadagnare i soldi che vuoi'. Dice: 'No, io vivo facendo il pittore'.
Lugli: "Ma lui dove vende?"
Pesante: "Non so"
Fasano: "Lui fa il pittore..."
Lugli: "Ma non fa mai mostre però..."
Fasano: "Ma vende ad amici, poi amici che portano amici..."
Pesante: "Non so, non sappiamo nulla, non so. Noi non sappiamo nulla. Lui è venuto qui spessissimo, siamo andati a cena diverse volte, un uomo anche molto spiritoso... Io sono di Trieste, sono giuliano, ma lui parla il veneziano molto meglio di me, parla il francese perfettamente...".
Lugli: "Francese ho sentito. Ma lui dice che a vent'anni insegnava, faceva il maestro a Lione o Marsiglia, a Marsiglia mi pare"[19].
Pesante: "Comunque è una cosa che io non riesco a spiegare... Io Le assicuro questo: raccontare anche i più semplici esperimenti a uno che non li vede... uno dice: io non li racconto, perché... pensano di me: 'è arteriosclerotico, dà i numeri, è picchiatello, si fa infinocchiare'.
Fatto sta che dei miei amici, due ingegneri, un giorno, visto che siamo amici, ho raccontato quello che è successo la sera prima... in settimana li ho invitati tutti e due qui [*a presenziare a un incontro con Rol*]... Allora

---

[19] A Marsiglia il giovane Rol dava lezioni di italiano. Così scrive in una lettera ai genitori del 21/03/1926: «Alla sera... dalle sette e mezza alle otto e mezza faccio scuola d'italiano in un'aula che la Societé de Comptabilité de France mi ha messo a disposizione in Rue de Rome. Mi pare un po' di essere ritornato sergente degli Alpini, quando apprendevo a quei miei cari soldatoni le difficoltà dell'abbecedario. Ho una ventina di allievi di sesso differente, tutti impiegati e figli di Italiani che però hanno cambiato di nazionalità. Brave persone dai diciotto ai quarant'anni che mi danno delle soddisfazioni con una volenterosa applicazione allo studio. Mi chiamano Signor Professore e stanno zitti quando io faccio la voce grossa. Naturalmente questo è un corso che io tengo gratuitamente alla scuola comunale perché gli allievi non avrebbero i mezzi per pagare delle tasse. Io lo faccio con quel grande spirito che ho sempre avuto per le azioni umanitarie e che mi avvicina a chi ha bisogno di aiuto. D'altra parte mi entusiasmo anche nel pensiero di rendere un servizio alla patria lontana» (*"Io sono la grondaia"*, 2000, pp. 59-60).

io che sono un uomo molto freddo e ho molto ... di me stesso, anche dopo se tu permetti rimango sempre freddo. Questi due ingegneri, che sono anche loro coi piedi piantati per terra, sono rimasti sconvolti.
Dina, scusa se ti interrompo, stavo dicendo che quando abbiamo invitato quei nostri amici, ingegneri, qui, loro [*dicevano:*] 'Si, ah sì, beh vediamo...' come dire, 'poveretti'... La moglie di uno di questi due amici, il giorno dopo – perché loro sono stati qui – ha telefonato e dice: 'Ma mio marito è ammalato – dice – dà i numeri... è rimasto così impressionato', mentre io sono rimasto freddissimo, pur riconoscendo la eccezionalità del fenomeno, loro sono rimasti proprio schoccati... Io non sono rimasto schoccato, però sono rimasto stupito".
Fasano: [*termina un pensiero che stava esponendo, non direttamente collegato a quanto il marito aveva appena finito di dire*] "...quello che Lei può vedere dal dott. Rol è meno pauroso, perché non ha così la sensazione del soprannaturale"[20].

Parte II

La registrazione va in pausa e riprende con la presenza di un nuovo arrivato, il dott. Alfredo Gaito, che li aveva nel frattempo raggiunti.

Gaito: "Come sapete io ho fatto per anni spiritismo... io ho fatto delle cose, ma... pazzesche, da dire: 'Ma come è possibile', scettico. Ma lui non c'entra per niente con lo spiritismo, per niente, lo spiritismo è una cosa completamente diversa, non ha niente a che fare"[21]
Lugli: "Secondo Lei Rol che proprietà ha? Cioè è un medium o no?"
Gaito: "Guardi, è come se avesse delle proprietà divine[22]. Fa delle cose che sono... non è possibile. Guardi, andiamo al ristorante – soventissimo andiamo a cena fuori, no? – e prende un pezzo di grissino lì sul tavolo, lo mette in mano e fa... soffia. Apre la mano, non c'è più. Non c'è più eh? [*Lo stesso fa*] con i miei bambini, con le pietrine. Il bambino che mi guarda e mi fa: 'Lui mi prende le pietrine e le mette in mano', gli prende le pietrine, nella ghiaia, no? Le mette in mano e gli fa al bambino: 'soffia', apre la mano... [*e non ci sono più*].
Come quello... la cosa che fa soventissimo a ristorante col tovagliolo. Io prendo un tovagliolo che – si va ad un tavolo qualunque eh?, non è detto

---

[20] Questo perché avevano visto solo l'ABC, che era sì sconvolgente, ma non certo pauroso. Altre manifestazioni di *grado superiore* potevano invece essere traumatiche, come sappiamo.
[21] Ecco un'altra importante e netta testimonianza, di chi è in grado di fare paragoni in qualità di osservatore sia di sedute spiritiche che dell'operato di Rol.
[22] È ciò che si può dire solo di un *Illuminato* (o di un *Santo*, nell'accezione estesa di tutte le religioni).

che uno debba andare al tavolo dove ha prenotato... Niente, si arriva ad un ristorante, noi siamo andati, con Quaglia Senta[23], siamo andati..."
Fasano: "Al *Firenze*"
Gaito: "No, sì siamo andati al *Firenze* ma siamo andati due o tre volte con la Perosino anche, in questo periodo più o meno, da Ferrero. Prende un tovagliolo... lo piega in otto, tiene così, tira fuori la matita, poi... scrive una frase: 'di tutti i dolci un po'. Non una parola... [*ma una frase:*] 'di tutti i dolci un po', e poi firma. Ma così, eh? poi rimette la penna [*la matita*] in tasca, poi apre il tovagliolo e c'è scritto: 'di tutti i dolci un po'".
Fasano: "Ce l'ho io il tovagliolo scritto così"
Pesante: "C'è un episodio interessante, che io non ho visto..."
Fasano: "Ce ne ho uno io... Ce l'ho di là, glielo vado a prendere"
Pesante: "...ma che Fellini ha raccontato, quello del calabrone"
Lugli: "Quello del calabrone, sì, me l'ha letto ieri nella *Domenica del Corriere*"[24]
Gaito: "Io guardi, le cose che ho visto... Io ho avuto la fortuna – guardi Le parlo del 19..., guardi che sono molto vecchio eh?"
Totti: "Non si direbbe"
Lugli: "Si ma Lei sembra giovanissimo"
Gaito: "Parlo del 1937 / 38, ero studente..."
Fasano: [*che intanto torna in salotto con un tovagliolo*] "Il tovagliolo era piegato così"
Gaito: "Ah vedi, ce l'hai tu il tovagliolo"
Fasano: "Sì. Così, no? L'ho dato in mano a questo nostro amico, poi abbiamo aperto il tovagliolo, ecco, qui c'è scritto *rond*, come Le dicevo prima [*rivolto a Lugli*], c'è scritto *camembert*, che dopo siamo venuti a parlare di formaggi"
Pesante: "Allora quello lì è il tovagliolo rubato al tavolo..."
Fasano: "Io l'ho rubato al *Firenze*, l'ho messo in un pacchettino..."
Totti: "Proprio roba incredibile"
Gaito: "E allora io allora nel '38 ho avuto la fortuna – dico la fortuna perché a me questi problemi qui interessavano moltissimo, mi interessavano tutti – perché non c'è nessuna soluzione, anche se ci si rompe la testa, impazzisce con Rol, per esempio noi passiamo delle serate a discutere di questi problemi qui, perché lui vuole aprirmi... Le

---

[23] Cito dal vol. III, p. 343: «...il dott. prof. Alberto Quaglia Senta, pioniere dell'agopuntura in Italia, maestro di Roccia, amico di Rol e di comuni amici (il dott. Alfredo Gaito, i coniugi Visca). Rol e Gaito pubblicarono il 13 aprile 1979 su "La Stampa" (p. 15) questo necrologio: "Gustavo Adolfo Rol ed Alfredo Gaito con le rispettive famiglie, addolorati annunciano la scomparsa del loro insigne maestro ed insostuibile amico Dottor Alberto Quaglia-Senta – Nessuna parola saprebbe esprimere il cordoglio dello stuolo di coloro che attinsero a tanta luminosa sorgente di sapienza e di carità"».
[24] È l'articolo del 1969, cfr. vol. V, p. 134.

spiegazioni che dà, sì, uno può anche a un dato momento capirle, le può afferrare, può entrare in quella armonia di cui lui parla, delle cose, del mondo e dell'universo, del cosmo. Però poi quando si chiede di passare..."
Lugli: "In pratica"
Gaito: "...in pratica... Mi ricorda che questa è la sostanza, no? come il cervello; ma come il cervello passa al pensiero, cioè come nasce il pensiero dalla sostanza, dalla materia. Io posso avere, non so, quest'oggetto qui, riesco a dargli la vita, ma poi a farlo pensare come faccio? Lì che non si afferra più. Quindi Lei entra, no? capisce magari quello che lui vorrebbe spiegare, ma poi al lato pratico... cioè sì, queste cose qui sono bellissime, ma io posso esercitarmi tutta la vita ma non ci riesco[25]. Lei lo conosce Rol?" [*rivolto a Lugli*]
Lugli: "L'ho conosciuto ieri in mezz'ora, l'ho conosciuto... primo contatto..."
Gaito: "Se Lei lo guarda bene vede che ha uno sguardo vitreo... ha uno sguardo strano Rol... Ma a voi [*rivolto ai coniugi Pesante*] vi ha mai fatto vedere la fotografia del nonno?"
Fasano: "Del nonno?"
Pesante: "C'ha una fotografia del nonno che è una cosa pazzesca, pazzesco proprio. Guardi sta fotografia e rimani... Ha un occhio che... zac! proprio così..."
Pesante: "Perforante"
Gaito: "Perforante, e l'altro che è dolce. Ma è perforante in un modo impressionante... Lui per esempio la prima volta che me l'ha fatto vedere, m'ha detto: 'Guarda un po' qui, no? Gli ha chiuso l'occhio, me l'ha fatta vedere sta fotografia mettendo una mano, un dito, sull'occhio perforante, no? Allora ho detto: 'Guarda, ti assomiglia eh? sembri proprio tu'. M'ha detto: 'Adesso guarda'. Ha tolto il dito... un occhio quasi normale, con la pupilla normale, l'altra con una miosi, proprio una pupilla stretta... ti dico: sta fotografia è impressionante..."
Pesante: "Mio cognato, che era uno scettico proprio elevato all'ennesima potenza, è venuto qui ed è rimasto così, secco no? poi un giorno era al caffè con gli amici e ha raccontato queste cose qui, no? ... 'Materializzazione, smaterializzazione, levitazione, lettura e scrittura a distanza, ce ne ho quattro'..."
Fasano: "Fa delle cose favolose"
Gaito: "Quando le tira fuori una carta... mette un mazzo di carte sul tavolo, e un'altra persona ha scelto una carta, diciamo per comodità l'asso di quadri, e il mazzo è lì così com'è adesso, mette la mano sotto e le tira

---

[25] Ecco qui espresse alcune difficoltà incontrate da un altro conoscente-amico di Rol, anche lui nella schiera degli *apprendisti* (spontanei, senza cerimonie, come lo erano più o meno automaticamente tutti coloro che frequentavano abbastanza Rol).

fuori l'asso di quadri e in quel mazzo non c'è più, e glielo fa così, ma così eh? tutto acceso, no?"
Pesante: "No però un momento, no scusa Alfredo, dopo questo esperimento qui, per esempio pigliamo l'asso di quadri, o il due di quadri, no? È qui, no? l'asso di quadri è qui, lo abbiamo controllato no? sto qui, sotto la luce eh? lui mette la mano così sotto... *trac!* tira fuori l'asso di quadri, e qui non c'è più, e l'abbiam contato prima che c'era. Però, dopo questo esperimento è provato..."
Lugli: "È provato, ne risente..."
Gaito: "L'unica volta che l'ho visto un po' provato è stata quella volta che ha tirato fuori la carta che era qui dietro a questo gatto, l'ha tirata fuori da laggiù, l'unica volta"
Fasano: "Che Delfina[26] l'aveva portata dietro al gatto"
Lugli: "E capita delle volte... che percentuale ha di insuccesso?"
Fasano: "Ah ma qualche volta gli capita, lo dice anche lui: 'Oh stasera non sono [*in forma*]'"[27]
Pesante: "Ma guardi che quell'affare lì glielo fa cento volte... Dina, quella sera che eravamo a casa sua, che è venuto quell'editore francese con quella splendida bionda di amica... ti ricordi? Come si chiamava quell'editore?"
Gaito: "Immagini la Catherine Deneuve dieci volte più bella"
Lugli: "Mi pare che Lei dottore sia rimasto molto colpito" [*ridono*] (...)
Pesante: "Come si chiamava quell'editore?"
Gaito: "Non lo so, era un italiano però"
Fasano: "Italiano che risiede a Parigi... che fa le edizioni speciali..." (...)
Lugli: [*rivolto a Gaito*] "Senta, Rol ha parlato con Lei, di me, di questo incontro, no, Le ha detto qualcosa?"
Gaito: "Sì, mi aveva detto ieri che... 'Mi ha telefonato un giornalista', anzi mi ha chiesto se volevo andare lì da lui alle quattro e mezzo, però io ho l'ambulatorio e non [*potevo*]. Poi non l'ho più... cioè l'ho sentito oggi e mi ha detto questo lui, che vuole fare tre sedute".
Lugli: "Ma, è lui che vuol fare tre sedute, perché io dopo aver fatto il pezzo[28] ne faccio quante ne vuole però voglio cercare di..."
Gaito: "Lui è uno molto..."
Fasano: "No ma a Lei conviene vederlo prima"
Lugli: "D'accordo lo voglio vedere, dico ma se anche mi fa una seduta sola..."

---

[26] Delfina Fasano, sorella di Dina.
[27] Sì, qualche volta, raramente, capitava e questo quando Rol, come ho messo tra parentesi, non si sentiva *in forma* o non si sentiva *a proprio agio*. Come in molti altri ambiti della vita, *motivazione, volontà di fare, sentirsi in forma/a proprio agio* sono ingredienti necessari per imprese e azioni di successo.
[28] Il primo articolo, che sarebbe stato pubblicato 17 giorni dopo, il 23 settembre (*infra*, p. 54).

Pesante: "È una cosa strana eh…"
Lugli: "Non lo so, dopo ne facciamo quante ne vogliamo…"
Fasano: "Ma non è questo. Ma non è questo, è che le prime volte non gli riescono le cose che gli riescono dopo"[29]
Gaito: "L'unica cosa che ha detto è questa: che lui vuole prima darLe il consenso sull'articolo che Lei scriverebbe[30]. Guardi che è una persona molto schiva eh?"
Lugli: "Sì ma io gli ho già detto che glielo farò leggere, cosa che non facciamo mai eh, noi giornalisti non facciamo mai…"
Fasano: "Rifugge da ogni pubblicità"[31]
Gaito: "È schivo proprio in un modo, ma pensi che è uno che potrebbe farsi una pubblicità ma spaventosa…[32] Se Lei si interessa di questi problemi, le riviste di metapsichica, non so se… a Napoli, c'è un certo De Simone[33]…"

---

[29] Una frase significativa che non va però presa come regola, piuttosto come tendenza. Si possono fare molte analogie per spiegare questo saltuario aspetto della *performance* di Rol: come un atleta, deve fare prima un riscaldamento; come un artista, deve entrare nella giusta onda creativa; come un amante, deve esserci il clima giusto di eccitazione, ecc; deve *carburare, ingranare, prendere slancio, farsi trasportare (e trasportare…)*, ecc. "A freddo" i muscoli non reagiscono come "a caldo"; Rol doveva entrare in sintonia/armonia con l'ambiente e i presenti, sentirsi completamente a suo agio e quindi *padroneggiare il processo*.

[30] Dopo già alcune delusioni, Rol voleva essere sicuro che non venissero scritte cose inesatte, strafalcioni, fraintendimenti del suo pensiero… Cosa che comprendo molto bene (e comprende chiunque diventi un personaggio pubblico), io stesso ho commesso ingenuità e mi sono fidato troppo a concedere foto o ad essere intervistato senza controllo del risultato. Tanto che preferisco di gran lunga – né del resto servirebbe altro, considerando quanto il mio pensiero è ormai sviluppato su migliaia di pagine – domande inviatemi per iscritto alle quali posso rispondere per iscritto (un esempio è l'intervista che mi fece Ade Capone nel 2013) così che si commetta il minor numero possibile di errori.

[31] Non si tratta solo di una questione di umiltà: la pubblicità è un noia e un ostacolo tremendo, soprattutto per chi ami una vita riservata, dedita ai propri studi, ricerche, creazioni artistiche, ecc., come era quella di Rol, e come lo è quella di molti "filosofi" e ovviamente Maestri. Un "sentimento" che condivido completamente.

[32] Davvero l'ultima cosa che avrebbe voluto, e una delle ragioni del sottrarsi agli invasivi, stupranti "controlli" nei termini voluti dai diffidenti a priori, che – nel comunque probabile successo – avrebbe finito per attirare su di lui una pubblicità mondiale, con paparazzi sotto casa a tutte le ore, la fine della sua tanto amata *privacy* e ripercussioni negative sulle sue attività di bene nei modi riservati e spesso anonimi che gli erano consoni.

[33] Giorgio di Simone.

Lugli: "Sì De Simone, sì. Che io l'ho imparato in questi giorni perché prima non me ne occupavo, mia moglie sì che se ne occupa ma... sì è venuto qui di recente..."
Gaito: "Ne parla come di un dio, eh?"
Lugli: "Ah, De Simone ne parla come di un dio"
Pesante: "Infatti De Simone m'ha dato a me una copia di una rivista... e lì parla di un esperimento..."[34]
Fasano: "De Simone è quello che abbiam conosciuto noi?"
Lugli: "Quello che è venuto recentemente"
Pesante: "Sì[35]. Parla di un esperimento di Rol che non solo "divina", chiamiamolo così, una carta, ma la sposta nel futuro, no? Ne parla proprio in questa rivista".
Fasano: "E poi su *Planète* per esempio, no? Son venuti fuori diversi articoli di Fellini[36], Fellini si interessa molto di queste cose"
Lugli: "Me l'ha letto, m'ha letto ieri"
Fasano: "Ecco gliel'ha letto. E di fatti ne sono accaduti qui a Torino, ecc. e molti..."
Gaito: "Guardi, io non so Rol in che categoria... si possa classificare..."
Lugli: "Ma cioè, è medium o no?"
Gaito: "No, non... ma vede il medium, Lei non so se ha partecipato a delle sedute spiritiche..."
Lugli: "Ho partecipato ad una importantissima veramente notevole che ho descritto ieri su *La Stampa*"[37]
Gaito: "Il medium entra in *trance*"
Pesante: "Lui no, lui è come noi"
Lugli: "Ma ci sono anche dei medium che non entrano in *trance* e ciononostante..."
Gaito: "Ma sono rarissimi, ma in genere quelli veramente... insomma, il vero medium, quando fa gli esperimenti... ci sono di quelli che non entrano in *trance*... le case spiritiche, no?... non esistono sti spiriti in un certo senso, cioè se c'è un fenomeno spiritico, Lei cerchi intorno e trova un medium, non c'è niente da fare, quindi questi medium non sono in *trance*, e si verificano dei fenomeni..."[38] Però se Lei fa una seduta dove vuol fare delle cose particolari... si mette in catena, Lei vede che il

---

[34] Si tratta probabilmente del secondo articolo di Di Simone su Rol su *Informazioni di parapsicologia*, del maggio 1970, cfr. vol. V, p. 372.
[35] I coniugi Pesante-Fasano lo avevano conosciuto pochi mesi prima, nel maggio 1972, nel suo secondo viaggio a Torino per incontrare a Rol (cfr. vol V, p. 398, la lettera a Rol dove manda i saluti anche a loro).
[36] Si veda vol. V, p. 66 e l'articolo di Pitigrilli che cita Fellini, vol. IV, p. 146.
[37] *Ho preso parte a una "seduta medianica"*, cfr. *supra*, p. 15 nota 9.
[38] Gaito si sta riferendo ai fenomeni di *poltergeist*, *infestazione* (intendeva case *infestate*) e *apparizioni* spontanee.

medium dopo... non so, appena spegne le luci fa quel respiro stertoroso[39], così, e va in *trance*. Cioè, perde la conoscenza proprio. Poi si svolge la seduta, viene lo "spirito guida"... poi a un dato momento lo spirito guida dice: "Contate fino a tre e la seduta è tolta", e si riaccendono le luci. E questa gente tante volte va addirittura in catalessi eh? perché cadono rigidi quasi stecchiti. Io almeno quelle sedute che facevo allora, nel '38, avevamo... tre medium, eravamo in cinque, due svegli e tre medium che cadevano in *trance* e... erano legati, perché il medium quando dice a un dato momento che si produce un determinato fenomeno, oppure non lo dice ma avverte certi fenomeni, se non si producono ha tendenza a farli. Cioè loro in un certo senso barano, hanno queste cose qui, è stranissimo, una tendenza inconscia, non lo so. Quindi noi li legavamo, erano legati mani, piedi alle sedie[40], quindi quando poi finiva la seduta questi qui si irrigidivano no? quasi in catalessi, noi abbiamo una lampadina, prima di accendere le luci mettevamo... gli coprivamo gli occhi con una stoffa nera, poi con la luce adagio adagio li svegliavamo insomma, per evitare che si facessero anche del male, perché può capitare insomma... Lui invece mai, mai!, non ha mai perso..."
Fasano: "È sveglio, come Lei"
Gaito: "... sono dei fenomeni diversi, completamente diversi. Lui per esempio le sue cose notevoli, sa quali sono? Io ancora... mi ha promesso di farmele vedere, ma ne ho parlato con degli amici che fanno parte di questo gruppo che lui frequenta, sono le serate che si fanno in casa Gàzzera..."[41]
Fasano: "Ah sì, siamo stati"[42]
Gaito: "Anch'io sono stato, però quelle particolari sono quelle per esempio delle pitture al buio, dove si vedono..."
Fasano: "Tu le hai viste le pitture al buio?"
Gaito: "Eh no, ma me ne ha parlato... Mustorgi[43]... non con lui, ne ho parlato con questi amici"[44]

---

[39] Russante, gorgogliante.

[40] Quanto dice Gaito è giusto, ed è certo molto curioso che – come pare evidente – non fosse al corrente che almeno in una situazione, ma probabilmente più di una volta, Rol si fosse sottoposto a questo "protocollo" in anni passati, come abbiamo visto nella testimonianza di Carlo Moriondo (vol. V, p. 414), che rispecchia perfettamente quello che Gaito sta raccontando qui. Curioso anche che la testimonianza di Moriondo sarebbe stata pubblicata negli stessi giorni in cui Gaito diceva queste cose. Avrà letto poi anche lui l'articolo di Moriondo? E che cosa ne avrà pensato?

[41] Che abitavano e ancora abitano al 1° piano di Via Silvio Pellico. Ho potuto raccogliere nel 2022 una dettagliata testimonianza di Luigi Gàzzera, più avanti a p. 394.

[42] Gàzzera mi ha scritto che «Gustavo una volta ci portò, come disse lui, "la metà del Duo Fasano"», ovvero Dina Fasano.

[43] Antonio Mustorgi e la moglie Giorgina, amici di Gaito e dei Gàzzera.

Fasano: "E io ne ho parlato con la Perosino che l'aveva visto, in casa Valletta"[45]
Gaito: "Ecco, i pennelli i colori..."
Lugli: "Ce l'ha descritto Riccardi..."
Fasano: "In casa Valletta l'avrà visto, la Perosino era..."
Gaito: "... sti pennelli che si muovono... ma dipingono un qualcosa pensato da uno dei presenti"
Totti: "Ma lui non è spiritista però ammette che sia Ravier che fa questi [*dipinti*]... come si spiega questo?"
Gaito: "Ah guardi lui da quel lato lì, se uno volesse andare veramente molto molto a fondo, ci sono delle contraddizioni[46]. Perché lui per esempio dice: 'Non credo agli spiriti', ma lui questa adorazione di Napoleone, questa simbiosi napoleonica, perché lui ha una..."
Fasano: "Si identifica quasi"
Gaito: "Non si identifica con Napoleone ma insomma c'è un qualchecosa di collegato tra lui e Napoleone che è una cosa che non si riesce a capire"[47]

---

[44] Stando a Luigi Gàzzera, a casa sua non vennero mai fatti esperimenti di «pittura al buio» (cfr. *infra*, p. 397), quindi quelli di cui aveva sentito parlare Gaito erano avvenuti da altri.

[45] Vittoria Perosino che fu titolare dello storico ristorante sul Po *Imbarco Perosino*, a Torino (cfr. 1-XV-6); Vittorio Valletta, presidente della FIAT.

[46] In realtà è il contrario: le contraddizioni ci sono al livello di superficie, perché Rol non svelava ai neofiti – come era giusto che fosse – ciò che si trovava «a fondo». Il "fondo" di Gaito era ancora appena sotto la superficie, dove chi aveva cominciato a frequentare Rol con una certa assiduità iniziava a prestare attenzione non più solo agli esperimenti, che ovviamente catalizzavano l'interesse di tutti i neofiti, ma anche all'uomo Rol e al suo pensiero; e quindi iniziavano le domande alle quali Rol rispondeva solo "a puntate" in maniera cha andava dal simbolico-allusivo dei primi tempi (anni) fino alle spiegazioni vere, parzialmente vere, o parzialmente complete, e comunque nei limiti comunicativi che già ho evidenziato in precedenza.

[47] Da questa conversazione è possibile valutare la comprensione – ancora poca – che i presenti hanno di Rol e il loro grado di prossimità a lui. Gaito era certo quello che, in quel momento, lo conosceva meglio, seguito da Pesante e Fasano. Ma Gaito, classe 1915, a quanto pare conobbe Rol solo l'anno precedente, nel 1971, se ci basiamo su quello che mi aveva detto il prof. Lorenzo Roccia: a Rol «ho presentato io Fred [*Alfredo*] Gaito, era un mio collega che alla bella età di 56 anni era andato in pensione ed era venuto alla mia scuola a imparare l'agopuntura, ed eravamo diventati amici, anche perché era il medico della mutua di mia moglie di allora, che me l'aveva presentato. Con lui parlavo spesso di Gustavo e prima che lo conoscesse mi diceva sempre: "Quello lì ti prende in giro, è un ipnotizzatore! Voi non capite niente". Dopo un po' di tempo gli ho detto: "Senti, facciamo una cosa, una sera vieni con me". Da lì in avanti è diventato uno dei suoi più fervidi "seguaci"» (vol. III, p. 344). Sul rapporto tra Rol e Ravier, così come tra Rol e Napoleone, ho di fatto risposto alle domande e ai dubbi qui

Lugli: "Lui ha un museo su Napoleone"
Gaito: "Lui ha un museo di Napoleone... ma cose dette da amici comuni... Chi ha visto con lui in Francia, per esempio non so, è entrato una volta in un posto dove c'erano tutti oggetti di Napoleone, si son messi tutti a muovere. Tutta Parigi ne ha parlato, insomma"[48]
Fasano: "Oppure... dov'è che è sepolto Napoleone?... a Parigi, a *Les Invalides*... non so, è entrato a *Les Invalides* è successo qualcosa, non so, robe che suonavano"[49]
Totti: "Ma probabilmente lui lì ritiene di essere la reincarnazione"[50]
Gaito: "Un giorno ero a casa sua no? eravamo lì in quel salottino dove c'erano il ritratto di Napoleone..."
Fasano: "Ah nello studio..."
Lugli: "Nello studio dove c'è la scrivania"
Fasano: "... nello studio dove c'è la scrivania"
Lugli: "Io son stato ricevuto lì ieri"
Gaito: "[*Rol mi diceva*] 'devo fare una copia, ti devo regalare quella copia di Napoleone perché è unica', perché sai che ce ne sono solo due di queste copie qui, ce n'è una ce l'ha lui e l'altra ce l'ha una..."
Fasano: "David aveva fatto questo ritratto di Napoleone, poi Napoleone aveva fatto fare delle copie per i suoi generali, queste copie sono andate perse quasi tutte, sono rimaste due copie, una di queste copie è in possesso di Rol e lui la tiene dentro una vetrina con una tenda, poi in casi veramente eccezionali... tira su questa tenda, prima crea un ambiente

---

posti da Gaito ed Else Totti già ne *Il simbolismo di Rol*. In sintesi, alla domanda di Else che Rol «non è spiritista però ammette che sia Ravier che fa questi [*disegni*]... come si spiega questo?», la risposta è: con la nozione di *spirito intelligente*, che ovviamente i Lugli ancora non conoscevano ma che era estranea anche a Gaito e ai Pesante, visto che nessuno la menziona (mentre Rappelli tre anni prima, alla conferenza-dibattito di Milano, l'aveva invece molto bene presente).
[48] Non ci sono al momento altri riscontri su questa affermazione. Qualcosa che vagamente la ricorda è quanto mi disse Nevio Boni sul disco con la marcia di Napoleone trovato da Rol in un negozio di Parigi, uscito da solo dallo scaffale e volato fino al bancone dove Rol si trovava (1-XVI-6; anche 3-XVI-44° e nota relativa a pp. 409-410).
[49] Non ho altre fonti da comparare, l'unica è questa: «In una delle sue rare "confessioni" [*Rol*] raccontava: "Pensa che non posso più andare 'Aux Invalides' perché si muovono tutte le bandiere!"» (Frassati, L., *L'impronta di Rol*, Daniela Piazza Editore, Torino, 1996, p. 138); forse è a questo che Fasano si riferisce, non ricordando bene, oppure si tratta proprio di altro (suoni di tromba? tamburi?, come quelli che suonavano da soli a casa Rol?); Napoleone è sepolto agli *Invalides*.
[50] Come si vede, chi non conosceva il pensiero di Rol tendeva a dare queste interpretazioni (tantopiù se credeva a questa teoria; non ho comunque elementi per stabilire se Else ci credesse o meno, o se solo stesse facendo delle ipotesi).

con... – anche con te ha fatto così – sentire la solita marcia lugubre, ecc. ecc., e poi fa vedere questo ritratto di Napoleone[51] che indubbiamente... sui libri di testo, a scuola, le ... di Napoleone venivano fuori. E però lì in quell'atmosfera lei indubbiamente ha la sensazione ... è l'atmosfera creata, guarda, da lui, che è un grandissimo regista, è un regista favoloso"
Totti: "Per conto mio è senz'altro un medium, con poteri particolari..."[52]

Il ritratto di Napoleone Bonaparte nello studio di casa Rol, dettaglio tratto dall'originale a figura intera di Jacques-Louis David, *Napoleone nel suo studio*, 1812. Fotografia di Norberto Zini, 1977 (© Archivio Franco Rol).

---

[51] È questo ritratto che alcuni testimoni hanno affermato potesse sorridere, cfr. 1-XXXVII-12, 13, 15, 16, 17.
[52] Di nuovo, è abbastanza sorprendente come alcuni insistessero con questa definizione senza nemmeno aver frequentato Rol, indice di giudizi affrettati e non basati sui fatti. Nel suo libro del 1995 Lugli, dopo averlo frequentato, scrisse che «Rol non voleva essere definito medium, né tantomeno mago» (p. 28, 3ª ed. 2008).

Mentre Dina Fasano parlava con Alfredo Gaito ed Else Totti, Remo Lugli e Manlio Pesante conversavano a loro volta (in sovrapposizione):

Pesante: "Vorrei dirLe una cosa: Le ho detto prima una frase, che se io racconto queste cose a un altro, perché mi prende per arteriosclerotico o picchiatello, Lei non deve fare il mio nome"
Lugli: "Non devo fare…?"
Pesante: "Il mio nome"
Lugli: "Va beh, eliminiamo quella frase lì…"
Pesante: "No, il mio nome"
Lugli: "Non devo nominarla per niente?"
Pesante: "Per niente, perché io vivo in un ambiente talmente… che è una grossa industria. Il laboratorio… Lei mi deve promettere di non farlo"
Lugli: "Va beh, va beh…"
Pesante: "Perché io conosco la RIV[53], il laboratorio è costato come un agente, così… certo vanno lì a fare una ricerca su una cosa che nessuno ha fatto, è chiaro che non è una cosa che si fa così, no? cioè arrampicarsi in esperimenti… ci vogliono… la Terra. Il laboratorio… così, no? Io Le assicuro che l'ambiente è … da questo fatto qui. Lei mi dia la sua parola che Lei non va a nominarmi…"
Lugli: "D'accordo"[54]
Pesante: "Perché Le assicuro io che la prima sera – adesso è venuta la moglie…– la prima sera di questa cosa qui abbiam detto già: 'Non lo raccontiamo a nessuno perché ci prendono per deficienti', perché Lei vede delle cose che non sono possibili, vedrà Lei stesso. Adesso Lei più o meno è nelle condizioni in cui ero io quando ho sentito parlare di Rol: 'Ah sì?... ah sì?...'"
Lugli: "No no, ma io infatti so perfettamente che…"

Nel frattempo Alfredo Gaito (in sovrapposizione) aveva parlato di altro, rispondendo ad Else Totti:

Gaito: "Rol non ha nessuna caratteristica del medium, nessunissima… I fenomeni che si fanno con lui non li fa nessun medium, nel modo più

---

[53] L'azienda metalmeccanica dove Pesante lavorava, cfr. nota 1 p. 18.
[54] E infatti non si sapeva nulla di questa testimonianza di Pesante fino a quando nel 2016 non venne rinvenuta l'audiocassetta dopo la morte di Lugli, il quale neanche nel suo libro ne fa il nome, così come non menziona mai Dina Fasano. Penso che inizialmente Lugli mantenne la sua parola, e con gli anni finì per dimenticarsi di questa importante conversazione registrata, che io ritengo un documento davvero significativo. Tra l'altro quando pubblicai il video nel 2017, non sapevo che la moglie di Pesante fosse Dina Fasano, non essendo l'informazione facilmente reperibile, e sulla cassetta di Lugli si menzionava solo Pesante.

assoluto, queste cose qui delle carte... 'Ma perché le fai?', dice: 'Perché le carte le vedete...'
Fasano: "Sì anche a noi ha dato ste spiegazioni"
Gaito (che cita, a braccio, Rol): "...'vi rendete conto di quelle che sono le mie possibilità. Se io vi dico che sono andato per la strada, che ho incontrato le anime di due morti che appena mi hanno visto hanno capito che io... [*le vedevo*], loro spariscono nel muro... Voi – mi ha detto – voi non mi credereste, perché... quindi voi non mi credete. Però queste cose qui io come le posso dimostrare?[55] Io non ho niente, io non ho nulla per dimostrare, però da queste cose che io vi faccio vedere potete forse anche credere, poi magari non ci credete, voi potreste forse anche credermi che quello che io dico corrisponde alla verità attraverso queste cose che io vi faccio vedere'".

La conversazione ora riprende tutti insieme:

Totti: "Vedi lui dice che vede anche per esempio gli spiriti li vede, ecc., però non lo dice con la gente, perché altrimenti diventa troppa la frattura tra il reale e l'irreale, praticamente. Ma invece se tratta un argomento di carte, sono più alla portata..."
Fasano: "È un mezzo di comunicare"
Totti: "È un mezzo di comunicare, con lui l'ha detto proprio..."
Gaito: "Sì ma io un giorno gli ho chiesto: 'Perché tu fai sempre tutto con le carte? Le carte si prestano anche così a ...'"
Lugli: "A pensare al trucco..."
Gaito: "... la gente, quand'io racconto qualche cosa ai miei amici di quello che tu hai fatto con le carte la gente mi dice subito:
'Ah sì... giochi di prestigio, ma figurati...'[56]
[*E Rol mi risponde:*] 'Tu non hai idea di cosa si può fare con le carte'"
Effettivamente è vero: con le carte si possono fare delle cose strabilianti. Però le cose che fa lui, come quella per esempio di estrarre una carta, come ha fatto l'altra sera..."
Fasano: "Dietro il gatto"

---

[55] Uno dei metodi a disposizione di Rol per dimostrarle, con amici "apprendisti" già da qualche anno, era quello di rendere – nel caso in questione – visibili anche a loro queste «anime dei morti», come accaduto per esempio a Lorenzo Rappelli: «Una volta eravamo davanti alla chiesa di San Filippo, c'erano un uomo e una donna, 50/60 anni la signora e il ragazzo doveva avere 25 o qualcosa del genere. Camminavano sul marciapiede e Gustavo mi dice: "Vedi quei due? Non sono degli esseri viventi, sono delle persone che sono morte". E io dico: "Mah, possibile?" In quel momento i due girano la testa, ci guardano, entrano nel muro e spariscono. Quale fosse la funzione per cui questi esseri erano visibili agli esseri umani non lo so, che cosa facevano non lo so» (1-XXIX-4).
[56] È quella che io chiamo *reazione pavloviana*...

Totti: "Sono cose difficili, eh, da raccontare queste qui, perché…"
Fasano: "Non si possono raccontare"
Lugli: "No, dico… anche…"
Fasano: "…anche scriverle"
Lugli: "…anche scriverle, perché poi c'è subito quello che dice: 'Beh va beh il mazzo gliel'aveva messo il giorno prima, cioè…"
Fasano: "Ma certo! è difficile anche scriverle"
Lugli: "Difficilissimo"[57]
Fasano: "È difficile, bisogna…"
Gaito: "Guardi, uno dei più begli esperimenti di carte, a parte questi qui, sono quelli dei cinque assi… Una sera… – l'unico esperimento che lui fa al buio – l'unico che fa al buio non perché è necessario, come dire, creare una determinata atmosfera, ma perché deve isolarsi da… non deve essere disturbato da nulla, non vuole la luce, non vuole i rumori[58], e infatti quella sera noi ci siamo messi…"
Fasano: "Abbiam preso quel tavolo là e l'abbiam messo nell'ingresso"
Gaito: "In questo corridoio, no? perché doveva non sentire nulla, proprio, essere completamente ovattato… Ha messo sei mazzi di carte, noi eravamo disposti poi in modo tale che nessuno poteva muoversi"
Fasano: "Eravamo in quel corridoio lì, si immagini, in sei"
Gaito: "Dunque a un dato momento lui ha detto, di tenerle, ha detto [*a Pesante*]: 'Guarda, prendi questi cinque mazzi e valli a nascondere dove vuoi'. Lui s'è alzato, ha preso i cinque mazzi di carte e poi è partito"
Fasano: "Lui li ha messi in quei cassetti laggiù in fondo"
Gaito: "Sì ma noi non lo sapevamo. Lui s'è alzato, ha preso i cinque mazzi e poi è tornato. Poi a me ha detto: 'Prendi il mazzo che è rimasto…'"
Pesante: "No scusa un momento. Io, lo settico che sono, ho perso un po' di tempo lì e ho contato le carte di un mazzo. Le carte di un mazzo sono 54, perché ci sono i due jolly dentro. Non ho voluto contare tutti i mazzi, ma di un mazzo ne ho contate 54. Dico: beh vediamo se forse capiterà

---

[57] In questa parte di conversazione si nota bene come – ben lungi da ciò che gli scettici in malafede vorrebbero fare credere – i frequentatori di Rol erano tutt'altro che dei creduloni, e facevano considerazioni sensate, razionali e prudenti. In merito agli esperimenti con le carte poi, è verissimo che erano e sono molto difficili da descrivere a parole e infatti si finiva e si finisce di fare proprio quello che Rol per esempio aveva fatto in uno dei resoconti di Pitigrilli: ci si procurano dei mazzi di carte e si mostra, *visivamente*, quali sono gli schemi di base («"Dottor Rol, non le chiediamo di presentarci i suoi esperimenti. Ci spieghi di che si tratta". "E che cosa volete che vi spieghi? Mandate a comperare alcuni mazzi di carte"», 1-V-2).
[58] Si conferma quanto ho più volte sottolineato in precedenza.

qualcosa in cui se io vedo che manca una carta lì, allora già mancava da prima. Allora, di un mazzo, son sicuro, eran 54"[59]
Lugli: "Ma le carte erano sue?"
Fasano: "Nostre nostre nostre carte... queste, queste carte qui con le quali noi giochiamo a *bridge*"
Pesante: "Allora mentre io ero lì ho perso un po' di tempo e ho fatto [*e conta le carte*]: 2, 4, 6, 8, 10... 54... c'eran tutte... almeno in un mazzo"
Gaito: "Allora si è fatto dare un ago..."
Fasano: "Un ago e del filo, un ago infilato"
Gaito: "Un ago e una gugliata di filo, e l'ago è stato puntato sul tappeto verde..."
Fasano: "Messo lì"
Gaito: "Poi mi ha detto: 'Quel mazzo lì prendilo, mescolalo, taglia', e ho tagliato un asso di quadri. M'ha detto: 'Mettitelo in tasca'. L'altro mazzo l'avevan portato via. Ha fatto spegnere le luci e ha dato a ognuno di noi un foglio di carta, no? e ha detto: 'Quando io vi dico 'carta' voi questa carta la prendete e la muovete, in modo da fare un piccolo rumore. Quando vi dico 'mani' voi posate il foglio di carta sul tavolo e fregate le mani'. E infatti noi abbiam detto carta perché avevamo tutti un foglio di carta... [*pare una battuta, ma non si capisce*] Poi, 'mani'. Io a un dato momento sento un colpo che fa *tac*!, per terra"
Fasano: "Sì tutti abbiam sentito un colpo"
Gaito: "Allora, accendiamo le luci, c'erano cinque assi di quadri infilati, quell'ago lì che era sul tavolo non c'era più"
Lugli: "Non c'era più?"
Gaito: "Non c'era più. Però era infilato... erano cinque carte di quadri infilati... non le hai più quelle carte lì?"
Fasano: "Sì ho l'asso che poi ho tirato via dall'ago"
Gaito: "Sono bucate"
Pesante: "Sì"
Fasano: "È bucato, devo averlo da qualche parte"
Gaito: "Cinque assi di quadri infilati a distanza di dieci centimetri l'uno dall'altro, tutti infilati in quel filo di quell'ago che era lì davanti a noi"
Fasano: [*ha portato la carta*] "Passi il dito..."
Gaito: "C'è un forellino... Allora lui ha detto: 'Andate a prendere i cinque mazzi', lui [*Pesante*] è andato a prendere i cinque mazzi e in ogni mazzo mancava l'asso di quadri..."
Pesante: "E di un mazzo io ero sicuro che quando l'ho messo c'erano 54 carte, di quel mazzo lì le ho contate erano 53, mancava l'asso di quadri"
Gaito: "M'ha detto che questo esperimento lui l'ha fatto con due persone... l'ha fatto con... e l'ha fatto non so se era con la Paola di Liegi o qualcuno della famiglia della Paola di Liegi, non mi ricordo più"[60]

---

[59] Ancora una dimostrazione: 1) di assenza di credulità; 2) di assenza di stati ipnotici. Faccio poi notare che nel o nei mazzi sono mantenuti anche i jolly.

Fasano: "Un esperimento che ci ha lasciato di stucco"
Pesante: "Allora Lei capisce che per me…"
Lugli: "Ci potrebbe essere il trucco"
Pesante: "Non so come, ma ci potrebbe essere"
Fasano: "Ma però fa delle cose che io credo che nessun altro al mondo fa"

La registrazione termina con Manlio Pesante che fa uscire "casualmente" un asso di quadri, con risate dei presenti.

---

[60] Paola di Liegi, ovvero Paola Ruffo di Calabria (n. 1937) sarebbe poi diventata regina del Belgio dal 1993 al 2013, consorte di re Alberto II. Rol era amico di famiglia. L'esperimento di bucare le carte con ago e filo era un "classico" di Rol, si vedano: 1-V-37, 38, 121; 3-V-157. Lo stesso Lugli avrebbe poi presenziato a questo tipo di esperimento, che ho menzionato ma non riportato nei volumi precedenti, e che riporto qui:
«Dieci ballerine allineate che si tengono per mano –
Una sera degli anni '70, in casa Lugli, presenti Remo, Else, Bettina e altri.
Ricordo un esperimento importante, ma non i suoi particolari perché non ne presi appunti. Eccone gli elementi principali. Abbiamo i soliti mazzi di carte controllati, mescolati e allineati. Rol ne fa scegliere uno e da questo trae, con il concorso di tutti, dieci carte. Sono lì, affiancate e aperte, che mettono in mostra le loro figure e i semi. Sono le carte pilota. Ora fa scegliere un altro mazzo che viene ulteriormente mescolato, tagliato e ricomposto col dorso in alto. Si fa dare da mia suocera, Bettina, un ago infilato con una gugliata di filo bianco, lunga almeno sessanta centimetri, e posa ago e filo distesi sul tappeto, davanti a sé, accanto al mazzo chiuso. Noi guardiamo incuriositi, non sappiamo quale sarà lo svolgimento di questo esperimento: è la prima volta che vediamo accessori come ago e filo. [*Lugli non ricordava evidentemente cosa avevano raccontato Gaito e i Pesante-Fasano*] Rol non spiega, prega Else e Bettina, che gli siedono a fianco, di tenergli strette le mani, poi chiede di accendere la luce al fondo della sala, a lato del caminetto, e di spegnere le luci del lampadario. Segue un momento di concentrazione da parte di Rol durante il quale Else e Bettina sentono le sue mani tendersi e contrarsi come in uno sforzo. Poi la sua voce: "Accendete, è già fatto".
Alla luce grande sembra tutto come prima: c'è il mazzo chiuso, ci sono le dieci carte campione aperte e affiancate; ma, ecco una differenza importante: mancano ago e filo. "Andate a vedere sul tappeto, davanti al camino" dice Rol. E là troviamo, con il filo che passa al centro di ogni carta, tutte allineate e distanziate l'una dall'altra di qualche centimetro, come ballerine che si tengano per mano, le dieci carte uscite dal mazzo chiuso, uguali a quelle che erano stabilite come campione e disposte proprio con il medesimo ordine. Naturalmente controlliamo il mazzo: le dieci carte mancano» (*Gustavo Rol. Una vita di prodigi*, 3ª ed. 2008, pp. 98-99). Anche Luigi Gàzzera ha raccontato un esperimento simile, inedito, che pubblico al fondo con le immagini della carte bucate dall'ago col filo che le attraversa (pp. 416-417). Nel vol. III, tavola XIX, avevo già pubblicato quelle di Paolo Fè d'Ostiani.

Annotazione di Remo Lugli sul cartoncino informativo della audiocassetta originale con la registrazione, sui due lati, delle conversazioni avute con Carlo Castagnoli, Manlio Pesante, Alfredo Gaito (e Dina Fasano). (© Archivio Franco Rol)

Remo Lugli e Rol

estratto da
Gustavo Rol. Una vita di prodigi
1995

«Che gioia assistere agli esperimenti di Gustavo Rol! Ho goduto di questo privilegio per circa otto anni, a partire dall'autunno '72, quando lo conobbi per un intervista, nell'ambito di una inchiesta sulla parapsicologia che facevo per *La Stampa*. Mi invitò ad alcune sedute in casa Gazzera, amici che abitavano nello stesso suo palazzo[1], perché potessi rendermi conto di quello che accadeva con lui e raccontarlo negli articoli. Naturalmente furono subito cose per me straordinarie, anche quelle con le carte, gli esperimenti più semplici, che lui chiamava "le aste", adatti ai novizi per non turbarli troppo. Sentivo parlare di "viaggi" con apporti, di pittura al buio senza toccare i pennelli, di scrittura diretta, di lettura nei libri chiusi. "C'è tempo, per quelle cose, molto tempo" mi diceva, e aggiungeva: "se avremo occasione di vederci ancora". Quella, naturalmente, era la mia grande aspirazione. Le persone che frequentavano casa Gazzera in quel periodo e che contattavo in separata sede per raccogliere informazioni e impressioni su Rol, mi dicevano che i privilegiati erano pochi e che, come era difficile essere ammessi alle sue sedute, altrettanto lo era poter continuare a far parte del gruppo.
E invece fui fortunato: mi fece partecipare anche a serate in casa sua, venne a casa mia, conobbe Else, mia moglie, e Bettina, mia suocera, e qualcuno dei miei amici, in primo luogo i coniugi Innocenti-Torrini, ing. Silvano, direttore della Fiat Grandi Motori e Doretta. Dimostrò di trovarsi bene in nostra compagnia, ci fece conoscere i coniugi Visca, Giorgio, impresario edile e Nuccia, e i coniugi Gaito, dott. Alfredo, medico e amico, e Severina, coi quali già si incontrava abitualmente, e con l'infittirsi dei nostri incontri quello divenne il suo nuovo gruppo. Una o due volte la settimana c'era per noi questa festa. Dalle 21,30 in poi. Questo "poi" era un termine non ben definito: non certo prima di mezzanotte, quasi sempre intorno all'una e trenta-due. Rol, in quel tempo prossimo ai settant'anni, aveva una vitalità straordinaria: quando era in vena di scherzare, come gli capitava non di rado, stando seduto su una sedia prendeva un piede e, mantenendo il busto eretto, se lo portava dietro la nuca[2]. Nelle ore molto tarde qualcuno di noi, nonostante il grande interesse per gli esperimenti

---

[1] Si veda la testimonianza inedita di Luigi Gàzzera a p. 394.
[2] Indice che conosceva la *pratica yoga* – non solo la teoria, di cui aveva una conoscenza approfondita – come confermato da altri; si veda il vol. III la testimonianza di Beppe Avvanzino (IX-96, p. 102) con la nota a pp. 386-387, dove ho raccolto tutti gli episodi ed affermazioni relative.

che vedeva e l'entusiasmo che lo sorreggeva, dava segni di cedimento, avrebbe voluto andare a dormire. Ma nessuno proponeva di smettere: fin che lui continuava si resisteva.

Le serate si dividevano di solito in due parti: prima una chiacchierata, poi gli esperimenti. Si discorreva almeno per un'ora; ed era soprattutto Rol che impostava la conversazione affrontando un tema o filosofico o di attualità. Oppure ricordava gli anni della gioventù, descriveva la Torino di quel tempo, parlava della sua permanenza in Francia o raccontava di incontri con personaggi importanti. Discorsi che non avevano mai l'ombra della vanteria, solo soddisfazione, come quando ricordava che Einstein, vedendo i suoi esperimenti, si era messo a battere le mani come un bambino. Colto com'era, con un eloquio forbitissimo, incantava l'uditorio, era sempre un grande piacere ascoltarlo.

Sentivamo che quei suoi racconti contenevano informazioni preziose. Io, per istinto professionale, a volte toglievo di tasca un pezzo di carta e la biro per appuntarmi una data, un nome, una parola, ma lui subito mi guardava severamente: non voleva. Talvolta ho provato a posare sul tavolo, con noncuranza, un registratore, ma subito sono stato redarguito. No, niente incisioni. Temeva i giornalisti. Mi considerava amico, ma come Remo, non come il giornalista Lugli. Era prevenuto contro il giornalismo: qualche volta era stato scottato da inesattezze o esagerazioni; il suo atteggiamento era anche di difesa perché quasi ogni giorno aveva richieste di incontri da parte di giornalisti italiani e stranieri. "Se dovessi dire di sì a tutti sarei sempre al loro servizio". Qualche volta finiva per cedere. Le sue gesta nel campo paranormale erano state raccontate da firme prestigiose, tra cui anche Dino Buzzati sul *Corriere della Sera*.

Ma c'erano anche serate in cui gli piaceva scherzare, dimenticava i discorsi seri e si metteva a raccontare barzellette. E sapeva essere molto divertente. A un certo punto, in genere verso le 23, finiva la prima parte della serata. Rol proponeva di lasciare le poltrone e si passava al tavolo, che era sempre coperto da un panno verde, il suo colore preferito, quello che gli aveva dato ispirazione nei suoi primi esperimenti. A volte, nel momento culminante di fenomeni difficili, invitava tutti a pensare intensamente al verde, a cercare di penetrarvi immaginandolo nella sua espressione più pura come si riscontra nell'arcobaleno; il colore verde aveva per lui una funzione di equilibrio e di forza.

L'atmosfera, diciamo paranormale, si scaldava con le carte. Davanti a lui erano allineati non meno di otto mazzi da poker, ognuno con il dorso di colore e disegno diverso, quasi sempre nuovissimi perché l'intenso uso li deteriorava facilmente, oppure erano da conservare perché diventati "testimoni" di un particolare esperimento con una o più scritture apparse tra i semi senza il diretto intervento suo. Poteva capitare che, di fronte a un mazzo ancora avvolto nel cellophan, avesse l'estro di far partire la serata proprio da quello: stabilita una carta, sulla omologa racchiusa

faceva comparire un proprio segno di matita lasciando l'involucro intatto e senza toccarlo. Di solito faceva togliere da ogni mazzo la carta falsa e i due jolly perché diceva che gli davano fastidio. I mazzi li maneggiava poco, li faceva sempre mescolare e alzare ai presenti.
Oltre alle carte voleva a disposizione un buon numero di fogli intonsi prelevati da una risma e alcune matite con punta ben affilata. Ma più spesso faceva ricorso alla sua inseparabile matita di bambù dalla grossa punta di grafite (era un ricordo di un caro amico scomparso, il marchese Gianfelice Ponti di Varese), con la quale scriveva nomi e numeri, via via che i presenti li pronunciavano su suo invito, per arrivare poi a determinare, magari con un sorteggio finale, una carta o un soggetto su cui compiere l'esperimento. Quella matita talvolta la usava anche quand'era al ristorante con un ospite per improvvisare una scrittura a distanza: coglieva al volo una parola pronunciata dall'invitato, puntava la matita nel vuoto e faceva il gesto di scrivere. "Guardi il suo tovagliolo", diceva subito dopo e l'ospite, sbalordito, constatava che quella parola era lì nel bel mezzo, impressa dal lapis sulla stoffa, chiarissima. Alla fine, naturalmente, Rol aggiungeva sul conto anche il costo del tovagliolo che l'ospite si portava via per ricordo.
A mezzanotte o alla mezza la seduta si interrompeva per uno spuntino con salatini, paste e bevande non alcoliche; un'altra chiacchierata, poi si riprendeva. Quasi sempre in piena luce, solo nei momenti conclusivi di esperimenti molto impegnativi si spegnevano le lampade grosse, ma lasciando l'ambiente in penombra con un *abat-jour* velato o una luce nel locale accanto o quella del caminetto (…)»[3].

---

[3] pp. 47-49, 3ª ed. 2008.

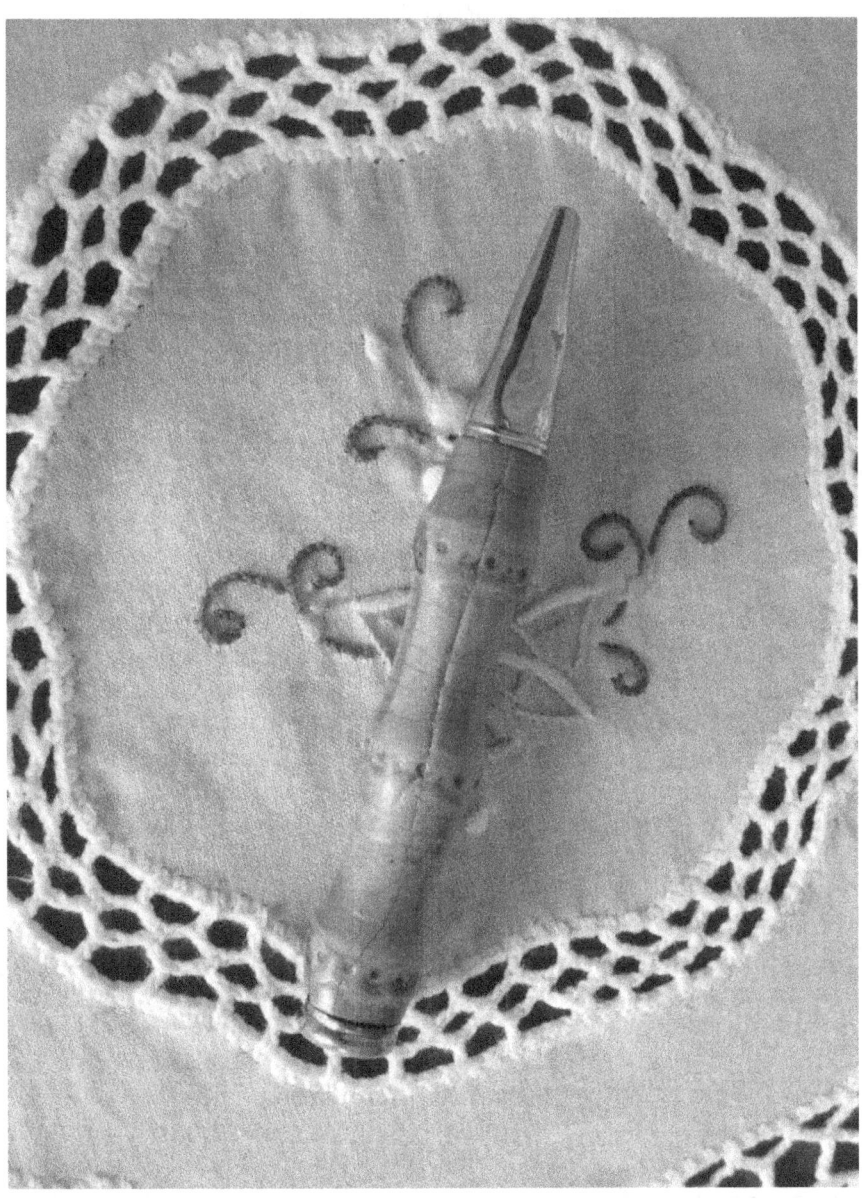

Il rivestimento/involucro di bambù della matita che Rol usava in alcuni suoi esperimenti, donatogli dall'amico poeta Gian Felice Ponti di Varese.

Strabilianti esperimenti d'un uomo
che dissolve e ricompone la materia

di Remo Lugli

23/09/1972[1]

Occhiello
Incontro con il dott. Gustavo Adolfo Rol di Torino – Nega di essere un medium – "Per carità! Sono come tutti" – Tuttavia può predire il futuro, leggere un libro chiuso, scrivere a distanza – È la testimonianza vivente di leggi fisiche che evidentemente esistono, ma sono ancora oscure alla mente umana: pochi possono vederlo, è sconvolgente.

Ci sono dei medium, dei chiaroveggenti, dei sensitivi, c'è chi ha sviluppata questa o quella proprietà paranormale. Rol è tutto questo, sa fare di più, quello che nessun altro riesce a ottenere. A sentir lui non è niente: «*Medium? Per carità! Sono come tutti*»[2]. Ammette soltanto di aver saputo, a differenza degli altri, raggiungere certe finalità. È un uomo dalle cose più sbalorditive, più difficilmente credibili: può predire il futuro, può leggere un libro chiuso, scrivere a distanza, dissolvere e ricomporre la materia in un istante, fare un'infinità di altri esperimenti prodigiosi.
Il lettore che legge questo articolo e che leggerà il prossimo, entrambi dedicati al dottor Gustavo Adolfo Rol, è chiamato ad una prova di fede: deve credere, anche quando è difficilissimo farlo, perché le cose sembrano assurdamente contrarie alla logica e alla scienza che gli uomini conoscono. Qui non ci sono dubbi, incertezze, timori di frodi. Rol è la testimonianza vivente di leggi fisiche che esistono, ma sono ancora oscure alla mente umana.
Non c'è libro di parapsicologia che non dedichi a Gustavo Rol un certo numero di pagine. Due anni fa l'Associazione italiana scientifica di metapsichica e il Centro di studi parapsicologici hanno promosso un convegno[3] che aveva per unico tema le «eccezionali facoltà del dottor Rol». Ci sono autori che hanno visto, altri riportano una letteratura già acquisita. Ho conosciuto personalmente Rol in questi giorni: ha avuto la bontà di concedermi diversi incontri. Risponde no a nove giornalisti su

---

[1] *La Stampa*, 23/09/1972, p. 3. Articolo originale in corsivo tranne le citazioni; ho qui invertito lo stile.
[2] È la risposta alla domanda che Lugli aveva già posto a Gaito due volte: «è un medium o no?» (*supra*, pp. 34 e 39) e che dovette porre poi direttamente a Rol.
[3] Quello dei due incontri del 16/11/1969 e 01/02/1970 tenutisi a Milano, si veda il vol. V, p. 248 e sgg..

dieci. Ancora pochi giorni fa sono giunti degli inviati della TV giapponese per proporgli di apparire sui teleschermi per parlare di quello che fa. Ha rifiutato[4]. Dagli Stati Uniti gli era venuta una proposta da capogiro: mille dollari l'ora per duecento interventi l'anno in club parapsicologici e per cinque anni. Ha rifiutato[5]. Non vuole pubblicità, non vuole ricavare un solo soldo da queste due doti. Di sé dice: «*Alla base delle mie facoltà c'è la rinuncia all'orgoglio, al denaro e all'ambizione*».

Ho assistito a un gran numero di suoi strabilianti esperimenti. Posso parlare per conoscenza diretta. Non tutto ho visto, naturalmente, perché non si può in così breve tempo affrontare eventi tanto eccezionali. Sono fatti che turbano, occorre una preparazione psichica per riceverli nella propria coscienza. Non si può di primo acchito prendere in mano una carta da gioco e un attimo dopo constatare che si è trasformata in un'altra; vedere che un oggetto lanciato contro una parete scompare e poi lo si ritrova intatto al di là del muro: e ancora, fare un viaggio nel passato, milioni di anni fa; vedere i pennelli che si muovono da soli e in pochi minuti dipingono un paesaggio artisticamente valido. Sono esperimenti ai quali, se si ha il privilegio dell'amicizia di Rol, si può essere ammessi dopo mesi o anni. Comunque, a Torino, dove Rol è nato e abita con la moglie di origine norvegese, ci sono decine di persone che hanno vissuto gli esperimenti di grado più elevato.

Facciamo qualche esempio, ma... incominciamo dalle «aste», come lui le chiama, esperimenti con sette mazzi di carte. Sia detto subito con chiarezza che non siamo nel campo della prestidigitazione e della ipnosi. Rol fa quello che fa anche senza toccare i mazzi e i presenti, in genere sei o sette persone, sono ben coscienti di se stessi. Tutto avviene in piena luce, magari mangiando pasticcini. Le sedute vanno dalle dieci alle due o alle tre della notte. Rol dice: «*Più faccio di queste cose, più mi carico*». Siamo in una elegante abitazione del centro, le carte me le sono portate io, sette mazzi nuovi, ancora da scartare. Li mescoliamo noi, lui si limita a guardare. E noi, collettivamente, scegliamo un mazzo e ne estraiamo una carta, designata attraverso un numero alla cui formazione tutti abbiamo contribuito. È un tre di fiori. Gli altri sei mazzi, debitamente mischiati e «tagliati» vengono messi in colonna, ognuno poi diviso in sei mucchietti, in modo da avere sei file orizzontali e sei verticali. Si sceglie una fila verticale, la terza. Cosa succederà? Dice Rol: «*Ora guardiamo quale è la prima carta di ognuno di questi mazzetti*». Si concentra un attimo, socchiude gli occhi, aspira profondamente, fa un cenno con la mano sulla fila e poi incomincia ad alzare una carta dopo l'altra: sono tutte tre di fiori,

---

[4] Si noti che, stando a quanto affermava Lugli, Rol avrebbe soltanto dovuto «parlare di quello che fa», non dare delle dimostrazioni.

[5] Non si sa nulla di più né di questa proposta americana né di quella giapponese, ovvero chi esattamente le fece.

come quella che era stata prescelta. È uno delle decine e decine di esperimenti che ho visto. Tutte cose sbalorditive.

Si cerca, ad esempio, di cavare da un mazzo una carta uguale a quella designata mediante la solita procedura e la carta viene fuori passando attraverso il piano del tavolo, oppure materializzandosi in aria, in piena luce, davanti alle dita di Rol che l'afferra. Un altro esperimento. Questo il dottor Rol me lo fa nel suo studio, lui ed io soli, durante una pausa della nostra chiacchierata. Mescolo un mazzo, scelgo una carta, il dieci di cuori: «*Se la stringa davanti al petto*», mi dice. Così faccio. Lui mi sta davanti, a un metro di distanza, in piedi; si irrigidisce, socchiude gli occhi, aspira profondamente, poi sorride, come liberato da un peso. «*Ora può guardarla*». La guardo e mi sento un impeto di emozione: non è più il dieci di cuori ma il sei di fiori. Il dieci di cuori lo trovo nel mazzo dal quale manca la carta che stringo. Smaterializzazione e materializzazione istantanee. Sono esperimenti che Rol ha fatto a tante altre persone, anche il regista Fellini lo ha descritto. Fellini di Rol ha un'ammirazione sconfinata, quando può, viene a fargli visita. Di lui ha detto in un'intervista: «Ciò che fa Rol è talmente meraviglioso che diventa normale: insomma c'è anche un limite allo stupore».

Un altro esperimento straordinario al quale ho assistito. Attraverso la scelta casuale di due numeri, il 18 e il 200, prendiamo il diciottesimo volume dell'enciclopedia Treccani: Rol leggerà le parole d'inizio e di fine della duecentesima pagina che è una delle quarantamila circa dei 36 volumi. Il volume viene posto, chiuso, su un mobile. Anche qui pochi attimi di concentrazione, poi la risposta: «*Il titolo è "grande guerra". Vedo nella colonna di sinistra una tabella con dei numeri. La pagina inizia con le parole: "raccogliere naufraghi" e finisce con "nello stesso anno". Nella pagina accanto ci sono due fotografie, una del castello di Trento, l'altra della torre di San Giusto di Trieste*». E intanto la mano di Rol rapidamente disegna su un foglio lo schizzo delle due torri con le bandiere, gli alberi. Non è finita: «*La colonna di sinistra della pagina 200 ha 61 righe piene*». Apriamo il volume: tutto esatto, le parole, le righe, le fotografie; la sommità della torre di San Giusto è mozzata dal limite della fotografia, così come Rol l'ha disegnato nello schizzo.

Alto, distinto, occhi grigio-azzurri penetranti, laureato, coltissimo, Rol parla con un linguaggio profondo e fiorito. È dal 1927 che ha scoperto queste sue facoltà. «*Fu* – dice – *una sorpresa terribile*[6]. *Mi rifugiai in un convento a meditare e vi rimasi tre mesi. Mi venne a tirar fuori mia madre dicendomi che dovevo sfruttare queste possibilità per far del bene al prossimo*».

---

[6] Da sottolineare: *una sorpresa terribile.* Ovvero: non si aspettava i contraccolpi che poi ha avuto (incubi, "esaurimento nervoso") tanto da parlare poi di «*tremenda* legge» e dichiarando che «la potenza *mi fa paura*».

La sua «carriera» di sensitivo è costellata di buone azioni, di prestazioni umanitarie, a cominciare dal periodo dell'occupazione nazista quando a San Secondo di Pinerolo otteneva la liberazione degli uomini arrestati concedendo ai tedeschi i suoi esperimenti (e il sindaco il 3 maggio '45 gli scrisse, a nome anche del comitato di liberazione, per ringraziarlo «*perché salvò la vita ed i beni di singoli e di intere comunità*»[7]). A Rol basta guardare una persona per «sentire» se è malata e che malattia ha[8]. Di ognuno vede l'aureola, una fascia verde che gira intorno al capo da spalla a spalla e che rispecchia le condizioni fisiche. Le sue diagnosi intuitive stupiscono i medici. Dice il professor Luigi Quaini, dell'Ospedale Sant'Anna di Torino: «*Ha delle percezioni che lasciano esterefatti. Ed è di smisurata bontà d'animo: si prodiga in ogni modo per chi ha bisogno*»[9].

Il dottor Rol riesce ad infondere coraggio a chi è disperato, con la voce, ma soprattutto con il pensiero. Ogni giorno riceve moltissime richieste di persone che invocano il suo aiuto o che vorrebbero assistere ai suoi esperimenti. Gli scrivono da tutto il mondo; ha avuto contatti non richiesti

---

[7] Lettera originale che ho pubblicato nel vol. IV, p. 399.

[8] Da qui che deriva la definizione di «sensitivo», e che tuttavia rappresenta appena una minima parte di ciò che Rol, e ogni grande Maestro, è. Per questo *Illuminato* è invece un termine che abbraccia molti più livelli contemporaneamente, oltre ad aver insita in se stesso anche la spiegazione *di chi e cosa sia*: *colui che ha raggiunto l'illuminazione*, ovvero *colui che ha risvegliato kuṇḍalinī*; e questa definizione-spiegazione rimanda poi, in automatico, a tutto il complesso processo collegato che costituisce l'essenza della millenaria *scienza dello Yoga*, base di tutte le religioni. Ecco perché *Illuminato* è il termine da adottare: una sola parola che spiega (quasi) tutto.

[9] Parlai con Paolo Quaini (Lugli aveva scritto erroneamente Luigi) nel 2002, si vedano 1-II-11, 11bis, 14, 26^a; III-26; IV-24; XVI-3; 1/2-XX-29; ½-XLI-16; e anche il mio video del 2013: *youtu.be/oCWVao06ZEY*. Quaini è deceduto nel 2018 a 98 anni, ecco un profilo biografico: «ginecologo di fama nazionale, figlio di Lodovico Quaini, una delle famiglie che hanno fatto la storia dell'agricoltura cremonese. Originario di Persico, proprietario dell'azienda agricola Barbiselle, dopo la laurea in Medicina conseguita nel 1945 all'Università degli Studi di Parma, nel 1949 conseguì il diploma di specialista in Ostetricia e Ginecologia presso l'Università di Pavia. Il primo gennaio del 1951 venne nominato assistente straordinario presso la clinica Ostetrica Ginecologica dell'Università di Torino, incarico che ricoprì fino al 30 giugno del 1953. E sempre all'Università di Torino, nel 1952 conseguì il Diploma di specialista in Urologia. Nel 1962 fu nominato primario e direttore dell'ospedale Sant'Anna di Torino. Nel 1980 tornò a Cremona, alla clinica Ancelle della Carità. Ne fu anche direttore sanitario. All'età di 83 anni fece l'ultimo cesareo. Il professor Quaini era anche un appassionato di cavalli da trotto» (*laprovinciacr.it/news/cronaca/192906/e-scomparso-paolo-quaini.html*).

da lui, con capi di governo, re, regine, un papa[10]. Pittore, vive della sua pittura; cattolico, è praticante; tutto quello che può fare, lo fa gratuitamente. È un uomo sempre cordiale, di sé dice: «*Sono solo, mi manca il linguaggio per comunicare agli altri uomini le cose che so e che*

---

[10] Pio XII, lo stesso Rol lo afferma anche nel 1975 in una registrazione inedita del mio archivio. Cesare De Rossi, che conobbe abbastanza bene Rol e che non era uno che inventava, aveva riferito che «Rol fu ricevuto da papa Giovanni XXIII, e dopo essersi congedato, forse per abbreviare il percorso, pensò bene di attraversare uno o più muri, lasciando allibita una guardia svizzera, che, vedendo Rol, cadde svenuta a terra come fosse di piombo» (2-XX-31). Delle due l'una: o Rol incontrò anche il successore di Pio XII – Papa dal 1958 al 1963 – ma ha preferito non dirlo; o De Rossi ha ricordato male di quale Papa si trattava, potendo aver fatto due diversi errori con due diverse soluzioni: aver ricordato Giovanni XXIII al posto di Pio XII, e quindi Rol avrebbe incontrato un solo Papa, Pio XII; oppure il Papa è un altro – quindi Rol avrebbe incontrato *due* Papi – successivo all'articolo di Lugli e alla mia registrazione, quindi tra il 1975 e il 1994: Paolo VI (1963-1978), Giovanni Paolo I (che si può escludere essendo stato Papa solo per poche settimane) e Giovanni Paolo II (1978-2005); quest'ultimo il candidato mi pare più probabile per *almeno* tre ragioni: il nome può essere confuso con Giovanni XXIII; nel periodo del suo pontificato, Rol era ormai molto conosciuto e ascoltato da Capi di Stato e personaggi importanti da decenni, quindi un incontro col Papa era, ritengo, cosa molto più facile rispetto agli anni '50 quando aveva incontrato Pio XII e più facile rispetto anche ai '60 e '70; ne *Il simbolismo di Rol*, nel 2008, scrivevo che «il 24 gennaio 2002 Giovanni Paolo II nel discorso tenuto ad Assisi avesse detto: "Il vento ci ricorda lo spirito: 'Spiritus flat ubi vult'". Che avesse letto il libro della Giordano (o l'avesse letto colui che ha preparato il discorso) …?» (p. 149, nota 26, 3ª ed.); il libro della Giordano al quale facevo riferimento era *Rol e l'altra dimensione*, pubblicato nel 2000 e all'epoca pensavo che la Giordano avesse riportato male il versetto evangelico che in originale è «Spiritus ubi vult spirat», e che il Papa avesse ripreso lo stesso errore perché forse aveva letto quel libro (di qui un elemento che già all'epoca mi faceva pensare che fosse stato interessato alla storia di Rol, e che potrebbe anche avere incontrato); ho poi scoperto anni dopo che Victor Hugo (non so altri) aveva usato la stessa espressione latina riferita dalla Giordano (e quindi effettivamente usata da Rol), e che nel libro precedente del 1999, *Rol mi parla ancora*, l'autrice aveva specificato (ma io non lo ricordavo) che «Lo spirito va dove vuole: *Spiritus ubi vult spirat,* o come preferiva dire Rol: *Spiritus flat ubi vult*» (p. 17; ho fatto una analisi della questione nella terza edizione dell'antologia, vol. II, pp. 408-409). Forse Karol Wojtyla aveva letto *quel* libro della Giordano? E l'aver usato anche lui il modo preferito da Rol era forse allusivo? Il futuro forse ce lo dirà. Aggiungo che la Giordano solo in *Rol mi parla ancora* scrive «come preferiva dire Rol», perché anche nel testo precedente *Rol oltre il prodigio*, suo primo libro del 1995, p. 39, omette questo dettaglio, così come lo ha omesso in *Rol e l'altra dimensione*. Comunque, non si può escludere che Rol abbia incontrato anche Paolo VI, quindi *tre* Papi.

sento»[11]. Riconosce che i suoi esperimenti «sconvolgono le leggi della natura»: però aggiunge: «*Tutti possono arrivare a fare quello che io faccio*».

Come? Ha scritto centinaia di pagine, in proposito, ma sulla copertina del plico ha vergato un terribile ordine: «*Bruciare dopo la mia morte*». A me ha promesso un grande privilegio: di leggere dei brani di questi suoi scritti con l'autorizzazione a riferirne su *La Stampa*. Un'occasione che non perderò, per me e per i lettori.

---

[11] Elemento che era emerso anche nella conversazione con Pesante, Fasano e Gaito.

La foto di Rol scattata da Lugli nel settembre 1972 per il primo articolo.

Strabilianti esperimenti d'un uomo che dissolve e ricompone la materia (Lugli) 61

Rol con Remo Lugli in una curiosa foto scattata da Massimo Inardi il 31 maggio 1975, a casa Visca, data del secondo di tre incontri che si tennero quell'anno.

Il prodigioso "viaggio nel tempo" vissuto come in un sogno colorato

di Remo Lugli

24/09/1972[1]

Occhiello
È un'altra gamma di esperimenti del dott. Rol – Si stabilisce il giorno, il mese e l'anno, l'ora e il luogo del "volo" – La persona viene messa in uno stato che non è né ipnosi, né suggestione, né medianità – La "pittura in penombra": i pennelli si muovono da soli, in pochi minuti il quadro – Un medico: "Forse ha il cervello di un uomo del futuro che si è realizzato oggi per un'anticipazione naturale".

I viaggi nel tempo: un'altra gamma di esperimenti che il dottor Gustavo Adolfo Rol realizza. Ci troviamo di fronte all'assoluto paranormale, ad una dimensione incredibile. Questi viaggi vengono fatti a livello di ciò che Rol definisce «*coscienza sublime*», ossia una stazione più innanzi sulla strada della conoscenza dell'anima. «*Così* – dice Rol – *credo di essermi spinto oltre la sfera dell'istinto esplorata da Freud*»[2].

Ecco la descrizione di un «viaggio», così come mi è stata confermata da persone che hanno vissuto questa incredibile avventura. Si stabilisce il giorno, il mese, l'anno e l'ora nonché il luogo ove il «viaggio» si realizza. La persona viene messa in uno stato che non è né ipnosi, né suggestione, né medianità. Ed in questo stato, il fortunato attore vede, come se guardasse in un sogno colorato, corredato da sensazioni tattili ed olfattive, gli ambienti e le cose che il viaggio può offrire. C'è da sottolineare che questo esperimento è stato fatto anche con due persone collocate in ambienti differenti e nello stesso momento. Entrambe hanno poi raccontato di avere vissuto le medesime cose[3].

---

[1] *La Stampa*, 24/09/1972, p. 3. L'articolo venne pubblicato il giorno successivo al primo.
[2] Lugli ha preso – probabilmente su indicazione di Rol o di Rappelli o di Riccardi – dalla relazione alla conferenza-dibattito del 16/11/1969 di Rappelli (cfr. vol. V, p. 261), che era anche la fonte principale sui viaggi nel tempo, dei quali aveva parlato nella conferenza.
[3] È quello che specifica Riccardi nel commento alla relazione di Rappelli, vol. V, p. 264.

Il prodigioso "viaggio nel tempo" vissuto come in un sogno colorato (Lugli). 63

Un altro settore di notevole importanza è quello della «pittura in penombra»[4]. Il comandante Nicola Riccardi, studioso di parapsicologia e autore del volume «Operazioni psichiche sulla materia», mi dice: «*Rol*

---

[4] La denominazione *pittura al buio* usata negli anni precedenti viene qui sostituita con *pittura in penombra*: da un lato perché sicuramente non avveniva solo la buio, dall'altro per evitare di porgere il fianco agli scettici, che con reazione pavloviana vedevano e vedono nel buio (come nelle carte) un elemento favorevole alla mistificazione. La denominazione è tantopiù significativa perché al riguardo viene citato Riccardi, colui che aveva impropriamente parlato di *pittura spiritica* ancora nel libro (*L'occulto in laboratorio*) che sarebbe uscito da lì a due mesi – ma probabilmente consegnato all'editore a inizio estate – e che nel settembre 1972 evidentemente era stata già bandita dal suo lessico, dopo i probabili rimbrotti di Rol. Potrebbe poi esserci una ragione aggiuntiva, o cumulativa, simbolica: la *penombra* è una «condizione intermedia tra l'ombra e la luce» (*treccani.it*), quindi il punto di incontro tra negativo e positivo, *yin* e *yang*. E per il principio delle *corrispondenze*, la *penombra* viene a coincidere, guarda caso, col *verde*, «equidistante dall'azzurro celestiale e dal rosso infernale... valore medio, mediatore fra il caldo e il freddo, fra l'alto e il basso»; «la tradizione vuole che egli [*Al Khidr, Il Verde*] abbia costruito la sua casa al punto estremo del mondo, là dove si toccano i due oceani celeste e terrestre: egli rappresenta dunque bene la misura dell'ordine umano equidistante dall'Alto e dal Basso» (Chevalier, J., e Gheerbrant, A., *Dizionario dei Simboli*, vol. II, Bur, Milano, 1997, pp. 545; 546); Rol: «avevo notato in un arcobaleno a Marsiglia, dove lavoravo, che il colore verde... è il colore di metà dell'arcobaleno (...). Come nei nove numeri, io ho scelto il numero cinque, perché ce n'è quattro da una parte e quattro dall'altra. *In medio stat virtus*» (trascrizione dal brano n. 9 del CD associato al volume di G. Dembech, *Gustavo Adolfo Rol. Il grande precursore*). Rol ha in più occasioni ricordato il valore *centrale* di *verde* e *cinque*, ricordo qui solo quanto disse Rappelli nel 1969 a proposito dei viaggi nel tempo: «si compiono varie operazioni mentali alla base delle quali c'è uno sforzo di penetrazione nel colore verde, immaginato nella sua espressione la più pura, quale si riscontra nell'arcobaleno, e che sta nel mezzo della sequenza dei sette colori che formano l'iride: è un colore quindi che, sotto un certo aspetto, ha una funzione di equilibrio, quindi di forza» (vol. V, p. 264); infine, la *penombra* corrisponde anche a quella zona della coscienza che si situa tra veglia e sonno e che può trovare espressione, in Rol e in altri – non occorre per questo l'Illuminazione – negli occhi semichiusi di uno stato che non è la *trance* ma in cui un "sensitivo" si trova come assorto e percepisce piani diversi della realtà. Olof Jonsson per esempio, che ha interessanti punti di contatto con Rol e che vedremo più avanti, in quegli stessi anni aveva dichiarato che per raggiungere la «proiezione extracorporea volontaria», «mi sdraio in una posizione comoda, chiudo gli occhi, e mi rilasso fino a quando raggiungo uno stadio tra la veglia e il sonno. Sebbene mi trovi in questa zona nebulosa e intermedia di coscienza, ho ancora un pieno controllo sulla mia mente» (Steiger, B., *Esperienze psichiche di Olof Jonsson*, Edizioni Mediterranee, Roma, 1973, p. 142).

mette a disposizione dello "spirito intelligente"[5] *di un pittore francese, sempre lo stesso*[6]*, una tela bianca, dei colori, dei pennelli, e quell'artista dipinge, in pochi minuti, un quadro bellissimo. Una volta, durante questo breve tempo, mentre i pennelli si muovevano da soli e Rol era a qualche metro di distanza, sono riuscito vedere le sue sembianze mutare, fino ad assomigliare al pittore».* Questo esperimento, come in genere tutte le cose che avvengono con Rol, è sempre spontaneo.

Si è detto che tempo fa i parapsicologi italiani si sono riuniti in congresso per cercare di studiare le eccezionali facoltà del dottor Rol che si manifestano in un campo tanto vasto. Le carte da gioco, di cui la volta scorsa abbiamo parlato, sono un semplice mezzo di comunicazione. «*Sono le "aste"* – dice Rol – *attraverso i numeri e i simboli che le carte rappresentano si può comprendere l'armonia».* Ci sono esperimenti nei quali Rol è stato visto crescere e diminuire di statura; durante altri si reperirono, come racconta anche Fellini, cose perdute nel tempo, lontano.

Ho avvicinato persone della nostra città, personaggi noti nel campo dello studio, della scienza, dell'industria, delle arti ed ho raccolto testimonianze dirette. Il professor Ferruccio Fin racconta: «*Eravamo in sei, nel mio appartamento di C.so Matteotti. Abbiamo messo nelle mani di Rol un rametto preso da un vaso e lui lo ha gettato contro la parete: il ramo non è caduto, è scomparso. Siamo andati nella stanza accanto, al di là del muro: il ramo era finito su un armadio che era contro la parete»*[7].

«*Una sera, nella mia casa di via Verdi* – racconta la signora Lia Bertelè Colombo – *Rol si fece dare un pastello, mi chiese se vi fosse nella camera accanto una parete libera. Tracciò nell'aria una "N" e disse di andare di là a vedere. Ci precipitammo: sul muro c'era, sopra la testiera del letto che poggiava contro la stessa parete, nitidissima, scritta con quel pastello, la lettera indicata»*[8]. (La «N» è quella napoleonica: Rol è un cultore di Napoleone e profondo conoscitore di tutto quel periodo storico).

---

[5] Questa è la seconda e ultima volta che Riccardi menziona lo *spirito intelligente*, la prima fu durante la conferenza-dibattito del 01/02/1970.

[6] F.A. Ravier.

[7] Questo esperimento, nella sua linearità e semplicità, mostra l'impossibilità di qualsiasi trucco: 1) siamo a casa d'altri; 2) uno dei presenti mette in mano a Rol un rametto, di cui certo Rol non poteva avere copia messa in precedenza nell'altra stanza; 3) i presenti sono chiaramente vigili, in condizioni normali di coscienza.

[8] Ho identificato questo episodio con lo stesso di cui aveva parlato più volte Nicola Riccardi, occorso il 3 giugno 1965. Un margine di dubbio rimane perché Riccardi aveva parlato di matita e grafite, mentre qui si parla di pastello. Riccardi però descriveva l'episodio meno di un anno dopo da quando era accaduto, intorno ad aprile 1966 (e probabilmente se lo era segnato molto prima, forse già nei giorni successivi, sul suo diario purtroppo andato perduto), mentre qui siamo quasi 7 anni e mezzo dopo, quindi è possibile che Lia Bertelè Colombo non abbia ricordato con precisione, e visti i molti dettagli combacianti (ad esempio che la N sia stato proiettata sopra la testiera del letto), non credo che siamo di fronte ad un

Il dottor Gianni De Coster, industriale dolciario, mi spiega come ha potuto assistere a prodigi di ordine morale e materiale, fra questi ultimi il recupero di una trentina di lettere di un notissimo torinese della fine del '700 che sarebbero invece andate perdute[9]. Il dottor Rol a questo proposito dice che intende farne dono alla città di Torino in quanto hanno un grande valore letterario. Mi sottolinea che, anche se questi fenomeni di «materializzazione» (una parola che non ama) avvengono, è sempre senza la presenza di un medium, né lui si ritiene tale.

«Un pomeriggio a Parigi – racconta la signora Vittoria Perosino – *Rol accompagnò Fede, la figlia del professor Valletta, e me al cimitero di Père Lachaise. Andavamo a cercare la tomba di una persona amica. Fede aveva acquistato tre rose rosse, una per gettarla simbolicamente a tutti i defunti, una destinata ad una tomba negletta, la terza per la persona amica. Era ormai calata la sera e la campana suonava la chiusura dei cancelli. In quel labirinto cercavamo affannati la tomba. "Guardate – gridò Fede – guardate la mia rosa!". Il fiore le si era sfilato dalla mano rimanendo sospeso a mezz'aria, poi incominciò a muoversi lentamente. Lo seguimmo fino al momento in cui si depose sulla tomba che cercavamo»*[10].

Questi esempi potrebbero continuare a lungo. Pitigrilli ha scritto che «*Gustavo Rol cammina come un illuminato sulla geografia dell'inconoscibile e della relatività*»[11]. Dice il dottor Alfredo Gaito del laboratorio provinciale di igiene e profilassi di Torino: «*Rol è unico nel suo genere, ha delle proprietà eccezionali che sono fuori dal razionale. Vien fatto di pensare che nel suo cervello ci siano dei centri nervosi che negli altri uomini sono embrionali, atrofici o inesistenti. Forse è il cervello di un uomo del futuro che si è realizzato ai giorni nostri per una anticipazione naturale e ci consente di intravedere leggi che saranno scoperte molto più avanti*».

Il dottor Gastone De Boni di Verona, studioso di parapsicologia, erede spirituale di Bozzano e autore del volume «L'uomo alla conquista dell'anima»: «*Ho incontrato le personalità più straordinarie della*

---

altro episodio simile. Sulla testimone non ho trovato informazioni, se non che è stata traduttrice dall'inglese di un romanzo di Lewisohn pubblicato in italiano nel 1934.

[9] Nel suo libro Lugli specifica: «"arrivate" da una tomba del cimitero di San Pietro in Vincoli, *perché non andassero perdute*» (p. 138, 3ª ed. 2008).

[10] Posso immaginare l'incredulità dei lettori de *La Stampa* in quel 1972, quando di Rol si sapeva quasi nulla. Oggi, grazie 1) alla fenomenologia comparata che lo riguarda; 2) alla fenomenologia comparata della storia delle religioni, questi fatti risultano non solo plausibili – perché né Lugli né la figlia di Valletta potrebbero essere accusati di esserseli inventati – ma coerenti, attendibili e passibili di spiegazione razionale (nel quadro delle nozioni di *spirito intelligente* e *coscienza sublime*).

[11] L'autografo originale l'ho pubblicato a p. 46 del vol. IV.

parapsicologia, dalla Garret a Nielsen, da Valentine a Serios, ma Rol è la più straordinaria di tutte». Il professor Giorgio Di Simone, direttore del centro italiano di parapsicologia di Napoli: «*Rol è il più poderoso dei sensitivi che siano mai esistiti. Ci sono degli elementi che certo sono misteriosi anche per lui*»[12].

Il dottor Rol mi ha letto alcune delle pagine che va scrivendo da anni e sulla cui copertina ha vergato: «*Bruciare dopo la mia morte*»[13]. Scrive a un certo punto: «*Qualche volta una grande tristezza mi coglie: e se io dovessi rimanere solo a godere o a soffrire? Di un privilegio che non tarderebbe ad isolarmi dagli altri uomini, causa delle mie azioni divenute non più compatibili con l'esperienza dei saggi e con la fede dei Santi? In questo caso il mio destino sarebbe certo: la diffidenza o la beffa*»[14]. E ancora: «*Così, con un piede da questa parte e l'altro poggiato sull'infinito, mi sembra quasi di essere un ponte gettato fra le due età e sotto di me scorre l'universo come fluida materia che seco travolge impetuosamente il ridicolo delirio dell'uomo di volersi imporre o sottrarre a decreti che lui stesso ignora*»[15].

Rol è convinto di questo postulato: «*Il primo gradino della scala a percorrere e l'ultimo, sono sullo stesso piano. Parole* – egli aggiunge – *che sembrano assurde se ci ostiniamo a ragionare con l'intelligenza utile per vivere con i mezzi consentiti in questa dimensione che è quella dell'homo sapiens, il quale scopre l'energia atomica ma poi ignora la carità.*

La verità poggia, in miracoloso equilibrio, sulla linea retta che corre fra due punti perfettamente definiti: l'esistenza e l'eternità, a prova e riprova della inconsumabilità di Dio!»[16].

Dio è costantemente nel pensiero di questo straordinario uomo: «*Anche quando avremo frugato fra le stelle con telescopi sempre più potenti e raggiunto altri mondi ci troveremo sempre al punto di partenza, ostinati come siamo a non volere riconoscere la distanza che ci separa da Dio e*

---

[12] Commento che Di Simone dovette fare a voce con Lugli, come anche De Boni, che con Lugli era andato alla seduta medianica di Bruno Lava.

[13] Tutti i pensieri che seguono per fortuna fanno parte di scritti che non sono stati bruciati, ma sono stati pubblicati nel 2000 nel volume postumo di scritti autografi *"Io sono la grondaia"*. Di ciascuno fornisco in nota il rimando preciso. Alcuni li ho poi rinvenuti in originale all'Archivio Storico del Comune di Torino, e li pubblico qui di seguito per la prima volta. Sono tratti da un quaderno intitolato *Riflessioni* che vanno dal 1935 al 1949, quasi tutto pubblicato in *"Io sono la grondaia"*.

[14] *"Io sono la grondaia"*, 2000, p. 129 («*Dalla mia lettera a Giacinto Pinna (17-11-'47) e a Carlo (16-11-'49)*»); immagine più avanti a p. 70.

[15] *idem*; immagine più avanti a p. 71.

[16] *ibidem*, p. 145 (dalla lettera al fratello Carlo Rol del 1° maggio 1951).

nello stesso tempo ci unisce a Dio»[17]. Rol afferma: «*Più che mai sono convinto dell'importanza della "coscienza sublime" quale mezzo inderogabile per avvicinare e conoscere nella loro vera natura tutti gli altri fenomeni che fin qui, nei tentativi dei cosiddetti spiritisti, non andarono oltre il capitolo della medianità*»[18].
Nelle pagine di Gustavo Rol c'è un messaggio che va al di là delle leggi che potrebbero spiegare il perché dei suoi esperimenti: è un messaggio che ci aiuta a ritrovare noi stessi, e ad identificarci con Dio, il quale è anche tutto ciò che noi ancora ignoriamo.

---

[17] *ibidem*, p. 146; la citazione riunisce due passaggi che nel libro sono separati; la prima frase è diversa: «Potremo, con telescopi sempre più possenti, frugare tra le stelle e scoprire nuovi mondi ...»: forse Rol poi l'aveva modificata? Infatti qui nell'articolo è «*raggiunto* altri mondi»: l'alterazione sarebbe coerente con la registrazione del 09/04/1977 che ho pubblicato nel 2015 (*youtu.be/-z-vLcyJepc*), dove Rol rivolto a uno dei presenti dice che «non ci sono pianeti... Tu non arriverai su altri pianeti, mai. Non ce n'è che uno [di] pianeta... so che non ce ne sono [altri]... So che l'uomo non conoscerà altri pianeti abitati da umani. Questo te lo posso garantire... Ti posso garantire che l'uomo mai conoscerà altri pianeti, mai». A questa affermazione sono collegate altre analoghe fatte in momenti diversi e con persone diverse, dove Rol è esplicito sul fatto che non vi siano altre forme di vita evoluta nell'universo, e che l'unico pianeta con forme di vita evolute, intelligenti, è il pianeta Terra; si veda anche la testimonianza di Emanuela Minosse nel vol. III, XXIV-11 e relativa nota a p. 421 con altre testimonianze. In aggiunta, Barbara Tutino Elter mi ha scritto e confermato il 28/09/2022 che «a me più di una volta Gustavo disse chiaramente che gli extraterrestri non esistono, di questo sono certa, e addirittura mi disse che la Vita, come la conosciamo noi, si è sviluppata solo qui», sulla Terra.
[18] *ibidem*, p. 128 («*Dalla mia lettera a Giacinto Pinna (17-11-'47) e a Carlo (16-11-'49)*»); immagine più avanti a p. 72.

Inchiesta nel mondo del mistero e delle scienze occulte
Il prodigioso "viaggio nel tempo" vissuto come in un sogno colorato

E' un'altra gamma di esperimenti del dott. Rol - Si stabilisce il giorno, il mese e l'anno, l'ora e il luogo del "volo" - La persona viene messa in uno stato che non è né ipnosi, né suggestione, né medianità - La "pittura in penombra": i pennelli si muovono da soli, in pochi minuti il quadro - Un medico: "Forse ha il cervello di un uomo del futuro che si è realizzato oggi per un'anticipazione naturale"

I viaggi nel tempo: un'altra gamma di esperimenti che il dottor Gustavo Adolfo Rol realizza. Ci troviamo di fronte all'assoluto paranormale, ad una dimensione incredibile. Questi viaggi vengono fatti a livello di ciò che Rol definisce *ecorsensa sublime*, ossia una stazione più lumosa sulla strada della conoscenza dell'anima. «Così — dice Rol — credo di esserni spinto oltre la sfera dell'istinto esplorata da Freud».

Ecco la descrizione di un viaggio, con nome ini è stata confermata da persone che hanno vissuto questa incredibile avventura. Si stabilisce il giorno, il mese, l'anno e l'ora nonché il luogo ove si si viaggia di realtà. La persona viene messa in uno stato che non è né ipnosi, né suggestione, né medianità. Ed in quello stato, il fortunato attore vede, come se guardasse in un sogno colorato, corredato da sensazioni tattili ed olfattive, gli ambienti e le cose che il viaggio può offrire. C'è da sottolineare che questo esperimento è stato fatto anche con due persone collocate in ambienti differenti e nello stesso momento. Entrambe hanno poi raccontato di avere vissuto le medesime cose.

"Pittura in penombra"

Un altro settore di notevole importanza è quello della pittura in penombra. Il comandante Nicola Riccardi, studioso di parapsicologia e autore del volume «Operatori psichici sulla materia», mi dice: «Rol mette a disposizione dello "spirito intelligente" di un pittore francese, sempre lo stesso, una tela bianca, dei colori, dei pennelli e quell'artista dipinge, in pochi minuti, un quadro bellissimo. Una volta, durante questo breve tempo, mentre i pennelli si muovevano da soli stavano uno ruscito a vedere le sue sembianze mutare, fino ad assomigliare al nitro pro. Questo esperimento, come in genere tutte le cose che avvengono con Rol, è sempre spontaneo».

Si è detto che tempo fa i parapsicologi italiani si sono riuniti in congresso per cercare di studiare le eccezionali facoltà del dottor Rol che si manifestano in un campo tanto vasto. Le carte da gioco, di cui si volta scura abbiamo parlato, sono un semplice mezzo di comunicazione. «Siamo in "isté" — dice Rol — Attraverso i numeri e i simboli che le carte rappresentano si può comprendere l'armonia». Ci sono esperimenti nei quali Rol è stato visto crescere e diminuire di statura; durante altri si ripetevano, come racconta anche Fellini, cose perdute nel tempo lontano.

Mo avvicinate persone della nostra città, personaggi noti nel campo dello studio, della scienza, dell'industria, dei arti ed ho raccolto testimonianze dirette. Il professor Ferruccio Fin racconta: «Eravamo in sei, nel mio appartamento di corso Matteotti. Abbiamo messo nelle mani di Rol un rametto preso da un vaso e lui lo ha portato contro la parete: il ramo non è caduto, è rimasto. Siamo andati nella stanza accanto, ed il ramo era fissato al muro, il ramo era fissato al muro, si è arricciato che era contro la parete.

«Una sera, nella mia casa di via Verdi, — racconta la signora Lia Borioli Colombo — Rol si fece dare un pastello, mi chiuse ne vi fosse nella camera accanto una parete libera. Tracciò nell'aria una "N" e disse di andar di là a vedere. Ci precipitammo: sul muro c'era, sopra la testiera del letto che sognamo contro la stessa parete, altissima, scritta con quel pastello, la lettera indicata. (La «N» è quella napoletana; Rol è un cultore di Napoleone e profondo conoscitore di tutto quel periodo storico).

Le tre rose

«Un pomeriggio, a Parigi — racconta la signorina Vittoria Perosino — Rol accompagnò Fede, la figlia del professor Valletta, e me al cimitero di Père Lachaise. Andammo a cercare la tomba di una persona amica. Fede creato ocuptesta tre rose rosse, una per l'altra simbolicamente e tutti i defunti, una destinata ad una tomba regrata, la ter...

Gustavo Adolfo Rol

Il dottor Gianni De Coster, industriale tolosario, mi spiega come ha potuto assistere a prodigi di ordine morale e materiale: fra questi ultimi il recupero di una trentina di lettere di un notissimo torinese della fine del '700 che sarebbero invece andate perdute. Il dottor Rol a questo proposito dice che intesa fama dava alla città di Torino in quanto hanno un grande valore letterario. Mi sottolinea che, anche se questi fenomeni di "smaterializzazione" una parola che non ama, avvengono, è sempre senza la presenza di un medium, né lui si ritiene tale.

Il prodigioso "viaggio nel tempo" vissuto come in un sogno colorato (Lugli). 69

La (decisamente brutta) foto di Rol scattata da Lugli nel settembre 1972 e usata per il secondo articolo. Rol di certo dovette esserne infastidito, e infatti l'anno seguente, in occasione del terzo articolo (*infra*, p. 108), diede a Lugli l'opportunità di fare moltissime altre foto – i cui negativi e diritti rilevai da lui nel 2006, alcune ancora inedite – questa volta di qualità e in alcune pose carismatiche che poi diverranno tra le più note.

(foto © Franco Rol – Archivio Storico del Comune di Torino)

Il prodigioso "viaggio nel tempo" vissuto come in un sogno colorato (Lugli).

> così, con un piede da questa
> parte e l'altro poggiato sull'
> infinito, mi sembra quasi
> d'essere un ponte gettato
> fra le due età, e sotto
> di me scorre l'universo
> come fluida materia
> che seco travolge ripetuta-
> mente il ridicolo
> delirio dell'uomo di
> volersi imporre o sottrarre
> a decreti che lui stesso
> ignora.

(foto © Franco Rol – Archivio Storico del Comune di Torino)

(foto © Franco Rol – Archivio Storico del Comune di Torino)

Viaggia nel passato e vede nel futuro

di Luciana Jorio

10/12/1972[1]

Occhiello
Gustavo Rol possiede poteri straordinari che da tempo stupiscono il mondo: fa rullare i tamburi da soli, ricostruisce episodi di un secolo fa e sostiene che ognuno di noi ha capacità "divinatorie".

Mentre sorbiamo il tè e lui sta parlando di questa sua bellissima casa – situata a Torino in Via Silvio Pellico: una strada signorile e tranquilla, vicino al Po – nella quale vive appartato tra mobili antichi, grandi quadri e severi tendaggi, avverto un sordo rullio di tamburi. È un rullio strano, angoscioso. Pare che venga da lontano, ma ho anche l'impressione che sia vicinissimo. «Dottor Rol», chiedo, «che cosa sta accadendo? Dov'è che rullano questi tamburi?»
«Qui nella stanza accanto». Rimescola il tè nella tazzina. «Sono appesi alle pareti».
«E chi li suona?»
«Nessuno»
«Vuol dire che suonano da soli?»
«Certo. Suonano sempre da soli. Venga».
Lo seguo in un salone immerso nella penombra. Appesi alle pareti, intravvedo alcuni tamburi. Essi vibrano, fremono, emettono quel rullio cupo senza che nessuno li tocchi. Guardo stupita, impressionata: non so che, di lì a poco, sarò spettatrice di altri eventi, ancora più sconcertanti.
«Questi tamburi», spiega «appartenevano all'esercito di Napoleone quando venne in Italia e combatté a Magenta[2]. Io li ho ritrovati e ora li custodisco, come altri cimeli di quell'epoca, della quale è rimasta una traccia profonda dentro di me»[3].

---

[1] *Grazia*, 10/12/1972, pp. 29-31. Inardi in *Dimensioni sconosciute* scriverà per errore *Cristina* Jorio (cfr. *infra*, 277) e 1973. Lo stesso errore sarà ripetuto da Lugli (*cit.*, p. 133) e Mariano Tomatis (*Rol. Realtà O Leggenda?*, Avverbi, 2003, p. 144).
[2] L'autrice sta ricordando male e si sta confondendo: Magenta fu dove avvenne la battaglia combattuta da Napoleone III il 4 giugno 1859. Penso Rol le avesse detto invece Marengo, anche se non ho trovato per ora un'altra fonte che confermi che i tamburi fossero stati usati in quella battaglia.
[3] In un testo o conversazione orale messa per iscritto da Catterina Ferrari, a fine anni '80 o inizio anni '90, Rol pare rispondere direttamente a questo passaggio:

Mi porge un blocco di fogli di carta, fissati da un fermaglio d'argento. Li guardo, sono tutti bianchi. Poi lui appoggia una mano sopra quel blocco e quando la toglie, qualche secondo più tardi, sul quarto o quinto foglio – non ricordo (però sapevo che prima era bianco, bianchissimo) – vedo impressa una grande N maiuscola, l'inconfondibile «N» di Napoleone.
«Lei pensa di essere una reincarnazione di Napoleone?»
«Non lo so». Sorride lievemente. «Dico solo che dentro di me vi è una traccia di quell'epoca. Ho scoperto, qui a Torino, tra un mucchio di vecchie cose abbandonate, la carrozza su cui Napoleone entrò in città e la regalai al comune dopo averla restaurata[4]. Incominciai a parlare a due anni e la prima parola che dissi – così mi raccontò mia madre – fu "Napoleone"[5]. I più noti periti calligrafi della Francia hanno da lungo

---

«Io non ho mai detto che dentro di me vi siano tracce dell'età napoleonica» (*"Io sono la grondaia"*, p. 22). La smentita è quantomeno singolare – anche perché Rol, stando a Jorio, lo ribadisce di nuovo poco dopo – ma potrebbe essere solo un modo per controbilanciare i fraintendimenti – che anche lui però aveva contribuito ad alimentare con volute ambiguità e allusioni – sul fatto che potesse essere una reincarnazione di Napoleone (cosa che ovviamente non era), soggetto su cui si era fermato proprio in quegli anni in una lettera alla rivista *Astra* dell'8 giugno 1987, pubblicata poi sul numero di agosto (e ora anche in *"Io sono la grondaia"*, 2000, pp. 180-183) : «sul numero di giugno della rivista ho letto con molto stupore un articolo a firma Marisa Di Bartolo nel quale viene detto che, essendo io nato il cinque maggio, giorno della morte di Napoleone, "Rol non ritiene il fatto casuale, (ma) giunge ad alludere a se stesso come ad una reincarnazione del grande francese!!!" Nulla di più falso: una simile affermazione va contro ogni mio principio religioso e filosofico. E poi non sono nato il 5 maggio, bensì il venti giugno. Probabilmente la signora Di Bartolo ha fatto una confusione che le fa perdonare un errore così grottesco. Fin da bambino sono sempre stato portato ad interessarmi alla storia di Napoleone (...). Quando ero giovane, un così grande interesse per Napoleone mi faceva dire che non mi sarei stupito di morire un giorno che fosse il cinque maggio, forse nel mio cinquantunesimo anno. Di qui l'errore della signora Di Bartolo la quale avrà letto in qualche parte quel mio pensiero giovanile»; segnalo che su *Astra* è stato trascritto erroneamente «cinquantesimo» – errore che nel 2008 all'epoca de *Il simbolismo di Rol* non avevo visto, mentre in *"Io sono la grondaia"* è il corretto «cinquantunesimo».
[4] Jorio qui commette due errori: la carrozza venne rinvenuta a Marengo e non a Torino, anche se a Torino aveva sostato nel 1805 e vi era tornata nel 1955, dopo l'acquisto da parte di Rol (attraverso il probabile intermediario D'Agostino, come visto nel vol. IV); al Comune non l'aveva regalata, ma proposta in dono, che venne rifiutato; fu accettata invece dall'Ordine Mauriziano, che la espose a Stupinigi, come richiesto da Rol.
[5] Per la precisione *Nabulio* o *Nabulione*, nomignolo con cui veniva chiamato Napoleone da bambino.

tempo attestato che la mia scrittura è uguale a quella del grande imperatore»[6].
Lo straordinario personaggio con cui mi intrattengo e che si diverte a impressionarmi è Gustavo Rol, il dottor Gustavo Rol; un uomo schivo, riservato, cultore di scienze economiche, d'arte, di storia, di medicina: una personalità di rilievo eccezionale, ricevuto alla corte d'Inghilterra, amico dei Kennedy[7]. Per le sue fantastiche attitudini, per la sua dimestichezza col mistero, Fellini chiese la sua collaborazione quando girò il film *Giulietta degli spiriti*[8].
Il mondo scientifico conosce bene il dottor Rol, ma non riesce a spiegarlo, a definirlo, perché egli sfugge a ogni giudizio logico. I suoi esperimenti si collocano nella sfera dell'incomprensibile, dell'impossibile, dell'assurdo. E proprio questa sera, presenti alcuni professionisti di Torino suoi amici, mi fa immergere dentro una caraffa d'acqua un mazzo di carte nuovo, appena comperato dal tabaccaio e ancora avvolto nella custodia trasparente di plastica. Poi il recipiente viene portato in cucina e chiuso nel freezer del frigorifero affinché l'acqua geli in fretta. Quando il liquido e il mazzo formano un unico, impenetrabile blocco di ghiaccio, mi chiede di estrarre, da un altro mazzo, una carta a caso. È il sette di quadri. Quindi viene sciolto il ghiaccio e nel mazzo nuovo, integro, trovo il sette di quadri rovesciato, cioè in posizione contraria rispetto alle altre carte.
«È un esperimento elementare» spiega Rol. «Serve solo a stabilire che, essendo parte di Dio, noi abbiamo poteri immensi sulla materia, alla quale, se sappiamo farlo e se lo facciamo nell'ambito dell'ordine morale, siamo in grado di comandare qualunque cosa». Sembra un'affermazione inverosimile. Ma ormai mi rendo conto che nulla può apparire inverosimile quando si tratta di Gustavo Rol.
Mi raccontano che, un giorno, Fellini smarrì la sua agenda, trentadue paginette fitte di nomi, indirizzi, numeri del telefono. E Rol la «ricompose» dettando al regista sbalordito tutti gli indirizzi, tutti i numeri del telefono.

---

[6] La mia impressione è che la sua scrittura fosse identica a quella di Napoleone solo quando voleva che lo fosse. Vi sono infatti scritti di Rol con calligrafie diverse. Comunque lui ha affermato, nel testo forse di inizio anni '90 che ho citato nella nota 3: «Per quanto riguarda la mia calligrafia è molto strano che, quando io scrivo velocemente, i caratteri siano molto simili a quelli dell'Imperatore. E ciò fin da quando ero ragazzo» (*"Io sono la grondaia"*, p. 23).
[7] Dettaglio non indifferente: Rol non era appena qualcuno che avesse incontrato prima Ted e poi John, come sembra, ma proprio – ormai – amico di famiglia. Sarebbe interessante sapere se gli attuali discendenti abbiano ricordi di famiglia e/o lettere di Rol.
[8] Rol e Fellini si frequentavano ormai quasi da 10 anni, la loro era già una amicizia consolidata e intanto Fellini si era occupato o aveva diretto altri film, con diretta influenza di Rol (*Giulietta degli spiriti* venne girato nel 1964 e terminato a gennaio 1965).

Nel 1946 Rol regalò un violino al giovane concertista Aldo Redditi che volle ringraziarlo eseguendo per lui il «Concerto numero 1» di Paganini. Ma alle prime note, lo strumento abbandonò la mano del musicista e si posò lentamente sopra una poltrona. Impigliato tra le corde era comparso un foglietto sul quale – e furono in quindici a leggerlo – era scritto: «Il concerto va attaccato più lento. Paganini»[9].
Che dire?
Il professor Bender, direttore dell'Istituto di parapsicologia di Friburgo, andò a trovare il dottor Rol qualche anno fa, accompagnato da un assistente[10]. Quello che vide, lo sbalordì al punto di indurlo a chiedergli di poterlo incontrare ancora. Rol mi mostra una lettera del professor Di Simone, direttore del centro di parapsicologia di Napoli, che gli chiede un appuntamento. «Sono richieste inutili», dice, «perché i miei esperimenti non interessano la parapsicologia, ma investono direttamente le possibilità "animistiche" proprie di ogni individuo»[11].

«Se Freud fosse ancora vivo saprebbe certamente classificare questi fenomeni che sono in antitesi diretta con la materia. Spirito e materia si accordano male, specialmente quando la materia, essendo energia, deve sottostare allo spirito. Nessuna energia, infatti, può andare disgiunta dall'intelligenza se è considerata nel quadro di tutte quelle armonie che formano l'essenza e la finalità dell'Universo»[12].

---

[9] Su questo episodio, cfr. il vol. I, V-5 e la nota relativa (p. 374 della 3ª ed.).

[10] Come abbiamo visto nel vol. V, nel 1968, con l'"assistente" Giorgio Alberti.

[11] Di Simone forse non lesse questo articolo – non lo cita da nessuna parte – che sarebbe stato una doccia fredda. Quando venne pubblicato, Rol e Di Simone si erano già incontrati tre volte (25-26 marzo 1970, 23/24 maggio 1972 e 30 agosto 1972) quindi è un po' strano sia che Rol mostri una lettera in cui Di Simone gli chiedeva di incontrarlo – probabilmente quella del 08/04/1966 che ho pubblicato nel vol. V a p. 152 –, sia che non dica di averlo incontrato, sia che di fatto stesse chiudendo la porta alla sua ricerca, cosa che in effetti si concretizzò pochi mesi dopo, con i tre incontri dell'8-9-10 marzo 1973 che furono anche gli ultimi (*infra*, p. 82 e sgg.). In queste parole di Rol, rivelatrici, si capisce che, nonostante avesse accettato di incontrare l'architetto napoletano e gli avesse mostrato una prima serie di esperimenti, non nutriva speranze sia di essere veramente compreso che di portare avanti il rapporto, il che naturalmente non gli impedì in seguito di mantenere comunque i contatti e di essere sempre gentile con lui. Quanto alla frase, credo che Rol volesse dire che è inutile studiare dei "soggetti" più o meno come cavie da laboratorio o come individui "speciali", perché tutti sarebbero in grado di fare quello che faceva lui e, in parte, che facevano altri. La ricerca cioè dovrebbe svolgersi "all'interno" di ognuno, non "all'esterno", sapendo naturalmente dove e come cercare, ciò per cui Rol, o solo un autentico Maestro, avrebbe potuto fornire le giuste indicazioni (a chi lo avesse frequentato con un approccio diverso da quello dei parapsicologi).

[12] Da sottolineare: *nessuna energia può andare disgiunta dall'intelligenza*.

Parole oscure. E, d'altro canto, come si potrebbero spiegare avvenimenti di questo genere e le circostanze in cui si producono?
Le vicende di cui il dottor Rol è stato protagonista sono innumerevoli. Lo scomparso scrittore Dino Buzzati descrisse magistralmente, qualche anno fa, sul *Corriere della Sera*, un eccezionale esperimento al quale assistette in casa di Rol: si trattava di un pennello che, senza l'intervento di alcuno, si impregnava di colori sulla tavolozza e dipingeva una tela. Alla fine si delineò un grazioso paesaggio, attribuibile a un pittore abbastanza noto dell'Ottocento francese.
Non basta. Nel 1944, Gustavo Rol intervenne personalmente presso il comandante tedesco di Pinerolo per salvare la vita di alcuni ostaggi. È un episodio che lui stesso racconta volentieri. «Dissi all'ufficiale che quella povera gente era innocente e che pertanto egli doveva liberarla. Il tedesco mi guardò in silenzio poi mi chiese: "E lei come fa a sapere che costoro sono innocenti?". Gli risposi: "Alla stessa maniera in cui so che cosa contengono armadi e cassetti nella sua casa in Germania". "Le ricordo che è molto pericoloso prendermi in giro", ribatté l'ufficiale. E io lo rincalzo: "Non la prendo in giro, mi metta alla prova se crede"». Per farla breve il comandante tedesco chiese a Rol di descrivergli tutti gli oggetti riposti nel secondo cassetto, a destra, della scrivania sistemata nello studio della sua casa a Düsseldorf. «Oggetti che io elencai dalla a alla z, dopo che mi fui concentrato per qualche secondo». Gli ostaggi furono, naturalmente, liberati, e per questo fatto il dottor Rol, a guerra finita, ricevette una decorazione[13].

---

[13] Cfr. vol. I, 78 e sgg.. Il «comandante tedesco di Pinerolo» che sarebbe stato testimone di questi fatti dovrebbe essere lo stesso «Comandante Tedesco la piazza di Pinerolo» cui fa cenno Rol in una annotazione del 1943 sul suo diario (in *Diario di un capitano degli Alpini*, p. 67) e non è dato sapere al momento – occorrerebbero ricerche di archivio – di chi precisamente si tratti, se il «barone Herr» della Gestapo di cui parla Gemma Castino Prunotto (1-I-78^{qua}) o se il Maggiore Bernhard Werner (che potrebbe anche essere la stessa persona il cui nome la testimone non ha ricordato in modo preciso, e che alla data del 30/09/1944 constava avere 48 anni, originario della Pomerania, territorio sul confine polacco-tedesco) che aveva fatto della villa dei Rol a San Secondo di Pinerolo il quartier generale del comando tedesco: «Dal pomeriggio del 25 Settembre [1944], abbiamo nuovamente la casa piena di Tedeschi. Un Maggiore, due tenenti, i rispettivi attendenti, ed un andirivieni continuo, di giorno e di notte, di ufficiali e soldati. Il presidio si compone di 700 soldati. Tutti Russi, comandante ne è appunto il Maggiore» (*Diario...*, p. 128). Werner sarà presente nella vicenda della famiglia Paschetto, nel cui porcile di casa furono trovate delle armi: due fratelli vennero condannati alla fucilazione, e Rol prima riuscì a far sospendere la condanna, poi con uno stratagemma impedì che venissero deportati in Germania, facendoli liberare (cfr. il *Diario*, pp. 131-135). Si tratta tuttavia di una vicenda che non ha a che vedere con quella citata da Jorio e altri, né con gli esperimenti che Rol faceva di frequente in villa, con quegli ufficiali tedeschi,

Qualche anno dopo, in un albergo della Costa Azzurra osservò un giovane che stava saldando il conto al bureau. Era il conte Cini che si accingeva a ritornare a Venezia dopo aver trascorso qualche giorno di vacanza con l'attrice americana Merle Oberon alla quale era legato sentimentalmente. «Impediteglia di partire», disse Rol. «Il suo sarà un viaggio funesto». Ma il conte, a cui fu riferito il messaggio, alzò le spalle. «Sciocchezze», rispose. Mezz'ora dopo l'aereo privato, col quale era partito dall'aeroporto di Nizza, precipitava. La notizia si sparse in un baleno: il conte Cini era morto[14].

La serie degli straordinari fenomeni continua all'infinito. Nel 1938 il dottor Rol indicò esattamente le date in cui ebbe inizio e in cui finì la seconda guerra mondiale[15]. Nel 1942, quand'era capitano degli alpini, fu ricevuto da Mussolini a Roma. «Mi chiese di parlare liberamente», racconta. «E allora io gli dissi quello che sarebbe accaduto: che avremmo perduto la guerra; che nella primavera del 1945 sarebbe stato fucilato. Mussolini fece mostra di scetticismo. Ma era pallidissimo e ci congedammo freddamente»[16].

Un avvocato di Torino[17], che desidera mantenere l'incognito e che da anni segue gli esperimenti di Rol, racconta a sua volta: «Ho assistito spesso al trasferimento di oggetti, da una vetrina chiusa a chiave, a un cassetto, anch'esso chiuso a chiave. A casa mia, un busto di marmo che pesa una ventina di chili si portò, dal caminetto, al centro del tavolo senza che nessuno si fosse mosso[18]. In altre occasioni ho assistito e partecipato

---

chiedendo come contropartita, forse a cadenza quotidiana per un certo periodo, la liberazione di altri prigionieri. Stando a Maria Luisa Giordano, Werner, citato come «generale» senza nome, «in seguito, si fece vivo con Gustavo dopo molti anni, gli scrisse da Roma, gli raccontò che al suo ritorno in Germania aveva trovato solo distruzione e morte e perso tutti i suoi cari. Ora si trovava a Roma dove stava per prendere i voti religiosi» (*Rol oltre il prodigio*, 1995, p. 32). All'Archivio di Torino non constano sue lettere.

[14] Ci sono informazioni o imprecise o non corrispondenti a quanto informato da fonti più attendibili: l'aeroporto era quello di Cannes e non di Nizza, mentre l'incontro con Rol avvenne in modo più articolato, ma naturalmente questa è solo una breve sintesi scritta da chi sta riportando fatti descritti da altri, e i dettagli come quasi sempre non sono precisi.

[15] Non è dato sapere quale sia la fonte dell'informazione, né ci sono per ora altri riscontri.

[16] Su questa vicenda, si veda il racconto diretto di Rol in *"Io sono la grondaia"*, pp. 20-21.

[17] Lorenzo Rappelli.

[18] Dopo aver rintracciato Rappelli a Limoges nel 2001 – cosa allora difficile perché nessuno in Italia sapeva dove si fosse trasferito (ora abita a Prudhomat) – tra le cose che mi raccontò c'era anche l'episodio del busto, che mi permise di confermarne la veridicità e il contesto dopo che era stato riferito senza il nome del testimone e senza riferimenti, oltre che dalla Jorio, anche da altri (Enzo Biagi,

personalmente a viaggi nel futuro e nel passato: l'esperimento consiste nel proiettarsi, con l'aiuto del dottor Rol, in un determinato luogo, in un preciso momento del futuro o del passato, e assistere a tutto ciò che avviene in quel luogo e in quel momento. E questo esperimento viene fatto fare a una sola persona o a più persone contemporaneamente».
Il fenomeno avrebbe una precisa spiegazione. Secondo Rol, infatti, ogni oggetto mantiene dei rapporti con i fattori che hanno contribuito alla sua creazione, anche quando esso viene distrutto. E così, fra un oggetto e l'altro e anche fra oggetti e persone, vi è un certo legame. «Per cui si può pensare» sostiene il dottor Rol, «che ogni cosa che ci circonda non è avulsa dal complesso delle cose che compongono la natura». Insomma, un bicchiere, un cucchiaio, una sedia, manterrebbero dei «legami» col le persone che li crearono e li usarono. E questo aiuterebbe a capire perché, attraverso gli oggetti, si può risalire, appunto, alle persone che li hanno posseduti, si può entrare in contatto con loro anche se sono scomparse da molto tempo.
Sempre secondo Rol, anche dopo la morte rimarrebbe sulla terra una copia fotostatica di ciascuno di noi. «A riprova dell'esistenza e dell'inconsumabilità di Dio». In determinate condizioni, dunque, questo nostro spirito intelligente può staccarsi da noi e, agganciandosi agli spiriti intelligenti che lo hanno preceduto o che gli sono legati in qualche modo, risale nel passato o si lancia nel futuro[19].
«Una sera», mi racconta ancora l'avvocato, «ospitai un amico, accompagnato da una signora francese che non avevo mai conosciuto. Li presentai al dottor Rol e, dopo qualche esperimento fatto con le carte, ci accingemmo a un viaggio nel passato. Questa ragazza vive presso Parigi, ma i suoi nonni hanno tutt'ora una casa a Tournai sul confine franco-belga. Poiché essa non credeva alla possibilità del viaggio nel passato mi chiese che le venisse descritta com'era, centocinquant'anni prima, la casa dei suoi avi.
«Naturalmente, fui in grado di darle una spiegazione perfetta. Descrissi minutamente l'interno, feci riferimento a oggetti che non si trovano più, ma che la mia ospite ricordava di avere ritrovati da bambina nel solaio della casa dei nonni. In un'altra occasione – sempre con l'aiuto del dottor Rol – ebbi modo di accertare quale sarà la situazione della zona di Porta Nuova a Torino nel 2200 e potei confrontare quanto "vidi" con quello che

---

Nicola Riccardi e Massimo Inardi). In seguito, nel 2005, condussi Nicolò Bongiorno a Limoges per intervistare Rappelli, per il documetario *Rol un mondo dietro al mondo*, e poi trascrissi, nel 2012, la sua testimonianza incluso l'episodio del busto (1-XVI-1bis).

[19] Da sottolineare, perché è una delle chiavi per comprendere le basi teoriche non solo dei viaggi nel tempo, ma di molte altre *possibilità* di Rol: il nostro spirito intelligente *agganciandosi agli spiriti intelligenti che lo hanno preceduto o che gli sono legati in qualche modo, risale nel passato o si lancia nel futuro.*

un'altra persona aveva detto, durante lo stesso esperimento, in mia assenza»[20].

È chiaro che tutto questo non ha niente a che vedere col tavolino che balla, con lo «spirito» che batte i colpi[21]. E tuttavia, durante gli esperimenti, coloro che vi prendono parte avvertono misteriose presenze. «Una sera», mi dice un altro amico del dottor Rol, «ci eravamo riuniti in casa di una signora di Torino e, seduti intorno alla tavola, aspettavamo al buio di entrare in contatto con qualche "spirito intelligente".

«A un certo punto udimmo come un rumore di sonaglio. Accesa la luce ci guardammo intorno senza vedere niente. Ma quando riprendemmo l'esperimento il suono si ripeté e il dottor Rol avvertì la presenza dello spirito intelligente di una donna vestita con abiti orientali. Questa ci raccontò di essere una brettone, rapita cento anni fa e trasferita in Africa, schiava in un'oasi, dove le fu dato il nome di Aiuni[22]. La donna disse ancora che aveva tentato di fuggire con l'aiuto di un'ebrea, ma i suoi carcerieri l'avevano scoperta e uccisa. Lo spirito di Aiuni ci confidò, poi, che aveva nascosto presso la fonte dell'oasi la croce che portava al collo e un braccialetto di platino che portava al braccio sinistro sopra il gomito. E concluse affermando che desiderava in qualche modo ricompensare quella donna ebrea che l'aveva aiutata nella fuga, regalando alla padrona di casa, anch'essa israelita, il suo braccialetto.

«Sentimmo ancora il tintinnio dei sonagli, quindi accendemmo la luce e vedemmo che di fronte alla signora, sul tappeto che copriva il tavolo, era deposto uno stupendo braccialetto di platino cesellato a mano, all'estremità del quale erano appesi due sonagli». Tutto questo può apparire incredibile. Ma la signora Gabriella Vitale di Torino, che ha in consegna il braccialetto, può testimoniare sulla veridicità dei fatti. Rol annuisce, si passa una mano sull'ampia fronte mentre i suoi occhi azzurri vibrano bagliori d'acciaio. Il dottore ha superato la settantina[23], la sua vita si svolge dentro una ristretta cerchia di amici. È cattolico praticante. Mi dice con un filo di voce: «Se non avessi avuto tutta questa fede in Dio, credo che sarei impazzito»[24].

---

[20] Si vedano dettagli e ulteriori commenti nel cap. XXV del vol. I.
[21] Dovrebbe essere chiaro, eppure ancora mezzo secolo dopo c'è gente ignorante che parla di spiritismo in relazione a Rol.
[22] O Ajuli/Juli, episodio riferito anche da Jacopo Comin, si veda pp. 159-160.
[23] In realtà aveva 69 anni, ne avrebbe fatti settanta il 20 giugno 1973.
[24] Frase da mettere in relazione, anche ma non solo, con quest'altra: «Ho creduto di impazzire quando scoprii che esistevano in me le memorie di uomini vissuti 4000 anni fa» (in: Bazzoli, L., *Rol l'incredibile. L'uomo più misterioso del mondo*, Domenica del Corriere, 17/01/1979, p. 152), aspetti particolari di quello più generale associato alla scoperta della *tremenda* legge e della *potenza che fa paura*.

VIAGGIA NEL PASSATO E VEDE NEL FUTURO

Gustavo Rol possiede poteri straordinari che da tempo stupiscono il mondo: fa rullare i tamburi da soli, ricostruisce episodi di un secolo fa e sostiene che ognuno di noi ha capacità "divinatorie"

Studioso di scienze, arte e storia, il dottor Gustavo Rol è molto conosciuto anche all'estero.

Mentre sorbiamo il tè e lui sta parlando di questa sua bellissima casa - situata a Torino, in via Silvio Pellico: una strada signorile e tranquilla, vicino al Po - nella quale vive appartato tra mobili antichi, grandi quadri e severi tendaggi, avverto un sordo rullio di tamburi. È un rullio strano, angoscioso. Pare che venga da lontano, ma ho anche l'impressione che sia vicinissimo.
« Dottor Rol », chiedo, « che cosa sta accadendo? Dov'è che rullano questi tamburi? »
« Qui nella stanza accanto ». Rimescola il tè nella tazzina. « Sono appesi alle pareti ».
« E chi li suona? »
« Nessuno ».
« Vuol dire che suonano da soli? »
« Certo. Suonano sempre da soli. Venga ».
Lo seguo in un salone immerso nella penombra. Appesi alle pareti, intravvedo alcuni tamburi. Essi vibrano, fremono, emettono quel rullio cupo senza che nessuno li tocchi. Guardo stupita, impressionata: non so che, di lì a poco, sarò spettatrice di altri eventi, ancora più sconcertanti.
« Questi tamburi », spiega, « appartenevano all'esercito di Napoleone quando venne in Italia e combatté a Magenta. Io li ho ritrovati e ora li custodisco, come altri cimeli di quell'epoca, della quale è rimasta una traccia profonda dentro di me ».
Mi porge un blocco di fogli di carta, fissati da un fermaglio d'argento. Li guardo, sono tutti bianchi. Poi lui appoggia una mano sopra quel blocco e quando la toglie, qualche secondo più tardi, sul quarto o quinto foglio - non ricordo (però sapevo che prima era bianco, bianchissimo) - vedo impressa una grande enne maiuscola, l'inconfondibile « N » di Napoleone.
« Lei pensa di essere una reincarnazione di Napoleone? »
« Non lo so ». Sorride lievemente. « Dico solo che dentro di me vi è una traccia di quell'epoca. Ho scoperto, qui a Torino, tra un mucchio di vecchie cose abbandonate, la carrozza su cui Napoleone entrò in città e la regalai al comune dopo averla restaurata. Incominciai a parlare a due anni e la prima parola che dissi - così mi raccontò mia madre - fu "Napoleone". I più noti periti calligrafi della Francia hanno da lungo tempo attestato che la mia scrittura è uguale a quella del grande imperatore ».

Lo straordinario personaggio con cui mi intrattengo e che si diverte a impressionarmi è Gustavo Rol, il dottor Gustavo Rol; un uomo schivo, riservato, cultore di scienze economiche, d'arte, di storia, di medicina: una personalità di rilievo eccezionale, ricevuto alla corte d'Inghilterra, amico dei Kennedy. Per le sue fantastiche attitudini, per la sua dimestichezza col mistero, Fellini chiese la sua collaborazione quando girò il film *Giulietta degli spiriti*.

Il mondo scientifico conosce bene il dottor Rol, ma non riesce a spiegarlo, a definirlo, perché egli sfugge a ogni giudizio logico. I suoi esperimenti si collocano nella sfera dell'incomprensibile, dell'impossibile, dell'assurdo. È proprio questa sera, presenti alcuni professionisti di Torino suoi amici, mi fa immergere dentro una caraffa d'acqua un mazzo di carte nuovo, appena comperato dal tabaccaio e ancora avvolto nella custodia trasparente di plastica. Poi il recipiente viene portato in cucina e chiuso nel freezer del frigorifero affinché l'acqua geli in fretta. Quando il liquido e il mazzo formano un

→

Tre serate di esperimenti con Gustavo A. Rol

di Giorgio di Simone

1973[1]

Il giorno 7 marzo di quest'anno, il Dr. Domenico Molino, giovane medico chirurgo e Consigliere del C.I.P., il Dr. Giancarlo Andreana, Segretario del C.I.P., ed io, lasciammo Napoli, invitati a Torino dal Dr. Rol per una serie di incontri che dovevano culminare in tre delle sue straordinarie serate di esperimenti. Per me era il quarto incontro con quel grande 'operatore' di fenomeni paranormali che è l'amico Gustavo Rol.
Ancora una volta debbo dire che è difficile definire la sua personalità e, soprattutto, la sua posizione nell'ambito della fenomenologia paranormale.
Sappiamo tutti che egli respinge le classificazioni parapsicologiche e le qualifiche di mago, medium o sensitivo[2]; eppure, per intenderci, bisogna dire e riconoscere che egli è tutte queste cose... e qualcosa in più[3]. Egli è – al di là di ogni discussione – uno degli esseri umani più dotati di quelle facoltà che scavalcano con i loro effetti le consuete barriere del mondo fisico, psichico e spirituale, fino ad attingere ad una molteplicità di percezioni e di manifestazioni paranormali che lo pongono in una sua particolare dimensione, una dimensione sovrumana dalla quale egli, nella sua essenza che è anche fatta delle cose proprie dell'uomo puro e semplice, ricava anche motivi di amarezza e di solitudine. Una solitudine morale, psicologica, che è spesso più cruda e fredda di quella comunque inevitabile degli uomini normali, nelle profondità del loro io, del loro essere funzionalmente staccati, individuati come io cosciente, isolato in una realtà universale.
Da questa dicotomia emozionale e psicologica, concettuale ed esistenziale, derivano le reazioni di Rol, spesso non tutte comprensibili, e le apparenti contraddizioni del suo comportamento[4].
Il mio resoconto dell'incontro si svolgerà serata per serata.

---

[1] da: *Informazioni di Parapsicologia*, 2/1973, pp. 15-23.
[2] Nel 1973 questa posizione di Rol, come si vede, era già perfettamente chiara. Mezzo secolo dopo giornalisti e superficiali continuano a etichettarlo in questi modi, indice del loro grado di non-comprensione della sua figura così come della mancanza di rispetto per il suo pensiero.
[3] Ciò che si potrebbe dire *soltanto* per un *Illuminato*.
[4] Contraddizioni che sono tali solo per chi lo ha frequentato poco e ne ha osservato frammenti parziali, che non paiono, talvolta, appartenere alla stessa immagine.

1ª Serata. Alle ore 21,30 dell'otto marzo, nella villa collinare della famiglia Lugli, ebbe inizio la prima serie di esperimenti che si limitarono ad operazioni paranormali sul materiale preferito da Rol, vari mazzi di carte da poker, di proprietà della stessa famiglia Lugli.

Eravamo in dieci attorno ad un vasto tavolo, e non starò qui a ripetere l'usuale eppur sempre straordinaria sequenza di fenomeni effettuati sulle carte dal 'sensitivo', dopo che egli, fatti rimescolare e tagliare mazzi su mazzi dai presenti, prendeva indicazioni dalla *apparente casualità* di estrazione di certi numeri, figure e semi, per provocare la puntuale uscita della carta precedentemente scelta come carta campione di riferimento, al punto ed al momento giusto. Rimando alla nota (1)[5] per il ricordo di tali esperimenti.

Ma ecco all'improvviso l'emergenza, che è l'eccezione in una fenomenologia già eccezionale.

Ricevuta l'indicazione della carta-fulcro di quell'esperimento (l'asso di cuori), afferrati due mazzi, uno per mano, già debitamente mescolati e tagliati da due dei presenti, Rol li lancia velocemente sul tavolo in modo che le carte – coperte – nel loro sgranarsi in lungo formino una grande X, *mostrando all'incrocio di tale X i due assi di cuore scoperti*[6].

In questo esperimento sottolineo l'estrema difficoltà teorica, non solo di provocare lo scoprimento sovranormale delle uniche due carte corrispondenti alla carta campione – l'asso di cuori –, ma quella di fare avvenire lo scoprimento all'incrocio dei due fasci di carte, in funzione anche di una perfetta sincronia di lancio.

Gli esperimenti dell'otto marzo furono come sempre parecchi, circa una quindicina.

2ª Serata. Alle ore 21,30 del 9 marzo, riunione in casa Gàzzera, sempre in dieci persone. Inizia il crescendo dei fenomeni, aventi per base sempre vari mazzi di carte, fino a nove. Mi trovo sempre molto vicino a Rol e

---

[5] Che rimanda a sua volta a IP n. 1/1970 (cfr. vol. V, p. 348).

[6] Nel libro, in nota (p. 108, 2ª ed.) l'autore scrive che «Rol mi aveva fatto fare un giorno lo stesso esperimento, perfettamente riuscito, anche se avevo avuto qualche difficoltà a sincronizzare il lancio dei due mazzi di carte». Lo aveva riferito qualche pagina prima: «Una volta, non ricordo esattamente quando, durante una serie di esperimenti a casa sua, Rol mi rese *protagonista* di uno dei suoi più stupefacenti fenomeni, e non so se l'abbia fatto fare ad altri. Mi disse di tenere, dopo averli mescolati io, due mazzi di carte col dorso in su, uno per mano. Mi fece scegliere mentalmente una carta e io scelsi l'asso di cuori. Mi disse quindi di lanciare a fascio le carte dei due mazzi, in modo tale da formare una X. Eseguii e ne venne fuori l'ennesima meraviglia: all'incrocio di quella X, mentre tutte le altre carte erano rimaste coperte, *i due assi di cuori apparivano bene in vista!*» (p. 101). Ho dimenticato di inserire questo esperimento nei voll. precedenti, lo sarà in un vol. futuro (in *trasferimento di coscienza*).

nulla mi sfugge, perché ritengo che ogni pur minimo dettaglio sia importante, per giudicare l'insieme dei fenomeni e per tentare di ricavarne elementi atti ad inquadrarsi in una meccanica paranormale, e che potrebbero però anche esprimere una loro sottile logica, quella dell'armonia, come afferma il nostro 'sensitivo'.

Molti esperimenti si ripetono con certe varianti, sempre affidando agli astanti – vecchi e nuovi ospiti – rimescolatura e scelta delle carte. Altri ne avvengono, nuovi per me, o di maggiore complessità operativa. Ne descrivo alcuni:

1. Un mazzo perfettamente mescolato e tagliato è posto da una signora sotto il coperchio di porcellana di una zuppiera di casa. Viene indicata la carta base (un otto di cuori). Stavolta Rol incita una sua vicina di posto ad effettuare l'esperimento, facendo ruotare lentamente (dopo qualche secondo di concentrazione mentale) il coperchio sul mazzo coperto, sempre mantenendolo aderente al tappeto del grande tavolo (circa mt. 250 x 090). Le carte escono una ad una, o per piccoli gruppi, da sotto il coperchio, ed ecco ancora una volta esaudito il «richiamo» arcano della carta-base: l'otto di cuori filtra anche esso da sotto il coperchio, ma *scoperto,* in piena vista, in piena luce... [7]

Prima io, poi Andreana, tagliamo quindi a caso alcuni dei mazzi rimasti sul tavolo in ordine, la carta tagliata è sempre l'otto di cuori! Questa controprova di quello che Rol chiama «il richiamo armonico» è teoricamente molto importante. L'effetto latente si smorza quindi gradatamente: taglio un ultimo otto, ma è un otto di fiori... [8]

2. Viene scelta col solito rigoroso ed apparentemente casuale procedimento un'altra carta: è il quattro di quadri. Sotto il coperchio di porcellana, previo controllo di tutte le sue carte (il quattro di quadri c'è!) viene posto un secondo mazzo, da uno degli astanti. Rol si accinge a ripetere un fenomeno clamoroso che ad un occhio profano può apparire addirittura prodigioso: estrarre il quattro di quadri dal mazzo sotto il coperchio, *ma dal disotto dell'imponente tavolo,* di struttura complessa[9]. Rol armeggia con una mano sotto il piano del tavolo (lo spessore della struttura è di circa 12 cm.): è agitato, con la fronte imperlata, in uno stato

---

[7] Esperimento quasi identico che *ha fatto fare* anche a me, con la differenza che la carta corrispondente alla carta campione non era «filtrata» da sotto il coperchio, ma letteralmente "sparata" fuori dalla apparente forza centrifuga da me impressa nel ruotare – come se stessi mescolando velocemente un minestrone – il coperchio che copriva il mazzo sottostante (cfr. 1-XVI-12).

[8] Questo *effetto latente* è lo stesso che Di Simone ha sperimentato dopo un certo numero di prove fatte da solo a casa sua, come visto nel vol. V (p. 378 e sgg.).

[9] Anche questo è un tipo di esperimento che *ha fatto fare* anche a me (1-XX-12), con qualche variante: nel mio caso Gustavo era rimasto fermo al suo posto – più o meno un metro e mezzo da me – senza fare nulla, mentre qui «armeggia con una mano sotto il piano del tavolo».

non consueto. Ad un certo punto (siamo tutti protesi verso il punto dell'esperimento) esclama con angoscia – «È rimasta impigliata in una fessura del legno! Non riesco a farla passare completamente!... ». Si riversa sulla sedia, stringendosi con ambo le mani la testa: «Il mio cervello, fate presto, presto, il mio cervello!...». Ci precipitiamo, e il Dr. Molino (novizio per questi esperimenti mai visti) estrae da sotto il tavolo il quattro di quadri. Controlliamo il mazzo ancora sotto il coperchio della zuppiera: manca appunto il quattro di quadri! ...
Da rilevare in questo caso la tensione cerebrale del sensitivo, spia di un ancora misterioso collegamento tra la psiche operante e lo stesso cervello[10].

3. La carta campione è scelta. Prendo uno dei mazzi e lo mescolo dietro invito di Rol. Lo taglio: appare, *scoperta,* la carta corrispondente a quella campione.

4. È un classico «book-test»[11] ed è la prima volta che assistiamo – noi del CIP – ad un fenomeno del genere, ma esso è frequente per Rol. Tutti coloro che sono stati ammessi ad assistere ai suoi fenomeni ne parlano, da Talamonti a Riccardi.

Le carte vengono tolte. Si conversa brevemente. Rol chiede di porre un quesito, poi, date le esitazioni, sceglie «l'amore». Ha un foglio bianco davanti a sé e ad alta voce chiede (a chi?) che venga indicata una definizione non banale, ma di un certo impegno.

Per questo esperimento di messaggio da scrittura automatica, egli ha bisogno di buio, anche se non totale, quindi lo si ode scrivere con la sua matita velocemente, quasi nervosamente. Si riaccende[12]. Sul foglio viene

---

[10] Difficile giudicare questa scena, comunque sia che Rol fingesse a scopi allusivi, sia che davvero stesse soffrendo, il punto focale è che durante l'esperimento il cervello, ovvero il sistema nervoso, è direttamente implicato e vincolato a ciò che accade all'esterno, ovvero alla trasformazione/alterazione della materia.

[11] Io preferico chiamare questo tipo di *possibilità «biblioscopia»*, termine che descrive più esattamente ciò che avviene e suggerisce un collegamento, per niente casuale, con l'*endoscopia*, oltre a svincolare questa classe di fenomeni da una definizione usata dagli illusionisti.

[12] Ecco un buon esempio dove è chiaro che la penombra o l'oscurità non potrebbero essere un espediente per truccare qualcosa. Non c'è infatti alcuna relazione – nel senso di una eventuale manipolazione – tra il livello di luce e ciò che avviene. Invece, in certi casi minoritari come questo, a discrezione di Rol per le ragioni più varie, la penombra o l'oscurità gli servono – come già detto in precedenza – come elemento che *limiti le distrazioni sensoriali,* vale a dire favoriscono la *sintonizzazione* con una realtà *altra* e l'entrata in uno stato di coscienza diverso (che non è *trance* ma comunque non è la coscienza normale). Si può fare la banalissima analogia, come ho già fatto, che si dorme meglio con il buio che con la luce.

indicato il 3° volume della Treccani (opera in genere scelta da Rol come testo di riferimento, data la sua vastità).
Le carte, mescolate ed estratte «a caso», indicano successivamente il numero della pagina, 31. Arriva il volume: al principio della prima colonna di pagina 31, il rigo porta la seguente frase che prosegue quella della fine della pagina 30: *«misteriosa iniziazione all'idea del bello eterno, e anzi a tutto il mondo delle idee...* » (Platone).
3ª Serata. Di nuovo, alle ore 21,30 del 10 marzo ci riuniamo in otto, stavolta nella stessa abitazione del Dr. Rol, in un prezioso salotto dall'atmosfera vagamente strana, che è un po' quella dell'intero appartamento. Spostato da un lato c'è un grande tavolo rotondo, luci varie alle pareti, una scultura in una specie di nicchia con poggiolo a balaustra e ricche decorazioni lungo i muri.
Personalmente – lo confesso e, d'altra parte Rol lo sapeva – ero un po' deluso. Per quanto notevolissimi, gli esperimenti visti nelle due sere precedenti, tranne il «book-test» sono per me ripetizioni di quelli già eseguiti durante i miei precedenti incontri.
Dopo una breve conversazione, gli esperimenti cominciano, quasi in sordina, sempre con fantasiose variazioni sul tema, escogitate da Rol instancabilmente.
Si passa dall'accoppiamento «regina-re», dello stesso seme, che l'«operatore» attua alla cieca, pescando «a caso» le carte da un mazzo da noi mescolato e posto sotto il tappeto, a quello apparentemente molto più complesso (ma la matrice paranormale è certamente indifferente a tale complessità) per cui, dopo varie selezioni operate su nostra indicazione nell'ambito di tre mazzi fusi insieme, previo nostro rimescolamento, Rol raduna «magicamente» tutte le carte dello stesso seme esistenti nei tre mazzi decurtati di quei gruppi di carte da noi indicati con procedimenti vari.
Ma nell'aria c'è qualcosa che sta maturando e Rol appare inquieto e leggermente agitato. Quasi all'inizio della seduta ha fatto porre da Molino e da Andreana, dopo che essi li hanno mescolati e tagliati, uno dei mazzi sul poggiolo della nicchia con statua, e l'altro su di una mensola di marmo alle mie spalle. Ogni tanto, durante gli esperimenti consueti egli sogguarda verso i mazzi, affermando di non sapere cosa potrà succedere... Si odono degli scricchiolii...
Ed, ecco, verso la fine della serata, quasi come per lasciare il «ternpo» ai coadiutori invisibili di organizzarsi, ecco esplodere l'esperimento «clou» grandioso, nella sua estrema complessità operativa, nel suo intrico di fatti paranormali diversamente classificabili, e che danno la misura – *probabilmente non completa* – dei poteri di Gustavo A. Rol.
A questo punto le varie fasi dell'«operazione» si svolgono con una crescente agitazione da parte di Rol e con una tesa perplessità da parte degli ospiti, per i quali non è naturalmente affatto chiaro il fine da

raggiungere. Ma anche per Rol, in parte, deve essere così, perché egli ha dei momenti di preoccupazione, di inspiegabile inquietudine.
Descrivo, in ordine, la rapida sequenza dei fatti:
1. Rol fa riprendere a Molino e Andreana i due mazzi posti fuori dal tavolo; ne fa porre uno sotto il tappeto, davanti a Molino, mentre l'altro viene lasciato sul tavolo, vicino agli altri.
C'è ora una pausa di attesa, con una breve conversazione dalla quale emerge un quesito che riguarda la possibilità scientifica di trovare una chiave di questi fenomeni straordinari.
2. Vengono portati dei normali fogli di carta bianca, formato extra-strong, ed ognuno ne prende uno. Fatto il buio[13] (ma dopo qualche secondo un leggero chiarore rende percepibili sagome e silhouettes), Rol chiede che i fogli vengano agitati ritmicamente, tenendoli all'altezza della testa: è una prassi comune a certi suoi esperimenti di scrittura diretta[14].
3. Ad un altro ordine dell'«operatore», i fogli vengono appallottolati e tenuti stretti nella mano sinistra. Al solo Dr. Molino viene chiesto di mettere la pallina di carta sotto la camicia[15].
4. Si riaccende la luce. Rol, sempre più inquieto, si irrigidisce e, guardando teso verso l'alto, scrive qualcosa sul foglio di carta davanti a lui, a matita. Leggiamo il 'messaggio': la scrittura è filiforme, appena percettibile, e dice: «*Camille va vous expliquer ... ce que je pourrais*

---

[13] *Nota dell'autore*: «Questa faccenda del buio si associa subito al buio richiesto in genere nelle sedute medianiche. Evidentemente, anche per i fenomeni a base animica (cioè dipendenti dalle sole forze del sensitivo), l'estrinsecazione dell'agente PN necessita dell'annullamento di alcuni tipi di radiazioni».
La spiegazione principale che ho fornito io è molto più semplice.

[14] *Nota dell'autore*: «È una prassi che può apparire strana, ma quante cose non riusciamo a spiegare in Rol! Lo scopo di tale movimento frusciante della carta potrebbe essere quello di aiutare la concentrazione mentale degli astanti sull'esperimento, in un ambiente non ancora affiatato, o di spezzare l'attenzione vigile, in genere contraria alla realizzazione di alcuni fenomeni PN».
Concordo con questa interpretazione, che per ora non occorre sviluppare nel dettaglio. Ed è appunto per ragioni analoghe che in alcuni casi Rol preferisce un ambiente oscurato. Il punto essenziale è il raggiungimento di un *armonizzato stato di coscienza* tra tutti i presenti.
Nelle note all'articolo che riproduco più avanti (p. 229, dal *Giornale dei misteri*, 1975), dove Di Simone riporterà questa stessa relazione (e che lì ho omesso per non ripeterla) aggiungerà a questa nota: «Personalmente, comunque, in tali casi la mia attenzione critica si raddoppia!».

[15] *Nota dell'autore*: «I nuovi ospiti sono in genere sempre chiamati in causa in questi esperimenti, come se Rol (o chi per lui) volesse esercitare nei loro confronti una più decisa opera di convincimento, scacciando anche l'ombra di ogni scetticismo».
Il nuovo arrivato o lo scettico possono ritardare o rendere difficoltosa l'armonizzazzione di cui sopra, ciò che spiega la «più decisa opera di convincimento» di Rol. In termini militari: *mettere in riga...*

faire» (Camillo sta per spiegarvi ciò che potrei fare). Il francese è caratteristico nella scrittura automatica ed in quella *diretta* del nostro ospite. Ma chi scrive? Chi è Camille? Dunque c'è una collaborazione di qualcuno che opera alle spalle di Rol? Ma andiamo avanti.

5. Quasi convulsamente il Dr. Rol segna sul foglio una freccia che viene spinta in direzione di Molino. «Presto – esclama il sensitivo – prendete quel foglio». Si allude a quello che sta ancora sotto la camicia del nostro amico.

6. Mentre Rol si accascia lievemente, prendo il foglio ancora appallottolato che Molino ha tratto dalla sua camicia (e che prima, ripeto, era perfettamente bianco). Lo spiego e leggo assieme agli altri il seguente messaggio scritto a matita, appena leggibile:

«Le schéma est malheureusement trop loin de toute recherche scientifique susceptible d'étre éclairée, faute de données. Rol a obtenu des conditions exceptionellement favorables par son expérience, mais aussi bien avec son élan genereux autant que prudent».

La prima fase, già intricata nel suo sviluppo, termina così con una clamorosa prova di «scrittura diretta». Ma non siamo che all'inizio e comunque notiamo che il 'messaggio' è una risposta al nostro quesito di poco fa, sorto casualmente da una occasionale conversazione...

7. Rol ha ritrovato un po' della sua calma solita. I fatti riprendono a susseguirsi rapidamente, portando alla conclusione dell'esperimento. Rol si fa consegnare il mazzo che il Dr. Molino ha davanti a sé, sotto il tappeto, quindi scrive ancora qualcosa in scrittura automatica, ripreso da quello strano raptus che assomiglia maledettamente a quello medianico. Viene dettato come concludere l'esperimento. Il primo gruppo di carte che risulterà «casualmente» dai nostri soliti maneggi, indicherà il volume (della Treccani), il 2°, 3° e 4° gruppo indicheranno le pagine.

8. Si effettuano rimescolatura e tagli del mazzo indicato e i gruppi di carte risultanti, così come annunciato dalla misteriosa entità, scrivente attraverso Rol, danno la seguente numerazione: 21, 204, 200, 100... (gli zeri, per convenzione, erano rappresentati dalle figure).

Rol ha un attimo di esitazione, viene improvvisamente ripreso dalla 'forza' che lo porta a scrivere un altro numero: 178... Evidentemente il messaggio non era completo, oppure ci siamo dimenticati, nella manipolazione delle carte, di qualche passaggio utile a tale completamento.

9. Rol ed uno degli ospiti si alzano per andare a prendere il volume 21° della Treccani. Rimaniamo in ansiosa attesa. Arriva il volume. Alle pagine 204, 200 e 100 che – si badi bene – trattano ovviamente argomenti diversissimi tra loro, le prime righe delle prime colonne sono, in ordine, le seguenti:

« ... Questa schematizzazione è purtroppo lontana da ogni verità scientifica ... che nessuna indagine potrebbe chiarire per mancanza di

dati... (ROL) ottenne condizioni eccezionalmente favorevoli ... con la sua esperienza, ma anche con la sua grande generosità e prudenza».
Siamo al culmine. La serie dei brani ricavati dalla Treccani forma un discorso coerente e completo che è *la traduzione esatta del messaggio in francese ricevuto per scrittura diretta!*
Unica variante la parola ROL, che ovviamente non poteva trovarsi nella Treccani, ma che s'inserisce perfettamente per dare compiutezza alla frase in italiano.
Pur essendo piuttosto esperti di fenomenologia paranormale, lo stupore ci assale per qualche lungo minuto. Gli altri sono senza parole, con un turbinìo di pensieri nella mente. Rol è raggiante. È un «tour de force» che gli è costato fatica, lo si vede, ma il risultato ha superato le aspettative. La mia delusione dilegua di fronte all'eccezionale intrecciarsi di eventi normali e paranormali che hanno portato a questa conclusione, attraverso una perfetta composizione e sovrapposizione di fenomeni parapsicologici che, già in se stessi, singolarmente, sono molto rari: scrittura automatica, scrittura diretta, chiaroveggenza (ma è proprio chiaroveggenza o c'è dell'altro?) di quattro brani così sorprendentemente armonizzati in un senso compiuto, riferito ad un messaggio ottenuto per di più con scrittura diretta. C'è un inevitabile richiamo alle «cross-correspondances»[16], ma credo di poter affermare che nella casistica supernormale, metapsichica o parapsicologica che sia, non esiste alcunché del genere, per complessità teorica e pratica, armonia prestabilita e precisione dei risultati[17], e sotto un

---

[16] In una nota aggiunta solo nell'articolo del 1975 su *Il Giornale dei Misteri*, Di Simone scrive: «"Corrispondenze incrociate", sembra ideate dalla presunta entità di F. Myers per persuadere gli uomini della realtà dell'Aldilà, e consistenti in frammenti di messaggi captati da medium posti in sedi lontanissime tra loro (ad es. Parigi-New York), messaggi leggibili soltanto ricomponendo i vari frammenti a fine esperimento».

[17] Su *Il Giornale dei Misteri* Di Simone aggiungerà a questo punto una parentesi doppiamente significativa: «(se si escludono forse gli esperimenti numerici con le carte, di "Stasia", descritti da Mackenzie)», con relativa nota: «v. "Metapsichica Moderna" di W. Mackenzie, Roma 1923». Doppiamente significativa per questo: 1) anche lui finiva per ammettere che l'unico paragone possibile con gli esperimenti con le carte di Rol erano quelli di Poutet-Stasia (quei pochi altri con qualche affinità al confronto sono comunque parziali o poco documentati); il fatto di non averlo menzionato in questa relazione del 1973 e invece averlo fatto nell'articolo del 1975, è dovuto al fatto che Jacopo Comin ancora non aveva pubblicato i suoi articoli su *Scienza e Ignoto*, dove menziona Stasia più volte. Di Simone, dovette dargli ragione. Tuttavia... 2) sia nel libro del 1987 *Lo Specchio Incantato* che, soprattutto, nella sua monografia su Rol del 1996 e seconda edizione ampliata nel 2009, ogni riferimento agli esperimenti di Stasia scompare. La ragione è per me chiara, e si inserisce nel quadro di quel dissenso dell'autore per fatti e teorie che invalidano le interpretazioni spiritiche (come è infatti il caso Poutet-Stasia) o spiritoidi, come scrivo anche poco più avanti nella nota n. 19.

controllo continuo, rigorosissimo, con la partecipazione apparentemente marginale dell'«operatore» paranormale (le carte le mescoliamo *noi*, il quesito è sorto da una conversazione iniziata da *noi*...).

Per distendere gli animi ancora sotto lo «choc» della mirabile «meccanica» di eventi al di fuori di ogni legge conosciuta, Rol esegue ancora pochi esperimenti con noi e le carte, ma è stanco. Ci congediamo.

Quali ipotesi chiamare in causa per tentare di spiegare anche approssimativamente il fenomeno centrale di questa serata?[18] Ho descritto le fasi salienti e determinanti di esso, ma la sua elaborazione è stata in effetti più minuziosa e complessa, con varie concomitanze, visioni da parte di Rol, sensazioni varie... Il tutto nel quadro di un rapporto ravvicinato col sensitivo torinese, in quei tre giorni in cui si sono verificati altri eventi significativi al di fuori degli esperimenti serali programmati. Eventi nei quali, in particolare, sia Molino e Andreana, ed io, abbiamo avuto la certezza che Rol aveva percepito, in occasioni caratteristiche, i nostri discorsi, come attraverso un più saldo contatto telepatico.

Quali ipotesi?...

Si riconferma in me l'opinione che i più notevoli fenomeni rolliani siano il risultato di una interazione tra le sue qualità personali, soggettivi di tipo animico (telecinesi, telepatia, chiaroveggenza, soprattutto) e interventi «esterni», di tipo più o meno trascendente, per non dire spiritico «tout court».

Quando lessi questo riferimento a Mackenzie, molti anni prima di scoprire autonomamente l'analogia con gli esperimenti di Rol, non gli diedi alcuna importanza, e questo perché anche Di Simone, come Comin e Talamonti, non faceva esempi concreti tratti dalla casistica di Poutet-Stasia, esempi che lessi per la prima volta solo nel 2012 nel libro di René Sudre *Trattato di parapsicologia*, e mi accorsi immediatamente della loro pertinenza. E la ragione per cui tale casistica non è mai stata messa in rilievo dai parapsicologi come avrebbe meritato è proprio perché molti di loro e degli studiosi del paranormale in genere, fino alla letteratura divulgativa della *new age*, aderiscono in una forma o nell'altra alle teorie spiritiche. Essa è poi stata probabilmente ignorata di proposito dagli scettici – che dovettero sospettarne l'autenticità e che non sapevano né sanno come trattarla e attaccarla – così come dagli illusionisti, che avendone riscontrato l'eccezionalità "magica" hanno forse tentato e ancora tentano di capire come fare a riprodurla col trucco; e infine, naturalmente, da coloro che, illusionisti o meno, avrebbero voluto «impossessarsene» (copyright Silvan).

[18] Lo scettico di turno, in questo caso Mariano Tomatis, aveva tentato di fornire la sua pseudo-spiegazione "normale", che ho "decostruito" – come direbbe lui con tono felpato – ovvero demolito, come preferisco dire io, dettagliatamente nella appendice che ho scritta appositamente per il libro di Di Simone (*L'"esperimento clou" di Giorgio di Simone: controcritica alle illazioni di uno scettico*, pp. 167-191, 2ª ed.), di cui ho fornito sul mio sito una versione abbreviata nel 2009 che riporterò anche in un prossimo volume.

Gustavo A. Rol non ammette lo spiritismo. Egli ha una sua teoria (1)[19], ma su tale punto siamo divisi, anche perché mi pare di avere capito che egli – negandolo – si riferisca allo spiritismo di maniera, quello dei tavolini a tre gambe e delle infestazioni (poltergeist). Se è così[20], egli ha mille volte ragione, ed io stesso ho attaccato più volte queste minime e degradate forme di manifestazione. Ma è necessario andare al di là di queste mistificazioni del basso astrale e risalire verso contatti più puri, più

---

[19] Il numero qui avrebbe dovuto rimandare a una nota, che però Di Simone alla fine non ha messo. La ragione anche qui per me è chiara: la "teoria" dello *spirito intelligente*, in quanto di fatto anti-spiritista, è in grado di far crollare molti castelli di carte teorici dei seguaci dello spiritismo e in generale dei parapsicologi che quelle teorie sottoscrivono, nettamente o in sfumature spiritoidi, dove cioè l'"entità" è comunque "reale", separata e dotata di coscienza propria e non una "fotocopia" o espressione di individui vivi che la "creano". Ad esempio, vi sono molti tentativi di spiegazione fatti dal maggior studioso italiano e uno dei maggiori del mondo in questo campo, Ernesto Bozzano – la cui opera classificatoria e analitica della fenomenologia è peraltro fondamentale – che non reggono una volta che si sostituiscano gli "spiriti" con gli *spiriti intelligenti*.

[20] La ragione principale l'ho delineata nella nota precedente. Quella ipotizzata da Di Simone è una ragione sicuramente vera ma secondaria e non sostanziale. Io credo che lui avesse ben compreso, foss'anche a livello solo intuitivo, le implicazioni della teoria "di Rol" e faceva più o meno finta di non capire, o tentava di rimuoverla più o meno consciamente cercando altre spiegazioni alternative dell'atteggiamento di Rol nei confronti dello spiritismo. Lo stesso io riscontro da anni con la questione della reincarnazione: estimatori di Rol che credono a questa teoria giustificano quelle che per loro sono solo "ambiguità" di Rol su tale argomento col fatto che lui fosse «cattolico» (già ne *Il simbolismo di Rol* ho spiegato perché questa idea è inconsistente) mettendo la testa sotto la sabbia e avendo timore di affrontare un tema che per loro pare quasi vitale e che minerebbe la loro credenza. Identico discorso per la questione riassumibile in «gli alieni non esistono», dove si sente dire che Rol qui si era sicuramente sbagliato, solo perché in contrasto con le loro credenze (che saranno in ogni caso tali fintanto che non esista prova del contrario, se mai esisterà). Da queste poche righe, comunque, si capisce come Rol sia molto distante dai "cavalli di battaglia" della *new age* e molti che navigano a vista in questo mare magnum ancora non se ne sono accorti o non vogliono prenderne atto, proprio come Di Simone. Qualcosa del genere posso riscontrare negli ultimi tempi verso di me: vengo presentato come colui che ha raccolto centinaia di testimonianze e che ha fatto un grande lavoro di archivio, lasciando in ombra la parte invece che io giudico più rilevante del mio lavoro, che è la *spiegazione e chiarificazione* della vita, del pensiero e della *scienza* di Rol, che, scorporate dalle testimonianze *tout court*, ad oggi tra libri e articoli superano di gran lunga il migliaio di pagine (e non è che una introduzione). Purtroppo, il mio "esoterismo ortodosso", se così si può chiamare, entra in conflitto con molte credenze superficiali della *new age*, e quindi c'è chi preferisce consciamente o inconsciamente ignorare il mio punto di vista – che è poi praticamente lo stesso di quello di Gustavo, come ho già ampiamente dimostrato – proprio come Di Simone tendeva a ignorare il suo.

elaborati e vigilati, quelli cioè che ci hanno permesso in oltre 22 anni di studi e di dialoghi, di erigere da questa parte della frontiera «morte» una dottrina integrale dello spirito, basata su logica e realismo, e non certo il «realismo» alla Maritain[21].

Sulla terra tutto è utile per trarre via l'uomo dalla sua millenaria condizione di ignoranza e di scetticismo[22]. In questo senso l'opera di Gustavo A. Rol è inestimabile, come la sua umana dedizione al prossimo, giorno dopo giorno.

---

[21] Nel libro, in nota Di Simone rimanda all'altro suo lavoro, *Rapporto dalla dimensione X*, senza specificare.
[22] Tutto è utile purché sia corretto e basato sui *fatti*. Teorie sbagliate sono talvolta forse più dannose di nessuna teoria, per quanto possano contribuire a far emergere a un certo punto quelle corrette (talvolta, sono necessari secoli).

Lettere di Giorgio di Simone
1973*a*

Napoli, 14 marzo 1973

Gustavo carissimo,

ti mando un pensiero grato per il tempo che hai voluto dedicarci nei giorni scorsi[1] e mi auguro che tu stia bene e che tu non abbia risentito di questo "tour de force"... Molino, in particolare, è ancora sotto la forte impressione di quello che ha visto e – mi diceva ieri – tornerebbe anche subito a Torino, come del resto anche noi: Andreana ed io.

Appena uscito il mio libro[2] (tra aprile e maggio) te ne invierò una copia con affettuosa dedica, e potrai così renderti conto fino in fondo quale strada abbia seguito per maturare il mio spirito, al di fuori di tutte le pastoie della parapsicologia 'ufficiale'... Comunque, debbo dirti che, al di là dello stesso libro e delle cose in esso contenute, la mia maturazione è avvenuta a contatto della vita e del prossimo, e non potrebbe essere diversamente, e tu lo sai meglio di tutti, perchè è una esigenza di maturazione che nasce dal profondo di noi stessi e che si appoggia ai dati dell'esistenza, dolce, cruda o amara che sia, per condurci quasi per mano verso una visione più giusta dell'universo e di Dio, attraverso impercettibili equilibri ed il coro delle cose che formano trame armoniche ad ogni livello di vita e di sensazione.

Vedi, quello che ho scritto o che scriverò potrà servire alla gente (e già molti, come mi scrivono, ne hanno avuto beneficio), ma la tua opera è più incisiva, di più immedato peso; direi che fa toccare con mano l'imponderabile, l'equilibrio, ciò che è al di là della materia, come presenza di Dio in ogni più piccolo frammento di realtà universale.

È per questo che vorrei tanto proseguire questa iniziazione con te, finchè c'è tempo (il tuo ed il mio), per convincerti anche della mia assoluta buona fede, della sufficienza del mio grado di maturità, della mia piena consapevolezza dei rischi ed anche dell'impegno e del bene che questo tirocinio, questa conoscenza, comportano... E, vedi, non vorrei che andasse perduta una briciola di questa tua conoscenza, perchè in mani adatte (e penso di poterlo dire per me, e tu mi hai visto 'dentro') essa può aiutare gli uomini, direttamente e indirettamente. E ciò anche se spesso mi può prendere lo scoramento di fronte ai compiti immensi che ci attendono,

---

[1] Le tre serate dell'8-9-10 marzo descritte nella relazione precedente (che sarà redatta però dopo questa lettera).
[2] *Rapporto dalla Dimensione X.*

davanti ad una umanità ancora così sprovveduta... Tu sai ormai che ti voglio bene come ad un padre, ad un vero fratello; mai come questa volta ho sentito il tuo dono di amicizia e di calore umano, e mai come questa volta ho sentito il tuo bisogno di affetto, di autentica amicizia, di calore umano genuino, in un ambiente che purtroppo non riesce a comprenderti, od almeno a non comprenderti abbastanza[3]. Anch'io, spesso, mi sento come in un deserto... Ho perso mia madre e mio padre alla fine del 1972, nel giro di 40 giorni, ma non è a questo tipo di solitudine cui alludo, e soltanto tu – credo – puoi capirmi sino in fondo. Ma ti sono vicino col pensiero più di quanto non immagini, e spero in fondo all'anima che tu mi consideri degno della tua fiducia, sino in fondo...

Altrimenti sarà come Dio vorrà e dovrò richiudermi in me stesso definitivamente, rinunciando ad una parte del bene che potrei fare al prossimo; e mi limiterò alle parole, lasciando i fatti, a te.

Quando sono davanti a te sovente non so esprimere quello che penso e che sento, ci riesco molto di più da lontano, come vedi.

Se decidi qualcosa d'importante, se decidi di trasmettere qualcosa, di lasciare indicazioni scottanti, chiamami, e dopo sarò come una roccia, anche se la tristezza potrà velare la mia mente, come sempre, per una ragione indefinibile, fin da quando ero bambino, forse per l'oscura o più chiara, a volte, consapevolezza delle sofferenze che agitano il mondo e della nostra impotenza di fronte ad esse.

Penso che soltanto una mia più lunga permanenza a Torino potrà permetterti di proseguire a fondo il dialogo con me, per ciò che probabilmente intendi lasciare e su cui hai ancora forti dubbi.
Potrei sfruttare le vacanza di Pasqua, per farlo, oppure un altro periodo, non so...

---

[3] Due anni dopo, Rol faceva scrivere al suo stesso *spirito intelligente*: «Ma che cosa volete mai che io faccia, che vi mostri, che vi dica: esperimenti, rivelazioni, racconti trascendentali, apporti, dialoghi con spiriti intelligenti, pitture, confidenze, ecc. ecc. Insomma tutta la gamma delle mie sofferenze... (cfr. seguito in vol. IV, p. 93, nota 8; qui completo la parte finale:) *Poiché* dentro di me i sogni, le tempeste, i timori e le speranze urgono ad ogni istante... Povero me, nessuno di voi se ne accorge. Poveri voi, che camminate sul bordo del nulla e rischiate di caderci ad ogni istante... Qualche volta mi consolo pensando che forse, quando si tacerà la mia voce, il ricordo di me vi aiuterà a vivere il tempo che vi resterà, *viverlo* meglio; ossia viverlo con la consapevolezza che tutto quanto fu mia intenzione apprendervi era ad un ordine che obbedivo, ad un istinto che rispondevo. Io, morente, *offrivo* la vita a coloro che già erano, come me, prossimi a scomparire nel nulla. Su cento milioni di uomini ce n'è uno solo che saprà tramandare la ragione che non è segreta della Creazione. Sono Rol, nel 1975» (da: Lugli, R., *Gustavo Rol. Una vita di prodigi*, 3ª ed. 2008, pp. 16-17; i corsivi sostituiscono parole non trascritte correttamente nel libro, conformi alla registrazione della voce di Rol fatta da Lugli ed allegata al suo libro).

Attendo questa volta una tua risposta, un tuo cenno, e scusami se scrivo a macchina, ma non so quasi più scrivere bene a mano!

Ho sentito fortemente l'impulso di scriverti e di dirti ciò che ho detto, al di là di ogni forma, come se una corrente invisibile mi collegasse a te...

Ti abbraccio con affetto, scusa le intemperanze dei miei compagni. Molino ha però compreso la tua umanità e ti scriverà, credo. Andreana pure, o ti telefonerà.

tuo Giorgio

PS- Scriverò il racconto delle tre serate passate con te per il numero di giugno della rivista, e ne sarai contento. Del resto, a questo punto, non m'importa! (ciò che possono dire o pensare gli altri!)!...

Lugli mi ha chiesto una decina di righe di commento da inserire nel suo articolo per "La Stampa"[4]. Gliele ho scritte nel modo più neutro possibile e spero che ti vadano bene...

---

[4] Che verrà pubblicato quasi quattro mesi dopo, l'8 luglio (*infra*, p. 108).

Napoli, 14 marzo 1973

Gustavo carissimo,
ti mando un pensiero grato per il tempo che hai voluto dedicarci nei giorni scorsi e mi auguro che tu stia bene e che tu non abbia risentito di questo "tour de force"...Molino, in particolare, è ancora sotto la forte impressione di quello che ha visto e -mi diceva ieri- tornerebbe anche subito a Torino, come del resto anche noi: Andreana ed io.

Appena uscito il mio libro (tra aprile e maggio) te ne invierò una copia con affettuosa dedica, e potrai così renderti conto fino in fondo quale strada abbia seguito per maturare il mio spirito, al di fuori di tutte le pastoie della parapsicologia 'ufficiale'...Comunque, debbo dirti che, al di là dello stesso libro e delle cose in esso contenute, la mia maturazione è avvenuta a contatto della vita e del prossimo, e non potrebbe essere diversamente, e tu lo sai meglio di tutti, perchè è una esigenza di maturazione che nasce dal profondo di noi stessi e che si appoggia ai dati dell'esistenza, dolce, cruda o amara che sia, per condurci quasi per mano verso una visione più giusta dello universo e di Dio, attraverso impercettibili equilibri ed il coro delle cose che formano trame armoniche ad ogni livello di vita e di sensazione.

Vedi, quello che ho scritto o che scriverò potrà servire alla gente (e già molti, come mi scrivono, ne hanno avuto beneficio), ma la tua opera è più incisiva, di più immediato peso; direi che fa toccare con mano l'imponderabile, l'equilibrio, ciò che è al di là della materia, come presenza di Dio in ogni più piccolo frammento di realtà universale.

E' per questo che vorrei tanto proseguire questa iniziazione con te, finchè c'è tempo (il tuo ed il mio), per convincerti anche della mia assoluta buona fede, della sufficienza del mio grado di maturità, della mia piena consapevolezza dei rischi ed anche dell'impegno e del bene che questo tirocinio, questa conoscenza, comportano...M, vedi, non vorrei che andasse perduta una briciola di questa tua conoscenza, perchè in mani adatte (e spero di poterlo dire per me, e tu mi hai visto 'dentro') essa può aiutare gli uomini, direttamente e indirettamente. E ciò anche se spesso mi può prendere lo sgoramento di fronte ai compiti immensi che ci attendono, davanti ad una umanità ancora così sprovveduta...Tu sai ormai che ti voglio bene come ad un padre, ad un vero fratello; mai come questa volta ho sentito il tuo dono di amicizia e di calore umano, e mai come questa volta ho sentito il tuo bisogno

(foto © Franco Rol – Archivio Storico del Comune di Torino)

di affetto, di autentica amicizia, di calore umano genuino, in un ambiente che purtroppo non riesce a comprenderti, od almeno a non comprenderti abbastanza. Anch'io, spesso, mi sento come in un deserto...Ho perso mia madre e mio padre alla fine del 1972, nel giro di 40 giorni, ma non è a questo tipo di solitudine cui alludo, e soltanto tu -credo- puoi capirmi sino in fondo. Ma ti sono vicino col pensiero più di quanto non immagini, e spero in fondo all'anima che tu mi consideri degno della tua fiducia, sino in fondo...

Altrimenti sarà come Dio vorrà e dovrò richiudermi in me stesso definitivamente, rinunciando ad una parte del bene che potrei fare al prossimo; e mi limiterò alle parole, lasciando i fatti a te.

Quando sono davanti a te sovente non so esprimere quello che penso e che sento, ci riesco molto di più da lontano, come vedi.

Se decidi qualcosa d'importante, se decidi di trasmettere qualcosa, di lasciare indicazioni scottanti, chiamami, e dopo sarò come una roccia, anche se la tristezza potrà velare la mia mente, come sempre, per una ragione indefinibile, fin da quando ero bambino, forse per l'oscura o più chiara, a volte, consapevolezza delle sofferenze che agitano il mondo e della nostra impotenza di fronte ad esse.

Penso che soltanto una mia più lunga permanenza a Torino potrà permetterti di proseguire a fondo il dialogo con me, per ciò che probabilmente intendi lasciare e su cui hai ancora forti dubbi.

Potrei sfruttare le vacanze di Pasqua per farlo, oppure un altro periodo, non so...

Attendo questa volta una tua risposta, un tuo cenno, e scusami se scrivo a macchina, ma non so quasi più scrivere bene a mano!

Ho sentito fortemente l'impulso di scriverti e di dirti ciò che ho detto, al di là di ogni forma, come una corrente invisibile mi collegasse a te...

Ti abbraccio con affetto, scusa le intemperanze dei miei compagni. Molino ha però compreso la tua umanità e ti scriverà, credo. Andreana pure, o ti telefonerà.

PS- Scriverò il racconto delle tre serate passate con te per il numero di giugno della rivista, e ne sarai contento. Del resto, a questo punto, non m'importa!...

Lugli mi ha chiesto una decina di righe di commento da inserire nel suo articolo per "La Stampa". Gliele ho scritte nel modo più neutro possibile e spero che ti vadano bene...

Incontro tra Remo Lugli e il prof. Hans Bender[1]

23 giugno 1973

Premessa

«Nel 1973, nel corso di una nuova inchiesta sulla parapsicologia per *La Stampa*, andai a Friburgo, in Germania, per incontrare il prof. Hans Bender, illustre scienziato che dalla medicina e dalla filosofia nelle quali era laureato aveva saputo trarre, in quaranta anni di studio, la capacità di scrutare nei misteri della psiche umana. Dirigeva un istituto il cui complicato nome tedesco significava "zona di frontiera al limite della conoscenza umana ai più lontani estremi della psicologia". Parlammo di Rol, mi chiese sue notizie, mi pregò di raccontargli qualcuno degli esperimenti cui avevo assistito. Mi ascoltava con grande interesse, dimostrando anche emozione. Poi disse: "Andai appositamente a Torino per conoscerlo ed egli mi fece assistere a cose talmente straordinarie che avevano del miracoloso. Dedicherei un anno della mia vita a studiare il dott. Rol"»[2].

***

Lugli: "Professore, io devo portarLe i saluti da parte del dottor Gustavo Rol"
Bender: "Ah!"
Lugli: "Lei conosce. Io da nove mesi, da quando io mi sono occupato della inchiesta, l'altra volta, ho conosciuto Rol e lo sto frequentando. L'avrò già frequentato in trenta sedute. Una cosa spettacolosa"
Bender[3]: "Spettacolare! Incredibile, ma non si possono fare degli esperimenti con lui. Questa cosa mi fa disperare"[4].
Lugli: "Mi ha detto di dirLe che lui è rimasto… Quando Rol ha saputo che Lei voleva andare giù di nuovo a Torino con un prestigiatore… per vedere se era vero, lui è rimasto amareggiato"

---

[1] Trascrizione dalla conversazione registrata da Lugli che ho pubblicato in rete nel 2017 (*youtu.be/l2EERKHn1aI*), da una audiocassetta ritrovata nel 2016, come le precedenti con le conversazioni con Carlo Castagnoli e Manlio Pesante.
[2] Lugli, R., *Gustavo Rol. Una vita di prodigi*, pp. 129-130.
[3] Fornisco qui le risposte di Bender già in traduzione italiana, e in nota quelle originali in tedesco o francese. Ometto invece la traduzione a braccio dell'interprete, meno precisa, che comunque può essere ascoltata nell'audio.
[4] "Spektakulär! Unglaublich, aber man kann mit ihm nicht experimentieren. Ich bin verzweifelt darüber".

Bender: "Lo so. Sì. Ora posso ammettere, che per me è molto importante. Ha mostrato a me e Giorgio Alberti esperimenti con le carte davvero miracolosi, credo. Esperimenti con le carte miracolosi!
Ora so che anche io… che gli esperimenti di [*non comprensibile*] non sono sempre smascherabili. Non credo ci fosse un trucco, ma per esserne certo ho bisogno di un testimone, perché non sono abbastanza ferrato in materia. Dico questo per favorire Rol, affinché io possa affermare: 'Con me c'era anche un esperto di trucchi e neanche lui sa spiegarselo'"[5].
Lugli: "Non c'è trucco"
Bender: "… Erano davvero incredibili… non posso credere che ci fosse un trucco, ma poiché io non sono abbastanza competente in materia, mi piacerebbe essere accompagnato da un esperto di trucchi che possa confermare che non ci sono trucchi. ….[6].
Sono stato assolutamente sconvolto, sconvolto per ciò che Gustavo Rol ha dimostrato, ma questo passo è talmente importante per la parapsicologia, che occorre ci siano dei testimoni che affermino: 'Siamo esperti di trucchi e non possiamo spiegarlo'"[7].
Credo che si tratti di qualcosa di così rivoluzionario che, per poterne raccogliere i frutti nell'ambito della parapsicologia, è necessario il parere

---

[5] "Ich weiß. Ja. Hinterher sage ich, dass es mir unglaublich wichtig ist. Er hat den Giorgio Alberti und mir Kartenexperimente gezeigt vollkommen mirakulös, ich glaube. Mirakulöse Kartenexperimente! Nun weiß ich, dass ich auch… dass man auch die Experimente von [*non comprensibile*] nicht unbedingt durchschauen kann. Ich glaube nicht, dass da ein Trick dabei war, aber ich brauche dafür einen Zeuge, weil ich nicht zuständig genug bin. Ich mache das ja im Hinblick auf Rol, damit ich sagen kann: "Hier war ein Trickkünstler dabei, er kann das auch nicht erklären"".

[6] "…Die waren so ungeheuerlich…ich mir nicht vorstellen kann, dass dabei ein Trick ist aber und deshalb, weil ich nicht kompetent genug bin, möchte ich gerne einen kompetenten Trickkünstler dabei haben, der auch sagt, das kann kein Trick sein. …".
Giorgio Alberti nel 2021 mi aveva scritto: "Bender fu molto interessato ma quando chiese a Rol di poter tornare insieme a un prestigiatore di sua fiducia, Rol oppose un cortese rifiuto, e la visita richiesta, a mio sapere, non ebbe mai luogo". Rol non poteva accettare di incontrare uno sconosciuto che sarebbe andato solo per "verificare" se gli esperimenti erano esenti da trucco. Lo ha fatto invece con persone conoscitrici delle tecniche di illusionismo con le quali aveva instaurato un rapporto personale e si sentiva a suo agio.

[7] Bender parla qui in francese: " J'ai été absolument bouleversé, bouleversé par ce que Gustavo Rol à démontré, mais ce pas est tellement important pour la parapsychologie, que il faut des témoins qui disent: ' Nous sommes des experts de trucs et nous ne pouvons pas l'expliquer '".

di un esperto di trucchi. Io neanche so spiegarmelo. Altrimenti chiunque potrebbe dire: 'Bender non ne capisce niente di trucchi'[8].
Lugli: "Io posso parlare per esperienza personale, perché l'ho visto almeno trenta volte, in una serie di esperimenti, non c'è assolutamente trucco, fa delle cose straordinarie..."
Bender: "Sì, sono convinto che fosse davvero incredibile. Incredibile"[9].
Lugli: "Smaterializza e rimaterializza, questo è pacifico"
Bender: "Non l'ho visto... Non l'ho visto questo, ma ci credo. Credo sia l'uomo più straordinario, e vorrei rivederlo, ma non so..."[10]
Lugli: "Ha detto che se vuole può venire"
Bender: [in italiano] "Grazie"
Lugli: "Io gliel'ho chiesto, gli ho detto: "Io vado dal professor Bender, e lui ha detto: 'Se vuole può venire'""
Bender: "Mi ha impressionato in ogni senso, come personalità, come ambiente, come... Quello che dimostra è assolutamente... Vorrei consacrare un anno per studiarlo. Gli dedicherei un anno della mia vita per poterlo osservare".[11]
Lugli: "È una cosa... è l'uomo... è il più grande sensitivo che sia mai esistito, perché comprende una vasta gamma di esperimenti"
Bender: "Esattamente. Esattamente. Ma gli dica che mi ha fortemente impressionato e che la mia proposta di venire con un esperto di trucchi non era per una mancanza di fiducia"[12]
Lugli: "Mi ha detto.... Quando mi ha detto che è rimasto amareggiato, rattristato dal Suo proposito di venire con un [*prestigiatore*]... però lui capisce... come esigenza di scienziato serio..."
Bender: "Era per.... come dire... non che io non fossi persuaso, è un uomo assolutamente straordinario, [*ma perché*] io possa basare il mio giudizio su un metodo scientifico"[13]

---

[8] "Ich glaube das ist so umstürzend, dass um es für die Parapsychologie fruchtbar zu machen, man das Urteil eines Trickexperten haben muss. Ich kann das auch nicht erklären. Sonst sagt jeder: "Bender weißt nichts von Tricks"".
[9] "Ja. Ich bin überzeugt, dass er ein Ungeheuer war. ... Unglaublich. Und nicht ...ich mir. Das habe ich nicht gesehen".
[10] "Das habe ich nicht gesehen", poi passa al francese: "J'l'ai pas vu ça, n'est pas? mais je le crois. Je crois c'est... l'homme le plus extraordinaire, et je voudrai le revoir, et je sais pas...".
[11] " Il m'a... impressionné dans chaque sens, comme personnalité, comme *ambiente*, comme... Ce qu'il démontre c'est absolument... Je voudrai consacrer un an pour l'étudier ". "Ich würde ein Jahr daran geben, um ihm zu beobachten".
[12] " Exactement. Exactement. Mais dit lui, n'est pas? qu'il m'a fortement impressioné, et que ma proposition de venir avec un expert des trucs c'était pas une méfiance ".
[13] " C'était pour... comme on dirait... pas que je suis persuadé, c'est un homme absolument extraordinaire, je peux baser mon jugement sur un méthode scientifique ". L'interprete sottolinea: "Sì perché lui personalmente gli crede, solo

Lugli: "Ma lui [*Bender*] se venisse giù vorrebbe... ancora portare l'esperto? l'esperto in trucchi? ... Lui ha detto che... gli piacerebbe rivedere Rol, e Rol ha detto: "Sì, può venire", ma lui, se viene giù, cosa fa? vuole portare il ...[*il prestigiatore*]?"
Bender: "Potrei presentarmi anche senza esperto di trucchi. Mi piacerebbe, per esempio, senza divulgarlo, riprendere un esperimento con le carte"[14]
Lugli: "È difficile, è difficile, sono esperimenti che è difficile da fare, è difficile da fare la ripresa, e comunque Rol è un uomo che non vuole essere preso come una cavia, lui dice: 'Io sono così', e faccio le cose estemporanee, non posso farlo sotto comando, faccio quello che mi sento di fare"
Bender: "Sì, ok. Ho capito bene. Digli che ho capito. Comunque, anche se lo fa spontaneamente, è possibile portarsi dietro una telecamera e riprenderlo. Senza disturbarlo. Basta posizionarla".[15]
Lugli: "Cioè lui non è che gli si dica: 'Fai questo esperimento'. No, allora se gli si chiede non lo fa più[16]. Cioè lui fa quello che gli viene, ma guardi che ne fa a getto continuo per cinque ore, in continuo"
Interprete: "D'accordo, però una volta che Gustavo Rol... una volta trovata una situazione ideale... perché non dovrebbe essere ripreso?"
Lugli: "Lui è contrario ad essere preso come cavia, lui dice: 'Se mi credono sono così'"
Interprete: "Sì, va bene, è chiaro che dietro c'è però una concezione forse sbagliata, perché non sarebbe..."
Bender: "Si comporta come un signore che si diletta con questo tipo di cose, non è vero? E gioca con i più grandi misteri esistenti"[17]
Lugli: "Vuole che io Le racconti un esperimento? Posso raccontargli un esperimento?"
Bender: "Avrei ripreso volentieri anche questo..."[18]
Interprete: "...Avrebbe preferito regitrarlo, avrebbe voluto registrarlo volentieri, ma è un po' complicato adesso..."

---

che...". Bender le chiede di ripeterlo, lei spiega: "La prega di specificarlo un'altra volta al signor Rol, che appunto non si tratta di un fatto personale, ma è per un fatto di serietà scientifica, cioè è quasi costretto a farlo".
[14] "Ich könnte auch ohne Trickexpert kommen"; "Ich würde gerne, zum Beispiel, das würde ich auch nicht gestanden, von einem Kartenexperimenten einen Film auszumachen".
[15] "Ja, schon. Ich habe es gut verstanden. Sage, ich habe es verstanden. Trotzdem, wenn er das auch spontan macht, kann man einen Filmapparat da haben und dann filmen. Verstehst du?"; "Ohne ihn zu stören. Einfach da stellen".
[16] Siamo sempre nella sfera del *quando si vuole nulla si ottiene*.
[17] "Er verhält sich wie einen Herr, der manchmal gerne spielt, nicht wahr? Und er spielt mit den größten Mysterien, die es gibt".
[18] "Das hätte ich aber gerne auch aufgenommen...".

Bender: "Allora, racconti in italiano, se mi parla lentamente io comprendo, se no [*chiedo all'interprete*]"[19]
Lugli: "Un esperimento: sei persone, ognuna delle sei persone [ha] un foglio di carta bianco in mano; a scelta attraverso le carte, scelto una persona e deve fare così" [*si sente Lugli che appallottola un foglio*]
Interprete (rivolta a Bender): "Sceglie una persona che appallottola questo pezzo di carta"[20]
Bender: "Appallottolata"[21]
Interprete (rivolta a Bender): "Un momento. Con le carte. Quindi, si orienta con un gioco di carte, con il caso"[22]
Lugli: "Alla luce eh? Tutto questo alla luce. Carta con matita di grafite in tasca della persona che è stata scelta attraverso le carte. Poi si fa un discorso, una domanda di carattere filosofico... attraverso le carte, mescolate molte volte si sceglie il tomo dell'Enciclopedia Treccani che ha trenta volumi, quanti sono, e cinquantamila pagine, e si scelgono tre pagine; andiamo a prendere il volume della Treccani scelto attraverso le carte, guardiamo le pagine, improvvisamente Rol indica la persona che aveva la carta in tasca, si tira fuori la carta, c'è scritto sulla carta... una pagina intera di calligrafia minuta di venti righe..."
Interprete: "Testualmente prese dall'enciclopedia..."
Lugli: "No, non testualmente prese, queste venti righe sono costituite da tre periodi che hanno il riferimento nelle tre pagine indicate nelle carte, si compongono attraverso le prime righe delle tre pagine dell'enciclopedia. L'enciclopedia è in italiano, questo è la traduzione in francese[23].
Degli esperimenti tremendi. L'altra sera, tre sere fa, fino alle 3 di notte... noi tutti a fare domande a Rol, Rol con le carte mescolate tirava su le carte, veniva fuori un certo numero, si prendeva l'enciclopedia e la risposta era... nelle prime parole dell'enciclopedia. È come un robot... un computer, un calcolatore che abbia delle schede, fa la scelta delle schede e della pagina e dà la risposta nella pagina[24]. È una cosa... è una cosa... da far rimanere lì sbalorditi"

---

[19] "Alors, racontez à l'italien, si vous me parlez brièvement, je comprends, si no je vais... à ...". Il nome dell'interprete non è chiaro.
[20] "Er sucht eine Person aus, die dies Stück Papier zerknüllt".
[21] "Zerknüllt".
[22] "Moment. Mit den Karten. Also, er orientiert sich durch ein Kartenspiel, durch Zufall".
[23] L'esperimento al quale Lugli fa riferimento è quello del 10 marzo 1973 (tre mesi prima dell'incontro con Bender), descritto sia nel suo articolo su Rol del 08/07/1973, 15 giorni dopo l'incontro con Bender (*infra*, p. 108) che nel suo libro alle pp. 58-60 (3ª ed.) col titolo «Una schematizzazione complicata», ed è quello descritto anche da Giorgio di Simone, che era presente, nel n. 2/1973 di *Informazioni di parapsicologia* (*supra*, p. 86 e sgg.).
[24] Questa importante analogia di Lugli la si compari con gli esperimenti Poutet-Stasia e se ne comprenderà tutta la portata.

Bender (rivolto all'interprete): "Digli, che c'è da impazzire. ... Digli che mi piacerebbe davvero tantissimo incontrarlo di nuovo, anche senza la presenza di un esperto"[25]

Lugli: "Una sera, io c'ho una stanza che è lunga così, lui era seduto a un capo del tavolo circa così. Mia suocera [*Bettina*] è entrata col carrello con dei dolci, sopra, zuccherati. Lui era lì, ha detto... ha fermato mia suocera, così no? circa questa distanza, ha detto a una signora [*Severina Gaito*] che era seduta...: 'Vada là in fondo, alzi la mano così', allora ha detto: 'Ecco, prenda il dolce, glielo do' ... niente, lui era a sedere così no? 'Chiuda la mano', la signora ha chiuso la mano, [*Rol*] dice: 'Adesso lo metta dentro' ...sul camino c'era un vaso e la signora che non aveva niente in mano ha messo dentro [*il dolce*], è caduto il dolce. Preso da questa distanza. E Rol, che non aveva toccato il dolce... perché Rol stava là, il dolce, la pasta, era qui, aveva le mani sporche di zucchero, le tre dita sporche di zucchero. Questo è il *doppio*, probabilmente, *double*, no?[26] che ha fatto...

Ma ci sono... bisognerebbe scrivere un libro, ma non vuole che si scriva un libro nemmeno[27]. Ma ci sono cose..."

Bender: "Non vuole. Ma deve... Proponigli questo. Proponigli..."[28]

---

[25] "Sage, man kann verrückt werden. / Sage ihm, dass ich brennend gerne ihn wiederbesuchen würde auch ohne Experten".

[26] Questo esperimento è avvenuto all'inizio di marzo 1973, Lugli lo descrive con precisione, col titolo «La frappa vola», nel suo libro a pp. 66-67 (l'ho anche riprodotto nel vol. I, XXXIV-55), ma con un refuso nella data (1978 invece di 1973) che è possibile qui correggere proprio grazie a questa registrazione. Sul *doppio*, in relazione a questo esperimento, nel libro scrive: «Anche qui, come in tanti altri esperimenti di Rol, si attaglia perfettamente la teoria del "doppio", cioè il corpo eterico o astrale, un'energia che si separa dall'organismo ed è in grado di condurre vita propria essendo portatore di coscienza, di memoria e di volontà» (p. 67). Il *doppio*, naturalmente, è lo *spirito intelligente*.

[27] Infatti se non fosse per il libro di Renzo Allegri *Rol l'incredibile*, del 1986, da Rol non autorizzato, non sarebbero uscite monografie su di lui quando era in vita.

[28] "Er will nicht. Aber er muss... Schlage ihm Folgendes vor. Schlage ihm vor...". La conversazione termina qui, e poco dopo la registrazione si conclude, perché si accorgono che Lugli avrebbe perso il treno per Basilea dove avrebbe preso l'aereo per tornare a Torino. 15 giorni dopo, l'8 luglio 1973, Lugli pubblica su *La Stampa* il suo terzo articolo su Rol, dove all'inizio menziona l'incontro con Bender (*infra*, p. 108).

Il ragioniere del mistero

di Remo Lugli

03/07/1973[1]

Occhiello
Da quarant'anni il medico tedesco Hans Bender sottopone a metodica inchiesta i fenomeni telepatici e le facoltà precognitive degli animali, l'attività degli "spiriti" e dei guaritori – Ha redatto un vasto catalogo di fatti straordinari e tutti accertati, ma nelle spiegazioni è molto cauto – Nessuno finora sa dire perché le turbe psichiche di un adolescente spostino un pesante mobile in una casa "infestata", o una cicogna abbia previsto un fulmine

«*Grenzgebiete*», zona di frontiera. Non è un confine tra Stato e Stato, è una zona di frontiera al limite della conoscenza umana, ai più lontani estremi della psicologia. L'istituto che comprende nel suo nome questo termine – «*Institut für Grenzgebiete der Psychologie und Psychohygiene*» – ha sede in una villa tra il verde della collina che guarda su Freiburg im Breisgau, nella Germania occidentale. Lo dirige il suo fondatore, il prof. Hans Bender, 67 anni, che dalla medicina e dalla filosofia nelle quali è laureato ha saputo trarre, in quarant'anni di studio, la capacità di scrutare nei misteri della psiche umana. È, insieme con il prof. Tenhaeff di Utrecht, del quale abbiamo già parlato, uno dei due massimi esponenti della parapsicologia in Europa.
Non è lo scienziato che si chiude nella torre d'avorio della teoria e perde i contatti con il mondo che lo circonda. Tutt'altro. Vuole toccare con mano tutto. Quando s'è occupato della precognizione degli animali, ha raccolto materiale in tutto il mondo, migliaia e migliaia di casi. Per lo studio della telepatia non si è limitato all'uso delle carte Zener con i cinque simboli, croce stella quadrato onda cerchio, ma ha creato una macchina elettronica, il «psirecorder», che, servendosi degli stessi segni, è in grado di memorizzare e di classificare tutti i risultati positivi e negativi. Ha studiato decine e decine di fenomeni di Poltergeist, le case infestate. È stato nelle Filippine a cercare di capire i famosi guaritori, ora sta per partire alla volta di Belfast per esaminare un fenomeno di macchie che compaiono su un muro e che raffigurano dei volti umani. Scrive libri, naturalmente: l'ultimo, *Il sesto senso*, uscirà tra breve in Italia tradotto dal dott. Giorgio

---

[1] *La Stampa*, 03/07/1973, p. 3. L'articolo precede quello su Rol, pubblicato cinque giorni dopo. Qui non vi sono accenni a lui, ma lo riporto per completezza.

Alberti, milanese, studioso di psicologia e parapsicologia, suo allievo. Dice Bender: «*Non c'è materia che sia discussa quanto questa che riguarda i fatti paranormali, specialmente in campo religioso e medico: c'è chi parla di grazia di Dio, chi di manifestazioni demoniache; per questo bisogna esaminarla con un rigore estremamente scientifico per avere, dove è possibile, le prove*».
Ammette che i punti interrogativi restano parecchi. Occorrerebbero molti mezzi e una intensa collaborazione tra le varie discipline scientifiche.
«*Sappiamo con sicurezza* — dice — *che la telepatia e la precognizione esistono, che molti dei miracoli descritti dalla religione cristiana, molti fenomeni di magia bianca e nera sono inquadrabili nella parapsicologia come fatti paranormali. Ma d'altra parte* — e allarga le braccia disarmato — *c'è un fenomeno che non ha riscontro in niente e la scienza non sa spiegare: la resurrezione di Cristo*».
Nella villa-istituto c'è la «camera blu». È una stanza nel seminterrato, senza finestre, buia, tappezzata con carta blu che copre una schermatura di lastre di metalli impenetrabili alle varie onde. Qui dentro non giungono suoni, non si riesce nemmeno a captare alcuna radiotrasmissione. C'è uno dei due apparecchi «*psirecorder*» e c'è la poltrona su cui si siede il percipiente. Quando egli ritiene di avere captato con la mente il segno che gli ha comunicato il trasmittente da una stanza del piano superiore, schiaccia il tasto corrispondente. La macchina dirà poi se ha indovinato o se ha sbagliato. Sono prove, queste, che vengono fatte nelle più svariate condizioni psichiche emozionali del soggetto.
«*I risultati dimostrano che le captazioni avvengono con frequenza tanto maggiore quanto minore è il grado di presenza della coscienza; cioè, più si abbassa il livello dell'atteggiamento critico dell'individuo (per distrazione o emozione, effetto dell'alcol, ipnosi) maggiore è il numero dei risultati positivi*».
Bender mi parla della precognizione degli animali. Sono storie appassionanti che trascinano anche lui nell'entusiasmo. Non dà nemmeno tempo all'interprete di tradurre, preso dal racconto di episodi che controlli e studi gli hanno reso familiari; e intanto il suo viso segaligno e duro si apre al sorriso. A Vienna, un giorno del 1927, i colombi che popolavano i cornicioni del palazzo di Giustizia, volarono via. Non uno ne rimase. E non ci tornarono nemmeno l'indomani, né il giorno dopo. La gente non capiva. Il terzo giorno il palazzo fu distrutto da un incendio.
Una coppia di cicogne aveva il nido su un campanile. Un giorno, d'estate, di pieno sole, le due cicogne presero il cicognino e lo portarono in un bosco. La sera venne un temporale e un fulmine spazzò via il nido. Il cane pastore Hasso, a Lubecca, una mattina del '66 si avventa sul padrone mentre sta consegnando le chiavi della propria automobile a una vicina di casa venuta a chiedergli in prestito la vettura. Un atteggiamento incredibile che lascia l'uomo stupito. Egli tuttavia non desiste, allunga le

chiavi, il cane torna di nuovo all'attacco, gliele strappa con la bocca e fugge in un angolo. Alla fine deve cedere, la signora parte; un'ora dopo sbanda in una curva, esce di strada e si ammazza.

«Fra il nostro materiale — dice il prof. Bender — *ci sono decine di episodi di precognizione da parte di animali, accaduti durante la guerra: tante persone sono state salvate dai bombardamenti perché i loro gatti o i loro cani avevano in anticipo dato segni di crescente irrequietezza. Certamente anche gli animali sono dotati di qualità paranormali che si manifestano nei modi più diversi, come la precognizione, la telepatia e il fenomeno che gli americani chiamano «psi-travelling»: l'animale che segue il padrone a grande distanza. Senta, ad esempio, come si è comportato il gatto Sugar, negli Stati Uniti. I suoi padroni si sono trasferiti dalla California all'Oklahoma. Al momento della partenza, il gatto è saltato dall'auto ed è fuggito. I padroni sono partiti senza di lui. Per qualche giorno Sugar è rimasto vicino a casa, ha mangiato da una vicina, poi è scomparso. Otto mesi dopo si è presentato all'abitazione dei padroni, a 2300 chilometri di distanza, dove lui non era mai stato».*

I fenomeni di Poltergeist hanno una gamma molto vasta: rumori immotivati, sassi che volano, oggetti che si spostano da soli. Molte case sono state abbandonate perché infestate «dagli spiriti». Bender e i suoi assistenti si sono occupati di 35 casi del genere, con ricerche e documentazioni.

«Ho visto fenomeni enormi: lampadari che oscillavano in continuazione, lampade che saltavano, impianti telefonici che si guastavano e nessun tecnico riusciva a farli funzionare. Bene, in tutti questi casi si è sempre registrata la presenza di una persona che era involontariamente causa di quanto accadeva. In genere sono giovani in età puberale con un qualche conflitto psichico. Emanano un'energia che determina i fenomeni».

Dalle Filippine, dove è stato l'anno scorso per studiare i «guaritori chirurghi» della medicina popolare, il prof. Bender è tornato deluso.

«Ho la convinzione che si tratti di trucchi, ma anche la truffa deve essere dimostrata scientificamente[2], cosa che non sono in grado di fare. Si dice che i guaritori filippini eseguano interventi chirurgici con le mani e che subito dopo le ferite si rimarginino senza lasciare segno. Io penso che schiaccino delle fiale di plastica per far uscire un liquido simile al sangue, può darsi che a questo artificio ricorrano quando sanno che sono controllati e hanno bisogno di fare sicuramente bella figura. Resta un fatto: che le guarigioni avvengono realmente, forse sono di natura psicogena».

È dal '54 che il prof. Bender ha fondato il suo Istituto, ma già vent'anni prima studiava a fondo i problemi del paranormale.

---

[2] Una prospettiva non scontata che mi pare del tutto legittima.

Gli chiedo: «Quali sono le conclusioni che si possono trarre oggi in base ai risultati di quasi quattro decenni di ricerca sperimentale?».
Mi risponde: «*L'esistenza delle proprietà extrasensoriali dell'uomo è provata, si sono fatti progressi nella ricerca della causalità psicologica in psicocinesi, cioè la motivazione dei fenomeni fisici, ma ancora nulla si sa sulla loro causalità fisica. Quando in presenza di un medium un oggetto si sposta si dice che è una energia che si sprigiona da lui, ma quando questo oggetto è un armadio di 180 chili cosa devo pensare? Forse lui è un catalizzatore di energie e si serve di forze che gli sono intorno e questo può svilupparsi a livello microfisico. I fisici riconoscono tutti questi fatti paranormali, ma non hanno i mezzi per inquadrarli nel campo della fisica attuale che conoscono*».
«Quali sono secondo lei gli sviluppi futuri della parapsicologia, sia sul piano conoscitivo che su quello applicativo?».
«*Non facciamoci illusioni. La parapsicologia deve faticosamente liberarsi dai viluppi della superstizione, dai pregiudizi religiosi, dalla magia, tutti campi nei quali l'indagine potrà chiarire tanti fatti e classificarli come paranormali. Abbiamo bisogno dell'aiuto e della collaborazione delle altre scienze. Quando cerchiamo di spiegarci fenomeni come la precognizione annaspiamo nel vuoto perché non vediamo la causa che dovrebbe averla provocata e dobbiamo avventurarci nell'ipotesi che il futuro sia già avvenuto e che esistano altre dimensioni oltre alle tre che conosciamo. Non aspettiamoci comunque di poter fare, ad esempio, della telepatia un mezzo di comunicazione usuale*».
Bender asserisce di credere, più che in Dio, in un «*senso centrale della creazione, cioè in una premessa ad un creatore*». Gli chiedo se pensa alla sopravvivenza dell'anima. «*Non parlerei di anima, ma di psiche*».
«E la psiche può continuare ad essere dopo la morte?».
«*È possibile che sopravviva, ma non possiamo provarlo. Uno scienziato di fronte a questi quesiti, non deve dire "credo", deve tentare di osservare e di dimostrare i fatti*». «*Nella situazione attuale* — precisa — *non vedo la possibilità di provare la sopravvivenza perché tutti i fenomeni che vengono considerati come comunicazione dei morti, possono anche essere spiegati attraverso le capacità paranormali dei viventi*[3]. *Ad esempio, c'è chi registra delle voci come voci che vengono dall'ignoto e rispondono anche alle domande. Ma io dico che può essere la stessa persona, cercando di captarle, a determinare senza saperlo quelle registrazioni sul nastro, così come è nel suo desiderio che avvenga. Comunque non escludo la possibilità di una vita dopo la morte, ma come scienziato non voglio commettere l'errore di cercare di dimostrare come reale un mio desiderio, perché noi tutti, ammettiamolo, desideriamo la vita dopo la morte in quanto la morte è un paradosso*».

---

[3] È certamente un punto cruciale nella ricerca in questo campo.

«Cosa pensa del "doppio" che si dice esista nell'uomo e a cui pare siano legati molti dei fenomeni paranormali, specialmente la psicocinesi?».

«*Il "doppio" è molto discusso tra i parapsicologi. Non credo che si possa provare oggi che un corpo astrale esca dall'individuo e si sposti in un altro luogo, anche se ciò è possibile. Questi fenomeni di bilocazione possono essere spiegati anche con la chiaroveggenza o la telepatia e cioè potrebbero essere immagini telepatiche e come tali soggettive percepite come fenomeni oggettivi*».

«Pensa che le proprietà paranormali nell'uomo siano in aumento o in diminuzione?».

«*Ci stiamo chiedendo se sono doti ataviche o caratteristiche che si sono andate sviluppando con l'evoluzione. La risposta potrebbe venire da una analisi scientifica delle pratiche magiche che i popoli dell'Africa, rimasti primitivi, ancora esercitano con abbondanza. Penso, comunque, che non siano in regresso, ma che le doti dell'uomo siano soltanto un po' represse dalla cultura. Basta chiedere per sentirsi raccontare un gran numero di episodi che dimostrano quanto siano frequenti le manifestazioni extrasensoriali dell'uomo*»[4].

---

[4] L'impostazione di Bender è per me condivisibile e le sue conoscenze non erano certamente superficiali. Forse gli mancava una comprensione un po' approfondita in ambito esoterico/spirituale per completare le sue ricerche, anche se non ho approfondito a quali conclusioni sia poi giunto (è morto nel 1991, 18 anni dopo l'incontro con Lugli).

Il mago di Torino

di Remo Lugli

08/07/1973[1]

Occhiello
Gustavo Adolfo Rol realizza esperimenti che uno scienziato tedesco definisce "miracolosi" – scrive su un foglio sigillato e lontano, legge un libro chiuso, "vede" cose future – Personalità intensamente religiosa, rifiuta la definizione di medium.

Un discorso sulla parapsicologia deve necessariamente far tappa, e concludersi, a Torino, perché a Torino abita il personaggio più sbalorditivo: il dott. Gustavo Adolfo Rol. La gamma dei suoi esperimenti nel campo del paranormale è talmente vasta e d'una qualità così elevata da rendere inutili i contatti con altri sensitivi. Poiché ho assistito a centinaia dei suoi esperimenti, lo scienziato tedesco prof. Hans Bender, direttore di uno dei due istituti universitari di parapsicologia d'Europa, nel corso del nostro recente incontro a Friburgo mi chiedeva notizie di Rol. Parlando di lui appariva emozionato: «*Venni appositamente a Torino per conoscerlo ed egli mi fece assistere a cose talmente straordinarie che avevano del miracoloso. Dedicherei un anno della mia vita a studiare il dott. Rol*».
Che cosa fa questo eccezionale personaggio torinese per suscitare tanto stupore anche in chi è, per studio sempre a contatto con le percezioni extrasensoriali degli uomini? È capace di leggere in un libro chiuso, di scrivere a distanza, di vedere nel futuro, di riconoscere intorno al capo di ogni uomo la favolosa aura di cui parla la filosofia indiana e, attraverso ad

---

[1] *La Stampa*, 08/07/1973, p. 3. Questo è il terzo articolo di Lugli dedicato a Rol. Il quarto sarà poi nel 1978 (*Ho visto lavorare il dott. Rol*, La Stampa, 03/08/1978, p. 3). Il titolo, come si può immaginare, a Rol non piacque per niente. Scrive Lugli anni dopo: «Gustavo Rol non voleva essere definito medium, né tantomeno mago (nel '73 un mio articolo su di lui fu intitolato "Il mago di Torino", nonostante che nel testo ricordassi la sua idiosincrasia per quel termine, e l'errore, di cui ero incolpevole, mi costò un suo lungo broncio)» (*Gustavo Rol. Una vita di prodigi*, p. 28, 3ª ed.). In genere però, o comunque spesso, titoli e occhielli non sono decisi da chi scrive gli articoli, ma dal giornale (redazione e/o direttore). Mi chiedo se Lugli non abbia voluto evitare di scaricare la responsabilità su *La Stampa* (l'indicazione «fu intitolato» suggerirebbe del resto che non fu lui a deciderlo).

essa, identificare tutto dell'individuo. Non è guaritore[2], ma a volte certi medici chiedono il suo intervento perché la sua presenza può facilitare un parto, far scendere dei calcoli renali, ed altro. Inoltre è sempre pronto a prodigarsi in ogni maniera, e sempre in modo disinteressato, per coloro che soffrono o hanno problemi di ordine morale.

Mentre in certe sedute medianiche avvengono fenomeni incontrollati, con Rol ciò che accade sembra normale, e anche avere un senso preciso[3]. L'editore Valentino Bompiani ha scritto a Rol dopo essersi intrattenuto insieme a me con lui: «*Sono rimasto sbalordito, ma niente affatto sgomento: anzi, consolato ed arricchito*».

In altra circostanza ho raccontato su queste colonne le cose che ho visto e le testimonianze che ho raccolto su Rol. In questi ultimi tempi poi ho assistito a nuovi e sempre più elevati esperimenti. Ad esempio, una serie di risposte a quesiti che venivano avanzati da qualcuno dei presenti circa argomenti discussi nel corso della conversazione. Le risposte venivano fornite da Rol con le prime parole di pagine dell'Enciclopedia Treccani, oppure di altri volumi da noi scelti, pagine che erano state indicate da un sorteggio. Su trenta procedimenti di questo genere si sono sempre ottenute risposte pertinenti.

Esempio: si chiede che cos'è il problema religioso e il sorteggio porta ad aprire a pagina 110 il ventesimo volume dell'enciclopedia Treccani e lì si legge, all'attacco della prima riga: «*Problema morale che esige una soluzione anch'esso, anzi, esso prima di ogni altro*».

All'esperimento di gran lunga più eccezionale mi accadde la sera del 10 marzo scorso. Siamo in otto: Rol, il prof. Giorgio Di Simone, direttore del Centro italiano di parapsicologia di Napoli; il dott. Domenico Molino e il dott. Giancarlo Andreana, collaboratori di Di Simone; il dott. Alfredo Gaito, medico di Torino, e sua moglie; io e mia moglie. La discussione verte sui fenomeni paranormali e si desidera sapere se esista o meno la possibilità di stabilire sul piano scientifico schemi che possano spiegarli.

Rol distribuisce ad ognuno di noi un foglio, di carta bianco, prelevato da una risma appena aperta e che noi controlliamo. Per sorteggio si sceglie chi di noi dovrà mettersi in tasca il foglio. Tocca al dott. Molino. Rol glielo fa infilare in una tasca interna della giacca con una matita. L'esperimento è già in corso, in piena luce, senza nessuna particolare atmosfera. Rol tiene una matita in mano con la punta volta verso il proprio foglio che è di fronte a lui sul tavolo. La sua mano allora scrive automaticamente, in francese, con una calligrafia che non è la sua:

---

[2] In realtà lo era, ma non voleva si sapesse troppo al riguardo, altrimenti avrebbe avuto la fila sotto casa. Preferiva agire nell'anonimato visitando gli ammalati negli ospedali.

[3] Ecco un'altra frase che già da sola sancisce la distanza tra un Maestro Illuminato e un medium.

«*Camille F. vi darà la risposta con l'Enciclopedia. Sorteggiate il tomo e tre pagine*».
Lo facciamo: volume ventunesimo, pagine 204, 200, 178. Ora la mano di Rol con un gesto impulsivo traccia sul foglio una freccia che indica il dottor Molino. «*Ecco* – esclama – *è già tutto avvenuto. Tiri fuori il foglio*». Il dott. Molino estrae la carta e la distende. Siamo tutti con gli occhi sbarrati. Su una facciata c'è una scrittura fitta, dieci righe.
Sono in lingua francese, con calligrafia diversa da quella di tutti noi. Ecco il testo: « *Le schéma est malheuresement trop loin de toute recherche scientifique susceptible d'être éclairée, faute de données. Rol a obtenu des conditions exceptionallment favorables par son experience, mai aussi bien avec son elan generaux, autant que prudent* ». Un po' più sotto c'è un'annotazione: « *Je m'associe a mon ami Camille* ».
Questo è sbalorditivo perché la scrittura è avvenuta in pochi attimi su un foglio che era sicuramente bianco, collocato in tasca di uno di noi. Ma non è tutto. Apriamo le tre pagine dell'enciclopedia e vediamo che il testo francese altro non è che la traduzione dei tre inizi di pagina e cioé: pag. 204: «*questa schematizzazione è purtroppo lontana da ogni verifica scientifica*»; pag 200: «*che nessuna indagine potrebbe chiarire per mancanza di dati*»; pag. 178: *(Rol ot)* «*tenne condizioni eccezionalmente favorevoli (...) con la sua esperienza, ma anche con la sua grande generosità e prudenza*». Nel testo italiano di quest'ultima pagina, rispetto alla traduzione francese, mancano le lettere tra parentesi, cioé «*Rol ot*» e tre parole dopo «*favorevoli*».
A proposito di questo strabiliante esperimento il prof. Di Simone afferma: «*Questo è uno dei culmini dell'attività del dott. Rol, ai confini del concepibile; è un evento nella storia della ricerca umana*». Come spiegare la risposta scritta in quel modo ad un nostro quesito? E chi era Camille F.? Forse Camille Flammarion, autore di numerose opere metapsichiche, morto nel 1925?[4]
A questo punto bisogna spiegare la teoria rolliana dello «*spirito intelligente*». Dice il dott. Rol[5]:

---

[4] Probabile. Per una analisi di questo esperimento, si veda il rif. nella nota 18 a p. 90.
[5] I brani che seguono, fondamentali nel pensiero di Rol, sono stati poi riprodotti da Lugli anche nel suo libro del 1995, nel testo unico come in originale, così introdotto: «Il 21 giugno 1973 Rol aveva spiegato che cos'era lo "spirito intelligente": la sua era stata una enunciazione chiara, estesa. "Peccato" gli avevo detto "che questa tua spiegazione non sia incisa: è un testo importante. Io, comunque, il registratore ce l'ho, se vuoi lo mettiamo in funzione e ricominci da capo". Aveva accettato» (p. 2 della 2ª ed.). Sono pensieri quindi di poco più di due settimane prima dell'articolo (e due giorni prima dell'incontro tra Lugli e Bender) che sono stati anche letti ad alta voce da Rol e registrati (nel CD, inizialmente audiocassetta, allegato al libro di Lugli). Nella 3ª ed ultima edizione si trovano a pp. 27-28.

«Ogni cosa ha il proprio spirito le cui caratteristiche stanno in rapporto alla funzione della cosa stessa. Quello dell'uomo però è uno "spirito intelligente" perché l'uomo sovrasta ed è in grado, per quanto lo riguarda, di regolare, se non di dominare, gli istinti che sospingono incessantemente tutto ciò che esiste e si forma. Questa prerogativa dell'uomo è sublime e tale la riconosce nel preciso istante che egli la percepisce. Ho definito coscienza sublime ogni impegno volto a raggiungere, sia pure attraverso la materia, dimensioni fuori della consuetudine. Ammesso che la genialità faccia ancor parte dell'istinto, i prodotti della genialità appartengono invece a quella libertà di creare che è prerogativa dello "spirito intelligente" dell'uomo, quindi ben oltre l'istinto stesso. Questa considerazione sarebbe sufficiente a comprendere l'esistenza dell'anima la quale si identifica poi in quell'armonia universale alla quale contribuisce e partecipa».

«Con l'arresto di ogni attività fisica, la morte del corpo, – continua Rol – *l'anima si libera ma non interrompe la propria attività. Lo "spirito intelligente", invece, rimane in essere e ... anche operante*[6]. *Di questo ne ho le prove e ne ho fornite a conforto di tanta gente che non sapeva rassegnarsi alla perdita di persone care. (...)*[7] *Il fatto di rimanere in essere si richiama al motivo e quindi alla funzione di ogni cosa esistente in perenne sollecitazione e travaglio, proprio come si addice al moto creativo che non saprebbe estinguersi e nel quale ogni cosa concorre*

---

[6] Come ho segnalato anche in altre pubblicazioni, inizialmente Rol aveva scritto/detto «*e, forse, anche operante*» – come sarebbe qui se non avessi messo i puntini – ma in una registrazione del mio archivio del 26/03/1977 di cui ho dato trascrizione nel 2008 ne *Il simbolismo di Rol* (p. 497 3ª ed.) Rol dice a Lugli di aver tolto il «forse»:
Rol: "...l'uomo è morto, ma il suo 'spirito intelligente' rimane operante... Tra l'altro l'ho detta a te [*rivolto a Lugli*] questa definizione: lo 'spirito intelligente' rimane operante, a prova e riprova dell'esistenza e della inconsumabilità di Dio".
Lugli: "Però avevi detto *forse operante*, eri ancora nella fase...".
Rol: "Ma poi ho detto... dopo l'ho tolto".
Lugli: "Dopo l'hai tolto...".
Solo che Lugli poi, quando scriverà la sua biografia pubblicata nel 1995, non se ne ricorderà più e lascerà il "forse", che quindi va considerato sbagliato.
[7] I puntini qui omettono questa frase, non più pertinente: «*Ho detto forse, perché in tale materia la prudenza è di rigore*». Sorge naturalmente la domanda: come mai Rol cambiò idea? Forse decise semplicemente di non mostrare più dubbi e incertezze (ed è possibile che questo cambio sia avvenuto già dopo l'articolo di Lugli, che potrebbe avergli fatto ripensare l'esposizione). Dubito fortemente che la ragione possa essere che nel 1977 avesse acquisito certezze che ancora non aveva nel 1973. Piuttosto, può darsi che al 21/06/1973 avesse deciso di essere meno assertivo per sembrare più "umano", seguendo quella linea che aveva a suo tempo tratteggiato Riccardi: «nella conversazione ...[Rol] è un uomo che ha dei dubbi, qualche rallentamento, e sente anche gentilmente l'opinione degli altri» (vol. V, p. 297).

armonicamente anche nelle mutazioni più varie, Dio essendo eterno ed inconsumabile nelle sue più prevedibili manifestazioni e sembianze».
Gustavo Rol vive del suo lavoro di pittore e la sua pittura è di grande suggestione, racchiudendo un contenuto metafisico. L'elaborazione è faticosissima, egli impiega anche un mese per fare un quadro, ma alla fine la materia pittorica, riesumata dal tempo, sembra essere in continuo movimento e produce sensazioni che toccano il trascendente. Rol è un uomo di profonda cultura; nel suo discorso è sempre presente il pensiero di Dio in cui crede fervidamente.
Non si considera un medium e tanto meno un mago. «*Sono come tutti gli altri*» dice[8]. Ha scoperto queste sue qualità nel 1927. È stata, la sua, una conquista attraverso il pensiero, la volontà, la rinuncia all'orgoglio, all'ambizione, alla vanità. Dice:
«*Gli studiosi di parapsicologia vorrebbero scoprire il meccanismo dei miei esperimenti, che io fornissi alla scienza sufficienti elementi per vagliarli, classificarli e forse riprodurli senza la mia partecipazione. Delusi e convinti che non v'è manipolazione, si attende da me la rivelazione di formule, di procedimenti e di conoscenze che proprio non posseggo. Sono segreti, questi, che non è dato di tramandare appunto perchè segreti non lo sono affatto. Si possono invece intuire, proprio come è successo a me e ad altri».*
Ha occhi azzurri intensissimi, penetranti. Anche soltanto a stargli di fronte, senza sentirlo parlare, si avverte la sua prorompente personalità. E quando parla affascina, quanto meno getta un seme di bontà che prima o poi darà il suo frutto. Sull'intuizione dei «segreti» spiega:
«*Questa forma di rivelazione è profonda e altissima, tale appunto da escludere, per la sua natura, qualsiasi speculazione metafisica.*
È fatale che quasi la totalità delle prerogative umane, a livello però del solo istinto, convoglino il desiderio dell'uomo a considerare lo stato di necessità della propria esistenza; di qui la peculiarità degli intenti volti a favorire l'ambizione, l'orgoglio, la potenza e la crudeltà».
Secondo il dott. Rol la rinuncia a questi fattori negativi «*comporta, se non la visione l'intuizione almeno di quelle alte sollecitazioni alle quali il pensiero si ispira per comprendere l'infinito e così vincere il terrore della morte. La vita terrena è troppo breve per creare e rinunciare poi subito a ciò che si è creato...* ».

---

[8] La cosa è vera e falsa allo stesso tempo. Naturalmente non poteva dire di essere un «illuminato», cosa che potè fare solo da "morto" quando apparve a Chiara Barbieri (1-VI-32, 32bis).

AI CONFINI DELLA PARAPSICOLOGIA
Il mago di Torino

Gustavo Adolfo Rol realizza esperimenti che uno scienziato tedesco definisce "miracolosi" - Scrive su un foglio sigillato e lontano, legge un libro chiuso, "vede" cose future - Personalità intensamente religiosa, rifiuta la definizione di medium

Parte alta dell'articolo di Lugli. Oltre al titolo infelice, nella didascalia Rol viene definito «pittore e parapsicologo», termine quest'ultimo non pertinente e a lui non applicabile. La foto, scattata da Lugli, questa volta invece era molto bella e carismatica – Lugli poi la mise in copertina anche al suo libro – sarà la prima cronologicamente con le dita alla tempia (Lugli ne scattò poi molte altre lo stesso giorno), postura, con qualche variazione sul tema, che Rol ripeterà sia nel 1977 col fotografo Norberto Zini di *Gente*, che nel 1978 con Gabriele Milani della *Domenica del Corriere*.

Lettere di Giorgio di Simone
1973b

Napoli, 24 settembre 1973

Carissimo Gustavo

Se hai letto il mio libro[1] (mio fino ad un certo punto!) e ritieni che contenga cose giuste, potresti aiutarmi nella diffusione di quelle idee?[2] Hai certamente molte conoscenze disinteressate anche nell'ambito della stampa, e lo stesso Fellini potrebbe esserne interessato e darne notizia nel suo ambiente cinematografico, che non è certamente una culla di santi!

Lugli ha fatto una recensione che dovrebbe apparire in questi giorni[3], e così altri, ma non basta! È necessario prendere un positivo contatto con i giornali ed i rotocalchi a grande diffusione.

Sai bene che non lo faccio e non lo chiedo certamente per guadagno, ma perchè l'uomo conosca più a fondo la Realtà: a questo scopo ho dedicato la mia vita.

---

[1] *Rapporto dalla Dimensione X*.
[2] Potrebbe esserci una relazione tra il nuovo libro di Di Simone e il fatto che poi non reincontrò più Rol. Non constano lettere di Rol dove lui esprima giudizi su questo libro, e anzi dovranno passare due anni perché scriva di nuovo a Di Simone, in una lettera piuttosto breve del 6 marzo 1975 dove tra l'altro scrive: «Penso sempre e molto a te. Confido in quanto tu fai e che ritengo di somma necessità per la vita, l'equilibrio e la ragione d'essere del tuo spirito» (*Oltre l'umano...*, 2ª ed., p. 122). Parole che io giudico "diplomatiche". Nella lettera del 9 aprile 1970, quando il libro era ancora di là da venire ma Di Simone aveva mandato a Rol del materiale che poi ne avrebbe fatto parte, Rol scrive: «non invidi in me queste facoltà, dal momento che Lei stesso le possiede anche se in diversa espressione ma in assai larga misura. Gli scritti *Dalla dimensione X* me lo provano. Ma se ciò non bastasse, tutta la Sua vita, le Sue ricerche, le Sue ansie di conoscere, di sapere, di operare mi hanno rivelato in Lei un essere destinato a trovare il giusto orientamento verso quella *Realtà divina* alla quale fa cenno nella Sua lettera. Sarò quindi sempre lieto di avere con Lei quei rapporti suscettibili di ampliare le Sue elevate capacità» (*Oltre l'umano...*, 2ª ed., p. 53). Il silenzio, tre anni dopo, sul suo libro, così come la sospensione degli incontri, dovrebbe indicare che Rol non lo avesse approvato (e quindi non intendesse contribuire a diffonderlo) e che si fosse conclusa la fase in cui lui avrebbe potuto contribuire ad «ampliare le Sue elevate capacità», evidentemente non essendoci ulteriori margini. Non voleva comunque entrare in polemica con Di Simone, di qui la scelta del silenzio.
[3] Non è dato sapere dove. Su *La Stampa* non c'è. Viene da chiedersi, alla luce della nota precedente, se Rol non abbia interferito.

Siamo alla 2° edizione, ma le copie stampate sono poche migliaia, data la poca forza della Casa Editrice.

Fammi avere tue notizie ed una tua risposta. Tutto il resto è per me secondario. Ti abbraccio,

Tuo Giorgio

ps.– Sono tornato a Napoli il 29 agosto (in pieno colera!), e quindi di nuovo, definitivamente il 10 settembre dopo Fiuggi. Tutto va discretamente...

(foto © Franco Rol – Archivio Storico del Comune di Torino)

Il mistero nella vita del...

Favoloso dottor Rol
(I)

di Jacopo Comin

Giugno 1973
(prima puntata[1])

Leggete (e rileggetele, se dapprima vi sorprendono troppo) queste parole di Federico Fellini, che Dino Buzzati ha riportato nel "Corriere della Sera del 6-8-'65: "Mi fa scegliere una carta da un mazzo. Era, mi ricordo, il 6 di fiori. Prendila in mano, mi dice, tienila stretta sul tuo petto e non guardarla: ora in che carta vuoi che la trasformi? Io scelgo a caso. Nel 10 di cuori, gli dico. Mi raccomando, ripete lui, tienila bene stretta e non guardarla. Lo vedo concentrarsi, fissare con intensità spasmodica la mia mano che tiene la carta. Intanto io penso: perché mai non devo guardare? Sì, me lo ha proibito, ma il tono non era troppo severo. Che me lo abbia detto apposta per indurmi a trasgredire? Insomma, non resisto alla tentazione. Stacco un po' la carta dal petto e guardo. E allora ho visto... ho visto una cosa orrenda che le parole non possono dire... la materia che si disgregava, una poltiglia giallastra e acquosa che si decomponeva palpitando, un amalgama ributtante in cui i segni neri dei fiori si disfacevano e venivano su delle venature rosse... A questo punto ho sentito una mano che mi prendeva lo stomaco e me lo rovesciava come un guanto. Una inesprimibile nausea... E poi mi sono trovato nella mano il 10 di cuori".

Il dottor Gustavo Adolfo Rol, il più grande dei sensitivi che esistano oggi nel mondo, ed uno dei maggiori che si siano mai conosciuti[2], autore, o

---

[1] Comin, J., *Il favoloso dottor Rol*, Scienza e Ignoto, Faenza Editrice, Faenza, anno II, n. 6, giugno 1973 (prima puntata), pp. 55-62; «favoloso dottor Rol» compariva già nell'occhiello dell'articolo di Buzzati dell'11/08/1965, al quale Comin deve essersi ispirato. Si tratta della prima di tre puntate – scritte probabilmente nella prima metà del 1972 – nelle quali si cerca per la prima volta di fare una panoramica di chi fosse Rol sulla base del pubblicato – quello conosciuto dall'autore – fino al 1970. Vi si troveranno citazioni da articoli e relazioni già visti in precedenza, quindi ci sono inevitabili ripetizioni, ma lasciare ogni volta i puntini avrebbe impedito di giudicare questo lavoro nel modo in cui venne presentato e obbligando il lettore ad andare a cercare le parti omesse, per comprendere meglio le analisi e il punto di vista dell'autore. Ho quindi optato per riprodurre le tre puntate nella loro integrità. La rivista era di nicchia, creata e diretta da Leo Talamonti. Ebbe vita breve, dal 1972 al 1974.

forse anche inconscio coautore, di questo stupefacente episodio, aveva tutte le ragioni di consigliare a Fellini di non guardare la carta durante questo meraviglioso episodio di trasmutazione della materia. Già un famoso giornalista si era sentito male, in un'occasione simile...

Questa volta è Pitigrilli che ce lo racconta, in "Gusto per il mistero": dice – Rol. "Ora raccolga una carta qualunque: che è?", "Dieci di picche". "In quale carta vuole che io la trasformi?", "In asso di cuori". "La fissi e dica queste parole". Gec[3] ripetè la formula, impallidì; dovette sedersi. La carta che teneva con le due mani si scolorì, divenne grigia, una pallida macchia rosea si delineò nel centro, si fece rossa, un cuore si disegnò. Fu riconosciuto da tutti come un asso di cuori, "esattamente come l'asso di cuori che era presente nella serie"[4].

Non basta: Fellini ed Enrico Gianeri (Gec) sono due nomi giustamente celebri, ma non due studiosi specializzati nell'indagine del paranormale. Vediamone, adesso, due che appartengono invece a questa categoria e che nel loro campo sono fra i più noti d'Italia. Gastone De Boni, medico, direttore di "Luce e Ombra", che da oltre quarant'anni si occupa, in Italia e all'estero, di parapsicologia; Piero Cassoli, medico, direttore del "Centro Studi Parapsicologici" di Bologna, sperimentatore acuto. Nessuno potrà negare a questi due studiosi le qualità di osservatori accorti. De Boni è condotto dal dottor Rol in un salotto a parte; ha un mazzo di carte. "Mi dice: 'Ne scelga una'. Ne traggo una; è il sette di fiori. 'La tenga fra le mani – mi dice Rol – la tenga bene stretta'. Egli si allontana di qualche passo, poi fa dei passi sulle mie mani; io – per parte mia – ero certissimo che nessun evento, se non supernormale, potesse prodursi. Indi mi annunciò: 'È fatto: guardi pure'. Guardo: è una donna di fiori. La carta si era trasformata nelle mie mani".

Questo accadde nella seduta dell'11 luglio '67. Circa due anni dopo, il dottor Piero Cassoli, insieme alla moglie, signora Brunilde, e al dott. Massimo Inardi, a una seduta col dott. Rol[5]. Diversi fatti che si sono

---

[2] Trovo questo giudizio di Comin molto significativo, considerando che: 1) non aveva conosciuto Rol; 2) nel 1972 si sapeva pochissimo di lui, comparato a cosa si sa oggi (che non solo conferma il giudizio, ma lo estende anche, visto che Rol non era "solo" un "sensitivo", ma un *illuminato*, categoria decisamente diversa e superiore).

[3] Cito da mia nota a 1-XVI-8 (p. 400 vol. I): «Enrico Gianeri (1900-1989), conosciuto anche con lo pseudonimo "Gec", è stato un avvocato, giornalista, caricaturista e vignettista satirico, il primo studioso italiano della storia della caricatura e della grafica umoristico-satirica. A partire dagli anni sessanta si è occupato anche di storia, cultura e folclore piemontese, pubblicando, tra gli altri una *Storia di Torino dalle origini ai giorni nostri* (1973)».

[4] Cfr. episodio integrale in 1-XXXVI-2.

[5] In questa frase mi pare manchi il verbo, che potrebbe essere «presero parte» (a una seduta, ecc.). Sull'anno Comin si era fatto ingannare dalla relazione di Cassoli e Inardi, pubblicata nel 1970 (cfr. vol. V, p. 191) e citata poche righe

verificati in quell'occasione, li accenneremo in seguito, ma ora è il caso di esporre un episodio eguale a quelli esposti finora. È narrato dallo stesso dotto Cassoli: "A questo punto Rol... mi invita in una stanza attigua. Sono davanti a lui e la stanza è al buio, però la porta è aperta e l'illuminazione che proviene dalla stanza attigua è più che sufficiente. Mi invita a prendere una carta da un mazzo che tiene in mano lui. Prendo la carta coperta. Mi dice allora di guardarla ed io la guardo sollevandola appena: è il due di quadri. La tengo stretta fra le mani. Dopo aver posto le sue mani sopra le mie, Rol mi invita a riguardarla. Io eseguo e constato che ho in mano il nove di picche...". Eguale fatto, con carte diverse, era accaduto nel novembre del 1968 all'Ing. Ettore Mengoli[6], presidente della "Associazione Italiana scientifica di Metapsichica" e direttore della sua rivista "Metapsichica".

È da osservare che il dott. Cassoli e il dott. Inardi, in una "nota preliminare" sul dott. Rol apparsa nel n. 1 del "Quaderni" del Centro, accennano alla opportunità che egli "sia studiato, non solo da parapsicologi 'qualificati', ma anche da competenti in illusionismo". Evidentemente essi non conoscevano i due episodi di Fellini e di Gec che abbiamo esposti[7]. D'altronde, questa dell'illusionismo è la prima riserva che tutti i dubbiosi, per natura e precedenti, pongono avanti di fronte a fenomeni che esorbitano dalle loro linee, diciamo così, scientifiche.

Richet, nel suo trattato, la considera un'idea assurda[8], e dello stesso parere

---

dopo, che si riferiva all'incontro dell'aprile 1967, quindi precedente a quello di De Boni.

[6] Questa informazione è fornita solo qui da Comin, non ho trovato la fonte.

[7] Non so se avrebbe fatto molta differenza. Oggi però si sono aggiunti alcuni episodi – al di là di tutto l'insieme straripante di testimonianze emerse in mezzo secolo per tutte le classi di fenomeni – estremamente interessanti e analoghi, che quella differenza la farebbero senz'altro. In particolare quello del dott. Guido Lenzi (vol. III, XXXVI-10) e di Mauro Maneglia (vol. III, XXXIV-123).

[8] Fonte precisa reperita: Charles Richet, *Traité de Metapsychique*, Paris, 1922; ad esempio i due brani seguenti: «Che un prestigiatore mostri su di un palco il *suo* tavolo, il *suo* mazzo di carte, la *sua* poltrona, la *sua* bacchetta, allora potrà fare tutto quello che vorrà. Ma se gli diamo il *mio* tavolo, la *mia* poltrona e il *mio* mazzo di carte, senza che abbia altro a sua disposizione, e senza che possa fare delle sostituzioni, sarà disarmato» (p. 588, trad. mia); «Maskelyne e altri abili prestigiatori si sono sforzati di mostrare i cosiddetti fenomeni spiritici su un palcoscenico. È facile per l'operatore e divertente per il pubblico. Con sistemi di specchi ingegnosamente disposti, il mago fa apparire dei fantasmi, che si precipitano verso di lui; li trafigge con la sua spada e incontra solo il vuoto. L'illusione degli spettatori è completa. Ma questi scenari non sono per niente come le nostre esperienze. Tra le quattro pareti di una stanzetta, debitamente esplorata, un medium che è stato svestito e indossato un camice nero non può fare nulla del genere» (p. 590, trad. mia).

è William Crookes nel "Quarterly Journal of Sciences" del gennaio '74[9].
Il più bello si è che tutti i grandi illusionisti chiamati ad esaminare dei sensitivi hanno affermato di non aver *mai* scoperto trucchi. Così il celebre Robert Houdin, che sperimentò con Alexis Didier, così John Neville Maskelyne, che, sfidato dall'arcidiacono Colley a ripetere in pubblico gli esperimenti di Monck, ci rimise le penne (poi, nel 1892, nel "Daily Telegraph", dichiarò di essere diventato spiritista anche lui!). Cosi Rybka, il maggiore illusionista polacco, di fronte alla Paladino, il prof. Hoffman, con Eglinton, Jacob con Slade, e si arrivò fino a Samuel Bellachini che volle addirittura affermarlo per atto notarile. Ed egregi "competenti in illusionismo" come Herevard Carrington e William Bagally, insieme al dott. Fielding, furono quelli che, nel 1908, presentarono alla "Society for Psychical Research" inglese un rapporto interamente favorevole alla Paladino[10]. Ma, come si vede, l'illusione dell'illusionismo, continua.
L'ipotesi, se è strana da parte di investigatori di indubbia competenza come Cassoli e Inardi, sarebbe, però, giustificabile per assistenti sprovveduti o alle prime armi in fatto di fenomenologia paranormale. Assistenti che ignorassero il formidabile rapporto steso dal nostro grande studioso William Mackenzie sui fenomeni che accadevano a Bruxelles, in casa Poutet, con il sensitivo avvocato T. e l'intervento di una presunta entità che si era dato il nome di "Stasia", rapporto pubblicato da "Luce e Ombra" nel 1921[11]. O quelli che produsse un altro sensitivo famoso,

---

[9] Fonte precisa reperita: Crookes, W., *Notes of an enquiry into the phenomena called spiritual*, The Quarterly Journal of Science, 1874-01, Vol 11, Iss 41, pp. 77-97; ad esempio quanto segue: «Un altro errore comune è che i fenomeni possano essere visti solo in determinati momenti e luoghi, – nelle stanze del medium, o in orari prestabiliti; e partendo da questa errata supposizione, si è insistito su un'analogia tra i fenomeni chiamati spirituali e i giochi di prestigio di "illusionisti" professionisti e "maghi", esibiti sul loro palcoscenico e circondati da tutti gli strumenti della loro arte. Per mostrare quanto questo sia lontano dalla verità, ho solo bisogno di dire che, con pochissime eccezioni, le molte centinaia di fatti che sono pronto ad attestare, – fatti che imitati con mezzi meccanici o fisici conosciuti confonderebbero l'abilità di un Houdin, un Bosco o un Anderson [*illusionisti dell'epoca*], che si aiutano con ogni tipo di macchinari elaborati e la pratica di anni – hanno avuto luogo tutti in casa mia, da me stabiliti di volta in volta, e in circostanze che precludevano assolutamente l'impiego dei più semplici ausili strumentali» (pp. 80-81, trad. mia).
[10] Commentare ciascuna di queste vicende non è qui possibile, ma vi ritornerò in altro studio più specifico.
[11] Comin aveva già segnalato l'analogia con gli esperimenti Poutet-Stasia nel suo articolo del 1970 (cfr. vol. V, p. 303). Sia là che qui non esplicita esattamente il paragone illustrando come operasse il circolo Poutet, dà per scontato che gli addetti ai lavori, come Cassoli e Inardi, sapessero di cosa stesse parlando, e che se non fossero stati «sprovveduti» avrebbero dovuto cogliere l'analogia. Comin, per

Kordon-Veri, intorno al 1931 e che l'illustre parapsicologo prof. Emilio Servadio sintetizzò in due note nella rubrica "Riviste" della stessa nel 1932, numeri di febbraio e novembre[12]. Leo Talamonti, in "Universo Proibito", riferendosi a quelli di casa Poutet, accenna ad essi scherzosamente come a "giochetti di società", ma lo fa soltanto per rilevare come essi ci riconducano "a certe questioni di carattere generale... circa l'enigmatica natura di queste filiazioni dello psichismo umano e collettivo", come Stasia.

Però il primo a non dare importanza agli esperimenti che compie con le carte da gioco è proprio il dott. Rol[13]. A sentire il prof. Zeglio, li considera fenomeni *elementari*, e l'avv. Rappelli dice che egli li chiama *le aste*. Tuttavia, per questo tipo di fenomeni che, con frase banale, si potrebbero dire i più "spettacolari", si trascurano spesso altre manifestazioni che il sensitivo[14] stesso giudica "*d'importanza superiore*" e delle quali, perciò, vi parleremo da ultimo. Ma anche in questi esperimenti occorre chiarire che essi mettono in azione un complesso di facoltà eccezionalissime che raggiungono un grado eccezionalissimo.

Scegliamo, per esemplificare, un episodio semplicissimo, diremmo quasi modestissimo, nella citata seduta con De Boni, pubblicato in nota al libro del comandante Nicola Riccardi, "Operazioni psichiche sulla materia". Scrive De Boni: "Ci sediamo intorno a un tavolo rotondo, coperto dal solito tappeto verde. Sul tavolo vi erano cinque mazzi di carte. Rol ci dice che ognuno di noi ha un mazzo davanti, che può mescolarlo finché vuole, e che, quando crede, lo può depositare con la faccia in giù. Così facciamo. Ognuno di noi pone giù il mazzo in momenti diversi. Indi Rol dice: "Adesso vediamo quali carte usciranno per prime in ogni mazzo". Comincia Rol, il quale trae una donna di fiori; indi le altre quattro persone, a turno, voltano la carta e trovano sempre la donna di fiori".

Ma subito, nella stessa seduta, ne accade un altro, in certo senso simile al primo, ma in cui si presentano fattori che De Boni segnala acutamente. "Rol ci dice: 'Facciamo un'altra esperienza'; così dicendo trae da un

---

essere chiari, sta dicendo che «l'ipotesi [di essere studiati da persone competenti in illusionismo]... sarebbe... giustificabile per assistenti sprovveduti o alle prime armi... che ignorassero» il caso Poutet-Stasia; vale a dire: sarebbe ingiustificabile per coloro che invece lo conoscono. Non posso che essere totalmente d'accordo. Di fatto, è una velata accusa di incompetenza sia a Inardi che a Cassoli.

[12] Che ho riportato nel vol. V, pp. 315-318.

[13] Dal punto di vista di quello che poteva fare (i "gradini superiori") e dal punto di vista cosmico, essi certo non sono che "giochi", ma da un punto di vista cosmico anche la vita umana è appena un "gioco"... per non parlare dei problemi personali di ciascuno, che al cosmo "interessano" molto meno di quanto gli esseri umani si illudano o sperino. Tutto il manifestato è *māyā*, e così lo sono anche, al loro grado, gli esperimenti di Rol. Il che non li torna però meno importanti.

[14] In questo e negli altri articoli di Comin ho deciso di lasciare questo termine, ma valgono le cose già dette al riguardo: andrebbe sostituito con *Illuminato*.

mazzo una carta: è il 4 di cuori. Ci fa mescolare ad ognuno il suo mazzo; indi ce lo fa deporre sul tavolo; e a questo punto ci dice di scoprire la prima carta: ogni carta è diversa. Allora Rol ci dice: 'Adesso io copro le carte e cercherò di influenzarle'. Cosi dicendo alza un lembo del tappeto verde e copre le carte. Indi, con le mani, fa dei passi magnetici sul tappeto. *Osservo bene. Ho la netta sensazione che il tappeto si agiti e che le carte, sotto a questo, si spostino.* Indi Rol conclude: 'Vediamo che cosa è successo'. Si tiene presente la carta scelta, che è il 4 di cuori. Orbene: ognuna delle prime carte dei 5 mazzi è il 4 di cuori".

Troviamo, come De Boni, "straordinaria e conturbante la facilità e la precisione con cui i fenomeni si realizzano", ma troviamo assai più conturbante il fattore che egli ha indicato nelle parole che abbiamo accentuato [*Ho la netta sensazione che il tappeto si agiti e che le carte, sotto a questo, si spostino*] Non è necessario rilevare che esse provano il realizzarsi di un'azione telecinetica attraverso il tappeto, azione che non si esercita in modo vago, ma opera secondo una linea *intelligente* con una scelta precisa, fra le 260 carte che erano sotto il tappeto, ponendone una, e una sola, nella sola posizione opportuna, fra le innumerovoli combinazioni possibili. Aggiungeremo a titolo di conferma, che questa non è l'unica osservazione che individui tali movimenti: "vibrazioni nei mazzi" sono state anche constatate dal comandante Riccardi e dall'avv. Rappelli. Quest'ultimo ha anche osservato "minuscoli sommovimenti nel mazzo, dove fra un momento la carta fatidica sarà trovata unica sottosopra", e che è un esperimento che esporremo dopo. Ma c'è di più: il comandante Riccardi ci ha scritto cortesemente che il dott. Rol stesso ha confermato anche lui la realtà di tali sommovimenti. Non occorre dire che tale conferma è la più autorevole possibile. Di fronte a questi fatti, che cosa diventano le faticose statistiche sui dati che l'illustre Rhine ha penosamente raggiunto in anni di lavoro?

Ho avvertito che i due episodi esposti sono fra i più semplici, a parte le considerazioni cui ci hanno indotto. Vediamone uno più complesso e che il solo dott. Rol può definire "elementare". Lo espone il comandante Riccardi, e ci permettiamo di consigliarvi di seguirlo con attenzione in tutto il suo svolgimento.

"Il primo esperimento si svolge così: uno di noi è invitato a scegliere a caso due carte in un mazzo ed estrae prima un 5 poi un 4. Rol avvicina le due carte ed in tal modo è stabilito il numero base 54. Le restanti carte vengono aperte sul tavolo e da lontano un altro indica una posizione che risulta occupata dal 9 di quadri. Si noti che con Rol il numero pari di mazzi non può avere sui dorsi disegni scompagnati: occorre che a coppie abbiano disegno eguale e colore diverso e le esperienze che utilizzano due mazzi vanno condotte esclusivamente con due omologhi, quasi si influenzassero l'un l'altro mentre i rimanenti restano inerti. Ora il mazzo omologo di quello da cui sono state prelevate le tre carte viene sollevato e posto al centro senza alcun mescolamento ... non sappiamo cosa si vuoi ottenere finché Rol. dichiara di aver probabilmente ottenuto ... un nuovo ordine nelle prime carte del mazzo completo, si che se ora rovescierà una carta dopo l'altra e sommeremo i successivi valori numerici, con l'accortezza che ogni figura vale 10, vedremo che l'ultimo totale sarà 54 e l'ultima carta sarà il 9 di quadri. E questa successione ben poco elastica doveva trovarsi in un mazzo che nessuno aveva visibilmente toccato! Beh, Rol comincia a scoprire, tutti contano, si arriva a 53, gira ancora una carta di questo paradossale sette e mezzo, ed è appunto il 9 di quadri che corona di pieno successo le predizioni del sensitivo".

Questo fenomeno che si compie direttamente su un mazzo intatto e non toccato da nessuno ("visibilmente", scrive Riccardi, ma gli assistenti erano tutti ciechi?) presuppone una facoltà diversa dall'azione interpsichica per la quale il sensitivo potrebbe operare sullo psichismo di chi mescola il mazzo, intervenendo per farlo mescolare in un determinato modo e fino a un momento determinato. Ipotesi, anche questa, che è stata fatta, ma che non regge nel caso in esame, e, *ab uno disce omnes*[15], nelle estrinsecazioni delle facoltà del dott. Rol in genere. A volerla portare a latitudini quasi sconfinate, si potrebbe, eventualmente, e con notevole impegno di forzarla, ammetterne la manifestazione in altri esperimenti. Come quello che il dott. Cassoli indica nello scritto citato:

"Rol mi dà un mazzo da mescolare e tagliare. Lo pongo davanti a me. Con altro mazzo e con tecnica varia viene indicato il *quattro di cuori*. Rol mi dice di porre la mano sul mio mazzo, di chiudere gli occhi, di cercar di vedere, di visualizzare un *quattro verde* e di pronunciare "Hamma Hemma". Fatto ciò mi dice "Tagli il mazzo". Apro gli occhi e taglio. Taglio proprio dove c'è il *quattro di cuori* rovesciato, cioè con la carta a seme visibile, mentre tutte le altre sono regolarmente volte con la faccia in basso".

Cassoli commenta: "La cosa ha talmente del demoniaco, del magico che quasi per "scaricarmi" faccio scongiuri ...".

Atteggiamento, forse, scarsamente scientifico, seppur comprensibile in quell'atmosfera dominata da una facoltà (o da una volontà? che ne direbbe Schopenhauer?) cui nessuno e nulla può porre limiti. Anche se Rol lo rimprovera serenamente invitandolo "a non fare gesti del genere in fatti dove (lui pensa) interviene semmai la divinità per dare prova semplice e convincente dell'esistenza dei poteri dello spirito'. Mi scuso".

---

[15] «(lat. "da uno conoscili tutti"). – Frase di Virgilio (in *Eneide* II, 65-66), che dallo spergiuro di Sinone trae motivo di riprovazione per tutti i Greci: è ormai proverbiale e usata perciò anche in altri contesti. Nella logica formale, si denomina così il sofisma consistente nel dedurre, da alcuni particolari forniti dall'esperienza, proposizioni universali (per es.: "alcuni uomini sono cattivi, dunque gli uomini sono cattivi")» (*treccani.it*).

Quanto alla formula "Hamma Hemma", di probabile origine iniziatica, ed al colore verde, se ne riparlerà[16].

Adesso è il dottor Inardi, il protagonista. «Un mazzo è scelto, mescolato e tagliato da uno di noi con la solita tecnica. Qualcuno viene invitato a suggerire un numero: 8, il mazzo viene poi girato con i semi in alto e vengono poi tolte le prime sette carte: l'ottava è il tre di cuori.

Viene fatto designare dal dott. Inardi un altro dei mazzi disposti di fronte a Rol, questi dà con la punta delle dita un colpo al mazzo scelto che si spande sul tavolo con tutte le carte col dorso in alto *meno una; il tre di cuori"*.

Vediamo, ora, un esperimento raccontato da Riccardi ed eseguito con dieci mazzi, cioè con ben 520 carte: cercate la formula delle combinazioni possibili e troverete un numero impressionante.

"...nella fase preparatoria – scrive il comandante Riccardi – sono stati scelti il numero 2 e la donna di picche. Adesso Rol dice: "Lei ha scelto il numero 2 e lei la donna di picche che tutti vedono. Riporrò allora questa carta nel suo mazzo dopo averne sollevate due. Ecco fatto. Qui ci sono altri nove mazzi coperti: li avvicinerò fra loro per coprirli con un lembo del tappeto. Se mi riesce farò in modo che la terza carta di ciascun mazzo diventi la Donna di Picche". Ed ecco scorrere lentissimi quindici venti secondi. Rol è diventato teso e sorvola con le mani sul mucchietto ... Quando torna a sorridere amabile e rilassato, dicendo che l'esperimento è riuscito, grazie a Dio, e scopre i 10 mazzi, e scarta le prime due carte di ciascuno, ci sono veramente in vista 10 Donne di Picche".

Anche in questo esperimento, come in quello citato di De Boni, il sensitivo è stato costretto a ricoprire i mazzi con un lembo del tappeto, creando intorno ad essi quell'ambiente buio che è stato alla base dell'accusa di trucco mille volte lanciata da impreparati e faciloni, anche se "scientificisti", come li chiamava James. Ma precisiamo che questa condizione dell'oscurità non è affatto indispensabile alla grandissima maggioranza degli esperimenti del dott. Rol e sembra presentarsi solo quando qualche fattore psicocinetico non deve realizzarsi sotto lo sguardo dei presenti che lo potrebbero neutralizzare. Come in questo, importantissimo, narrato da Pitigrilli:

"Ecco tre mazzi di carte che avete comperato voi, non sono passati per le mie mani – disse una sera a me e agli invitati in casa sua dove entravamo per la prima volta – Apritene due; scegliete in uno otto o nove carte; nell'altro, altre otto o nove, e allineatele per formare un numero di otto o nove cifre (le figure valgono zero). Questi due numeri saranno il moltiplicando e il moltiplicatore. Le prime carte del terzo mazzo, quello che è ancora chiuso e rimarrà chiuso, vi daranno il prodotto". Sembra un fenomeno di "aritmetica trascendentale", come Mackenzie definì quelli di

---

[16] Non Comin, che non tornerà sulla questione. Cfr. vol. V, p. 199, nota 22.

casa Poutet[17]; ma vedremo accadere qualcosa di ben diverso! Pitigrilli continua:
"Eseguimmo i suoi ordini. I due fattori furono formati in collaborazione fra i più scettici della serata. Riuscimmo a eseguire la non facile moltiplicazione. Quando fummo tutti concordi sul prodotto, Rol disse nell'aria qualche parola di cui egli sa il segreto... Ma improvvisamente si contrasse:
– C'è un guaio – disse –: nel prodotto ci sono sei 'sei'.
Tutti sanno che di 'sei' (sei di quadri, sei di fiori, sei di cuori e sei di picche) in un mazzo non ce ne possono essere che quattro.
– Non importa, – disse Rol – aprite pure il pacco.
Le prime 17 carte, allineate nel nuovo ordine che avevano *assunto nella scatola,* davano il prodotto della moltiplicazione. In altre parole, nell'interno della scatola chiusa, le carte, che in una scatola intatta sono disposte in ordine crescente (asso di cuori, due .di cuori, tre di cuori ...) *si erano* disposte in un altro ordine, un ordine obbediente a una logica matematica. Non solo, ma – udite, udite! – c'erano sei 'sei', cioè due di più di quelli che esistono nel gioco. Di dove erano venute quelle due carte in più?".
Già! Da dove erano venute? Lo ignoriamo assolutamente. Può darsi che lo ignori lo stesso Rol. Pensiamo vagamente (e ci sembra di usurpare poteri che non sono umani) ad una creazione ex nihil di materia inorganica. Si è veduto che qui il buio è dato dalla scatola entro cui si compie il fenomeno. Ma vi è un caso in cui la stessa "creazione" si compie senza la necessità del buio. Accadde in una serata al Grand Hotel, in cui Pitigrilli presentò al dott. Rol alcuni suoi amici, che, però, si erano impegnati a non chiedergli di fare esperimenti. L'abilità diplomatica dello scrittore indusse il sensitivo ad accettare egualmente di soddisfare la curiosità dei nuovi amici. Pittigrilli scrive:
"Furono portati i mazzi di carte, comperati da un fattorino del Grand Hotel. I miei amici: l'attrice Luisa Ferida, l'attore Osvaldo Valenti e il padre di questo, ambasciatore a Teheran, il principe Lanza di Trabia; invitati, un medico, un ingegnere e un'attrice minore, una bellezza romana all'aurora, e un'aristocratica al tramonto.
– Dottor Rol – gli disse con franchezza l'attore – il nostro amico mi ha descritto i suoi esperimenti, ma io le rivolgo una preghiera: invece di usare carte da gioco come si possono trovare in qualunque negozio, potrebbe servirsi di un mazzo di carte di cui non c'è un secondo esemplare a Roma?
– Non ho nulla in contrario – rispose Rol. L'attore gli presentò un mazzo di carte stampato in Scozia. – Io non le tocco – disse Rol – Le conti. – Sono 52. – Le conti anche lei. – Cinquantadue. – Anche lei. –

---

[17] Di nuovo, Comin menziona, appropriatamente, Poutet.

Cinquantadue. – E ora allargatele e stendetele in una sola fila ad arco, come fanno i croupiers del baccarat, e lei, signorina, faccia correre il dito e si fermi su una carta qualunque senza guardare. Bene. Ora guardi la carta. La mostri a tutti. Ciascuno scriva il numero e il nome della carta. Fatto? Ora lei, signorina, *la strappi – era il nove di fiori – e butti dalla finestra i pezzetti.* L'attrice eseguì. Alcuni frammenti caddero sulla terrazza, altri furono portati dal vento nella strada e qualcuno tornò nella stanza.
– Contate le carte che rimangono.
– Cinquantadue, cinquantadue, cinquantadue – risposero i presenti. – Cercate il nove di fiori. – *Ecco il nove di fiori.*
Suonò il campanello e alla cameriera domandò: – Che carta è questa? – Nove di fiori, signore. – Per favore, raccogliete quei pezzi di carta. Che cosa sono? – Pezzetti di una carta da gioco, di colore nero. Sono fiori".
Pitigrilli commenta: "C'è stato dunque un momento in cui la stessa carta si trovava al tempo stesso intera nel suo mazzo di cinquantadue carte, e allo stato frammentario sparsa fra la stanza, la terrazza e la strada". (I corsivi in questo fenomeno e nel precedente sono nostri)[18].
È possibile supporre (e dicendo "possibile" sento benissimo quanto la parola sia assurda) un fenomeno di apporto da un altro mazzo identico, esistente in qualche negozio in Scozia, o chissà dove. Anche De Boni ha emesso l'ipotesi che certi fenomeni di Rol possano essere spiegati come apporti e asporti, o viceversa. Ma i fatti di trasmutazione della carta che abbiamo citato da principio, e in particolare quelli di Fellini e di Gec, che hanno potuto *vedere* la trasmutazione mentre si stava verificando ed assistere alle modifiche che si producevano, ci inducono *anche* a prendere in considerazione uno stupefacente fenomeno di materializzazione permanente di questo "nove di fiori" e dei due "sei" del caso esposto prima. Che, in una linea di minor resistenza, potrebbero anche essi provenire da un apporto. Naturalmente ci manca ogni elemento che consenta di propendere per l'una o l'altra ipotesi.
Comunque resta stabilito e certo un fatto di fondamentale importanza: che quei semplici ed elementari "giochi di carte" che potevano anche apparire ai superficiali, da principio, come perfezionati esercizi di illusionismo, ci hanno poco a poco trasportati in un clima profondamente diverso, in una dimensione che trascende in mille forme la nostra modestissima dimensione umana. Scriveva Mackenzie, a proposito di uno dei più strabilianti esperimenti di "Stasia", compiuto in sua presenza e con la sua partecipazione: "Si pensi a questo 'semplice' fatto: un uomo che *crede* di eseguire un'azione indeterminata, come quella di trarre una 'qualsiasi' carta da un mazzo, ed invece *deve* trarre quella determinatissima figura, in apparenza *voluta* da uno psichismo sconosciuto, che non è lo psichismo

---

[18] Parentesi di Comin.

noto di quell'uomo. Costui dunque 'agisce' ma solo in apparenza; mentre chi agisce davvero deve essere un'altra 'persona' o volontà". Noi, qui, abbiamo il grande vantaggio di trovarci di fronte non ad uno psichismo sconosciuto, come quello della presunta entità "Stasia"[19], ma di fronte ad uno psichismo vivente ed agente delle cui facoltà assistiamo agli effetti. Ma restiamo egualmente nella più profonda ignoranza di fronte al mistero di *"come"* questo psichismo agisca. Mackenzie riteneva che i fenomeni cui assisteva fossero dovuti al subconscio dell'avv. T. per il cui tramite i fatti si verificavano. Permetteteci che, sulla scorta di Carrington, e del prof. Urban, l'eminente psichiatra di Innsbruck[20], noi emettiamo, invece, l'ipotesi del "superconscio" del dott. Rol. Che, per definizione, supera di mille cubiti il suo stesso subconscio. In questo senso, almeno, attribuire i suoi poteri, come fa il dott. Rol, alla divinità, non ci sembra affatto fuor di luogo[21].

---

[19] Comin vi ritorna per la terza volta. Mi preme sottolineare che l'associazione da me fatta con Stasia nel 2012 fu del tutto indipendente da questi commenti di Comin, ai quali avevo dato poca importanza – li lessi per la prima volta credo nel 2002 – perché Comin di fatto non illustrava gli esperimenti del circolo Poutet. Quando poi ne trovai, per caso, una buona descrizione nel *Trattato di parapsicologia* di René Sudre, mi accorsi della similitudine con quelli di Rol, e fu allora che mi ricordai che Comin e Talamonti l'avevano già fatta, pur per brevi accenni. Il fatto che io ci fossi arrivato spontaneamente e separatamente da loro è una ulteriore prova che si tratta di una associazione pertinente.

[20] Hereward H.L. Carrington (1880-1958), scrittore e *ricercatore psichico* tra i più seri; Hubert J. Urban (1904-1998), neurochirurgo, professore di neurologia e psichiatria prima all'Università di Innsbruck, poi a Lipsia. Si veda il suo breve testo del 1950, *Über-Bewußtsein nach Bucke und Walker bearbeitet* [*Super-coscienza secondo Bucke e Walker* (ovvero Richard M. Bucke (autore del classico *Coscienza Cosmica*) e Kenneth Walker)] da cui traggo queste righe presenti nel riassunto in italiano (p. 28): «I diversi tipi di "coscienza" sino qua studiati ~~siano~~ sono elencati. Inoltre il "Sub-cosciente" è paragonato alla zona dell'infrarosso dello spettro ed il "Super-cosciente", a cui appartengono l'intuizione dei profeti, la concezione del poeta, la visione del mistico, a quella dell'ultravioletto. La "Super-coscienza" non è da intendere in senso spaziale. L'espressione va intesa come ipotesi di lavoro, quasi come gli "Archetipi" di C. G. Jung. La "coscienza cosmica" o "Super-coscienza" è quella speciale proprietà dello spirito, la quale permette in pochi minuti di vedere cose, o di scorgere relazioni, che di solito non sono accessibili all'uomo. Vengono riportati dalla letteratura alcuni esempi per la descrizione di questi stati eccezionali. (…) Gli stati di "coscienza cosmica" sono in sè e per sè assolutamente non patologici. Particolarmente le impressioni del viaggio nell'Asia Orientale nell'anno 1948, hanno dato impulso a questi concetti, poichè la mentalità degli orientali è da lungo tempo aperta ai problemi del "Supercosciente" il quale esiste presso quei popoli da tempo immemorabile».

[21] Prospettiva condivisibile, Comin avrebbe sicuramente affinato e approfondito la sua analisi se avesse conosciuto le definizioni di *coscienza sublime* di Rol.

Ci siamo lasciati attirare nel tranello delle ipotesi, e lo dobbiamo all'applicazione dei giochi di carte, ai "Book tests", ossia a quelle forme di chiaroveggenza che permettono al sensitivo la lettura in libri chiusi e a lui ignoti.

Ve ne citeremo due, tratti dalla nota di Cassoli e Inardi, che, come essi affermano, "coronano veramente l'eccezionale serata".

"Rol chiede due libri alla Padrona di casa a sua scelta. Gli vengono portati: 'Cesare Pavese: Lettere 1924-1944" e, sempre dello stesso autore: "La bella estate" edizioni Einaudi. Dapprima egli sembra poco convinto della possibile riuscita dell'esperimento, sfoglia un libro, il primo, come per prenderne "possesso", il tutto per pochissimi minuti; poi mi chiede di esprimere un pensiero o un desiderio. Io dico ad alta voce: "Desidererei di tornare a Torino". Rol allora prende un mazzo, lo distende sul tavolo sgranato, coi semi delle carte in alto, ben visibili. Poi da sinistra coll'indice teso comincia a scorrere verso destra abbastanza celermente, dopo aver chiesto alla Signora B di fermarlo quando ella vorrà. Per tre volte si ripete la corsa del dito sulle carte e per tre volte l'alt della Signora fa fermare il dito sulle carte *quattro, otto, quattro*. Rol allora dice: "Guardate a pagina 484". Io eseguo e leggo ad alta voce la prima pagina indicata: "voi abbiate desiderio di tornare a Torino!!" (la frase completa dalla pagina precedente era: "Mi meraviglia molto, mi stupisce che voi abbiate desiderio di tornare a Torino!")".

Siamo al corrente di tutti i "book tests" ottenuti da Stainton Moses, di quelli cui diede luogo la Osborne Leonard, sotto la guida del Rev. Drayton Thomas, e dei numerosissimi altri riportati nella letteratura psichica, ma non ci risulta che mai si sia dato un così eccezionale accoppiamento di giochi di carte e di "book tests". Molti altri esempi ne ha dato il dott. Rol, e li citeremo sulla scorta di Leo Talamonti e di altri, ma ora riportiamone un secondo che segue quello ora esposto.

"Poco dopo, si stava chiacchierando, durante una brevissima pausa e il dott. Inardi stava dicendo: "Sono le tre e io devo partire per Bologna alle sei, è inutile che io vada a dormire, altrimenti non riuscirò a svegliarmi in tempo per la partenza. Preferisco passare tre ore in stazione". Rol dice: "Proviamo con una parola detta ora, per esempio "dormire". Vediamo se questa parola c'è nell'altro libro di Pavese" (e indica il secondo, La bella estate). Solita tecnica come per l'esperimento precedente, con cifre uscite dal mazzo nell'ordine, *Asso, Due, Asso* (1-2-1). A pagina 121 del libro, prima riga, si legge: "-tevano dormire" (nella precedente vi era "non potevano dormire")". Questi due esempi sono, oserei dire, perfetti. Non si limitano a corrispondere nelle parole, ma arrivano ad esprimere con rara precisione i concetti espressi sia dal dott. Cassoli che dal dott. Inardi. Mackenzie nota anche nell'avv. T. la stessa capacità di lettura in libri chiusi, scelti da uno sperimentatore o da questi portati con sé[22]. Vedremo Rol fare altrettanto con un libro portato dal dott. Alberti. Abbiamo citato una percentuale minima degli esperimenti con le carte compiuti dal dott. Rol ed esposti da vari investigatori seri e competenti. Non sono frutto di esperienza diretta, ma questo non ne inficia la validità, al contrario. In contrasto con molti parapsicologi di più o meno chiara fama, i quali credono solo a se stessi, noi abbiamo rispetto e fiducia nella testimonianza umana, quando questa provenga da persone che ne siano degne[23]. Siamo certi che quando gli stimabilissimi studiosi che abbiamo citato e citeremo, affermano (e, per di più, concordemente) di aver assistito a determinati fenomeni e di averne controllato la genuinità, affermano il vero. Aggiungendo che tutti, preavvertiti di ciò che poteva verificarsi nelle amichevoli sedute del dott. Rol, *tutti,* e alcuni in modo particolare, hanno controllato i fatti con estrema attenzione, con particolare scrupolo, ed anche, per ovvie ragioni, con un certo scetticismo non facile a vincersi. Testimoni se ne potrebbero citare moltissimi, fra gli intervenuti alle sedute, sempre privatissime, del dott. Rol, ma noi troviamo giusto limitarci agli studiosi esperti di parapsicologia che hanno pubblicato le loro constatazioni e ce ne offrono garanzia con il loro onorato nome.

Forse la prova migliore della onestà e serietà di intenti di tali investigatori è fornita dal fatto che essi non tentano una interpretazione totale delle facoltà del dott. Rol. Non si lanciano, ossia, nella formulazione di ipotesi più o meno sottili, come accade spesso nella parapsicologia di oggi. Solo il comandante Riccardi, nel suo libro "Operazioni psichiche sulla materia", apparso due anni or sono, e nell'altro, di prossima pubblicazione, "Entità cibernetiche create dalla psiche"[24], avvia una ipotesi, e solo De Boni, nel dibattito dell'A.I.S.M. del febbraio 1970, di cui possediamo, grazie alla cortesia dell'ing. Mengoli, il resoconto stenografico, assai più esteso di quello apparso in "Metapsichica"[25], ha tentato, *limitatamente* ai più importanti giochi di carte, una interpretazione parlando di "plasticizzazione della materia". Interverrebbe, ossia, sul terreno dell'inorganico, quella stessa facoltà che, nella materia organica,

---

[22] Il caso "Poutet-Stasia" continua ad essere ben presente, e a ragione, nei punti di riferimento di Comin.

[23] Ecco una frase tanto semplice quanto intelligente ed oggettiva.

[24] Ne ho parlato nel capitolo delle comunicazioni della figlia di Riccardi (vol. V, p. 223). Strano che Comin non accenni a *L'occulto in laboratorio*, uscito a novembre 1972, ciò che mi fa pensare che questo come gli altri articoli siano stati scritti anteriormente, nella prima metà del 1972.

[25] Comin ci fa sapere che, oltre alla registrazione delle due conferenze che a quanto pare sono andate perdute, e oltre al testo ridotto, c'era anche un corrispondente «resoconto stenografico» probabilmente integrale di cui aveva copia Mengoli e ora anche Comin. Chissà che almeno esso, tra le carte dei discendenti di questi studiosi, un bel giorno non salti fuori.

consentirebbe all'attività medianica la strutturazione delle "materializzazioni". Con questa differenza fondamentale: che una materializzazione ha un'esistenza effimera, anche nei casi eccezionali di ritorni, di, diciamo così, "entità individualizzate" (casi Livermore, Katie King, Nephentes, etc.), e non lascia tracce concrete del suo passaggio (anche qui, salvo casi eccezionali, esempi quelle ciocche di capelli che Crookes conservò della King e Richet di Phygea), mentre nelle carte abbiamo oggetti permanenti, tanto permanenti che, nel caso Gec, la carta, debitamente firmata, è rimasta a ricordo incancellabile nelle mani del giornalista[26].

E, per chiudere il discorso sui giochi di carte, notiamo che il dott. Cassoli, nell'esperienza del due di quadri diventato nove di picche, scrive a conclusione: "Per mia sfortuna non ho la presenza di spirito di vedere che carta era quella che avevo messo in mezzo al mazzo...", e il comandante Riccardi, che pure cita per intero l'esperienza di Gec, nel suo libro si domanda: "Ma la carta trasmutata... è rimasta in definitiva col suo aspetto o è ritornata al vecchio?"[27]. Ora Pitigrilli, che non è affatto un visionario e che in tutto il libro, come riconosce Riccardi, adotta "un modo di porgere che mostra il suo vivo desiderio di essere considerato veritiero"[28], e tale noi siamo certi che sia, ci dice esplicitamente che "l'asso di cuori" era ancora presente nel mazzo, mentre "il dieci di picche" non c'era più. Insomma era *realmente* avvenuta la trasmutazione: il mazzo, adesso, aveva due assi di cuori e nessun dieci di picche. Siamo di fronte a una materializzazione permanente di un oggetto nuovo: il che, in sostanza, finirebbe per concordare con le parole di De Boni.

Una sola interpretazione che in due sole parole affronta integralmente tutte le facoltà del dott. Rol, ci è fornita da lui stesso. In uno scritto di risposta ad un'inchiesta, che non è stato mai pubblicato[29], né completato, e di cui l'avv. Rappelli ci ha dato notizia nel citato dibattito, egli avverte: "...tutta la mia vita si è sempre svolta in un'atmosfera di "costanti possibilità" ove mi sembra difficile stabilire quali siano le più notevoli". "Costanti possibilità": bella e modestissima definizione per le immense facoltà del grande sensitivo che non ama considerarsi "dotato di qualità

---

[26] Come è rimasta quella del dott. Guido Lenzi e di altri.
[27] Questa frase non si trova né in *Operazioni psichiche* né in *L'occulto in laboratorio*, dal che ne deduco che si trovava nel manoscritto di *Entità cibernetiche create dalla psiche*, che Comin aveva a quanto pare potuto leggere in anteprima, come conferma nella terza puntata quando parla di «un prossimo libro del comandante Riccardi, di cui egli cortesemente mi ha permesso di leggere il dattiloscritto» (*infra*, p. 161).
[28] *Idem*.
[29] La citazione che segue è tratta dalla lettera che Rol scrisse per Di Simone nel 1969 e che non gli inviò, letta da Rappelli durante la prima conferenza-dibattito del 16/11/1969 (cfr. vol. V., pp. 246-247).

paranormali", ma che in queste "costanti possibilità" trova modo di ottenere le più incredibili, le più fantastiche manifestazioni paranormali cui oggi sia dato assistere sotto qualsiasi cielo. E lo vedremo continuando ad occuparci di quelli che egli ritiene i suoi esperimenti *"di importanza superiore"*.

Il dottor Rol, appassionato di arte antiquaria, vive ed opera a Torino.

...Rol mi dice di porre la mano sul mio mazzo, di chiudere gli occhi, di visualizzare un quadro verde e di pronunciare...

Qui e nelle pagine seguenti, anche al fondo delle altre puntate, le immagini originali associate all'articolo.

...Strappi il nove
di fiori e getti i
pezzetti dalla finestra...

Il favoloso Dottor Rol
(II)

Settembre 1973
(seconda puntata[1])

Ci viene spesso a mente, esponendo la eccezionalissima fenomenologia del dottor Rol, ciò che racconta Pitigrilli nella prefazione del suo "Gusto per il Mistero". "Il mio amico Gustavo Rol – dice – ... in una comunicazione ultrafanica scrisse, sotto dettatura di non so quale spirito (gli spiriti non presentano la carta d'identità, e quando dicono il nome, generalmente è falso), queste parole: *'Noi dobbiamo lasciare all'umanità sofferente la speranza eterna che in questi terribili fenomeni ci sia della mistificazione'*". Parole dolorose per chi va in cerca di assolute e provate certezze, ma validissime per coloro che Talamonti chiama "i dogmatici del positivismo", coloro che si rifiutano di evadere da un atteggiamento che Pitigrilli, citando Byron, definisce "la bigotteria dello scetticismo". Incisiva definizione che solo un grande poeta poteva trovare per quell'assoluta sottomissione a certa scienza, che sconfina nel più supino fideismo.
Sappiamo tutti, da quarant'anni circa, che la sperimentazione quantitativa della Duke University ha innegabilmente provato la chiaroveggenza. Solo il bigottissimo prof. G. Price (da non confondersi né con Harry né con Herbert) si è permesso di metterla in dubbio, e Rhine ed altri gli hanno facilmente provato il suo errore, o la sua ignoranza. Ma, se rivolgiamo la nostra attenzione alla massa, quanti saranno disposti ad accogliere con piena fiducia questo episodio che Talamonti espone in "Universo Proibito?"
"Fu nel marzo 1961 che incontrai per la prima volta il dottor Gustavo Rol: ...gli avevo telefonato da Milano nel pomeriggio di un mercoledì, e si era rimasti d'accordo che ci saremmo incontrati in casa sua due giorni dopo: cioè il venerdì successivo, alle 21,30.
Ma io anticipai la partenza per via di altre faccende, e giunsi a Torino alle prime ore pomeridiane del giovedì. Ero appena sceso in un alberghetto scelto a caso fra i numerosi che si trovano nei pressi di Porta Susa, quando fui raggiunto da una sua telefonata assolutamente inattesa:
– Ho cambiato idea: venga pure questa sera, alla stessa ora che avevamo fissato per domani.
– Ma lei come fa a sapere che sono già arrivato, e che mi trovo in questo albergo?

---

[1] Comin, J., *Il favoloso dottor Rol*, Scienza e Ignoto, Faenza Editrice, Faenza, anno II, n. 9, settembre 1973 (seconda puntata), pp. 50-55.

– Stavo disegnando a carboncino; la mia mano ha scritto automaticamente il suo nome, aggiungendo l'indicazione: Albergo P., stanza 91".
Elementi, nella normalità, ignoti al sensitivo: l'arrivo a Torino in un giorno prima di quello concordato, il nome dell'albergo (scelto *a caso),* il numero della stanza. Meccanismo dell'informazione: scrittura automatica. Evidente la paranormalità dell'episodio. In quello che segue, altri elementi ignoti.
"Quando mi presentai a casa sua... avevo con me una delle solite cartelle di cuoio con vari incartamenti ... mi apostrofò con queste parole:
– Vedo che la sua cartella contiene due articoli sulla telepatia, già pronti ma non ancora pubblicati. Argomento interessante.
Era vero, ma come faceva a saperlo? Senza darmi neppure il tempo di esprimere il mio stupore, proseguì:
– L'avverto però che l'episodio riguardante Napoleone, di cui lei parla nel secondo articolo, contiene un'inesattezza. Posso dargliene la prova.
E infatti me la dette ...".
Nel primo caso si potrebbe parlare di chiaroveggenza "telepatica", in quanto le informazioni erano presenti nella mente di Talamonti, ma nel secondo questa interpretazione è resa difficile da un particolare: lo scrittore non era certo al corrente della inesattezza contenuta nel suo articolo[2]. Sarà necessario ripiegare, allora, su una forma di book-test, che, come s'è veduto nella nota precedente, è una delle facoltà chiaroveggenti del dott. Rol. Ne ha fatto esperienza innegabile uno dei nostri più giovani e preparati studiosi, il dott. Alberti, che, andando a Torino, aveva acquistato alla stazione di Milano una copia delle "Penséés" di Pascal, edizione tascabile Mondadori. Alberti dice: "In pieno discorso Rol si interrompeva e ad alta voce chiedeva cosa avesse scritto Pascal sull'argomento che lui stava discutendo, o se anche Pascal fosse della sua opinione riguardo una certa disputa in atto fra i presenti, ecc. Faceva allora scegliere tre carte ai presenti da un mazzo mischiato sempre dai presenti e non toccato da lui, e dopo aver chiarito che da queste tre carte sarebbe risultato il numero della pagina su cui si trovava quanto egli desiderava da Pascal... mi pregava di aprire il libro, che io avevo sempre in mano o sulle ginocchia, e di leggere ad alta voce la prima riga della pagina estratta... Anche se non esattamente, le righe leggibili del libro corrispondevano a quanto Rol aveva poco prima affermato; mi ricordo con precisione solo uno di questi casi (tre o quattro in tutto); egli disse, poco prima che io aprissi il libro, 'i meschini che mi circondano', e sulla prima riga della pagina stava scritto 'meschini che lo circondano'. Le altre due o tre 'letture' erano dello stesso ordine di precisione e comunque l'aderenza al senso era molto grande". Anche Talamonti e il suo fotografo avevano fatto una serie di esperienze di questo tipo. Egli finisce per dire:

---

[2] Non coscientemente, ma il suo subcosciente ne era al corrente.

"... ripetemmo l'esperienza fino a stancarci; infine ci arrendemmo all'evidenza".
Un'altra prova di "book-test", che, però, non potrei giurare essere *soltanto* un "book-test", ha per testimone Pitigrilli. Rol aveva appena compiuto uno dei suoi esperimenti più importanti ... e disse a Pitigrilli: "Temo di averLO irritato. Vediamo!". Precisiamo che con quella parola "averLO" egli si riferiva al suo grande Maestro, in senso iniziatico, già defunto, ma che sembrava assisterlo ancora nella sua attività paranormale[3]. Pitigrilli prosegue: "Tornò nella sala, ordinò ad una signora di scegliere un libro qualunque fra le migliaia di libri che coprivano le quattro pareti, e di estrarre tre carte per formare un numero. 'Che numero è? Apra il libro alla pagina corrispondente a quel numero'. La pagina cominciava con le parole: *'Egli lo aveva veramente irritato'*". Sì, d'accordo; è un "book-test": ma per me, dispostissimo ad essere considerato uno sprovveduto, ci vedo un enigmatico intervento del Maestro che allunga un affettuoso scapaccione al suo grande allievo[4].

Anche nel campo puramente somatico le straordinarie facoltà del dottor Rol si manifestano in forme assolutamente eccezionali. L'avv. Rappelli, al dibattito del Convegno dell'A.I.S.M. sulle facoltà del dottor Rol, disse: "... sia ben chiaro che il dottor Rol non esercita assolutamente la medicina; benchè laureato in biologia medica, non ha voluto dare l'abilitazione in Italia... per evitare di mettere queste sue facoltà in concorrenza con professionisti nel campo medico[5]. Egli si è sempre servito di tali facoltà, e particolarmente quando qualsiasi medico gli chiedeva aiuto, per suggerire consigli alle persone che si rivolgevano a lui per ottenerne; ci sono svariatissimi medici di Torino, di Parigi, e di altre parti del mondo, che possono testimoniarlo. Anche il povero professor Dogliotti[6], ad esempio,

---

[3] Questa era l'interpretazione, sbagliata, che ne dava Pitigrilli nel 1952, basata su una storia che oltretutto non era quasi certamente vera se intesa in senso letterale. Comin evidentemente non conosceva, per lo meno, l'articolo sempre di Pitigrilli del 1965 su *Planète*, dove scriveva: «Secondo il fratello di Rol, l'ingegnere Carlo – cervello fisico-matematico eminentemente oggettivo –, niente è vero in questa storia. Il misterioso Polacco farebbe parte delle affabulazioni di cui Rol si compiace» (vol. IV, p. 141).

[4] Ecco come un episodio inizialmente male interpretato, prende una strada ancora più distante dalla realtà. Se però sostituiamo il "Polacco" con lo *spirito intelligente* di Rol, ecco allora che la frase di Comin diventa corretta.

[5] Questo passaggio, come la parte che segue, non era stato riprodotto in *Metapsichica*, ed è chiarificatore. Rol probabilmente non voleva anche suscitare invidie e malumori, ed essere osteggiato dal mondo medico (qualcosa del tipo: "io non mi sostituisco a voi, e voi mi lasciate operare in pace"). Si veda anche il vol. V, p. 260, nota 40.

[6] Achille Mario Dogliotti (1897-1966), pioniere della cardiochirurgia in Italia. L'ho citato alcune volte nei voll. precedenti (cfr. per es. vol. I, pp. 368, 406-407; vol. III, pp. 343, 369; vol. V, p. 21).

era un suo fervido ammiratore, e infinite volte gli ha chiesto di essere presente in camera operatoria per dargli delle indicazioni e confortarlo nella tecnica dell'operazione che eseguiva. Moltissime volte egli ha indicato al chirurgo *il punto* in cui doveva intervenire, dicendo esattamente *che cosa* avrebbe trovato sotto"[7].

E questo ci ricorda le precise indicazioni "endo-etero-scopiche" di Pasqualina Pezzola, con in più, naturalmente, la competenza medica del dottor Rol che gli permette una piena conoscenza anatomica, lontana da quella puramente intuitiva della famosa marchigiana[8].

---

[7] Una di queste volte è stata protagonista mia nonna Elda Quaglia Rol (cfr. vol. 1, III-1). Anche questo brano nella versione condensata di *Metapsichica* non c'è. Da un punto di vista cronologico, è la prima volta che si afferma che Rol è «laureato in biologia medica» (Rappelli lo ha detto il 16/11/1969). In precedenza, nel 1967, il giornalista Dino Biondi aveva riferito che Rol è «biologo, ...laureato in legge e diplomato in Inghilterra in economia e commercio» (vol. V, pp. 186-187) (Rappelli ha specificato "medica", ovvero *biologie médicale*, laurea che avrebbe conseguito a Parigi, come si dirà in seguito, corrispondente alla *patologia clinica* o *biologia clinico-medica* in Italia). Prima di Biondi compare invece solo la laurea in Giurisprudenza: nel 1963 Vittorio Beonio-Brocchieri scrive che è «laureato in giurisprudenza nell'Ateneo torinese» (vol. IV, p. 323) e Pitigrilli, su *La Razón* del 21/05/1952 dice che «l'agiatezza della sua famiglia gli permise di addottorarsi in legge» (vol. IV, p. 113). Nicola Riccardi invece, nel 1966, scrive che Rol è «dottore commercialista attivo» (vol. V, p. 155), ciò che come ho già scritto non è preciso, ma che comunque mostra di implicare il diploma in economia e commercio. In uno scritto che dovrebbe essere del 1943 Rol commenta: «Il caro vita è tale che occorre un vero patrimonio per tirare avanti un po' decentemente. Per fortuna la mia attività antiquaria mi consente di non mutare tenore di vita. Non avrei mai pensato che il possedere due lauree, parlar quattro lingue, suonare discretamente il violino, dipingere con facilità, non avrei mai creduto che con tutto questo bagaglio di cognizioni sarei stato costretto, come lo sono, a tener bottega! Un negoziante!!!»» (Rol, G.A., *Diario di un capitano degli Alpini*, a cura di C. Ferrari, Musumeci Editore, Quart (Aosta), 2003, p. 52). Nel 1943 Rol afferma quindi di avere due lauree, quale sia la seconda non lo specifica. Silvana De Virgiliis, che lo conobbe nel 1965 o 1966 e lo frequentò fino al 1971, mi aveva confermato la laurea in biologia, un titolo che, mi disse, Rol faceva notare spesso, così come mi ha confermati anche gli studi di economia a Londra (non una laurea, ma un probabile diploma, come detto da Biondi). Al momento non è però pervenuto ancora alcun documento che dimostri questi titoli e in quale istituto esattamente siano stati ottenuti (ho a suo tempo fatto ricerche alla Sorbonne di Parigi, senza esito) mentre della laurea in Giurisrudenza a Torino (1933) ho pubblicato la Tesi nel 2012, nel vol. I/II e ho fatto considerazioni sui suoi esami nell'articolo del 2021 che ho scritto per la rivista *Mistero*. Prendendo spunto da questa nota, approfitto per pubblicare per la prima volta, nell'appendice III (p. 418) un quadro riassuntivo degli esami e immagini dal registro universitario.

[8] Una delle caratteristiche che fanno di Rol un Maestro completo.

Ma, in questo difficilissimo e delicatissimo campo, lo stesso avv. Rappelli ha esposto un fenomeno che riteniamo unico al mondo e che poteva insorgere soltanto grazie alle straordinarie facoltà chiaroveggenti e telecinetiche del dottor Rol.

"... Più volte è intervenuto in sala parto: il prof. *Quaini*[9], di Torino, è un suo caro amico che molte volte gli ha chiesto di intervenire. I medici ne potranno chiedere conferma al prof. *Quaini*. Si è verificato che *con un semplice gesto a distanza, il dottor Rol riusciva a far rotare nell'utero della partoriente, il neonato, in modo che la presentazione fosse tale da favorire il parto*".

Sarebbe stato desiderabile che l'avv. Rappelli, dando il meritato rilievo a questo fenomeno, avesse fornito i più ampi particolari clinici, non per necessità di avvalorarlo, ma per precisarne lo svolgimento[10]. Tuttavia anche dal sintetico accenno che ne ha dato appaiono evidenti fattori di eccezionalità che solo un esperto ginecologo potrà valutare[11].

E come rinunziare a indicare la forma più alta, la suprema facoltà chiaroveggente del dottor Rol? Quella chiaroveggenza nel futuro individuale, e, assai più rara, nel futuro collettivo, che gli consente precognizioni ineccepibilmente verificate? Daremo solo due esempi,

---

[9] Comin, o chi ha redatto il testo per la pubblicazione, aveva scritto «Poini» ma si tratta di un errore. L'ho sostituito direttamente per evitare che venga riprodotto così. Nell'articolo del 1970 lo aveva scritto giusto (vol. V, p. 306).

[10] Concordo. Io comunque ho provato a chiedere dettagli a Rappelli nel 2022 ma i suoi ricordi non si spingono oltre alla citazione in questione. Troppo tempo è passato. Però sul dibattito di Milano ha aggiunto: «Mi ricordo che Gustavo era stato contento del mio intervento e la sera stessa avevamo avuto un dipinto di Ravier».

[11] C'è un altro episodio che si potrebbe collegare a questo: «Ogni tanto [Rol] cercava di dare conforto anche alle numerose prostitute che bazzicavano sotto casa sua. Le salutava, faceva loro un sorriso, oppure si fermava a parlare. Alcune si sono rivolte a lui per abortire, e mi risulta con assoluta certezza che con la sola forza del pensiero Rol abbia raggiunto l'obiettivo» (Ternavasio, M., *Gustavo Rol. Esperimenti e testimonianze*, L'Età dell'Acquario, Torino, 2003, p. 153). La testimonianza è di "R.S." e avrei molto voluto conoscere il nominativo completo del o della testimone per chiedere maggiori dettagli, considerato che si tratta di un tema delicato. Chiesi quindi a Ternavasio, che mi disse di non avere più i riferimenti e di non ricordare chi fosse il testimone. La cosa è piuttosto fastidiosa ed è una delle ragioni per cui più di una volta ho dovuto criticare i libri su Rol di questo giornalista. In un mio commento in rete ho comunque specificato: «La testimonianza la ritengo attendibile per quanto concerne la possibilità di agire sul feto, il problema è il contesto e se si trattò di una sola volta o di più volte, con chi e perché. Quale che sia la risposta, non posso non ricordare che un *Illuminato* agisce al di là del giudizio delle persone comuni, avendo piena consapevolezza di ciò che fa e assumendosene tutte le conseguenze e responsabilità».

chiaramente significativi. Pitigrilli, che scrisse il suo libro nel 1954[12], dice: "Il dottor Gustavo Rol aveva intimato un anno fa [*nel 1949*] a un giovane italiano, figlio di un industriale e di una celebre attrice, di non partire da Cannes, sul suo aeroplano personale, per recarsi a Venezia, dove era atteso. Il giovane partì e l'apparecchio si sfracellò"[13].
Il fatto è purtroppo noto: la vittima era il figlio del Conte Cini e di Lyda Borelli, e perì in una sciagura aviatoria sul suo apparecchio.
Possiamo cercare di renderci conto, pur non essendone affatto certi, di questa precognizione attraverso il rapporto psichico che esisteva fra il dottor Rol ed il giovane Cini. Ma nessun rapporto psichico può intervenire a facilitarci la comprensione di questa vera e propria "profezia" di cui Talamonti è testimone e narratore: egli si trovava in un pomeriggio di settembre, in casa del dottor Rol, e scrive: "L'orizzonte internazionale era relativamente calmo: non vi era nulla, comunque, che potesse far presagire qualche riacutizzazione improvvisa dei cronici antagonismi latenti in questo mondo senza pace. Il mio ospite portò improvvisamente il discorso *sui reali pericoli di guerra che si sarebbero delineati di lì a un mese,* e che avrebbero condotto il mondo sull'orlo della catastrofe. Manifestai il mio scetticismo; ma l'altro, con voce *realmente angosciata,* insistette: – *Si ricordi: tra un mese preciso, e si tratterà di Cuba!* – Un mese dopo, il mondo intero restò col fiato sospeso, per l'ultimatum improvviso di Kennedy a Kruscev: qualcosa che sorprese tutti, a cominciare dai sovietici"[14]. "Un mese", "Cuba", due elementi che rendono

---

[12] Ma riproducendo articoli, trasformati in capitoli, degli anni dal 1950 al 1953. Dettaglio da tener presente quando nella citazione, poco dopo, si dice «un anno fa», che non è il 1953, ma il 1949, perché il capitolo da cui è tratta è stato scritto l'11/11/1950.
[13] *Gusto per il mistero,* p. 177. Pitigrilli aveva anche aggiunto: «Tutti i giornali hanno documentato, per mezzo di testimoni, l'autenticità della profezia».
[14] Talamonti poi aggiungeva: «È stata una semplice coincidenza? Si potrebbe anche supporlo, se non si avessero prove certissime delle doti chiaroveggenti dell'uomo» (1-IX-1). Quanto al «rapporto psichico», in realtà Rol aveva percepito l'incombente incidente aereo di Cini prima ancora di fare la sua conoscenza. Yolande Sella aveva raccontato a me e a Nicolò Bongiorno, al quale la presentai: «Stavamo attraversando la hall dell'albergo con mio padre e il signor Rol, parlando del più e del meno, e poi di colpo il signor Rol si è fermato, all'improvviso, e ha detto: "Je sens le brulè ici, mais je sens le brulè, un brulè terrible!" [«*Sento il bruciato qui, ma io sento il bruciato, un bruciato terribile!*"]. Guarda a destra, non c'era nessuno, e a sinistra c'era una coppia seduta, si avvicina a questa coppia e sente ancora di più questa sensazione di 'bruciato'. Allora domanda a mio padre: "Chi sono quelle persone?". Erano Merle Oberon con il conte Cini. "Ascoltate, presentatemele perché è necessario che io gli parli". E allora si è seduto con loro e ha cominciato a dirgli: "Sapete, ho una cattiva impressione, di qualche cosa che vi può capitare... Sento il bruciato... Che cosa farete in questi giorni?". Allora il conte Cini disse: "Domani io prendo il mio

innegabile la sostanzialità della precognizione. Anche senza tener conto dei "reali pericoli di guerra" preannunciati.

Nel caso del "parto", esposto poco sopra, abbiamo veduto agire in pari tempo due facoltà, la chiaroveggente e la telecinetica: quest'ultima si manifesta in veri e incredibili modi nell'attività paranormale del dottor Rol. Ma una delle forme più frequenti che assume, oltre agli esperimenti con le carte, è quella della scrittura diretta che, nella fenomenologia paranormale, è una delle manifestazioni più importanti della medianità. La facoltà PK e la facoltà chiaroveggente si allineano indissolubilmente in questo eccezionale episodio narrato da Pitigrilli e da lui personalmente testimoniato: "Pranzavamo a Roma, in una trattoria caratteristica col mio amico Gustavo Rol; a un tavolo accanto al nostro era seduto un colonnello d'artiglieria. Quando volsi lo sguardo verso l'ufficiale, questi mi disse: – Non mi riconosci? Eravamo compagni di ginnasio. Io sono Quarra. Prima che avessi il tempo di rispondere all'ufficiale, Gustavo Rol mi prese la mano che stavo avanzando per salutare, e sollevò una pagnotta. Sulla tovaglia era scritta a lapis la parola 'Quarra'".

Dunque le facoltà del grande sensitivo hanno permesso alla scrittura diretta di attraversare un tavolo, oppure una pagnotta, per imprimersi sulla tovaglia. Fanno di più: entrano a scrivere dentro scatole chiuse. Ed è ancora Pitigrilli ad affermarlo:

"Una sera, nello studio dell'avvocatessa Lina Furlan, invitò il professor Marco Treves, docente d'università e direttore del manicomio di Torino. – In questa scatola – disse – io pongo un foglio di carta piegata in quattro e un pezzo di grafite di lapis (mostrò, la carta bianca e la grafite). Chiudo la scatola. Tutti voi appoggiate le vostre mani. E ora, lei, professore, mi dica una frase qualunque. Il professore disse un verso di Dante: 'Amor che a nullo amato amar perdona'. Sollevate le mani, aprite la scatola, leggete. Sul foglio era scritto il verso di Dante".

Ci sia permesso soffermarci un attimo per sgombrare il terreno da una facile obiezione. Pitigrilli è un celebre scrittore e, come tale, potrebbe essere accusato di abbandonarsi alla fantasia. Ma il libro in cui questi episodi sono esposti è uscito nel 1954, ed egli cita nomi e cognomi dei testimoni degli episodi. E inoltre vi è un testimone attendibilissimo, della cui onorabilità siamo tutti più che sicuri, ed è il dottor Rol. Se Pitigrilli si fosse sognato (ma non è nel suo carattere) di inventare invece di esporre fatti accertati, il primo a non ammettere deformazioni della verità sarebbe

---

aereo per andare a Venezia per un consiglio di amministrazione. Parto la mattina e ritorno la sera, porto con me il signor Sella e Merle". "Ah!...non ci andate, non ci andate! Sento qualcosa che non va affatto bene, e poi questo bruciato è inquietante, non voglio che voi partiate!"» (vol. II, p. 662).

Ciò mostra una analogia con l'episodio di Cuba: in un caso il «rapporto» è con un solo individuo e la *sfera psichica* intorno a lui, nell'altro è con molti individui – di fatto, il mondo intero – e una sfera psichica molto più estesa.

stato lui stesso, che, tuttavia, non ha mai rinnegato quello che Pitigrilli ha scritto[15].

Anche il dottor Pericle Assennato, che ha seguito le esperienze di Roma, in una casa aristocratica, nel 1967, ci dice: "...avvenne che una presente, prescelta con un gioco casuale da più presenti e invitata da Rol, reperisse con sorpresa *scritto* su una precisa carta del mazzo il nome del proprio genitore di recente defunto". Da me interrogato, il dottor Assennato ha potuto confermarmi che la calligrafia della parola venne riconosciuta dall'interessata come *identica* a quella del padre defunto.

E un altro episodio ci fornirebbe elementi per interpretare tale fatto, se, in proposito non esistessero ipotesi (o, forse, soltanto congetture) scientificamente note e che ci porterebbero ad una lunga ed inutile discussione.

Una seduta a casa del dottor Rol ebbe luogo la sera del ~~30 maggio~~ 1970, ossia la sera precedente il dibattito della ~~32~~ª riunione dell'AISM[16]. Dal sunto del dibattito ("Metapsichica", 1-11, 1970) riassumiamo l'esposizione di un duplice fenomeno fatta dal prof. Zeglio e confermata dal comandante Riccardi, e dall'avv. Rappelli, presenti anche loro. Fra un alto prelato e il dottor Rol era sorta una divergenza di opinioni circa il significato della "Resurrezione" nel giorno del Giudizio. Il dottor Rol volle avere in proposito la risposta di quello che egli chiama "lo spirito intelligente" (pazienza: ne parleremo). Preso un mazzo di carte accuratamente mescolate, viene collocato in un punto dove nessuno potesse raggiungerlo. Da un mazzo omologo viene estratta una carta qualsiasi, un quattro di cuori, che Rol pone innanzi a sè. Si fa qualche secondo di buio, poi giunge l'ordine: "Fatto, ... accendete!". Sulla carta posta davanti al dottor Rol non vi era nulla, ma nel mazzo tenuto lontano, sulla carta "quattro di cuori" è scritto: "fusione delle due", ossia, fusione delle tesi contrastanti. Il dottor Rol dichiara, e noi sottolineiamo, che quella era *la sua calligrafia*. Subito dopo si decide un secondo esperimento di controllo, che verte su un altro dettaglio interpretativo della resurrezione. Si pone un altro quattro di cuori "nel contesto di un

---

[15] Le centinaia di testimonianze aggiuntesi in più, mezzo secolo dopo, confermano e rafforzano queste considerazioni di Comin, che ne avrebbe constatato le concordanze e l'oggettività, ciò che non supporta minimamente l'ipotesi della "invenzione" o "fantasia". Tale ipotesi è stata poi fatta in anni recenti – ed è come sparare sulla Croce Rossa – soprattutto nei confronti della testimonianza di Fellini, che però ho già mostrato essere inconsistente, non ravvisandosi negli episodi da lui riferiti sostanziali differenze con quelli raccontati dagli altri testimoni, per cui a meno di non essere di fronte a una schiera di "inventori", inclusi professionisti razionali e persino scettici, non vi possono essere dubbi sulla oggettività di questi fenomeni. Agli scettici l'onere di dimostrare l'ipotesi degli "inventori collettivi"…

[16] Ho sbarrato la data perché è sbagliata. La seduta avvenne sì la sera prima, ma della 31ª riunione (31 gennaio 1970) non della 32ª (si veda il vol. V, p. 280).

mazzo eterogeneo" e si sistema il tutto "nella tasca interna della giacca del citato sacerdote". Buio. Poi, ordine; "Fatto! Andiamo a cercare". Risultato? Si estrae la carta estranea al mazzo che risulta intatta. Ma, "si è cercato allora il quattro di cuori appartenente al mazzo ed in questa carta è apparsa scritta la seconda risposta, a matita: 'I corpi riprendono le sembianze' ...".

A questo punto, intervento del comandante Riccardi: "... aggiungerò che al primo vedere la carta tirata fuori dal mazzo che era nella tasca del sacerdote tutti hanno detto: 'È la scrittura di un inconscio qualsiasi'. Il reverendo si è però ostinato ad esaminarla e ha detto: 'Un momento: guardate, scrivo io ora quello che c'è scritto sulla carta. Ecco, ora che ho scritto 'I corpi riprendono le sembianze come quando erano viventi', secondo me, è la mia calligrafia'. Certo c'erano una decina di parole scritte due volte e un confronto era possibile".

Identificazione calligrafica facile ed immediata di due persone presenti; non occorrono perizie, esami approfonditi, acute analisi: sono gli stessi autori delle frasi a riconoscere la loro calligrafia. Non vogliamo trarre da questo episodio le illazioni, alcune positive, altre negative, che ne potrebbero risultare. Sarà il lettore a trarle secondo il suo convincimento. Ma un esempio, che chiameremo "maggiore", di esplicazione di poteri telecinetici, è narrato da Talamonti, che ne ha ricevuto il racconto da Federico Fellini. Citiamo con pignoleria, perchè ne vale la pena: "Universo Proibito", prima edizione, pag. 370.

"Il regista stava passeggiando con il dottor Rol nel parco del Valentino, quando il suo occhio inquadrò una delle tipiche scene dell'ambiente: un bimbetto di pochi mesi addormentato pacificamente nel suo carrozzino, e la bambinaia che sonnecchiava anche lei sulla panchina accanto. Ad un tratto, un grosso calabrone ronzante si avvicinò alla culla, e Fellini temette che l'insetto potesse pungere il bambino. Dato che la donna seguitava a dormire placidamente, stava per muoversi lui stesso, quando il dottor Rol lo precedette con un'iniziativa imprevedibile: alzò la mano in un gesto imperioso verso l'importuno calabrone, e questi cadde fulminato". Talamonti riporta i commenti di Fellini, dai quali citiamo queste parole conclusive: "Siamo degli idolatri della scienza, dei prigionieri della dea Ragione. Tutto ciò ci ha fatto dimenticare l'esistenza di facoltà che stanno al di sopra della stessa ragione".

Con questo fenomeno, siamo entrati in un campo in cui ci spaventa seriamente l'idea di affidarci con acquiescente accettazione alle facoltà puramente umane, ossia rigorosamente animistiche, del dottor Rol. Sentiamo che vi è in lui qualcosa che supera tali facoltà, e sfocia in una dimensione estranea a quella dell'uomo[17]. E non voglio riferirmi,

---

[17] Quella della *coscienza sublime*, in diretto contatto con il Tutto («Io e il Padre siamo una cosa sola / uno» (Gv 10, 30); «il Padre è in me e io nel Padre» (Gv 10, 38), ecc.) ciò che qualifica Rol come *Illuminato*.

s'intende, all'uomo comune. Capisco benissimo ciò che dice il prof. Di Simone, che Rol ha studiato con acutezza ed equilibrio, circa il non voler "fare qui discorsi di carattere vagamente iniziatico" ("Incontro con G.A. Rol") e sono pienamente propenso ad associarmi ad una sua confessione: "... debbo confessare che nelle mie riflessioni sul caso (e non vi sembri strano!), ho anche pensato molto a rituali magici, ma solo per sgombrare il terreno delle ipotesi da quelle che non reggono ad una critica razionale". Sebbene io diffidi decisamente, in questa materia, dalla critica *razionale*. Ma sono anche d'accordo con Fellini che, nei citati commenti, dichiara: "Bisogna pur decidersi una buona volta a rendere testimonianza agli aspetti inconsueti della realtà". Dunque proseguiamo, volutamente dimenticando, in senso lato, che esistano iniziazione e magia, e limitandoci agli "aspetti inconsueti". Inconsueti certamente, seppure inquadrati dalla parapsicologia con una definizione di "esperienze chiaroveggenti postcognitive e precognitive", sono quelli che Rol chiama i "viaggi nel passato" e i "viaggi nel futuro". Ed ascoltiamo ancora l'avv. Rappelli, cui il dottor Rol ha più volte trasmesso i suoi poteri, come li ha trasmessi, parzialmente e momentaneamente, allo stesso Pitigrilli e a Di Simone[18], e come la Paladino li trasmetteva nientemeno che ad Enrico Morselli o a Charles Richet. Gnocchi, per affermazione dell'avv. Occhipinti nel dibattito stesso, li sapeva trasmettere ai suoi seguaci, e Home ai suoi[19].

Così è l'avv. Rappelli il tramite di questo episodio: "Una sera è venuta a casa nostra una ragazza che abita a Parigi e che ha i nonni belgi, sulla frontiera franco-belga. Si è parlato del "viaggio", e le abbiamo spiegato di cosa si trattava. Lei ha detto: non è possibile, mi rifiuto di credere ...". Il dottor Rol la invita a provare e le chiede di pensare a qualche luogo che l'avv. Rappelli non possa conoscere. "Rispose: prendiamo la casa dei miei nonni a Tournaix, e me la descriva come era nel 1850 ... e abbiamo iniziato l'esperimento. Io mi sono trasferito a Tournaix, ho individuato la casa... e ho cominciato a descriverla. La descrizione della parte esterna è stata assolutamente esatta, con la sola differenza che ho descritto il tetto in

---

[18] *Possibilità* facente parte della classe che ho chiamato *Trasferimento di coscienza*.

[19] D.D. Home, certamente uno dei casi più interessanti del XIX secolo, poteva per esempio trasferire ad altri la *possibilità* di non bruciarsi, ovvero dell'*incombustibilità*. Giova sottolineare che se alcune delle *possibilità* di Rol (o di altri *Illuminati*) si ritrovano talvolta ora in questo ora in quel "sensitivo", medium o mago, ciò è perché qualcosa è sempre possibile, oltre i sensi, quando ci sia un'alterazione dello stato di coscienza. Ma questi stati sono però più o meno psicopatologici, e non presuppongono, in se stessi, nessuna elevazione spirituale né tantomeno, in chi li esprime, una qualche forma di conoscenza o saggezza di livello superiore. La *coscienza sublime*, invece, li sovrasta tutti, è l'Everest dell'elevazione spirituale al confronto della quale gli altri stati non sono che collinette.

lastre di ardesia, mentre oggi ha il tetto di tegole rosse. Poi sono entrato nella casa e ne ho descritto gli ambienti, mobili e soprammobili, e – particolare interessante – ho descritto dei soprammobili che oggi non ci sono più, ma che la ragazza ricorda di avere visto da bambina, in soffitta, in un baule.".

Interessante veramente il particolare dei soprammobili che erano in un baule nella soffitta: non possono essere effetto di informazione telepatica percepita nella mente della ragazza poiché il sensitivo li ha veduti, a quanto ci sembra di capire dal racconto, nel posto che occupavano più di un secolo prima. Anche il tetto che fu di ardesia ed oggi è in tegole potrebbe appartenere allo stesso ordine di visione post-cognitiva indotta dal dottor Rol nel suo amico, il quale accenna anche ad un altro episodio: "In altra occasione di viaggio nel passato, mia moglie è stata proiettata alla corte del re dei Sumeri (4.000 anni avanti Cristo), ha visto il proprio spirito intelligente e ha descritto come era abbigliata: una tunica, braccialetti, varie cose"[20]. Esposizione troppo sommaria per trarne elementi concreti.

Intanto, però, è riapparso lo "spirito intelligente", ed è ora che se ne faccia cenno, non con parole nostre ma con frasi estratte da ciò che ha detto l'avvocato nel corso del dibattito.

"Ogni oggetto, ogni cosa ha sempre una storia in rapporto alla propria funzione. Prendiamo un bicchiere: anche dopo che sarà andato in frantumi e distrutto, la funzione che detto bicchiere esercitò è un fatto storico che permane? La funzione è, in fondo, l'essere stesso del soggetto e noi possiamo, a tutto questo, attribuire una denominazione di "*spirito*" con accezione equivalente a funzione, ed a esistenza. Quando poi si passa dalle cose inanimate e dagli animali all'uomo si può, necessariamente, introdurre un altro attributo e prendere così a considerare lo "*spirito intelligente*" dell'uomo. Per noi, lo "spirito intelligente" non è l'anima – soffio divino che alla morte si libera dal corpo e torna a Dio – ma quel

---

[20] Sia questo episodio che il precedente non sono riprodotti nella versione ridotta del dibattito pubblicato su *Metapsichica*, quindi Comin l'aveva tratta da quella estesa andata persa. Quello di Tournai in parte era stato riferito anche su *Grazia* nel 1972 (*supra*, p. 79). Quanto allo *spirito intelligente* visto da Giuliana Ferreri, all'epoca moglie di Rappelli, la cosa è quantomeno singolare, forse riferita in modo impreciso. Infatti, essendo lei che stava "viaggiando", era anche lei che, percependosi *in carne ed ossa* (come hanno riferito anche altri *viaggiatori*) si era ritrovata alla corte del re dei Sumeri. Non credo che, guardandosi, si sia percepita come uno *spirito intelligente*, che equivale a dire come un *fantasma*. Che poi il viaggio sia stato possibile *grazie al suo spirito intelligente* è altra questione. E va detto che esso non depone affatto a favore, come qualcuno potrebbe pensare, della *teoria* della reincarnazione. Basterebbe prendere a confronto, tra gli altri, l'episodio vissuto da Giovanna Demeglio trasportata con Rol istantaneamente a Parigi (1-XXIV-9), per suggerire una spiegazione diversa.

"qualcosa" di particolare, come detto sopra, che rimane sulla Terra a prova e riprova dell'esistenza e dell'inconsumabilità di Dio.
Lo "spirito intelligente", complesso di funzioni e di pensiero, rimane quasi come la fotocopia, la scheda segnaletica personale di ogni individuo". Riprende, poi: "Gli "spiriti intelligenti" sono in grado di memorizzare la vita che hanno vissuto, densa quindi di avvenimenti e di fenomeni, sia in proprio, sia per trascendenza, costituendo così una catena ininterrotta che giunge fino a noi"[21].
Notiamo di passaggio, sebbene tale non sia certo nell'opinione del dottor Rol, che questa teoria, ove fosse accettata, fornirebbe una base, se non concreta almeno ipotetica, allo spiritismo, e forse anche al più deteriore[22].
Superfluo avvertire come da questa teoria derivi anche, come logica conseguenza, la possibilità dei "viaggi nel passato", in quanto "ogni nostro antenato ha lasciato sulla terra il proprio "spirito intelligente", e non è da stupirsi se – nella nostra scala biogenetica – si può trovare un antico gradino che ci sia particolarmente affine". Stadio che il dottor Rol definisce: "*cellula biologica trascendentale prevalente*"[23].
Per quanto riguarda, poi, i viaggi "nel futuro", il dottor Rol "si avvale di questa formula: 'Il futuro altro non è che la conseguenza logica del passato attraverso il presente'". Il Comandante Riccardi, estensore del dibattito, nota: "Ho udito Rol affermare più volte: 'noi siamo ciò che fummo e ciò che saremo'", mettendo in rilievo la bellezza dell'idea. Ma di questi viaggi nel futuro, l'avv. Rappelli ci fornisce un solo esempio e, purtroppo, molto riassuntivo: "Una volta abbiamo deciso di fare un viaggio nel futuro, in zona Piazza Castello a Torino, nel 2100. Io ho descritto la via Roma di Torino, dandone una descrizione abbastanza particolareggiata. Lo stesso esperimento è stato fatto in altra casa, me assente. Il soggetto ha descritto lo stesso luogo nell'identico modo in cui l'ho descritto io"[24]. Mi è stato detto, da persona al corrente dell'episodio, che i due sensitivi avevano percepito soltanto spaventose distruzioni. Mi auguro di gran cuore che l'informazione sia falsa. Mi induce a sperarlo il fatto che l'avv. Rappelli, riferendosi a quello che mi sembra essere lo

---

[21] Formulazione più chiara, che esclude *de facto* la *teoria* della reincarnazione, non poteva essere fornita...

[22] Qui Comin non ha elementi sufficienti per inquadrare che cosa esattamente Rol intenda per *spirito intelligente*, né conosce le sue affermazioni contro la *teoria* spiritica. Ché se le conoscesse, darebbe un giudizio diverso. Rimando in generale a *Il simbolismo di Rol*.

[23] Ho fatto una analisi preliminare su questa nozione nel 2008, ne *Il simbolismo di Rol* (p. 230 nella 3ª ed.). È qui che potrebbe assumere un senso la dichiarata «laurea in biologia medica» di Rol, vera o "allusiva" che sia.

[24] Questo episodio è stato omesso dalla versione di *Metapsichica* e mi chiedo francamente per quale ragione, vista la sua importanza. Anche Di Simone non lo riporta in *IP 1/1970*, dove aveva fatto citazioni da Rappelli.

stesso episodio, non ne fa il minimo cenno. Parla, invece, di un'altra caratteristica del fenomeno[25].

"Una volta eravamo in casa mia, e mia moglie era seduta vicino a me: erano i primi esperimenti di 'viaggio' e mia moglie aveva una certa apprensione che questo mi potesse nuocere e mi dava una mano. Avevamo pensato di trasferirci a Torino nel duemila e cento – l'anno esatto non lo ricordo più. Quando il dottor Rol ha cominciato l'enumerazione degli anni, progressivamente avvicinandosi alla data, ho sentito che la mano di mia moglie mi dava un certo senso di fastidio, ed ho cercato di liberarmene. Essa, si vede inconsciamente, alla mia stretta ha risposto con una stretta ed ha tardato a lasciarmi andare. Cosa è successo? ... Mentre il dottor Rol, il quale segue evidentemente l'esperimento poiché anche lui si trasporta con lo spirito intelligente del soggetto nell'anno determinato, ci è arrivato; io sono rimasto 50 anni indietro. Per cui è successo che – dovendo descrivere un determinato luogo – mi ha domandato: Che cosa vedi? Io ho detto: C'è la neve. Lui mi ha risposto: Ma neanche per sogno! Dopo ci siamo spiegati il motivo di questa discordanza".

Da qui, sono io a sottolineare: *"In quel momento, quando cercavo di staccarmi, si è sentito nella stanza uno scalpiccio di passi: era il mio spirito intelligente che cercava di liberarsi e non ci riusciva, poichè era trattenuto"*.

Se ne dovrebbe dedurre che lo spirito intelligente possiede anche una certa concretezza (o, come dice l'avv. Rappelli, "si può anche materializzare"), qualità che molti fra i maggiori studiosi, fin dall'antichità, attribuiscono al "doppio". Si veda l'importante monografia di G. Mead su "La dottrina del corpo sottile". E questo, in linea puramente ipotetica, darebbe ragione della recentissima affermazione del prof. Nils Olaf Jacobson che, in un libro presentato a Düsseldorf nello scorso dicembre[26], affermava di aver *pesato l'anima,* trovando un valore di 21 grammi (!).

Problemi, problemi di ogni genere posti dalla vastissima latitudine della fenomenologia che si manifesta attraverso le superiori facoltà del dottor Rol. E non abbiamo ancora affrontato i più complessi, i più misteriosi che aprono spiragli su quell'inconoscibile che ci circonda e che ad ogni attimo bussa alla porta della nostra mente, forse incapace di intravedere la luce nel breve sprazzo di questi spiragli. Però, come scriveva il dottor Assennato in "Metapsichica": "Se ricorderemo che l'ignoto finchè è tale non può essere delimitato da confini noti, quindi né dalle nostre conoscenze, né dalla nostra logica, né dalla nostra coscienza di oggi, saremo più liberi per percepire il messaggio recatoci dal fenomeno

---

[25] Anche quanto segue, su *Metapsichica* non c'è.
[26] *Vita dopo la morte,* SugarCo, Milano, 1971, pubblicato lo stesso anno anche in altri Paesi. Presumo che Comin si stia riferendo a dicembre 1971 (il che dimostrebbe che sta scrivendo nel 1972).

paranormale". Ed è proprio questo messaggio che induce molti a rifiutare, o tutti o in parte, i fenomeni paranormali. Forse, indagando sulle profonde ragioni di questo rifiuto, ne troveremo la causa prima.

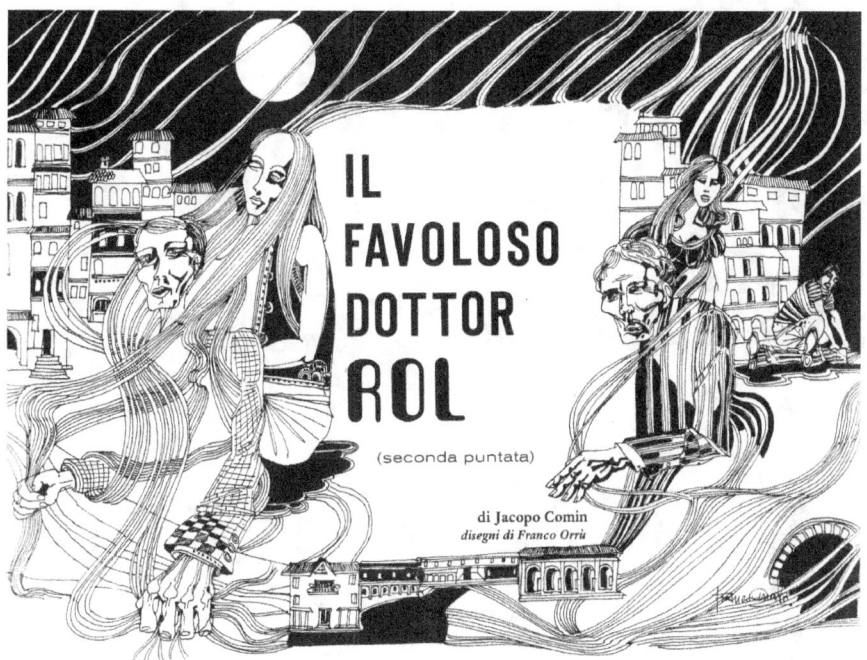

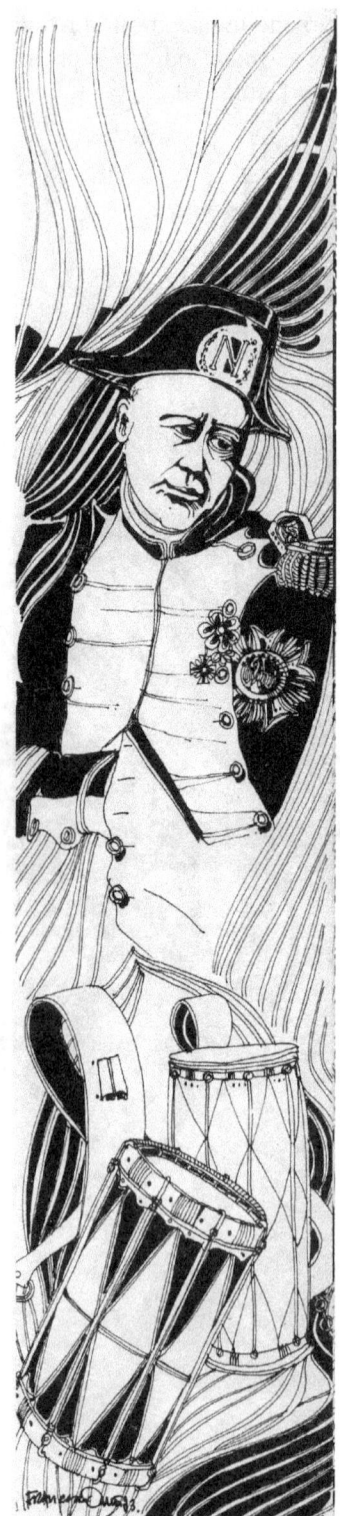
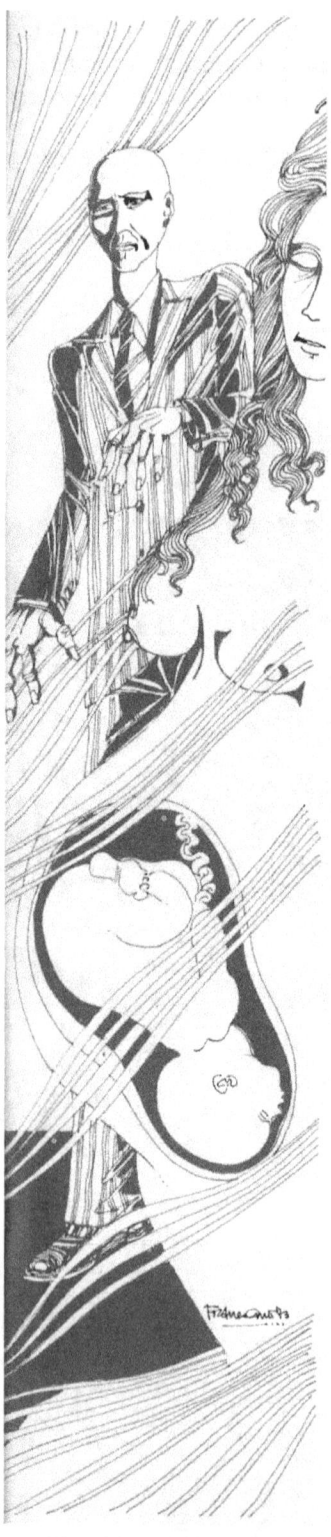

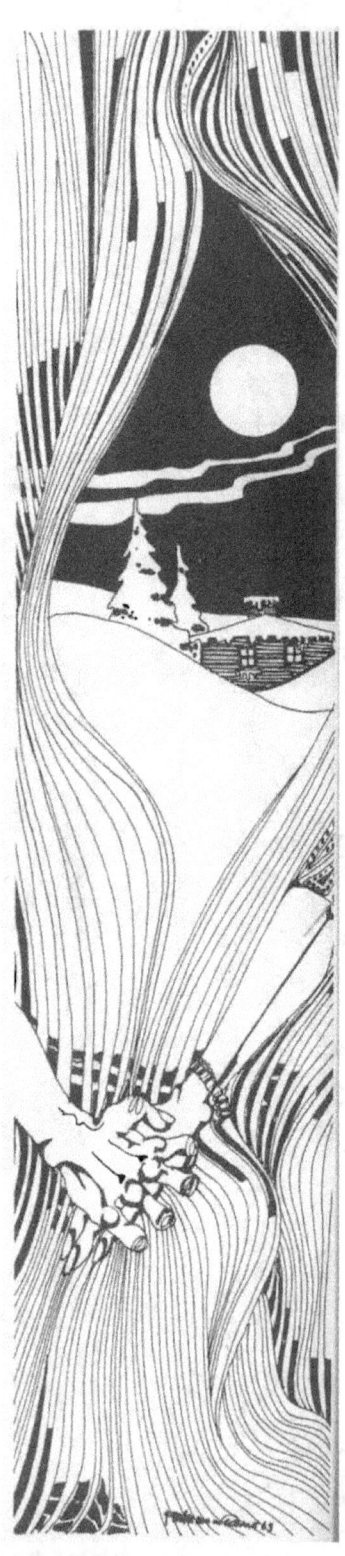

Il favoloso Dottor Rol
(III)

Ottobre/novembre 1973
(terza ed ultima puntata[1])

Tutti sanno che ci sono due casi nei quali un treno si ferma: una stazione o il campanello d'allarme. Il dottor Rol, sia pure eccezionalmente, ne ha messo in atto un terzo: la sua volontà, o forse soltanto più modestamente, il suo desiderio. Lo raccontano i dottori Inardi e Cassoli in quei "Quaderni" che vanno considerati, malgrado le scientifiche riserve degli autori, un repertorio di fenomeni rolliani.
"Ad un certo punto chiedemmo notizie a Rol del fatto raccontato dal giornalista Dino Biondi: del treno cioè che si era fermato … Rol prese la cosa un po' scherzosamente e disse che in effetti ad un tratto espresse il desiderio che il treno si fermasse a Migliarino (la stazione prima di Pisa, provenendo da Viareggio), così, per gioco, davanti agli amici.
Proprio in quel momento il treno si fermò e la causa dell'improvvisa fermata era una bandiera rossa piantata in mezzo ai binari, senza che se ne potesse spiegare la provenienza. Tolta la bandiera e fatti gli accertamenti del caso, il treno ripartì pochi minuti dopo".
Ma certo, s'intende: è un "caso". È così facile spiegarselo! Ma, sarà un caso anche quello che segue, raccontato dal fratello del Dr. B[ona], presente alla seduta?
"Poiché doveva tirare fuori da ogni mazzo una carta di un certo valore e seme (non ricordo più quale), fra il mio stupore e smarrimento vidi che le carte saltellavano da sole fuori dal mazzo, così (fa il gesto) una dietro l'altra e naturalmente si muovevano solo quelle ricercate e richieste e si disponevano come desiderato da Rol!!!".
Nessun commento da parte degli autori, né all'episodio del treno né a quello delle carte: ma io che ho il piacere di conoscerli entrambi, immagino con un sorriso divertito la incredulità scientifica che, nel più segreto ripostiglio del loro animo, sta litigando con il dubbio mefistofelico[2]. E ne sono lieto per loro, perché il dubbio è il più sottile pungolo del ricercatore avveduto che non accetti di affidarsi al fanatismo delle idee preconcette. Tanto più quando allo sguardo acuto e perspicace dell'investigatore si offrono *fatti* che danno al dubbio una vigoria quasi fisica. Come ad esempio quello che segue.

---

[1] Comin, J., *Il favoloso dottor Rol*, Scienza e Ignoto, Faenza Editrice, Faenza, anno II, n. 10/11, ott.-nov. 1973 (terza puntata), pp. 46-51.
[2] In Cassoli, in seguito, la quota «Mefistofele» finì per prevalere…

"Rol chiede un comune piatto da tavola. Fa scegliere un mazzo e capita che chi sceglie il mazzo, scelga appositamente uno dei nuovi (siamo all'inizio della serata), ancora incartato nel cellophane; il mazzo scartato, mischiato e tagliato, viene posto sotto il piatto rovesciato, in mezzo alla tavola. Viene scelta la carta testimone col sistema della traslazione del dito e ne esce il *quattro di picche.* Siamo tutti concordi – e Rol ci richiede di controllare – che il suo dito è fermo proprio sul quattro di picche. Alla Signora B.[ona] Rol chiede di cancellare eventualmente le picche che vuole, ponendo la punta delle dita sulle picche non desiderate. Vengono coperte due delle quattro picche. Rol chiede alla signora di chiudere gli occhi e di visualizzare il quattro, ma di colore verde, poi di visualizzare il due.

Fatto questo Rol prende una matita e la impugna come un pugnale con la grafite verso il dorso del piatto sotto il quale sta il mazzo di carte nuovo (che non è stato nel frattempo toccato da alcuno). Si protende in questo atteggiamento e fa ripetutamente l'atto di trafiggere qualcosa, visibilmente con grande sforzo, e mentre si concentra dice due volte testualmente "È duro ... è molto duro!". Fa poi togliere il piatto mentre si rilassa e fa cercare il due di picche. Proprio su uno di quei due semi vediamo *un foro frastagliato come se fosse stato trafitto da una punta smussa e vicino un segno di grafite,* come se, prima di forare, la punta della matita fosse scivolata un po'".

Avete notato quell'azione singolarissima che fa la matita usata da Rol come un pugnale? Passa attraverso la concreta materia del piatto senza, non diremo forarlo o romperlo, ma addirittura senza lasciarvi traccia. Lo stesso accade con tutte le carte che precedono quella di picche che è il bersaglio scelto. Non sappiamo, perché i due investigatori non ce ne hanno dato notizie, se le carte sottoposte al due di picche erano in qualche modo intaccate: riteniamo di no perché altrimenti essi l'avrebbero notato. Ma un "foro frastagliato" come prodotto da una "punta smussa", si dovrebbe avere, nell'ordine normale delle cose (e chi può avere la faccia tosta di parlare in questi episodi di "ordine normale"?), soltanto se la matita avesse continuato il suo tragitto attraverso la carta e, quindi, avesse agito anche sulle inferiori. Invece, nulla di questo. Però il "foro frastagliato" esiste, così concretamente che la carta, firmata da Rol, è stata lasciata in omaggio alla padrona di casa. E chi ci vorrà fare il segnalato favore di spiegarci in qualsiasi modo quel "segno di grafite" scivolato a fianco al loro?

Forse non siamo più nella quarta e nemmeno nella quinta dimensione, ma in quella X + 1, preconizzata da Fantappié[3].

---

[3] Luigi Fantappié (1901-1956), matematico e accademico, sulle cui importanti teorie avrò occasione di tornare. Intanto Talamonti lo menziona spesso in *Universo proibito*: «negli ultimi anni della sua vita egli si è dedicato al compito di ricercare e definire per via matematica tutte le categorie degli 'universi possibili',

Ed è in quella che può verificarsi un altro fenomeno testimoniato dal dott. Zeglio. Riassumiamolo per non ripeterci. Carta testimone due cinque di fiori, estratti da due persone diverse da due mazzi diversi, uno a dorso rosso e uno a dorso azzurro. Due piatti. Mazzo azzurro posto sul tavolo (di marmo spesso) e coperto da un piatto: su questo viene posto il mazzo rosso, coperto dal secondo piatto. Il dottor Zeglio riferisce:
"Il dott. Rol mette una mano sotto il tavolo... l'altra la pone sopra (il piatto superiore) *alla distanza di circa 20 centimetri* (sottolineo io) e si concentra fortemente con evidente tremolio delle mani. L'operazione dura una decina di secondi e *a metà di questa operazione tutti indistintamente sentono, come se il piatto si screpolasse, il netto rumore di una ceramica che si screpola...*"[4]
Il cinque di fiori del mazzo azzurro era passato attraverso le altre carte, attraverso il piatto che lo copriva, ed era andato a collocarsi sopra il mazzo rosso. E, mentre questo assurdo, incredibile, inammissibile fatto si era verificato, si era udito quel rumore: un *"clic"* come lo chiama con serena semplicità il comandante Riccardi. È ammirevole che a questo dannato "clic", che viene a sconvolgere tutte le ipotesi, più o meno vaghe, provvisorie ed insicure che si sono fatte, o si possono fare, per avviarsi ad un inquadramento mentale di questo straordinarissimo ordine di fenomeni, nessun parapsicologo abbia dato importanza! Udito da tutti, indistintamente, non può essere un'allucinazione uditiva. Ed è la prima volta (o, forse, l'unica) in cui un fenomeno che, per non cercare definizioni che superano la nostra capacità, chiameremo "psicocinetico" (ma non è *soltanto* tale) si manifesta con un rumore concreto ed avvertibile. Chi ci farà il segnalato favore di spiegarci in un qualsiasi modo, oltre al segno di grafite di cui sopra, anche questo modestissimo "clic", che appartiene forse allo stesso ordine di fenomeni? Aggiungiamo che se anche dovesse rientrare in quel trasferimento da una dimensione nostra a quella X + 1, che abbiamo ipotizzata con troppa sicumera, si collocherebbe con estrema probabilità nel campo di quegli ultrasuoni che il nostro orecchio non avverte. Ma tutti lo hanno udito!
Durante la preparazione di una seduta di "pittura al buio"... tutti i presenti, fra i quali il comandante Riccardi, avevano davanti un foglio di carta bianca. Ad un certo punto il dottor Rol si rivolge a Riccardi: "Mi dice di avvolgere il mio foglio di carta attorno alla matita e di porre il cilindretto a contatto con il mio petto, sotto gli indumenti. Eseguo ... e quando la cosa

---

secondo certe premesse geometriche che la teoria dei gruppi permette di stabilire per ogni tipo di realtà fisica, in dipendenza dei possibili 'gruppi di trasformazione' che caratterizzano ciascun universo. Non si tratta di pure e semplici astrazioni concettuali; tali universi potrebbero esistere e *forse esistono veramente;* sarebbero anzi inclusi l'uno dentro l'altro (...)» (p. 349, 1ª ed. 1966).
[4] Su *Metapsichica* il brano ha parole leggermente diverse e si parla di «15 cm» e non di «20», cfr. vol. V, p. 280.

viene a contatto con la pelle sto bene attento a vibrazioni, moti riscaldamenti, ignorando quali eventi dovranno seguire. Non percepisco proprio niente durante i pochi secondi di attesa...". Ripetiamo: Riccardi *sta bene attento, ma non percepisce proprio niente*. Proseguiamo: "Fatta la luce svolgo il gualcito foglio e con un po' di attenzione trovo scritto in piccoli caratteri a matita: 'Je suis ici avec vous F. Auguste Ravier'".

Il foglio era strettamente avvolto attorno alla matita, perciò lo scritto, per stendersi sul foglio, avrebbe dovuto attraversare diversi strati: ma non ha lasciato traccia che sulla facciata cui era destinato. Allora diremo per assurdo che il fenomeno si è prodotto *come se* il rotolino fosse stato tolto dal petto del relatore, poi steso, poi il messaggio scritto in piano, il foglio riavvolto e riportato al punto esatto in cui si trovava. E il relatore non ha percepito niente. Mi viene a mente l'episodio di un famoso scienziato (non ricordo più quale) che, in un laboratorio in cui era sospesa un'enorme calamita, volle porre il capo fra i due poli. "E allora – dice – accadde una cosa inverosimile: non percepii niente". Gli interrogativi si moltiplicano. "Cerchi mistici ci attorniano", diceva Kordon Veri, il noto sensitivo.

Ma non si verificano solo fatti che incidono sulla materia inanimata (o che noi giudichiamo tale): ne accadono anche certi che esercitano la loro azione su componenti non facilmente individuabili dello psichismo degli assistenti.

Sempre nella preparazione di quell'esperimento di "pittura al buio" che doveva dare origine a un quadro *dipinto* da François Auguste Ravier, il pittore francese defunto a Morestel, nel 1894, a 80 anni, gli astanti, con piena libertà di scelta, passano a fissare il soggetto del futuro quadro. In seguito alle proposte, Rol discute il tema.

"Il suo parlare non si arresta ed ora avvia un discorso che ci presenta come la traduzione in italiano di quanto lo spirito *(di Ravier)* sta comunicando a lui in francese. Sono pensieri pacati e profondi che lì per lì fanno grande impressione per il tono di saggia bontà, ma poi mi è risultato *(scrive ancora il comandante Riccardi)* che molto stranamente subito dopo sono stati dimenticati da tutti, come se non fossero stati espressi per mettere radici nei nostri intelletti".

Interessante, no?, questo *cancellare* delle idee dal pensiero di chi le ha ascoltate: è bastato passare la spugna di una decisione preconcetta. Una spugna mnemonica, o che altro? Trascurando il periodo della preparazione cui si è appena accennato, veniamo alla nascita del quadro. Ecco, limitando all'essenziale, come la espone il relatore:

"...Le chiamate o invocazioni a Auguste François Ravier in francese e in italiano vengono ripetute a lungo dal sensitivo ... Siamo anche stati invitati a riempire la nostra mente con il colore verde del tappeto ... Si sente Rol dichiarare che ritiene essere stato raggiunto l'effetto evocatorio, di cui l'ambiente è pronto a ricevere una prova tangibile ... Mi siedo a meno di

un metro di fronte a lui, alle spalle del cartone *(spiego che è quello su cui dovrà nascere il dipinto, e che è stato posto su una sedia a mo' di cavalletto)*, e faccio il buio nella sala. Si sente il sensitivo ansare mentre nomina ancora Ravier ... aggiunge richiesta di partecipazione spirituale dai presenti, insieme con una invocazione a Dio affinché i prossimi avvenimenti non portino nocumento a nessuno, né ora né in futuro... Ogni tanto, forse per servirsi correttamente di colore, chiedeva un po' di luce. Potevo allora osservare l'operatore e avevo l'impressione che fosse molto alterato nei lineamenti del volto ...".
Siamo ancora nella fase di "armonizzazione", di "sintonizzazione", con accompagnamento, richiesto dal sensitivo, di rumori di spiegazzamento dei fogli posti sul tavolo, davanti ai presenti.
"Silenzio invece s'è fatto quando si è rumorosamente allontanato dal cavalletto portandosi in fondo al salone. Con lo scambio di alcune frasi ci ha rassicurati che ora nessun vivente era presso il quadro. Breve pausa e poi, dal mio posto assai ravvicinato, ho seguito in piena lucidità la inconfondibile ripresa dell'impiego di pennelli e spatola lì vicino a me, in direzione della sedia-cavalletto, per una durata che ho giudicato di un centinaio di secondi. Il buio era ancora completo. Gli strumenti venivano adoperati vigorosamente e ricadevano con chiaro suono sul pavimento di legno, come lasciati cadere quando non servissero più. Era anche udibile il caratteristico strofinio dei pennelli sul cartone ... Rol... al cessare di ogni segno di operosità ha chiesto dal fondo la luce, si è avvicinato a grandi passi, indubbiamente trionfante, ha preso il quadro e l'ha quasi gettato sul tappeto al centro del salone... il lavoro è apparso subito di eccellente fattura, minuzioso e delicato, con magistrali effetti di luce insieme a un velo di nebbia diffuso sul paesaggio. Buona è stata giudicata l'aderenza al tema estemporaneo".
E questo lavoro, "minuzioso e delicato", era stato realizzato in circa cento secondi! Il tempo di fare un'istantanea! Chi volesse altri particolari legga l'accurata relazione in "Metapsichica" (1968, fasc. I-II, pag. 21 e successive)[5].
Un altro esperimento di pittura al buio (uno dei molti compiuti) è raccontato dall'avv. Rappelli: quattro giorni prima del dibattito[6], in casa sua. Rileviamo due particolari esposti dall'avvocato stesso.
"È avvenuto in uno stato di semi-penombra in cui... si riusciva a capire dove le persone fossero... si è sentita una voce, che era quella del dott. Rol piuttosto alterata, che ha cominciato a canticchiare una canzone francese, così come pare solesse fare Ravier durante il suo lavoro... dopo pochi istanti il dott. Rol si è spostato: l'ho visto perfettamente bene perché

---

[5] Vol. V, p. 212 e sgg..
[6] Quindi mercoledì 12 novembre 1969.

s'inquadrava delineato nelle fessure della finestra, mentre i pennelli continuavano a lavorare con ritmo rapidissimo ..."[7].

E a proposito di altro esperimento dello stesso fenomeno, l'avv. Rappelli afferma:

"...il dott. Rol si è alzato e (faccio notare un altro particolare) il dott. Rol è molto più alto in quel momento di quanto non sia normalmente (è alto 1,90[8], e in quel momento superava i 2 metri, perché Ravier ha una corporatura enorme)..."[9].

Aggiungerò che il comandante Riccardi scrive anche, nel citato articolo:

"...mi son ricordato che nella fase per lui più impegnativa avevo notato un ispessimento e rigonfiamento della testa, che per natura ha regolare e ben conformata. Mi è venuto naturale di chiedergli se Ravier possedeva per caso una testa grossa e se poteva mostrarmela in fotografia o ritratto. Nello sfogliare l'album ho trovato due ritratti del pittore lionese in età diversa. Quello più tardo, a parte un gran cespuglio di capelli intorno al capo che il vivo non ha, mi ha fatto esclamare spontaneamente: 'Ma questa è proprio la faccia che ho visto ieri sera china sulla tavolozza!'".

La faccia veduta da Riccardi, la voce e la corporatura indicate dall'avvocato Rappelli, sono dunque di Ravier. O si tratta di un caso di materializzazione indipendente dal sensitivo, o di un caso di vera e propria trasfigurazione[10]. Che rientrerebbe, poi, in una possessione medianica, o da considerarsi tale in via ipotetica, in quanto una "presunta entità" si "impossessa" del corpo del medium e delle sue facoltà mentali e viene a sostituirsi a lui impiegando la sua costituzione somatica[11]. Fenomeno dell'alto medianesimo concretamente provato. A *provarlo* fu il notissimo parapsicologo e psicanalista Nandor Fodor che, al Congresso di Oslo, del 1935, presentò un film, girato da lui stesso, sulle trasfigurazioni della celebre medium Mrs Bullock[12], film in cui il processo di modifica del volto della medium è seguito in continuità, senza nessun arresto di macchina. Ma il dubbio fra "trasfigurazione" e "materializzazione" permane, poiché il dottor Rol non volle risolverlo. Riccardi lo precisa:

---

[7] Brano non presente in *Metapsichica*.
[8] Per la precisione, 1,85, come riferisce Dino Biondi, al quale lo comunicò Rol stesso: «sono alto un metro e ottantacinque» (vol. V, p. 177).
[9] Non presente in *Metapsichica*.
[10] Ed è infatti nel cap. *Trasfigurazione* del primo volume che ho inserito questi ed altri episodi.
[11] Solo che, a differenza del medium, 1) da un punto di vista pratico, è l'*Illuminato* Rol a incorporare *volontariamente* la «presunta entità», e se ne serve, per fare un esempio moderno, come di un *esoscheletro* (dovremmo però forse dire: *endoscheletro*); 2) da un punto di vista teorico, non si tratta di un defunto – dal momento che i veri defunti non sono tra di noi – ma del suo *spirito intelligente*, la *scheda mnemonica* o il *file* di quel defunto, *software* inserito nell'*hardware* neuropsichico di Rol.
[12] Si veda il vol. V, p. 309.

"Sulla probabile trasfigurazione il sensitivo è stato piuttosto sommario: ha detto solo che la esigenza del buio non è condizione necessaria ma solo ripiego prudente, perché sa benissimo che si danno in questi casi varie materializzazioni e non vuol far correre alle brave persone della sua cerchia abituale i pericoli di contraccolpi psichici troppo violenti".
Abbiamo, così, da parte dello stesso dott. Rol, la conferma del prodursi, per il suo tramite, di fenomeni di materializzazione. Che, in qualche modo, si presentano in un fatto a andamento, diciamo "pseudo-spiritico", raccontato nel dibattito dall'avv. Rappelli[13].
"Una sera, spenta la luce, ci si apprestava a vedere se nella sala ci fossero spiriti intelligenti, quando abbiamo sentito come un rumore di campanellini. Siccome il dott. Rol è di una scrupolosità al disopra di ogni sospetto, ed esige sempre che ogni cosa sia verificata, perché non si potesse pensare che quel rumore fosse prodotto da oggetti in tasca a qualcuno dei presenti, fa accendere la luce: il rumore cessa. Rispegniamo la luce e il fenomeno sonoro ricomincia di nuovo e ricominciano le congetture. Pensiamo che sia qualcuno che porta una sciabola,... ma ci siamo sbagliati. Infatti appena spenta la luce, il dott. Rol ha intravisto lo spirito intelligente di una donna vestita da araba. Ci ha raccontato di essere una francese, una brettone, rapita da malvagi 150 anni fa, trasportata in Africa del Nord e venduta come schiava in un'oasi. Ha detto il suo nome, Juli. Ci ha dichiarato che una donna ebrea del luogo l'aveva aiutata a fuggire, ma che purtroppo il tentativo di fuga si era risolto infruttuosamente ... Aveva lasciato, vicino al pozzo dell'oasi, la croce che aveva al collo e un braccialetto che portava al braccio: adesso, per riconoscenza per l'aiuto avuto da questa donna ebrea, desiderava darne una dimostrazione d'affetto alla padrona di casa, anche essa israelita. Si è sentito di nuovo il rumore di sonagli; abbiamo accesa la luce e sul tavolo, di fronte alla signora Vittoria, c'era un magnifico braccialetto (crediamo che sia di platino o d'argento), inciso e sbalzato, con due pendagli di campanellini che, battendo, facevano il rumore che abbiamo sentito. La signora Vittoria può confermare che il braccialetto è tuttora in loro possesso, ed è conservato come cosa particolarmente cara"[14].
L'avv. Rappelli ha anche esposto un particolare, insufficiente si capisce quanto a valore d'identificazione, ma curioso.

---

[13] Tutto quanto segue non si trova su *Metapsichica*, fortunatamente Comin lo ha pubblicato.
[14] Su *Grazia* nel dicembre 1972 – dove viene raccontato lo stesso episodio (*supra*, p. 80) – viene invece detto che il braccialetto l'ha avuto in consegna un'altra signora, Gabriella Vitale. Vittoria potrebbe essere Vittoria Storero, condomina del palazzo dove viveva Rol, o Vittoria Perosino, ristoratrice, una delle quali doveva essere presente all'incontro. Considerando che la relazione di Rappelli in conferenza era più vicina ai fatti, prenderei per buona una di queste due Vittoria, piuttosto che G. Vitale.

"Una persona presente all'esperimento, pochi giorni dopo, è partita per l'Africa in viaggio turistico. Arriva a un'oasi e ne vede il nome: Ajuli[15], lo stesso della protagonista dell'esperimento. Chiede allora alla guida araba se questo è anche un nome arabo di donna, e la guida risponde: 'No, si tratta di nominativi che venivano dati in passato alle schiave: quando venivano trasportate in qualche oasi, se non avevano un nome arabo, ricevevano il nome dell'oasi stessa'. Questa è una conferma che si chiamava effettivamente Ajuli: la coincidenza sarebbe quanto mai significativa".

C'è anche una stranissima conferma del fatto "materializzazione".

"...lo spirito intelligente di Juli ne ha combinata un'altra. Nel momento in cui noi stavamo ammirando il braccialetto, abbiamo sentito un rumore nell'altra stanza dove avevamo lasciato sul tavolo alcuni pasticcini apprestati per la serata. Spegniamo la luce e chiediamo che cosa è successo; viene la risposta: 'J'ai picoté des fruits sur le chocolat'. Siamo andati a vedere e mancavano i canditi".

Uno spirito certo "intelligente", poiché ha saputo scegliersi il meglio! Ma perché fare il "rumore" per "picoter" (ossia, con traduzione approssimativa, "becchettare") dei canditi?. Ma torniamo un momento a Ravier. Nel suo articolo già citato, il prof. Di Simone scrive: "Postulare ... l'intervento dell'entità spirituale del Ravier (ma questa non è l'idea del Rol) mi sembra eccessivo ed in flagrante contrasto con il principio mai contraddetto della assoluta libertà di azione di qualsivoglia entità spirituale. In una parola: non è stato mai possibile *imporre* ad una entità spirituale l'estrinsecazione di un certo fenomeno"[16].

Opinione profondamente giustificata da una ventennale esperienza e, d'altronde, già espressa da insigni studiosi; primo fra tutti, Bozzano[17].

In una corrispondenza privata che abbiamo avuto circa la fenomenologia rolliana, mi scrive: "...non credo che sia possibile ammettere che un'entità continui a perdere il proprio tempo, a tanta distanza dalla morte, con cose che, giudicate sotto il profilo spirituale, sono veramente insignificanti!".

E anche qui non possiamo che essere d'accordo. Ma egli conclude con un'ultima ipotesi: a meno "che Ravier sia attualmente la 'guida' di Rol. In tal caso cadono le ragioni da me prima avanzate circa la illogicità di un suo attuale intervento sulla Terra. Naturalmente anche questa ipotesi non è semplice a chiarirsi, a verificarsi".

---

[15] Su *Grazia* il nome è Aiuni.
[16] Si veda vol. V, p. 365 nota 10.
[17] Come Di Simone, anche Comin e indirettamente Bozzano cadono in fallo a causa dei condizionamenti fenomenologici e teorici di spiritismo e medianità in genere. Il fatto che Rol *imponesse* invece agli *spiriti intelligenti* di agire secondo il suo volere, è uno dei molti elementi che indicano quanto fosse distante sia dallo spiritismo (nella teoria come nella pratica) che dalla *ricerca psichica*, all'epoca già consolidata da oltre un secolo.

Ora accade che in un prossimo libro del comandante Riccardi[18], di cui egli cortesemente mi ha permesso di leggere il dattiloscritto, trovo queste parole: "Solo dopo anni ho saputo che nella vita di G.A. Rol, il vivente, Ravier è entrato di forza e del tutto inaspettato, attraverso la sua presenza fantomatica alquanto insistente e ripetuta"[19].

E tale è stato, in moltissimi casi, l'atteggiamento degli "spiriti guida" nei confronti di molti sensitivi. Ad esempio, quello di "Feda" con la Leonard.

Non intendiamo, con questo, controfirmare la realtà della dottrina spiritica degli "spiriti guida", e che può avere molte e diverse interpretazioni, ma ci limitiamo a constatare la continua presenza nella fenomenologia del sensitivo di due elementi che dimostrano di avere con lui quei rapporti "di sintonia, direi quasi di identificazione" intuiti da Di Simone: Ravier e Napoleone[20].

"Di questo grande defunto – scrive Riccardi – sente aleggiare molto spesso lo spirito intorno a sé".

E l'avv. Rappelli, nel corso del dibattito, ha raccontato[21]:

"È stato muto da quando è nato fino a due anni: un giorno lo hanno trovato aggrappato al caminetto della sua casa di Pinerolo, sul quale è un busto di Napoleone, ed egli ha cominciato a gridare – a due anni – 'Napoleone!'. È stata la prima parola che egli ha detto. Da quel momento l'epopea napoleonica, e l'Imperatore Napoleone e tutto quanto ha attinenza con il periodo dell'Impero e la storia della rivoluzione francese,

---

[18] Il già menzionato *Entità cibernetiche create dalla psiche*, libro poi non pubblicato e andato perso, dal momento che le frasi seguenti non si trovano nei due libri pubblicati di Riccardi.

[19] Dino Buzzati scrive che «Rol dice che Ravier è venuto a lui spontaneamente e da allora gli è rimasto fedele, prendendo parte a una numerosa serie di esperimenti» (11/08/1965, cfr. vol. V, p. 83); Luigi Bazzoli che «scoprì una vocazione pittorica una notte di luglio. "Me ne stavo ad occhi aperti", ricorda, "guardando il cielo; inseguivo le stelle tentando di contarle. A un certo punto ebbi davanti a me il volto di François Auguste Ravier, un pittore francese di fine Ottocento, morto otto anni prima che io nascessi. Non mi spaventai e ascoltai con attenzione cosa mi disse: 'Farai il pittore, prendi questi libri, imparerai poco alla volta, si fa così e così'. Cominciai a dipingere, se sbagliavo mi partivano i pennelli di mano". (...) E da quel giorno François Ravier è diventato lo spirito-guida di Rol» (Bazzoli, L., *Rol l'incredibile. L'uomo più misterioso del mondo*, Domenica del Corriere, 17/01/1979, pp. 152-153). Qui molto ci sarebbe da dire. Mi limito a segnalare l'analogia con le iniziazioni sciamaniche (cfr. in particolare: Eliade, M., *Lo sciamanismo e le tecniche dell'estasi*, Mediterranee, Roma, 1999).

[20] Ne *Il simbolismo di Rol* ho mostrato con abbondanza di particolari i legami di Rol con entrambi, ciò che tra l'altro è *uno* degli elementi che esclude le speculazioni reincarnazioniste (non avrebbe potuto essere al tempo stesso la reincarnazione di Napoleone e quella di Ravier) soprattutto di chi abbia interpretato allusioni di Rol a Napoleone come se lui ne fosse la reincarnazione, ciò che non è affatto il caso.

[21] Non riportato su *Metapsichica*.

non hanno per lui alcun mistero ... a scuola – fin da ragazzo – egli si alzava, magari di scatto, contestando la veridicità di quello che un testo riportava sulla situazione di una battaglia, e raccontava con fatti precisi e indicazioni particolareggiate quello che era accaduto, la dislocazione delle truppe durante una certa battaglia, le ore di inizio del combattimento, come se 'ricordasse' quegli episodi per conoscenza diretta".
Naturalmente è facile ipotizzare una eccezionale facoltà mnemonica ed uno studio appassionato della materia. Ma lo studio su quali testi, poiché i testi non concordavano con le sue asserzioni? Ed erano queste che certamente (affermazione fideistica, ma per noi sicura) che corrispondevano a verità.
Ma come sintetizzare in articoli, lunghi forse per i lettori, ma brevissimi nei confronti dell'argomento, la imponente fenomenologia che si esplica nelle formidabili facoltà del dott. Rol?
Mi avvedo, ora, che ho appena accennato alla profonda importanza, per la geniale intuizione del sensitivo, del "colore verde". L'enigmatico fattore che anche il dottor Cassoli si è trovato di fronte: "...mi dà un mazzo da mescolare e tagliare. Lo pongo davanti a me. Con altro mazzo ... viene indicato il *quattro di cuori*. Rol mi dice di porre la mano sul mio mazzo, di chiudere gli occhi, di cercar di vedere, di *visualizzare* un *quattro verde* (come alla signora dell'episodio che abbiamo esposto, un due di picche verde) ... Apro gli occhi e taglio. Taglio proprio dove c'è il *quattro di cuori rovesciato,* cioè con la carta a seme visibile, mentre tutte le altre sono regolarmente volte con la faccia in basso ...".
Pitigrilli accenna all'avvio delle facoltà del dott. Rol sotto la guida di un Maestro di elevata potenza iniziatica[22]. Rol gli aveva detto: "Ricordati della 'sua' raccomandazione: immaginare un piano tutto verde, come un prato senza alberi, senza particolari che turbino la uniformità del verde; immagina di essere sommerso in un'immensità di vernice verde. Tu vuoi che tutte le carte di questo mazzo si dispongano in un certo ordine?. Chiedilo mentalmente e poi immagina il verde; nel momento in cui tu 'vedi' il verde, la trasformazione è avvenuta". Poi aggiunge: "Una sera mi disse: 'Quest'oggi mi ha dettato queste parole per te: 'Non c'è successo senza lavoro, non c'è lavoro senza sofferenza, non c'è sofferenza senza verde'". Ma Pitigrilli confessa che, purtroppo, non riuscì "mai a 'vedere' un verde uniforme".
Anche l'avv. Rappelli parla del "verde" a proposito dei "viaggi nel passato e nel futuro". Dice che Rol, quando si prepara il viaggio, "invita il soggetto a pensare al colore verde. Perché il colore verde? È il colore che dà il maggior senso di distensione, di riposo, e se vogliamo è il colore armonico perché, se guardate l'arcobaleno, è il colore di centro, cioè il

---

[22] Si veda la nota 3 a p. 138. L'unico effettivo Maestro che Rol ebbe fu quello *interiore*.

punto dell'equilibrio"²³. Più o meno l'interpretazione che ne dà anche Riccardi nel suo prossimo libro: "Il verde ha frequenza media nello spettro luminoso e il prato ha un ruolo di semplificazione spazio-temporale". Che è facile capire intuitivamente, ma forse non altrettanto concettualmente, anche perché questa "semplificazione spazio-temporale" rientra certo nelle facoltà del dott. Rol, ma esorbita da quelle dell'umanità corrente. Più chiaro quel che dice la Leonard che, negata ai fenomeni fisici, in quelli intellettuali ha certi punti di contatto con il nostro sensitivo. Verso i dieci anni ebbe dei fenomeni che chiama "di natura totalmente spirituale psichica": le mura e gli elementi materiali della sua stanza si dissolvevano, sostituiti da visioni di paesaggi meravigliosi in cui, dice: "Ciò che più mi rendeva *estatica* (e qui la parola, notiamolo, ha un suo valore) era il riposante e vellutato verde dell'erba che copriva le vallate e le colline".

Un altro curioso riscontro è da sottolineare, con dei fenomeni di Arigò. Nell'articolo in morte del celebre guaritore, il prof. Servadio scrive: "Quanto poi alla anestesia... era fornita in modo paranormale da un quarto 'spirito', il quale, mediante una certa 'luce verde' sterilizzava l'ambiente ... La 'luce verde' era, naturalmente, invisibile agli astanti: ma si ebbe un giorno la prova che non si trattava di pura fandonia, perché avendo il *medium* richiesto 'più luce verde, per favore', molti che assistevano all'operazione caddero in sopore, proprio come se avessero assorbito dall'aria un potente anestetico ..." (Giornale d'Italia, 23-2-1971).

Oggi, poi, quando il mondo parapsicologico è a rumore per gli esiti fotografici dell'"effetto Kirlian", che dopo circa sessant'anni vengono a dar ragione al povero dottor Kilner, tanto accademicamente tartassato, non si può dimenticare la facoltà di visione dell'"aura" che è propria del dottor Rol. Già nel 1966, e i famosi esperimenti di Alma Ata non erano ancora noti, Riccardi scriveva: "Quando se ne presenta incidentalmente l'occasione, Rol dichiara con naturalezza di disporre in permanenza della facoltà di visualizzare l'aura delle persone presenti, come un casco luminescente che a mo' di capigliatura sovrabbondante incornicia la testa...". Sappiamo bene che tale facoltà è stata propria di moltissimi sensitivi, ma ritrovarla anche nel dottor Rol è una notevole conferma di tutte le altre.

E giacché siamo in tema di luminescenza, e siamo ad accennare a fenomeni che, nella casistica del dottor Rol, si possono considerare di secondaria importanza, dedichiamo qualche parola ai fenomeni luminosi. Anche questi comuni a moltissimi sensitivi, e che, anzi, furono l'origine del solo grosso errore commesso dal grande studioso Gustave Geley, invalidando quelli di Pasquale Erto, che, in seguito, il prof. Servadio in otto sedute ben testimoniate, nel 1932, dimostrò autentici. A proposito

---

²³ In parte riprodotto su *Metapsichica*.

della disputa teologica di cui si è parlato nel precedente articolo, e del mazzo di carte posto, sopra il busto di Napoleone, Riccardi avverte: "...posso dire che avevo giustamente intuito che qualche cosa doveva succedere di sensorialmente indicativo dalle parti del busto di Napoleone... e perciò mi sono girato ostentatamente a guardare da quel lato ma non ho visto niente ... Però i giovanotti presenti hanno detto subito: 'Si è visto sopra al busto un globo di una discreta luminescenza'. Una delle signore ha aggiunto: 'L'ho visto anch'io'". Dice anche: "...durante le imprese con le carte ... avvengono nell'aria dei movimenti, delle evanescenze, delle piccole cose...".

E parlando di un altro episodio in cui delle carte, dopo essere scaraventate in aria, finiscono inesplicabilmente nell'interno di una cassetta chiusa, ricorda: "...i presenti hanno notato che, in quella sorta di volo, si vedono delle macchie che passano nell'aria...".

Vale la pena di notare, a proposito del "globo luminoso", che questa è una delle forme che spesso assumono delle apparizioni, e Flammarion, astronomo e metapsichista, mette in rilievo l'analogia, sia pure formale, che collega questo fenomeno col "fulmine globulare".

Evanescenze, macchie luminose, elementi imponderabili. Ci ricordano le "nubecole" che sussistono brevemente quando certe entità si smaterializzano in seduta, come accadeva con Nepenthes. "Nubecole" probabilmente ectoplasmiche, come potrebbero esserlo quelle osservate da Riccardi e dai suoi giovani amici. Ma, intendiamoci, è solo una mia supposizione. E di supposizioni, circa le facoltà del dottor Rol, se ne sono fatte e se ne possono fare tante! Come concludere? Cosa concludere?

Il comandante Riccardi lamenta che Rol "non ha finora contribuito a dissodare l'immenso campo di ricerca e di informazione aperto dalle sue facoltà straordinarie" e ritiene importante "che l'inquadramento suo avvenga nella famiglia delle scienze fisiche, a causa dei controlli strumentali su ogni elemento delle esperienze e delle successive elaborazioni teoriche". Il prof. Di Simone, invece, assicura che "...un'indagine analitica e *'programmata'* di tipo scientifico, turberebbe certamente lo schema mentale armonico in virtù del quale il dott. Rol opera". E siamo d'accordo. I dottori Cassoli e Inardi richiedono che Rol effettui l'esperimento "dichiarando precedentemente che cosa si ripropone di far accadere e di far vedere", ma vi rinunziano poche righe dopo, affermando "Crediamo ... che debba svolgersi uno speciale rituale, durante il quale Rol entra in sintonia con l'ambiente e con le carte. Bisogna che l'esperimento gli prenda la mano e che lo guidi 'lui' ('lui', l'esperimento)". Il dott. Alberti vorrebbe una ripresa cinematografica che, dice Di Simone, "tenderebbe a neutralizzare un eventuale fatto di tipo ipnotico-suggestivo", che, ed egli è di questa opinione, è inammissibile.

Noi, che conosciamo da vicino il cinema[24], sorridiamo pensando alla catastrofe che arrecherebbe ai "cerchi mistici" di cui parlava Kordon Veri. Vogliamo, invece, dar fiducia al dottor Rol il quale, secondo Riccardi, "afferma sovente, e con convinzione, che quando verrà il trapasso e la presentazione sua al Signore, teme di non saper esprimere la piena della sua gratitudine per la predilezione elargitagli".

O, al massimo, se intendiamo orientarci verso conclusioni di ordine parapsicologico, pensiamo con Antonio Bruers che già nel 1933, esaminando le cause della crisi della ricerca psichica, la giudicava "suscitata dall'abbandono del metodo integrale fondato sul concetto che la Ricerca stessa non può appoggiarsi esclusivamente sul fattore scientifico sperimentale, ma deve rifarsi anche al fattore spirituale". Sebbene la reazione sia già cominciata, e Stevenson e Tenhaeff ce ne danno la prova, siamo certi che quanto più proseguiremo secondo schemi non ancora dimessi, tanto più ci allontaneremo dall'unica, grande e illuminante verità che è al fondo dei nostri studi: la realtà dello spirito umano.

---

[24] Comin (nella foto in questa pagina) era stato sceneggiatore e regista.

Il favoloso DOTTOR ROL

di Jacopo Comin
(terza ed ultima puntata)

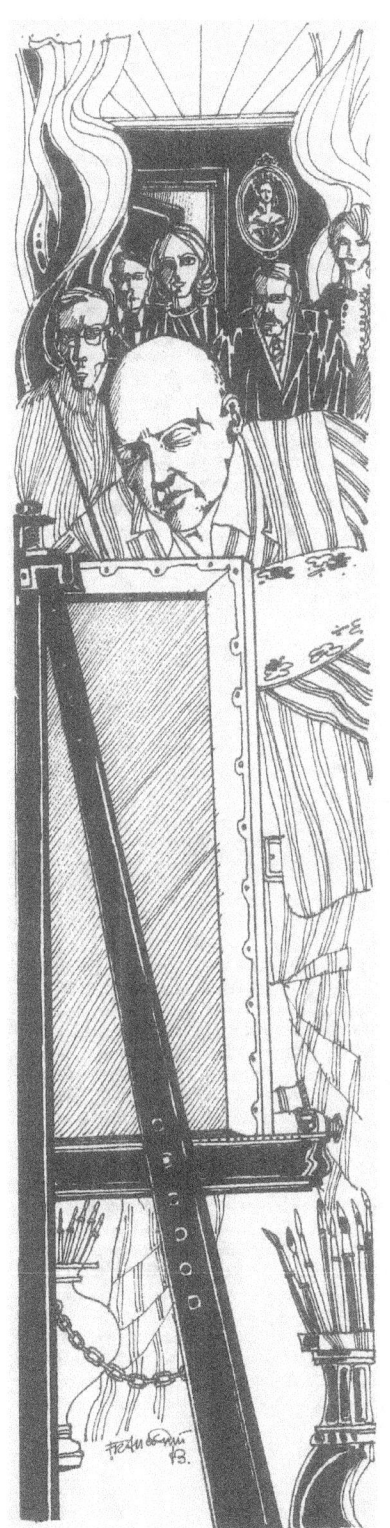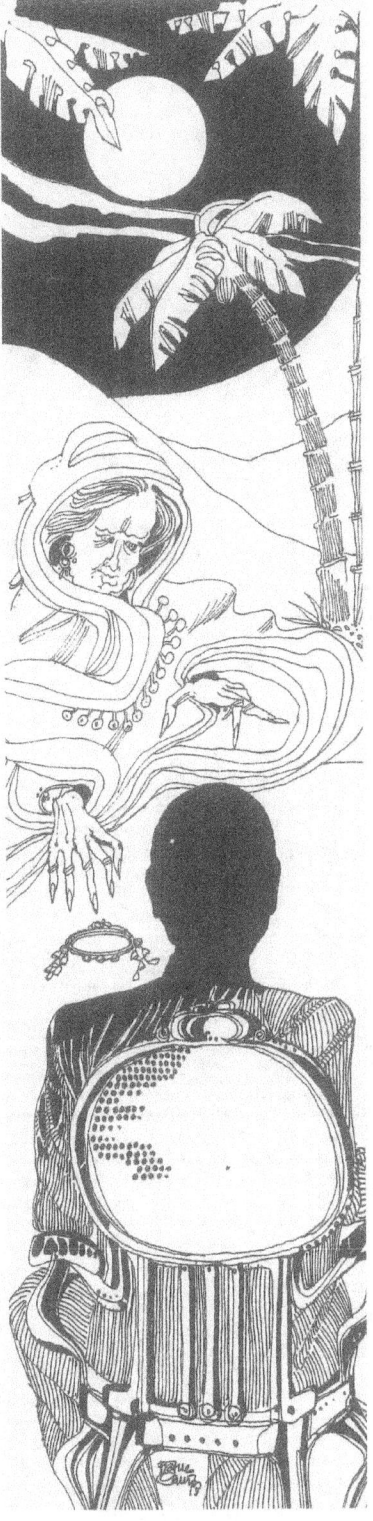

scaraventate in aria, finiscono inesplicabilmente nell'interno di una cassetta chiusa, ricorda: "...i presenti hanno notato che, in quella sorta di volo, si vedono delle macchie che passano nell'aria...". Vale la pena di notare, a proposito del "globo luminoso", che questa è una delle forme che spesso assumono delle apparizioni, e Flammarion, astronomo e metapsichista, mette in rilievo l'analogia, sia pure formale, che collega questo fenomeno col "fulmine globulare".
Evanescenze, macchie luminose, elementi imponderabili. Ci ricordano le "nubecole" che sussistono brevemente quando certe entità si smaterializzano in seduta, come accadeva con Nepenthes. "Nubecole" probabilmente ectoplasmiche, come potrebbero esserlo quelle osservate da Riccardi e dai suoi giovani amici. Ma, intendiamoci, è solo una mia supposizione. E di supposizioni, circa le facoltà del dottor Rol, se ne sono fatte e se ne possono fare tante! Come concludere? Cosa concludere?
Il comandante Riccardi lamenta che Rol "non ha finora contribuito a dissodare l'immenso campo di ricerca e di informazione aperto dalle sue facoltà straordinarie" e ritiene importante "che l'inquadramento suo avvenga nella famiglia delle scienze fisiche, a causa dei controlli strumentali su ogni elemento delle esperienze e delle successive elaborazioni teoriche". Il prof. Di Simone, invece, assicura che "...un'indagine analitica e *programmata* di tipo scientifico, turberebbe certamente lo schema mentale armonico in virtù del quale il dott. Rol opera". E siamo d'accordo. I dottori Cassoli e Inardi richiedono che Rol effettui l'esperimento "dichiarando precedentemente cosa si ripropone di far accadere e di far vedere", ma vi rinunziano poche righe dopo, affermando: "Crediamo... che debba svolgersi uno speciale rituale, durante il quale Rol entra in sintonia con l'ambiente e con le carte. Bisogna che l'esperimento gli prenda la mano e che lo guidi 'lui' ('lui', l'esperimento)". Il dott. Alberti vorrebbe una ripresa cinematografica che, dice Di Simone, "tenderebbe a neutralizzare un eventuale fatto di tipo ipnotico-suggestivo", che, ed egli è di questa opinione, è inammissibile. Noi, che conosciamo da vicino il cinema, sorridiamo pensando alla catastrofe che arrecherebbe ai "cerchi mistici" di cui parlava Kordon Veri.
Vogliamo, invece, dar fiducia al dottor Rol il quale, secondo Riccardi, "afferma sovente, e con convinzione, che quando verrà il trapasso e la presentazione sua al Signore, teme di non saper esprimere la piena della sua gratitudine per la predilezione elargitagli".
O, al massimo, se intendiamo orientarci verso conclusioni di ordine parapsicologico, pensiamo con Antonio Bruers che già nel 1933, esaminando le cause della crisi della ricerca psichica, la giudicava "suscitata dall'abbandono del metodo integrale fondato sul concetto che la Ricerca stessa non può appoggiarsi esclusivamente sul fattore scientifico sperimentale, ma deve rifarsi anche al fattore spirituale". Sebbene la reazione sia già cominciata, e Stevenson e Tenhaeff ce ne danno la prova, siamo certi che quanto più proseguiremo secondo schemi non ancora dimessi, tanto più ci allontaneremo dall'unica, grande e illuminante verità che è al fondo dei nostri studi: la realtà dello spirito umano.

Jacopo Comin

(Le due puntate precedenti sono state pubblicate nei fascicoli di giugno e di settembre 1973)

Lettera di Ugo Dèttore[1]

S. Margherita 10 V 1973

Gentilissimo dott. Rol,

ho portato a termine in questi giorni e consegnato all'editore Bompiani una enciclopedia alfabetica di metapsichica, parapsicologia e spiritismo che uscirà verso la fine dell'anno, probabilmente nel mese di novembre[2]. Mi permetto di inviarle la voce che La riguarda, con la preghiera di indicarmi l'anno della Sua nascita e di segnalarmi, se crede, qualche eventuale inesattezza o missione importante[3].

Desidererei farLe anche un'altra richiesta. Bompiani mi parlava, poco tempo fa, del suo desiderio di un'opera affine a quella già da lui pubblicata, con molto successo, sul Croiset[4]; ed io gli ho proposto un libro su di Lei, che vedrei però più approfondito e più aderente al fenomeno paranormale e umano. L'editore ha accolto con molto favore il mio suggerimento, ma Lei gradirebbe un'opera simile? E sarebbe disposto a dedicarmi un poco del Suo tempo per concordare le basi del libro e radunare il materiale?

Non mi dilungo a dirLe quanto sarei lieto di avvicinarLa[5] e di occuparmi di questo studio; rimango in attesa di una Sua cortese risposta e Le invio frattanto i miei saluti più cordiali.

Ugo Dèttore

---

[1] Ugo Dèttore (1905-1992), scrittore, romanziere, traduttore. Curò varie opere enciclopediche su temi di letteratura, storia e parapsicologia.
[2] *L'altro Regno. Enciclopedia di metapsichica, di parapsicologia e di spiritismo*, Bompiani, Milano, 1973; uscito infatti a novembre. La collaborazione con Bompiani era iniziata negli anni '30.
[3] Pubblico la voce nelle pagine seguenti. Rol probabilmente fornì a Dèttore delle indicazioni, ma non credo avesse poi letto e approvato la versione finale.
[4] *Croiset il veggente*, di Jack Harrison Pollack, Bompiani, Milano, 1966. Valentino Bompiani aveva conosciuto Rol (cfr. *supra*, p. 109, e anche la lettera di Rol a lui del 15/07/1974 in *"Io sono la grondaia"*, 2000, p. 167). Non è dato sapere se lo conobbe al seguito della proposta di Dèttore oppure prima.
[5] Da ciò si può stabilire che non aveva ancora incontrato Rol, cosa che poi sarebbe avvenuta, non è dato sapere quando di preciso, comunque anteriormente al 1976 (cfr. *infra*, p. 176).

UGO DETTORE
Via Solimano, 6-5 - Tel. 80.550
16038 S. Margherita Ligure

S. Margherita 10 V 1973

Gentilissimo dott. Rol,

ho portato a termine in questi giorni e consegnato all'editore Bompiani una enciclopedia alfabetica di metapsichica, parapsicologia e spiritismo che uscirà verso la fine dell'anno, probabilmente nel mese di novembre. Mi permetto di inviarLe la voce che La riguarda, con la preghiera di indicarmi l'anno della Sua nascita e di segnalarmi, se crede, qualche eventuale inesattezza o omissione importante.

Desidererei farLe anche un'altra richiesta. Bompiani mi parlava, poco tempo fa, del suo desiderio di un'opera affine a quella già da lui pubblicata, con molto successo, sul Croiset; ed io gli ho proposto un libro su di Lei, che vedrei però più approfondito e più aderente al fenomeno paranormale e umano. L'editore ha accolto con molto favore il mio suggerimento, ma Lei gradirebbe un'opera simile? E sarebbe disposto a dedicarmi un poco del Suo tempo per concordare le basi del libro e radunare il materiale?

Non mi dilungo a dirLe quanto sarei lieto di avvicinarLa e di occuparmi di questo studio; rimango in attesa di una Sua cortese risposta e Le invio, frattanto i miei saluti più cordiali.

(foto © Franco Rol – Archivio Storico del Comune di Torino)

ROL
Gustavo Adolfo

di
Ugo Dèttore
(novembre 1973)

voce in:

L'altro Regno.
Enciclopedia di metapsichica, di parapsicologia e di spiritismo[1]

Uno dei maggiori sensitivi[2] attuali, e probabilmente il maggiore[3], a effetti fisici e psichici. Vive a Torino ed è pittore apprezzato. Non si esibisce mai per lucro e si dedica con assoluto disinteresse a coloro che soffrono moralmente e fisicamente. Dà un significato nettamente spirituale alle sue facoltà, che considera espressione di uno «spirito intelligente» proprio dell'uomo, capace di cogliere momenti di un'universale armonia in cui si coordinano gli psichismi esistiti ed esistenti.
Esempi elementari di questa armonia universale sono i suoi esperimenti con carte da giuoco. Ad essi egli dà scarsa importanza[4] considerandoli

---

[1] Bompiani, Milano, 1973, pp. 490-492.
[2] Dèttore nel suo scritto ripete «sensitivo» quattro volte, ciò che mi fa pensare che Rol non abbia revisionato il testo finale, visto che non ha mai gradito essere definito così. Ragion per cui, negli altri tre punti in cui lo chiama così, l'ho sostituito con *Illuminato*, in corsivo, così da non ripetere acriticamente una definizione inesatta e superficiale. Quanto invece al resto, è fondamentalmente corretto e piuttosto preciso, e sicuramente Rol dovette dare delle indicazioni.
[3] Va ricordato, come detto anche per altri autori, che Dèttore stava scrivendo nel 1973, quando su Rol si sapeva pochissimo. Se fosse vivo oggi, non solo comprenderebbe perché io insisto a qualificarlo come *Illuminato*, ma quel «probabilmente» non ci sarebbe nemmeno, e la voce sarebbe lunga come minimo il doppio.
[4] Ancora una volta sono obbligato a tornare su questa inesattezza, frutto di un malinteso che ho spesso segnalato. L'importanza di questi esperimenti *di base* è molto grande, essendo di fatto gli unici che permettono di intravvedere un *meccanismo*, che altrimenti non sarebbe manifesto, dato che si finirebbe per attribuire tutto a indefinite capacità psichiche o spirituali di Rol con infinite speculazioni al riguardo. Essi sono eminentemente dimostrativi, ed è proprio per questo che ne faceva un uso frequente, non solo con i neofiti. Naturalmente, proprio in quanto «primo gradino» essi possono apparire meno eclatanti di altri fenomeni come la bilocazione, la telecinesi, il tunnelling o i viaggi nel tempo, e in ogni caso, sono pur sempre *fenomeni*, che pur nella loro importanza ed eccezionalità sono secondari allo stato di coscienza che li rende possibili, e

solo adatti, dati il colore e il disegno delle carte, per offrire a un profano una forma semplice di comunicazione onde ottenere attraverso la sua inconscia collaborazione l'idea di una superiore realtà e accedere all'immagine collaborando nell'esperienza che praticamente viene condotta dagli astanti stessi: Rol può operare con mazzi da loro portati e senza toccarli, anche per telefono. Ad esempio: uno dei presenti sceglie a caso una carta da un mazzo, diciamo il cinque di cuori; allora Rol chiede di mescolare un altro mazzo qualunque, si concentra e prega di tagliare il mazzo mischiato: il cinque di cuori si presenta immediatamente al taglio con la faccia in alto, ossia rovesciato rispetto alle altre carte. Ancora: Rol fa gettare per aria tre carte che cadono una a faccia in basso e due a faccia in alto; viene allora mischiato un altro mazzo, che si presenta perfettamente regolare; quando chi ha mischiato osserva il mazzo, si accorge che le carte sono disposte alternatamente a faccia in basso e a faccia in alto secondo il ritmo indicato dalle tre carte gettate[5]. Una volta un intero mazzo si trasformò in un mazzo di soli fanti[6]: fenomeno

---

soprattutto secondari rispetto al principale *miraculum* che questo consente, ovvero quella speciale connessione con il Tutto, ineffabile, indescrivibile, *sublime*, e il conseguente *radicale cambiamento di punto di vista* in merito al significato e valore della vita umana e del suo ruolo e funzione nell'economia universale. Questa conclusione cui già erano arrivati i ṛṣi ("veggenti", da intendere come *Illuminati*) dell'antica India ha portato in passato e ancora porta ad un altro malinteso – del quale ho già parlato e che torno ad evidenziare – che in certi casi non è che meschina furberia, quello cioè di sminuire le *siddhi*, le *possibilità* paranormali in generale, con la scusa che esse siano appunto "solo" fenomeni, laddove invece oltre ad essere utili come dimostrazione dell'esistenza effettiva di una dimensione che si estende oltre il tempo, lo spazio, la materia e la vita, sono anche attestati (*siddhi* significa perfezione, compimento) del grado di coscienza raggiunto da chi li manifesta, grado che naturalmente coloro che li sminuiscono non hanno raggiunto. Non tutti questi fenomeni tuttavia possono essere giudicati in egual modo: quelli della medianità per esempio, di grado e potenza inferiori e dinamiche differenti, hanno un valore altrettanto inferiore, visto che non presuppongono alcuna elevazione spirituale (che include anche aspetti di *conoscenza, comprensione, saggezza, responsabilità*) ma solo una perturbazione del sistema nervoso, possibili in linea teorica anche al più infimo degli esseri umani.

[5] Questo esperimento non consta, così come riferito, pubblicato prima del 1973, anche se constano sue varianti. Vi si avvicina molto quello raccontato da Manlio Pesante (*supra*, p. 21) col quale Dèttore potrebbe aver parlato direttamente, indirizzato da Remo Lugli.

[6] Come nel precedente, non consta pubblicato prima del 1973, potrebbe averlo sentito da un testimone (cfr. 1-V-68, 69).

assolutamente unico di apparente ideoplastia. De Boni, invitato a tenere fra le mani un quattro di fiori, se lo trovò trasformato in una Regina[7].

Tutti questi fenomeni sembrano presupporre, da un lato, forme di chiaroveggenza tattile trasmessa dall'*Illuminato* agli astanti nel momento in cui mischiano o alzano i mazzi; dall'altro, casi di smaterializzazione e rimaterializzazione nel trasformarsi e nel rovesciarsi delle carte, che avvengono senza che appaiano movimenti nel mazzo. Rol sostiene che, nei suoi esperimenti, il concentrarsi degli sguardi degli astanti sull'oggetto dell'esperienza è determinante: per questo egli deve operare sempre in piena luce[8]. Ogni esperienza risulta, per lui, dalla fusione armonica di vari psichismi i quali agiscono insieme sulla materia, indipendentemente dalle volontà dei singoli, ma in conformità con un ordine universale che trascende ogni interesse privato e ogni intervento razionale. A conferma di ciò Rol afferma che, se negli esperimenti con carte un astante indicasse, per sua libera scelta, la carta che deve essere ritrovata o l'ordine in cui devono disporsi le varie carte di un mazzo, nulla avverrebbe[9], perché in tal caso si tenterebbe di piegare un ordine naturale a una volontà personale: tutto deve avvenire invece entro un ordine superiore in cui i vari fatti si collegano naturalmente fra loro. Questo ci ricorda la spiegazione proposta da Jung per le precognizioni contenute nell'*I King*, ipotizzando un collegamento tra la disposizione delle monete gettate a caso e i fatti a venire[10].

In egual modo Rol può predire con assoluta esattezza i numeri che usciranno in una *roulette,* ma solo a condizione che né lui né altri li giuochino: se i numeri vengono giocati, nulla avviene di eccezionale. Nel

---

[7] Riferito da Gastone De Boni nel 1970, cfr. vol. V, p. 347. La carta era però un sette di fiori, non un quattro, che invece era una carta di un esperimento precedente (di cuori).

[8] È questa una informazione che si trova solo qui, non riferita da nessun altro. La ragione del «concentrarsi degli sguardi degli astanti sull'oggetto dell'esperienza» – che come per altri elementi della scienza di Rol non è un aspetto necessario, quanto eventualmente favorevole e comunque indicativo di una spiegazione – sarebbe perché – come illustrato nel seguito – «ogni esperienza risulta ... dalla fusione armonica di vari psichismi i quali agiscono insieme sulla materia». Vale a dire, se la mente di tutti è focalizzata sulla stessa cosa, si crea uno stato di coscienza condiviso, come strumenti che suonano insieme armonicamente.

[9] Ciò che è precisamente quanto sperimentato da Pitigrilli, come racconta nella lettera del 6 marzo 1940 (che ho pubblicata nel vol. IV p. 48): «Ho ancora provato a leggere le carte alla rovescia. L'esperimento mi riesce bene se distraggo la mia attenzione pensando a fatti complessi oppure leggendo un brano di prosa e interrompendomi all'improvviso. Ma se cerco di giungervi col ragionamento, non me ne riesce una».

[10] Esiste infatti un filo diretto tra i principi delle tecniche divinatorie – di cui l'*I King / Ching* è l'esempio più antico e sofisticato – e gli esperimenti con le carte di Rol.

primo caso l'*Illuminato* raggiunge il contatto con l'armonia delle cose e stabilisce quello che chiama un "rapporto intimo fra lo spirito e la materia"; nel secondo caso, intervenendo un interesse personale, rimane al di fuori di quella armonia come un qualsiasi altro giocatore.

Illuminato completo, Rol produce quasi tutta la fenomenica del paranormale, a eccezione dei fenomeni di carattere spiritico riguardo ai quali rimane alquanto diffidente[11]. Tra i fenomeni psichici troviamo i cosiddetti "viaggi nel tempo", con manifestazioni di psicoscopia, retrocognizione, precognizione: la lettura in libri chiusi; la diagnosi chiaroveggente, che avviene, egli afferma, anche grazie alla visione dell'aura. Tra i fenomeni fisici, l'apporto, come quello di una grande N napoleonica a grafite da lui fatta apparire sulla parete di una stanza solo tracciando la lettera nell'aria con una matita; la compenetrazione, come quella di un mazzo di fiori che, lanciato contro una parete, parve attraversarla e fu ritrovato intatto nella stanza attigua[12]; la scrittura diretta, che si forma talora davanti agli occhi degli spettatori come quando si vide apparire su di un foglio l'indicazione delle voci dell'*Enciclopedia Italiana* relative a un dato argomento; la pittura diretta: talora, mentre Rol dipinge, il pennello gli salta dalle mani per tracciare da solo qualche particolare.

Ma Rol poco cura l'aspetto spettacolare dei fenomeni: quando rigenera un fiore appassito o rende innocuo a distanza un calabrone che minaccia un bambino, vede solo, in questo, un'espressione di quell'amore creativo che regge e sollecita l'universo. Non a torto Federico Fellini definisce le sue esperienze "uno spettacolo tonificante, confortante per chiunque lo accosti con una vera disponibilità. Cioè con l'innocenza di un bambino o con il sostegno di una scienza non rigida, aperta, che non si metta in conflitto con le forme inattese della verità". Tra gli scienziati che hanno studiato questo soggetto straordinario ricordiamo il parapsicologo Hans Bender, dell'università di Friburgo, il quale, dopo avere assistito per molte ore agli

---

[11] Come si è potuto vedere con la testimonianza di Carlo Moriondo (vol. V, p. 411) Rol era invece in grado di produrre anche la fenomenologia strettamente "spiritica", con la differenza però di attribuirle una interpretazione, e un eventuale scopo dimostrativo, molto diversi. Per usare le sue stesse parole: «Lo spiritismo, inteso come la pratica sin dallo scorso secolo, deve essere considerato alla sola stregua di un esperimento scientifico, non mai, come una manifestazione di cose soprannaturali. Se l'uomo crede di potersi mettere in relazione con l'anima di altri uomini prevvisuti, sia pure attraverso lo speciale stato fisiologico di un "medio", s'illude» (*"Io sono la grondaia"*, 2000, p. 256). Non si tratta quindi di "diffidenza", piuttosto di un punto di vista sia teorico che pratico radicalmente diverso.

[12] Al posto di «compenetrazione» – termine sicuramente pertinente – io ho preferito adottare *tunnelling*, trasposto dalla meccanica quantistica.

esperimenti, si è dichiarato sconvolto, ma perfettamente immerso nel grande sentimento di pace e di armonia che essi producono[13].

---

[13] La menzione di Bender in questi termini è fuorviante, perché pur essendo vero che fosse stato sconvolto e che avesse grande ammirazione di Rol, non si può certo dire che lo avesse "studiato", avendolo incontrato, almeno fino alla prima metà del 1973, una sola volta.

tratto da:
Storia della parapsicologia

di Ugo Dèttore

Febbraio 1976[1]

«Il trentennio [dal 1940 al 1976] vede apparire un discreto numero di nuovi medium e sensitivi, alcuni dei quali dotati di poteri veramente notevoli. Oltre al Croiset dobbiamo nominarne almeno altri cinque: il brasiliano Arigò, morto a cinquantadue anni nel 1970, l'italiano Gustavo Adolfo Rol, lo svedese Olof Jonsson, l'americano Ted Serios e l'israeliano Uri Geller, viventi»[2].

«Il Rol è noto soprattutto per alcuni "giuochi" di carte che vanno dalla semplice chiaroveggenza alla vera e propria materializzazione e smaterializzazione. Stabilita, a esempio, una carta e indicato il numero d'ordine in cui dovrà essere trovata nel mazzo, poniamo la decima, fa mischiare il mazzo stesso da uno dei presenti, e la decima carta risulta essere appunto la carta stabilita. Noi stessi abbiamo assistito al fenomeno seguente: fatto mescolare un mazzo, il sensitivo lo ha disteso sulla tavola mostrando che tutte le carte si presentavano con il dorso in su; le ha poi coperte con un lembo del tappeto e, di nuovo scoperte dopo pochi secondi, le carte si presentavano alternatamente l'una di dorso e l'altra di faccia. Diversi testimoni degni di fede assicurano che una volta un intero mazzo, riconosciuto normale da tutti i presenti, dopo essere stato mescolato da uno di loro si presentò composto di soli fanti, fenomeno unico nella storia del paranormale. Il Rol, tuttavia, dà scarsa importanza a questi esperimenti che chiama le "aste" e che presenta normalmente come passatempo[3] nelle riunioni serali di amici e conoscenti. Altri fenomeni lo

---

[1] Armenia Editore, Milano, 1976, pp. 235; 236-238.
[2] Il fatto che questi individui siano «apparsi» nella stessa epoca non implica naturalmente che possano essere equiparati. Non per essere "campanilista", ma Rol è proprio un altro pianeta. Dèttore scriveva nel 1975 e su Rol si sapeva pochissimo, e quello che si sapeva era limitato soprattutto ai gradini inferiori della sua fenomenologia, che peraltro erano già eccezionali, tanto che dagli studiosi e ricercatori che lo avvicinarono era considerato al vertice delle loro "classifiche" (per alcuni, Rol era *tra i maggiori* sensitivi/medium del secolo, per altri *il maggiore*). Dei nomi citati, faccio più avanti un approfondimento solo su Jonsson, che è quello che con Rol presenta i maggiori *punti di contatto* e che in parte sono stati notati anche da altri.
[3] Ma proprio per niente! Comin, che pur non aveva conosciuto Rol, aveva giustamente scritto: «chiamarli "giochi", come è stato fatto, vuol dire sminuirne implicitamente il significato, quasi ridurli a puro e semplice "divertissement". Il

interessano maggiormente. Pittore di professione (i suoi dipinti di fiori hanno un carattere inconfondibile, quasi surreale), vede spesso il pennello sfuggirgli dalle mani e dare qua e là tocchi definitivi; talora dipinge al buio assoluto, in stato di semitrance; una volta un mazzo di fiori da lui gettato contro una parete passò nella stanza attigua; una rosa secca, chiusa da tempo fra le pagine di un libro, riprese improvvisamente vita con tutta la sua morbidità e la sua fragranza[4]. Ma la sua attività preferita è quella, assolutamente gratuita, di diagnostico e di guaritore: vuole però che le sue diagnosi siano confermate dall'autorità medica e interviene come guaritore solo con l'approvazione di un medico. Studiato da numerosi uomini di scienza, tra cui il Bender[5], che rimase convinto della sua fenomenologia, ma schivo di notorietà e di carattere indipendente, non è stato oggetto di uno studio regolare e metodico come il Croiset, così che alcuni suoi fenomeni non sono stati pienamente accertati sul piano scientifico[6].

Il Jonsson è forse l'unico sensitivo che si adatti alle esperienze con carte ESP ottenendo successi eccezionali: dai 20 ai 25 su 25. La pratica, invece di annoiarlo, lo diverte. Del resto non gli dispiace dar prova della sua sensitività anche con carte normali, in esperimenti affini a quelli del Rol: indovina una carta solo pensata; predice dopo quante carte si troverà nel mazzo una carta prestabilita; dopo avere scelto una carta a caso fa mescolare a lungo e più volte il mazzo e la carta scelta risulta sempre la prima; ottiene veri e propri fenomeni di smaterializzazione e rimaterializzazione facendo scegliere a caso una carta, che viene chiusa in una busta, e invitando i presenti a indicarne un'altra: mescolato il mazzo, viene trovata in esso la carta che era stata messa nella busta, mentre nella busta viene trovata la seconda indicata. Al pari del Croiset indica gli autori di delitti, ha visioni di avvenimenti trascorsi, predice avvenimenti futuri. Inoltre fa muovere oggetti a distanza, ottiene levitazioni di oggetti pesanti, comunica con entità di case infestate, produce apporti e asporti,

---

nostro Mackenzie non ha mai definito così quelli cui egli ebbe ad assistere in casa Poutet, messi in atto dalla personalità sedicente "Stasia"...» (vol. V, p. 303).

[4] Episodio riferito solo qui, non se ne conosce la fonte.

[5] Ripete quanto scritto tre anni prima in *L'altro Regno*, ma probabilmente senza alcun nuovo elemento, per cui non si può affermare che Bender lo abbia «studiato». In verità, ad essere precisi e a onor del vero, non si può proprio dire che sia stato «studiato da numerosi uomini di scienza», sia gli scienziati che gli studiosi di parapsicologia che lo hanno conosciuto, e di cui abbiamo notizia, si sono limitati a pochi incontri e poche relazioni scritte o testimonianze. Non esiste al momento, febbraio 2023, ancora un solo articolo scientifico su Rol.

[6] Anche qui, vale ripetere quanto detto in precedenza: *nessun* fenomeno paranormale è stato fino al 1976 e ancora fino al febbraio 2023 «pienamente accertat[o] sul piano scientifico», di modo che non vi è alcuna risolutiva differenza tra i "soggetti" ampiamente studiati e quelli che non hanno potuto esserlo nei termini desiderati dai ricercatori.

ottiene guarigioni, fa rivelazioni sull'aldilà. Studiato da molti ricercatori che hanno riconosciuto la genuinità dei suoi fenomeni, è mancato al Jonsson un Tenhaeff, uno studioso che lo seguisse per anni raccogliendo una casistica ineccepibile; ma le sue facoltà eccezionali sembrano accertate in modo sicuro».

***

Vediamo allora più nel dettaglio chi era Olof Jonsson, nel capitolo seguente.

Olof Jonsson
L'ingegnere svedese con interessanti punti di contatto con Rol

> *L'uomo che più gli assomiglia [a Rol], attualmente, è l'ingegnere svedese Olof Jonsson.*
> Leo Talamonti, 1981[1]

> *La sua statura [di Rol]... è pari (ed in alcune manifestazioni superiore) a quella del sensitivo svedese-americano Olof Jonsson, già di per sé assolutamente eccezionale. Ma l'«uomo Rol» è profondamente diverso da Jonsson come da altri.*
> Giorgio di Simone, 1975[2]

Nel XX secolo è esistito in Occidente un signore che ha dato dimostrazione di alcune *possibilità* analoghe a quelle dei gradini bassi e medi di Rol. Non che non vi siano stati altri "sensitivi" o medium che non abbiamo manifestato un livello simile, ma Olof Jonsson (1918-1998) ha tre particolarità che lo differenziano dagli altri, e sono particolarità che lo avvicinano invece a Rol.
Intanto, l'uso delle carte da gioco, in esperimenti che sulla base delle descrizioni dei testimoni presentano uno schema simile e paiono basarsi sui medesimi principi di quelli sia di Rol che di Poutet-Stasia. Ho spesso affermato che quest'ultimo caso è l'unico analogo di Rol per quanto riguarda la sperimentazione di base. Le dettagliate relazioni di Mackenzie, Poutet e altri permettono di rendersi conto di quale sia la struttura degli esperimenti e di come agisce l'entità *vivente* e non defunta, di Stasia. Con Jonsson abbiamo invece una aneddotica meno dettagliata e relazioni non "tecniche" comparabili, però anche il suo caso è utile per complementare gli altri due[3]. Forse si potrebbe rettificare l'esclusività che ho concessa a Poutet-Stasia, ma preferisco mantenerla perché il "caso Jonsson" è meno

---

[1] Garzia, P., *Intervista con Leo Talamonti*, Luce e Ombra, n. 2, apr.-giu. 1981, p. 96.
[2] *supra*, p. 230. Il giudizio di Di Simone, che Rol «è pari (ed in alcune manifestazioni superiore)» a Jonsson, per quanto in parte vero, è necessariamente approssimativo e incompleto, considerando quanto si sapeva e quello che lui sapeva di Rol nel 1975. Diversamente, di Jonsson non pare che da allora si sia aggiunto altro oltre a quanto si sapeva. Un giudizio dato nel 2023 non potrebbe metterli lontanamente "alla pari".
[3] Mi propongo di fare una analisi comparata precisa in altro studio, includendo anche quei pochi altri casi, come Kordon-Veri o Alexis Didier, che paiono essersi serviti dello *strumento* delle carte in maniera simile o basandosi su analoghi principi.

pregnante, meno "infallibile" e ha dei punti attaccabili che invece quello Poutet-Stasia non ha.

In secondo luogo, come Rol (e come l'avvocato T. di Stasia) Jonsson compie i suoi esperimenti senza trance, con relativa facilità e naturalezza, anche se talvolta, a seconda del tipo di esperimento o delle circostanze, può collocarsi in uno stato di semi-trance o trance leggera, e rimanere assorto e concentrato per qualche istante (ciò che anche Rol talvolta fa) o anche per periodi più lunghi di tempo.

In terzo luogo, nei suoi esperimenti non intervengono i defunti, e anche se non compare una nozione precisa analoga a quella dello *spirito intelligente* di Rol, l'idea, poco frequente, poco conosciuta e poca amata – perché esclude di fatto che quasi sempre, se non sempre, i veri defunti siano realmente accessibili ai vivi – ma comunque tradizionale e conosciuta sin dall'antichità, è in pratica la stessa:

> «Benché normalmente io venga chiamato "medium", non sono affatto uno spiritualista nel vero significato della parola. Non ho spiriti guida, e sebbene ammetta la possibilità di contatti tra noi ed entità dell'oltretomba, sono fermamente convinto che il fenomeno che noi chiamiamo "fantasma" o "spettro" sia molto spesso una specie di radiazione della personalità umana che conserva i ricordi della persona fisicamente morta.
> Credo anche che, molto spesso, ciò con cui si prende contatto durante le sedute spiritiche sia in realtà questa radiazione, e non la vera entità sopravvissuta. Sono convinto che, nella maggior parte dei casi, la vera Anima di una persona sia andata in un regno spirituale diverso, o dimensione diversa, e che il "fantasma" non sia altro che una forma astrale residua»[4].

Tale forma *residua* venne chiamata da René Guénon appunto *residuo psichico*.

Un caso interessante a tal proposito è quello in cui Jonsson venne interpellato, per una richiesta di aiuto, da una famiglia perseguitata da fenomeni di infestazione, che andavano avanti da due settimane, all'ora di cena, con colpi (*raps*) su una grande tavola da pranzo, così forti da far cadere per terra vasellame e posate, per poi concludersi sempre, *come un programma in loop*, «in un angolo della sala da pranzo» dove «si materializzava un grumo pulsante di luce»[5].

Il padrone di casa, Oscar Petersen, spiegò a Jonsson il quale era andato a fare un sopralluogo: «Di solito si sentono tre colpi molto forti, prima che [l'"*entità*"] incominci il tamburellare»:

---

[4] Steiger, B., *Esperienze psichiche di Olof Jonsson*, Edizioni Mediterranee, Roma, 1973, p. 188.
[5] *ibidem*, p. 187.

«Non aveva ancora finito di pronunciare quelle parole che una caraffa d'acqua si spezzò, annaffiando una scodella di verdura cotta ed i tre bambini dei Petersen. Il più piccolo scoppiò in un pianto, e la signora Petersen si alzò dal suo posto per andare a consolarlo. In quel momento, la sua sedia si rovesciò, e sul pavimento risuonarono passi pesanti che sembravano dirigersi verso un angolo della stanza.

"E adesso viene la luce", sospirò Petersen. "E il fenomeno avrà compiuto il suo corso".

"Non questa notte", lo corresse Olof, mentre guardava il globo scintillante di luce che si materializzava nell'angolo opposto a quello in cui s'era piazzato. "Mi concentrerò per mandare energia psichica alla luce, così potremo vedere meglio che cos'è che vi perseguita".

Mentre Olof dirigeva la sua energia mentale verso il globulo pulsante di luce, la radiazione luminosa incominciò a prendere forma. (...)

La luce aveva cominciato ad assumere la forma di una donna anziana, il cui volto era un'orribile maschera di odio. (...)

"Sembra... sembra Sigrid", disse Petersen. "Ma perché?"

Olof era scivolato in una leggera trance.

"È in collera, molto in collera, perché lei ha la tavola", disse a Petersen. "E dice che lei l'ha imbrogliata e le ha mentito"».

Sigrid era un'amica della madre di Petersen, e aveva dato disposizione testamentaria allo stesso Petersen che la tavola, oltre ad altre cose, dovesse finire alla figlia. E invece ce l'aveva ora Petersen, perché la figlia di Sigrid aveva deciso di lasciarla a lui. Ma il "fantasma" di Sigrid non pareva esserne a conoscenza, per lei Petersen non era il possessore "legittimo", oppure se ne era a conoscenza disapprovava che ce l'avesse lui e "pensava" che avesse ingannato la figlia:

«"Dice che ha derubato sua figlia, che ha...".

"Ma può essere veramente il fantasma di Sigrid ritornato dall'oltretomba?", chiese ansiosamente Petersen. "Dovrebbe sapere benissimo che le cose non stanno così".

Mentre Olof ritornava ad un piano mentale più affine a quello del mondo materiale, l'immagine della vecchia cominciò a perdere le sue caratteristiche e diventò un disegno astratto di luci scintillanti.

"Sembrerebbe lo schema d'un ricordo di odio che è stato lanciato contro di lei da qualcuno, durante gli ultimi istanti di vita", spiegò il medium. "Ed è così forte che è in grado di produrre effetti telecinetici sul tavolo".

"Allora ... allora non è un vero fantasma?" chiese Petersen, ancora confuso.

"È un fantasma", chiarì Olof. "Ma non è realmente la Sigrid di cui lei mi ha parlato. Ciò che abbiamo visto era la sua forma astrale, che è rimasta allo stato libero, con un residuo dei suoi ricordi e delle sue emozioni. Questa forma astrale si comporta in modo molto simile ad una

marionetta; ma esegue i comandi di un burattinaio che non è più in vita[6] (...). Il fantasma che la perseguita è un po' come un fattorino che insiste nell'affannarsi a recapitare il messaggio affidatogli. (...). E poiché questo fantasma è stato formato dal cervello morente di un essere umano può essere disperso da un cervello vivo".
Olof meditò per qualche istante, poi penetrò in un altro livello di coscienza che gli permise di dirigere energia psichica verso le luci che scintillavano nell'angolo. In pochi secondi, il "fantasma" scomparve. (...) "Ma si ricordi che io non ho distrutto l'*anima* di Sigrid. Mi sono limitato a disperdere l'energia telepatico-telecinetica che la donna aveva diretto contro di lei negli ultimi istanti di vita, in preda ad un odio confuso. Il suo 'fantasma' è stato esorcizzato"»[7].

---

[6] Ci sono punti di contatto, che si possono approfondire, con la figura del *golem*, degli *zombi* e loro analoghi, che ho trattato nel mio libro *Resuscitazioni*.

[7] *ib.*, pp. 189-192. In questa spiegazione finale c'è tuttavia un punto che occorre chiarire: se la Sigrid che si è manifestata è lo *spirito intelligente* corrispondente a quello della Sigrid in punto di morte, come faceva a sapere che la tavola *in futuro* l'avrebbe avuta Petersen, e quindi prendersela con lui? E al tempo stesso non sapere che era stata la figlia a donargliela? Per completare la storia, va tenuto presente anche quanto segue, che ho omesso nella citazione per poterlo evidenziare separatamente: «"Diventai il legale di Sigrid non appena presi la laurea in legge", disse [Petersen], volgendosi verso Olof. "Era sempre stata una donna molto ostinata, e negli ultimi anni diventò mentalmente un po' confusa, e cominciò a sospettare di tutti, in modo quasi paranoico. Sul letto di morte, mi nominò suo esecutore testamentario, e mi ricordò, con molta insistenza, che a sua figlia spettavano certe suppellettili, come ad esempio quella splendida tavola antica. (...) la figlia di Sigrid ed io ne avevamo discusso, durante una precedente conversazione, e lei aveva dichiarato che non voleva assumersi la spesa di traslocare nella sua casa di Stoccolma dei mobili così ingombranti e pesanti. Mi disse che comunque le cose antiche non le piacevano, e poiché io invece le avevo sempre ammirate, aggiunse che potevo tenerle io, come ricordo di sua madre. Io protestai; poi accettai, purché lei mi consentisse di dedurne il valore corrispondente dal mio onorario di legale. E adesso, si direbbe che Sigrid abbia potuto sentirmi, mentre dicevo quelle parole al dottore, e che mi abbia maledetto come se fossi un ladro!» (*ib.*, p. 191). La spiegazione starebbe quindi nel fatto che lo *spirito intelligente* della Sigrid ancora vivente fosse stato a conoscenza dell'accordo tra la figlia e Petersen e che lo disapprovasse; la Sigrid cosciente e confusa prima della morte non era in grado di portare alla coscienza quella informazione, che è quindi rimasta "imprigionata", con la sua carica psico-energetica, nel suo *spirito intelligente*, il quale, essendo legato alla tavola più o meno come un magnete (come a tutte le cose con le quali venne in contatto durante la sua vita, ciò che è la base del fenomeno psicometrico), a un dato momento, innescato da fattori contingenti di "richiamo", ha preso consistenza e iniziato a manifestarsi. Questa mia spiegazione potrebbe essere completata, perfezionata e quindi generalizzata tramite una approfondita analisi comparata dei casi di infestazione così come di quelli di apparizioni soprattutto di persone in punto di morte o appena decedute. Per questo, si vedano per cominciare: Gurney,

Le *possibilità* di Jonsson, oltre all'appena vista interazione con *residui psichici* e sua capacità di "esorcizzarli" – ovvero di neutralizzare la loro carica psico-energetica con una carica analoga e contraria – se fosse stato necessario, pare fossero abbastanza numerose. Il testo di riferimento dove esse sono passate in rassegna è quello del 1971 che ho citato fino ad ora e che citerò ancora, scritto da Brad Steiger (1936-2018) prolifico autore statunitense di testi su paranormale e ufologia.

In genere non amo le fonti uniche, perché non permettono raffronti e verifiche accurate per poter convalidare l'attendibilità di un autore. Ma su Jonsson – che negli anni '50 era emigrato negli Stati Uniti – c'è praticamente solo questo, a meno di non consultare articoli o sporadici accenni in libri di parapsicologia, spesso in svedese. Tra le differenze che ci sono con Rol per esempio, vi è l'assenza di un impatto analogo e crescente successivo alla sua morte. Con un individuo in grado di fare molte cose straordinarie, come viene raccontato, ci si sarebbe aspettati l'emergere di molte testimonianze e nuove biografie come nel caso di Rol, considerato che Jonsson morì ormai in piena era di internet e quattro anni dopo Rol. E invece nulla.

Il libro di Steiger comunque pare abbastanza attendibile e l'autore afferma che Jonsson ne autorizzò la pubblicazione. Le sue *possibilità* che sembrano certe, per frequenza e caratteristiche, sono:

- carte
- chiaroveggenza (e psicometria)
- telepatia
- materializzazioni/smaterializzazioni
- telecinesi
- trasferimento di coscienza
- volontà
- biblioscopia semplice
- interventi vari (tramite ipnosi)

Altre *possibilità* sulle quali ci sono però solo brevi accenni o appena casi singoli, o riferiti solo dallo stesso Jonsson senza che ce ne siano altri che possano essere comparati, e quindi troppo poco per considerarle "in dotazione", sono:

- interventi terapeutici (pochi casi, tramite ipnosi, soprattutto uso antidolorifico)

E., Myers, F., Podmore, F., *I fantasmi dei viventi*, Armenia Editore, Milano, 1979; Flammarion, C., *Le case infestate*, Armenia Editore, Milano, 1978.

– trasfigurazione (1 solo caso, ipotetico, testimoniato dalla moglie mentre Jonsson dormiva)[8]
– retrocognizione (pochi casi, qualche punto di contatto con viaggi nel tempo, ma con alcune differenze sostanziali)
– bilocazione (1 solo caso)[9]
– oggetti viventi (ma come sottocategoria della telecinesi, non come categoria separata, per la quale ci sono troppo pochi elementi)
– precognizione (pochi casi, soprattutto raccontati da Jonsson e in particolare, ciò che è il punto più vulnearibile del libro e che lascia perplessi, sono le previsioni per il futuro del mondo fatte al fondo, non avveratesi o vaghe – le poche intuizioni giuste non sono comunque precise[10] e alcune potevano essere fatte anche senza essere "sensitivi" – successive alla pubblicazione del libro in USA, ovvero al 1971; un punto facilmente utilizzabile dagli scettici per screditare sia Jonsson che il suo biografo, al quale però bisogna dare atto di coraggio: poteva omettere quelle previsioni e non esporsi quindi al rischio che potessero non avverarsi, con danno alla credibilità del suo libro).

Comunque, per le cose che fa con le carte, per la chiaroveggenza, la telecinesi e le materializzazioni, per come le fa e per le cose che dice al riguardo, Jonsson pare essere più di un "sensitivo", aveva probabilmente *kuṇḍalinī* risvegliata (ma non arrivata, o non stabilizzata, in *sahasrāra*). Mancano le *possibilità* di grado superiore, come la bilocazione (che sia comprovata da multiple testimonianze), la levitazione, le alterazioni

---

[8] *ib.*, p. 218.
[9] *ib.*, p. 140.
[10] Ad esempio, «molto presto... scoppierà un grosso scandalo, e alcuni altissimi funzionari governativi verranno accusati...»: se avesse detto solo questo sarebbe stato considerato un buon "centro" (il *Watergate* scoppiò nel giugno 1972), ma volendo entrare nei dettagli è incorso in più errori, dalla data («probabilmente all'inizio del 1971») alle ragioni dello scandalo («appropria[zione] di denaro pubblico», soprattutto per «stanziamenti destinati alla difesa»), mentre si trattava di spionaggio elettorale; oppure «vi sarà un peggioramento nei rapporti tra Israele e gli arabi che porterà ad ostilità ancora più gravi di quelle della guerra del giugno 1967», e anche questo potrebbe essere considerato un "centro" (la Guerra del Kippur dell'ottobre 1973) se non fosse che aveva specificato che ciò sarebbe avvenuto «prima del 1972»; oppure, che «entro pochi anni, gli ingegneri perfezioneranno un'automobile elettrica efficiente ed economica. Il motore a combustione interna verrà messo al bando in tutte le città più importanti entro il 1980. Entro un decennio o anche meno, la legislazione vieterà l'uso di automobili private in tutte le città principali, e soltanto la polizia ed il personale medico useranno automobili compatte, a motore elettrico. Entro l'anno 2000 l'automobile, così come la conosciamo ora, sarà virtualmente scomparsa»; il *sentore* della crescente importanza delle auto elettriche c'era, ma i dettagli erano sbagliati.

spazio-temporali (trasferirsi istantaneamente da un luogo a un altro, anche portando qualcuno con sé), le guarigioni istantanee, le precognizioni precise (multiple e ripetutamente testimonate da terzi), il tunnelling, la plasticità del corpo, la resuscitazione, i viaggi nel tempo portando qualcuno e prelevando oggetti, e, *last but not least*, il *post mortem* nelle sue varie manifestazioni (apparizioni, presa di possesso di individui ignari, ecc.).

Naturalmente, non posso escludere che successivamente al 1971, in aggiunta a quanto riferito da Steiger, non ci siano state altre testimonianze attendibili e in quantità sufficiente per confermare o completare quanto sopra. È questo eventualmente un lavoro di ricerca che potranno fare altri, soprattutto in Svezia e USA.

Anche alcune idee di Jonsson, ad esempio sulla reincarnazione[11] – ovvero a un livello di comprensione e spiegazione che supera il corrispondente piano delle *possibilità* da lui raggiunte – mi fanno pensare all'influsso del "mondo astrale" al quale sicuramente aveva accesso, ma che è anche colmo di illusioni.

Comunque nel suo pensiero, nelle spiegazioni dei suoi esperimenti o dello stato di coscienza giusto in cui collocarsi si trovano punti di contatto con Rol. Oltre al già visto inquadramento dei *residui psichici*, Jonsson insiste frequentemente sulla nozione di *armonia*, «quella sensazione di armonia che egli considera come un requisito indispensabile per raggiungere un efficiente controllo "psi"», come scrive Steiger[12]. Quando nel 1949 Jonsson visitò la giungla argentina e una comunità di indios, partecipò a una camminata sui carboni ardenti: «sapevo che mi bastava raggiungere un senso di armonia, di unione con l'universo: allora non avrei avvertito dolore»[13]. Steiger a un certo punto gli dice: «Si direbbe che l'armonia sia uno dei tuoi concetti preferiti», e lui risponde: «Sì, l'armonia è Dio. Quando sei in armonia con il Cosmo, ti senti completamente felice»[14].

Queste sono descrizioni tipiche dei mistici e del resto Rol caratterizzò la *coscienza sublime* come «unione con l'Assoluto, un Tutto».

Steiger riferisce ancora che:

---

[11] Alla quale pare credere ma in maniera parziale e non troppo chiara; dopo la morte «l'anima viene trasportata in una dimensione superiore. In questa dimensione, l'anima *nasce* come spirito, non come corpo»; «io non credo che tutti si reincarnino. O almeno, la reincarnazione non è molto frequente. Credo che sia un po' come quando un contadino depone un seme nella terra: qualche volta la pianta cresce e qualche volta non cresce. Penso che avvenga la stessa cosa con le anime. Non tutte crescono adeguatamente» (*ib.*, pp. 234-235).
[12] *cit.*, p. 20.
[13] *ib.*, p. 72.
[14] *ib.*, p. 275.

> «... Olof si pone, per prima cosa, in "uno stato di mente armonioso". Questa base di serenità mentale, questo senso di unità con l'intero universo ... deve essere necessariamente acquisito, prima che sia possibile controllare con efficacia un aspetto qualsiasi dei fenomeni "psi". Essi si possono verificare spontaneamente, senza nessun preavviso ... Tuttavia, per *controllare* queste facoltà ... è necessario, ripete insistentemente Jonsson, porsi in "uno stato di mente armonioso".
> "Questo stato si produce soprattutto quando uno si rilassa e si libera di tutte le condizioni e di tutte le preoccupazioni irritanti ... Bisogna diventare, per un attimo, come una minuscola isola»[15].

L'impressione, sulla base dei risultati sperimentali ottenuti, è che Jonsson riuscisse ad avere accesso, in maniera saltuaria, alla *coscienza sublime*, anche se non in maniera stabile e completa come Rol.
Vediamo allora alcuni di questi esperimenti, limitandomi qui alle sole carte e lasciando ulteriori analisi per altri studi futuri.

> «Il professor Torben Laurent svolse una serie di prove con Olof Jonsson, nel suo studio presso la Scuola Tecnica Superiore di Stoccolma, in Svezia, servendosi per l'appunto di un mazzo di carte. Il professor Laurent conosceva molto bene i trucchi dei prestigiatori, e perciò teneva il sensitivo sotto attenta sorveglianza. In seguito, il professore descrisse cinque prove che considerava "...estremamente difficili da spiegare come trucchi illusionistici".
> Sempre a proposito di tali esperimenti, il professor Laurent ebbe a dichiarare: "L'ingegner Jonsson non aveva nessuna possibilità di installare apparecchi nascosti nel mio studio, dove si svolsero gli esperimenti. Erano presenti alcuni componenti la mia famiglia, alcuni dei miei assistenti e le loro mogli. In alcuni casi, fu presente anche la signora Eira Hellberg, come spettatrice passiva. Jonsson eseguì i suoi interessantissimi esperimenti con normali carte da gioco e normali dadi che avevo acquistato personalmente e messo a sua disposizione"».

Ad esempio

> «Jonsson chiese al professor Laurent di mescolare il mazzo, di disporre le carte, coperte, sulla sua cartella da scrittoio, di prendere una carta a caso, senza mostrarla a nessuno, di metterla in una busta presa dalla scrivania, di chiuderla e di posare la busta stessa sul piano della scrivania. Durante questa serie di operazioni, Jonsson era uscito dalla stanza.
> "Quando tutto fu pronto, venne fatto rientrare Jonsson: mi chiese di prestargli uno dei miei dadi. Gliene diedi uno, che era piccolissimo, e lui lo lanciò sulla busta. Uscì un cinque. Allora Jonsson disse: "La carta è un cinque di cuori: abbia la cortesia di controllare".

---

[15] *ib.*, pp. 96-97.

La carta era, infatti, un cinque di cuori. Carte e dado vennero fotografati, e quando la pellicola fu sviluppata, potemmo stabilire con certezza che non eravamo stati vittime della suggestione»[16].

Steiger descrive altri esperimenti:

«Il partecipante viene invitato a tagliare un mazzo che Jonsson non ha visto prima dell'esperimento. Il mazzo viene tagliato, e appare il fante di quadri. La carta viene chiusa in una busta e nascosta sotto un grosso libro. Jonsson chiede agli osservatori di decidere quale carta dovrà scomparire dal mazzo. Gli osservatori scelgono il quattro di picche. Il mazzo viene posto sul libro, e il partecipante viene invitato a posarvi sopra le mani. Dopo alcuni istanti di concentrazione, il medium invita il partecipante a controllare il mazzo. Il quattro di picche, che pochi secondi prima c'era, è sparito, ma in compenso nel mazzo è ricomparso il fante di quadri. Quando viene sollevato il libro, e si apre la busta, si scopre che il quattro di picche è finito al posto del fante di quadri. Dal momento in cui il fante di quadri era stato messo nella busta fino al momento in cui la busta era stata aperta, rivelando il quattro di picche, tanto Olof Jonsson quanto la busta stessa erano stati tenuti sotto continua sorveglianza»[17].

«Olof Jonsson invita uno degli osservatori a scegliere a caso una carta dal mazzo. Una carta viene estratta e poi reinserita nei mazzo. Poi il medium chiede allo stesso osservatore di mescolare bene le carte. Il mazzo viene posto sul tavolo, la carta scelta dall'osservatore deve essere la prima. L'osservatore mescola di nuovo, molto a lungo, ma quando il mazzo viene posato sulla tavola, anche stavolta la carta prescelta è la prima. Jonsson dichiara di essersi concentrato sulla carta prescelta e di aver voluto che si portasse sempre in cima al mazzo»[18].

«Il 22 maggio 1969, la signora R.T.S. ... a Chicago, mise a disposizione il suo appartamento, perché venisse usato come laboratorio non ufficiale, dove Olof Jonsson avrebbe potuto dare a me e ad uno sceneggiatore cinematografico amico mio, Mike F., qualche dimostrazione delle sue facoltà psichiche. Avevo chiesto a Mike di accompagnarmi perché sapevo che era uno scettico dalla mentalità aperta, che sarebbe stato in guardia contro ogni trucco, conscio o inconscio. Prima di quella riunione avevo incontrato Olof soltanto tre o quattro volte, e volevo disporre di una "mente fredda" in grado di dirmi se avevo ragione o torto nel giudicare positivamente il medium. Ecco il racconto particolareggiato di Mike riguardo a quella serata:
"Oltre a Jonsson e alla signora S. erano presenti Brad Steiger, la signora Jonsson, e un medico che mi venne presentato come dottor Andy. (...)

---

[16] *ib.*, pp. 35-37.
[17] *ib.*, p. 43.
[18] *ib.*, pp. 43-44.

Ad eccezione dell'esperimento nel corso del quale fece girare una tavola, tutti i test vennero effettuati in stanze pienamente illuminate. L'atmosfera non era per nulla spettrale o allucinante.
Gli esperimenti di Jonsson furono troppo numerosi e troppo complessi perché sia possibile descriverli adeguatamente[19]. Ad un certo punto, scelsi alla cieca una carta da un mazzo normale e me la misi in tasca senza neppure guardarla. Nessun altro vide o maneggiò questa carta.
Steiger, su istruzioni di Jonsson, tagliò un altro mazzo di carte e lo suddivise in quattro mucchietti, che vennero lasciati sul pavimento, sotto lo sguardo di tutti. Jonsson chiese a Steiger di scegliere tra i quattro mazzetti quello che sentiva contenere la carta identica a quella che io avevo in tasca. Steiger indicò un mucchietto. Jonsson disse che non era quello giusto, e chiese a me di sceglierlo. Disse che mi avrebbe aiutato nella scelta, sebbene si trovasse molto lontano da me: e non toccò mai nessuna carta dei due mazzi.
Scelsi un mazzetto, più perché mi sentivo costretto a indicarlo che perché lo volessi veramente[20]. Allora Jonsson sparse le carte di quel mucchietto e mi chiese di passarvi sopra le dita, fino a quando provassi l'impulso di toccarne una. Obbedii. Avvertii una strana sensazione di energia nelle dita, mentre le passavo al di sopra delle carte, e diventò una specie di tepore e di intorpidimento che si intensificava ogni volta che passavo sopra al dieci di cuori[21]. Alla fine toccai il dieci di cuori, e Jonsson lo tolse dalla fila. Mi disse allora di togliermi dalla tasca la carta che vi avevo infilato: e anche quella carta era un dieci di cuori.
Jonsson chiamò esattamente[22] tutta la serie delle carte ESP Zener[23], mentre io le tenevo dietro alla schiena, quasi prima che avessi il tempo di separarle dal resto del mazzo. Avevo preso la precauzione di mettermi in un punto in cui lo specchio non poteva riflettere le carte che io tenevo in mano; quando più tardi ripetemmo l'esperimento, io mi misi seduto sul divano, in modo che le carte fossero rivolte verso lo schienale. Jonsson riuscì egualmente a identificarle»[24].

---

[19] È ciò che accadeva spesso anche con quelli di base di Rol, molti e complessi, difficili da ricordare nei dettagli.
[20] Siamo qui in presenza di un fenomeno che rientra nello spettro del *trasferimento di coscienza*; si ricorderà ad esempio Nicola Riccardi: «dico uno strano 22, e credo di essere libero ma in realtà ho prestato la voce mia, come ipnotizzato, a una volontà diversa dalla mia» (vol. V, pp. 215-216).
[21] L'esecutore come si vede percepisce qualcosa che da solo non avrebbe percepito, perché su di lui sta agendo l'*influenza psico-energetica* di Jonsson. La «sensazione di energia» e il «tepore» sono un chiaro indizio che è all'opera *śakti*, che si manifesta come *tapas*, ovvero il *calore* della «tremeda legge» di Rol.
[22] Ovvero "indovinò", determinò con precisione.
[23] Jonsson usava sia le normali carte da gioco che quelle disegnate negli anni '30 dallo psicologo Karl Zener, 25 carte costituite da 5 simboli diversi, cinque per ognuno: cerchio, croce, linee ondulate, quadrato e stella.
[24] *ib.*, pp. 88-90.

Lo scrittore danese Poul Thorsen

> «descrive una seduta, alla quale era stato presente insieme ad altre cinque persone, nessuna delle quali aveva mai incontrato Jonsson in precedenza. (...) [In uno degli esperimenti] qualcuno dei presenti (e questo si ripeté parecchie volte) prese dal mazzo una carta, senza guardarla e senza mostrarla a nessuno. Dopodiché, ci sedemmo attorno ad un tavolo rotondo, che su comando del medium avrebbe rivelato il colore e il valore della carta per mezzo di colpi. Certe volte, il medium sedeva a tavola insieme agli altri, altre volte, invece, stava in piedi dietro di loro. Ogni volta il tavolo indicò, con colpi molto potenti, il valore esatto della carta e una volta i colpi furono così violenti che la gamba del tavolo andò a pezzi. (...) Il medium otteneva tutti questi risultati senza il ricorso preordinato a qualche essere invisibile»[25].

La signora Dolly Mitchell racconta di un esperimento fatto da Jonsson a suo figlio Tommy di 12 anni:

> «Olof disse a Tommy di pensare a una carta... Non ricordo esattamente quale fosse, ma per comodità diciamo che era l'asso di cuori. Poi disse a Tommy di tagliare un'mazzo di carte in quattro mazzetti... Devo sottolineare che le carte erano mie e che Olof non le toccò mai.
> Olof indicò il primo mucchietto di carte e chiese a Tommy se voleva che l'asso di cuori fosse lì. Tommy rispose di no. Raccogliemmo subito il mazzetto e lo esaminammo. L'asso di cuori non c'era.
> Olof fece la stessa domanda a Tommy per gli altri tre mazzetti. (...)

---

[25] *ib.*, p. 195. Thorsen aveva anche detto: «Jonsson è in grado di realizzare il fenomenale, per non dire l'incredibile, senza cadere in trance e senza bisogno di spiriti guida o di cose del genere. Per quanto posso giudicare, sulla base delle mie esperienze, è veramente singolare» (p. 173). Quanto alla determinazione del valore di una carta tramite *raps*, i colpi battuti dal tavolo, sistema chiamato tiptologia, era questo uno dei mezzi prediletti da *Stasia*. Si veda il vol. I/II, le appendici II e III, da cui a titolo di esempio il seguente: «Per esempio, il tavolino 'dice': "l'operatore scelga un mazzo e lo mescoli *a volontà, finché io gli darò il segnale di cessare*. Allora deponga il mazzo, col dorso in alto, ed estragga" (poniamo) "la dodicesima carta dal di sopra". L'operatore ubbidisce, mescola e rimescola coscienziosamente, talvolta per sei o sette minuti di seguito: tanto che può anche dubitare di battere ... falsa strada, e allora chiede al tavolino: "non basta ancora?". E il tavolino risponde un fortissimo "no" (due colpi bruschi). L'operatore allora prosegue. Ma ecco che finalmente il tavolino si solleva, per lenti gradi, da una parte (fino a circa 10-20 cm. dal suolo): si avvicina dunque il momento di cessare la mescolatura. L'operatore acuisce l'attenzione, pur continuando a mescolare. Ad un tratto, il tavolino ricade di colpo, pesantemente: l'operatore si ferma. L'ordine non potrebb'essere più preciso, e confesso che la sensazione di "cosa viva" sebbene invisibile, che se ne riceve, almeno la prima volta fa una certa impressione» (vol. II, p. 714).

> E Tommy rispose ogni volta di no. E ogni volta noi controllammo il mazzetto, senza trovare mai l'asso di cuori.
> Allora Olof invitò Tommy a mescolare le carte ed a ripetere gli stessi gesti di prima: dividerle in quattro mucchietti (...). Chiese di nuovo a mio figlio se voleva che l'asso di cuori fosse nel primo mucchietto, e Tommy disse di no; esaminammo il mazzetto e accertammo che la carta non c'era. Tommy diede la stessa risposta per gli altri due mazzetti, e niente asso di cuori. Finalmente, quando Olof indicò il quarto mazzetto, Tommy rispose che voleva che lì ci fosse l'asso di cuori.
> Olof disse a Tommy di mettersi le carte dietro la schiena e di prenderne una alla volta, nell'ordine che preferiva: in qualunque modo le avesse estratte, l'asso di cuori sarebbe sempre stato l'ultimo. Per essere sincera, l'asso di cuori uscì terzultimo, ma considerammo quella dimostrazione assolutamente sbalorditiva».

Steiger commenta:

> «Il fattore "sbalorditivo" dell'esperimento sta nel fatto che Olof, a quanto pare, faccia sparire una carta senza toccarla mai e senza maneggiare il mazzo. Se un "mago" professionista, un prestigiatore, dichiara di essere in grado di ripetere l'esperimento devo avvertirlo che esistono queste condizioni: 1) l'uso di un mazzo di carte mai aperto prima e mai toccato dal "mago"; 2) il "mago" non può mai maneggiare il mazzo o avvicinarglisi a meno di un paio di metri; 3) la carta viene scelta mentalmente e a casaccio, e il mazzo non esce mai dalle mani dei testimoni[26].
> Per farla breve, sembra proprio che Olof Jonsson faccia dematerializzare la carta e poi la faccia rimaterializzare, in una incredibile dimostrazione del potere della mente sulla materia.
> Non sempre la carta fa ritorno nel mazzo. Una volta trovai la carta sotto ad una scacchiera, dove si era materializzata senza spostare i pezzi allineati. Durante un esperimento, la carta fu scoperta nella tasca della giacca di un testimone che aveva osservato la dimostrazione standosene ad una buona distanza dalla tavola su cui veniva compiuta la scelta. In un altro caso, la carta prescelta fu ritrovata sotto al cuscino di un divano su cui stava seduta una signora di proporzioni piuttosto imponenti. Durante parecchie dimostrazioni, le carte non vennero più rintracciate. Olof Jonsson ha molti amici e molti sfidanti scettici che possiedono un mazzo di carte con una carta di meno»[27].

Il fotografo Sven Turck aveva dichiarato:

> «Invariabilmente, tutte le volte che ho visto Olof dare una dimostrazione dei suoi straordinari poteri servendosi delle carte da gioco, il mazzo apparteneva a qualcun altro, e Olof non lo aveva mai neppure toccato,

---

[26] E anche queste sono condizioni tipiche degli esperimenti di Rol.
[27] *ib.*, pp. 201-203.

prima dell'inizio dell'esperimento. In quasi tutti i test, Olof non si avvicinava neppure alle carte»[28].

In merito all'uso delle carte, Jonsson ha commentato:

> «Il modo migliore per imparare la chiaroveggenza, la facoltà di vedere ciò che è nascosto, è incominciare a cercare di determinare le carte, i numeri, e i diversi simboli»[29].

> «È molto facile servirsi delle carte da gioco, che hanno d'altra parte il vantaggio di offrire risultati dimostrativi che possono venire compresi da un grandissimo numero di persone, senza che siano necessarie manipolazioni particolari. Parecchi anni fa, decisi di abbandonare le normali carte da gioco e di utilizzare le carte ESP»[30].

Jonsson, come Rol, ritiene che tutti potrebbero fare quello che fa lui e che in futuro questo accadrà. Dice ad esempio:

> «...sono convinto che questa facoltà telepatica esista, allo stato latente, in tutti quanti, e che possa venire portata a livelli molto elevati in persone disposte a seguire un programma di addestramento e di sviluppo. (...) L'esistenza della trasmissione del pensiero è dimostrata da innumerevoli esempi (...). Ma non è ancora stata chiarita la concreta connessione causale. Quando ciò accadrà, ci sembrerà naturale comunicare telepaticamente, senza parole, come oggi ci appare naturale comunicare per mezzo della voce. I sensi ignoti possono diventare i sensi di tutti»[31].

> «Tutti possiedono queste facoltà: tutto sta a saperle usare»[32].

Se per Rol in futuro la scienza «perverrà» ai «limiti» della sua «conoscenza» «e li supererà»[33], Jonsson «spera che l'ESP possa divenire una vera e propria scienza, utile a migliorare l'umanità»[34].
Come Rol, Jonsson non si ritiene un individuo speciale:

---

[28] *ib.*, p. 41.
[29] *ib.*, p. 64.
[30] *ib.*, p. 103.
[31] *ib.*, p. 97.
[32] *ib.*, p. 17.
[33] «È difficile stabilire i limiti della mia conoscenza, ma sono certo che la scienza vi perverrà, e li supererà» (Gervaso, R., *"Rol: «I miracoli? Ci credo e ne vedo»"*, Corriere della Sera, 31/12/1978, p. 8).
[34] Dall'aletta di presentazione del libro si Steiger.

> «quello che io sono mi sembra del tutto normale, e sono soddisfatto della mia vita. Forse i veri anormali sono quelli meno sensitivi, ed io sono normale»[35].

A differenza di Rol, le sue *possibilità* sarebbero emerse da bambino in maniera spontanea e casuale – non consta cioè un evento traumatico come quello *tremendo* di Rol e che sia stato l'esito di un lungo tirocinio:

> «Olof Jonsson aveva soltanto sette anni, quando in sua presenza incominciarono ad accadere cose strane.
> "Mi accorsi che io potevo vedere e provare cose che gli altri non vedevano né provavano", ricorda. "Quando ero un ragazzino, credevo che anche gli altri avessero i miei stessi poteri.
> Mi resi conto per la prima volta della strana facoltà che mi permetteva di influenzare gli oggetti con lo sguardo o con la forza del pensiero quando vivevo nella casa dei miei genitori a Malmo, in Svezia (…). In cucina, sulla tavola, c'era una bottiglia (…). E all'improvviso provai il desiderio travolgente di vederla cadere sul pavimento. E cadde subito, infatti, ma senza rompersi".
> "Ed un fatto di quel genere non bastò a riempire di stupore e di paura un bambino di sette anni?".
> "No. Mi pareva del tutto naturale che la bottiglia si comportasse in quel modo", disse Olof. La sua voce sommessa è colorata da un accento svedese che permane ancora oggi, dopo diciotto anni di soggiorno negli Stati Uniti. "In seguito, mi accorsi che oggetti di ogni genere si muovevano, quando li guardavo".
> Quella bizzarra facoltà aveva poi incominciato ad estendersi.
> "Sognavo spesso cose che poi si avveravano. Per esempio, una volta vidi, in sogno, che una ragazza che abitava nei dintorni si sarebbe spezzata una gamba. L'incidente accadde il giorno dopo, esattamente come io l'avevo sognato. Spesso sapevo quello che pensavano le persone che si trovavano in mia presenza. Talvolta ero in grado di rispondere ad una domanda prima che mi venisse rivolta.
> A scuola, per me imparare era facilissimo. Per questa ragione, non ho mai avuto bisogno di ricorrere alle formule che gli insegnanti di matematica ci spiegavano per risolvere i problemi, perché avevo scoperto il modo di ottenere in anticipo le soluzioni»[36].

Chi in anni più recenti ha riscontrato dei punti di contatto tra Rol e Jonsson è stato anche l'illusionista Tony Binarelli, tanto da pubblicare una breve monografia comparata su di loro, rivolta non al grande pubblico ma a quello di nicchia dei prestigiatori[37].

---

[35] *ib.*, p. 274.
[36] *ib.*, pp. 48-49.
[37] Binarelli, T., *Rol & Jonsson. La cartomagia nella quinta dimensione*, La Porta Magica, Roma, 2011.

Binarelli è uno degli illusionisti ad aver conosciuto Rol di persona, ad aver assistito a suoi esperimenti e a non aver riscontrato alcun possibile trucco[38].

Negli anni '80 era, insieme ad Alexander e Silvan, uno dei più noti prestigiatori italiani. Dei tre, solo quest'ultimo non aveva potuto incontrare Rol di persona (anche se gli parlò spesso al telefono) perché non aveva sufficienti "qualifiche", come ho spesso spiegato[39].

Il fatto che Binarelli compari Rol e Jonsson e non altri, conferma l'opinione di Talamonti e Di Simone che in effetti ci sono tra i due dei punti di contatto. Il suo proposito non è quello di convalidare o confutare l'uno o l'altro; semplicemente, come illusionista, propone delle tecniche per *simulare* alcuni loro esperimenti, chiarendo, almeno formalmente, che questo non intende sminuirli né sostenere che loro si fossero serviti di metodi "materiali" simili:

> «Maestri ... di effetti straordinari con le carte da gioco, tanto da rientrare nel novero dei fenomeni paranormali, sono stati due grandi medium del passato: l'italiano Gustavo Adolfo Rol e lo svedese Olof Jonsson, le cui biografie sono reperibili in libreria.
> Gli effetti che seguono, elaborati sulla scia dell'esperienze realizzate da questi due grandi, non vogliono assolutamente essere "le spiegazioni" delle realizzazioni dei due citati, ma solo una mia libera interpretazione degli effetti stessi e del loro metodo esecutivo»[40].

Le "libere interpretazioni" di Binarelli sono molto utili, perché mostrano la *forma mentis* (e di conseguenza anche l'eventuale pregiudizio) degli illusionisti quando giudicano certi fenomeni, nello specifico soprattutto quelli con le carte di Rol e Jonsson. Una delle cose che Binarelli purtroppo non fa, perché interessato esclusivamente a *come riprodurre col trucco* invece che a *capire*, è quella di isolare gli elementi che nelle descrizioni degli esperimenti *escludono* che possa essere stato usato un qualunque trucco. Non valuta cioè se, nel caso di un esperimento citato, ci possa o meno essere stato un trucco, quali siano gli elementi a favore e quali contro. Il suo approccio è esclusivamente: *come potrebbe essere*

---

[38] Cfr. 1-V-130, 1/2-XXXIII-22-23.
[39] Si veda ad esempio il mio articolo-approfondimento del 2019 *Le 10 principali fake news degli scettici*, fake n. 2.
[40] p. 3. Binarelli definisce Rol "medium" e naturalmente è sbagliato. Si è visto che anche a Jonsson questo termine stava stretto. In entrambi i casi, sia la teoria (non spiritista) che la pratica, ovvero l'assenza di sedute "medianiche" con evocazioni e la condizione di coscienza (non *trance*) impongono che si usino altre definizioni più pertinenti. Per Rol è *illuminato*, per Jonsson forse potrebbe essere *supersensitivo*.

stato realizzato l'esperimento se fosse stato fatto col trucco? e, *in che modo posso replicarlo?*[41]

A me questo atteggiamento appare del tutto superficiale, per non dire di più, e giustifica il fatto che Rol, nonostante abbia aperto la porta a più illusionisti di quanti la maggior parte delle persone ne abbia conosciuti in vita sua, non voleva avere a che fare con loro. Basicamente, interessati solo al loro tornaconto di uomini di spettacolo, difficilmente in grado di trarre qualcosa di un po' più elevato e profondo. Per Binarelli, Rol è un «grande» per gli effetti che produceva, e la faccenda si chiude lì. Nel suo libretto, tranne un breve accenno, non ci sono riflessioni sull'uomo Rol, il suo pensiero, la sua dedizione al prossimo, la vastità delle sue *possibilità* e le spiegazioni che forniva. Che pochezza! E stiamo parlando di un professionista che aveva una considerazione positiva di Rol e lo aveva conosciuto, figurarsi gli altri!

La parte che riguarda Jonsson comincia così:

> «Nella storia della parapsicologia l'altro grande sensitivo paragonabile a Gustavo Adolfo Rol, quanto meno per tipologia di fenomeni realizzati[42], è senz'altro lo svedese Olof Jonsson.
> Alcune differenze sostanziali vanno però sottolineate. Rol operava fondamentalmente a casa sua[43] e si rivolgeva ad un pubblico accuratamente scelto[44]. A Rol sono attribuite "capacità" guaritorie, o

---

[41] È comunque difficile togliersi la fastidiosa sensazione del fatto che, nel modo in cui fa le sue "ricostruzioni" e "proposte di esecuzione", Binarelli sembri voler insinuare che Rol e Jonsson abbiano in realtà usato gli stessi metodi di un illusionista.

[42] Binarelli non era a conoscenza, quando scriveva, della mia classificazione delle *possibilità* di Rol (all'epoca 49, nel 2022, 50) e per lui le carte erano un po' uno specchietto per le allodole. Se le mettessimo per un momento da parte, e cercassimo altre figure comparabili a Rol sulla base delle *restanti possibilità*, soprattutto nella storia delle religioni, troveremmo altri e più legittimi paragoni, di *pari-livello*.

[43] Questo è il contrario della verità, e i disinformati ripetono acriticamente quanto altri disinformati prima di loro avevano scritto. Una rassegna precisa delle testimonianze, che è possibile fare solo attraverso la mia antologia, mostra invece che *Rol operava prevalentemente in ambienti diversi da casa sua*. Si veda la *fake news* n. 5 del mio articolo già citato alla nota 39.

[44] Questo è solo parzialmente vero. Accadeva quando si trattava delle sedute, o sessioni, di esperimenti, e comunque i gruppi nel corso degli anni variavano molto. Ma la fenomenologia di Rol era assai più vasta di questi incontri: le sue *possibilità* potevano esplicitarsi non solo dovunque, ma anche con chiunque e spesso con sconosciuti, in mezzo alla strada, in ospedali, ristoranti, ecc. Questa aneddotica supera l'altra in termini quantitativi, pertanto non c'è alcuna prevalenza di «pubblico accuratamente scelto» nel senso riduttivo inteso da Binarelli, anche se ovviamente era Rol a scegliere con chi e dove intervenire – al

quanto meno consolatorie, nei confronti di ammalati che spesso visitava negli ospedali torinesi. Rol attribuiva le sue capacità ad un'entità esterna di cui era solo "una grondaia" capace di convogliarle. Rol dipingeva ed era un esperto d'arte ed antiquariato. Rol non ha mai voluto sottoporre le sue capacità ad alcuna tipologia di controllo scientifico o meno[45]. Su Rol inoltre, a favore e contro, esiste una copiosissima bibliografia. Nota è anche la riservatezza di Rol, sulla sua vita e sulle sue capacità.

Lo svedese Olof Jonsson, a differenza di Rol, presentava i propri esperimenti, dove se ne presentava l'occasione[46]. Gli erano attribuite capacità di psicometria, tanto da collaborare con la polizia svedese nella ricerca di persone scomparse, delitti, ecc..[47] Jonsson attribuiva le sue capacità a poteri della mente umana che anche altri potevano sviluppare[48]. Jonsson, trasferitosi dalla nativa Svezia a Chicago negli Stati Uniti, ha sempre esercitato la sua professione di ingegnere. Inoltre, negli USA, si è sottoposto a numerosi test di controllo da parte degli studiosi del settore come il famoso prof. Rhine. Su Jonsson esiste un solo libro, scritto da Brad Steiger, che narra della sua vita e delle sue straordinarie esperienze. Jonsson, al contrario di Rol, non disdegnava

---

di là degli incontri per gli esperimenti – in genere verso persone che avevano bisogno di un qualche tipo di aiuto o per azioni "dimostrative".

[45] E anche questo non è corretto, di nuovo ripetizione acritica di informazioni superficiali. È cioè sbagliato affermare che Rol «non ha voluto», ovvero porre la questione in termini di *volontà*; è invece vero anche qui l'esatto contrario: Rol *voleva* trovare un punto di incontro con la comunità scientifica, lo ha *sempre cercato* ed è sempre stato molto disponibile. Il punto non riguarda la *volontà*. Più giusto sarebbe scrivere che Rol non ha *potuto* «sottoporre le sue capacità» a un controllo scientifico rigoroso nei termini desiderati da scienziati e intellettuali vari, i quali erano di fatto troppo immaturi – per le caratteristiche intrinseche della *scienza di Rol* – per avere un approccio corretto alla questione. Inoltre, ho già più volte affermato che i presunti controlli rigorosi di qualsiasi altro soggetto nella storia della parapsicologia, nonostante il vanto di ricercatori seri e risultati anche interessanti (soprattutto nel XIX secolo), non sono oggi minimamente considerati come prova scientifica dei fenomeni paranormali. Quelli che hanno accettato di fare da «cavia» si sono "sacrificati" più o meno per nulla…
Anche quel «o meno» è sbagliato, visto che incontri informali con studiosi comunque critici ed attenti ce ne sono stati molti, e Binarelli pare nemmeno saperlo.
[46] E invece era anche il caso di Rol, solo che Binarelli, a discapito della «copiosissima bibliografia» appena citata, non pare averla mai consultata.
[47] Risulta che anche Rol lo abbia fatto, ma non in maniera così esplicita come Jonsson. Rol lavorava più dietro le quinte, e aveva le sue ragioni. Quanto alla psicometria, era anche una delle *possibilità* di Rol e che io ho optato per non disgiungere dalla chiaroveggenza (che potrebbe avere anche ulteriori suddivisioni). La sua conoscenza e uso da parte di Rol è già implicita, scontata, nelle spiegazioni che dà su *spirito* e *spirito intelligente*, si veda tra gli altri l'esempio del «lapis» più avanti, p. 339.
[48] Rol diceva la stessa cosa, anche se parlava, più correttamente, di *spirito intelligente*, che è superiore alla «mente» umana.

exploit pubblici[49], come il famoso esperimento di telepatia con l'astronauta Edgar Mitchell, nel corso del volo spaziale dell'Apollo 14[50]. Oltre alle comuni carte da gioco utilizzava anche le carte ESP.
Denominatore comune di questi due personaggi così diversi per vita, ceto sociale, esperienze e cultura, è invece l'uso delle carte da gioco per compire incredibili esperimenti a dimostrazione delle loro facoltà paranormali[51].
Anche in questo caso ho selezionato alcuni degli esperimenti di Olof Jonsson e ho cercato di trovare una soluzione illusionistica. Con questo non voglio però sostenere che quelli che propongo siano gli stessi metodi utilizzati da Jonsson, seguendo il mio convincimento che la prestigiazione è l'imitazione della magia e che una non potrebbe esistere senza l'altra»[52].

Io qui non farò una rassegna critica estesa degli esperimenti – nel suo caso "giochi"– che descrive, mi riservo di farla in altro studio, congiuntamente alle "ipotesi" dei suoi colleghi che, al contrario di lui, affermano *esplicitamente* che Rol usasse trucchi e pretendono spiegare anche quali fossero, secondo loro (non occorre naturalmente che ribadisca che si tratta di ipotesi farraginose e speculative, che un sano e preciso *fact checking* è in grado di demolire sistematicamente).

Mi limiterò a citare un episodio – raccontatogli da una presunta giornalista che vi avrebbe assistito – scelto tra due, che vengono comunicati per la prima volta da Binarelli e che non si trovano in altre pubblicazioni, e che

---

[49] E questo sarebbe un demerito? In ogni caso, l'esperimento dell'Apollo citato come esempio non era destinato ad essere reso pubblico, non almeno nei termini sensazionalisti come poi fu.
[50] Su questa esperienza ed esperimenti tornerò in un prossimo volume, qui intanto riporto una sintesi: «Esperimento di telepatia condotto dal 31 gennaio al 9 febbraio 1971 fra la capsula dell'Apollo 14, in volo verso la Luna e ritorno, e la Terra. L'esperimento era stato precedentemente e segretamente concordato fra il capitano Edgar D. Mitchell, comandante della spedizione lunare, che avrebbe operato come agente, e quattro persone, fra cui il famoso sensitivo Olof Jonsson, che, a terra, sarebbero state gli eventuali percipienti. Si sarebbero dovute fare sei trasmissioni, tre all'andata e tre al ritorno; ma, per ragioni di forza maggiore, se ne fecero solo quattro, due all'andata e due al ritorno, una delle quali avvenne quando l'astronave si trovava al di là della Luna, a una distanza di circa 390.000 chilometri. I risultati, analizzati dalla Foundation for Research on the Nature of Man, di Durham, diretta dal Rhine, furono considerati positivi, e dimostrarono così, ancora una volta, che la distanza non influisce sulle comunicazioni telepatiche o, per lo meno, agisce in misura minima, indipendentemente dalla legge del quadrato della distanza» (AA.VV., *Paranormale. Dizionario enciclopedico*, vol. I, Mondadori, Milano, 1992, p. 68).
[51] Certo questo è l'aspetto comune più appariscente, ma come ho già mostrato e come mostrerò in altro studio, i *punti di contatto* sono più di questo.
[52] Binarelli, T., *Rol & Jonsson...*, p. 24.

quindi sarebbero stati fino ad allora inediti. Ad una analisi attenta paiono entrambi inventati (e infatti non li ho riportati nei volumi precedenti)[53]. Con Binarelli ero entrato in contatto nel 2013 e c'era stato uno scambio di idee. Non mi disse molto di più di quanto già aveva scritto o detto su Rol, e mi diede l'impressione di conoscere anche abbastanza poco la letteratura su di lui (i miei libri scritti fino ad allora ad esempio non li conosceva). Fu lui stesso, quell'anno, ad inviarmi il suo libretto in Brasile, con una breve dedica. Ecco l'episodio in questione:

> «Gli esperimenti di Rol, non si limitavano però alle sole carte, anche se queste erano dominanti[54]. Spesso faceva apparire scritte misteriose su libri, fogli di carta ed altro. Ecco un classico esempio, raccontatomi da una mia amica giornalista[55].
> "Durante un pranzo con alcuni amici, si avvicinò il cameriere informando uno dei commensali che era desiderato al telefono. La persona si allontana e Rol diventa subito assorto ma sorridente. L'interessato ritorna, Rol prende uno dei tovaglioli, vi avvolge dentro una matita ed invita la persona a metterlo nella tasca interna della sua giacca. Poi domanda all'interessato il nome della persona con cui ha conferito al telefono ed il dottore risponde Romilda. A quel punto Rol tracciò con la mano dei segni nell'aria, qualche istante di concentrazione e subito dopo invitò la persona che aveva il tovagliolo ad aprirlo e, fra la sorpresa di tutti, proprio al centro, con segno stentato ma ben visibile si poteva proprio leggere Romilda».

Ammesso che l'episodio sia davvero accaduto (ci arriverò tra breve) o che le cose si siano davvero svolte così – con gli illusionisti occorre avere "i piedi di piombo" – ovvero che Binarelli non abbia alterato alcuni dettagli

---

[53] L'altro lo avrebbe testimoniato di persona lo stesso Binarelli, o così vorrebbe farlo sembrare, e anch'esso pare essere un *fake basato su fatti reali*, che gli serve come spunto e premessa per poter "dimostrare" come eseguirlo col trucco. Non dice né dove, né quando né quante persone fossero presuntamente presenti, e lo introduce così: «il mazzo di carte era posto al centro del tavolo. Alcuni di noi hanno effettuato una serie di alzate complete e poi Rol ci chiese di prendere le prime due carte del mazzo» (p. 15). Anche questo mi riservo di analizzarlo nel dettaglio in altra sede, tentando di discriminare la realtà dalla finzione.
[54] Ciò è confermato dalle mie statistiche (si veda l'aggiornamento al 2022 nel vol. III, p. 17). La ragione però è data dal fatto che, come in una immagine piramidale, essendo questi esperimenti quelli *di base*, sono stati mostrati alla stragrande maggioranza dei testimoni e in genere a tutti o quasi tutti i neofiti, mentre gli esperimenti più complessi e i prodigi di grado superiore – sezioni orizzontali della piramide via via sempre più piccole andando verso l'alto – sono stati mostrati ad un numero inferiore di persone.
[55] Non dice chi sia, ciò che avrebbe permesso una verifica – e che a posteriori è chiaro che non auspicava – né quando l'episodio sarebbe accaduto.

e sfumature del racconto per poterlo utilizzare con facilità nella sua costruzione e riproposizione col trucco, ecco le sue istruzioni-spiegazioni:

>«OCCORRENTE: il nail writer o il pollice scrivente. Una matita che abbia lo stesso tratto del gimmick[56].
>Cosa può essere avvenuto?[57] Il cameriere si avvicina al tavolo e dice ad uno dei commensali "Dottore, la signora Romilda la desidera al telefono". La persona si alza. Il medium, pur avendo sentito, fa finta di niente, seguita a parlare d'altro, ma allo stesso tempo sul suo tovagliolo scrive con il gimmick il nome sentito. Il commensale ritorna e il medium, come ispirato, parla della possibilità della mente umana di percepire pensieri ed immagini, ma anche delle forze misteriose che possono suggerirle. Prende la matita o la penna secondo l'accessorio usato, la chiude all'interno del tovagliolo (quello con la scritta) e lo consegna alla persona, pregandolo di tenerlo in tasca fino alla fine del pranzo.
>NOTA: questa situazione ha due vantaggi. Suscita la curiosità e sfasa i tempi. Alla fine nessuno ricorderà la sequenza esatta degli avvenimenti (…). Ovvio che al termine del pranzo, dopo il caffè, i commensali siano curiosi e il medium a questo punto: "lei ricorderà che a metà pranzo ha ricevuto una telefonata importante, che le ha dato un'informazione che aspettava", l'altro non può che assentire, "e che io le ho consegnato una matita avvolta nel suo tovagliolo. Ora desidero che per la prima volta lei nomini il nome della persona che l'ha chiamata". L'altro, ovviamente, dice "Romilda". Solo a questo punto il medium entra in concentrazione. Le sue mani si aprono verso il busto della persona seduta dall'altra parte del tavolo e "la matita si sta muovendo dentro la sua tasca, traccia dei segni come guidata da una mano misteriosa, quella della nostra energia vitale, che ognuno di noi può incanalare. Ripeta il nome della persona...". Il medium si rilassa: "... non so se è riuscito ... comunque controlli il tovagliolo che ha in tasca ...". L'altro controlla e, al centro del tovagliolo, trova, con scrittura stentata, il nome della persona»[58].

Questa sola descrizione sarebbe sufficiente per comprendere la "peculiare" *forma mentis* (che è una vera e propria *deformazione* professionale, dalla quale è probabilmente molto difficile svincolarsi) degli illusionisti, per chi ancora non la conosce.

---

[56] Termine che significa, in generale: trucco, stratagemma; nello specifico: marchingegno, accorgimento; nel caso in questione è il "nail writer", ovvero una "unghia scrivente" o nella versione "pollice scrivente": puntine scriventi, applicate a pollice o unghie, con lo stesso tratto (ad esempio grafite) per poter scrivere su una superficie senza essere visti.
[57] La domanda già implica, a titolo di premessa, che Binarelli stia ipotizzando il trucco eventualmente usato, non che voglia limitarsi a valutare come riprodurre l'esperimento, nel quale caso avrebbe dovuto chiedere: *in che modo potremmo riprodurlo?*
[58] *ib.*, pp. 20-21.

L'episodio della presunta Romilda me ne ricorda un altro e ho valide ragioni di ritenere che sia il materiale grezzo usato da Binarelli, trasformato e modellato a suo uso e consumo, e presentato come episodio diverso raccontatogli da una inesistente giornalista. Lo aveva raccontato Giorgio di Simone nel 1996:

> «Debbo fare un cenno a ciò che accadde durante il nostro pranzo al ristorante. Se non ricordo male (ma si tratta di dettagli di scarsa importanza) eravamo in quattro. Oltre a Gustavo e me c'erano un ingegnere ed una signora di cui non rammento il nome.
> Durante il pranzo l'ingegnere fu chiamato al telefono e abbandonò il tavolo per pochissimi minuti. Gustavo era allegro, sorridente, quasi "frizzante", e credo che fosse così in qualunque posto ci fosse una donna avvenente nella compagnia. L'ingegnere tornò ed allora Gustavo, gli occhi scintillanti di benigna malizia, afferrò uno dei tovaglioli (mi pare fosse proprio il mio), trasse di tasca la sua grossa matita e scrisse qualcosa nell'aria, in direzione del pezzo di stoffa bianca, poi lo diede all'ingegnere: questi lo aprì, incuriosito come noi. Sul tovagliolo apparve una grande scritta a grafite: "*Giacinta*". La telefonata di poco prima era stata appunto di una certa... Giacinta! Esaminai il tovagliolo: la trama del tessuto era larga e la grafite pareva essersi impressa nella fibra, la scritta era alta almeno 4/5 centimetri»[59].

Si noteranno i molti punti di contatto con l'episodio di Binarelli: come prova del nove c'è poi il fatto che, guarda caso, l'unica fonte bibliografica su Rol che cita nel suo libretto è proprio il volume di Di Simone, uno dei pochi che dovette avere letto[60] e tra i primi ad essere pubblicati dopo la morte di Rol.
Uniamo quindi i punti...ni e l'immagine che viene fuori è quella di un *fake*. Ergo, invece che controbattere al suo episodio mai esistito, valuteremo se la sua "spiegazione" sia applicabile a quello originale.

Nell'episodio di Di Simone si dice che il protagonista «fu chiamato al telefono» e nient'altro; Binarelli non altera questo passaggio, ma nella sua "interpretazione" completa i dati mancanti con ciò che gli fa comodo e senza il quale non potrebbe fare le "ipotesi" che fa, e da cui di fatto dipende tutto l'impianto della possibilità di ripetere col trucco l'esperimento: «Il cameriere si avvicina al tavolo e dice ad uno dei commensali "Dottore, la signora Romilda la desidera al telefono"».

---

[59] Di Simone, G., *Oltre l'umano*, cit., p. 47 (ed. 1996); pp. 43-44 (ed. 2009).
[60] Un altro, anche se non citato, dovette essere quello di Renzo Allegri, *Rol l'incredibile*, uscito dieci anni prima (1986). Allegri, come ho ipotizzato nella nota a 1-V-130, dovrebbe essere il giornalista nella redazione milanese del quale Binarelli si trovava, quando parlò al telefono con Rol.

Naturalmente una cosa del genere *potrebbe* anche essere accaduta nell'episodio originale. Ma intanto, non c'è. E poi, è plausibile? Vediamo. Di Simone non è un testimone qualunque, il "primo che passa per la strada", tanto per dire. È un professionista serio (architetto) che ha dedicato parte della sua vita anche allo studio dei fenomeni paranormali con un approccio razionale. Il suo libro su Rol è tra i più seri e si è visto anche attraverso la sua corrispondenza come non si accontentasse di prime impressioni e cercasse di indagare. È stato testimone diretto dell'episodio, quindi non lo ha sentito raccontare da altri. Con lui c'erano probabilmente 3 persone (Rol, l'ingegnere e una signora) e potremmo quindi ipotizzare un tavolo da 4 posti, non grande.

La prima domanda da porsi, multipla, è: *è plausibile che la persona che avvisò l'ingegnere che lo stavano chiamando al telefono abbia riferito il nome della chiamante? che Rol lo sentì e Di Simone no? e che Di Simone non sarebbe stato in grado di fare la stessa ipotesi di Binarelli?*

Che un cameriere o chi per lui potesse fare il nome della chiamante è anche questo possibile. Se questo è accaduto, di certo non è avvenuto però a voce alta, altrimenti Di Simone lo avrebbe esplicitamente riferito, a meno di non volerlo tacciare di mala fede o stupidità (ciò che del resto gli scettici spesso fanno con i testimoni, anche solo allusivamente); dovrebbe allora essere avvenuto a voce bassa, quasi nell'orecchio. Non trovo però che sia un comportamento educato, che inoltre presupporrebbe una certa confidenza tra il "cameriere" e l'ingegnere, ciò che è improbabile. A me pare che la cosa più plausibile che sia avvenuta, visto che lo stesso Di Simone non attribuisce nessuna importanza a questo momento, *perché non aveva motivo di attribuirla*, è che il cameriere o chi per lui si sia avvicinato al tavolo e abbia detto: "Sig. X, la vogliono al telefono", oppure: "È Lei il Sig. X? La vogliono al telefono", senza dire altro, nel rispetto della privacy e dell'etichetta.

Nell'episodio originale, Rol «afferrò uno dei tovaglioli», che Di Simone è quasi certo fosse il suo[61], *dopo* che l'ingegnere era tornato al tavolo. Binarelli nel *fake* segue l'originale («l'interessato ritorna, Rol prende uno dei tovaglioli») ma nella sua spiegazione, per poter rendere possibile il trucco, inverte questa sequenza: mentre la persona si è alzata e Rol continua a conversare, «*allo stesso tempo* sul *suo* tovagliolo scrive», ovvero: non visto da nessuno e mentre il chiamato al telefono è assente, distraendo con qualche chiacchiera l'uditorio rimasto, sul suo tovagliolo che presumibilmente tiene sulle gambe ha gioco facile, direi un gioco

---

[61] Queste incertezze non determinanti di Di Simone sono perfettamente ammissibili: sta scrivendo a un quarto di secolo di distanza, l'episodio risale infatti al 26 marzo 1970 e lui sta scrivendo presumibilmente all'inizio del 1996 (il libro venne pubblicato a settembre di quell'anno). Nessuno ha una memoria impeccabile (tranne forse Rol e quei pochi come lui, in certe occasioni).

proprio da bambini e di una banalità da far cascare le braccia, a scrivere il nome che solo lui è riuscito a sentire...

Se si tiene presente che la media delle "ricostruzioni" illusionistiche – sia per *spiegare* che per *riprodurre* – degli esperimenti di Rol ha un tenore analogo se non peggiore, ci si rende conto con che gente abbiamo a che fare.

Essi possono prendere per il naso solo le persone ingenue, distratte o superficiali – "irrazionali", come direbbero loro con snobistico sguardo dall'alto in basso – e forse si sono illusi che nessuno mai avrebbe fatto loro le pulci. Beh, eccomi qua...

Nell'episodio originale Rol afferra il tovagliolo, come detto, *dopo* che l'ingegnere è tornato, quindi attirando l'attenzione su quello che si appresta a fare, una situazione di visibilità *opposta* a quella proposta da Binarelli, che invece era nascosta senza che nessuno prestasse attenzione.

Inoltre, anche se Di Simone non lo specifica, credo che il suo tovagliolo fosse in bella vista sul tavolo – come in moltissimi altri esperimenti analoghi di Rol – e non sulle ginocchia di Di Simone: la frase «afferrò uno dei tovaglioli» fa proprio pensare a questo, a più di un tovagliolo sul tavolo, e se fosse stato sulle ginocchia ritengo che Di Simone lo avrebbe menzionato. Vale a dire: tutto alla luce del sole e in un momento in cui Rol attira l'attenzione, *spontaneamente*, su quello che si appresta a fare: dopo aver afferrato con una mano il tovagliolo che era lì in bella vista e che fino a quel momento non aveva toccato – non c'è infatti alcun elemento che giustifichi tale eventualità – con l'altra mano «trasse di tasca la sua grossa matita e scrisse qualcosa nell'aria, in direzione del pezzo di stoffa bianca, poi lo diede all'ingegnere» che vi trovò scritta la parola della persona con cui aveva appena parlato al telefono, Giacinta, e che di certo Rol non poteva aver sentito da nessuno, né l'ingegnere ebbe il tempo di dire come si chiamasse.

Non occorre qui commentare gli altri elementi posticci, mai avvenuti ed irrilevanti inventati da Binarelli, infilati prendendo a casaccio da altri esperimenti di Rol e facendone una insipida minestrina illusionistica. Aggiungo solo, in merito alla presunta «scrittura stentata» – "stentata" per poter giustificare l'idea che sia stata scritta con una unghia/pollice di nascosto, ciò che ha una ovvia conseguenza sulla qualità dello scritto – che nell'originale non si dice nulla del genere, e anzi «la grafite pareva essersi impressa nella fibra, la scritta era alta almeno 4/5 centimetri», il che significa uno spazio rettangolare, facendo qualche proporzione, di circa 100 cm^2 (4 cm di altezza x circa 25 di lunghezza). Ci voleva certo un bell'unghione!

Qualcuno potrebbe sempre obbiettarmi: *e come fai tu ad essere certo che Rol non avesse sentito quel nome? potrebbe anche aver seguito con lo sguardo l'ingegnere che si alzava e andava al telefono, che magari era a vista e non troppo lontano, ed averlo sentito dire: "Ciao Giacinta..." ecc.*

Al di là che, anche così, resterebbe ancora da spiegare, *ragionevolmente*, la seconda fase dell'episodio; al di là che gli altri commensali avrebbero dovuto essere distratti in quel momento (chi lo sa, magari chiacchieravano tra loro, sempre possibile) e non vedere che Rol guardava verso il telefono e non sentire quello che lui sarebbe riuscito a sentire; al di là che forse, per Rol sarebbe stato molto più semplice alzarsi e fare finta, per esempio, di andare in bagno e *en passant* allungare il collo e l'orecchio verso il telefono (quante ipotesi che si possono fare vero? così fanno gli scettici, di speculazione in speculazione…); quello che mi garantisce che Rol non dovette sentire quel nome né usò marchingegni di sorta, al di là delle evidenze intrinseche dell'episodio stesso e dell'attendibilità e serietà del testimone, sono in primis *tutti gli altri episodi di materializzazioni di scritte*; poi tutto il resto della fenomenologia di Rol; quindi la sua biografia, il suo pensiero, le sue motivazioni, ecc. ecc. ecc.

Mi limito solo, e in maniera sintetica, al primo gradino investigativo successivo a quelli dell'episodio in se stesso. Prendiamo ad esempio il seguente:

> «Lo sprovveduto spettatore è assalito da una folla di interrogativi: perché fa questo? Come riesce a farlo? Che cosa vuol dimostrare? Non ci saranno trucchi? Stavamo parlando appunto di questo con Rol, avviandoci al ristorante. La discussione era nel vivo quando ci sedemmo a tavola. Io dissi: "Certo di là ci lasciano dei dubbi". Rol rispose: "Lei ha detto giustamente". Io aprii il tovagliolo preparandomi a mangiare. Scritta a matita vi trovai la frase: "Certo di là ci lasciano dei dubbi". Rol rise gioiosamente».

Occorre forse commentare che non esiste alcuna possibilità di trucco? E se non esiste *qui*, perché mai dovrebbe esserci *là*?

A raccontarlo non è un altro qualunque che stava passando di lì per caso, ma Luigi Bazzoli, giornalista della *Domenica del Corriere* che in seguito fonderà e dirigerà per un decennio *Corriere salute* e collaborerà con Umberto Veronesi[62].

Mantenendomi ancora nel cerchio ristretto di episodi simili senza bisogno di spingermi più lontano, un altro testimone degno di fede e dall'intelligenza acuta, Pitigrilli, aveva raccontato:

---

[62] «Non si contano i giornalisti che ha formato, e che lo ricordano come direttore esigentissimo, e di (finta) severità leggendaria (dietro la sua scrivania campeggiava una sua caricatura con la frusta in mano e la dicitura: "Bazzolion"), ma di ancor più grandi coraggio, umanità, onestà intellettuale e simpatia» (Ripamonti, L., *È mancato Luigi Bazzoli. Fondò Corriere Salute nel 1989*, Corriere della Sera, 31/12/2022).

> «Pranzavo a Roma, in una trattoria caratteristica col mio amico Gustavo Rol; a un tavolo accanto al nostro era seduto un colonnello d'artiglieria. Quando volsi lo sguardo verso l'ufficiale, questi mi disse:
> "Non mi riconosci? Eravamo compagni di ginnasio. Io sono Quarra".
> Prima che avessi il tempo di rispondere all'ufficiale, Gustavo Rol mi prese la mano che stavo avanzando per salutare, e sollevò una pagnotta. Sulla tovaglia era scritta a lapis la parola "Quarra"»[63].

Di grazia, lor signori scettici snobisti autoproclamatisi razionali, ci dicano: come si fa in questione di secondi a scrivere col solito *gimmick*-spiega-tutto *sotto* una pagnotta che non poteva essere stata preventivamente spostata, non essendoci stato il tempo materiale per farlo? scrivere un nome che Rol non poteva conoscere né che Pitigrilli ricordava? e che lo sconosciuto pronuncia nel momento in cui si presenta (avrebbe anche potuto dire qualsiasi altra cosa), momento che corrisponde all'istantanea materializzazione sulla tovaglia, quasi fosse una fotografia...?

Certo ci si potrebbe arrampicare sugli specchi e dire che tra il momento in cui il colonnello dice "Quarra" e Pitigrilli sta per muovere la lingua per rispondere, in *quel* momento, al *ralenti* come in Matrix, Rol con tutta calma col suo gingillo da cabarettista alza la pagnotta e scrive il nome. Anche fermare il tempo però mi risulta essere un pochino paranormale...[64]

Vediamo almeno ancora un esempio, raccontatomi dalla produttrice Vania Protti Traxler e risalente al 5 giugno 1987, epoca della sua partecipazione come distributrice, insieme al marito, del film di Fellini *Intervista*. Lei, la troupe del film, Fellini, Rol e altri erano andati al ristornate *Il Cambio*:

> «Lui [Rol] disse: "Prenda un tovagliolo in mano, lo stringa – lui stava seduto di fronte a me – e pensi a una cosa". Io lì per lì non sapevo a che pensare, e ho pensato al primo filarino (si diceva così) che ho avuto nella mia vita quando avevo quattordici anni, al mare a Riccione, ho pensato a lui, al suo nome. Poi dopo un minuto lui m'ha detto "apra", ho aperto il tovagliolo e sopra c'era scritto il nome di questo mio ragazzino. Una cosa impressionante. Perché poi era il diminutivo, lui si chiamava Enrico, e tutti lo chiamavamo Chicco. Quindi non c'era scritto Enrico,

---

[63] Vol. IV, p. 116.
[64] Naturalmente, potremmo anche supporre – arrampicandoci su altri specchi – che Rol per "caso" sapesse già che quello era il colonnello "Quarra" – per conoscenza passata o per aver sentito fare il suo nome magari dal cameriere (benedetti camerieri, sempre utili come il prezzemolo per spiegare i trucchi a ristorante!) – e in un momento anteriore, non visto da Pitigrilli, abbia scritto sotto la pagnotta. Anche qui, come si vede, *tutte le ipotesi sono possibili*, perché anche per gli scettici «l'impossibile non esiste»... Ergo, anche gli elefanti possono volare.

c'era proprio scritto "Chicco". Una cosa impossibile a sapersi e inoltre da allora (era il 1952 o 1953) erano passati molti anni»[65].

Ecco, *una cosa impossibile a sapersi*. Agli scettici l'onere di spiegare come Rol facesse a saperlo. Intanto, il tovagliolo lo aveva preso lei, probabilmente il suo, e non ci sono elementi per ipotizzare che Rol lo avesse anche solo toccato.

Qui mi fermo, ma potrei continuare così per decine di pagine, allargando mano a mano il cerchio investigativo, che si espanderebbe come l'onda prodotta da una pietra gettata in un placido laghetto, passando dai tovaglioli ai fogli di carta, ai dipinti, agli oggetti, alle pareti e diventando quello tsunami che presto o tardi travolgerà gli scettici e le loro analisi pseudoscientifiche.

---

[65] 3-XXXV-119ª (vol. III, p. 245).

Tony Binarelli

Rol & Jonsson

La cartomagia nella Quinta Dimensione

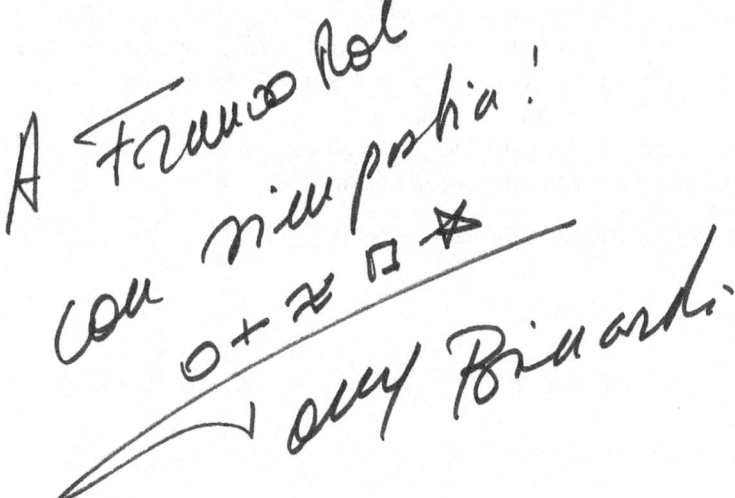

La Porta Magica

La pagina interna iniziale del libretto che Tony Binarelli mi aveva mandato nel 2013. Nella dedica, i simboli delle carte Zener usate spesso da Jonsson.

Negli ultimi due volumi mi è capitato di tornare spesso sul caso Poutet-Stasia. Sarà quindi opportuno "ripassarlo" nella sintesi – che avevo riportato solo parzialmente – fattane da Ugo Dèttore nel 1978-1979.
Essa è utile per il caso in sé, e anche perché fatta da chi intanto aveva conosciuto Rol e riscontrato delle affinità.

STASIA

di
Ugo Dèttore
(gennaio 1979)

voce in:

*L'uomo e l'ignoto.
Enciclopedia di parapsicologia e dell'insolito*[1].

Personalità medianica che, secondo le sue affermazioni, si sarebbe presentata due volte con medium e sperimentatori diversi. La sua prima manifestazione avvenne tra il 1909 e il 1912 attraverso la medium Stanislawa Tomczyk studiata dall'Ochorowicz[2]: come guida della medium, dimostrava la massima buona volontà nel produrre vari fenomeni fisici come spostamenti di oggetti a distanza, fare fermare su di un dato numero la pallina della *roulette,* apporti, e, in particolare, di quei filamenti ectoplasmici che l'Ochorowicz chiamò raggi rigidi. Lo sperimentatore, sebbene non credesse alla sua esistenza come «spirito», considerandola una personalità secondaria di Stanislawa, finì col trattarla come un essere vivente e la chiamava col diminutivo di «piccola Stasia», anche per distinguerla da un'altra Stasia che pure si presentava durante la *trance* della medium. Questa seconda Stasia, però, non sarebbe stata, per sua stessa affermazione, uno «spirito» bensì una prima incarnazione di Stanislawa, una bambina morta a otto anni e reincarnatasi nella medium, la cui personalità riaffiorava quando la medium cadeva in *trance.* L'Ochorowicz chiamava questa seconda personalità la «Seconda», o «Stasia seconda» (Stasia è infatti il diminutivo di Stanislawa): essa non avrebbe dunque nulla a che fare con la Stasia di cui parliamo.
Nel 1913 un'altra Stasia si manifestò nelle sedute tenute in casa dell'ing. Henri Poutet, a Bruxelles, attraverso il medium avvocato T., affermando di essere la stessa «piccola Stasia» della Tomczyk, ma producendo fenomeni molto diversi. Questi fenomeni, durati vari anni, sono molto rari, specialmente nella loro imponenza, nella storia della parapsicologia, e vennero minutamente descritti dal Poutet sugli *Annales des Sciences Psychiques* nel 1919 e su *Luce e Ombra* nel 1921, nonché dal prof. William Mackenzie, che li studiò nell'ottobre del 1921, nel suo libro *Metapsichica moderna.*

---

[1] Vol. V, Armenia Editore, Milano, 1979, pp. 1220-1222.
[2] Julian Ochorowicz (1850-1917), filosofo, psicologo, inventore, poeta polacco.

Si trattò di fenomeni ottenuti con carte da giuoco, talora relativamente semplici ma altre volte estremamente complessi per i calcoli che implicavano. Riassumiamo anzitutto un esperimento dei più semplici eseguito il 15 maggio del 1915.

La signora Poutet estrae a caso una carta da un mazzo e, senza guardarla, la pone sotto una statuetta. L'avvocato T. fa mescolare un altro mazzo da uno dei presenti, poi, con uno spillo, fa sporgere parzialmente una carta a caso e prega che sia presa e posta, senza che alcuno la guardi, accanto alla prima carta. Ancora il medium prende il suo orologio per la catena e lo tiene sospeso su di un terzo mazzo mentre uno dei presenti passa a una a una le carte; a un certo momento la sua mano ha una contrazione che fa oscillare violentemente l'orologio: la carta che ha provocato il fenomeno viene posta accanto alle altre due senza essere guardata. Infine l'avvocato T. e uno dei presenti prendono ognuno un mazzo di carte (il quarto e il quinto) e, dopo averli mischiati, scoprono a una a una le carte eliminando le coppie che eventualmente si presentano e ripetendo l'operazione sulle rimaste finché entrambi rimangono con una sola carta: queste due carte, senza essere state scoperte, vengono poste insieme alle altre tre. A questo punto il medium prende un foglio e invita Stasia a scrivervi: appare la comunicazione «asso di quadri». In realtà le cinque carte messe da parte risultano essere tutte assi di quadri.

Un esperimento più complesso fu quello del 29 gennaio 1916 riportato in *Luce* e *Ombra* 1921. Il Poutet, scelta a caso una carta da un mazzo, la chiude in una scatola senza guardarla e chiede a Stasia di nominarla. Stasia lo invita a prendere un mazzo, mischiarlo, scegliere a caso 20 carte e disporle in quattro file, l'una sotto l'altra, ognuna di cinque carte. Risulta il seguente quadrato:

    2 di fiori; 8 di picche; 2 di quadri; 1 di quadri; 8 di picche.
    4 di fiori; 1 di cuori; 10 di cuori; 6 di fiori; 1 di fiori.
    6 di cuori; 7 di cuori; 9 di fiori; 7 di fiori; 3 di fiori.
    10 di picche; 12 di fiori; 8 di quadri; 13 di cuori; 3 di picche.
    Dove i numeri 12 e 13 corrispondono a regina e re.

Stasia ordina allora di scrivere in lettere il numero della prima carta cominciando da sinistra in alto. Si ha 2 e si scrive DEUX. Sommare i numeri delle tre carte seguenti e scrivere in lettere il valore della carta corrispondente. Si ha 11, ossia, secondo la numerazione convenzionale, fante, e si scrive VALET. Fare lo stesso con le due carte seguenti. Si ha 12, ossia regina, e si scrive DAME. Fare lo stesso con le altre due seguenti. Si ha 11 e si scrive ancora VALET. Sottrarre il numero della decima carta da quello della nona e scrivere in lettere il risultato. Si ha 5 e si scrive CINQ. Sommare i numeri delle due carte seguenti e scrivere in lettere il risultato. Si ha 13, ossia re, e si scrive ROI. Scrivere il seme delle

tre carte seguenti. Sono tre fiori e si scrive TREFLE. Scrivere il seme della carta seguente. È picche e si scrive PIQUE. Sottrarre dal numero della carta che segue quello della seguente e scrivere in lettere il risultato. Si ha 4 e si scrive QUATRE. Le ultime due carte non vengono prese in considerazione.
Stasia ordina allora di scrivere le prime quattro parole l'una sotto l'altra e di prendere la prima lettera della prima parola, la seconda della seconda, la terza della terza e la quarta della quarta leggendo così diagonalmente:

    *D*EUX
    V*A*LET
    DA*M*E
    VAL*E*T

Risulta DAME (regina). Infine Stasia ordina di fare lo stesso con le cinque parole seguenti:

    *C*INQ
    R*O*I
    TR*E*FLE
    PIQ*U*E
    QUAT*R*E

Risulta COEUR (cuori). Stasia afferma allora che la carta nascosta è la regina di cuori *(dame coeur),* come infatti risulta essere.
Ancora più complesso, infine, l'esperimento dell'11 giugno 1921, riferito dallo stesso Poutet. Una signora prende una carta a caso in uno dei sette mazzi disposti sul tavolo, e, senza guardarla, la chiude in una busta; dopo di che si forma la catena intorno al tavolo. Stasia invita il dott. B.R. a mischiare uno dei mazzi restanti fino a che un colpo dato sul tavolo dia l'ordine di fermarsi, e prega la signora B.R. di andare a prendere un libro a caso nella vicina biblioteca. Poiché il dott. B.R. desidera che si utilizzi nell'esperimento anche un quaderno di appunti che ha in tasca, Stasia accetta. Posti sul tavolo il libro e il quaderno, l'entità invita il dottore a scegliere una pagina a caso nel libro portato da sua moglie, introducendovi uno spillo, mentre la signora dovrà fare altrettanto, con lo stesso mezzo, nel quaderno del marito. Dopo che è stata fatta così la scelta delle pagine, Stasia prega gli stessi due presenti di fare uscire due numeri in una *roulette:* il primo numero ottenuto dalla signora indicherà la riga e il secondo la parola che deve essere scelta nella pagina sinistra del quaderno del dottore; i due numeri ottenuti dal dottore indicheranno a loro volta la riga e la parola da scegliersi nella pagina destra del libro di sua moglie. La signora ottiene la terza parola della quarta riga, che risulta

essere SONT (sono); il dottore la decima parola della settima riga: PLUSIEURS (molti).
Sempre per ordine di Stasia, vengono tradotte le lettere delle due parole nei numeri corrispondenti dell'ordine alfabetico. Si ha così:

S O N T
19 15 14 20

P L U S I E U R S
16 12 21 19 9 5 21 18 19

Stasia chiede allora quale operazione si desideri fare, e il dott. B.R. sceglie la divisione: si dovrà dunque dividere il maggiore dei due numeri cosi ottenuti per il minore ed esattamente

1.612.211.995.211.819 : 19.151.420

Si ha così un quoziente di 84.182.373 con un resto di 13.292.159. Stasia prende in considerazione le prime due cifre del quoziente, 84, e le ultime due del resto, 59, e invita il dottore a prendere un mazzo da lui mischiato e a contare le carte, cominciando dall'alto, fino a 84: poiché il mazzo ha solo 52 carte, giunto alla fine dovrà ricominciare da capo. In altre parole dovrà contare fino a 32 (84 - 52 = 32) cominciando dall'alto. La trentaduesima carta è una regina di cuori, che dà il valore della carta nascosta: una regina. Per avere il seme, Stasia ordina di contare le carte del mazzo fino a 59 cominciando però dal basso: basterà dunque contare fino a 7 (59 - 52 = 7). La settima carta è un dieci di cuori. La carta nascosta è dunque una regina di cuori: e lo è in effetti.
L'esperimento sembra comportare fenomeni di psicocinesi (nel far fermare la pallina della *roulette* su dati numeri e, probabilmente, nel fare assumere alle carte date disposizioni nell'atto di mischiarle), di chiaroveggenza, di precognizione e di calcolo paranormale, anche se rimangono oscuri i rapporti in cui questi fenomeni stanno fra loro e la loro successione. Tutti questi fenomeni potrebbero avere la loro origine nello stesso soggetto, senza che vi sia bisogno di ricorrere a una personalità spiritica, che potrebbe essere una semplice drammatizzazione dell'inconscio del soggetto o di un inconscio collettivo: non bisogna dimenticare che il sensitivo italiano Gustavo Adolfo Rol ottiene fenomeni affini senza che si manifesti alcuna entità[3]. Inoltre Stasia cominciò a

---

[3] Dopo Talamonti, Comin e Di Simone, Dèttore era stato il quarto esperto di letteratura paranormale/parapsicologica a riconoscere una affinità tra gli esperimenti di Rol e quelli di Poutet-Stasia. Nel 2012, all'epoca del primo volume della mia antologia, non ne ero al corrente. Già nella sua enciclopedia precedente, *L'altro regno*, pubblicata a novembre 1973 – quella dove si trova anche la voce

produrre fenomeni a base matematica solo dopo che l'ing. Poutet fu entrato nel gruppo che sperimentava con l'avvocato T., e il Poutet era un appassionato di calcoli e, in particolare, dei cosiddetti calcoli aritmosofici, con i quali si ottengono singolari combinazioni di numeri. Si può dunque supporre che l'inconscio dell'ingegnere sia entrato attivamente nel complesso del fenomeno. D'altra parte il Mackenzie osserva che il Poutet, per quanto bravo calcolatore, non possedeva minimamente le facoltà di cui dava prova Stasia. Lo scienziato ipotizza che le capacità calcolatrici dell'ingegnere siano state potenziate dall'incontro con le facoltà paranormali dell'avvocato dando luogo a una personalità polipsichica che avrebbe assunto il nome di Stasia.

Ma anche così il Mackenzie non riesce a liberarsi completamente da ogni dubbio. «Debbo lealmente dichiarare», egli scrive, «che Stasia mi sembra un enigma pressoché insolubile con i nostri mezzi attuali di ricerca, quale che sia per essere l'ipotesi prescelta per interpretarne la natura vera». E mette in rilievo che tutti i componenti del gruppo, a cominciare dal medium erano antispiritisti e che nessuno di loro considerava Stasia come un'entità indipendente, uno «spirito», concordando che doveva essere una creazione degli elementi psichici dei presenti. Lo stesso avvocato T., che durante le sedute non cadeva mai in *trance*, aveva fatto ripetuti tentativi, e sempre invano, per eliminare l'andamento spiritoide dei fenomeni: perché era dunque necessaria questa personificazione? «Tutto sommato», conclude il Mackenzie, «mi par chiaro che le meraviglie di Stasia son proprio roba di essa, personalità medianica, e non del medium in quanto individuo normale».

"Rol" che abbiamo visto in un capitolo precedente (p. 171) – aveva dedicato a Stasia una voce più breve, riportando un solo esperimento, quello appena visto dell'11/06/1921, e già lì faceva l'associazione con Rol: «Non è facile distinguere tutti i fenomeni che si sono manifestati in questo esperimento. Certo vi è, anzitutto, la chiaroveggenza della carta estratta e imbustata. Più difficile è interpretare le tappe successive. Sembrerebbe però che Stasia, prevedendo la scelta che avrebbe fatto BR. per la divisione, abbia predisposto telecineticamente la disposizione delle carte nel mazzo mescolato (fenomeno simile a quelli che sono ottenuti da Rol), la scelta delle pagine e quella dei numeri alla *roulette,* dopo avere letto per chiaroveggenza le pagine del quadernetto e del libro e valendosi del calcolo paranormale per ottenere il risultato voluto. Tutto l'insieme presuppone comunque un fenomeno quanto mai complesso in cui chiaroveggenza, precognizione e calcolo paranormale intervengono come un'attività unica diretta decisamente al suo fine, costituendo una sola espressione di potere psichico che sembra trascendere tutte le possibilità umane» (*cit.,* p. 558). Non è dato sapere se Dèttore sia arrivato a tale associazione per conto proprio o grazie alle indicazioni di Talamonti o Comin, quest'ultimo ne aveva parlato pochi mesi prima nel numero di giugno 1973 di *Scienza e Ignoto* (*supra,* pp. 122; 128). Di Simone invece vi farà cenno solo nel 1975 (*supra,* p. 89 n. 17).

E l'esistenza di Stasia come personalità medianica non sembra potere essere respinta. Sempre presente alle sedute, sempre zelante nell'ideare e nel dirigere gli esperimenti, sempre coerente, pronta ad accontentare i presenti in ogni loro richiesta, desiderosa di confermare loro la sua reale presenza, ella si comportava come una vera e propria personalità, e come tale i presenti avevano finito con l'accoglierla praticamente. Ma quale poi fosse l'origine di questa personalità, se lo spirito di un defunto o un'entità psichica formatasi in una realtà molto più vasta e complessa di quella a noi nota, ci è impossibile dirlo, come, del resto, ci è impossibile dire quale sia l'origine di noi stessi.

Gustavo Rol

di Aurelio Curti

1974[1]

Trasporti la materia,
la trapassi nelle pareti,
scrivi e dipingi a distanza,
leggi nei libri chiusi;
nel passato o nel futuro
in colorato viaggio
conduci le persone viventi.

Iddio in cui fermamente credi,
ti ha forse ornato
di arcane facoltà?
O che ogni umano
spirito intelligente
può librarsi
dal transeunte corpo
e vincere
le fisiche leggi conosciute?

Coscienza sublime è in tutti
e ognuno può ascendervi,
tu insegni.
Dimostri l'armonia
quale legge universale,
il primo gradino
livelli con l'ultimo,

---

[1] Poesia dedicata a Rol pubblicata in: Curti, A., *Incontri con la speranza. Poesie*, Rebellato Editore, 1974, pp. 68-69. Aurelio Curti (1917-1990) deputato della Democrazia Cristiana dal 1958 al 1972, sottosegretario alla presidenza del Consiglio dei Ministri del governo Andreotti (durante la V legislatura), saggista di tematiche economiche. Questa la nota biografica dell'editore (al 1974): «Aurelio Curti è nato a Frosinone da famiglia torinese, vive a Torino. Laureato in scienze politiche, si è prevalentemente impegnato in materia economica sul piano della ricerca e dell'applicazione concreta nella pubblica amministrazione. Ha fondato la rivista "Mondo Finanziario" che tutt'ora dirige al 16° anno di vita. Ha pubblicato libri di economia e scienza finanziaria. Le prime sue poesie sono comparse nell'antologia (vol II) del gruppo torinese di Voci Nuove».
Non ci sono al momento informazioni sulla loro frequentazione.

spezzi i limiti del tempo,
congiungi il finito all'infinito,
innalzi il cantico
alla inconsumabilità di Dio.

La tua arte è occulta
ma la tua dottrina è palese.

Verace è la tua bontà
che nessun provento trae
dagli esoterici prodigi.
Fratello al sofferente,
paziente accogli
e ti manifesti
agli animi provati
dal dolore.

Grande iniziato
ricolmo di umanità.

Lettere di Giorgio di Simone
1974

Napoli, 4 febbraio 1974

Carissimo Gustavo,

scusa se ti scrivo a macchina, ma è per chiarezza. Non scrivo quasi più a mano e quindi il mio "esercizio" è scarso!
Ti scrivo per ringraziarti innanzitutto dei saluti, affettuosi come sempre, inviatimi tramite la Signora Fukiko Taricco, saluti che ricambio con uguale affetto. Poi ti scrivo per l'annosa questione del libro che molti vorrebbero fare su di te, ma che andrebbe fatto (perchè <u>va fatto</u>!) da qualcuno che fosse in grado di cogliere anche le sfumature di una vita intensa, ricca e umana come la tua.
Il mio editore di Roma mi ha parlato della cosa, ma tu sai che era un mio desiderio da tempo, scrivere la tua biografia[1], magari assieme a te; tanto che ti avevo detto a suo tempo di essere pronto (malgrado tutte le mie cose) a venire a Torino per una, due settimane, per impostare tutto il lavoro.
La tua vita, la tua eccezionale esperienza umana e trascendentale, non possono non lasciare una traccia per gli altri. È un atto di altruismo anche questo, al di là di qualunque esigenza di modestia, a parte il fatto che altri (come ho sentito dire!) hanno intenzione di scrivere su di te e di te, e che conviene che qualcuno – Io? – assieme a te metta ogni cosa al suo posto, eliminando il pericolo di deformazioni più o meno volute di una biografia da te non guidata[2].

Attendo una tua risposta sollecita, possibilmente, e la spero decisiva.
Ti abbraccio con affetto.

tuo Giorgio

ps.- E la tua promessa visita a Napoli?!........
Molti vorrebbero conoscerti, anche molti degni di tanto e molto preparati spiritualmente[3].

---

[1] Si veda vol. V, p. 365.
[2] Di Simone fu profetico: 12 anni più tardi, nel 1986, il giornalista Renzo Allegri pubblicherà *Rol l'incredibile*, biografia da Rol non autorizzata e che lo deluse molto. Ne ho spiegate le ragioni nel dettaglio ne *Il simbolismo di Rol*.
[3] Rol non andò mai a Napoli a trovare Di Simone, come mi ha confermato la figlia Gloria (e lei sentì Rol varie volte al telefono ma non lo ha mai incontrato di persona).

PROF. ARCH. GIORGIO DI SIMONE - VIA BELVEDERE 87 - 80127 NAPOLI - TELEF. 647343

ESPRESSO

Napoli, 4 febbraio 1974

Carissimo Gustavo,
    scusa se ti scrivo a macchina, ma è per chia rezza. Non scrivo quasi più a mano e quindi il mio "esercizio" è scarso !
  Ti scrivo per ringraziarti innanzitutto dei saluti, affettuosi come sempre, inviatimi tramite la Signora Fukiko Taricco, saluti che ricambio con uguale affetto.
  Poi ti scrivo per l'annosa questione del libro che molti vorrebbero fare su di te, ma che andrebbe fatto (perchè <u>va fatto</u>!) da qualcuno che fosse in grado di cogliere anche le sfumature di una vita intensa, ricca e umana come la tua.
  Il mio editore di Roma mi ha parlato della cosa, ma tu sai che era un mio desiderio, da tempo, scrivere la tua biografia, magari assieme a te; tanto che ti avevo detto a suo tempo di essere pronto (malgrado tutte le mie cose) a venire a Torino per una, due settimane, per impostare tutto il lavoro.
  La tua vita, la tua eccezionale esperienza umana e trascendentale, non possono <u>non</u> lasciare una traccia per <u>gli altri</u>. E' un atto di altruismo anche questo, al di là di qualunque esigenza di modestia, a parte il fatto che altri (come ho sentito dire!) hanno inten zione di scrivere su di te e di te, e che conviene che qualcuno -Io ?- assieme a te metta ogni cosa al suo posto, eliminando il pericolo di deformazioni più o me no volute di una biografia da te non guidata.
  Attendo una tua risposta sollecita, possibilmente, e la spero decisiva.
  Ti abbraccio con affetto.

              Tuo Giorgio

ps.- E la tua promessa visita a Napoli ?!............
  Molti vorrebbero conoscerti, anche molti degni di
  tanto e molto preparati spiritualmente.

(foto © Franco Rol – Archivio Storico del Comune di Torino)

L'arte di aiutare il prossimo anche suo malgrado

di Leo Talamonti

1974[1]

Tranne eccezioni, gli esseri umani non sono mai perfettamente *integrati*; non godono, cioè, di quell'inestimabile beneficio che consiste nel perfetto accordo tra l'io cosciente e quello inapparente, tra l'*operatore di superficie* – chiamiamolo così – e quello *di profondità*. In piccole o in grandi cose, uno stato di conflitto è quasi la regola. A tutti può capitare ad esempio, di anelare in profondità, a raggiungere un certo scopo, ma di esserne praticamente impedito da una contraria decisione dell'*ego* (come si è visto nell'episodio ora riferito[2]) oppure, anche, a causa di un impulso sopraffattore e sciolga quella sorta di incantesimo di cui è rimasto vittima l'essere debole e non troppo sicuro di sé. C'è un esempio che può illustrare questa tesi e che risale a quel dottor Gustavo Adolfo Rol, di Torino, del quale ci siamo occupati parecchio in *Universo Proibito*, a proposito della sua strabiliante capacità di imporre la propria volontà a persone e ad oggetti inanimati, a scopi sperimentali e di studio. (Sono trascorsi molti anni da quando avemmo per la prima volta il piacere di incontrarlo, e il ricordo delle sue prestigiose magie – *autentiche magie* – ci è rimasto vivo ed incancellabile; eppure, ogni volta che ci è capitato di rivederlo ancora all'opera – per lo più a intervalli di qualche anno – il nostro interesse era sempre vivo e appassionato come in quella prima occasione).

L'episodio risale al tempo in cui era arcivescovo di Torino il card. Maurilio Fossati[3], del quale il dottor Rol era buon amico. Un giorno che quest'ultimo si era recato a trovarlo, lo trovò accigliato e contrariatissimo: aveva appena ricevuto notizia che un giovane sacerdote della sua diocesi – il più promettente, il più preparato – era sul punto di gettare, come si dice, la tonaca alle ortiche. Motivo: s'era innamorato "cotto" di una donna, o

---

[1] Tratto da: Talamonti, L., *La mente senza frontiere*, SugarCo Edizioni, Milano, 1974, pp. 324-327.
[2] È quello di Rol e la moglie Elna, non menzionati per nome, che riporto più avanti a p. 219.
[3] Maurilio Fossati (1876-1965) fu Arcivescovo di Torino dal 1930 al 1965. Nominato cardinale da Papa Pio XI il 13 marzo 1933, fu anche presidente della CEI dal 1954 al 1958. Nel 1937 aveva approvato la nascita dei *Cultores Sanctae Sindonis*, un sodalizio nato nell'ambito della *Confraternita del SS. Sudario* con lo scopo di coordinare gli studi scientifici sulla Sacra Sindone. Questo sodalizio sarà poi sostituito su suggerimento dello stesso Fossati dal *Centro Internazionale di Sindonologia*, il cui statuto fu da lui approvato il 18 dicembre 1959.

per dirla in linguaggio più adatto all'ordine di idee nel quale siamo ormai entrati, *era stato psichicamente catturato e da lei agganciato al suo carro*, in virtù di quell'occulto giuoco che fa prevalere una volontà sull'altra. Forse che la vocazione del giovane non fosse tanto genuina? Il cardinale lo escludeva: lo conosceva troppo bene. Quella donna doveva averlo... stregato.

Questa parola, che si usa abitualmente in metafora, esprime qualcosa di molto realistico, quando suggerisce semplicemente l'idea di una volontà più forte che ne influenzi un'altra, facendo sorgere, in quella persona, una emozione che non sarebbe nata spontaneamente. In materia di emozioni, infatti – proprio come in materia di idee – ognuno è soggetto a un reciproco scambio di influssi: e dato che sono appunto i sentimenti e le emozioni a muovere la volontà (amore, odio, e così via), ne consegue che quest'ultima può essere influenzata dall'esterno. Riguardo al sacerdote innamorato, il dr. Rol credette che fosse il caso di mettere alla prova la solidità della sua vocazione sacerdotale, che si stava bruciando nel rogo di una fiammata probabilmente effimera. Poteva anche non essere così, in teoria; in tal caso, il tentativo di "liberazione" si sarebbe rivelato inutile, e il destino avrebbe riguadagnato il suo corso precedente.

Si fece dare dal cardinale una fotografia di quel giovane: era di parecchi anni prima e si distingueva appena il suo viso intelligente e aperto – dall'espressione sognante – fra le molte fisionomie più mature e decise degli altri seminaristi. Lo contemplò per qualche tempo (una decina di minuti) come immerso in una fantasticheria, poi chiese al porporato di telefonare al sacerdote, e di farlo venire seduta stante. «Impossibile: si è già rifiutato altre volte di parlare con me». «Riprovi, per favore; lo troverà in casa». Il cardinale conosceva bene la capacità del suo amico, e sapeva di quali sorprese fosse capace; si adeguò dunque alla richiesta, andò a telefonare e tornò, meravigliatissimo. «Sarà qui a momenti», riferì.

Poco dopo un giovane in abito borghese – lo stesso della foto – entrò con aria incerta. Dapprima venne avanti lentamente, come esitando: i suoi occhi inquieti non fissavano il cardinale ma l'altro signore, che gli era sconosciuto. Ne sembrava, al tempo stesso, attratto e intimorito. Allora il dottor Rol gli prese gentilmente la mano e subito il giovane si rilassò, come uno che si scarichi di una tensione durata troppo a lungo. Si sedette per un po', scambiò qualche battuta di conversazione banale, ma in tono molto amichevole, poi si congedò con atteggiamento alquanto impacciato, promettendo di ritornare. Nessun accenno era stato fatto, beninteso, alle recenti vicende tempestose della sua vita. Qui diamo la parola allo stesso protagonista (Rol) che ha avuto la bontà di confermarci l'esattezza di questa vicenda, a noi narrata da altri[4]. «Mi portai quella fotografia a casa e

---

[4] I candidati più probabili sono lo stesso Fossati – ed è comprensibile che non lo si voglia citare come fonte diretta – o, in seconda battuta, il sacerdote in questione.

per cinque giorni la tenni nel mio studio. Una volta al giorno la prendevo in mano e la guardavo – semplicemente la guardavo – per una decina di minuti[5]. Al sesto giorno ricevetti una telefonata dal card. Fossati: questi mi comunicava che il giovane sacerdote si era recato poco prima da lui – piangente – per dirgli che non riusciva a capire come mai avesse potuto perdere la testa a quel modo: fatto sta che si sentiva finalmente *libero e guarito* (testuale) e che non vedeva l'ora di riprendere il suo ministero, al punto stesso in cui l'aveva interrotto».

Nel corso del mio più recente incontro con il dottor Rol (1972) ho voluto chiedergli notizie di quel sacerdote, ormai non più giovane. Ho appreso allora che da moltissimo tempo è titolare di una popolosa parrocchia extraurbana, ed è più che mai felice di aver assecondato la sua vocazione, grazie all'amico *supervolitivo* che gli permise, a suo tempo, di superare felicemente una delle burrasche più violente della sua vita.

***

Talamonti menziona brevemente Rol anche in altre parti del libro. Nel brano che segue riferisce una vicenda biografica giovanile che lo riguarda, pur senza rivelare che i protagonisti sono lui e la moglie Elna, presentata come...

...una gentile fanciulla nordica alle prese con il suo nascente amore per un giovane pittore italiano da lei incontrato a Parigi; ma i timidi conati di quel sentimento appena embrionale si trovano alle prese con dubbi, incertezze, pregiudizi di latitudine e di razza, i quali a un certo punto si trovano ad avere la meglio. La ragazza è ormai decisa: *non rivedrà più quel giovane*. Gli scrive, perciò, una cortese lettera di "congedo definitivo", ed esce di casa per imbucarla. Ma ha fatto i conti senza la straordinaria personalità del suo corteggiatore, il quale è anche un sensitivo di prim'ordine – diciamo pure un veggente – e *sa*, positivamente, che i sentimenti profondi della fanciulla sono in realtà

---

[5] Si confronti un uso simile che Rol fa di una fotografia per aiutare/influenzare qualcuno, nell'episodio 1-III-19 raccontato da Giulio Sacco, da cui l'estratto: «avevo mia figlia, Annamaria di 13 anni, ricoverata in ospedale, per meningite. Era in coma e il professore che la curava mi aveva detto che non c'era più speranza e anche se si fosse salvata sarebbe rimasta gravemente handicappata. Rol mi fece coraggio e mi chiese una fotografia della bambina. Quando l'ebbe in mano disse, con sicurezza: "La salveremo, non tema, la salveremo". Se ne andò e portò con sé la foto. Dopo qualche giorno la bimba riprese conoscenza e via via migliorò»; a differenza del caso del sacerdote, dove Rol potrebbe avere "minimizzato", qui agì nel modo seguente: «ho chiuso la porta della camera, ho pregato dalle 4 del pomeriggio alle 9 di sera, è guarita, oggi ha tre figli. Io sono niente, ho solo pregato con la convinzione, avevamo e ho avuto la certezza di farlo» (1-III-19bis).

diversi e chiedono soltanto di essere liberati dagli intralci artificiosi frapposti *dall'ego;* sa pure – diciamo che lo antivede – come lei *sia nel suo destino, e lui nel destino di lei.*
L'uomo ha dei poteri insoliti, e naturalmente se ne vale.
Mentre la lettera sta per essere imbucata, viene a trovarsi come per caso accanto alla ragazza, e le dice: «Dammela». Non si resiste al comando di una persona che sa realmente ciò che vuole e *lo sa con tale intensità,* da farlo volere anche ad altri... L'impennata dell'orgoglio non può impedirle di consegnare la lettera, che viene strappata in minutissimi pezzi. Poi, la ribellione stranamente si placa e interviene una specie di armistizio. Risorgerà ancora – violenta – e ancora si sopirà. La conclusione non può essere che una: il matrimonio. Ora, a distanza di molti e molti anni, sono ancora una delle coppie più felicemente assortite che si conoscano; costituiscono un perfetto caso di simbiosi psichica e vivono in una città dell'Alta Italia, nella superba cornice di una casa ricca di antichi cimeli. Ha subito una forzatura della volontà, quella ragazza? Forse, dal superficiale punto di vista di un apologèta dell'*ego* e dei suoi piccoli puntigli; no, per chi guarda al dinamismo segreto e fondamentale che si snoda sotto il velo delle apparenze esteriori, e che tende invariabilmente a unire tra loro gli esseri fatti l'uno per l'altro[6].

***

...esperienze magiche... benefiche, come quelle che esegue abitualmente il dottor Rol per dimostrare – anche a chi nulla ne sappia né voglia saperne – fino a qual punto l'ordine mentale è superiore a quello fisico, e lo spirito alla materia.
Naturalmente è capitato anche al dr. Rol – nonostante la tattica simpaticamente accattivante che sa mettere in opera – di incontrare ogni tanto qualche raro individuo deciso a rifiutargli puntigliosamente la propria collaborazione agli esperimenti: non la collaborazione esterna e palese, beninteso, ma quella *interna,* che è più importante dell'altra e deve tradursi in un consenso interiore, anzi nel *desiderio* che gli esperimenti riescano. Non è detto che si tratti di resistenze coscienti; possono essere

---

[6] pp. 323-324; parte dell'episodio è citato brevemente, da altra fonte (forse Maria Rol, sorella di Gustavo) anche da Remo Lugli: «Elna si rende conto presto che il suo innamorato è un uomo fuori del comune. In una giornata di pioggia si incontrano dopo due giorni che non si vedono perché hanno litigato. Lei sta andando ad imbucare una lettera che gli ha scritto, l'ha in una tasca dell'impermeabile e gliela vuole consegnare, ma lui la blocca: "Fermati", le dice, "nella lettera mi hai scritto così..." e la legge, tutta, senza nemmeno vedere la busta. Elna la apre, tutto esatto. Racconterà poi che il commento fu: "Questi italiani sono ben strani, ma tu, proprio..."» (*Gustavo Rol. Una vita di prodigi,* 2008, p. 19).

legate a motivazioni profonde di natura aggressiva e ostile, o ad antiche paure rimosse, o più semplicemente alla determinazione orgogliosa di non sottomettere la propria volontà a quella dell'operatore. In quei casi il dr. Rol non fa alcuno sfoggio di imperiosità, al contrario: tuttavia incalza il soggetto con esortazioni amichevoli e persuasive, nelle quali senti però – da un punto di vista psichico – la mano di ferro sotto le maniere vellutate; dopo di che, il recalcitrante finisce quasi sempre per diventare docile. L'impressione che se ne ha – quella che ne ho avuta io – è che il vero colloquio *persuasivo* tra i due non sia quello esteriore e audibile, ma un altro ben più decisivo che si svolge in profondità.

Ma in genere questi cedimenti degli orgogliosi sono soltanto momentanei; le nature aggressive, o comunque inclini ad affermare il proprio prestigio in funzione menomante di quello altrui, tendono istintivamente a una rivalsa, che però si manifesta in un secondo tempo, quando si sono ormai svincolate dalla soggezione psichica. (È una specie di rigurgito negativo, come quello dell'acqua che torna rumorosamente a riempire il vuoto che qualche causa meccanica aveva per un attimo determinato.) Come ho potuto constatare in due o tre casi, la rivalsa consiste per lo più in una serie di sforzi dialettici intesi a convincere se stessi – prima ancora che altri – di aver assistito a nient'altro che ad eleganti giochi di prestigio; ma naturalmente si tratta soltanto di tardive razionalizzazioni. Sul momento quei signori *credevano,* perché avevano visto e toccato con mano; in seguito non hanno creduto più[7].

***

Didascalie di due immagini pubblicate nel libro:

IL TORINESE DALLA VOLONTÀ IRRESISTIBILE – È il dr. Gustavo Adolfo Rol, di cui si parla qua e là nel testo. È uno dei rarissimi soggetti con facoltà parapsichiche quasi del tutto integrate alla mente cosciente. Una volta liberò un giovane sacerdote da una infatuazione amorosa che gli era stata «imposta».

LEGGE DA LONTANO NEI LIBRI CHIUSI – A volte qualcuno dei rarissimi visitatori che il dr. Rol riceve a casa propria ottengono di partecipare ad uno degli esperimenti più interessanti che l'enigmatico signore di Torino è in grado di eseguire. Invitato a scegliersi qualche libro dalla sua fornitissima biblioteca, il visitatore prende a caso dei volumi in lingue svariate, poi si scosta di alcuni metri dal padrone di casa, e li apre qua e là, a caso. Sceglie mentalmente alcune frasi e prega il dr. Rol di leggerle... a distanza di rispetto: il che viene puntualmente eseguito.

---

[7] Analisi impeccabile. Il caso emblematico è quello di Ettore Della Giovanna, si veda vol. IV, p. 111.

Problema: il chiaroveggente dottore attinge dal libro, o dalla mente dell'ospite? Difficile da stabilire. Esperienze come questa dimostrano che in uno stesso soggetto possono convivere facoltà paranormali svariate.

IL TORINESE DALLA VOLONTA' IRRESISTIBILE - È il dr. Gustavo Adolfo Rol, di cui si parla qua e là nel testo. È uno dei rarissimi soggetti con facoltà parapsichiche quasi del tutto integrate alla mente cosciente. Una volta liberò un giovane sacerdote da una infatuazione amorosa che gli era stata « imposta » (v. cap. 13°).

LEGGE DA LONTANO NEI LIBRI CHIUSI - A volte qualcuno dei rarissimi visitatori che il dr. Rol riceve a casa propria ottengono di partecipare ad uno degli esperimenti più interessanti che l'enigmatico signore di Torino è in grado di eseguire. Invitato a scegliersi qualche libro dalla sua fornitissima biblioteca, il visitatore prende a caso dei volumi in lingue svariate, poi si scosta di alcuni metri dal padrone di casa, e li apre qua e là, a caso. Sceglie mentalmente alcune frasi e prega il dr. Rol di leggerle... a distanza di rispetto: il che viene puntualmente eseguito. Problema: il chiaroveggente dottore attinge dal libro, o dalla mente dell'ospite? Difficile da stabilire. Esperienze come questa dimostrano che in uno stesso soggetto possono convivere facoltà paranormali svariate (come nel caso di Wolf Messing, e di altri).

Pagina da *La mente senza frontiere* dove Rol è alla sua scrivania e presso i libri del suo studio insieme a Leo Talamonti, con le didascalie trascritte alla pagina precedente. Ho riprodotto le immagini ingrandite nel vol. V, pp. 20 e 28.

I fenomeni prodotti dal dott. Gustavo Adolfo Rol

di Gastone De Boni

Settembre 1975[1]

Erano vari anni che io sentivo parlare di Rol da persone molto qualificate e che avevano sperimentato con lui. Presi alcuni contatti, io mi recai a Torino, ov'egli vive, con un Principe milanese, sua moglie, una contessa torinese. Egli è un nobiluomo di vecchio stampo, che vive in una splendida casa allestita con oggetti d'antiquariato. Verso la mezzanotte iniziò la seduta. Era la sera dell'11 luglio 1967.
Rol ci dice subito: «Ognuno di lor signori ha davanti un mazzo di carte; io consiglio loro di mescolarle fino a che ne avranno voglia; indi, uno alla volta e separatamente, porranno il mazzo con la faccia in giù!». Finita, uno di noi indipendentemente dall'altro, l'operazione, controllammo tutti e cinque la carta superiore del mazzo posto a faccia in giù, e tutti vedemmo con una certa sorpresa, che la carta prelevata era una donna di fiori. Rol prosegue a dirci: «Tutti loro possono mettere il loro pacco di carte qui sul tavolo e uno di loro abbia cura di mescolarle»; il che, uno di noi fa. Poi, mescolate bene le carte, il Rol copre i 5 mazzi mescolati con il tappeto verde. Fa degli strani gesti sul tappeto; noi vediamo distintamente che qualcosa si muove sotto; indi guardiamo e tutti vediamo i 5 mazzi perfettamente ricostituiti, senza un solo errore. Continuiamo così per qualche tempo e sempre con evenienze di questo tipo. L'esperienza psicocinetica si realizza sempre alla perfezione. Mai un errore. Ma a questo punto il dott. Rol mi invita a passare con lui in un salotto attiguo. Mi dice: «Scelga una carta a suo piacimento; la ponga fra le palme delle due mani, stringendola a viva forza; quando poi io glielo dirò, lei la

---

[1] da: De Boni, G., *L'uomo alla conquista dell'anima*, Armenia, Milano, 1975 (3ª edizione), pp. 323-324. Il capitolo/paragrafo si trova solo nella terza edizione del 1975 (pubblicato a novembre, De Boni lo terminò a settembre). La cosa interessante è che sia stato inserito subito dopo uno piuttosto lungo sugli esperimenti Poutet-Stasia (pp. 307-323), già presente nell'edizione precedente del 1967 (pp. 276-292), ma De Boni non pare aver colto alcuna analogia, se non forse appena quella superficiale – che si potrebbe evincere dalla collocazione del paragrafo – che nell'un caso come nell'altro si fa un uso delle carte da gioco. Va detto che, a giudicare da quello che scrive – quasi sovrapponibile a quanto aveva già scritto nella «nota» nel libro di Nicola Riccardi (vol. V, p. 346) – negli otto anni trascorsi dal primo incontro non deve aver incontrato Rol una seconda volta e quindi aveva forse troppo pochi elementi per fare qualche considerazione in merito, anche se Jacopo Comin, che pur non aveva conosciuto Rol, le aveva invece fatte.

guarderà». Scelgo un 7 di picche². Rol si allontana di qualche passo, indi mi dice di guardare la carta che io tenevo ben stretta fra le mani. Guardo: era una donna di picche! La carta si era trasformata nelle mie mani. Si era ripetuta l'esperienza occorsa a Fellini, che aveva visto trasformarsi la carta che aveva in mano. Senonché egli fu più accorto (e più disobbediente) di me, in quanto guardò la carta quando non doveva: e vide così uno strano miscuglio realizzarsi nella carta che aveva in mano, quasiché fosse avvenuta una mescolanza di tutti i vari colori costituenti la carta stessa.

Il dott. Rol è anche causa del determinarsi di altri tipi di fenomeni del più alto interesse, come le materializzazioni e la pittura medianica. Egli è certamente uno dei più grandi sensitivi attualmente viventi.

***

In un articolo del 1981 sulla Domenica del Corriere³*, Paola Giovetti intervistava Gastone De Boni il quale metteva Rol su un piedistallo nonostante non sia dato capire se avesse o meno avuto occasione di reincontrarlo dopo il 1967, se cioè lo avesse incontrato più di una volta.**
L'impaginazione dell'articolo aveva un taglio sensazionalista fuori luogo e un titolo fuorviante: "Lo giuro: ho visto Rol dipingere con gli occhi"; De Boni nell'intervista non affermava nulla del genere, ma faceva brevemente riferimento agli esperimenti di "telecinesi di pennelli" senza però fornire quei particolari che avrebbero evitato un titolo così stupido. Qui di seguito gli estratti in cui si parla di Rol, molto pochi, nonostante l'impaginazione su due facciate facesse pensare che fosse un articolo su di lui.

Intro/occhiello

«Fra tutti i sensitivi che ho conosciuto in più di mezzo secolo di ricerche», afferma Gastone De Boni, un medico di Verona che ha la più vasta raccolta del mondo di libri e riviste di metapsichica, «Gustavo Adolfo Rol è colui che mi ha stupito di più: l'ho visto creare dal nulla quadri

---

² Si direbbe che De Boni non abbia attinto al suo stesso scritto di circa cinque anni prima – la «nota» al libro di Riccardi – ma sia andato a memoria, perché nel 1970 il 7 era di fiori e non di picche, e si trasformava in una donna di fiori e non di picche, come dice poco dopo. Ecco un semplice esempio della fallacia della memoria, per quanto sia ininfluente sulla sostanza e sul giudizio dell'esperimento. Si veda anche *infra*, p. 309 n. 35.

³ Giovetti, P., *"Lo giuro: ho visto Rol dipingere con gli occhi"*, Domenica del Corriere, n. 36, 05/09/1981, pp. 40-42.

* Rist. 2024: Lugli scrive (in: Gustavo Rol. Una vita di prodigi, 3ª ed. 2008, p. 151) che Rol ricevette De Boni insieme a Paola Giovetti, per la seconda volta, nell'ottobre del 1981, quindi il mese dopo questo articolo (lo dice anche Giovetti in: Arte medianica, *Edizioni Mediterranee, Roma, 1982, p. 91*).

stupendi[4], far apparire e sparire oggetti, compiere "giochetti" incredibili. (...)».

Con quali altri sensitivi ha fatto esperimenti?

«Con moltissimi, sia in Italia sia all'estero. Le cito i due che mi hanno maggiormente impressionato: Gerard Croiset e Gustavo Adolfo Rol. (...) Un altro grandissimo sensitivo è il dottor Rol di Torino, che mi ha fatto vedere cose davvero strabilianti.

Quali per esempio?

«Una sera mi disse di scegliere una carta in un mazzo, di guardarla bene e poi di tenerla stretta fra le mani. Io scelsi il sette di fiori. Poi Rol fece un gesto in aria con la mano e mi disse di guardare la mia carta: ebbene, la carta che avevo sempre tenuto ben stretta fra le mani era divenuta quella della donna di cuori![5]
«In una sola serata Rol, di questi "giochetti", ne fa a decine, con una facilità e una disinvoltura incredibili, divertendosi un mondo per lo stupore dei presenti. È poi in grado di produrre tutti i fenomeni possibili e immaginabili, dalle materializzazioni alla lettura di righe intere in libri chiusi e scelti dai presenti, alla scrittura e pittura dirette: produce cioè scritti, disegni e pitture che compaiono su fogli e tele senza che lui tocchi matite e pennelli; si mette anzi a una certa distanza, coi presenti che lo tengono per mano[6]. Ma ci vorrebbero ore per descrivere tutto questo ... »[7].

---

[4] Se stiamo a questa affermazione, allora dobbiamo ipotizzare almeno un altro incontro, avvenuto tra il 1975 e il 1981, dove De Boni abbia assistito personalmente a questo esperimento, del quale non parla nei due scritti precedenti.
[5] Ancora una dimostrazione dei difetti della memoria: il 7 è tornato ad essere quello di fiori (come nel 1970), ma la donna ora è diventata di cuori, mentre prima era stata di fiori (1970) e di picche (1975). È anche possibile che qui si sia inserito il filtro dell'intervistatrice.
[6] Si trattava di una eccezione, analoga a quella degli anelli, dei *"mantra"*, ecc.., *soprattutto ad uso e consumo delle riflessioni dei presenti*. In un libro che Paola Giovetti stava scrivendo in quel periodo, poi pubblicato l'anno successivo, riprendeva l'affermazione di De Boni, senza citarlo, in un modo che sembrava una regola, che però regola non era: «ad accrescere la validità degli esperimenti di Rol, occorre dire che tutto avviene in piena luce e che Rol stesso non è mai in trance: è sempre vigile e siede tra i partecipanti, che in genere lo tengono per mano» (Giovetti, P., *Arte Medianica*, Edizioni Mediterranee, Roma, 1982, p. 88); corretto invece sarebbe stato dire che «in genere *non* lo tengono per mano, tranne qualche eccezione».
[7] L'impressione è che De Boni abbia letto molto su Rol, quello che era disponibile all'epoca, e abbia anche parlato molto con suoi frequentatori abituali, quindi le

"LO GIURO: HO VISTO ROL DIPINGERE CON GLI OCCHI"

Qui di seguito trascrivo la didascalia della immagine, fotografia presa dall'articolo su Rol pubblicato su Epoca *nel 1951.*

BUZZATI LO DEFINÌ IL «SUPERUOMO» MA LUI DICE: «SONO ROL E BASTA»
Torino. Una rara fotografia di Gustavo Adotto Rol, lo stupefacente personaggio di cui parla nella puntata di questa settimana della nostra inchiesta Gastone De Boni, il medico veronese ritenuto uno dei più attendibili studiosi dei fenomeni paranormali. Rol, che ha 73 anni[8], vive a Torino, è laureato in economia[9] ed è un cultore d'arte, è in grado di scrivere messaggi senza usare la penna e di dipingere quadri come quello nella foto senza toccare pennelli[10].
Gli esperimenti di Rol stupiscono il mondo intero ormai da oltre mezzo secolo. Colui che Buzzati definì «Il Superuomo, l'Illuminato» è capace di leggere le pagine di un libro chiuso, di spostare delle carte da gioco da un mazzo all'altro, di materializzare dal nulla gli oggetti più disparati, di prevedere il futuro e di fare precise diagnosi mediche senza toccare il paziente. «Non sono né un veggente né un mago, né un guaritore: sono Rol e basta», dice[11].

---

ore necessarie per descrivere «tutto questo» avrebbero riguardato testimonianze soprattutto di altri, non la sua, che forse si limitava a due incontri.
[8] Alla data dell'articolo ne aveva 78.
[9] Ancora una volta, un dato incompleto o impreciso su questo aspetto, visto che Rol era certamente laureato in Giurisprudenza, probabilmente diplomato in Economia e forse laureato in Biologia.
[10] Non ci sono elementi per stabilire che il dipinto della foto fosse stato ottenuto in maniera paranormale. Su *Epoca* non viene detto («Questo è un suo quadro di cui sono protagonisti il cabalistico colore verde e "l'anima del vento"», troviamo in didascalia) e io propendo per considerarlo invece "normale".
[11] La fonte di questa frase è quasi certamente l'articolo su Rol pubblicato sullo stesso periodico, la *Domenica del Corriere*, tre anni prima, nel 1978: «Né medium, né mago: né chiaroveggente, né guaritore. Con sottile ironia ammette: "Sono Rol. Punto e basta"» (23/03/1978, p. 25).

Parapsicologia

di Massimo Inardi

Giugno 1975[1]

Nei giorni passati ho avuto il privilegio di avvicinare per tre sere di seguito uno dei soggetti più interessanti, enigmatici e conturbanti oggi esistenti in Italia e nel mondo: il dott. Gustavo Adolfo Rol, il quale da quasi 50 anni è protagonista di fatti talmente incredibili da renderlo quasi una leggenda agli occhi sia del pubblico che degli studiosi e tale da essere difficilissimo avvicinarlo. Dal 1927 Rol costituisce una specie di antologia o di enciclopedia di fatti paranormali: le sue operazioni psichiche sulle carte da gioco, le sue esperienze di lettura in libri chiusi, le sue esperienze di pittore medianico o spiritico[2] (oltre che normale pittore nella vita), le sue doti precognitive e le sue capacità di azione a distanza sulla materia, oltre agli apporti ed asporti, hanno meravigliato e confuso, nonché turbato migliaia di persone[3], che, come il sottoscritto, poterono assistere alle sue esibizioni, divenute ormai un rito ambito e desiderato per la parte migliore di Torino e per pochi eletti nel resto dell'Italia e del mondo.
Di Rol hanno parlato scienziati e cattedratici come Hans Bender, direttore della Cattedra di parapsicologia di Friburgo; studiosi come Cassoli, Di Simone, De Boni, Crosa[4], Mengoli, Riccardi; scrittori come Pitigrilli, Buzzati, Beonio-Brocchieri, Talamonti, artisti come Fellini e da parte di tutti è stato un coro unanime di stupefatta meraviglia.
Quando Rol «lavora» si ha la sensazione di essere di fronte ad un fenomeno vivente[5] dalle doti senza limiti, senza dimensioni e davvero

---

[1] *Il Resto del Carlino*, 10/06/1975, p. 16. Sono passati più di 8 anni dal primo incontro a casa di Franco Bona, quando era presente anche Piero Cassoli (era l'aprile 1967). Inardi è il terzo collaboratore del *Carlino* a scrivere di Rol, dopo Biondi e Serafini.
[2] Naturalmente, al solito, non si tratta di definizioni corrette. Tuttalpiù si potrebbe dire *pittore spiritualistico*, meglio sarebbe non definirlo proprio.
[3] Sull'ipotetico numero di persone alle quali Rol mostrò i suoi esperimenti o che incontrò, cfr. *Il simbolismo di Rol*, pp. 49-50.
[4] Non ho trovato se e dove Giuseppe Crosa parli di Rol (forse Inardi gli parlò direttamente oppure qui lo menziona in quanto presente all'incontro del 14/12/1968 descritto da Giorgio Alberti, cfr. vol. V, p. 238).
[5] Forse è questo passaggio che Alberto Bevilacqua aveva in mente quando nel 2000 scriveva: «Non passa giorno senza che io riceva lettere che mi chiedono di Gustavo Adolfo Rol, che protagonisti del secolo, fra i più prestigiosi in ogni campo, definirono "fenomeno vivente"» (Bevilacqua, A., *Nessuna meraviglia: semplicemente Rol*, Corriere della Sera, 12/03/2000, p. 34; articolo completo nel vol. III, pp. 211-212).

senza frontiere: ci si sente piccoli ed impotenti di fronte a cose che hanno del sovrumano o addirittura del «non umano». Egli si esibisce con semplicità e con costanza come se per lui far vedere ciò di cui è capace fosse cosa da niente, ma sprezza apertamente gli studiosi ed i parapsicologi, in quanto li ritiene inetti a recepire il suo «messaggio», che ritiene troppo alto e spirituale per essere capito dai non iniziati e soprattutto per essere studiato. Egli lavora e basta, tenendosi per sé il suo segreto, che per lui, segreto non è in quanto lo considera patrimonio di ogni uomo che abbia intuito la sua realtà e che tale realtà, in quanto proveniente da Dio stesso, può essere rivelata ad ogni uomo che se ne renda degno con l'elevatezza dello spirito, con la rettitudine, con l'onestà e col dispregio delle cose terrene[6]. Il suo è un messagggio che si rivolge agli uomini e non alla scienza[7], per cui solo nell'intimo dell'uomo che lo ha recepito esso potrà trovare la sua sede naturale di comprensione o di intuizione e solo da un siffatto uomo potrà trovare la sua estrinsecazione visibile e tangibile.

Ho assistito ad esperimenti strabilianti. È certo che stando vicino a Rol si ha l'impressione che l'uomo possa avere limiti e dimensioni ben più ampi di quelli che ad esso si sogliono assegnare, ma nel contempo si ha l'impressione di trovarsi di fronte ad un essere che di umano ha solo l'aspetto fisico e il comportamento, nonché il cuore: tutto il resto pare andare al di là di ogni concezione terrena delle possibilità umane.

---

[6] Non col «dispregio», che ha carattere negativo e conduce a una ingratitudine per la vita e le sue forme – tanto che alcune Vie spirituali si sono spinte, erroneamente, sul cammino delle mortificazioni *perenni e non saltuarie* inflitte a se stessi e agli altri – ma col *distacco* o *non attaccamento*, che non esclude l'amore per la vita, per gli altri e in generale per la Creazione. La stessa vita di Rol dimostra l'errore evidente di questo termine: pienamente immerso nel mondo (ma *senza attaccamento*) e non viandante autoflagellante (che potrebbe, al contrario, essere *attaccato* a certi pregiudizi e apparenze su *come* occorre essere, invece di *essere*).

[7] È questo un fraintendimento che Inardi esplicita meglio in altri contributi successivi, che vedremo e commenterò più avanti e che già avevo contestato a Servadio (*infra*, p. 269 n. 6; p. 271 n. 11 e p. 278 n. 25).

Gustavo Rol: una vita ai confini dell'impossibile

di Giorgio di Simone

Settembre 1975[1]

Divisa dal parco del Valentino da un'arteria di scorrimento veloce, posta ad angolo con l'austera via Silvio Pellico, c'è a Torino una tranquilla, silenziosa palazzina di media altezza, con balconi e decorazioni che ricordano i tempi romantici del liberty.
In questa casa signorile, con l'aura di un'altra epoca, vive un uomo *diverso*, completamente diverso dagli altri, sia per ciò che può fare più degli altri, sia perché umanamente, interiormente la sua vita può difficilmente essere paragonata a quella di chiunque altro.
Centrato nel mistero come nell'occhio di un ciclone dai contorni imprecisi, inafferrabili, quest'uomo ormai anziano, alto, imponente, la cui calvizie rende ancora più ampia la sua fronte e più evidenti, penetranti i suoi occhi blu-acciaio, quest'uomo così solo nel meraviglioso e tirannico condizionamento dei suoi poteri paranormali, accoglie una carica di umanità che si esprime in mille diversi modi, e in prima linea per il soccorso del prossimo.
Oltre quaranta anni fa, Gustavo Adolfo Rol, questo gigante italiano del paranormale, iniziò un durissimo tirocinio segreto, interiore, in parte psichico, in parte in una sfera che trascende qualunque nostro modello di collocazione. E lo fece spinto – dentro – da una «forza» strana che urgeva premendo sulla fragile struttura umana psicofisica. Su quel periodo della sua vita così ricco di lieviti, ma anche così estraneo ai normali parametri dell'esistenza umana, il Dottor Rol si lascia in genere sfuggire poche parole, scarne, scavate in un tormento che s'indovina e che nel campo delle tensioni paranormali che hanno quasi sempre accompagnato lo sviluppo dei grandi sensitivi o medium, si ritrova quasi puntualmente, sia come conseguenza dell'urto inevitabile tra normalità ed anormalità, sia come elemento che chiamerei di «condizionamento etico di fondo» del sensitivo – quando è autentico – come una netta presa di coscienza che lo rende consapevole di essere in rapporto con un «valore» diverso che è posto come tale al di là del contingente, oltre l'intricato sviluppo della commedia umana.
In persone così dotate e di acuta intelligenza come Rol (intelligenza che *non è* una costante caratteristica dei medium e sensitivi[2]) c'è a quel punto anche la chiara sensazione del rischio di incappare nell'incomprensione

---

[1] *Il Giornale dei Misteri*, n. 54, 09/1975, pp. 34-37. I corsivi sono dell'autore.
[2] E che invece lo è degli *illuminati*, dei Grandi Maestri Spirituali.

della massa degli uomini, ed anche in quella – in genere più subdola – delle «élites» qualificate (quando lo sono) da tutt'altri contrassegni mentali e sociali.

Lentamente, penosamente, per imporre a se stesso una indispensabile disciplina mentale ed operativa, Gustavo Rol ha maturato negli anni un suo personalissimo «training», disciplinando, appunto, entro limiti possibili l'azione di quelle «forze paranormali» che negli individui superdotati tendono inizialmente ad esplodere con potenza ignota, imprevedibile, minacciando di coinvolgere le delicate strutture mentali e biologiche.

Le possibilità supernormali di Rol sono note a tutti coloro che si siano anche minimamente interessati della eterogenea caterva di fatti strani che a volte investono la nostra vita e che la Parapsicologia vorrebbe inquadrare e risolvere. Sono possibilità, quelle di Rol, che coprono quasi l'intera gamma dei fenomeni conosciuti: telepatia, chiaroveggenza nelle sue molteplici ed anche complesse forme, telecinesi spesso di estensione incredibile, scrittura «diretta», precognizione, terapia paranormale, ecc. La sua statura di sensitivo, di «PSI-vettore», è pari (ed in alcune manifestazioni superiore) a quella del sensitivo svedese-americano Olof Jonsson[3], già di per sé assolutamente eccezionale.

Ma l'«uomo Rol» è profondamente diverso da Jonsson come da altri[4], ed è di questo che desidero soprattutto parlare, anche se accennerò, per indicare ai lettori la misura della sua potenza, ad un gruppo di esperimenti cui ho personalmente assistito e partecipato.

E Rol è diverso perché in ogni uomo, evidentemente, l'impatto tra «forza PSI» e personalità contingente deve determinare caso per caso un successivo diverso assetto del carattere e del temperamento, in funzione del peso e del valore spirituale dei fattori di fondo della personalità e quindi della sua parte «subliminale» che pesca in quel ricchissimo territorio dell'inconscio che potremmo al limite considerare come il crogiolo degli impulsi «spirituali» genuini e delle reazioni coscienti e para-coscienti dell'individuo, nell'arco della sua realizzazione terrena.

Gustavo A. Rol, a differenza di altri esseri dotati in senso paranormale, esprime una sua cifra caratteristica nel rigettare con forza la qualifica di «medium» o, peggio, di «mago»; come pure respinge decisamente qualunque tentativo di sperimentazione scientificamente controllata svolta nei suoi confronti[5], e questo semplicemente perché non gliene importa

---

[3] *Nota di Di Simone*: «"Esperienze psichiche di Olof Jonsson" di B. Steiger, Ed. Mediterranee, Roma 1971».

[4] Perché un *Illuminato* non potrebbe essere altrimenti.

[5] Questo non è preciso: la frase corretta sarebbe: «respinge decisamente qualunque tentativo di sperimentazione scientificamente controllata *nei termini voluti dai "controllori", poco interessati sia alle spiegazioni di Rol che a fare un percorso di osservazione e maturazione finalizzato alla comprensione graduale e*

nulla della parapsicologia o di rimanere nella storia della Ricerca Psichica come illustre «cavia», come una cavia d'oro...[6]
Se sul momento tale atteggiamento può lasciare un profondo disappunto nei ricercatori ansiosi di aggiungere una così rara perla alla loro rigorosa collezione, rendendoci però consapevoli di certe esigenze umane così spesso trascurate negli esperimenti di laboratorio e pensando alla relatività delle cose della Terra, non possiamo che rispettare la volontà rolliana che indubbiamente deriva da due considerazioni fondamentali: la prima è che le nostre qualifiche e classificazioni nel campo parapsicologico sono tuttora insufficienti, precarie, estremamente limitative e quindi non esprimono mai le realtà indicate; la seconda è dovuta alla piena e tormentata coscienza che ha Rol del valore trascendentale dell'impegno particolare che egli svolge grazie alla presenza dei suoi «poteri», un impegno verso l'umanità che non soffre di essere misurato e deviato dai suoi obiettivi nel nome di una ortodossia scientifica che finora ha accumulato fatti su fatti – ed è positivo – rimandandone però continuamente una possibile «spiegazione» tramite legittime ipotesi di lavoro per incapacità intrinseca e per insufficienza metodologica.
Ma l'avallo dei *fatti* determinati dalla «psi» rolliana è indiscutibile. Una serie interminabile di persone qualificate in ogni campo della cultura, sorreggono questo avallo di fondo con la loro testimonianza, con il loro controllo spontaneo, estemporaneo degli esperimenti che hanno visto svolgersi sotto i loro occhi.
Il fior fiore della parapsicologia italiana (e parte di quella estera) – tranne qualche raro, incorruttibile esemplare – sostato per ore, di sera e fino a notte inoltrata, nel salotto del Dottor Rol, un salotto dalla atmosfera strana, indimenticabile, con i suoi classici richiami all'epoca imperiale napoleonica, verso la quale egli risente un'attrazione che è qualcosa di più di una «sintonia culturale» e psicologica; ha passato le ore nei salotti di amici, sempre felicissimi di ospitare un tale personaggio ed i suoi strabilianti interventi sulla materia. E la materia prima degli esperimenti rolliani sono comuni, intonsi mazzi di carte da poker (fino

---

spontanea dei fenomeni, i quali devono essere collocati "al giusto posto", e non isolati ed esaltati materialisticamente privandoli della loro cornice spirituale». Si deve poi aggiungere che queste *possibilità* si manifestano in una dinamica di libera scelta assoluta, senza condizionamenti esterni – come l'essere vincolati in partenza a un risultato – che inibiscono e impediscono la riuscita dell'esperimento. La sperimentazione sarà possibile in futuro solo quando i "controllori" saranno sufficientemente maturi e avranno compreso tutti gli elementi coinvolti.

[6] Questo, in ogni caso, è perfettamente vero. Anche perché Rol sapeva benissimo che sarebbe invece entrato comunque nella ben più rilevante e generale storia dell'umanità, come uno dei suoi più Grandi Civilizzatori, figure che si riverberano nel corso dei secoli a tutte le latitudini e che non è possibile dimenticare.

eccezionalmente a centoundici, come accadde in una vasta sala della Curia Arcivescovile di Napoli), che egli – *senza mai toccarli* – comanda ed ordina mentalmente tramite i suoi incredibili «canali psi» che sfidano tranquillamente le più ferree leggi di natura. E di questi esperimenti, come degli altri ancora più complessi ed impegnativi, si è parlato abbastanza, a parte il fatto che ci vorrebbe un intero fascicolo del *Giornale dei Misteri* per scrivere in modo appena sufficiente del Dottor Rol, questo personaggio plurilaureato, amico di potenti e di artisti, di uomini di alta cultura; questo «sorvegliato» speciale dell'FBI (come pare avvenga anche per Jonsson e Uri Geller), antiquario dal gusto raffinato, musicista, pittore che dà magia alle tele, depositario appassionato di preziosi cimeli napoleonici, ricco di un'esperienza di vita e del «magico» (così come lo intende G. Marco Rinaldi[7]) acquistata in viaggi avventurosi; Gustavo A. Rol, esemplare discendente di illustre famiglia, non estraneo al fascino dell'India o delle Alpi (è stato capitano degli Alpini), un uomo che ha salvato durante l'ultima guerra molte persone (come testimoniano encomi ufficiali), sbalordendo i tedeschi e inchiodandoli esterefatti al senso di un ignoto irrefutabile; un uomo che malgrado la sua età avanzata, dalle prime ore del giorno è chiamato dai medici che sanno di lui, nelle loro cliniche per interventi di emergenza sui pazienti.

Questo è Rol, un poderoso alfiere dell'«Ignoto» che tra l'altro (ma non guasta, fra tanti mestatori interessati) non ha mai chiesto un soldo per i suoi esperimenti o per i suoi interventi a favore del prossimo, ma che ha addirittura rifiutato lautissime offerte americane per mirabolanti (e per lui possibili) esibizioni, fedele all'antica consegna esoterica che non ammette venalità alcuna nell'uso consapevole di poteri superiori. Questa è la personalità che attira e respinge ad un tempo, in una sottile subliminale silente dialettica in cui interagiscono le forze intellettuali e psichiche, la personalità affascinante intorno alla quale il «campo spaziale e temporale» non è lo stesso di sempre ed a contatto del quale in modo assolutamente eccezionale (anche per chi come me ha attinto molti livelli dell'«ignoto») esiste la possibilità personale di raggiungere coscientemente la certezza dell'esistenza di un «qualcosa» che agisce in modo indiscutibile oltre le nostre consuete e schematiche categorie esistenziali e naturali[8].

Ma se apprezzate anche minimamente attraverso le mie scarse parole (e la letteratura che lo riguarda) le qualità umane di Rol, oltre quelle paranormali, e se potete intuire le intime vicissitudini di un uomo costretto tra due infiniti: quello invisibile di una Realtà che sovrasta ed avvolge, e

---

[7] *Nota di Di Simone*: «G. M. Rinaldi "Prima dell'alba", Cassiopea ed., Fiè allo Sciliar, 1974».

[8] *Nota di Di Simone*: «Su G. A. Rol si possono utilmente consultare: Pianeta n. 5, 1964-65, pag. 103; "L'Altro Regno" di U. Déttore (Enciclopedia di Spiritismo, Metapsichica e Parapsicologia, Bompiani, 1973); "Scienza e Ignoto" nn. 9 e 10; in attesa di una esauriente biografia».

quello brulicante di esseri e di vita della natura, con le innumerevoli vicende umane più o meno nobili, puerili o disperate; se sentite questo, *non* gli scrivete, *non* lo cercate, a meno che non si tratti di problemi gravissimi, di pericoli imminenti[9].

Gustavo A. Rol non cerca pubblicità (e se la prenderà certamente con me per questo articolo, malgrado lo spirito fraterno con cui è scritto), non vuole essere distolto dai suoi gravosi compiti che spesso lo stremano, *egli non può essere in grado di rispondere alle mille domande che spesso non vanno oltre i limiti dell'egoismo più cieco* o che peccano per esasperata valutazione di quei problemi che in genere tutti hanno e che sono quasi sempre il giusto viatico della nostra ignoranza e dei nostri errori umani e sociali.

Darò ora un esempio particolarmente ricco ed interessante sotto molteplici aspetti delle possibilità paranormali di G.A. Rol, stralciandolo dal resoconto pubblicato su «Informazioni di Parapsicologia» (n. 2/1973). (...)[10]

Ad oltre due anni di distanza non posso che confermare quasi per intero quanto ho scritto allora su Rol. Altri elementi di prova si sono andati accumulando, altri contatti più personali, altri approfondimenti hanno stabilito la presenza nell'uomo di fatti attualmente inspiegabili secondo il metro della Terra e delle sue scienze.

Il Dottor Rol, come tanti altri, adopera le sue facoltà straordinarie perché gli uomini *almeno credano che vi sia altro oltre il noto*, «altro» che nuovi pionieri dediti alla conoscenza forse definiranno meglio, sino ad abbozzarne quelle leggi che potranno dare qualche risposta ai molti ansiosi perché della condizione umana[11].

---

[9] Di Simone aveva certamente ragione, e qui traspare credo anche la sua esperienza personale di aver scritto spesso a Rol ricevendone sempre poche risposte.

[10] Sono le tre serate di esperimenti dell'8-9-10 marzo 1973, che non occorre riprodurre di nuovo.

[11] In questo scritto Di Simone è riuscito ad inquadrare piuttosto bene Rol.

I GRANDI SENSITIVI ITALIANI
di Giorgio Di Simone

GUSTAVO ROL:
una vita ai confini dell'impossibile

Divisa dal parco del Valentino da un'arteria di scorrimento veloce, posta ad angolo con l'aurora via Silvio Pellico, c'è a Torino una tranquilla, silenziosa palazzina di media altezza, con balconi e decorazioni che ricordano i tempi romantici del liberty.

In questa casa signorile, con l'aura di un'altra epoca, vive un uomo *diverso*, completamente diverso dagli altri, sia per ciò che può fare più degli altri, sia perché umanamente, interiormente la sua vita può difficilmente essere paragonata a quella di chiunque altro.

Centrato nel mistero come nell'occhio di un ciclone dai contorni imprecisi, inafferrabili, quest'uomo ormai anziano, alto, imponente, la cui calvizie rende ancora più ampia la sua fronte e più evidenti, penetranti i suoi occhi blu-acciaio, quest'uomo così solo nel meraviglioso e straordinario dei suoi poteri paranormali, accoglie una carica di umanità che si esprime in mille diversi modi, e in prima linea per il soccorso del prossimo.

Oltre quarant'anni fa, Gustavo Adolfo Rol, questo gigante italiano del paranormale, iniziò un durissimo tirocinio segreto, interiore, in parte psichico, in parte in una sfera che trascende qualunque nostro modello di collocazione. E lo fece spinto — dentro — da una « forza » strana che urgeva premendo sulla fragile struttura umana psicofisica. Su quel periodo della sua vita così ricco di lieviti, ma anche così estraneo ai normali parametri dell'esistenza umana, il Dottor Rol si lascia in genere sfuggire poche parole, scarne, scavate in un tormento che s'indovina e che nel campo delle tensioni paranormali che hanno quasi sempre accompagnato lo sviluppo dei grandi sensitivi o medium, si ritrova quasi puntualmente, sia come conseguenza dell'urto inevitabile tra normalità ed anormalità, sia come elemento che chiamerei di « condizionamento etico di fondo » del sensitivo — quando è autentico — come una netta presa di coscienza che lo rende consapevole di essere in rapporto con un « valore » diverso che è posto come tale al di là del contingente, oltre l'intricato viluppo della commedia umana.

In persone così dotate e di acuta intelligenza come Rol (intelligenza che non è una costante caratteristica dei medium e sensitivi) c'è a quel punto anche la chiara sensazione del rischio di incappare nell'incomprensione della massa degli uomini, ed anche in quella — in genere più subdola — delle « élites » qualificate (quando lo sono) da tutt'altri contrassegni mentali e sociali.

Lentamente, penosamente, per imporre a se stesso una indispensabile disciplina mentale ed operativa, Gustavo Rol ha maturato negli anni un suo personalissimo « training », disciplinando, appunto, entro limiti possibili l'azione di quelle « forze paranormali » che negli individui superdotati tendono inizialmente ad esplodere con potenza ignota, imprevedibile, minacciando di coinvolgere le delicate strutture mentali e biologiche.

Le possibilità supernormali di Rol sono note a tutti coloro che si sono almeno minimamente interessati alla eterogenea caterva di fatti strani che a volte investono la nostra vita e che la Parapsicologia vorrebbe inquadrare e risolvere. Sono possibilità, quelle di Rol, che coprono quasi l'intera gamma dei fenomeni conosciuti: telepatia, chiaroveggenza nelle molteplici ed anche complesse forme, televisione spesso di estensione incredibile, scrittura « diretta », precognizione, terapia paranormale, ecc.

La sua statura di sensitivo, di « PSI-vettura », è pari (ed in alcune manifestazioni superiore) a quella del sensitivo svedese-americano Olof Jonsson (¹), già di per sé assolutamente eccezionale.

Ma l'« uomo Rol » è profondamente diverso da Jonsson come da altri, ed è di questo che desidero soprattutto parlare, anche se accennerò, per indicare ai lettori la misura della sua potenza, ad un gruppo di esperimenti cui ho personalmente assistito e partecipato (²).

È Rol diverso perché in ogni uomo, evidentemente, l'impatto tra « forza PSI » e personalità contingente deve determinare caso per caso un successivo diverso assetto del carattere e del temperamento, in funzione del peso e del valore spirituale dei fattori di fondo della personalità e quindi della sua parte « subliminale » che pesca in quel ricchissimo territorio dell'inconscio che potremmo al limite considerare come il crogiolo degli impulsi « spirituali » genuini e delle reazioni coscienti e para-coscienti dell'individuo, nell'arco della sua realizzazione terrena.

Gustavo A. Rol, a differenza di altri esseri dotati in senso paranormale, esprime oltre a una cifra caratteristica nel rigettare con forza la qualifica di « medium » o, peggio, di « imago »; come pure respinge decisamente qualunque tentativo di sperimentazione scientificamente controllata svolta nei suoi confronti, e questo semplicemente perché non gliene importa nulla della parapsicologia o di rimanere nulla storia della Ricerca Psichica come un'illustre « cavia », come una cavia d'oro...

Se sul momento tale atteggiamento può lasciare un profondo disappunto nei ricercatori ansiosi di aggiungere una cosa rara perla alle loro risorse collezione, rendendoci però consapevoli di certe esigenze umane così spesso trascurate negli esperimenti di laboratorio e pensando alla relatività delle cose della Terra, non possiamo che rispettare la volontà roliana che

indubbiamente deriva da due considerazioni fondamentali: la prima è che le nostre qualifiche e classificazioni nel campo parapsicologico sono tuttora insufficienti, precarie, estremamente limitative e quindi non esprimono mai le realtà indicate; la seconda è dovuta alla piena e tormentata coscienza che ha Rol del valore trascendentale dell'impegno particolare che ogni svolge grazie alla presenza dei suoi « poteri », un impegno verso l'umanità che non soffre di essere misurato o deviato dai suoi obiettivi nel nome di una ortodossia scientifica che finora ha accumulato fatti su fatti — ed è positivo — rimandandone però continuamente una possibile « spiegazione » tramite legittime ipotesi di lavoro per insospettabili intrinseca e per insufficienza metodologica.

Ma l'avallo dei *fatti* determinati dalla « psi » rolliana è indiscutibile.

Una serie interminabile di persone qualificate in ogni campo della cultura, sorreggono questo avallo di fondo con la loro testimonianza, con il loro controllo spontaneo, estemporaneo degli esperimenti che hanno visto svolgersi sotto i loro occhi.

Il fior fiore della parapsicologia italiana (e parte di quella estera) — tranne qualche rara, incorreggibile eccezione — ha sostato per ore, di sera e fino a notte inoltrata, nel salotto del Dottor Rol, in una atmosfera strana, indimenticabile, che i suoi classici richiami all'epoca imperiale napoleonica, verso la quale egli riserva un'attrazione che è qualcosa di più di una « sintonia culturale » e psicologica; ha passato le ore nei salotti di amici, sempre felicitissimi di ospitare un suo personaggio od i suoi strabilianti interventi sulla materia. E la materia prima degli esperimenti rolliani sono comuni, miseri mazzi di carte da poker (fino eccezionalmente a centoundici), come accadde in una vasta sala della Curia Arcivescovile di Napoli, che egli — *senza mai toccarli* — comanda ed ordina mentalmente tramite i suoi incredibili « canali psi » che sfidano tranquillamente le più ferree leggi di natura. E di quegli esperimenti, come degli altri ancora più complessi ed impegnativi, si è parlato abbastanza, a parte il fatto che ci riserviamo per un intero fascicolo del GdM, per scrivere in modo appena sufficiente del Dottor Rol, questo personaggio plurilaureato, amico di potenti e di artisti, di uomini di alta cultura; questo

Gustavo A. Rol

« sorvegliato » speciale dell'FBI (come pare avvenga anche per Jonsson e Uri Geller), antiquario dal gusto raffinato, musicista, pittore che dà magia alle tele, depositario appassionato di preziosi cimeli napoleonici, ricco di un'esperienza di vita e del « magico » cosí come lo intende G. Marco Rinaldi (³) acquistata in viaggi avventurosi; Gustavo A. Rol, esemplare di scendente di illustre famiglia, non estraneo al fascino dell'India e delle Alpi è stato capitano degli alpini), che in guerra molte persone (come testimoniano racconti ufficiali), sbalordendo i tedeschi e inchiodandoli esterrefatti al senso di ignota irrefutabile; un uomo che malgrado la sua età avanzata, dalle prime ore del giorno è chiamato dai medici che sanno di lui, nelle loro cliniche per interventi di emergenza sui parienti.

Questo è Rol, un poderoso affiore degli esperimenti rolliani sono tanti messaggi interessanti non ha mai chiesto un soldo per i suoi esperimenti o per i suoi interventi in favore del prossimo, che che ha addirittura rifiutato lautissime offerte americane per mirabolanti (e per lui possibili) esibizioni, fedele alla antica consegna esoterica che non ammette venalità alcuna nell'uso consapevole di poteri superiori. Questa è la personalità che attira e respinge ad un tempo, in una sottile subliminale silenziosa dialettica e un'interagiscono le forze intellettuali e psichiche, la personalità affascinante intorno alla quale il « campo spaziale e temporale » non è lo stesso di sempre e a contatto del quale in modo assolutamente eccezionale (anche per chi come me ha attinto molti livelli dell'« ignoto ») esiste la possibilità personale di raggiungere coscientemente la certezza dell'esistenza di un « qualcosa » che ci agisce in modo indiscutibile oltre le nostre comuni e schematiche categorie esistenziali e naturali (⁴).

Ma se apprezzate anche minimamente le mie scarse parole (e la letteratura che le riguarda) le qualità umane di Rol, oltre quelle paranormali, e se potete intuire le intime veridicità di ciò che sta per essere esposto, allora vi accorgerete della vicissitudine di un « qualcosa » che ci agisce in modo indiscutibile oltre le nostre comuni e schematiche categorie esistenziali e naturali (⁴).

Ma se apprezzate anche minimamente le mie scarse parole (e la letteratura che le riguarda) le qualità umane di Rol, oltre quelle paranormali, e se potete intuire le intime vicissitudini di un « qualcosa » che ci sovrasta ed avvolge, e quello brulicante di esseri e di vita della natura, con le innumerevoli scene umane più o meno nobili, puo-

Inardi, il "mago" di *Rischiatutto*

Abbiamo visto in precedenza che Massimo Inardi aveva incontrato Rol nel 1967, con Piero Cassoli, e che lo reincontrò nel 1975, come accenna in maniera riassuntiva nell'articolo di giugno su Il Resto del Carlino. *Nel 1975 oltre a quell'articolo sommario pubblicò altri due contributi dettagliati, quasi uguali: un capitolo del libro* Dimensioni sconosciute, *pubblicato a settembre, e un articolo sulla rivista* ESP, *a dicembre. Prima di arrivarci, ritengo opportuno riportare alcuni articoli pubblicati nel 1972, all'epoca in cui Inardi divenne famosissimo in tutta Italia per la sua partecipazione al programma di Mike Bongiorno* Rischiatutto.
Questo per quattro ragioni:
1) intanto perché abbiamo due Inardi, quello sconosciuto ai più del 1967 e la celebrità a partire dalla fine del 1971 ed è quindi importante non dimenticarlo per giudicare la sua testimonianza;
2) poi per mostrare meglio chi fosse e come fosse considerata persona di grande intelligenza, e non solo per l'abilità di vincere il quiz più famoso dell'epoca; fino a prova contraria, l'intelligenza di un testimone che parla di Rol è qualcosa che deve essere tenuta in debito conto, per Inardi come per molti altri, comparata con la saccenza di certi scettici che pontificano senza nemmeno avere conosciuto Rol, e che con altezzosità e supponenza pretendono di dimostrare come sia andato un certo esperimento, facendo passare il testimone per un ingenuo, un credulone, uno stupido, un affabulatore e talvolta anche un mistificatore;
3) quindi, per mostrare l'impatto psicologico che ebbe la notorietà su di lui e raffrontare questo aspetto con l'esigenza che aveva Rol di volersene stare lontano dai riflettori, aspetto che Inardi finì per capire molto bene; così come quello di essere additato in maniera impropria (punto seguente);
4) infine, perché Inardi venne sospettato di avere poteri paranormali ed etichettato come "mago", troppo eccezionale per essere soltanto molto ben preparato; e questo è un aspetto che potrebbe anche avere una parte di verità e dove Rol potrebbe aver avuto un ruolo. Già nel 2008 ne avevo scritto ne Il simbolismo di Rol, *ed è opportuno partire da lì:*

> «[Inardi] si presentò come esperto di musica classica (soprattutto di Brahms) vincendo per sei settimane consecutive (dal 02/12/1971 al 19/01/1972) e vincendo poi anche la finalissima dei campioni (delle prime tre edizioni) il 10 giugno 1972, con la cifra record di 48 milioni di lire[1]. Ma al di là della cifra, che per quei tempi era esorbitante (oggi non stupirebbe più di tanto), Inardi

---

[1] 450.000 euro nel 2022.

rispondeva a tutte le domande senza mostrare alcuna esitazione, senza dubbi, tra lo stupore generale. Tanto che alcuni pensarono che potesse leggere nel pensiero, vista anche la sua esperienza come parapsicologo.

Lo ha ricordato ancora di recente lo stesso Mike Bongiorno, al quale è stato chiesto, in una intervista ad un settimanale: "Qual è stato 'il' concorrente per eccellenza dei suoi quiz?", e lui ha risposto: "Massimo Inardi, l'esperto di parapsicologia. Fece epoca perché, al *Rischiatutto*, vinse la cifra più alta che mai era stata data. In una puntata addirittura hanno fatto fare le domande non a me ma alla Sabina, perché credevano che lui mi leggesse nel pensiero"[2].

Si disse che Inardi era dotato in realtà di una memoria prodigiosa. Certo è curioso che pochi anni prima (aprile 1967) avesse conosciuto Rol, e che all'inizio del 1970, insieme a Cassoli, la relazione di quell'incontro fu riferita nel primo numero di *Quaderni di parapsicologia*, bollettino informativo del Centro Studi Parapsicologici di cui era condirettore. Rol non ne era rimasto entusiasta ... Alla fine del 1971 Inardi era a *Rischiatutto*. Che Rol abbia voluto intervenire per fare di Inardi qualcosa di più che un campione? Quante centinaia di concorrenti ha conosciuto in vita sua Mike Bongiorno? Eppure, a 35 anni di distanza, si ricordava ancora con stupore di Inardi. A noi invece non stupirebbe l'ipotesi che Rol abbia potuto trasformare Inardi nel concorrente per eccellenza della storia televisiva italiana, influenzando anche la sua prospettiva in merito a certe *possibilità* e a certi misteri che trascendono l'uomo. Con questo non intendiamo negare a Inardi le sue qualità[3], ma solo ipotizzare che se Rol avesse voluto, avrebbe potuto "agire a distanza" aiutandolo

---

[2] *Mia nota del 2008*: «Dalla Vecchia, A., *Tanti auguri Mike*, Tv Sorrisi e Canzoni, n. 22, 2007, p. 39. Sabina Ciuffini era la valletta di *Rischiatutto*. Fu anche attraverso Inardi che la famiglia Bongiorno sentì parlare di Rol, come anche da Fellini. Giulietta Masina è stata la madrina di battesimo del secondogenito di Mike, Nicolò, il quale nel 2006 ha realizzato il bel documentario *Gustavo Rol. I confini dell'anima* (Buendia Film) [Poi "*Rol. Un mondo dietro al mondo*"]. Sul rapporto tra Mike Bongiorno e Massimo Inardi, cfr. l'autobiografia del conduttore televisivo (curata proprio dal figlio Nicolò) *La versione di Mike*, Mondadori, Milano, 2007, pp. 217-219. ...».

[3] *Mia nota del 2008*: «Oltre per le sue doti mnemoniche aveva colpito la sua iniziativa, del tutto inedita, di devolvere la vincita di una puntata – seguita a quanto pare da ben 30 milioni di persone – a un bambino di 7 anni bisognoso di un trapianto di rene. Inardi era specialista in medicina legale e medicina del lavoro. Cfr. per esempio: Ranieri, G., *Inardi è stanco*, Epoca, 16/01/1972, pp. 76-79».

(a sua insaputa), come dimostrano decine di altri casi in cui egli *fa dire ad altre persone cose che non possono sapere*. D'altro canto è interessante il fatto che Inardi, che aveva controfirmato nel 1970 la relazione di Piero Cassoli in *Quaderni di parapsicologia*, che si era espresso con una certa prudenza nel valutare Rol, non solo prenderà successivamente una posizione netta a suo favore, ma diverrà anche, insieme a Di Simone, uno dei pochi parapsicologi (e uno dei pochi testimoni in generale) ad aver capito di lui alcune cose fondamentali. Curioso infine che il primo articolo che egli scrisse su Rol, sul *Resto del Carlino*, fosse datato 10 giugno 1975, ovvero nel terzo anniversario della sua epocale vittoria a *Rischiatutto*».

***

Massimo Inardi in una fotografia dei primi anni '70.

Gennaio 1972

Inardi, mago pericoloso

di Ornella Rota

12 gennaio 1972[4]

Occhiello:
Perché la tv toglie a Bongiorno le risposte del Rischiatutto.
È vero che il medico bolognese può leggere nella mente del presentatore? – Questa sera nella registrazione del quiz sarà adottato il «metodo del segreto» – Uno psicologo dice: «Il campione ha soltanto una eccezionale memoria visiva, in compartimenti stagni» – Alla Rai è giunta una «denuncia» su una domanda contestata.

Milano, 11 gennaio.
Mike Bongiorno non controllerà personalmente se Massimo Inardi avrà conservato la qualifica di campione: il presentatore non terrà più fra le mani la cartella con l'elenco delle domande e delle relative risposte. Se il medico bolognese avrà vinto, lo apprenderemo da segnali, luminosi od acustici: un sistema nuovo, sul quale non si conosce ancora nulla. Il provvedimento aggiunge curiosità all'atto spettacolare del gioco. I responsabili del «Rischiatutto» si sarebbero decisi ad adottarlo per vincere la magia del concorrente, Inardi il quale, fornito di doti telepatiche, «leggerebbe» le risposte dalla mente di Mike. Le voci sono sorte dalla constatazione che mai nessun concorrente era finora giunto ad un montepremi così alto, e soprattutto dal fatto che il medico di Bologna è un appassionato di metapsichica e di parapsicologia.
Antonio Miotto, vero docente di psicologia presso l'università di Milano, interpellato telefonicamente nella sua residenza di Mezzegra, in provincia di Como, sul «caso Inardi», ha affermato di non credere assolutamente alle facoltà paranormali del concorrente. «*Se così fosse*», ha aggiunto il professore, «*lui sarebbe un ignorante senza merito personale. Niente dunque telepatia o facoltà paranormali, ma soltanto un tipo particolare di memoria (probabilmente visiva: ecco perché Inardi riesce ad individuare persino volti di personaggi mascherati o truccati). La caratteristica di questa eccezionale memoria consiste nel fatto che essa funziona per compartimenti stagni, i quali non interferiscono reciprocamente e non si*

---

[4] *La Stampa*, 12/01/1972, p. 7. Corsivi come in originale.

disturbano a vicenda. Tutte le risposte date dal concorrente sono in rapporto con qualcosa che ha letto o udito concretamente».
Anche i compagni di Inardi iscritti alla società di metapsichica, escludono categoricamente che questa sua prestazione sia in qualche modo dovuta a facoltà extranormali. (...)
Il medico bolognese non è affatto turbato per i sospetti sulle sue facoltà, e le conseguenti modifiche al regolamento del gioco. «*Da quarant'anni studio la musica classica*», ha commentato ridendo, «*e mi applico diverse ore al giorno, soltanto questa è la ragione per cui so rispondere*». (...)
Alla Rai, ed in particolare al teatrino della Fiera, dove si svolge la gara, atmosfera di *suspense* e mistero assoluti. Impossibile parlare con i dirigenti, proibito entrare nel teatro, vietato sostare in portineria; unica cosa concessa, rimanere ad aspettare per strada. Ciò che molti, nonostante il freddo, trovano la voglia ed il tempo di fare. Le prove finiscono intorno alle 20, ed appena esce, Inardi viene subissato dalle richieste di autografi. Lui scrive, sorridendo un po' ironico e scuotendo leggermente la testa: «*Ma che se ne faranno poi della mia firma?*» «Rischiatutto» si registrerà domani sera.
Giovedì, dalle 21,15 alle 22,30 – come per l'ultima puntata di «Canzonissima», o, parecchi anni or sono, per le prime trasmissioni di «Lascia o raddoppia» – per strada non si vedrà nessuno. Cinema e teatri avranno molti posti vuoti; persino al «Manzoni», dove c'è Bramieri, od al «Puccini», dove si esibisce Walter Chiari, le prenotazioni fioccano per tutto il resto della settimana, ma per dopodomani, finora vanno a rilento.

***

LA STAMPA

Perché la tv toglie a Bongiorno le risposte del Rischiatutto

Inardi, mago pericoloso

E' vero che il medico bolognese può leggere nella mente del presentatore? - Questa sera nella registrazione del quiz sarà adottato il «metodo del segreto» - Uno psicologo dice: «Il campione ha soltanto una eccezionale memoria visiva, in compartimenti stagni» - Alla Rai è giunta una «denuncia» su una domanda contestata

Il campione sorride preoccupato

di Luciano Curino

12 gennaio 1972[5]

Bologna, 11 gennaio.
L'ha presa sul ridere. Si aspettava che, prima o poi, gli esperti di *Rischiatutto* avrebbero adottato qualche provvedimento «*per togliere ogni sospetto che il dottor Inardi possa, in virtù delle sue doti telepatiche, captare la risposta dalla mente di Bongiorno*». Il provvedimento è stato preso: gli ha fatto fare una risata, ma lo ha anche rattristato un poco. Perché accade ciò che ho sempre temuto: essere giudicato un mago, uno stregone, qualcosa del genere[6].
Me lo conferma la moglie: «*La cosa che mi fa veramente dispiacere è che la gente creda troppo alle novelline*». Le novelline sarebbero le presunte doti medianiche, telepatiche del dottor Inardi. Si può anche capire la gente. Gli è più facile credere che egli abbia qualità soprannaturali, collocarlo tra Cagliostro e il mago Merlino, che ammettere una cultura, una memoria, una padronanza di sé tanto superiori alla media.
Studioso di parapsicologia, presidente del centro bolognese di questa scienza, si occupa naturalmente anche dei fenomeni telepatici. Ma egli non ha qualità specifiche e lo affermano gli altri parapsicologi bolognesi, che ogni mese si radunano al *Garden* sotto la sua presidenza. Uno di loro, Guidi, mi dice: «*E poi, la telepatia non "legge una risposta", tutt'al più capta un'immagine. Se si vuole un mago a tutti i costi, ecco: si prenda il torinese Carlo Alberto Rol*[7], *non Inardi*».
Comunque, il campione del quiz è preoccupato anche perché se giovedì [13 gennaio] non fosse brillante come stato finora, se dovesse addirittura naufragare, nessuno gli toglierà più la fama di lettore del pensiero. «*Ecco la prova* – diranno – *quando sono stati presi provvedimenti speciali, Inardi non è più riuscito a captare le risposte dalla mente di Bongiorno*. Così il dottor Inardi è prigioniero del suo personaggio, o meglio: del magico personaggio costruito dalla sua straordinaria memoria e dal fatto di occuparsi di parapsicologia, che è una scienza ma che molti identificano con la stregoneria.

---

[5] *La Stampa*, 12/01/1972, p. 7. Corsivi invertiti.
[6] Un punto importante che permetterà a Inardi di mettersi meglio nei panni di Rol, il quale, anche se per ragioni diverse, non voleva essere scambiato per mago, stregone, medium, sensitivo, ecc.
[7] Il nome naturalmente è sbagliato, così come l'inquadramento, anche se il senso è chiaro.

La caduta non è improbabile, perché il dottor Inardi ammette di essere «veramente troppo stanco». Per il suo lavoro di medico; per l'impegno del quiz, che non è da poco; soprattutto per le continue lettere e telefonate. Il telefono va a rotta di collo, in qualsiasi ora del giorno e della notte[8]. Non c'è più pace. Le lettere sono, in media, 150 al giorno[9]. Quasi tutti chiedono soldi, questo genere di prima necessità. Espongono casi pietosissimi, fallimenti catastrofici. Da un mese, tutte le pene e i drammi del mondo entrano nella casa del medico bolognese.

«A parte il fatto che soldi non ne abbiamo, perché quelli vinti a Rischiatutto *chissà quando arriveranno, come potremmo accontentare tutti? Vanno a botte di mezzo milione, tre milioni, perfino di più. C'è stato chi ha chiesto cinque milioni, perché era questione di vita o di morte. Come fare a sapere se uno ha veramente bisogno o se è uno scroccone? Fa dispiacere rispondere di no a uno che chiede, ma non è possibile rispondere di sì a questa valanga di lettere e telefonate».*

Le lettere che non chiedono soldi, ne mandano. Ci sono nella busta cinquecento, mille lire. Incaricano il «mago» di compilare una schedina del Totocalcio, di comperare una cartolina della Lotteria di Capodanno, chiedono quando uscirà un certo numero su una certa «ruota» del Lotto. E ognuna aumenta l'amarezza dell'Inardi, mago suo malgrado, perché la gente crede alle novelline, non prende sul serio la parapsicologia.

***

Questo articolo merita più di qualche nota a fondo pagina. Trovo sia emblematico di cosa succede e può succedere a chi acquisti fama per essere dotato di eventuali "poteri paranormali". Più o meno un inferno...
E se il caso di Inardi era appena ambiguo, ovvero non c'era prova evidente che lui avesse un qualche potere, si immagini invece uno come Rol che di poteri – "possibilità"– ne aveva a decine e di cui sarebbero state pronte a testimoniare altrettante decine di persone razionali. Come sarebbe stata la sua vita se si fosse prestato ai riflettori mediatici, alle esigenze di controllori immaturi che lo avrebbero esaltato o sminuito a seconda dei casi, ma sempre dandogli una enorme pubblicità che lui vedeva come una potenziale disgrazia? In quei pochi casi in cui si è prestato per interviste (scritte) lo ha fatto quanto più possibile nei suoi termini e coerentemente con la sua missione, vale a dire essere utile al suo prossimo nel modo che lui riteneva più efficace, ben sapendo che un giorno la storia gli avrebbe dato ragione.
Penso che Inardi anche per l'esperienza di Rischiatutto *abbia poi capito meglio Rol, mettendosi e vedendosi nei suoi panni.*

---

[8] Come quello di Rol, che a differenza di quello di Inardi squillò per decenni, non per qualche settimana o mese.
[9] idem.

Significativo l'accenno a Rol da parte di tal Guidi – che non ho identificato – che al di là dell'errore del nome («Carlo Alberto») e della qualifica di «mago» viene proposto – più di chiunque altro – come colui che davvero possiede dei "poteri".
Chissà se Inardi e Guidi avrebbero immaginato che decenni dopo io avrei avanzato come spiegazione della performance complessiva di Inardi un effettivo possibile ruolo di supporto a distanza di Rol[10], per «trasferimento di coscienza».

***

La telepatia esiste, ma non si comanda

di Bruno Ghibaudi

12 gennaio 1972[11]

Occhiello:
L'opinione degli scienziati sulla trasmissione del pensiero.
Il fenomeno è studiato da tempo: perché avvenga occorrono un «trasmittente» col sistema nervoso particolarmente attivo e un «ricevente» in stato di relax[12] – Questo non accade al Rischiatutto.

È possibile che la straordinaria bravura del campione di «Rischiatutto» scaturisca da una realtà telepatica? Diciamo subito di no, e per due ordini di motivi. Innanzitutto Inardi non si limita a dire quello che sta scritto sulla cartella di Bongiorno, ma quasi sempre aggiunge parole – precisazioni e alternative – che non ci sono e che quindi il presentatore

---

[10] Occorre precisare che se questo è avvenuto, non significa, ed anzi è improbabile, che sia avvenuto *in tutte le puntate e/o per tutte le domande*; proprio come nel caso dei medici che Rol di tanto in tanto ausiliava *laddove essi non arrivavano*, avrebbe potuto lasciar fare a Inardi la maggior parte del tempo, e dargli un "aiutino" solo in certe fasi e per certe domande di cui avrebbe potuto sbagliare la risposta o su cui si era dimostrato incerto.
[11] *La Stampa*, 12/01/1972, p. 7. Corsivi come in originale.
[12] In realtà, un *Illuminato* ha molto più margine di manovra e può *ricevere* in qualunque momento, basta una pausa o un attimo di sospensione da ciò su cui si sta focalizzando in quel frangente, quel tanto che basta per passare dalla modalità *attivo* a quella *passivo*, ciò che per tutti avviene spontaneamente più o meno ogni minuto; quanto a *emissione* di pensieri, non occorre che la parte ricevente sia in "relax", basta che non sappia che qualcuno stia tentando di trasmetterle dei pensieri o che stia pensando o facendo altro.

non conosce. In secondo luogo il meccanismo di una trasmissione telepatica è tanto complesso da richiedere condizioni che in questo caso non esistono minimamente.

Che la telepatia sia una realtà è ormai indiscutibile. Ognuno di noi ha sicuramente avuto modo di constatare fenomeni e avvenimenti personali che possono essere spiegati soltanto ammettendo la comunicazione da mente a mente o – forse meglio – da individuo ad individuo. Del resto sono ormai numerosissimi gli scienziati dei principali paesi che compiono da anni studi e osservazioni su questo fenomeno. Ma tutte queste comunicazioni avvengono in maniera spontanea e incontrollata, quando meno le si attende, e tutti i tentativi per dominarle e per farli avvenire a comando hanno dato risultati piuttosto scarsi.

Se gli scienziati si interessano alla telepatia è perché il suo dominio può aprire le vie per penetrare nell'intimo dell'uomo, per scoprire i suoi poteri nascosti, per aumentare le sue possibilità in tutti i settori della conoscenza e dell'azione. I militari se ne occupano perché la comunicazione da mente a mente, quasi sicuramente non intercettabile, risolverebbe uno dei più grandi e pericolosi problemi operativi di tutti gli eserciti. In quest'ambito rientrano i tentativi fatti di recente durante la missione «Apollo 14». L'astronauta Ed Mitchell ha cercato di ricevere i simboli elementari (quadrato, stella, cerchio, croce e linee ondulate) che un «sensitivo» di Chicago gli trasmetteva in momenti ben precisi del volo, e di fare altrettanto[13].

Per spiegare la telepatia sono state proposte molte teorie. Una delle più accettabili sembra quella annunciata qualche anno fa negli Stati Uniti dal dottor Andrija Puharich, un neuropsicologo noto negli ambienti scientifici internazionali. Puharich si dichiara convinto che il contatto telepatico fra due individui sia favorito dalle rispettive condizioni fisiche e psicologiche e avvenga perciò in maniera casuale. Il «trasmittente» si troverebbe infatti in uno stato in cui è fortemente attivata la parte del sistema nervoso denominata simpatico, mentre nel «ricevente» diverrebbe più attiva quella denominata parasimpatico.

Questa spiegherebbe le comunicazioni telepatiche con persone che stanno dormendo o sono tranquillamente intente – cioè rilassate – ai loro lavori abituali. Puharich precisa che al momento della comunicazione telepatica l'aumento dell'attività del simpatico provoca nel trasmittente un aumento del campo gravitazionale, mentre nel ricevente avviene l'inverso.

Per ammettere la trasmissione telepatica fra Inardi e Bongiorno bisognerebbe non solo attribuire al presentatore un preciso desiderio di trasmettere informazioni, al quale dovrebbe corrispondere una maggior attività del suo sistema simpatico, ma anche ammettere che Inardi sia «sempre» nelle condizioni adatte per ricevere. Ora in tutta franchezza non

---

[13] Cfr. *supra*, p. 196 nota 50.

ci sembra che il copioso sudore che gli imperla la fronte al momento delle risposte denoti quello stato di rilassamento e di calma influenzati e creati da una maggior attività del parasimpatico. La comunicazione telepatica, dicono inoltre gli esperti, avviene quasi esclusivamente fra persone legate fra di loro da vincoli di sangue e di forte affetto: e questo non è certo il nostro caso[14].

Massimo Inardi ha detto: «*Mi pare che la trovata della Rai sia contraddittoria. Mi si dice che i fogli con le risposte non li terrà Bongiorno, ma li avranno gli esperti qualche metro più in là. Se io possedessi davvero le doti telepatiche, mi chiedo come non potrei con altrettanta facilità leggerle sui tavoli degli esperti*[15]».

***

Inardi: *"Non sono uno stregone"*

di Adele Galletti

13 gennaio 1972[16]

Occhiello:
Telepatia al Rischiatutto – Domani le domande top-secret
Aria di tempesta: ma non può ritirarsi perché perderebbe l'intera vincita – «Sì, leggo le risposte ma nella mia memoria»

Milano, mercoledì sera.
Graziella e Massimo Inardi hanno accolto la spassosa novità di *Rischiatutto* (le domande destinate al campione saranno «top secret» anche per Mike Bongiorno) con una fragorosa risata: più sincera quella

---

[14] Un *Illuminato* come Rol fa eccezione a questa regola, senz'altro vera soprattutto nei casi spontanei e qualche volta intenzionali tra persone con un legame empatico forte. Rol invece poteva agire su chiunque, senza distinzione, anche su perfetti sconosciuti che non lo conoscevano e che lui non conosceva. Quando si tenga presente la mia ipotesi che non Bongiorno, ma Rol stesso, a distanza, potesse "aiutare" Inardi, decadono le ipotesi fatte in questo articolo: Bongiorno non ha avuto parte alcuna nel processo, e Inardi, fronte imperlata o meno, poteva benissimo essere sotto l'influsso di Rol, che non aveva i limiti delle *coscienze comuni* alle quali le ipotetiche regole di cui sopra si applicano.

[15] L'obiezione di Inardi era giusta, ma non ci si poteva attendere dalla Rai o dagli organizzatori del programma la stessa perspicacia ed esperienza di chi come lui da anni aveva studiato questi fenomeni.

[16] *Stampa Sera*, 12-13/01/1972, p. 6. Corsivi come in originale.

della signora Graziella che è di carattere assai mite, un po' meno (anzi sotto c'era una bella dose di irritazione) quella di Inardi. Veder confondere una scienza come la parapsicologia con una sorta di stregoneria lo irrita molto: «*Questa faccenda del mago mi sta procurando un sacco di guai. La mia è una facile chiaroveggenza, quella che nasce dal sapere e ricordare le cose. Tutti mi hanno fatto le congratulazioni tranne i miei superiori di Roma. Prevedo aria di tempesta. Del resto, non si sono accorti quei signori della televisione, che quando dò una risposta io non guardo mai Bongiorno, anzi arrivo addirittura a coprirmi gli occhi con le mani per potermi meglio concentrare?*». I due coniugi sono stanchissimi. Lui rientra a casa tardissimo; questo è un periodo di assunzioni per le ferrovie e deve far visite su visite. Lei è impegnatissima ad aprire la posta: circa 180 lettere al giorno e altrettante raccomandate ed espressi. Molte richieste di danaro anche per i motivi più futili, per esempio la proposta di una cura dimagrante. Ma le più seccanti sono quelle che contengono soldi affinché il dottore compili la schedina del Totocalcio. «*E dire che noi non ne abbiamo fatta neppure una. Io devo rimandare indietro i soldi e perdo un gran tempo. Al dipartimento mio marito trova altrettanta posta e a Milano lo attende un sacco pieno. Quando me lo porta a Bologna, mi cascano le braccia. Confesso però che ho messo da parte le lettere più singolari per inserirle nel nostro albo di famiglia. Le leggeremo con calma più tardi*». Magari loro vorrebbero leggersele in santa pace anche subito, rinunciando a giocare. Ormai il campione è a quota 36 milioni e la casa se la può comprare. Ma, anche se Inard si decidesse a rinunciare, non potrebbe farlo a patto di perdere tutta la vincita. Una norma del concorso stabilisce che il campione il quale si ritira, automaticamente perde l'intera vincita (difatti il malloppo non viene mai dato volta per volta, ma entro tre mesi dall'ultima puntata). ...

***

Qui sotto e nella pagina seguente, altri articoli (che non trascrivo) del 11-12-13 gennaio 1972 da *Corriere della Sera* e *Corriere dell'Informazione*.

NEL PROSSIMO «RISCHIATUTTO»

Tv: anche per Mike domande «top-secret»

Un accorgimento per vedere se il «campione» sa leggere davvero nel pensiero

IL «MAGO» VUOL SBANCARE LA TV
«Macché telepatia!
Io so tutto e vinco»

RISCHIATUTTO: le misure anti-telepatia
Ora il «mago» dovrà leggere
il PENSIERO di SABINA!

Sirtori studierà il cervello di Inardi?

30 gennaio 1972[17]

In questi giorni il medico più famoso in Italia è forse il dottor Massimo Inardi, campione di *Rischiatutto*. Volendo, potrebbe visitare qualche milione di persone dal Brennero a Pantelleria dispostissime a farsi togliere le tonsille pur di parlargli, pronte al sacrificio dell'appendice in cambio di una sua foto con dedica.

« Eppure sono una vittima », fa lui, « la vittima di un ingranaggio che si chiama popolarità e che mi auguravo fosse meno alienante. Ho atteso due anni questa occasione, ma certe volte sono sul punto di pentirmene. »

« Inardi è il mio canto del cigno », sospira intanto Mike Bongiorno, che, avviandosi a concludere a giugno questo nuovo ciclo di *Risçhiatutto*, considera il medico bolognese l'ultimo dei suoi « super-campioni ». Poi aggiunge: « Era il mio asso nella manica. Lo conoscevo da tempo, mi aveva fatto quasi paura. Si era presentato con un elenco di sessanta materie e aveva detto: "Fate voi, per me è lo stesso, una o l'altra fa niente". Ma non potevo presentarlo subito in TV. Avrei ucciso il mio gioco: chi, infatti, avrebbe potuto venire dopo di lui? Allora l'ho tenuto in frigorifero. Però ci telefonavamo spesso: dottore, come va?, mi stia bene, un giorno la sparo a venti milioni di telespettatori. Quel giorno, come avete visto, è venuto. Inardi è diventato il più famoso dei concorrenti. Nove colonne sui giornali, i corrispondenti della stampa estera che chiedono di conoscerlo. Finanche un clima da caccia alle streghe. Mi dicono: quello lì ti legge in testa. E io, mansueto, a fare la trasmissione senza risposte scritte sulla mia cartella. La gente va accontentata. Per tutto questo, signori, concedetemi almeno un merito: quello di saper scegliere i concorrenti. »

---

[17] Roca, G. e Giordanino, P., *Sirtori studierà il cervello di Inardi?*, 'Grazia', n. 1614, 30/01/1972, pp. 36-38. Carlo Sirtori (1912-1998) è stato «uno dei pionieri della lotta al cancro in Italia e nel mondo. Medico e scienziato di grande notorietà anche presso il pubblico (negli anni Cinquanta e Sessanta appariva frequentemente sugli schermi Rai), era nato il 12 gennaio 1912 a Sesto San Giovanni. Allievo del professor Pietro Rondoni, fondatore dell'Istituto nazionale dei tumori, a Milano, Sirtori ne era divenuto in seguito primario, prima di accettare la nomina a direttore scientifico dell'Istituto Gaslini di Genova.
In qualità di esperto dell'Organizzazione Mondiale della Sanità, Carlo Sirtori è stato tra i responsabili delle moderne classificazioni dei tumori maligni. In seguito al successo del suo manuale '"La terapia medica dei tumori"', pubblicato nel 1953, l'Oms inserì lo studioso nell'equipe internazionale incaricata di uniformare i "codici'" della lotta ai tumori. Ottimo divulgatore scientifico, a lungo presidente dei giornalisti medici italiani, Carlo Sirtori fu anche fondatore e presidente della Fondazione Carlo Erba nei primi anni Sessanta» (12/10/1998, *adnkronos.com*).

Ma com'è questo dottore bolognese che ha guadagnato milioni col sorriso sulle labbra? Abbiamo voluto incontrarlo, insieme alla moglie, in uno dei suoi rari momenti di libertà, alla vigilia della puntata « ripetuta » di giovedì scorso, dopo lo « svarione » su Menenio Agrippa.

« Non ne posso più », dice Massimo Inardi. « Mi chiedono tante cose, non so più nemmeno io cosa dire. Certo, potrei ritirarmi, smetterla come Rolfi. Basterebbe che una sera decidessi di non premere il pulsante e mi sarei liberato di tutto e di tutti. Ma non lo farò mai. Non sono per la resa. Eppure, mi creda, non mi diverto più: è una sofferenza, una pena, un logorio, che si fanno più pesanti ogni settimana. Ma ormai sono in ballo e voglio ballare, voglio vedere sin dove sono capace di arrivare. Non è la trasmissione che mi affatica (o, almeno, non è solo quella): sono tutte le altre cose che mi succedono intorno. Io stesso mi accorgo di essere cambiato, non sono più quello di prima, mi sento diverso. Sì, diverso... »

Deve essere ridotto all'esasperazione, il dottore. La casa sempre piena di gente, sempre le stesse domande, i fotografi, gli autografi, i pettegolezzi sconfortanti di certi settimanali.

« Ricevo anche tante lettere. È tutta gente che mi chiede quattrini. Vogliono soldi, soldi e ancora soldi. Ma per chi mi hanno preso? Non ho ancora intascato una lira e sette milioni[18] li ho già dati in beneficenza, quella seria però. Ero uno qualunque, un professionista: adesso mi fan passare per un mostro. La mia vita è un inferno. »

Nelle sue parole si sente lo sconforto. Rischia di passare per un fenomeno da baraccone, lui che ha una laurea ed esercita una professione estremamente seria.

« Devo anche lavorare, alla mia professione ci tengo. Non sono una marionetta, io. E tutte queste persone che vogliono parlarmi, portarmi in giro... Ma sono educato, capisco certe necessità: e allora eccomi all'incontro a Roma con i giornalisti della stampa estera, eccomi sottoposto ogni giorno alla fila delle interviste.

« La parapsicologia! Non avessi mai pronunciato quella parola, forse ora starei in pace. Invece l'ho detta. Ebbene, sono uno studioso di parapsicologia, dirigo il Centro bolognese, conosco molti di quei fenomeni apparentemente inspiegabili che costellano la storia di questa scienza affascinante. Ma la gente ha capito male, ha fatto una confusione tremenda. Mi fa passare per mago, per medium. Hanno detto che leggevo nel pensiero di Bongiorno. Ebbene, la parapsicologia non mi ha aiutato, anzi mi ha fatto del male. L'hanno scambiata per l'occultismo, la stregoneria. Io sono uno che ha una gran memoria visiva: mi fanno una domanda e io visualizzo la pagina e me la rileggo mentalmente. Rileggendola, è naturale che sia in grado di dare la risposta esatta. Mi hanno definito il più prodigioso caso di memoria mai apparso sui

---

[18] Circa 70.000 euro nel 2023.

teleschermi. Forse è vero. Anche mio nonno e mio padre avevano una memoria notevole. Io non uso alcuna tecnica particolare: è un dono di natura. Rispondo sulla musica, ma avrei potuto benissimo concorrere sulla guerra del Pacifico. Non ci sarebbe stata nessuna differenza. Ecco chi sono: uno che non dimentica. »

Se il dottore Inardi ha l'aria stanca, sua moglie, la signora Graziella, è anch'essa sulla soglia dell'esaurimento.

« Non ce la fa più nemmeno lei. Anche lei, prima, si divertiva. Ma ora la sfida s'è fatta grande: così io leggo come un forsennato di tutto. Devo prepararmi per la trasmissione per non farmi cogliere di sorpresa. Così a mia moglie e a mio figlio tocca difendermi dagli assalti dei curiosi, degli scocciatori. Dormo poco, quattro ore al giorno. Per questo a volte sono nervoso. Ma, vede, faccio l'impossibile per non dimostrarlo. Capisco gli altri, sono gli altri che non capiscono me. C'è un limite a tutto. Evidentemente non sono nato per essere un personaggio pubblico, ho una mia riservatezza e non mi piacciono i clamori[19]. Sono un medico, non un divo.»

Comunque sia, Massimo Inardi è ormai un « caso », un fenomeno che ha attirato persino l'attenzione degli scienziati: come il professor Carlo Sirtori, del quale pubblichiamo a parte le dichiarazioni.

*

"Vorrei sottoporlo all'indagine P3"

Prof. Carlo Sirtori, presidente della Fondazione « Carlo Erba »:
"Mi si chiede se la memoria è veramente fatta di proteine. La risposta è sì. Ogni parola, ogni immagine o notizia si trasforma in proteina elettrogena. Nel momento in cui si fa appello alla memoria tale proteina si ritrasforma e ridiventa, in un decimillesimo di secondo, ancora quella parola, quell'immagine, quella notizia. Naturalmente, ciò avviene quando il cervello non è avvelenato da alcool, da nicotina, da droghe, da tossine intestinali o della fatica, sostanze che sono "veri ladri della memoria". Nel caso del dottor Inardi si deve parlare forse di base genetica, e cioè la memoria è in lui una dote naturale, congenita, che egli ha saputo in seguito sviluppare in sommo grado, alla pari di altri che, avendo una precisa disposizione per l'arte o per la musica, sono riusciti a coltivare tali qualità in maniera eccellente. Le cellule cerebrali sono come i muscoli; contengono, infatti, l'actinomiosina che è la proteina delle masse muscolari.

---

[19] Questa affermazione, così come molte di quelle precedenti, avrebbe potuto farla anche Rol.

« Secondo me, un fenomeno come quello del dottor Inardi presenta per lo studioso un grande interesse scientifico. Attraverso "Grazia" vorrei pertanto invitarlo a sottoporsi all'indagine "P3", cioè allo studio di un'onda cerebrale che compare, dopo stimoli sonori e visivi, e che dà una misura della prontezza dei riflessi mentali e della capacità intellettuale. Oltre a questa prova – e Inardi, che è medico, potrà capirmi – sarà curioso e interessante lo studio di alcuni componenti il suo organismo vitale, come il colesterolo, gli acidi grassi, i trigliceridi e gli ormoni anabolizzanti, che favoriscono la sintesi delle proteine e quindi della memoria ».

*

"Ha una memoria da computer"

Prof. Marco Marchesan, direttore del Centro internazionale di ipnosi medica e psicologica di Milano e autore di numerose pubblicazioni di psicologia:
« Vi sono indubbiamente nel dottor Inardi facoltà mnemoniche straordinarie. Va però detto che tali facoltà sono conseguibili anche con un perfezionamento delle tecniche di valorizzazione dell'efficienza personale, mediante ipnosi o con la parapsicologia. Nel nostro inconscio è presente una quantità enorme di energie allo stato brado; si tratta di risvegliarle e di farle funzionare razionalmente, utilizzandole nella pienezza delle loro possibilità. Per ottenere questo è possibile servirsi tanto dei metodi ipnotici quanto della parapsicologia. Essendo il dottor Inardi uno studioso di fenomeni parapsicologici, ritengo che egli si sia appunto servito di questi ultimi per potenziare la sua già eccezionale memoria. Qualunque attività psicologica, specie se riguarda l'inconscio, produce una "coltivazione" intensiva dell'io interiore. Esercitandosi in esperimenti di sedute medianiche, partecipando frequentemente a discussioni in materia tra competenti, studiando libri di psicologia o di parapsicologia con assiduità e passione, è possibile infatti potenziare le doti dell'inconscio, tra cui è anche la memoria. Il dottor Inardi parla spesso di memoria visiva. Certo, quando questa è ben esercitata dà degli ottimi risultati, ma se la potenziamo con l'esplorazione mentale dell'inconscio e dell'ultra-inconscio (che sono le zone dove si manifestano i fenomeni parapsicologici) allora i risultati diventano stupefacenti. La nozione acquisita o il ricordo in genere non solo si stampano sui nostri nervi del centro cerebrale ma anche nell'io interiore, che è un'entità ben distinta dal sistema nervoso. Per finire, dirò che il dottor Inardi è un individuo superprivilegiato avendo ereditato dai suoi ascendenti qualità mnemoniche superlative.
Per quanto riguarda, invece, la sua affermazione che sia indispensabile per la trasmissione del pensiero un legame affettivo tra il trasmittente e il

ricevente oserei contraddirlo. Tutti, infatti, possono ricevere a distanza delle sensazioni monitorie trasmesse, anche involontariamente, da sconosciuti ».

IL CERVELLO DI INARDI?

"Ha una memoria da computer"

Prof. Marco Marchesan, direttore del Centro internazionale di ipnosi medica e psicologica di Milano e autore di numerose pubblicazioni di psicologia: « Vi sono indubbiamente nel dottor Inardi facoltà mnemoniche straordinarie. Va però detto che tali facoltà sono conseguibili anche con un perfezionamento delle tecniche di valorizzazione dell'efficienza personale, mediante ipnosi o con la parapsicologia. Nel nostro inconscio è presente una quantità enorme di energie allo stato brado; si tratta di risvegliarle e di farle funzionare razionalmente, utilizzandole nella pienezza delle loro possibilità. Per ottenere questo è possibile servirsi tanto dei metodi ipnotici quanto della parapsicologia. Essendo il dottor Inardi uno studioso di fenomeni parapsicologici, ritengo che egli si sia appunto servito di questi ultimi per potenziare la sua già eccezionale memoria. Qualunque attività psicologica, specie per quanto riguarda l'inconscio, produce una "coltivazione" intensiva dell'io interiore. Esercitandosi in esperimenti di sedute medianiche, partecipando frequentemente a discussioni in materia tra competenti, studiando libri di psicologia o di parapsicologia con assiduità e passione, è possibile infatti potenziare le doti dell'inconscio, tra cui è anche la memoria. Il dottor Inardi parla spesso di memoria visiva. Certo, quando questa è ben esercitata dà degli ottimi risultati, ma se la potenziamo con l'esplorazione mentale dell'inconscio e dell'ultra-inconscio (che sono le zone dove si manifestano i fenomeni parapsicologici) allora i risultati diventano stupefacenti. La nozione acquista o il ricordo in genere non solo si stampano sui nostri nervi del centro cerebrale ma anche nell'io interiore, che è un'entità ben distinta dal sistema nervoso. Per finire, dirò che il dottor Inardi è un individuo superprivilegiato avendo ereditato dai suoi ascendenti qualità mnemoniche superlative. Per quanto riguarda, invece, la sua affermazione che sia indispensabile per la trasmissione del pensiero un legame affettivo tra il trasmittente e il ricevente oserei contraddirlo. Tutti, infatti, possono ricevere a distanza delle sensazioni monitore trasmesse, anche involontariamente, da sconosciuti ».

estera, eccomi sottoposto ogni giorno alla fila delle interviste.

« La parapsicologia! Non avessi mai pronunciato quella parola, forse ora starei in pace. Invece l'ho detta. Ebbene, sono uno studioso di parapsicologia, dirigo il Centro bolognese, conosco molti di quei fenomeni apparentemente inspiegabili che costellano la storia di questa scienza affascinante. Ma la gente ha capito male, ha fatto una confusione tremenda. Mi fa passare per mago, per medium. Hanno detto che leggevo nel pensiero di Bongiorno. Ebbene, la parapsicologia non mi ha aiutato, anzi mi ha fatto del male. L'hanno scambiata per l'occultismo, la stregoneria. Io sono uno che ha una gran memoria visiva: mi fanno una domanda e io visualizzo la pagina e me la rileggo mentalmente. Rileggendola, è naturale che sia in grado di dare la risposta esatta. Mi hanno definito il più prodigioso caso di memoria mai apparso sui teleschermi. Forse è vero. Anche mio nonno e mio padre avevano una memoria notevole. Io non uso alcuna tecnica particolare: è un dono di natura. Rispondo sulla musica, ma avrei potuto benissimo concorrere sulla guerra del Pacifico. Non ci sarebbe stata nessuna differenza. Ecco chi sono: uno che non dimentica. »

Se il dottore Inardi ha l'aria stanca, sua moglie, la signora Graziella, è anch'essa sulla soglia dell'esaurimento.

« Non ce la fa più nemmeno lei. Anche lei, prima, si divertiva. Ma ora la sfida s'è fatta grande: così io leggo come un forsennato di tutto. Devo prepararmi per la trasmissione per non farmi cogliere di sorpresa. Così a mia moglie e a mio figlio tocca difendermi dagli assalti dei curiosi, degli scocciatori. Dormo poco, quattro ore al giorno. Per questo a volte sono nervoso. Ma, vede, faccio l'impossibile per non dimostrarlo. Capisco gli altri, sono gli altri che non capiscono me. C'è un limite a tutto. Evidentemente non sono nato per essere un personaggio pubblico, ho una mia riservatezza e non mi piacciono i clamori. Sono un medico, non un divo. »

Comunque sia, Massimo Inardi è ormai un « caso », un fenomeno che ha attirato persino l'attenzione degli scienziati: come il professor Carlo Sirtori, del quale pubblichiamo a parte le dichiarazioni.

A cura di Gino Roca e Piero Giordanino

Nella pagina precedente e qui sopra, l'articolo su *Grazia*; nella foto in alto, da sinistra: Graziella Inardi, Massimo Inardi, Mike Bongiorno e Sabina Ciuffini; nella pagina precedente, Inardi con la moglie Graziella.

Giugno 1972

Fino all'ultimo rischio

di Luciano Curino

10 giugno 1972[20]

Occhiello:
Stasera alla tv la più attesa finale del telequiz.
Previsto un record assoluto di ascolto per la sfida al Rischiatutto: rinviate perfino le partite di calcio – Il favorito è Massimo Inardi …

Questa sera *Rischiatutto* incoronerà il campione dei campioni. Il mago Inardi, la fata Buttafarro o Fabbricatore che sprizza furbizia? Per saperlo, alle 21 più della metà degli italiani si aggrapperanno al televisore. Ed è assai probabile che la Rai-tv registri un «indice di ascolto» record. Più alto di Italia-Brasile, della prima passeggiata lunare, di altri eventi storici o quasi. Si riteneva che nessun avvenimento, nel nostro bel paese, potesse rinviare una partita di calcio. Invece è tale la frenesia per il *Super-rischiatutto* che le tre partite della Coppa Italia, in programma per domani, sono state rinviate a domenica. La Lega Calcio ha dato parere favorevole alle squadre interessate, poiché era ragionevole la preoccupazione che, per vedere il telequiz, migliaia e migliaia di sportivi avrebbero rinunciato a Juventus-Milan, Inter-Torino e a Fiorentina-Bologna. Così la coincidenza è stata evitata: sabato quiz, domenica calcio. Potenza di un giochetto. Appunto come un giochetto *Rischiatutto* è apparso la prima volta (5 febbraio 1970) e per qualche tempo è andato avanti stentatamente. Chi ricorda ancora i primi campioni: Guerriero, Micheli, la Meucci, la Fusillo? Poi, via via, il gioco si è scaldato, ad ogni puntata aumentava la platea. Il giochetto è diventato uno spettacolo che nemmeno il grande Barnum sarebbe arrivato ad immaginare. Venti milioni di spettatori. Venticinque milioni. Per la ripetizione dopo l'errore di Inardi, ventisei milioni e mezzo. La Rai-tv sembra la prima ad essere sorpresa da tanto successo e fa un'indagine, scopre che *Rischiatutto* piace perché ha concorrenti che diventano «personaggi», offre vincite alte, possibilità per il pubblico di partecipare al quiz precedendo la risposta dei concorrenti (solo il 3 per cento degli intervistati non ha mai tentato di dare una risposta alle domande del tabellone). Il gioco piace moltissimo alle donne (80 per

---

[20] *La Stampa*, 10/06/1972, p. 7. Qui inverto i corsivi.

cento di sì delle intervistate) e agli anziani (82 per cento di sì delle persone sopra i 55 anni) e piace quasi nella stessa maniera alle persone colte e a quelle meno colte. Ora il gioco è alla serata conclusiva, che con termine sportivo chiamano finalissima. Sono a confronto tre dei campioni che hanno regnato più a lungo e più felicemente. Guarda caso: sono proprio i tre che, fra i tanti, hanno davvero dato l'impressione di considerare il telequiz soltanto un gioco e hanno detto che erano venuti «per divertirsi». Altri hanno detto la stessa cosa, ma in cabina hanno dimostrato di non divertirsi troppo. È però improbabile che questa volta la signora Buttafarro, il dott. Inardi e il farmacista Fabbricatore si divertano come nel tempo del loro successo. Ora nel gioco si infila l'ambizione. A *Rischiatutto* c'è stato posto per parecchi campioni, ma c'è il posto per un solo supercampione ed ognuno dei tre finalisti lo vuole. Non conta tanto essere primo vincendo centomila lire o dieci milioni, importa essere primo e basta. Marilena Buttafarro sente questo impegno e dice: «È crudele metterci così, uno contro gli altri». Il dott. Inardi di Bologna (musica classica) è il favorito d'obbligo. È piaciuto fin dalla prima trasmissione perché desta calda simpatia ed ha proprio l'aria del brav'uomo. Memoria fenomenale e vasta cultura. Sempre padrone delle proprie emozioni, ma le molte ore passate nella cabina lo hanno un poco logorato (un altro campione di *Rischiatutto* ci diceva: «Bisogna essere una salamandra per uscire bene dal fuoco del telequiz») ed è caduto per un lapsus. Sabato scorso, nel suo turno per la semifinale, è apparso ancora il giocatore dei giorni migliori. La caduta di Inardi era sembrata la fine di *Rischiatutto*. Il gioco aveva incominciato a perdere quota. Ma poi è apparsa la signora Buttafarro, torinese, esperta di favole. Spensierata, con l'aria di prendere tutto sul ridere, fragilina: si è pensato che avrebbe avuto vita breve in un telequiz. Invece ha sfiorato «quota Inardi» e allora si è scoperto che la «madamin» tutta sorrisi e sangallo aveva un carattere di ferro ed era astuta. Ha superato il suo turno alle semifinali proprio per astuzia e freddo calcolo. Il farmacista fiorentino Andrea Fabbricatore (geografia) è diventato invece finalista dopo una serata che aveva come grande favorita la signora Longari. Una serata piena di errori, e Fabbricatore è stato quello che ha sbagliato di meno. È un bel concorrente che fa scena da solo («Porca miseria, questa la sapevo» dice appena gli portano via un quiz) ed è furbo e imprevedibile. Inardi teme la Buttafarro, la fata teme il mago, ma Fabbricatore non starà a guardare. Si trasmette dal Teatro del Parco di Milano, che ha ottocento posti. Per accontentare tutti quelli che hanno chiesto di assistere allo spettacolo «dal vivo» il *Super-rischiatutto* si sarebbe dovuto trasmettere dallo Stadio Olimpico. E forse nemmeno lo stadio sarebbe bastato.

***

Tutti puntano sul mago

10 giugno 1972[21]

Se Inardi dovesse perdere, avremmo quasi certamente una giornata di lutto nazionale. È certo infatti, anche se manca la verifica di un istituto di statistica, che il medico bolognese occupa il primo posto nel cuore dell'Italia telefanatica e che su di lui è convogliata la gran massa degli auguri e delle previsioni di vittoria. Per la Buttafarro, se dovesse cadere, soltanto il 15 per cento dei telespettatori sarebbe disposto a piangere. In quanto a Fabbricatore, dovrebbe contentarsi anche di meno: il pubblico che lo vuole campione assoluto sta tutto sulle dita di una mano. La convalida di queste impressioni la si ha un po' dovunque, in questa giornata di vigilia. Le massaie che interroghiamo al volo in un supermarket di periferia (via Lorenteggio) sono quasi tutte schierate per i Inardi. Il loro accordo sul fatto che sia un *cervellone* è totale. Il suo potere mnemonico è ritenuto abissale, astrale, persino *sovrumano*. E poi è *buono, gentile, semplice, simpatico*, una pasta duomo, insomma. Anche la Buttafarro è, per consenso unanime, «bravissima e preparatissima» ma se vincerà non sarà per la sua bacchetta magica di fata: «Quella – dicono – è furba e svelta come un folletto: ha visto con che velocità schiaccia il bottone? Se afferra i rischi vola via e addio... Sarà una lotta dura».

Per un complesso di recondite e misteriose ragioni, difficili da sviscerare, è evidente che Massimo Inardi è, dei tre, il personaggio più popolare. Piace la sua aria rilassata, la sua faccia paciosa di *mago* buono che trae dagli alambicchi pozioni benefiche e salutari: piace anche, indubbiamente, quel suo interesse per una *materia* così squisita come la musica classica, l'idea della sua siesta pomeridiana in compagnia di Bach, Vivaldi e Beethoven.

L'inardimania si è diffusa ovunque. I ragazzi di un liceo scientifico milanese puntano quasi tutti decisamente sulla vittoria del medico. Solo uno, coraggioso, osa porre i tre concorrenti sullo stesso livello per preparazione e capacità mnemonica e sostiene che sarà la fortuna a decidere. In una piccola industria di abbigliamento a Dormello di Arona (centottanta dipendenti, la maggior parte donne) l'80 per cento del personale si è schierato sotto lo stendardo di Inardi: e con tutta una serie di motivi sublimi. Il *mago* è intelligente, onesto, buono, simpatico, insuperabile, munito di intelletto, generoso, leale, colto, e, ultimo, «somiglia a mio marito». Scarsissimo incoraggiamento hanno avuto la Buttafarro e Fabbricatore.

---

[21] *Corriere della Sera*, 10/06/1972, p. 15; firmato con le iniziali "E.M.", corsivi invertiti.

Tutto lascia prevedere che stasera le città si svuoteranno per il magico rito di Rischiatutto: milioni di televisori accesi, milioni di teste davanti ai televisori. Un pubblico enorme e vario dove si farà posto anche a qualche sedicente intellettuale, allergico ai giochi di massa. Bacchielli, uomo curioso di tutto, dice di seguire *Rischiatutto* (come seguì *Lascia o raddoppia?*) «per l'interesse che esso presenta riguardo alle più varie forme della memoria: la memoria intelligente e la memoria bruta». ...

Tutti puntano sul mago

Se Inardi dovesse perdere, avremmo quasi certamente una giornata di lutto nazionale. E' certo infatti, anche se manca la verifica di un istituto di statistica, che il medico bolognese occupa il primo posto nel cuore dell'Italia telefanatica e che su di lui è convogliata la gran massa degli auguri e delle previsioni di vittoria. Per la Buttafarro, se dovesse cadere, soltanto il 15 per cento dei telespettatori sarebbe disposto a piangere. In quanto a Fabbricatore, dovrebbe contentarsi anche di meno: il pubblico che lo vuole campione assoluto sta tutto sulle dita di una mano.

La convalida di queste impressioni la si ha un po' dovunque, in questa giornata di vigilia. Le massaie che interroghiamo al volo in un super-market di periferia (via Lorenteggio) sono quasi tutte schierate per Inardi. Il loro accordo sul fatto che sia un cervellone è totale. Il suo potere mnemonico è ritenuto abissale, astrale, persino sovrumano. E poi è buono, gentile, semplice, simpatico, una pasta d'uomo, insomma. Anche la Buttafarro è, per consenso unanime, «bravissima e preparatissima» ma se vincerà non sarà per la sua bacchetta magica di fata: «Quella — dicono — è furba e svelta come un folletto: ha visto con che velocità schiaccia il bottone? Se afferra i rischi vola via e addio... Sarà una lotta dura».

Per un complesso di recondite e misteriose ragioni, difficili da sviscerare, è evidente che Massimo Inardi è, dei tre, il personaggio più popolare. Piace la sua aria rilassata, la sua faccia paciosa di mago buono che trae dagli alambicchi pozioni benefiche e salutari; piace anche, indubbiamente, quel suo interesse per una materia così squisita come la musica classica, l'idea della sua siesta pomeridiana in compagnia di Bach, Vivaldi e Beethoven.

L'inardimania si è diffusa ovunque. I ragazzi di un liceo scientifico milanese puntano quasi tutti decisamente sulla vittoria del medico. Solo uno, coraggioso, osa porre i tre concorrenti sullo stesso livello per preparazione e capacità mnemonica e sostiene che sarà la fortuna a decidere. In una piccola industria d'abbigliamento a Dormello di Arona (centottanta dipendenti, la maggior parte donne) l'80 per cento delle preferenze è schierato sotto lo stendardo di Inardi: e con tutta una serie di motivi sublimi. Il mago è intelligente, onesto, buono, simpatico, insuperabile, munito d'intelletto, generoso, leale, colto, e, ultimo, «somiglia a mio marito». Scarsissimo incoraggiamento hanno avuto la Buttafarro e Fabbricatore.

Tutto lascia prevedere che stasera le città si svuoteranno per il magico rito di Rischiatutto: milioni di televisori accesi, milioni di teste davanti ai televisori. Un pubblico enorme e vario dove si farà posto anche a qualche sedicente intellettuale, allergico ai giochi di massa. Bacchielli, uomo curioso di tutto, dice di seguire Rischiatutto (come seguì Lascia o raddoppia?) «per l'interesse che esso presenta riguardo alle più varie forme della memoria: la memoria intelligente e la memoria bruta».

A Milano, la contestazione di Rischiatutto prenderà corporea consistenza all'angolo di via Brera, posto di ritrovo degli hippies. Loro non faranno pazzie per cercarsi un televisore: Bongiorno, Inardi, Fabbricatore e la Buttafarro sono sacerdoti di un rito cui essi non intendono partecipare. Il cronista che ha osato interpellarli è stato ghiacciato da occhiate ironiche, dure, di gelido disprezzo. Passeranno la serata sotto i lampioni, come al solito.

E. M.

***

Inardi: imbattibile

di Ornella Rota

11 giugno 1972[22]

Occhiello:
Il medico bolognese ha vinto il *Rischiatutto*.
Anche nell'ultima trasmissione ha dominato i suoi antagonisti: ha vinto altri 5 milioni e 900 mila lire – Il totale del suo monte premi sfiora i 50 milioni, la cifra più alta per un telequiz – Secondo, a grande distanza, Andrea Fabbricatore (500 mila lire), terza Marilena Buttafarro (320 mila lire).

Milano, 10 giugno.
Le previsioni della vigilia sono state rispettate in pieno: Massimo Inardi ha trionfato. Il medico bolognese, esperto di musica sinfonica, s'è aggiudicato cinque milioni e novecentomila lire, portando a 48 milioni 300 mila lire il suo monte premi complessivo, la più alta cifra mai raggiunta in un telequiz europeo. La giovane torinese appassionata in fiabe, Marilena Buttafarro – unica candidata che avrebbe potuto validamente contrastarlo – ha terminato con un «raddoppio» insolitamente esiguo, vincendo 320 mila lire. È stata superata anche dal farmacista toscano Andrea Fabbricatore (geografia) che ha superato la domanda finale, vincendo mezzo milione. Per la registrazione dell'ultima puntata del «*Rischiatutto*» nove quintali di fiori addobbano la sala del Teatro dell'Arte (…). Il sipario si apre alle 21,15; qualche minuto dopo arriva in sala la Lollobrigida, ospite d'onore con Bramieri. Fa decisamente caldo, si sventolano i cartoncini d'invito. Bongiorno gongola: «*Questa sera sono state sospese persino le partite di calcio!*». A causa del «*Rischiatutto*», gli incontri di «Coppa Italia» in programma in varie città, sono stati rinviati a domani. Salgono in palcoscenico i campioni. Fabbricatore risponde ad otto domande su dieci; *en plein* per Inardi e la Buttafarro (…).
È Inardi ad incominciare la prova al tabellone: il primo quesito è un rischio. «In quale isola morì impiccata Elena di Troia?», «*Rodi*», dice il campione bolognese, e da 250 mila – messe in palio interamente – sale a mezzo milione. C'è un timido tentativo di inserimento da parte della concorrente torinese, ma anche il secondo, terzo e quarto rischio toccano ad Inardi. Supera con facilità i relativi quesiti, giungendo ad oltre due milioni e mezzo. Finalmente, un rischio per la Buttafarro: ha 330 mila lire,

---

[22] *La Stampa*, 11/06/1972, p. 7.

e le gioca tutte. «Dopo l'abdicazione di Diocleziano e Massimiano, chi furono i due nuovi augusti?». «*Galerio e Costanzo*», risponde Marilena, e raddoppia. Si proietta un filmato di Rita Hayworth, per chiedere qual è il suo vero cognome. Mentre scorrono le immagini, Bongiorno s'avvicina ad Inardi e gli parla, concitato, scuro in volto. Che gli rimproveri di suggerire le risposte agli avversari, come già faceva con gli sfidanti, quando era campione? Alla Buttafarro tocca pure il sesto rischio, che risulterà determinante per la sua sconfitta. «Da chi fu scoperto il neutrone e in quale anno questo scienziato ricevette il Nobel per la fisica?», da Chadwick, nel 1935. La Buttafarro indovina la data, ma dice «*Padwic*», e in un primo momento Bongiorno crede esatta la risposta. Interviene il dott. Peregrini, arbitro del gioco: brevissima contestazione fra lui ed il presentatore, alla quale è la concorrente a porre fine. «*Ho sbagliato io*», precisa sorridendo, e riceve un grosso applauso. La sua quota precipita ad ottantamila lire. È ormai fuori gioco, ma continua a prendere parte alla gara, a differenza di Andrea Fabbricatore, il quale, in tutta la serata, interviene complessivamente sei volte. Alla fine, la Buttafarro ha 160 mila lire, Inardi 2 milioni 950 mila, Fabbricatore 250 mila. «*Non si può mai dire, ci sono ancora i raddoppi!*» dice Bongiorno. «*Jettatore!*» commenta uno del pubblico. È il momento del gioco per la Lollo e Bramieri. Il comico scherza un po' con Bongiorno, gli propone di inserire nel tabellone una colonna dedicata alle barzellette («*Tu ne cominci una e chiedi al concorrente di finirla*»), anticipa che la stagione prossima avrà un importante impegno televisivo (*Canzonissima*?). Gina, in abito lungo, bianco a righe blu con filo di perle e cintura rossa, fa la pubblicità al suo libro di fotografie; indi, dopo avere scambiato l'oggetto «misterioso» per un telefono, indovina che si tratta di un apribottiglie, ed annuncia di devolvere agli studenti poveri di Subiaco, suo paese, la vincita di mezzo milione.
Prima a raddoppiare è Marilena: pallida, occhi lucidi e dilatati; snocciola una serie di dati riguardanti la fiaba «*I dodici fratelli*» di Grimm. Secondo, Fabbricatore: enumera sette stati sulla costa dell'Oceano Pacifico, termina ridendo e battendo un gran pugno sul tavolo. Tocca ad Inardi: ecco le note della Sinfonia n. 45 di Haydn. Un momento di concentrazione e le risposte: esatte. Quando esce dalla cabina, tutti sono felici che abbia vinto, a cominciare da Marilena Buttafarro, che lo abbraccia di slancio. La metà della vincita di Massimo Inardi che sarà devoluta in beneficenza verrà divisa in tre parti uguali: ad una ragazza di 17 anni, ricoverata in ospedale a Piacenza per una malattia ai reni, all'orfanotrofio «S. Luca» di Bologna e a un gruppo di giovani che raccolgono fondi per attività benefiche. La quota di beneficenza degli altri due concorrenti sarà distribuita ad enti assistenziali. Bongiorno fa salire in palcoscenico i sei campioni via via esclusi durante le semifinali: strette di mano, saluti, abbracci, interviste.

***

Quanta fatica essere campione

di Francesco Fornari

11 giugno 1972[23]

Occhiello:
Il primo commento del "mago" dopo la vittoria.
Tutti e tre i concorrenti si dichiarano «esauriti» dopo l'ultima prova – Marilena Buttafarro: «La notorietà del quiz ha sconvolto la mia vita privata» – La trasmissione riprenderà dopo l'estate.

Ha vinto lui, Massimo Inardi, il medico studioso di parapsicologia che sa tutto sulla musica classica. Dicono che sia dotato di poteri telepatici, forse è soltanto fortunato. Ieri sera non ha lasciato spazio ai rivali, ha agguantato le redini del gioco dall'inizio e non le ha più mollate. La torinese Marilena Buttafarro ed il farmacista Andrea Fabbricatore, pure bravi, sono stati travolti. Abituati al ruolo del primattore, hanno dovuto rassegnarsi a fare da comparse accanto al mago Inardi. La sua vittoria è stata netta: si è profilata fin dalle prime battute quando, fra lo stupore e l'incredulità di tutti, ha azzeccato, uno dopo l'altro, i primi due rischi. Due domande, due rischi. Dott. Inardi, come ha fatto a trovarli? Sorride, si terge il sudore dalla fronte con un grosso fazzoletto, cerca di districarsi dalla calca di giornalisti e fotografi che lo circondano. «*Che cosa posso rispondere? Li ho trovati. Li cercavo e li ho trovati*». Una logica inattaccabile. Le domande si incrociano, insidiose. Dott. Inardi, adesso ce lo può dire, lei ha «*letto*» i rischi nella testa di qualcuno. Forse di Bongiorno, o degli esperti. «*Ma che letto* – ribatte. – *Sì, ho letto il giornale stamane. Ma non avete ancora capito la mia tecnica?*». Ride, poi spiega. «*Io scelgo sempre le domande più alte, quelle da 60, 50 mila lire. Così, se non trovo il rischio, almeno posso impinguire il mio gruzzoletto. Lo faccio sempre: stasera mi è andata bene, i rischi erano lì, belli e pronti*». Andrea Fabbricatore distribuisce strette di mano, sorride, posa per i fotografi. È ancora agitato: senza dubbio era il concorrente più focoso, più sanguigno della serata. Quello che ha sofferto di più per la tensione del gioco. Ma anche quello che si è divertito di più. Che cosa pensa dell'abilità di Inardi nello scoprire i rischi? «*Non so proprio che cosa dire* – risponde. – *Lui segue un suo metodo. Ha un programma di gioco e si*

---

[23] *La Stampa*, 11/06/1972, p. 7. Corsivi invertiti.

attiene a quello». Lei non crede che ci sia sotto qualcosa di misterioso? *«I famosi poteri occulti di Inardi? No, credo di no. Certo che ha avuto una bella fortuna. Ma è anche tanto bravo. È un vero campione»*. Fabbricatore stasera non ha avuto molte possibilità: si è inserito raramente nel gioco, sempre preceduto dagli altri concorrenti. *«E pensare che quelle risposte le sapevo anch'io»*, commenta. *«Ho fatto quello che ho potuto, ma Inardi è imbattibile»*, dice la Buttafarro. A lei sono toccati gli ultimi due rischi, di uno ha sbagliato la risposta. Mike Bongiorno non se n'era neppure accorto, è intervenuto il notaio, il presentatore si è innervosito. Angelica, la fatina ha posto fine alla discussione riconoscendo di aver risposto in maniera errata. *«Un lapsus. Sapevo benissimo il nome di quel premio Nobel»*. Qualcuno avanza il sospetto che forse era ancora turbata dalle polemiche sorte sul conto di suo marito, che non ancora laureato si fregia del titolo di dottore. Smentisce recisamente. (...) *«Questo è lo scotto che paghiamo per questi piccoli momenti di gloria. La nostra vita privata viene messa a nudo, soffriamo sotto l'occhio spietato delle telecamere, che mette in evidenza ogni nostro difetto, ogni nostro tic. Veniamo proiettati in un mondo che non è il nostro: una popolarità momentanea che costa molto cara»*. Ma vi restano i milioni. *«Sì, certo. Ed anche tante altre cose. Io non rimpiango nulla, ma sono contenta che sia finito»*. Sorride divertita. *«Ma lo sa chi ha vinto per davvero al Rischiatutto? La Rai e Mike Bongiorno. Noi siamo stati soltanto delle comparse. Pagate bene, d'accordo. Ma tutto finisce lì»*. Mike Bongiorno esulta. Dopo tre anni di trasmissione e 94 repliche, il *Rischiatutto* si è congedato in maniera trionfale. *«Hanno persino spostato le partite di calcio»*, continua a ripetere. È contento che abbia vinto Inardi? *«Sì. Senz'altro è lui il campione. Un uomo che tutto il mondo ci invidia»*. Adesso pensa già al prossimo *Rischiatutto*. *«In autunno. Con qualche innovazione e, forse, una grossa sorpresa»*. Esita, ma alla fine: *«Forse avremo un Rischiatutto a colori»*. Qualche funzionario Rai lo guarda allarmato, ma Bongiorno è già passato ad un altro argomento. *«Avete visto che successo. Pensate che solo per assistere a queste puntate delle finali abbiamo ricevuto 83 mila domande»*. Ma soltanto 3200 sono stati accontentati ed hanno potuto seguire il *Rischiatutto* dal vivo, costretti per ore sulle poltroncine del Teatro del Parco, accecati dai riflettori, torturati dal caldo, attenti ai cenni dell'assistente di regia che regolava gli applausi. Massimo Inardi incomincia a cogliere i frutti di questa sua rinnovata popolarità: per la terza o la quarta volta Gina Lollobrigida lo bacia e lo abbraccia per soddisfare le richieste dei fotografi. *«È un fenomeno»*, dice la Lollo, che dichiara di essere una sua ammiratrice. *«Ho accettato di venire stasera perché c'era lui. Morivo dalla voglia di conoscerlo»*. Inardi abituato ad ascoltare senza battere ciglio la lettura delle più difficili domande, si agita imbarazzato e cerca di scoprire dov'è finita la moglie, che lo osserva poco lontano. Mentre tecnici, elettricisti, fonici raccolgono le loro cose.

Massimo Inardi, imperatore del telequiz, esce con la sua corte. In totale ha vinto 48 milioni 300 mila lire: un primato mondiale, la più alta vincita realizzata nei giochi televisivi. Torna a casa soddisfatto. «*Certo che mi ha fatto piacere vincere. Mi hanno attribuito i titoli di campionissimo, supercampione, superman, e sono lieto di conservarli*». Nel pomeriggio aveva detto che se avesse saputo in anticipo a quali fastidi avrebbe dovuto andare incontro, non avrebbe mai partecipato al *Rischiatutto*. «*Lei non immagina neppure quanto pesi la popolarità. Sono proprio stanco*».

***

Inardi: fulminea vittoria

11 giugno 1972[24]

(…) Indescrivibile la scena che è seguita all'urlo di Bongiorno «la risposta è esatta»: ammiratori del mago, tecnici, fotografi, cronisti, campioni e qualche centinaio di cacciatori di autografi hanno trasformato in pochi secondi il palcoscenico del teatro dell'Arte in un girone infernale. In questo frangente qualche incauto ha gridato al mago: «Ormai non ci inganna, lei legge del pensiero».
Ed è stato a questo punto che Inardi ha perso la calma, e rosso e sudato nel volto ha gridato: «Queste sono idiozie! Non ripeschiamo queste vecchie cretinate! Anche un bambino ormai dovrebbe aver capito che io rastrello sempre le domande da 50 e 60 mila lire, per prime. Se i rischi me li mettono lì, cosa ci posso fare!». (…).
Nel frattempo centinaia di *flash* scattavano foto all'impazzata: Inardi baciato contemporaneamente da Gina Lollobrigida (che insieme a Bramieri era stata ospite al gioco di Caccia all'oggetto) e dalla moglie, operatori del Telegiornale travolti dalla folla che cercavano invano di riprendere il mago. In questa bolgia infernale il *Rischiatutto* anno terzo ha chiuso i battenti.

***

---

[24] *Corriere della Sera*, 11/06/1972, p. 15.

Il «mago» è bravissimo ma non sarà telepatia?

di Vincenzo Buonassisi

11 giugno 1972[25]

Questi «poteri» del dottor Inardi: che ne pensano gli sconfitti, dopo la favolosa sequenza iniziale di *Rischi* e di *Jolly*, che ha tolto ogni sapore al resto del gran finale? Chiedo alla Buttafarro, e quasi si arrabbia: «Non diciamo cretinate, non c'è niente di simile. Ha vinto lui perché è bravissimo, meritatamente; poi ha avuto anche fortuna». (...)
Chiedo a Fabbricatore; prima dice no, poi dice sì. Dice, in principio: «Non credo a facoltà speciali. Piuttosto, ho notato che l'ordine in cui erano sparsi *Rischi* e *Jolly* era all'incirca lo stesso della volta prima. Ecco, si dovrebbe parlare di facoltà mnemoniche. Inardi sapeva dove cercare». Obiettiamo che *Rischi e Jolly* potevano essere stati piazzati in tanti modi; simili alla volta precedente, oppure molto diversi. Si inserisce Luisa Rivelli con un registratore, per la trasmissione radiofonica dedicata a *Rischiatutto*; lei fa yoga, è sicura che si possano sviluppare in tante persone facoltà parapsicologiche. Che poi ci sia stato qualcosa del genere, a *Rischiatutto*, è un altro discorso. Ma non bisogna essere scettici. E Fabbricatore segue, con la sua voce sonora e cantilenante, soddisfatto in conclusione del piazzamento: «Eh sì, un sesto senso ce lo deve avere. Lo dico adesso: prima della sfida ero sicuro di poterlo contrastare. Non dico sicuro di vincere, ma potevo. E invece dopo quella partenza, non c'è stato niente più da fare».
A sua volta, la Rivelli mi riferisce una sua curiosa, personale conversazione con Inardi, a proposito dell'influsso che possono avere le persone dotate di poteri parapsicologici sugli animali, più di chi non ha quei poteri. I cani obbediscono, capiscono meglio certe persone. Ma devo ricordarmi, a questo punto, che il tema è il quiz; e riprendo a chiedere. Sabina Ciuffini, anche lei, si affretta a dire che non crede alla facoltà di Inardi, di leggere le risposte nella mente o sulle carte di Bongiorno. «Da buon psicologo – dice – ha intuito dove pescare *Rischi* e *Jolly*, una specie di itinerario mentale».
Il parere di Bongiorno, inutile chiederlo, lo si è sentito tante volte in trasmissione. Per lui questa storia è stata proprio l'ultimo pizzico di sale e di fortuna, per portare i vertici il successo di *Rischiatutto*. L'ultima parola, piuttosto, dovremmo farla dire allo stesso Inardi, sapendo quanto gli pesi e lo irriti tuttavia l'insistenza sul tema di queste facoltà che poi sarebbe un vantaggio ingiusto, un'arma sleale. Ha appena finito, ci accorgiamo, di

---

[25] *Corriere della Sera*, 11/06/1972, p. 15.

rispondere ad altri, anche su queste cose; ha perso un po' della sua flemma. Ma troviamo lo spiraglio per riproporre la domanda in una maniera diversa: «Non crede, dottore, che lei possa avere qualche facoltà di leggere le risposte nella mente di Mike, ma non in forma cosciente, bensì inconscia?». Ribatte subito: «Se è inconscio, non posso saperlo». Insistiamo: «Ma non si può nemmeno escludere». «Non si può – riprende Inardi –, ma tenga presente che questo è un altro discorso; è una possibilità che vale per tutti, ci sono tante cose sconosciute nella nostra mente».

***

Inardi: "Ho vinto non per telepatia"

12 giugno 1972[26]

[*Dopo la puntata, Inardi, gli altri finalisti e gli addetti ai lavori del quiz sono andati a cena*]
(...) Naturalmente il re della serata è stato Massimo Inardi. Un gruppo di clienti giapponesi è venuto al tavolo per conoscerlo di persona e farsi firmare il tovagliolo. La signora Inardi, molto bella, rideva e ricordava che un ammiratore ha telefonato persino da Rotterdam per congratularsi («Chissà come avrà penato per avere il nostro numero nuovo»). Giovedì ci sarà il trasloco, ma adesso lo si farà in serenità.
Qualcuno ha insistito. Non è possibile che abbia una facoltà, sconosciuta a lui stesso, di lettura del pensiero?[27] «Certamente no, eppoi le condizioni in cui si svolge il gioco sono le peggiori per estrinsecare certi poteri che richiedono la concentrazione in un ambiente calmo. Invece io dovevo stare sotto i riflettori, con le telecamere puntate addosso mentre qualcuno diceva "Dottore, non guardi" e qualcun altro "provi a voltarsi"». ...

***

Questi sono alcuni degli articoli sui due quotidiani italiani più importanti dell'epoca. Sicuramente ci saranno molti altri articoli su altre testate e periodici, ma credo che il quadro sia sufficiente e chiaro. Qualche altra immagine di titoli, senza trascrizione, la pubblico di seguito.

---

[26] *Stampa Sera*, 12/06/1972, p. 6. Firmato con le iniziali «a.g.».
[27] Nell'ipotesi che Rol avesse agito a distanza, si potrebbe ben dire che in quel momento Inardi avesse «una facoltà sconosciuta a lui stesso».

Da quanto visto, se escludiamo che Inardi avesse capacità telepatiche – cosa non supportata da alcuna evidenza – e anche che Rol abbia avuto un qualche ruolo, si dovrà comunque ammettere che fosse una persona di grande intelligenza.
Sarà quindi ben difficile per lo scettico sminuire e ignorare la testimonianza che Inardi avrebbe dato su Rol tre anni dopo.
L'Italia intera è stata testimone della sua performance, e solo persone ignoranti o in mala fede potrebbero accusarlo di mancanza di senso critico.

x

Questa sera alla tv l'ultima sfida del "Rischiatutto"
TUTTI PER IL SUPERMAGO

UNA SERATA DA PASSARE DAVANTI AL VIDEO

Rischiatutto da fantascienza:
IL MAGO O LA FATINA?

RISCHIATUTTO: 28 milioni davanti al video per la grande serata finale del telequiz

Il mago incanta tutti?

Gustavo Adolfo Rol
Il favoloso personaggio che da solo costituisce un'antologia delle capacità paranormali

di Massimo Inardi

Settembre 1975[1]

«Sappiamo tutti che egli respinge le classificazioni parapsicologiche e le qualifiche di mago, *medium* o sensitivo, eppure, per intenderci, bisogna dire e riconoscere che egli è tutte queste cose... e qualcosa di più. Egli è al di là di ogni discussione, uno degli esseri umani più dotati di quelle facoltà che scavalcano con i loro effetti le consuete barriere del mondo fisico, psichico e spirituale, fino ad attingere ad una molteplicità di percezioni e di manifestazioni paranormali che lo pongono in una sua particolare dimensione, una dimensione sovrumana dalla quale egli, nella sua essenza, che è anche fatta delle cose proprie dell'uomo puro e semplice, ricava anche motivi di amarezza e solitudine. Una solitudine morale, psicologica, che è spesso più cruda e fredda di quella comunque inevitabile degli uomini normali, nelle profondità del loro io, del loro essere funzionalmente staccati, individuati come io cosciente, isolato in una realtà universale. Da questa dicotomia emozionale e psicologica, concettuale ed esistenziale, derivano le reazioni di Rol, spesso non tutte comprensibili e le apparenti contraddizioni del suo comportamento.»
Queste affermazioni, facilmente e pienamente sottoscrivibili, sono di un noto parapsicologo italiano, il prof. arch. Giorgio Di Simone, il quale – nel periodico «Informazioni di parapsicologia» n. 2 del 1973, di cui è direttore, oltre ad essere presidente del Centro Italiano di Parapsicologia di Napoli – così iniziava il resoconto di tre serate che il dott. Gustavo Adolfo Rol concesse a lui e ad alcuni suoi collaboratori, in quello stesso anno, l'8, il 9 ed il 10 marzo e potrebbero bene adattarsi a quanto è stato dato di vedere e provare, nei giorni 30, 31 maggio e 1° giugno 1975, all'autore di queste note, al quale Rol, dopo vari tentennamenti e per il fattivo e tenace interessamento di un comune amico, Luigi Veglio, concesse il privilegio di assistere ai suoi straordinari esperimenti[2], pur non

---

[1] Inardi, M., *Dimensioni Sconosciute*, SugarCo, Milano, 1975, pp. 157-182. Il libro venne pubblicato a settembre, questo capitolo deve essere stato scritto a giugno negli stessi giorni del breve articolo scritto per *Il Resto del Carlino* (10/06) visto nelle pagine precedenti.
[2] Inardi sia qui che nell'articolo su *ESP* che riproduco più avanti non menziona l'incontro avvenuto con Cassoli 8 anni prima – ma solo che aveva incontrato Rol la prima volta nel 1967 – né i contenuti della relazione del 1970. La frase mostra che Rol non fosse troppo convinto di ricevere di nuovo Inardi, o comunque che

risparmiandogli cortesi ma piccanti strali polemici che si appuntavano alla figura di «non iniziato» all'osservazione dei fenomeni rolliani, ma più ancora a quella di un cultore di parapsicologia. Rol dice a tal proposito che i suoi esperimenti non interessano la parapsicologia e la scienza, ma investono le possibilità «animistiche» proprie di ogni uomo[3]; è un'affermazione di difficile comprensione e che forse si inquadra in un certo gusto per il mistero di cui il soggetto ama circondarsi. L'eccezionale impressione che si prova assistendo alle operazioni paranormali di Gustavo Adolfo Rol – operazioni che egli compie davanti ad un pubblico sempre ristretto e selezionato, con poche ammissioni di estranei, quasi tutte le sere, con una costanza, una varietà ed una facilità stupefacenti – fa pensare di trovarsi di fronte ad un uomo che sia tale soltanto per l'aspetto fisico e per il comportamento ordinario della vita di relazione e di società. Vi sono dei momenti in cui si ha l'impressione di essere in presenza di un essere che reca in sé possibilità che sembrano andare al di là dell'umano, o almeno al di là di quei confini che si assegnano – nella limitatezza delle attuali conoscenze e delle ipotesi razionali – all'umano, alla natura umana. Rol si esibisce in circoli ristretti, davanti a persone qualificate o da lui adeguatamente preparate, perché teme che la notorietà e la propaganda intorno al suo nome ed alle sue capacità possano snaturare il messaggio morale che il suo lavoro porta con sé, col risultato di renderlo meno puro e meno elevato. È perciò che egli vive isolato e schivo del prossimo e del mondo, in quella solitudine di cui parlava Di Simone, solitudine che non è sdegno o volontario sprezzo del mondo, ma perfetta coscienza del pericolo di perdere un tesoro che – diffondendolo a chi non è pronto a riceverlo – potrebbe essere incompreso o malcompreso, senza lasciare un'impronta valida e giusta.

Egli considera il mondo non preparato, per lo più soltanto curioso, alla ricerca di sensazioni più o meno epidermiche[4], per cui lo evita o esita ad accostarvisi con frequenza, concedendo ai non iniziati soltanto delle dimostrazioni semplici ed isolate che egli suole definire le «aste» o da «prima elementare», accuratamente selezionando le persone ed i gruppi

---

volle fargli fare un po' di anticamera e fargli capire che la nuova visita non era scontata e doveva essere meritata. Inardi partecipò nel complesso a 4 incontri: 1) 19(?)/04/1967 a casa di Franco Bona; 2) 30/05/1975, a casa Rol; 3) 31/05/1975 a casa di Giorgio e Nuccia Visca; 4) 01/06/1975 a casa di Remo ed Else Lugli, dati che si confermano e completano con le descrizioni degli ultimi due incontri – che si possono comparare con quello che dice qui Inardi – fornite da Lugli nel suo libro (pp. 69-72). Inardi quindi assistette agli esperimenti in 4 ambienti diversi, uno solo dei quali fu casa Rol. Ennesima smentita della *fake news* degli scettici che affermano che Rol facesse esperimenti solo a casa sua.

[3] L'affermazione è tratta da *Grazia*, cfr. *supra* p. 76 e la nota 11 per la spiegazione.

[4] Si confronti il testo, proprio del 1975, che Lugli aveva chiamato "testamento spirituale", vol. IV, p. 93, nota 8.

con i quali approfondire e progredire con la propria opera di preparazione morale e spirituale[5].

È in tale contesto umano, psicologico e spirituale che G.A. Rol si muove. Su «La Stampa» di Torino, Remo Lugli – uno dei più assidui testimoni dell'opera del soggetto – ebbe a descrivere nel settembre 1972: «Risponde no a nove giornalisti su dieci. Ancora pochi giorni fa sono giunti degli inviati della TV giapponese per proporgli di apparire sui teleschermi per parlare di quello che fa. Ha rifiutato. Dagli Stati Uniti gli era venuta una proposta da capogiro: mille dollari l'ora per duecento interventi all'anno in clubs parapsicologici e per cinque anni. Ha rifiutato. Non vuole pubblicità, non vuole ricavare un solo soldo da queste sue doti. Di sé, dice: "Alla base delle mie facoltà, c'è la rinuncia all'orgoglio, al denaro ed all'ambizione".»

Chi assiste alle prove di Rol deve credere, è chiamato ad una prova di fede, anche quando è oltremodo difficile il farlo, perché tutto ciò che accade è assurdamente e stridentemente contrario alla logica della scienza e del buonsenso.

Molti scienziati di chiara fama, molti scrittori (Pitigrilli, Buzzati, Beonio-Brocchieri, Talamonti), molti uomini di teatro e di cinema (Fellini in testa per una ormai lunga amicizia e consuetudine) molti artisti, innumerevoli professionisti e studiosi di ogni ramo dello scibile, hanno dovuto ammettere che con Rol si può avere coscienza che esiste una dimensione ancora ignorata delle possibilità umane, nonostante che l'Uomo dica apertamente e con convinzione che tutto ciò che fa è un segreto per lui, ma nello stesso tempo segreto non è, in quanto tutti possono, come lui, intuire l'essenza di ciò che fa e di ciò che può fare, solo che essi riescano a penetrare – come lui ha fatto – nel profondo di se stessi e si preparino con la mente e con lo spirito ad una missione.

Anche Hans Bender, il cattedratico di Parapsicologia di Friburgo, ha partecipato alle sedute di Rol, ricavandone una impressione talmente straordinaria e sconvolgente da arrivare perfino a dichiarare che avrebbe dedicato un anno della sua vita a studiarlo, se lui glielo avesse permesso. Naturalmente Rol non glielo ha permesso. Egli non fa alcuno strappo alla sua regola ed ai suoi principi morali ed umani e non fa parzialità con nessuno, proprio per quel suo non dar valore di scienza a quello che fa[6].

---

[5] Ritengo che queste righe suggeriscano che Rol avesse protestato con Inardi in merito alla relazione del 1970 e avesse cercato di fargli capire quale era il suo modo di procedere con i neofiti, quali le ragioni del suo atteggiamento di fronte alla parapsicologia e agli studiosi che volevano analizzarlo. Rol dovette mettere per bene in chiaro le cose, e Inardi a quanto pare aveva capito.

[6] Di nuovo, questo è impreciso: può valere solo se con scienza si intende l'approccio scientista e materialista e l'esigenza di analizzare i fenomeni col freddo distacco del laboratorio e trattare il "soggetto" come una cavia. La scienza di Rol invece, che è *scienza sacra*, presuppone un approccio diverso, molto più

Egli afferma che è bene che il suo segreto rimanga tale e muoia con lui, piuttosto che essere incautamente rivelato, potendo divenire strumento non più di bene e di elevazione morale, bensì di male, di speculazione, di interesse e di lucro. Nel dire questo, però, aggiunge di aver già scelto la persona alla quale lascerà tutto ciò che costituisce il segno della sua attività, perché di tale persona (una signora torinese) si fida e ne ha fatto la sua erede spirituale, preparata e pronta come ella è a seguito di adeguata "iniziazione", a ricevere e conservare il suo «messaggio»[7].

È un uomo molto intelligente e colto, distinto, dallo sguardo magnetico, dai modi cortesi e dal tratto aristocratico; ma sa essere anche uomo dalla parola tagliente e dal tratto brusco e sbrigativo, pur non trascendendo quasi mai i limiti che una perfetta educazione gli ha imposto. Il suo parlare è misurato e fluido ed il suo comportamento è sempre quello di una persona di mondo che sa perfettamente adattarsi ad ogni ambiente e raramente perde le staffe. È laureato in legge, ha studiato biologia ed economia[8], è inoltre un profondo cultore di studi napoleonici (si dice che la prima parola che egli abbia pronunciato sia stata «Napoleone» e che abbia affermato di essersi reincarnato ai tempi del grande imperatore, seguendone la parabola dalla polvere agli altari ed all'esilio)[9].

---

complesso e più "caldo": essa non solo è certamente scienza, ma è *più* scienza rispetto a quella attuale, non *meno*. È una scienza di livello superiore dove la coscienza e la materia, visibile e invisibile, sono integrate.

[7] La persona che Rol considerava in questi termini nel 1975 era Domenica Visca Schierano, Nuccia Visca per gli amici. Nata il 20/10/1929 e deceduta il 28/01/2017 (nel 2003 mi aveva detto che Rol le disse che sarebbe morta tra gli 86 e gli 88 anni: morì con 87 anni e tre mesi, cfr. vol. III, p. 102) è lei la persona dietro alla figura di *Alda*, alla quale Rol aveva dedicato poesie d'amore e con la quale aveva avuto una relazione. Quelle poesie le donò poi a me, così come le molte ore di registrazione di incontri con Rol che ho in parte pubblicato in rete e dato di volta in volta la trascrizione. Con Nuccia ho avuto lunghe conversazioni e certamente aveva una sensibilità spirituale e una sobrietà appropriata, senza esibizionismi di sorta (non ha mai concesso interviste per periodici e riuscii a convincerla a malapena ad essere ripresa con altri amici di Rol, in maniera informale, per il documentario di Nicolò Bongiorno). Tuttavia appariva una persona normale, non pareva avere qualità spirituali al di sopra della media, né conoscenze esoteriche di qualche tipo. Anzi, lei stessa mi diceva che non comprendeva perché Rol la considerasse in quei termini. Era forse soltanto un "passaggio di testimone"?

[8] Questa potrebbe essere l'effettiva realtà: che avesse «studiato biologia ed economia», ma non che fosse propriamente laureato in queste discipline.

[9] Quel «si dice che» idica che non è stato Rol a dirlo direttamente ad Inardi, il quale invece dovette basarsi, per questa affermazione sbagliata dovuta a un fraintendimento, su quello che avevano scritto Vittorio Beonio-Brocchieri nel 1963/4 e Luciana Jorio nel 1972 – gli scritti dei quali Inardi mostra di avere sotto mano – ovvero: 1) Beonio-Brocchieri: «Si tratta di un gentiluomo convinto che, attraverso una cosiddetta "cellula trascendentale" trasmessa per generazioni, la

La sua grande casa vicino al Po è un ricchissimo museo di cimeli napoleonici dal valore inestimabile. Egli è infine un bravo pittore ed un altrettanto fine scrittore.

Guardando la sua figura alta, slanciata, eretta, quasi altera, osservando il suo viso senza età, ancora fresco e giovanile, le sue mani fini e ben curate, non si direbbe che abbia passato da due anni la settantina. Rivisto otto anni dopo il primo fugace incontro (avvenuto nell'aprile 1967), non si nota nel suo fisico e nel suo viso alcun cambiamento, come se la tirannia del tempo, che lascia il segno nella maggioranza delle persone, sia passata su di lui ignorandolo.

Nell'incontro di otto anni fa l'autore ebbe ad assistere ad una sola serata di prestazioni del soggetto e subito ne ammirò l'intelligenza, l'elevatezza morale, la cultura e la giovanile energia di tutto il suo essere[10]. Da allora nulla è apparentemente cambiato: la stessa agilità di mente, la stessa vivezza di dialogo, la stessa arguzia talora anche tagliente, la stessa incrollabile fede nei propri principi. Nel medesimo tempo, lo stesso dispregio per la scienza o per le discipline parapsicologiche[11], le quali – secondo Rol – sarebbero del tutto inutili per tentare di spiegare ciò che non è possibile razionalmente spiegare[12] perché manca questa necessità,

---

sua esistenza risale a un antenato il quale militò nell'esercito napoleonico» (vol. IV, p. 322); 2) Jorio: «"Lei pensa di essere una reincarnazione di Napoleone?" "Non lo so". Sorride lievemente. "Dico solo che dentro di me vi è una traccia di quell'epoca"» (*supra*, p. 74). *Repetita iuvant*: Rol non ha mai «affermato di essersi reincarnato ai tempi del grande imperatore» (e ovviamente, neanche di esserne la reincarnazione). È possibile che in anni successivi, autori come Maria Luisa Giordano, che hanno plagiato articoli e capitoli in libri di altri senza citare le fonti, si siano basati su frasi del genere distorcendo il pensiero di Rol e le comunicazioni orali fatte a loro, che vennero quindi mescolate acriticamente con quelle trovate nelle altre fonti. Ulteriore prova indiretta che l'affermazione di Inardi è sbagliata, il fatto che nell'articolo su *Esp* di qualche mese dopo – che è quasi uguale – essa non sia stata ripetuta (cfr. *infra*, p. 289). Evidentemente qualcuno aveva protestato...

[10] Descrizione importante che non emergeva nella fredda relazione di Cassoli del 1970 e che denota l'impressione positiva che Inardi avette di Rol già nel primo incontro, e che vale la pena sottolineare come fosse stato «fugace», elemento da tener presente quando si dovrà esaminare la scettica e frustrata relazione di Cassoli del 1987 (*La «medianità» di G.A. Rol: fatti e commenti da un libro di Renzo Allegri*, Quaderni di Parapsicologia, Vol. 19, 1988, pp. 9-19, che riprodurrò in un prossimo volume) che al contrario di Inardi non reincontrò più Rol.

[11] Nel mio commento all'articolo su *Il Resto del Carlino*, già avevo contestato come fosse impropria la frase «dispregio delle cose terrene» (*supra*, p. 228 n. 6); qui è del pari improprio, e rimando alla precedente nota 6 per quali ragioni.

[12] Ciò a cui Rol si riferiva era la difficoltà a spiegare razionalmente ciò che infatti preferiva dimostrare nella pratica («E che cosa volete che vi spieghi? Mandate a comperare alcuni mazzi di carte», vol. IV, p. 116) ed era un modo per far capire a

dato che è tutto chiaro e lampante, tutto si trova nel profondo di tutti e può essere raggiunto solo penetrando in se stessi, in un costante atteggiamento di umiltà, di equilibrio, di rettitudine, di sicura e profonda ricchezza di doti spirituali.

Quanti lo hanno avvicinato, hanno ricevuto da lui prove di paranormalità tali da rimanere allibiti, spaventati e nello stesso tempo edificati ed arricchiti, anche se ciò che egli ha prodotto era costantemente limitato allo spazio di una serata e non veniva in nessun modo e volutamente consegnato alla storia ed alla cronaca. Caratterizza G. A. Rol l'assoluto tenere in *non cale* le esigenze di credibilità e di documentabilità di ciò che fa, per cui delle sue operazioni quasi nulla rimane se non affidato al ricordo labile di chi assiste, su furtive note ricavate a dispetto dei suoi decisi dinieghi, in linea col suo voler distruggere ogni cosa che per avventura rimanga scritta[13].

È per ciò che – lui scomparso – forse nulla rimarrà fissato nei dettagli, adeguatamente documentato o testimoniato di ciò che egli ha fatto e solo il ricordo di qualche breve nota – magari carpitagli suo malgrado – potrà servire a dare una pallida idea di oltre mezzo secolo di manifestazioni quasi sempre incredibili e conturbanti[14].

Inardi che era impossibile riassumere tutto in poche parole e *a parole*: occorreva *sperimentare*, e a partire dall'interno di se stessi, non soltanto limitarsi a prendere nota come osservatori distaccati.

[13] Ciò è esagerato: a parte che degli esperimenti, anche se era eccezione e non regola, sono rimasti moltissimi scritti, disegni, oggetti, abbiamo anche le testimonianze scritte di molti testimoni e cronisti che sì, non erano in genere autorizzati a prendere nota *durante* l'incontro, ma potevano farlo una volta tornati a casa, come è il caso di quei giornalisti *di un unico incontro* che dovevano fare un articolo, o di quelli di molti incontri che annotavano nelle ore subito successive per abitudine, magari a quattro mani (come Lugli con la moglie Else).

[14] Indubbiamente molti dettagli si sono persi, al tempo stesso però il *cuore* e/o la *struttura* di esperimenti e prodigi è stata tramandata e anche con una relativa precisione (l'impatto di certi eventi si ricorda con molta più accuratezza di fatti banali che non si imprimono nella memoria) e la quantità considerevole del materiale accumulato in oltre ottant'anni, allo stato attuale, permette una analisi comparata oggettiva ed attendibile che non rende necessaria la conoscenza precisa di tutti i particolari (ad esempio, se la carta era un 7 di fiori o un 7 di picche, o simili). Se si intende dimostrare che la Terra gira intorno al Sole sulla base di molteplici osservazioni, non ha molta importanza ricordare in quali giorni c'erano le nuvole. È probabilmente a questo passaggio del libro che fa riferimento in modo critico Rol in una registrazione inedita del mio archivio forse del novembre 1975 (non ho potuto stabilirlo con certezza): «Quel buon Inardi che ha scritto questo libro, c'era un capitolo su di me di trenta pagine... dice: "Tutto ciò che fa non rimarrà niente di lui, perché non lo insegna agli altri, lui disprezza i parapsicologi". Non ha capito niente! La signora Visca era presente, la signora Lugli, Innocenti, eravamo in tanti. Io dico a Inardi: "Per favore, mi chieda delle definizioni, quello che vuole, Le dico tutto quello che so". "Non ho niente da

La gamma della fenomenologia rolliana pare non avere limiti e spazia agevolmente in un caleidoscopio che va dai fenomeni paranormali fisici a quelli mentali, talora parendo che ambedue le classi di accadimenti – in certi esperimenti – si intreccino e si embrichino senza possibilità di disgiunzione. Delle varie esperienze fatte esclusivamente con le carte, per esempio, e che hanno dell'incredibile e del fantascientifico, è quasi impossibile riferire dettagliatamente in questa sede, data la infinita ed impressionante varietà di esse.

Per dare una fugace idea di ciò che Rol fa in certe serate vale la pena di descrivere uno degli esperimenti più complessi e shoccanti cui è stato dato di assistere, perché meglio di ogni altro può dare un'idea della complessità della fenomenologia paranormale rolliana.

Nel corso della seconda serata delle tre alle quali si è assistito, serata svoltasi in casa della signora V.[isca], appartenente al gruppo dei fedelissimi del soggetto, dopo aver fatto il solito preliminare caleidoscopio di esperimenti con le carte, Rol decise di tentare qualcosa di più complesso e variato, nonché probante, delle sue idee circa lo «spirito intelligente» che aleggerebbe sugli uomini. Preso a caso un mazzo di carte fra i sette od otto preparati per la serata[15] e tutti mescolati e tagliati dai presenti e quasi mai preliminarmente toccati dalle sue mani (cerimoniale rituale ed immancabile per ogni esperienza), se ne isola casualmente uno attraverso una serie di designazioni su cui sarebbe troppo lungo riferire. Il mazzo viene posto di fronte all'autore che viene invitato a tagliarlo, rovesciando la parte tagliata: la prima carta scoperta risulta essere un re di fiori.

Tale sezione di mazzo, così come si presenta, viene fatta poi porre sotto il tappeto verde del tavolo davanti all'autore e su tutto viene posto il coperchio di un portadolci d'argento. Terminata l'operazione, Rol distribuisce ai presenti dei fogli bianchi tolti da una intonsa risma di carta quadrotta, preparata per l'uso. I fogli vengono controllati dai presenti per accertare, che su nessuno di essi esista alcun segno; Rol chiede quindi ad ognuno dei partecipanti alla seduta di agitare i fogli per produrre del

---

chiederle". E poi dopo scrive questo... Non ha niente da chiedere». Nonostante Inardi abbia scritto un capitolo non banale, anche se con qualche imprecisione, non pare che Rol ne fosse soddisfatto. Raramente del resto lo è stato (e posso capirlo). Una critica che si può fargli è quella che avrebbe evitato tutte queste approssimazioni se avesse pubblicato lui stesso un libro di memorie – che infatti più volte meditò di scrivere o che scrisse parzialmente e non pubblicò – progetto al quale finì per rinunciare probabilmente, o comunque soprattutto, perché temeva di essere accusato di cercare una pubblicità personale e perché sarebbe stato sollecitato a rispondere a ciò che nel libro non ci sarebbe stato, o ci sarebbe stato solo parzialmente. Certo però avrebbe potuto predisporre la pubblicazione dopo la morte. Questa, in definitiva, è forse l'unica critica che si potrebbe davvero fare.

[15] Nel vol. I (V-6) avevo già riportato l'esperimento che segue riprodotto però non da *Dimensioni sconosciute*, ma da *ESP*, che ha qualche variante di testo.

rumore e poi alternativamente di strofinare le mani una sull'altra (questa operazione è frequente e servirebbe forse a creare una certa atmosfera rituale). Ogni persona è quindi invitata a piegare e ripiegare il proprio foglio bianco, fino ad ottenere un piccolo rettangolino. I vari rettangolini vengono posti in fila e alla rinfusa uno vicino all'altro e poi, con una serie di scelte e di scarti casuali, viene isolato uno degli otto-dieci rettangoli; esso viene indi consegnato all'autore, con l'invito di riporlo nella tasca interna della propria giacca.

Rol chiede che la luce venga adeguatamente abbassata in tutta la sala e l'ambiente resta in una discreta penombra, tale da poter permettere di vedere le persone ed i particolari più grossi, ma non da poter leggere scritture o vedere particolari minuti.

Il rimanente dei fogli piegati viene svolto ed accumulato in pila davanti a Rol che pare irrigidirsi e concentrarsi nel vuoto, finché, con la matita in mano, prende a scrivere meccanicamente, con lo sguardo fisso davanti a sé e senza seguire ciò che la sua matita traccia sul foglio. Compare un nome scritto, la cui iniziale è G. Lo scrivente si accinge a trascrivere ciò che avverrà, ma viene avvertito con calore e perentoriamente di non fare nomi né particolari, pena una serie di disavventure per tutti. Pur senza condividere tale timore, non resta che obbedire perché è soprattutto il risultato dell'esperimento che deve contare, non i particolari onomastici o d'altro genere[16].

Rol interroga allora ad alta voce questo G., che alla fin fine non potrebbe essere altro che una delle tante «entità» che compaiono nelle comuni sedute medianiche e che Rol – forse per quel suo costante disprezzo per tutto ciò che sa di spiritismo, di medianità o di parapsicologia – precisa essere invece lo «spirito intelligente» di G.[17] Interrogato sulla sua vita, G. risponde con una frase scritta automaticamente ed in una calligrafia diversa da quella di Rol: «Ero abilissimo, ma non tanto da evitare di essere soppresso in Russia nel 1861». Su un foglio sottostante Rol, ad una domanda fatta sull'attività di G., scrive automaticamente: «Giocoliere ed illusionista... Soppresso per motivi legati ad una donna. Ero italiano e chi mi soppresse era pure italiano».

Rol invita i presenti a rivolgere a turno essi stessi domande allo «spirito intelligente» per avere maggiori chiarimenti. Qualcuno domanda cosa si celi sotto i puntini dell'ultima scrittura e la matita di Rol traccia su un terzo foglio: «dotato di facoltà paranormali».

Alla domanda su cosa facesse in Russia nel 1861, lo «spirito» risponde con la frase scritta: «Ero giocoliere degli Zar a S. Pietroburgo»; qualcuno domanda allora da quanto tempo egli risiedeva in Russia prima della morte e la risposta è: «Tre anni». Varie altre domande seguono; ad esse le

---

[16] Precisamente.

[17] Il disprezzo non c'entra nulla, piuttosto è la contestazione della teoria spiritica, oltreché della pratica.

risposte via via sono: «Divinavo le carte, gli oggetti ed i luoghi», «L'italiano che mi soppresse si chiamava S. e c'era di mezzo una donna di nome Olga», «S. era geloso della mia relazione con lei», «Mi uccise a tradimento pugnalandomi».
Alla domanda: «Se eri in grado di divinare le carte, perché non dici quali carte sono celate sotto il tappeto ed il coperchio?», «Troppo poco per me, mi diminuirei» è la risposta che viene dalla matita di Rol, sempre teso e fisso nel vuoto. «Provaci, a noi basta», insiste un altro. A questo punto vari fogli sono stati vergati e Rol invita tutti al silenzio; vuole ancora meno luce ed infine – appena visibile nella semioscurità – si nota che la matita che egli tiene non ha più la punta rivolta verso i fogli ma invece è puntata contro il vuoto, nella direzione dell'autore, e compie dei ghirigori, come a scrivere su un ipotetico foglio posto verticalmente fra lui e Rol. Dopo una serie di segni nel vuoto Rol, come rilassato dopo una forte tensione, chiede luce piena (sono passati pochi secondi dall'inizio dello strano cerimoniale) ed invita l'autore a tirar fuori dalla sua tasca interna il foglio precedentemente ivi riposto. Aperto completamente, esso rivela delle scritture vergate con la stessa calligrafia e che corrispondono ai nomi di varie carte scritti uno sotto l'altro e con tratto lievissimo ma leggibile. Le carte indicate sono: re di fiori; 8 di fiori; 9 di quadri; jack di cuori; asso di picche; 6 di fiori; le quattro regine; 10 di quadri e 10 di picche.
Tirata fuori da sotto il tappeto la sezione di mazzo postavi all'inizio dell'esperimento e sempre restatavi senza che alcuno toccasse nulla, l'ordine delle carte dall'alto in basso è risultato esattamente lo stesso indicato nel foglio, a partire dal re di fiori e fino al 10 di picche, senza un solo errore di posizione.
Tra lo stupore di tutti, ancora allibiti dal formidabile esito dell'esperimento, Rol fa inesorabilmente strappare tutti i fogli scritti in mille pezzi, dichiarando che queste sono cose che non vanno tramandate, perché turberebbero l'armonia del mondo[18].
Terminata l'operazione, Rol chiede ancora il buio perché sente che sta per succedere qualcosa e – preso da una evidente agitazione – allunga un braccio e si ritrova in mano una pallottola di carta che, aperta, rivela ancora lo scritto con l'elenco delle carte, elenco che egli dichiara essersi

---

[18] Spiegazione importante, che ho segnalato più volte in passato. Le altre sono che voleva evitare commercio di queste cose o che venissero confuse con originali. Le eccezioni alla regola, come già detto, furono però moltissime e questo perché, con la scusa magari di farne dono a qualche ospite all'incontro, Rol voleva assicurarsi che ai posteri giungessero numerosi esempi di cui si sarebbe potuta verificare sia l'effettiva esistenza – altrimenti avrebbero finito per essere considerati "mitici" e non reali – sia l'assenza di adulterazioni di qualche tipo (come nel caso delle materializzazioni di scritti o di disegni/pitture), ovvero per escludere materiale truccato; infine, come prova che gli oggetti erano reali e non allucinazioni prodotte sotto ipnosi.

rimaterializzato perché non strappato bene; nonostante le preghiere di tutti perché fosse conservato per ricordo, anche quel foglio è stato lacerato in mille pezzetti che vengono riposti da Rol nella propria tasca.

È inutile fare considerazioni su esperimenti siffatti: la loro spiegazione razionale inesorabilmente sfugge e le ipotesi che possono porsi sono quelle di una forma di particolare veggenza posseduta da Rol verso le carte e che si sarebbe esplicata attraverso il complicato rituale della scrittura automatica; una azione psicocinetica sulla materia unita alla precedente, per cui lo scritto, la grafite della matita e le carte siano andate a disporsi rispettivamente sul foglio, in tasca e sulle carte sotto il tappeto nell'ordine voluto, oppure un intervento di tipo «spiritico» (ipotesi che Rol scarta a priori, contrapponendovi quella dello «spirito intelligente» di G. che poi, gira e rigira, potrebbe ricondursi ad essa[19]), o infine quella – posta talora da alcuni studiosi ed osservatori – secondo la quale la risposta sarebbe stata già scritta dal soggetto prima dell'esperimento con inchiostro simpatico a base di limone e che a temperatura ambiente sarebbe invisibile, divenendo invece tale nella tasca interna della giacca ed a contatto del solo calore del corpo di una persona[20], il tutto benintéso considerato però inscindibilmente con le doti paranormali di telecinesi o di chiaroveggenza indubbiamente possedute dal soggetto.

Si tratta solo di ipotesi che non sono suffragate da una sperimentazione o da una osservazione scientificamente adeguata, perché con Rol ogni sperimentazione ed ogni osservazione di tale tipo, e neppure preliminare e cauta, sono vietate ed è solo possibile osservare i fatti che egli vuole far osservare e verificare: certo si è che, anche potendo fare delle caute riserve, l'evidenza di quanto accade resta pur sempre strabiliante e conturbante, soprattutto per la facilità e la fluidità, nonché per la icastica evidenza di ciò che àvviene.

Le possibilità di G.A. Rol nei riguardi della carte da gioco (mezzo che egli preferisce su tutti per un senso di ordine che esse recano in loro e dovuto

---

[19] «Gira e rigira» il Polo Nord e il Polo Sud sono simili, ma sono agli antipodi...

[20] Di qui l'importanza di avere molti di questi fogli e poter escludere queste ipotesi. A suo tempo proposi a Massimo Polidoro del Cicap – che andava dicendo che «Rol distruggeva tutto» – di sottoporre ad analisi il materiale disponibile (io stesso ho molti fogli, alcuni ricostruiti dai pezzettini scartati di esperimenti come quello di cui parla Inardi) così da escludere l'uso di eventuali fogli truccati. Polidoro, come altri membri del Cicap in altre situazioni, si era ben guardato dall'accogliere la proposta, ennesima conferma per me della loro mancanza di serietà e vero approccio scientifico. Dopo un confronto di questo tipo, infatti, che di certo non avrebbe dato, e non darebbe, alcuna conferma alle loro ipotesi, non potrebbero più diffondere con facilità due delle loro preferite *fake news*: 1) che Rol, appunto, distruggeva tutto; 2) che i fogli potevano essere truccati. Naturalmente, il fatto che il materiale analizzato non risulti truccato, non esclude che anche quello non analizzato non lo sia, però il risultato ridurrebbe comunque di molto le loro speculazioni.

alla numerazione, alla forma ed al colore, tutti elementi che favoriscono armoniche combinazioni ed operazioni) sono infinite e strabilianti e fanno pensare talora addirittura a magie e a sortilegi; ma l'ipotesi più razionalmente valida, almeno oggi, è quella che egli eserciti un'azione psichica o mentale selettiva sul materiale costituito da esse e tale da poter operare trasferimenti delle stesse o addirittura trasmutazioni di semi, colori e figure su singole carte e sotto gli occhi dell'osservatore (vari episodi del genere sono raccontati da Fellini, Pitigrilli, Gec, De Boni, ecc.).

Innumerevoli sono gli esperimenti che dimostrano passaggi di carte da un mazzo all'altro, o di carte da un punto all'altro di uno stesso mazzo, o di rivolgimenti di carte nell'interno del mazzo; è in tale ambito di ipotesi che possono così collocarsi quei ritrovamenti di carte rivoltate in mazzi intonsi ed ancora nella loro custodia o quella della estrazione di carte da sotto il tavolo quasi esse passassero attraverso il legno[21] nel punto esatto ove trovasi posto un mazzo mescolato e ripetutamente tagliato e posto sotto il tappeto, ricoperto da recipienti o coperchi.

Un'esperienza del genere è stata compiuta nella seconda delle tre serate torinesi (in cui si era svolta anche quella della scrittura automatica): era stata fatta la scelta casuale, da un certo mazzo, di una carta campione che era il 6 di picche ed un altro mazzo era stato preparato dopo mescolamento e taglio, ponendolo sotto il tappeto davanti a Rol con un coperchio sopra il tutto.

Rol allora, concentrandosi visibilmente, mise una mano sopra il coperchio e l'altra sotto il tavolo: al culmine di un intenso sforzo riuscì ad estrarre da sotto il tavolo una carta un po' spiegazzata, come fosse passata attraverso una fessura irregolare: era il 6 di picche il quale, al controllo fatto sul mazzo preparato fu riscontrato mancante e la carta estratta aveva il dorso uguale a quello del mazzo occultato sotto il tappeto[22] (i vari mazzi preparati per le esperienze hanno sempre dorsi con motivi e colori diversi per scongiurare ipotesi o anche solo sospetti di trucco).

Sempre in questo contesto si può riguardare l'esperienza che venne descritta da una giornalista, Cristina Jorio, sul settimanale «Grazia» del 10 dicembre 1973[23]. Eccone il testo: «E proprio questa sera, presenti alcuni professionisti di Torino, suoi amici, (Rol) mi fa immergere dentro una caraffa d'acqua un mazzo di carte nuovo, appena comperato dal tabaccaio ed ancora avvolto nella custodia di plastica trasparente. Poi il recipiente

---

[21] Non «quasi», esse passano davvero attraverso il legno!

[22] Esperimento che ho dimenticato di inserire nei voll. precedenti.

[23] Si tratta di *Luciana* Jorio e del 1972, non del 1973. I due errori verranno poi ripresi da Remo Lugli, che ha come fonte Inardi, e Mariano Tomatis, che ha come fonte Lugli (cfr. *supra*, p. 73 n. 1). Forse Inardi non aveva la rivista originale sotto mano, ma una trascrizione, altrimenti non avrebbe sbagliato sia il nome della giornalista che l'anno.

viene portato in cucina e chiuso nel *freezer* del frigorifero, affinché l'acqua geli in fretta. Quando il liquido ed il mazzo formano un unico impenetrabile blocco di ghiaccio, mi chiede di estrarre da un altro mazzo una carta a caso. È il 7 di quadri. Quindi viene sciolto il ghiaccio e nel mazzo nuovo, integro, trovo il 7 di quadri rovesciato, cioè in posizione contraria rispetto alle altre carte».

Una semplice antologia delle operazioni rolliane (e non il racconto intero delle sue imprese di mezzo secolo) richiederebbe interi volumi[24], per cui il quadro che verrà dato qui sarà certamente una pallida idea di ciò che l'Uomo è capace di produrre. Il «ritratto» che verrà fuori da queste note sarà insufficiente e solo di scorcio; anche la storia completa di Rol resterà fra le cose che non verranno mai scritte, dato l'atteggiamento rigidamente negativista dell'Uomo, il quale dichiara di disinteressarsi nella maniera più completa che il mondo o la scienza sappiano o si tramandino nel tempo ciò che egli ha fatto e fa[25]. «Sono esperimenti elementari – egli dichiara – ma servono solo a stabilire che, essendo parte di Dio, noi abbiamo poteri immensi sulla materia, alla quale, se sappiamo farlo o lo facciamo nell'ambito dell'ordine morale, siamo in grado di comandare qualunque cosa»[26].
Quando Rol parla, fa una serie di affermazioni che hanno dell'inverosimile, ma sono ormai molte migliaia le persone che hanno potuto constatare come – osservando questo uomo enigmatico e quasi favoloso – di inverosimile per lui non ci sia nulla e che tutto sia, al limite, semplice, piano e facile[27].

---

[24] Inardi fu profetico: al momento la fenomenologia è raccolta nei primi tre volumi della mia antologia, per un totale di 1400 pagine, cui aggiungere molti esperimenti descritti da Remo Lugli nel suo libro che non ho incluso.

[25] Anche questo è inesatto se non proprio sbagliato: lo dimostrano le moltissime volte in cui Rol ha sperato che la comunità scientifica si interessasse alle sue sperimetazioni, e le altrettante volte in cui ha affermato che in futuro la scienza, ineluttabilmente, arriverà a studiarle e comprenderle. Quanto alla «storia completa di Rol [che] resterà fra le cose che non verranno mai scritte» i miei studi e questo stesso volume dimostrano invece che, in questo caso, Inardi non fu per niente profetico. Grazie soprattutto al mio lavoro, di ben poche figure storiche – soprattutto private e non pubbliche – si potrà affermare di avere una così grande messe di dati verificati e fonti reperibili.

[26] Citazione da *Grazia* (*supra,* p. 75).

[27] Questa è davvero una delle caratteristiche salienti di Rol, che lo distanzia di mille leghe da tutto il fumoso mondo occultistico-magico-rituale. L'eccezionalità di quello che poteva fare diventava "al quadrato", o meglio "al cubo", per la semplicità e naturalezza con cui lo faceva. Come un essere umano moderno che con nonchalance mostrasse la fiamma repentina di un accendino a un primitivo, o con un click facesse una videochiamata dall'altra parte del globo, cose per lui

A tal proposito si annoverano nella carriera di Rol esperienze conturbanti come i viaggi nel passato e nel futuro, per i quali, durante gli esperimenti, determinate persone vengono portate a rivivere in periodi passati e talora molto antichi o addirittura a vivere e a fare delle esperienze in tempi futuri ed anche lontanamente futuri, assistendo ad avvenimenti in determinati luoghi; tutto ciò può riguardare tanto persone singole quanto più persone contemporaneamente.

Altro tipo di esperienze con Rol sono quelle costituite dallo spostamento di oggetti da vetrine chiuse a chiave, oppure – come riferisce di avere osservato un professionista torinese – allo spostamento di un busto di marmo pesante una ventina di chili dal caminetto al centro del tavolo, senza che alcuno si fosse mosso e con Rol fermo al proprio posto[28]. Oltre a ciò, da varie fonti attendibili si ha la descrizione di «apporti» in sala di oggetti i più disparati ed incredibili e che potrebbero provenire – secondo alcuni entusiasti sostenitori dell'antiquario torinese – da un altro tempo o da un'altra dimensione. Una signora, che fu l'ospite della terza riunione torinese, ha precisato che nel corso di uno dei cennati «viaggi nel tempo», fatto insieme ad una sua amica, ambedue videro improvvisamente accanto a loro una capra e sentirono, oltre al belato dell'animale, anche il suono di un campanaccio di un gregge. Mentre provavano queste sensazioni, apportato da chissà dove, cadde sul tavolo della seduta un campanaccio da capra perfettamente formato che, nel cadere, fece un forte e caratteristico rumore[29].

Tra le manifestazioni più sconvolgenti del superdotato e poliedrico professionista torinese vanno citate senz'altro quelle della pittura paranormale, medianica o diretta che dir si voglia. Rol è pittore di suo, delicato, sensibile ed incisivo al tempo stesso ed ha dipinto moltissimi quadri, ma possiede d'altro canto la capacità di dipingere quadri al buio od anche in penombra e stando lontano, anche molto lontano dalla tela; egli, per tali manifestazioni, ha preso per modello la maniera di dipingere di un pittore dell'800 francese, non molto noto ma le cui tele hanno un discreto valore: François Auguste Ravier.

Di una di tali sedute – non molto frequenti a quanto è dato sapere, forse per la loro complessità, difficoltà e per il dispendio psichico ed energetico del soggetto – ci si può basare sulla testimonianza precisa e circostanziata di un uomo degno di fede come il Comandante Nicola Riccardi,

---

normali e ormai banali, mentre al primitivo sembrerebbero impossibili, assurde, incomprensibili.

[28] Anche qui la fonte è *Grazia* e il professionista è Rappelli.

[29] Pare ci siano 3 esperimenti di questo tipo, dove viene visto o è presupposto un animale (capra/pecora/cavallo), sentito il suono di un campanaccio o campanello, e poi questo si materializza. Qualche volta, in citazioni posteriori a Inardi, pare siano stati sovrapposti o confusi, probabilmente per la loro somiglianza. Si veda p. 403 e sgg. per una analisi.

consigliere nazionale dell'Associazione Italiana Scientifica di Metapsichica (AISM), il quale ha seguito a lungo Rol; egli ha così riferito nel 1966 sulla rivista «Metapsichica», organo ufficiale della predetta associazione ...[30]

La lunga citazione delle parole del Riccardi è stata fatta di proposito per evitare di snaturare, con un riassunto, una diretta testimonianza, portata da uno studioso di parapsicologia e da un osservatore ormai abituato e smaliziato di questi fenomeni, su una delle manifestazioni più conturbanti delle facoltà di Rol e della quale attraverso gli anni si sono avuti esempi diversi ma non numerosi e che caratterizza ancora maggiormente la figura di questo spiccatissimo soggetto nei riguardi del quale si possono fare da parte degli studiosi due unici, sostanziali, appunti di riserva: l'assenza di luce, cosa che avrebbe – se fosse stata presente – potuto costituire la condizione cruciale per assegnare al fenomeno tutti i crismi della credibilità e della genuinità e la mancanza di una adeguata registrazione magnetica, fotografica, cinematografica e cronometrica, registrazioni che avrebbero aggiunto ad esso maggiore densità di informazioni, in unione alla possibilità di documentare tutto lo svolgimento della formidabile operazione psichica ed artistica, di tipo francamente e genuinamente paranormale, sulla materia[31].

Il Riccardi accenna anche, nella chiusa del suo articolo, che durante lo svolgimento dell'intera manifestazione gli è parso che il capo del soggetto si trasformasse e che il viso si trasfigurasse al punto da farlo apparire simile a quello del pittore scomparso, almeno a quanto egli poté desumere dai ritratti dell'artista da lui ritrovati in un album che egli poté consultare nella casa stessa di Rol e che lo stesso soggetto gli fece di buon grado consultare; anche per queste impressioni mancano elementi di verifica e lo stesso Riccardi ha dovuto affidarsi nel racconto dell'esperienza al ricordo di sue impressioni, sulle quali prudentemente si astiene dal fornire assicurazioni di certezza ma solo delle impressioni personali su cui onestamente non può mettere la mano sul fuoco.

Un altro dei fenomeni che Rol frequentemente propone alla meravigliata attenzione di chiunque assiste alle sue sedute è quello che potremmo chiamare, con termine inglese, *book-test*; cioé un esperimento di «lettura in libri chiusi», per il quale, fatta dire una frase a caso da qualcuno o

---

[30] Segue una citazione di quattro pagine che non occorre riportare, avendo già riprodotto nel volume precedente l'articolo originale da *Metapsichica*, che però non è quello del 1966 come scrive Inardi, ma quello del 1967-1968; per la precisione la parte della citazione, con lievi varianti testuali, si trova nel vol. V dalla prima riga di p. 213 a p. 219 (fino a «estemporaneo»). Si tratta dell'esperimento che Riccardi aveva definito erroneamente «pittura spiritica».

[31] Penso di non dover ripetere le ragioni per cui queste due cose non sarebbero state possibili.

scelta una frase o un concetto emerso da una casuale discussione, egli riesce a ricavarla scritta in libri scelti da altre persone o addirittura servendosi di enciclopedie come la Treccani o di trattati o libri specializzati[32]. Un esempio di tale possibilità è stato fornito nella prima delle tre sedute offerte dal dott. Rol all'autore. Mentre egli stava eseguendo una serie delle consuete operazioni psichiche con l'ausilio di vari mazzi di carte e sulle quali pressoché sempre riusciva a selezionare carte uguali a quelle fissate come campione in mazzi svariatamente manipolati, lo scrivente che assisteva ormai quasi più senza meraviglia e perfettamente cosciente delle estreme possibilità paranormali dell'operatore, ebbe a dire questa frase: «Tutto ciò avviene perché si viene a creare nelle cose come un ordine reale da Lei imposto». Udita questa frase e ripetute varie volte le parole «ordine reale», Rol fece scegliere ad uno dei presenti un mazzo, lo fece tagliare dopo averlo fatto mescolare ed infine fece scegliere con metodologia casuale due carte che risultarono essere un 3 ed un 2. «Ecco – egli disse – qui abbiamo 32... vediamo cosa succede ora». fatto scegliere un altro mazzo e fattolo mescolare e tagliare dall'autore, egli disse: «Faccia di esso alcuni mazzetti a suo piacimento» e poi, ad operazione compiuta, rivolgendosi ad un altro chiese di scegliere uno dei tre mazzetti e di scoprire le prime tre carte dall'alto che, scoperte, rivelarono essere un 3, un 8 ed un altro 3. «Bene; allora abbiamo un 32 ed un 383; vogliamo provare con la Treccani? Il primo numero, il 32, potrebbe essere quello del volume ed il secondo, il 383, quello della pagina. Venga con me a prenderlo».
Dopo esserci recati nel suo studio, tornammo in sala con il volume XXXII. Apertolo a pagina 383, la prima riga della prima colonna era così concepita: «Identico all'ordine reale delle cose infinite e finite procedenti dall'Ente Supremo», che costituiva quindi una conferma ad una formulazione più perfetta del concetto espresso da chi scrive.

Dando ancora una volta la parola al prof. Di Simone che ha aperto il presente capitolo, è possibile avere un ulteriore, più completo e più eclatante esempio del genere e che appare ancora più complesso per alcune varianti che lo rendono quasi incredibile, ma su cui non è possibile dubitare conoscendo la seria e competente personalità dell'autore del brano. ...[33]

Non c'è che da associarsi in pieno a Di Simone quando ipotizza che il dott. Rol è un raro e forse unico rappresentante vivente di una interazione tra sue proprie qualità personali, poteri soggettivi di tipo bio-psico-dinamico (telecinesi, telepatia, chiaroveggenza ed anche precognizione),

---

[32] Io ho preferito coniare il termine *biblioscopia*.
[33] Segue lunga citazione dell'«esperimento clou» che Di Simone aveva descritto su *Informazioni di parapsicologia* del 1973, in questo volume da p. 86 a p. 89.

nonché interventi esterni che si possono definire di tipo più o meno trascendente, per non arrivare addirittura a definirli «spiritici», parola che però egli aborre.

Egli non ammette lo spiritismo ma dichiara esplicitamente e ripetutamente che nel suo lavoro interviene continuamente quello che egli definisce lo «spirito intelligente», perché l'uomo sovrasta ed è in grado di regolare, se non dominare, gli istinti che sospingono incessantemente tutto ciò che esiste e si forma. È per lui, questa, una prerogativa sublime e con l'arresto di ogni attività fisica, la morte del corpo, l'anima si libera e lo «spirito intelligente», che si separa dall'anima, rimarrebbe in essere e forse anche operante. Il fatto di rimanere in essere richiama al motivo ed alla funzione di ogni cosa esistente. Ciò si addice proprio al moto creativo dell'essere umano che non saprebbe estinguersi e nel quale ogni cosa concorre armonicamente anche alle mutazioni più varie[34].

Ma allora – ci si domanda – che differenza c'è fra lo «spirito intelligente» di ogni uomo, che sarebbe l'autore di tutti i fenomeni o il loro coordinatore ed interagisce con lui, permanendo dopo la morte del corpo, ed il «perispirito» della concezione spiritica classica kardechiana? Se si ammette la permanenza dopo la morte corporale di un qualcosa di trascendente od immanente che venga a cooperare con lo spirito dei viventi, siamo in piena ammissione dello spiritismo[35]. Rol invece lo rifiuta e ciò non è del tutto convincente, anche se è possibile capire che tale sua avversione si appunti – con strali talora di notevole asprezza – contro lo spiritismo come espressione salottiera o come manifestazione da facile brivido o da epidermica emozione, il che è accettabile integralmente[36]; ma non è altrettanto accettabile il far intervenire – come egli fa ad ogni pié sospinto – Dio, l'essere spirituale increato e supremo, anche in manifestazioni banali, talora, come quelle delle operazioni con le carte[37] che veramente fa suscitare dei notevoli moti di perplessità e di dubbio.

---

[34] Queste righe sono più o meno fedelmente riprese dagli estratti del pensiero di Rol che Lugli aveva pubblicato nel suo articolo del 1973, *supra*, pp. 111-112.

[35] La differenza essenziale è che Rol, come Guénon e la tradizione esoterica seria, considera i presunti spiriti soltanto archivi mnemonici, registrazioni, "residui psichici" e non i defunti. Il "perispirito" è una complicazione superflua che meriterebbe dettagliate spiegazioni che per ora devo rimandare.

[36] Naturalmente, l'ho detto più volte, non si tratta affatto di questo.

[37] Dio, o l'*Intelligenza divina*, essendo dappertutto e tutto pervadendo *come spirito*, non può che essere il substrato o il *medium* grazie al quale certi processi diventano possibili. Si ricorderà intanto che Riccardi aveva chiesto a Rol «un sinonimo» di *spirito intelligente*, e Rol aveva risposto: «*Come si fa a dare un sinonimo di Dio?*» (vol. V, p. 301).

È comunque quantomeno curioso che si giudichi il mezzo delle carte banale, ma poi al tempo stesso si esaltino questi esperimenti per la loro eccezionalità e surrealità. Non è forse un atteggiamento contraddittorio, diciamo pure "ossimorico"…?

Non si può essere d'accordo, in tal modo, con l'idea che di Dio dovrebbe aversi, essendo credenti e non nominandolo troppo, ed anche poco a proposito, e facendone quasi un semplice assistente spirituale, per manifestazioni che spesso di spirituale non hanno che la facciata[38], a meno di non dover ammettere che davvero non sia Dio stesso, nella sua imperscrutabile volontà a permetterlo ed a volerlo[39].

Che Rol si consideri uno strumento di Dio ed offra quello che può a Sua maggior gloria? È un'ipotesi questa non personale ed emessa da altri, ma possibile ed a cui ci si può anche associare, concludendo questo lungo scritto ancora citando le parole di Di Simone: «Sulla terra tutto è utile per trarre via l'uomo dalla sua millenaria condizione di ignoranza e di scetticismo. In questo senso – egli conclude – l'opera di G.A. Rol è inestimabile, come la sua umana dedizione al prossimo, giorno dopo giorno».

Queste semplici e personali considerazioni non debbono assolutamente suonare a discredito del dott. Rol per il quale l'autore non può nutrire che profonda ammirazione e stima. Sono pur sempre considerazioni ed osservazioni proprie dello studioso, forse «non iniziato» e non preparato al «messaggio» rolliano, ma sempre dello studioso che vorrebbe, con tutte le sue forze ed il suo desiderio, cercare di penetrare oltre il velo delle apparenze per conoscere più a fondo ed anche soprattutto per amare ed apprezzare sempre di più un uomo le cui doti infinite e generose di fratellanza, di aiuto e di amore verso il prossimo sono senza limiti e ormai proverbiali per chi lo conosce a fondo e le cui infinite ed impensabili capacità e doti paranormali forse non lasceranno traccia nel futuro[40], stante la personale maniera di pensare di quel formidabile, incredibile, conturbante ma anche enigmatico personaggio, la memoria delle imprese del quale potrebbe rappresentare per l'umanità oltre ad un qualcosa di scientifico, anche un qualcosa di utile e di costruttivo sulla strada della evoluzione e del perfezionamento dell'umanità, che egli afferma essere lo scopo che informa ed ha informato tutta la sua vita.

---

[38] Per fare un esempio qualunque: la trasformazione dell'acqua in vino fatta da Gesù, al di là degli eventuali significati simbolici, cosa aveva di specificatamente spirituale?

[39] Il punto è che il Dio di Inardi – «l'idea che di Dio dovrebbe aversi», esoterico, antropomorfizzato, distante nei Cieli come un personaggio mitico – a tale deformazione purtroppo hanno portato certi racconti simbolici e allegorici sin da prima della Bibbia – è molto diverso dal Dio di Rol, che è poi il Dio dei Maestri Illuminati, *presenza e potenza viva, intelligente, onnipervadente, non separata* da noi come l'aria che ci circonda, *Tutto inscindibile, partecipativo*, del quale si fa esperienza *diretta come il pesce la fa dell'acqua e non qualcosa di lontano in cui credere*. I pesci non credono nell'acqua, gli uccelli non credono nell'aria. L'*Illuminato* non *crede* in Dio.

[40] Non solo la traccia invece la lasceranno, ma sarà un'impronta molto profonda che contribuirà a plasmare il futuro dell'umanità.

Domenica Visca Schierano, Nuccia per gli amici, che negli anni '70 Rol considerava la sua «erede spirituale». È la donna alla quale sono indirizzate le poesie ad *Alda*.
Foto di Norberto Zini, febbraio 1977 (© Archivio Franco Rol).

L'eccezionale Gustavo Rol

di Massimo Inardi

Dicembre 1975[1]

Occhiello
Avvicinando Rol si è tentati di pensare di avere a che fare con un'altra e diversa dimensione, insondata dalla psiche umana e dall'uomo stesso – Si esibisce davanti a un pubblico sempre ristretto e selezionato con poche ammissioni di estranei – Hans Bender, cattedratico di parapsicologia a Friburgo, dichiarò che avrebbe dedicato un anno della sua vita a Rol – Ha già scelto la sua erede spirituale, da lui preparata ed ormai pronta a ricevere il suo «messaggio» – La descrizione di uno degli esperimenti più complessi e stupefacenti a cui l'autore dell'articolo abbia mai assistito.

«Risponde no a nove giornalisti su dieci. Ancora pochi giorni fa sono giunti degli inviati della TV giapponese per proporgli di apparire sui teleschermi per parlare di quello che fa. Ha rifiutato. Dagli Stati Uniti gli era venuta una proposta da capogiro: mille dollari l'ora per duecento interventi l'anno in club parapsicologici e per cinque anni. Ha rifiutato. Non vuole pubblicità, non vuole ricavare un solo soldo da queste due doti. Di sé dice: "Alla base delle mie facoltà c'è la rinuncia all'orgoglio, al denaro e all'ambizione".
In queste poche parole, scritte nel settembre del 1972 dal giornalista Remo Lugli su «La Stampa» di Torino, c'è tutto il ritratto della persona di cui mi accingo, non senza un certo timore, misto ad ammirazione e rispetto, a parlare in questa nota.
Si tratta del dottor Gustavo Adolfo Rol e penso che a chi abbia avuto anche una semplice e superficiale dimestichezza, sporadica o episodica col paranormale, questo solo nome basti per indicare un uomo, un atteggiamento ed un mondo interiore, nonché una serie di capacità, doti o poteri che hanno dell'eccezionale o dello straordinario.
Chi conosce Rol deve essere consapevole che parlare di lui, anche in forma semplice e discorsiva, è cosa estremamente difficile, sia perché si rischierebbe di fare un discorso troppo lungo senza dare un'adeguata

---

[1] *Esp*, n. 10, dicembre 1975, pp. 22-27. Ci sono poche differenze col capitolo in *Dimensioni sconosciute* – scritto circa 4 o 5 mesi prima – pertanto eviterò di citare l'articolo integralmente, mantenendo soprattutto le descrizioni di Inardi di Rol, talvolta leggermente diverse e altre volte con nuovi inserti, e le citazioni diverse – salvo quando servono per capire meglio i commenti dell'autore –, saltando gli esperimenti.

descrizione di questo personaggio tanto fuori dal comune, sia perché si correrebbe il pericolo di ricadere nei soliti triti e ritriti luoghi comuni, mai potendo essere possibile penetrare il suo apparente mistero o «segreto».

Ho incontrato personalmente Rol a Torino in due occasioni; nel 1967 durante un'unica serata in casa di conoscenti, assieme a Piero Cassoli, direttore di questa rivista, e sua moglie[2] e nel corrente anno, nel corso di tre sedute a cui egli volle gentilmente farmi assistere, assieme ad un caro, comune amico, Luigi Veglio. Ancora il pensiero di ciò cui ho assistito mi turba e mi confonde al tempo stesso, perché non ci sono parole o adatti concetti che bastino a «rendere l'atmosfera» che circonda quest'uomo, la sua vita, la sua opera nei suoi molteplici aspetti di essere singolo, di soggetto paranormale e di individuo inserito attivamente in un contesto sociale.

Altro ritratto, molto fedele e molto vicino all'essenza delle personalità del Rol, lo ha tracciato, con la consueta precisione e proprietà di linguaggio, un noto parapsicologo italiano, il professor Giorgio Di Simone, nel n. 2 del 1973 del periodico «Informazioni di Parapsicologia» che egli dirige a Napoli, quando, tra l'altro, ebbe a scrivere: «Sappiamo tutti che egli respinge le classificazioni parapsicologiche e le qualifiche di mago, medium o sensitivo, eppure, per intenderci, bisogna dire e riconoscere che egli è tutte queste cose... e qualcosa di più. Egli è al di là di ogni discussione, uno degli esseri umani più dotati di quelle facoltà che scavalcano con i loro effetti le consuete barriere del mondo fisico, psichico e spirituale, fino ad attingere ad una molteplicità di percezioni e di manifestazioni paranormali che lo pongono in una sua particolare dimensione, una dimensione sovrumana, dalla quale egli, nella sua essenza, che è anche fatta delle cose proprie dell'uomo puro e semplice, ricava anche motivi di amarezza e solitudine. Una solitudine morale, psicologica, che è spesso più cruda e fredda di quella, comunque inevitabile, degli uomini normali, nelle profondità del loro Io, del loro essere funzionalmente staccati, individuati come Io cosciente, isolato in una realtà universale. Da questa dicotomia emozionale e psicologica, concettuale ed esistenziale, derivano le reazioni di Rol, spesso non tutte comprensibili, e le apparenti contraddizioni del suo comportamento».

Non è possibile non condividere queste parole quando si è stati vicini a Rol nella sua duplice veste di uomo che ha a che fare con la vita quotidiana e col «viver civile» e di soggetto che è in grado di compiere operazioni psichiche sulla materia e prestazioni mentali paranormali senza precedenti, in apparenza come cose del tutto normali, ordinarie e da tutti, secondo lui, producibili, una volta che si sia penetrato il segreto, come lui

---

[2] A differenza del libro, qui nomina Cassoli, anche perché non avrebbe potuto non farlo, essendo direttore della rivista. Posso solo immaginare la sua frustrazione nel leggere le parole di Inardi.

ha fatto, dopo adeguata preparazione fisica, psichica e spirituale, attraverso la vita e le opere.

Avvicinando Rol si è tentati di pensare di avere a che fare con un'altra e diversa dimensione insondata della psiche umana e dell'uomo stesso. Viene altresì il dubbio di essere in presenza non di un uomo come tutti gli altri, ma di un eletto che è riuscito a trovare, per virtù di chissà quale illuminazione, una via meravigliosa che lo fa attingere a possibilità incredibili, arcane e sconcertanti, come avviene a certi «illuminati» delle civiltà e delle religioni orientali, i quali abbiano percorso tutta la difficile strada verso l'unione dell'anima singola con quella universale[3].

Rol opera sulla materia - e spesso una comunissima materia, come le carte da gioco o come i colori e i pennelli, in certe sedute di «pittura diretta» – con una facilità, una sciolteza ed una semplicità che hanno del prodigioso, e soprattutto con una «fede» nel risultato delle sue manipolazioni, che ha dello sconvolgente. Tutto ciò fa pensare, sì, a capacità naturali od acquisite che l'esercizio della spiritualità più genuina, ma fa anche balenare l'ipotesi – veramente al di fuori del razionale in cui siamo abituati ad operare da studiosi e da ricercatori della verità - che in suo aiuto intervengano forze, entità, mediatori invisibili, che solo lui conosce e che solo a lui obbediscono[4].

L'eccezionale impressione (ed anche, perché no, l'incredulità) che si prova assistendo alle prestazioni di Rol - che egli compie davanti ad un pubblico sempre ristretto e selezionato, con poche ammissioni di estranei (e talora attraverso ripensamenti e rifiuti immotivati ed immotivabili[5], perché provenienti dal suo intimo, dalla sua interiore e contingente sensibilità), quasi tutte le sere, con una costanza ed una varietà e una scorrevolezza stupefacenti – fa pensare di trovarsi di fronte ad un uomo che sia tale solo per l'aspetto fisico e per il comportamento.

---

[3] Una frase questa che da sola già giustifica l'articolo: nel vol. IV, p. 107, nota 4, ho messo insieme quei pochi che, prima di me, avevano chiamato Rol "Illuminato", anche se lo avevano fatto solo per accenni fugaci e senza alcun approfondimento; qui Inardi, che pur non è esplicito come sono sempre stato io, equipara Rol agli *illuminati* «delle civiltà e delle religioni orientali» ovvero coloro che hanno «percorso tutta la difficile strada verso l'unione dell'anima singola con quella universale», ciò che è precisamente quello che Rol aveva fatto, pur nel suo originale cammino iniziato dalle sponde occidentali. Si direbbe che Inardi aveva maturato una comprensione più profonda di Rol dopo qualche mese di riflessione.

[4] Qui potrebbe esserci una influenza delle descrizioni e considerazioni di Riccardi sui *genii*.

[5] Forse sta parlando in generale, ma è inevitabile pensare che l'allusione fosse anche a Cassoli.

Il pericolo di diffondere un tesoro tra chi non è pronto a riceverlo

Vi sono dei momenti in cui si ha la percezione indistinta, impalpabile ed inesprimibile, di essere in presenza di un essere dalle possibilità che sembrano andare al di là di quei confini che ancora si assegnano – nella limitatezza delle attuali conoscenze e delle ipotesi razionali – alla natura umana.

Rol si esibisce in circoli ristretti, davanti a persone qualificate o da lui personalmente ed adeguatamente preparate, perché teme che la notorietà e la propaganda attorno al suo nome ed alle sue capacità possano snaturare il messaggio morale che il suo lavoro ed il suo operare (la sua munificenza, la sua solidarietà per il prossimo e la sua carità sono proverbiali nel suo *entourage* ed i racconti che si fanno della sua apertura verso chi soffre o ha bisogno, sono davvero entusiastici) portano con sé, con il risultato di renderlo meno puro, meno nobile e meno elevato.

È proprio per ciò che egli vive isolato e schivo del prossimo e del mondo, in quella solitudine di cui parlava Di Simone, che non è volontario sdegno o sprezzo del mondo stesso e del prossimo (ché, anzi, da ardente e fervente cattolico com'egli è, sarebbero una manifestazione in stridente contrasto con la spiritualità cristiana), ma deriva dalla perfetta coscienza del pericolo di perdere un tesoro che – diffondendosi o diffondendolo a chi non è pronto a riceverlo – potrebbe essere incompreso o malcompreso e non lascerebbe una valida e giusta impronta.

Ciò che egli rifiuta apertamente del mondo e del prossimo è la mancata preparazione a ricevere delle verità, la curiosità fine a se stessa, la ricerca di sensazioni più o meno epidermiche. È proprio perciò che egli lo evita od esita ad accostarvicisi frequentemente, concedendo ai non iniziati soltanto delle dimostrazioni semplici ed isolate, che egli suole definire «le aste» o «da prima elementare», accuratamente selezionando invece le persone ed i gruppi, con i quali, uno dopo l'altro (l'*entourage* infatti periodicamente si rinnova), approfondire e progredire con la sua opera di preparazione morale e spirituale. (...)

L'erede spirituale di Rol

Egli afferma che è bene che il suo segreto rimanga tale e muoia con lui, piuttosto che essere incautamente rivelato e propagato, potendo perciò divenire strumento non più di bene e di elevazione morale, bensì di male, di speculazione, di interesse, di lucro, o peggio, di trucco. Nel dire ciò, però, aggiunge di avere scelto già la persona alla quale lascerà tutto ciò che costituisce, in un cinquantennio, il segno della sua attività, perché di tale persona (una gentile signora torinese) si fida completamente e ne ha fatto la sua erede spirituale, in quanto da lui preparata ed ormai pronta a ricevere e conservare il suo «messaggio», il suo testamento spirituale di vita e di attività.

È un uomo molto intelligente, coltissimo ed estremamente distinto; dallo sguardo magnetico, dai modi squisitamente cortesi e dal tratto aristocratico, ma sa anche essere un uomo dalla parola tagliente e graffiante e dai modi bruschi e sbrigativi, pur non trascendendo mai i limiti che una perfetta educazione gli ha imposto.

Parla fluidamente e nello stesso tempo misuratamente, rivelando una cultura ed una finezza non comuni ed il suo comportamento è sempre quello di una persona di mondo, che sa adattarsi ad ogni ambiente e raramente perde le staffe: quando lo fa, tutto si esaurisce o in un ostinato mutismo o in pochi gesti bruschi che accompagnano qualche parola detta in tono un po' aspro.

È laureato in legge: ha studiato anche economia e biologia, ma è soprattutto un profondo cultore di studi napoleonici[6], per cui è anche un collezionista di cimeli del Grande Còrso e la sua raccolta è una delle più ricche esistenti, tanto da essere il suo giusto e giustificato vanto. La sua casa vicino al Po e non lontana dal Valentino è un vero museo napoleonico privato, oltre che un'esposizione di altre cose belle e di grande valore artistico. È un fine e delicato scrittore ed un altrettanto fine e delicato pittore, quando i suoi pennelli sono guidati coscientemente dalla sua mano (fa anche della pittura paranormale, ma quando la fa, il suo stile è diverso e assomiglia a quello di un pittore francese dell'800, François Auguste Ravier, che sembra essere l'entità o spirito intelligente che maneggia i suoi pennelli durante le sedute.)

Guardando la sua figura alta, un poco corpulenta ma slanciata, eretta, giovanile e quasi altera; osservando il suo viso senza età, ancora fresco e giovanile; notando le sue mani fini e ben curate, non si direbbe davvero che abbia superato di due anni la settantina. Rivisto dopo otto anni dal nostro primo incontro, non si nota, nel suo fisico e nel suo viso, alcun apprezzabile mutamento, come se la tirannia del tempo, che lascia il segno sulla maggioranza delle persone, sia passata su di lui, ignorandolo, discreta.

Dopo otto anni apparentemente nulla è cambiato: la stessa vivace intelligenza, la stessa elevatezza morale, la stessa elasticità mentale e la stessa energia giovanile di tutto l'essere suo. Ugualmente immutati l'agilità di mente e di corpo, la vivezza del suo dialogo, l'arguzia talora tagliente e l'incrollabile fede nei propri principi e – unito a quest'ultima – lo stesso disprezzo per la scienza e per la parapsicologia[7]. Per lui queste sarebbero del tutto inutili, in quanto incapaci di spiegare ciò che non è possibile spiegare o penetrare, perché manca assolutamente tale necessità,

---

[6] Qui è dove Inardi non ha ripetuto il fraintendimento sulla reincarnazione (cfr. *supra*, p. 270, la parentesi), per il quale Rol dovette protestare.

[7] Su ciò, ho già commentato in precedenza.

dato che è tutto chiaro e lampante, tutto si trova nel profondo di noi tutti e può essere raggiunto solo sforzandosi di penetrare in se stessi, con un costante atteggiamento di umiltà, di equilibrio, di rettitudine, di sicura e profonda ricchezza di doti spirituali.

Ciò che caratterizza Rol è l'assoluto tenere in *non cale* le esigenze di credibilità e di documentabilità di ciò che egli fa, per cui delle sue operazioni nulla rimane o potrà rimanere, se non affidato al labile ricordo di chi assiste o su furtive note ricavate a dispetto dei suoi decisi dinieghi, in linea con il suo voler distruggere ogni cosa che per avventura rimanga scritta in mani non degne di utilizzarla a fini buoni. Lui scomparso, perciò, ben poco, o forse nulla, resterà fissato nei dettagli, adeguatamente testimoniato o documentato di ciò che egli ha fatto. Solo qualche breve e frammentario appunto servirà a dare una pallidissima immagine di ciò che questo gigante del paranormale (egli non sarà d'accordo con ciò che sto scrivendo, ma è doveroso che io lo scriva) – isola solitaria nel mare dell'insolito, senza precursori e senza epigoni od emuli[8] – ha prodotto in oltre mezzo secolo.

La gamma della fenomenologia di Rol pare non avere limiti e spazia agevolmente in un caleidoscopio che va dai fenomeni paranormali fisici (apporti, asporti, levitazioni, pittura medianica o diretta, scrittura diretta o automatica, smaterializzazioni e rimaterializzazioni di carte, trasposizioni di esse da un mazzo a un altro) a quelli mentali (telepatia, chiaroveggenza, precognizione), talora apparendo che ambedue le classi di accadimenti, in certi particolari esperimenti, si intreccino, senza possibilità di disgiunzione precisa. Delle esperienze con le carte, per esempio, che hanno dell'incredibile e del fantascientifico e che costituiscono la grande parte della sua ordinaria fenomenologia, è quasi impossibile riferire in questa sede, data la infinita ed impressionante varietà di esse.

Esperimento stupefacente

Per dare una fugace idea di ciò che Rol fa in certe sedute, vale la pena di descrivere almeno uno degli esperimenti più complessi e stupefacenti cui mi è stato dato di assistere, perché meglio di ogni altro può dare un'idea della complessità di alcune fenomenologie del paranormale rolliano.

Nel corso della seconda delle tre serate alle quali ho assistito (30-31 maggio e 1° giugno), svoltasi in casa di una signora amica e facente parte del gruppo degli iniziati, dopo aver fatto il solito ubriacante caleidoscopio

---

[8] Frase, tra le altre, aggiunta qui e piuttosto significativa: *isola solitaria nel mare dell'insolito, senza precursori e senza epigoni od emuli*. Ciò è ancora più vero nel 2023, quando l'estensione della grandezza di Rol è sempre più chiara, e sarà ancora più vero nei prossimi anni, almeno fino al giorno in cui altri non arriveranno a fare tutto ciò che lui poteva fare e con la più sbalorditiva naturalezza.

di operazioni materiali sulle carte, tutte prodottesi con lo stesso, identico, incredibile e favorevole risultato, dichiarato talora in partenza, Rol decise di tenere qualcosa di più probante, complesso nonché variato, a dimostrazione della sua personale teoria dello «spirito intelligente», che aleggerebbe o permarrebbe nell'etere dopo la morte del corpo e che potrebbe comunicare a suo piacimento con persone degne di tale comunicazione.
Preso a caso un mazzo di carte fra i sette od otto preparati ...[9]
... i meravigliosi poteri paranormali fisici e cognitivi di Rol.
Nel caso specifico però tutte le ipotesi sopraccennate non sono suffragate né da un'osservazione, né da una sperimentazione adeguata, perché con Rol osservazioni e sperimentazioni di tale tipo – e neppure preliminari e caute – sono vietate ed è solo possibile osservare i fatti che egli vuole far osservare e verificare, e chiunque assiste alle *performances* del soggetto è chiamato a fare un atto di fede[10].
Certo si è che, anche potendo fare delle caute riserve, l'evidenza di quanto accade resta pur sempre strabiliante e conturbante, soprattutto per la facilità, la fluidità, la scorrevolezza, nonché per la icastica evidenza di ciò che avviene sotto i nostri occhi. L'unica domanda che è lecito porsi, dopo aver osservato le sue esibizioni, siano esse le semplici operazioni con le carte, siano i *booktests* (lettura in libri chiusi), siano le prove di scrittura diretta ed automatica, siano ancora le sedute di pittura medianica o diretta, od infine gli esperimenti di materializzazione e di apporto ripetutamente descritti, è questa: Rol è veramente un uomo? O non piuttosto un essere super-umano? è egli forse uno strumento di Dio, di quel Dio che egli

---

[9] Rimando al vol. I, V-6, dove già avevo riportato il lungo esperimento, e anche perché già riferito in questo volume nella versione che Inardi ha dato in *Dimensioni sconosciute* (*supra*, p. 273).

[10] Nient'affatto, è chiamato invece ad interessarsi e a fare domande come farebbe un apprendista con un Maestro. In nessun momento Rol ha preteso ciechi atti di fede da coloro ai quali mostrava i suoi esperimenti, al contrario ha sempre cercato di far capire di cosa si trattava e ha sempre sollecitato il porre delle domande. Naturalmente, le prime volte occorreva limitarsi ad osservare, perché è così che un ignorante deve fare quando si accosta ad una nuova conoscenza o quando un alunno delle elementari, o anche di scuole superiori, ascolta e prende nota di quanto spiega il professore. Così come è normale, ovvio, che un giovane alunno non contesti e non interrompa il professore soprattutto nei primi incontri, non si vede perché non doveva e non debba essere la stessa cosa in un caso come quello di Rol (o qualunque altro Maestro). Come emerge anche chiaramente dalle registrazioni del mio archivio audio, in parte già pubblicate in rete, gli amici che avevano ormai confidenza e frequentazione assidua con lui (come Gaito, Lugli, Visca) dibattevano e facevano domande senza inibizioni di sorta, men che meno genuflessioni, atteggiamenti che un vero Maestro non incentiva in nessun modo, e anzi apprezza lo spirito critico (costruttivo) e la voglia di imparare dei suoi reali o potenziali apprendisti.

invoca tanto spesso e quasi in ogni occasione, anche la più banale e futile, come un giochetto con le carte «da prima elementare», strumento del quale Dio, nella sua imperscrutabile volontà, si serve per manifestarsi?

La risposta non è certamente facile, ma le domande sono legittime, in quanto ciò che si vede in sua presenza ha dell'incredibile. Anche gli interrogativi che sorgono spontanei debbono recare il segno di questa incredibilità, e se anche essi possono sembrare irrispettosi o poco rispettosi per l'uomo che sappiamo dotato di grande bontà, di grande carità e solidarietà umana, hanno il loro diritto di cittadinanza. Soprattutto vengono legittimati dall'ardente desiderio di capire, di avvicinarsi e di seguire sempre di più e più da vicino quest'essere straordinario ed enigmatico, al quale ci lega un sentimento di sincero rispetto ed affetto, che la curiosità scientifica o l'apparente scetticismo che nutriamo nella nostra veste di studiosi non riescono in nessun modo a scalfire o a diminuire[11].

---

[11] Penso che l'entusiasmo di Inardi per Rol, la sua viva ammirazione, traspaiano piuttosto chiari da queste righe e dallo scritto nel suo complesso. Gli sono bastati 4 incontri, l'aver parlato con alcuni testimoni e l'aver letto quanto altri hanno scritto su Rol prima di lui, per arrivare a queste impressioni nette e convinte. Se le cose stavano così per Inardi – persona di indiscussa intelligenza e senso critico – dopo così pochi incontri, si può intuire quale fosse il sentimento e il giudizio di altri che incontrarono Rol decine di volte, e che la sola idea o il solo sospetto che potesse fare qualche trucco era vista come una ipotesi sempliceme mte senza senso. Il difficile, per i testimoni, era far capire ai non testimoni questa loro certezza, basata sull'osservazione e verifica costante e non sulla fede.

L'ECCEZIONALE GUSTAVO ROL

Avvicinando Rol si è tentati di pensare di avere a che fare con un'altra e diversa dimensione, insondata dalla psiche umana e dall'uomo stesso - Si esibisce davanti a un pubblico sempre ristretto e selezionato, con poche ammissioni di estranei - Hans Bender, cattedratico di parapsicologia a Friburgo, dichiarò che avrebbe dedicato un anno della sua vita a Rol - Ha già scelto la sua erede spirituale, da lui preparata ed ormai pronta a ricevere il suo « messaggio » - La descrizione di uno degli esperimenti più complessi e stupefacenti a cui l'autore dell'articolo abbia mai assistito.

di MASSIMO INARDI

«Risponde no a nove giornalisti su dieci. Ancora pochi giorni fa sono giunti degli inviati della TV giapponese per proporgli di apparire sui teleschermi per parlare di quello che fa. Ha rifiutato. Dagli Stati Uniti gli era venuta una proposta da capogiro: mille dollari l'ora per duecento interventi l'anno in club parapsicologici e per cinque anni. Ha rifiutato. Non vuole pubblicità, non vuole ricavare un solo soldo da queste sue doti. Di sé dice: "Alla base delle mie facoltà c'è la rinuncia all'orgoglio, al denaro e all'ambizione"».

In queste poche parole, scritte nel settembre del 1972 dal giornalista Remo Lugli su «La Stampa» di Torino, c'è tutto il ritratto della persona di cui mi accingo, non senza un certo timore, misto ad ammirazione e rispetto, a parlare in questa nota.

Si tratta del dottor Gustavo Adolfo Rol e penso che a chi abbia avuto anche una semplice e superficiale dimestichezza, sporadica o episodica col paranormale, questo solo nome basti per indicare un uomo, un atteggiamento ed un mondo interiore, nonché una serie di capacità, doti o poteri che hanno dell'eccezionale o dello straordinario.

Chi conosce Rol deve essere consapevole che parlare di lui, anche in forma semplice e discorsiva, è cosa estremamente difficile, sia perché si rischierebbe di fare un discorso troppo lungo senza dare un'adeguata descrizione di questo personaggio tanto fuori dal comune, sia perché si correrebbe il pericolo di ricadere nei soliti triti e ritriti luoghi comuni, mai potendo essere possibile penetrare il suo apparente mistero o «segreto».

Ho incontrato personalmente Rol a Torino in due occasioni; nel 1967 durante un'unica serata in casa di conoscenti, assieme a Piero Cassoli, direttore di questa rivista, e sua moglie e nel corrente anno, nel corso di tre sedute a cui egli volle gentilmente farmi assistere, assieme ad un caro, comune amico, Luigi Veglio.

Ancora il pensiero di ciò cui ho assistito mi turba e mi confonde al tempo stesso, perché non ci sono parole o adatti concetti che bastino a «rendere l'atmosfera» che circonda quest'uomo, la sua vita, la sua opera nei suoi molteplici aspetti di essere singolo, di soggetto paranormale e di individuo inserito attivamente in un contesto sociale.

Altro ritratto, molto fedele e molto vicino all'essenza delle personalità del Rol, lo ha tracciato, con la consueta precisione e proprietà di linguaggio, un noto parapsicologo italiano, il professor Giorgio Di Simone, nel n. 2 del 1973 del periodico «Informazioni di Parapsicologia» che egli dirige a Napoli, quando, tra l'altro, ebbe a scrivere: «Sappiamo tutti che egli respinge le classificazioni parapsicologiche e le qualifiche di mago, medium o sensitivo, eppure, per intenderci, bisogna dire e riconoscere che egli è tutte queste cose... e qualcosa di più. Egli è al di là di ogni discussione, uno degli esseri umani più dotati di quelle facoltà che scavalcano con i loro effetti le consuete barriere del mondo fisico, psichico e spirituale, fino ad attingere ad una molteplicità di percezioni e di manifestazioni paranormali che lo pongono in una sua particolare dimensione, una dimensione sovrumana, dalla quale egli, nella sua essenza, che è anche fatta delle cose proprie dell'uomo puro e semplice, ricava anche motivi di amarezza e solitudine. Una solitudine morale, psicologica, che è spesso più cruda e fredda di quella, comunque inevitabile, degli uomini normali, nelle profondità del loro Io, del loro essere funzionalmente staccati, individuati come Io cosciente, isolato in una realtà universale. Da questa di-

Qui e nella pagina seguente, le prime due pagine dell'articolo pubblicato su *ESP* nel dicembre 1975.

cotomia emozionale e psicologica, concettuale ed esistenziale, derivano le reazioni di Rol, spesso non tutte comprensibili, e le apparenti contraddizioni del suo comportamento».

Non è possibile non condividere queste parole quando si è stati vicini a Rol nella sua duplice veste di uomo che ha a che fare con la vita quotidiana e col «viver civile» e di soggetto che è in grado di compiere operazioni psichiche sulla materia e prestazioni mentali paranormali senza precedenti, in apparenza come cose del tutto normali, ordinarie e da tutti, secondo lui, producibili, una volta che si sia penetrato il segreto, come lui ha fatto, dopo adeguata preparazione fisica, psichica e spirituale, attraverso la vita e le opere.

Avvicinando Rol si è tentati di pensare di avere a che fare con un'altra e diversa dimensione insondata della psiche umana e dell'uomo stesso. Viene altresì il dubbio di essere in presenza non di un uomo come tutti gli altri, ma di un eletto che è riuscito a trovare, per virtù di chissà quale illuminazione, una via meravigliosa che lo fa attingere a possibilità incredibili, arcane e sconcertanti, come avviene a certi «illuminati» delle civiltà e delle religioni orientali, i quali abbiano percorso tutta la difficile strada verso l'unione dell'anima singola con quella universale.

Rol opera sulla materia — e spesso una comunissima materia, come le carte da gioco o come i colori e i pennelli, in certe sedute di «pittura diretta» — con una facilità, una scioltezza ed una semplicità che hanno del prodigioso, e soprattutto con una «fede» nel risultato delle sue manipolazioni, che ha dello sconvolgente. Tutto ciò fa pensare, sì, a capacità naturali od acquisite con l'esercizio della spiritualità più genuina, ma fa anche balenare l'ipotesi — veramente al difuori del razionale in cui siamo abituati ad operare da studiosi e da ricercatori della verità — che in suo aiuto intervengano forze, entità, mediatori invisibili, che solo lui conosce e che solo a lui obbediscono.

Il dottor Gustavo Adolfo Rol nel suo studio (foto archivio Talamonti)

L'eccezionale impressione (ed anche, perché no?, l'incredulità) che si prova assistendo alle prestazioni di Rol — che egli compie davanti ad un pubblico sempre ristretto e selezionato, con poche ammissioni di estranei (e talora attraverso ripensamenti e rifiuti immotivati ed immo-

Il pericolo di diffondere un tesoro tra chi non è pronto a riceverlo

Vi sono dei momenti in cui si ha la percezione indistinta, impalpabile ed inesprimibile, di essere in presenza di un essere dalle possibilità che sembrano andare al di là dell'umano o almeno al di là di quei confini che ancora si assegnano — con la limitatezza delle attuali conoscenze e delle ipotesi razionali — alla natura umana.

Rol si esibisce in circoli ristretti, davanti a persone qualificate o da lui personalmente ed adeguatamente preparate, perché teme che la notorietà e la propaganda attorno al suo nome ed alle sue capacità possano snaturare il messaggio morale che il suo lavoro ed il suo operare (la sua munificenza, la sua solidarietà per il prossimo e la sua carità sono proverbiali nel suo *entourage* ed i racconti che si fanno sulla sua apertura verso chi soffre o ha bisogno, sono davvero entusiastici) portano con sé, con il risultato di renderlo meno puro, meno nobile e meno elevato.

È proprio perciò che egli vive isolato e schivo del prossimo e del mondo, in quella solitudine di cui parlava Di Simone, che non è volontario sdegno o sprezzo del mondo stesso e del prossimo (ché, anzi, da ardente e fervente cattolico com'egli è, sarebbe una manifestazione in stridente contrasto con la spiritualità cristiana), ma deriva dalla perfetta coscienza del pericolo di perdere un tesoro che — diffondendosi o dif-

ROL,
Gustavo Adolfo

di Massimo Inardi

Novembre 1978[1]

Pittore torinese, laureato in legge e scienze economiche[2]. È forse il soggetto vivente oggi più dotato di capacità paranormali, sia cognitive che cinetiche. Vive a Torino e quasi quotidianamente si esibisce in manifestazioni paranormali di fronte ad un ristretto circolo di persone, che egli tende a mantenere fuso e omogeneo, perché è convinto che le sue

---

[1] in: *L'uomo e l'ignoto: enciclopedia di parapsicologia e dell'insolito*, Vol. IV, Armenia, Milano, 1978, pp. 1075-1076. Si tratta della voce "Rol" in questa enciclopedia piuttosto estesa in cinque volumi, alla quale collaborarono i principali studiosi della materia dell'epoca, diretta da Ugo Dèttore (che già aveva curato cinque anni prima una opera analoga in un solo volume, cfr. *supra*, p. 169). Inardi cerca qui di riassumere in meno spazio quanto scritto nelle occasioni precedenti. Dall'articolo su *ESP* erano passati circa due anni e mezzo (il IV volume consta stampato a novembre 1978, quindi Inardi deve aver scritto la voce qualche mese prima, probabilmente a giugno o luglio) pertanto ebbe modo di elaborare ulteriormente il suo giudizio su Rol. L'impressione è quella di una maggiore freddezza, forse per l'"istituzionalità" dell'opera in cui è inserito il suo scritto, o forse anche perché doveva ormai comprendere che la sua frequentazione di Rol si sarebbe limitata agli incontri già avvenuti, senza alcuno sbocco, per lui sia come studioso che come uomo, per il futuro. Potrebbe esserci anche una terza ragione: a maggio venne pubblicato il libro critico di Piero Angela *Viaggio nel mondo del paranormale*, che faceva seguito alla sua denigratoria *Indagine sulla parapsicologia* trasmessa su Rai 1 ad aprile. Nel libro Angela parla anche di Rol, insinuando che potesse essere un illusionista e che comunque solo uno stretto controllo con la presenza di un prestigiatore avrebbe potuto escludere tale eventualità. Vedremo nel prossimo volume il polverone che Angela aveva alzato e che ebbe un impatto determinante e "frenante" sui ricercatori in questo campo. Se Inardi ha scritto la sua voce dopo aver letto il libro di Angela, allora va tenuto conto anche della sua eventuale influenza. Ed è probabile che così sia, perché nello stesso volume dell'enciclopedia dove si trova la voce "Rol" di cui al presente capitolo, poche pagine più avanti vi è la voce "Scetticismo", scritta da Ugo Dèttore, dove si menziona «una recente inchiesta televisiva di un giornalista, Piero Angela, il quale si è proposto... di provare, di fronte a un pubblico di milioni di spettatori, l'inesistenza della paranormalità sotto qualsiasi aspetto»; «Lo stesso presentatore... ha dimostrato... di non avere mai affrontato uno studio serio dell'argomento, cosa divenuta ancor più palese nel libro da lui scritto a documentare la serie delle sue interviste (*Viaggi[o] nel mondo del paranormale)*» (p. 1108).
[2] Ancora una variante: qui sono menzionate due lauree, e non quella in biologia.

possibilità costituiscano non doti da mostrare al pubblico come esibizione teatrale fine a se stessa, ma una specie di messaggio e quasi una dotazione superiore da considerare alla stregua di una manifestazione di alta spiritualità che non va mortificata di fronte alla curiosità del profano o del pubblico solamente curioso o in cerca di sensazioni.

Le sue facoltà sono per lui un seme che deve germogliare, dando frutti di elevatezza morale e di selezione spirituale. Ha inoltre anche capacità di guaritore e si dedica con assoluto disinteresse a coloro che soffrono o hanno bisogno di aiuto o sollievo morale e spirituale.

Il Rol considera in questo quadro e in questa ottica personale il mondo non preparato a ricevere il suo messaggio e per lo più soltanto alla ricerca di emozioni superficiali, per cui lo evita o esita ad accostarvisi, concedendo ai non iniziati soltanto dimostrazioni semplici e isolate, accuratamente selezionando le persone e i gruppi con i quali progredire con la propria opera di elevazione e di perfezionamento.

«Alla base delle mie facoltà», dichiara «c'è la rinuncia all'orgoglio, al danaro e all'ambizione; tutto ciò che io faccio non è un segreto perché ognuno nel profondo del proprio spirito, se adeguatamente preparato ed essendo anch'egli una creatura di Dio, può fare ciò che io faccio». Molti scienziati di chiara fama, molti scrittori (tra cui, primo fra tutti Pitigrilli – che di lui ha ampiamente riferito nel suo libro *Gusto per il mistero* – Dino Buzzati, Beonio-Brocchieri, Leo Talamonti ecc.), molti uomini di teatro e di cinema (con Fellini in particolare per una lunga e cordiale amicizia), hanno dovuto ammettere che con Rol si può avere la coscienza di una dimensione ancora ignorata dalle possibilità umane.

Tra gli studiosi di parapsicologia che lo hanno visto all'opera va segnalato primo fra tutti Hans Bender, cattedratico di Parapsicologia all'università di Friburgo, il quale dopo averlo conosciuto e osservato dichiarò che avrebbe dedicato un intero anno di ricerca del suo Istituto allo studio delle capacità di Rol. Sono stati testimoni delle sue manifestazioni anche molti studiosi italiani tra cui Riccardi, Cassoli, Inardi (che lo ha osservato in due occasioni), Mengoli, Crosa, di Simone, De Boni, Dettore[3]. Tutti costoro sono concordi nell'affermare che il soggetto – pur nel suo reciso e sprezzante rifiuto di farsi comunque studiare e osservare scientificamente – è forse il più dotato e poliedrico che sia mai stato dato di osservare nel nostro secolo. Le sue facoltà deriverebbero (o sarebbero espresse), secondo Rol, dall'azione di una «spirito intelligente», proprio dell'uomo e che sarebbe capace di cogliere momenti di un'universale armonia, in cui si

---

[3] Come si vede, le informazioni e i testimoni citati continuavano più o meno ad essere sempre gli stessi e negli anni successivi, per lo meno pubblicamente, se ne aggiungeranno pochi. Sarà solo a partire dalla metà degli anni '90, dopo la morte di Rol e col concomitante avvento di internet, che inizieranno ad emergere sempre più testimonianze, sia per il tramite di autori che direttamente dai testimoni.

coordinano gli psichismi esistiti ed esistenti. In questa concezione si collocano sia gli esperimenti con le carte (che assumono la più fantastica poliedricità e talora la più grande complessità e difficoltà, ma ai quali il soggetto non dà alcuna importanza[4], chiamandoli «le aste» o «da prima elementare»); sia i «viaggi nel tempo», durante i quali alcuni soggetti vengono secondo il Rol fatti viaggiare o «a ritroso» o «verso il futuro» con «vissuti» notevoli e di notevole vivezza, talora anche verificabili; sia gli esperimenti di lettura in libri chiusi (*book-tests*), nel corso dei quali viene isolata una frase e un pensiero di qualcuno e dopo alcune risultanze emerse dalla selezione apparentemente casuale di carte consultando determinati libri (preferibilmente per lui l'Enciclopedia Italiana), alle pagine e alle colonne indicate dall'accostamento delle carte, si può trovare o la frase o lo sviluppo di essa in un nesso logico perfettamente coincidente con i concetti espressi.

Altri conturbanti esperimenti combinati di Rol sono le scritture automatiche, ricevute in stato di tensione psichica e i fenomeni di apporto della grafite su fogli bianchi, per lo più contenuti nella tasca interna della giacca di uno dei presenti, sui quali si imprimono scritture riferentisi alle operazioni che si stanno svolgendo o si sono svolte nella seduta (a esempio indicazione di elenchi di carte coperte e occultate sotto tappeti e nascoste sotto coperchi e delle quali nessuno conosce nulla relativamente alla loro successione).

Altra notevole fenomenologia prodotta seppur non con notevole frequenza da Rol è la pittura diretta, durante la quale il sensitivo dipinge al buio o in estrema penombra, a distanza, spesso senza toccare i pennelli, quadri nello spirito e nello stile di un pittore della metà dell'800 francese, François Auguste Ravier, secondo un soggetto proposto dai presenti.

Chi assiste agli esperimenti di Rol è chiamato a un atto di fede perché egli non sopporta controllo alcuno, né atteggiamenti di critica o di sfiducia[5]. Ha in spregio gli studiosi di parapsicologia perché a suo parere nei fenomeni paranormali (e nei suoi in particolare) non c'è nulla da studiare, perché espressioni del Dio superiore e quindi al di fuori di ogni possibilità umana di studio e di indagine[6].

La gamma della fenomenologia roliana si arresta di fronte alle manifestazioni francamente spiritiche, perché egli nei loro riguardi è

---

[4] Purtroppo Inardi persevera in questo fraintendimento.

[5] E anche qui, persevera in questo errore.

[6] Perlomeno, questa volta non scrive che ha in spregio la scienza, già un passo avanti. E comunque, non era vero che avesse «in spregio» gli studiosi di parapsicologia. Solo non condivideva il loro approccio. Rol non avrebbe mai previsto che la scienza in futuro avrebbe compreso perfettamente queste cose se esse fossero «al di fuori di ogni possibilità umana di studio e di indagine». Qui Inardi proprio non aveva capito.

recisamente contrario e scettico, ritenendole contrarie alla propria morale[7]. Ogni esperienza risulta per lui dalla fusione armonica dei vari psichismi, i quali agiscono insieme sulla materia, indipendentemente dalla volontà dei singoli, ma in conformità con un ordine universale superiore che trascende ogni interesse privato e ogni intervento razionale, ordine superiore in cui i fatti si collegano naturalmente fra loro[8].

---

[7] Anche qui giova ripetere che la questione ha molto poco a che vedere con la «morale». E la testimonianza di Carlo Moriondo dimostra che non è esatto, tranne che al livello di scelta consapevole, che «la gamma della fenomenologia roliana si arresta di fronte alle manifestazioni francamente spiritiche»: essa le include – come ambito fenomenologico, non teorico – ma Rol dopo aver dimostrato di conoscerle, e al massimo livello, decise o preferì tenerle fuori dal suo "repertorio", sia perché soggette a innumerevoli fraintendimenti, sia perché proprio considerate di ordine inferiore e poco controllabili.

[8] Tranne la frase finale («ordine superiore in cui i fatti si collegano naturalmente fra loro»), il brano a partire da «Ogni esperienza risulta...» è plagiato da Ugo Dèttore senza citare la fonte (cfr. *supra*, p. 173).

Gli articoli su *Gente*

Marzo-aprile 1977

Nel febbraio 1977 la rivista Gente *iniziò a pubblicare una inchiesta in più puntate sul paranormale e la parapsicologia, condotta dal giornalista Renzo Allegri.*
La quinta puntata, uscita il 5 marzo, fu dedicata a Rol e così le successive puntate fino alla nona, pubblicata il 9 aprile, per un totale di 5 puntate[1].
Dopo un tira e molla con il giornalista, i testi degli articoli vennero riscritti integralmente da Rol[2] e vanno considerati nell'insieme come una breve quanto condensata auto-biografia, dove ogni riga deve essere tenuta nel massimo conto[3]. Titoli, occhielli, sommari e didascalie erano invece a cura del direttore Antonio Terzi e della redazione, con i suggerimenti di Allegri.

*

---

[1] Si noterà il singolare addensamento sincronicistico dei numeri 5 e 9. Su questi numeri mi ero soffermato nel 2008 ne *Il simbolismo di Rol* (3ª ed., p. 436 e sgg.), in merito a una annotazione di date di Rol, risalente a metà degli anni '70, quindi poco tempo prima degli articoli di *Gente*, a margine delle quali aveva scritto: «Piccola meditazione sui numeri di oggi: 5 e 9». Senza ancora aver notato la singolarità degli articoli di *Gente*, scrivo che «Rol ha voluto sottolineare i numeri 5 e 9, che nel suo orizzonte simbolico rivestono grande importanza» (p. 437).

[2] In *Rol il grande veggente*, nel 2003, Allegri aveva raccontato, successivamente al primo incontro: «Tornai a Torino e, come si era convenuto, gli presentai l'articolo perché lo leggesse. Rol diede un'occhiata veloce ai miei fogli dattiloscritti e mi chiese di lasciarglieli fino al giorno successivo per poter valutare bene il contenuto. Il giorno dopo andai a ritirare il mio dattiloscritto, e mi trovai di fronte a una sorpresa poco piacevole. Rol aveva riscritto l'articolo, cambiando il contenuto e anche la forma. Quell'articolo non era più il mio. Rispecchiava quanto lui mi aveva detto, i fatti che avevo visto, ma aveva un taglio diverso, un tono diverso, un modo di porgere diverso. Di ciò che avevo scritto io era rimasto ben poco» (*cit.*, p. 21). Si veda per un approfondimento *Il simbolismo di Rol*, § *Gli articoli su "Gente"*, p. 23 e sgg..

[3] «Si era servito di me per raccontare se stesso», «ogni parola, ogni virgola di quegli articoli, rispecchiavano esattamente il suo pensiero» (Allegri in *Rol il grande veggente*, cit., pp. 44; 22).

Mentre è a Torino lo fotografano in America

(prima puntata dedicata a Rol, 5 marzo 1977[4])

Occhiello/Sommario

Gustavo Adolfo Rol, pittore, violinista, plurilaureato, è ritenuto l'uomo più straordinario del mondo. Ogni giorno è protagonista di strabilianti fenomeni che meravigliano e interessano gli scienziati. È stato fotografato nel medesimo istante a Torino e Boston, in America. Riesce a leggere in un libro chiuso, a scrivere a distanza e a trasportare oggetti da un luogo all'altro senza toccarli – Può far fare ad altri viaggi nel futuro e nel passato – La sua disinteressata opera fra gli ammalati.

Didascalia della fotografia (p. 11)

«SONO UN UOMO COMUNE» Torino. Il dottor Gustavo Adolfo Rol in una recente fotografia. Discendente di una antica famiglia piemontese, vive a Torino circondato da un alone di leggenda per le cose incredibili che continuamente accadono intorno a lui. Chi lo considera un mago, chi un taumaturgo, chi addirittura un santo.

Torino, febbraio

Trascorrere una giornata accanto al dottor Rol è come fare un viaggio nell'impossibile, in un mondo incredibile di fiaba. È come vivere realmente le fantastiche avventure di Mary Poppins[5].
Gustavo Adolfo Rol è un uomo alto e magro, il volto buono, gli occhi penetranti. Dimostra una sessantina d'anni, ma la sua età è misteriosa. Qualcuno sostiene che ha settanta anni, anche di più. Quando gli ho

---

[4] Rol, G.A. (firmato da Allegri, R.), *Mentre è a Torino lo fotografano in America*, 'Gente', n. 10, 05/03/1977, pp. 11-12. Allegri nel suo primo libro su Rol, *Rol l'incredibile*, 1986 (poi *Rol il mistero*, 1993) ha ripreso gli articoli di *Gente*, ne ha fatto uno spezzatino e un rimescolamento a sua discrezione, cambiando tempi dei verbi, sostituendo parole, amputando frasi fondamentali (per questo, tra l'altro, Rol aveva bollato il libro come «idiota»); una critica ai punti più evidenti l'ho già fatta nel 2008 ne *Il simbolismo di Rol*. Qui riproduco precisamente contenuto e punteggiatura come negli originali, senza sapere se i manoscritti di Rol – ancora in possesso di Allegri – gli corrispondano esattamente. Io stesso in passato ho riprodotto dai libri di Allegri non accorgendomi che anche la punteggiatura qualche volta era diversa, mentre qui è fedele allo stampato. I corsivi sono come negli originali, e potrebbero corrispondere a sottolineature di Rol.

[5] Film della Disney del 1964 diretto da Robert Stevenson, basato sui romanzi di Pamela Lyndon Travers. Si veda al fondo dell'articolo un mio approfondimento.

chiesto l'età, mi ha risposto: «Ho mille anni». Mi ha fissato per alcuni istanti sorridendo, poi ha aggiunto: «Non intendo affermare che all'anagrafe risulto essere nato nel 977; ma la mia affermazione è molto più vera di quello che lei possa immaginare. Non mi sento un vecchio», ha detto ancora. «Guardi». Con la mano ha preso il piede destro e senza piegare la schiena lo ha alzato fino a toccare la fronte. «È capace di fare altrettanto?», mi ha domandato.

È un uomo sbalorditivo. Non è possibile dare di lui una definizione. Rol le rifiuta e le contesta tutte. Non è un *medium*, non è un mago, non è un guaritore, non è un veggente[6], non è un paragnosta: ma è tutte queste cose insieme, portate al più alto grado di perfezione[7]. I vari fenomeni del paranormale che i parapsicologi cercano di studiare ora in una persona ora in un'altra, in Rol sono tutti presenti e si verificano con frequenza quotidiana. Le sue esibizioni[8] sembrano violare in modo sconcertante le leggi fisiche. Sa scrivere a distanza, leggere in un libro chiuso, disintegra gli oggetti, li trasporta senza toccarli; inoltre, sa predire il futuro, vede intorno al capo di ogni uomo la famosa "aura", di cui parla la filosofia indiana[9], e conosce tutto dell'individuo che osserva; è stato fotografato nello stesso istante in due città diverse, lontane migliaia di chilometri

---

[6] Nonostante questo, Allegri ha intitolato l'ultima versione del suo libro su Rol (2003), *Rol il grande veggente*...

[7] L'uso di questo termine non è accidentale: *perfezione* è la caratteristica dei Maestri illuminati. La tradizione indiana, nelle sue varie correnti, parla di *perfezione spirituale, perfetta Illuminazione* (*samyaksaṃbodhi*), *realizzazione perfetta* (*abhisamaya*), *Perfetti* sono chiamati i Maestri (*Samyaksaṃbuddha* nel *Theravāda*, *Mahāsiddha* della tradizione tantrica; *Kāmil* (*al-Insān al-Kāmil*, l'Uomo Perfetto) nel sufismo), *perfezioni* (*siddhi*) le *possibilità* paranormali che si manifestano per loro tramite; *perfezioni* (*pāramitā*) quelle che pratica il Bodhisattva (generosità, condotta etica, pazienza, diligenza, concentrazione e conoscenza trascendente le principali), *Grande Perfezione* (*Mahāsandhi*) è il significato dello *Dzog-Chen* tibetano; l'Età dell'Oro è, oltre a *Satyayuga* (l'*Era della Verità*) anche *Kṛtayuga*, l'*Era della Perfezione,* ecc. «Siate voi dunque perfetti come è perfetto il Padre vostro celeste» dice Gesù (Mt 5, 48). Naturalmente, *perfezione* non significa che anche un Maestro non possa commettere degli errori, dal momento che la perfezione *assoluta*, sulla Terra, non esiste. Ma se e quando capiti, quelli che commette sono irrilevanti, e riguardano la banalità della vita quotidiana, non certo la sua *integrità morale e spirituale*, che è sempre ciò cui occorre fare riferimento quando si parla di *perfezione* nella *storia e scienza* delle religioni.

[8] Forse Gustavo non ha considerato che il termine *dimostrazioni* sarebbe stato più opportuno, vista la strumentalizzazione terminologica fatta in seguito dagli illusionisti, i quali certo si *esibiscono*.

[9] Non è irrilevante il fatto che sottolinei a quale «filosofia» sia riferibile l'aura, pur non essendo esclusiva di quella indiana.

l'una dall'altra[10]; può mettersi in comunicazione con lo "spirito intelligente" di chiunque, vivo o morto che sia[11]; fa e fa fare viaggi nel passato e nel futuro.

E tutto questo con la massima naturalezza, spontaneità, semplicità, senza mai andare in *trance*, in piena luce, a volte per strada, o anche al ristorante, come fossero azioni normali della sua normale vita quotidiana.

Non c'è studioso al mondo di parapsicologia o di problemi del genere che non lo conosca. Su di lui sono stati scritti volumi[12]. Alcuni anni fa è stato organizzato un congresso internazionale per studiare i fenomeni che egli realizza[13]. Hans Bender, il più famoso parapsicologo vivente, professore all'Università di Friburgo, è venuto diverse volte a trovarlo a Torino[14] e ha dichiarato di essere pronto a dedicare alcuni anni della sua vita per

---

[10] Ma è solo nel sommario che viene specificato che le due città erano Torino e Boston. Nel 2003 Allegri, probabilmente confondendosi, scriverà che «è stato fotografato nello stesso istante a Torino e a New York» (*Rol il grande veggente*, p. 10). Boston è anche la città menzionata dal giornalista Nevio Boni, che mi aveva riferito una conversazione avuta con Rol che gli aveva raccontato di uno dei suoi incontri con Piero Angela (cfr. 1-IV-22), dove Rol, su sollecitazione dello stesso Angela aveva letto un libro a distanza di un suo amico a Boston. Mi chiedo se la menzione di Boston su *Gente* – che Rol deve aver comunicato a voce ad Allegri – non sia allusiva proprio di questo episodio, verificatosi forse poche settimane prima; nel caso, sarebbe anche una indicazione di come inquadrarlo: come *bilocazione* – Rol proiettatosi a Boston per leggere il libro (e magari persino apparso all'amico di Angela... cosa su cui mantenere ovviamente il più grande riserbo, soprattutto se l'amico fosse stato un illusionista scettico...) – e non tanto come *lettura a distanza* (*remote viewing*).

[11] Puntualizzazione di rilievo, che per sua stessa natura esclude teoria e pratica spiritica.

[12] Su questa affermazione, cfr. quanto ho detto nel vol. III, pp. 79-80.

[13] Si tratta delle due conferenze-dibattito del 1969 e 1970 viste nel vol. V.

[14] Abbiamo visto in precedenza che, almeno fino al 23 giugno 1973, giorno dell'incontro tra Bender e Lugli, Bender aveva incontrato Rol solo una volta, e che secondo Giorgio Alberti un secondo incontro «a mio sapere, non ebbe mai luogo» (*supra*, p. 98 nota 6).

Stando però a Rol, ci furono altri incontri, che devono essere collocati tra il 1973 e il 1977. La cosa è probabile, considerando quanto Bender desiderasse incontrare nuovamente Rol e il ruolo di intermediario di Lugli (anche se però Lugli nel suo libro non fa menzione di altri viaggi di Bender a Torino). Io ne ipotizzerei comunque non più di due, tre in totale.

studiare Rol[15]; Einstein, di fronte ai suoi esperimenti, applaudiva battendo le mani come un bambino[16].

"Assistendo alle operazioni paranormali di Gustavo Rol", ha scritto Massimo Inardi nel suo libro *Dimensioni sconosciute* "si ha l'impressione di trovarsi di fronte a un uomo che sia tale soltanto per l'aspetto fisico e per il comportamento ordinario nella vita di relazione e di società. Vi sono dei momenti in cui si ha l'impressione di essere in presenza di un essere che reca in sé possibilità che sembrano andare al di là dell'umano, o almeno al di là di quei confini che si assegnano, nella limitatezza delle attuali conoscenze e delle ipotesi razionali, all'umano e alla natura umana"[17].

"Ho una certa e piuttosto lunga esperienza dei fenomeni paranormali", ha scritto il parapsicologo dottor Giorgio Di Simone dopo un incontro con Rol "ma è la prima volta che ho avuto modo di constatare in un vivente l'eccezionale potenza di azione della mente sulla materia"[18].

Cinque anni fa [*nel 1972*] gli americani avevano offerto a Rol un contratto favoloso se andava a fare i suoi esperimenti nei loro *club* di parapsicologia: Rol ha rifiutato. Non vuole ricevere *troupe* televisive e cinematografiche che vengono da tutto il mondo. Non vuole pubblicità.

---

[15] Nell'incontro con Lugli, Bender aveva detto che avrebbe dedicato «un anno della mia vita»; certo è possibile che Rol abbia voluto incrementare l'affermazione di Bender per darle maggiore visibilità, ma è altrettanto possibile che lo studioso tedesco si sia poi espresso in questi termini dopo gli eventuali altri incontri successivi al giugno 1973.

[16] È importante sottolineare che la fonte di questa affermazione, poi ripresa da altri in seguito, fosse dello stesso Rol. È credibile che Einstein «applaudi[sse] battendo le mani come un bambino»? Gli scettici nemmeno credono che Rol abbia incontrato Einstein – al momento non vi sono evidenze al riguardo – figurarsi se possono credere che potesse reagire in quel modo agli esperimenti di Rol. Ma gli scettici *a priori* tendono ad essere anche ignoranti, e così come non conoscono Rol, non conoscono nemmeno Einstein: «In lui non c'era quasi niente di ricercato ed era totalmente inesperto delle cose del mondo... Ha sempre avuto una purezza meravigliosa, fanciullesca e insieme profondamente ostinata» (Robert Oppenheimer, *On Albert Einstein*, New York Review of Books, 17 marzo 1966, cit. in Einstein, A., *Pensieri di un uomo curioso,* a cura di A. Calaprice e F. Dyson, Mondadori, Milano, 1997, p. 179); «Lo studio e la ricerca della verità e della bellezza rappresentano una sfera di attività in cui è permesso di rimanere bambini per tutta la vita» (da una lettera di Einstein dell'ottobre 1921, in Einstein, A., *Il lato umano*, Einaudi, Torino, 2005, p. 77); «La cosa più bella della vita è il suo lato misterioso. È questo il sentimento profondo che si trova sempre nella culla dell'arte e della scienza pura. Chi non prova più né stupore né sorpresa, è come morto, una candela spenta» (da *What I Believe*, Forum and Century, n. 84, 1930, pp. 193-194, cit. in Einstein, A., *Pensieri di un uomo curioso,* cit., p. 157).

[17] Si veda il testo originale a p. 268.

[18] Cfr. vol. V, p. 373.

Per una serie di coincidenze, ho avuto la fortuna di avvicinare questo meraviglioso personaggio e di restare accanto a lui per un paio di giorni. Sono stati giorni straordinari e credo resteranno indimenticabili e non solo per quello che ho visto.

Rol non è soltanto l'"uomo dell'impossibile", un signore affascinante che compie cose strabilianti, ma è un uomo straordinariamente buono[19].

Abbagliati dai suoi esperimenti, forse ci si dimentica di quest'aspetto che in lui mi ha colpito più di tutto il resto.

Sfruttando le sue capacità eccezionali, potrebbe essere un uomo straricco e potrebbe condurre un'esistenza da nababbo[20]; invece lavora e si dedica continuamente al prossimo.

L'attività principale della sua esistenza è diventata appunto l'aiuto al prossimo. Non si tira mai indietro quando qualcuno ricorre a lui pressato da difficoltà morali o da altre sofferenze. Ogni giorno visita ospedali, richiesto da gente che soffre. Ha consolato centinaia di persone e dato speranza a tanti disperati. Tutto questo nella più assoluta discrezione e senza mai avere il più piccolo compenso. «Sarebbe mostruoso, un delitto, ricevere vantaggi per queste cose», dice.

Per guadagnarsi da vivere, Rol fa il pittore. I suoi dipinti, ritratti e nature morte[21], sono assai ricercati per le caratteristiche che hanno di una

---

[19] Da questa definizione di se stesso, una delle rare (le altre conosciute sono: «la *grondaia*», «il *grande precursore*», il «*portavoce* di Colui che è il Padrone di tutti») prende spunto il titolo di questa antologia. E mentre si qualifica come *l'uomo dell'impossibile*, ci tiene anche a togliere subito i riflettori da questa affermazione, mettendo in risalto quella che ritiene essere la sua qualità più importante, o comunque quella che dovrebbe essere, e vorrebbe che fosse, considerata tale: la bontà. Subito dopo fa capire a cosa fa riferimento: «si dedica continuamente al prossimo». Naturalmente, questa dedizione e questa bontà – che implicano un certo grado di *purezza di cuore* – sono strettamente collegate al fatto che sia *l'uomo dell'impossibile*, perché la loro assenza non consentirebbe l'accesso alla *coscienza sublime,* e quindi alle *possibilità* che le sono connesse. Ovvero: senza bontà, autentica e profonda, non vi sarebbe alcun *Uomo dell'Impossibile*.

[20] Rol mantenne per tutta la vita, sin da bambino, lo stesso status sociale alto-borghese. Se fosse stato un illusionista, avrebbe potuto sfruttare le sue "abilità" e ricavare molto denaro. Invece di un bell'appartamento – senz'altro elegante perché arredato nel corso di decenni – avrebbe potuto comprare una grande villa sulla collina di Torino, e vivere molto al di sopra del livello in cui visse, per non parlare della fama mondiale che ne avrebbe ottenuto. Ma siccome non era un illusionista, non gli interessavano – è una *conditio sine qua non*, una qualità intrinseca – denaro oltre il necessario (guadagnato con un lavoro convenzionale con nessuna relazione con le sue "abilità") e riflettori, come non sono la priorità di nessuno di coloro nei quali predomina il mondo interiore rispetto a quello esteriore.

trascendenza veramente straordinaria. Ma egli ne sforna pochi, per il grande impegno che ci mette a realizzarli.

È plurilaureato. «Non mi sono mai servito dei miei titoli di studio» dice. «Solo gli studi di scienze biologiche mi hanno aiutato a conoscere meglio l'uomo»[22].

La sua giornata è intensissima. Dorme poche ore per notte. Appartiene a un'antica famiglia piemontese. Ha un fratello musicista e ingegnere, che vive in Sudamerica[23], a cui è molto affezionato. Anch'egli ama la musica e sa suonare il violino[24]. È sposato con una norvegese.

Di come abbia scoperto le sue straordinarie facoltà paranormali non parla. Dice soltanto: «Fu un giorno del 1927. Stavo osservando un arcobaleno ed ebbi come una folgorazione».

«Perché», domando «rifiuta sempre di discutere di queste sue particolari facoltà extrasensoriali?».

«Non mi rifiuto per principio», risponde Rol. «Ma non mi va di parlare di me stesso e di queste cose. Inoltre, questa è una materia molto delicata che si presta a errate interpretazioni e a speculazioni di ogni genere.

«Certo, ci sono anche studiosi che si avvicinano a queste manifestazioni con estremo interesse e hanno fatto della parapsicologia un motivo di ricerche serie, apportando un positivo contributo allo studio dell'inconoscibile».

Gli faccio notare che qualcuno di questi studiosi, dopo averlo avvicinato ed essere rimasto sbalordito per la ricchezza dei fenomeni osservati, si è rammaricato per il fatto che egli non consenta di sottoporre la sua sconcertante personalità a uno studio scientifico approfondito[25].

---

[21] Questa descrizione dei suoi dipinti è quantomeno singolare, al posto di «ritratti» ci si aspetterebbe «paesaggi». Quanto a *natura morta*, potrebbe avere anche un significato ulteriore oltre a quello apparente.

[22] Si veda quanto già detto a p. 139 nota 7. Rol ribadisce che ha più di una laurea, e pone l'accento sugli studi biologici. L'anno successivo, in una lettera pubblicata da *La Stampa*, specificherà: «Vi fu un tempo in cui credevo che le mie 'possibilità' (che io allora ritenevo essere delle vere e proprie 'facoltà') avessero una base biologica. Mi dicevo che se è vero che il corpo alberga lo spirito, deve esservi un rapporto diretto fra lo spirito e gli organi attraverso i quali la vita si esprime». Tuttavia «non mi fu più possibile ottenere alcun fenomeno se volevo trovarne la sede nel cervello od in qualunque altra forma organizzata del mio comportamento fisico» (*La Scienza non può ancora analizzare lo Spirito*, 03/09/1978, p. 3). Ritengo comunque che l'"elemento biologia" entri *in un certo grado rilevante* nella spiegazione delle sue *possibilità*. È un argomento che intendo trattare estesamente in un prossimo lavoro.

[23] Carlo Rol, emigrato a Buenos Aires.

[24] Curioso che non dica che sappia suonare anche il pianoforte. Eppure su *Epoca* si era fatto fotografare mentre suonava quello di casa sua.

[25] Trovo interessante, e anche allusivo, che qui Rol parli di «studio scientifico approfondito» non dei fenomeni, come ci si aspetterebbe, ma della «sua

«La ragione vera del mio rifiuto», dice Rol «è che io non sono affatto in grado di disporre di "queste cose" a mio beneplacito. Anzi, quando tento di volerle, mi sento immediatamente inibito[26]. Io agisco d'impulso, come sotto la spinta di un suggerimento che suscita in me una specie di gioia indescrivibile[27]. Tutto quello che mi viene di fare è spontaneo, e diretto a beneficio di qualcuno o fatto per una qualche ragione che il tempo poi rivelerà».

Una persona che frequenta Rol da molti anni mi ha detto: «Ho avuto la fortuna di osservarlo da vicino e spesso mi ha confidato il suo pensiero. Sono sempre rimasto sbalordito dalla vastità delle cose che egli sa fare, tuttavia se dovessi compilare un codice o stabilire delle regole precise sul modo con il quale Rol agisce, non sarei in grado di farlo.

«Mi ha detto, però, che ogni cosa è possibile al nostro spirito sempre quando, e senza eccezioni non si trasgredisca ai principi universali di un'armonia che lega, verso un fine unitario, tutto ciò che esiste».

Rol crede profondamente in Dio, in un Dio che riassume tutte le religioni[28]. A questo proposito dice: «Sono cristiano. Questo modo di ragionare l'ho appreso fin dall'infanzia e durante la vita mi è sempre stato d'immenso aiuto. Forse non mi sono mai staccato dalla figura del Cristo per una sorta di egoismo, ma debbo riconoscere che è proprio ispirandomi al pensiero di Gesù che ho potuto comprendere e giustificare l'etica di qualsiasi ragionamento che si illumini ai principi fondamentali della carità e della speranza».

Gli chiedo se per lui è indispensabile credere in Dio. «Se lei fosse ateo», gli domando «potrebbe ancora compiere tanti prodigi e immettere nella sua stessa atmosfera coloro che l'avvicinano?».

«L'importante», risponde Rol «è che l'uomo si accorga che il meraviglioso esiste e che voglia accedervi[29]. È l'unica strada per arricchire

---

sconcertante personalità»: sta cioè facendo capire che ciò che si deve studiare, il nocciolo centrale, è lui, ovvero lo stato di coscienza sul quale ha sempre insistito e il modo di arrivarci. I fenomeni, le *possibilità*, vengono dopo, ne sono una conseguenza più o meno automatica.

[26] *Quando si vuole, nulla si ottiene.*

[27] La «gioia» è un elemento caratteristico dello stato di *coscienza sublime*, come *ānanda* lo è del *samādhi*.

[28] Si tratta di una affermazione importante, che non lascia spazio a settarismi. Il che non esclude che si possa avere Gesù come punto di riferimento principale – come era il caso di Rol – né preferenze per alcuni aspetti di una religione rispetto a quelli di un'altra. L'*Illuminato* trascende tutte le religioni, pur riconoscendo in ciascuna una Via di accesso al trascendente (e, soprattutto in passato, anche una forma di ordine sociale) peculiare alle caratteristiche storiche, geografiche, climatiche e culturali dei popoli che la percorrono.

[29] Ed è qui che si inserisce il ruolo di un Maestro, soprattutto quando *illuminato*: quello di mostrare agli altri questo «meraviglioso», non solo con le parole, ma soprattutto servendosi delle sue *siddhi*, delle sue *possibilità* paranormali, che

il nostro spirito e sollevarlo verso espressioni più alte. Se poi una religione ci insegna che il meraviglioso si identifica con Dio, sarà più facile, allora comprendere Dio. Se possiamo dare un nome al cibo che ci nutre, sarà più agevole cercare e trovare quel cibo. Ma se ne ignoriamo il nome, non importa: l'importante è nutrirci. Il fine è, dunque, sempre lo stesso».
I fenomeni attribuiti alle facoltà paranormali di Rol sono tra i più vari. Il dottor Franco Oggero, noto professionista di Torino, amico di Rol, si trovava, tempo fa, in Germania per affari. Durante un convegno, in un grande salone dove c'erano molte persone, si sentì soffocare. L'affollamento, il fumo avevano reso l'atmosfera irrespirabile e le grandi finestre erano ermeticamente chiuse e coperte da pesanti tendaggi. Non solo il dottor Oggero sentiva mancare l'aria ma anche altre persone; e qualcuno stava per svenire. Allora il dottor Oggero si è ricordato del suo amico e ha pensato intensamente a lui. In quel medesimo istante i tendaggi si sono aperti e le grandi finestre a ghigliottina si sono sollevate. I presenti osservavano con meraviglia. Il giorno dopo il dottor Oggero tornò a casa. Nei pressi della stazione di Torino incontrò il dottor Rol il quale, appena lo vide, gli disse: «Allora, caro amico, ieri si stava ben male con quei finestroni chiusi e quelle tende di velluto opprimenti». E se ne andò, lasciando il dottor Oggero stupito e meravigliato[30].
Il dottor Alfredo Gaito, medico, vicepresidente dell'Ordine dei medici di Torino, mi racconta: «Un giorno torno a casa e il mio bambino di otto anni aveva la febbre altissima, più di quaranta. Chiamo il pediatra che ordina delle cure. La febbre, però, non scende e continua per tutta la notte e per tutto il giorno seguente. Quando rientro la sera dopo, trovo mia moglie preoccupata perché il bambino ha ancora quaranta di febbre e vaneggia. Vado a vederlo. È tutto rosso, scotta: ha un febbrone tremendo. Sono molto amico del dottor Rol e decido di telefonargli. Vado nel mio studio e lo chiamo. Gli dico: "Ho il bambino con un febbrone da cavallo e non si riesce a fargliglielo passare". "Metti giù, ci penso io", dice Rol e attacca. Pensavo fosse stato così sbrigativo e brusco perché aveva da fare. Torno in camera del bambino per riferire a mia moglie della telefonata e mi accorgo che il volto del bambino non è più rosso come mezzo minuto

---

dimostrano una realizzazione effettiva e una conoscenza reale del cosmo, dello spazio, del tempo, della materia, dello spirito, della vita e della morte. E quello di indicare, per chi «voglia accedervi», il modo per giungere al suo stesso stato di coscienza e quindi arrivare a comprendere e a fare ciò che lui ha compreso e fatto.
[30] Questo episodio è stato poi raccontato anche da Alfredo Gaito a Remo Lugli, cfr. 1-I-37; un riscontro con altri dettagli l'ho poi fornito nel vol. III, p. 42, nella trascrizione da una registrazione del mio archivio, di una conversazione tra Rol, Gaito e i coniugi Lugli, che commentano questo episodio.

prima. Gli tocco la fronte e non scotta più. Misuro la temperatura e la trovo normale: meno di trentasette»[31].

Dare un elenco dei fenomeni strepitosi che accadono intorno a Rol è impossibile[32]. Ogni persona che lo abbia avvicinato, ne ha da raccontare.

Tutto questo ha creato intorno a lui un alone di leggenda. Chi lo considera un mago, chi un taumaturgo, chi addirittura un santo. «Sono un uomo assolutamente comune», dice Rol. «Sono identico a tutti nei difetti e nelle debolezze. Ho continuamente bisogno del mio prossimo, dell'aiuto e dell'indulgenza che gli altri cercano in me. Mi trovo in perfetto stato di inferiorità e di sofferenza, anche perché non sono in grado di soddisfare sempre quanto mi si chiede. Forse l'unica forma di orgoglio che in me sopravvive è quella di non sentirmi offeso dall'ingiustizia. E questo perchè ho acquistato la certezza che esiste un amore sovrannaturale per il quale il bene sopravvive al male, sempre».

Chiedo a Rol se egli sarebbe in grado di predire il futuro. Risponde: «Si sarebbe tentati di attribuire le cose a venire a un passato che si sviluppa in seno al presente. Occorre però tener conto che il complesso delle vicende rimane ad uno stato di fluidità costantemente disponibile. Tutto ci porterebbe a credere a un destino preordinato, ma poi ci si accorge invece che tutto dipende dalla nostra scelta, quindi dalla nostra volontà squisitamente libera e responsabile»[33].

Rol fa esperimenti quasi tutte le sere. A questi esperimenti, che si svolgono in casa sua o in casa di amici, hanno assistito le persone più diverse: professionisti, medici, avvocati, psichiatri, psicologi, parapsicologi. Tutti sono d'accordo nel ritenere che agisce nella più assoluta correttezza. In quello che fa, non c'è il più lontano dubbio di imbroglio. I fenomeni che si vedono, avvengono realmente. Il parapsicologo dottor Giorgio Di Simone ha scritto: "Negli esperimenti del

---

[31] Conferma, riscontro e altri particolari di questo episodio, che ha per protagonista Emanuele Gaito, uno dei figli di Alfredo, mi sono stati forniti dall'altro figlio Hermann Gaito, si veda il vol. III, III-47.

[32] Io ci ho provato, sia radunando tutti quelli conosciuti, che suddividendoli per tipologia. Naturalmente, sono solo quelli di cui si è venuti a conoscenza fino ad oggi. Gli episodi effettivi dovrebbero forse essere moltiplicati per cento se non di più.

[33] Il passaggio: *il complesso delle vicende rimane ad uno stato di fluidità costantemente disponibile*, è molto significativo perché indicherebbe che il futuro non sarebbe mai davvero definitivamente scritto o ineluttabile. Rol del resto ha mostrato, in alcuni casi, di poter intervenire impedendo il verificarsi di ciò che aveva *visto* che si sarebbe *molto probabilmente* verificato senza il suo intervento. Le considerazioni che si potrebbero fare a partire solo da questo passaggio di Rol, tenendo presenti altri fatti e idee di altri sullo stesso argomento nel corso della storia, sono estremamente estese, e forse avrò occasione di affrontare la questione come si deve in altro lavoro.

dottor Rol escludo nel modo più assoluto l'intervento di fatti ipnotico-suggestivi, ai quali avevo pensato prima di conoscerlo"[34].
Per i suoi esperimenti, Rol si serve anche delle carte da gioco. Dice di scegliere, qualche volta, questo mezzo per il senso di ordine che le carte danno, dovuto alla numerazione, alla forma, al colore: tutti elementi che favoriscono armoniche combinazioni. Innumerevoli sono gli esperimenti che esegue utilizzando un mazzo di carte.
Il dottor Gastone De Boni, medico e famoso studioso dei fenomeni del paranormale, mi ha raccontato: «Durante una mia visita a Rol nel 1967, tra gli altri esperimenti ne fece uno che mi lasciò profondamente turbato. Ad un certo punto mi disse: "Scelga una carta a suo piacimento, la ponga fra i palmi delle sue mani e la stringa forte finchè io le dirò di guardarla". Scelsi da un mazzo intonso il 9 di cuori e lo misi tra le mie mani. Dopo qualche attimo, Rol mi disse di guardare la carta e mi trovai tra le mani la donna di picche. La carta si era trasformata tra le mie mani»[35].
Nella prima serata che trascorro con lui[36], il dottor Rol non vorrebbe fare esperimenti perché sostiene che bisogna essere preparati per accedere alle sue esperienze. Poi decide finalmente di farmi vedere qualche cosa di interessante.
Distribuisce dei fogli di carta perfettamente bianchi[37]. Li osservo attentamente: sono comuni fogli di carta, tolti da una risma intonsa. Ci

---

[34] Cfr. vol. V, p. 378.

[35] Questo esperimento De Boni lo aveva riferito durante la conferenza-dibattito del 16 novembre 1969 (cfr. vol. V, p. 257), in seguito in una nota al libro di Nicola Riccardi *Operazioni psichiche sulla materia* pubblicato a gennaio 1970 (vol. V, p. 347) e ancora nel 1975 nel suo libro *L'uomo alla conquista dell'anima* (*supra*, pp 223-224), dove le carte riferite non erano più le stesse, come ho mostrato alla nota 2 di p. 224. Qui abbiamo altre carte ancora: prima il 9 di cuori, che non compare in nessuna delle versioni di De Boni, quindi la donna di picche che compare solo nella versione del 1975, l'ultima. Che ci si possa facilmente confondere a ricordare esattamente le carte, ho già avuto occasione di dirlo: gli esperimenti visti dai testimoni sono sempre molti, e quelli che fa Rol, dal suo punto di vista, moltissimi, una volta che si moltiplichino per le persone alle quali li ha mostrati. Se l'articolo lo ha riscritto Rol, l'errore è suo? Oppure ha preso i dati che lo stesso Allegri aveva raccolto nella sua bozza e non si è preoccupato di verificarli? In ogni caso, né Rol né Allegri avevano di fronte quanto scritto da De Boni. Forse Allegri aveva sentito direttamente De Boni, a voce? E De Boni non ha ricordato le carte precise? Esiste poi sempre la possibilità che Rol invece ricordasse esattamente quali fossero le carte dell'esperimento di De Boni, e che sia stato De Boni a riferirle sbagliate sin dal 1969 (quasi due anni e mezzo dopo l'incontro con Rol).

[36] Giovedì 17 febbraio 1977.

[37] Questa frase è piuttosto importante: se Rol fosse stato un mistificatore, avrebbe avuto tutto l'interesse a dare una descrizione diversa. Infatti, scrivere che i fogli era lui a distribuirli lo esponeva al sospetto che potesse averli truccati prima. È una critica molto prevedibile. Quel che più è strano, è che Rol molto spesso, se

invita a piegarli alcune volte e a riporli al centro del tavolo. Uno di quei fogli viene isolato e consegnato a me con l'invito di mettermelo in tasca. Lo controllo, ed eseguo. A questo punto Rol chiede di indicare un

---

non nella maggior parte dei casi, non era lui a distribuirli o non li toccava nemmeno. Perché allora dire che li aveva distribuiti lui? Certo magari questa era la precisa verità di quell'esperimento, e Rol si limitava a riferire i fatti così come avvenuti, senza adulterarli. Però come vedremo, anche nella puntata successiva scrive che i fogli «li distribuisce» e Allegri nel suo libro del 2003 ci tiene a precisare che le cose non erano andate affatto così: «Voglio però precisare alcune altre cose che ritengo importanti per comprendere e valutare il comportamento di Rol, cose che lui, nella sua voglia di essere sintetico e sbrigativo, non aveva riferito nell'elaborazione del mio articolo. Egli scrisse: "Rol chiede alcuni fogli e li distribuisce a caso" tra i presenti. Non era accaduto così. Prima di ogni esperimento importante, si ripeteva il rito dei fogli. Su uno di quei fogli, piegato e tenuto in tasca da uno dei presenti, sarebbero "apparse scritte" le parole principali pronunciate dall'entità con la quale Rol si sarebbe messo in contatto. Era un fenomeno nel fenomeno. Un fatto di scrittura a distanza. E, tenendo conto che il foglio era piegato in otto e stava chiuso nella tasca o dentro il portafoglio di uno dei presenti, il fenomeno era di per se stesso di straordinario valore. Ma non è vero che Rol "distribuiva" quei fogli. Non distribuiva proprio niente. Se lo avesse fatto, avrebbe potuto imbrogliare, fornendo fogli da lui manipolati. I fogli provenivano da una risma di carta extra strong, comperata da uno di noi in cartoleria. Alcuni ospiti invitati a casa di Rol comperavano la risma di carta e tra quelle arrivate, se ne sceglieva una a caso. Da essa, ciascuno dei presenti sceglieva un foglio, lo piegava in otto e lo metteva al centro del tavolo, insieme con quello degli altri. Qui i fogli venivano mescolati, sempre da uno dei presenti, mai da Rol, e infine l'ospite prescelto (quella sera ero io) ne prendeva uno a caso e lo metteva in tasca. La scelta di quel foglio quindi era frutto di un procedimento complesso e meticoloso proprio al fine di escludere la possibilità che si trattasse di un foglio precedentemente manipolato. I sospetti di chi non conosceva come avveniva la scelta del foglio, puntavano proprio su questo. Quando tornavo al giornale e facevo vedere i fogli sui quali "erano apparse le scritture a distanza", i miei colleghi ridevano e mi prendevano in giro. Dicevano: "Ma questo è un trucchetto da quattro soldi. Rol prepara i fogli prima, e vi scrive sopra con l'inchiostro simpatico. Le parole poi prendono 'visibilità' con il calore del tuo corpo, quando tu metti il foglio in tasca". Critiche ingiustificate. Per truccare quel fenomeno, Rol avrebbe dovuto scrivere su tutti i fogli della risma di carta che veniva posta sulla tavola, anzi avrebbe dovuto scrivere sui fogli di varie risme di carta che noi avevamo portato quella sera, perché non sapeva da quale avremmo scelto i fogli. È da escludere, quindi, nel modo più assoluto che quei fogli fossero truccati» (*Rol il grande veggente*, pp. 86-87). Allegri ebbe poi una conferma inequivocabile dell'impossibilità di una manipolazione previa durante l'incontro in cui partecipò il direttore di *Gente*, Antonio Terzi, il quale dopo aver scelto uno dei fogli collocati sul tavolo e prima di mettersclo nella tasca della giacca, chiese a Rol se poteva sostituirlo con uno che si era portato dal giornale, con carta intestata. Rol acconsentì e l'esperimento riuscì comunque. Si veda XXXV-42 (voll. I o II). Perché dunque Rol scrisse che i fogli era stato lui a distribuirli?

argomento. Noi diciamo "Arte". «Sta bene», aggiunge Rol. «Parliamo pure di arte». Si comincia col dire che l'arte proviene dal pensiero, che è possibile dividerla in arte antica e arte moderna, arte classica e arte astratta. Rol chiede che gli diamo una definizione di arte classica e arte astratta. Una signora dice: «L'arte classica proviene dall'espressione del pensiero». «È una definizione non proprio ortodossa», dice Rol «comunque va bene. Ora chiediamo all'Enciclopedia Treccani una definizione dell'arte astratta. Datemi due numeri: il primo indicherà il volume dell'enciclopedia e il secondo la pagina di quel volume. Ebbene la prima riga della pagina che indicheranno i numeri scelti a caso, dovrà iniziare con una frase che sia una risposta logica alla domanda: "Da dove proviene l'arte astratta?".

Vengono scelti i due numeri: il primo è il 23 e il secondo il 22. «Allora», dice Rol «dobbiamo controllare il volume ventitreesimo a pagina 22». Apriamo con curiosità il volume della Treccani: alla prima riga della pagina 22 si legge: "dalla metafisica del pensiero".

«È una buona definizione» dice Rol. «"L'arte astratta proviene dalla metafisica del pensiero". È un concetto che non mi dispiace. Mi faccia vedere il foglio che ha in tasca», dice rivolto a me. Me ne ero dimenticato. Lo prendo, lo apro e al centro, a matita, c'è scritto: «"dalla metafisica del pensiero": la stessa frase indicata nell'enciclopedia dai numeri scelti a caso. Rol sorride guardando la mia meraviglia[38].

---

[38] In *Rol il grande veggente* (pp. 60-61) Allegri commenta questo esperimento, che per lui Rol aveva sintetizzato eccessivamente – perché voleva dare risalto più al suo pensiero che ai fenomeni – mentre avrebbe sperato che ne parlasse con più dettagli: «Lo "sintetizza", purtroppo. Nel mio scritto originale, il racconto di quell'esperimento occupava più della metà delle pagine. Ma... lui non voleva dare troppo spazio alla descrizione dei fenomeni».
Sul procedimento di scelta dei numeri «a caso» Allegri poi precisa: «"A caso" dice Rol, ma non spiega come. In realtà, quei due numeri, quello del volume e della pagina, non furono suggeriti a voce dai presenti. Rol avrebbe potuto in qualche modo "influenzare", "pilotare" le loro scelte. Quei numeri furono scelti attraverso le carte da gioco. Alzando parte del mazzo e leggendo i numeri dalla carta che era capitata. Veniva stabilito dalle carte, sommandole, anche il numero delle volte che l'operazione doveva essere eseguita. Impossibile quindi esercitare una qualsiasi influenza. Inoltre, la risposta che si ottenne, perfettamente calzante alla domanda proposta, risultò anche scritta in un foglio che io avevo tolto da una risma intonsa, comperata in un supermercato quel giorno stesso. Foglio che avevo piegato in ottavo e messo nel mio portafoglio. Il fenomeno prodotto da Rol, quindi, era strabiliante. Consisteva nell'aver pescato, in circa quarantamila pagine, in un libro chiuso, una frase che corrispondeva perfettamente alla domanda posta, e nell'aver poi "fatto apparire" quella frase su un foglio che avevo, piegato, in tasca. Particolare, quest'ultimo, sconvolgente, e spiegabile solo con la psicocinesi: Rol, con la forza del suo pensiero, era riuscito a proiettare la grafite su quel foglio e a proiettarla in modo ordinato tanto da ottenere una perfetta scrittura. Io ero rimasto veramente colpito e nel mio resoconto mi ero

soffermato sui dettagli che ritenevo importanti. Rol invece aveva sintetizzato tutto in una paginetta».
Anche questa scelta di Rol è ulteriore indizio contro l'ipotesi che potesse essere un mistificatore, che avrebbe fatto il contrario di quello che lui fece: dare risalto al fenomeno e accennare appena al pensiero, ammesso che – nel caso appunto di un mistificatore – ce ne fosse stato uno originale e coerente.

La prima pagina del primo articolo su Rol. La foto era stata scattata da Renzo Allegri. Rol ne fu deluso, così come di titolo e occhiello. Per la puntata successiva Rol diede lui una sua foto, ma si dovrà attendere la terza puntata per vedere gli scatti professionali del fotografo Norberto Zini, che Allegri aveva deciso di portare con sé e che immortalò Rol in alcuni dei ritratti più noti e carismatici.

***

Nel 2003 Allegri raccontò quale fu la reazione di Rol al primo articolo:

«Quando Rol vide pubblicata la prima puntata degli articoli che lo riguardavano, firmata da me ma che lui in realtà aveva scritto, si infuriò. Mi chiamò al telefono urlando. Non gli piacevano il titolo, i sottotitoli, la foto, non gli andava bene niente.
Il titolo dell'articolo era: *Mentre è a Torino lo fotografano in America*. Nel sommario venivano ricordati i fenomeni attribuiti a Rol: «legge nei libri chiusi, scrive a distanza, trasporta oggetti senza toccarli, fa viaggi nel futuro eccetera». Erano cose che egli stesso aveva scritto nel testo, ma non gradiva vederle pubblicate nel sommario dell'articolo. Lui voleva che nel titolo e nel sommario si fosse sottolineato qualche cosa della teoria, della dottrina di cui quei fatti erano espressione.
Come ho detto, il direttore del giornale, scocciato perché Rol aveva preteso di riscrivere il mio testo, aveva illustrato l'articolo con una sola foto di Rol. Una di quelle che avevo scattato durante i nostri incontri. Ma io non ero un fotografo professionista. Mi ero arrangiato proprio perché Rol non voleva altre persone. Ma quella foto non era piaciuta a Rol, ed era furibondo. Mi disse che avevo di proposito scelto quella foto orribile e che me l'avrebbe fatta pagare. Mi disse di andare subito a Torino portando tutte le foto e i rispettivi negativi che avevo scattato.
Il giorno dopo, alla mattina presto, partii per Torino. Ero molto abbacchiato. Lavorare in quel modo diventava pesante. Feci il viaggio rimuginando continuamente contro Rol e dicendo che era meglio lasciarlo perdere. Chiudere gli articoli e passare ad altri personaggi dal carattere meno difficile.
Quando suonai alla porta dell'appartamento di via Silvio Pellico, Rol venne ad aprire e mi investì ancora con altri improperi. Volle subito vedere le foto che avevo portato e le strappò[39]. Disse che lui non era così brutto. Che quello che stava facendo per me non lo aveva mai fatto per nessuno[40], e io non avevo riconoscenza.
Ascoltai in silenzio. Probabilmente Rol si accorse che ero profondamente desolato e che tutto era accaduto senza mia colpa. Infatti, a poco a poco la sua rabbia si placò. Rol tornò a parlare con dolcezza. "Adesso devo uscire" disse. "Ci vediamo a pranzo. All'una precisa, al ristorante Firenze. Il primo che arriva aspetta".

---

[39] La stessa cosa farà due anni dopo, ma per ragioni diverse, col fotografo Gabriele Milani (cfr. Pronzato, L., *Niente clic, per favore*, Sette – Settimanale del Corriere della Sera, 27/04/2000, p. 135).
[40] Ed era vero. Gli articoli su *Gente* furono sicuramente l'apice dell'apertura di Rol al pubblico. Né prima né dopo si prestò di nuovo a una attenzione mediatica di questo livello, né renderà quanto pubblicato così importante quanto furono questi articoli, avendoli scritti lui stesso.

In seguito ebbi altri scontri con lui. Ma avevo imparato a conoscerlo. Era come un fiammifero: si accendeva con violenza, ma in poco tempo si placava e dimenticava quanto era accaduto»[41].

---

[41] *Rol il grande veggente*, 2003, pp. 73-74. I superficiali giudicheranno queste reazioni di Rol come impulsività "umane", debolezze, ecc. In realtà esse erano per metà realtà e per metà recitazione: la parte di realtà è legata al fatto che una foto brutta e un occhiello e titolo impropri erano controproducenti rispetto a ciò che Rol si aspettava da questi articoli, ovvero la massima efficacia espositiva e divulgativa per comunicare la sua scienza e per fare del bene. Rol cioè se la prendeva – così come ha fatto con altri giornalisti o periodici «lillipuziani» – non per un qualche tipo di "affronto" a lui, ma per il disservizio alla Verità che veniva causato con una pubblicazione mediocre, imprecisa o fuorviante, lui che aveva pesato nell'articolo ogni parola. Se c'è qualcuno che può comprenderlo sono io: per natura tendo ad essere molto preciso, soprattutto sulla biografia di Rol così come sugli argomenti che ruotano intorno a lui, soggetti a speculazione, ingenuità, frode ecc. e in generale per quelli attinenti alla storia delle religioni. La mia attività divulgativa è iniziata nel 2000 proprio per la necessità di correggere e chiarire (e approfondire) quanto si andava scrivendo su di lui e questo stesso volume è ancora all'insegna di tale spirito. Mi è già capitato più di una volta di prendermela con chi non ha rispettato mie precise richieste su testi o fotografie (o con chi scrive mediocri articoli su Rol senza informarsi un minimo e facendo strafalcioni che ledono di fatto la sua memoria e che poi vengono ripetuti acriticamente da altri). Il punto non è tanto per il danno creato al mio contenuto, quanto per il disservizio causato al lettore che può esserne fuorviato, ottenendo il contrario di ciò che ci si era proposti (per non parlare poi del lavoro che occorre fare in seguito per contrastare certi errori virali). La reazione di Rol è quindi non solo comprensibile, ma perfettamente legittima. Vi era però anche una parte di recitazione, di "fiction": Rol non teneva il freno su queste emozioni – e anzi magari le esagerava di proposito – perché intendeva dare una lezione al potenziale apprendista di turno, in questo caso Allegri. Il risultato è che dalla terza puntata abbiamo alcune delle migliori foto di Rol... che assolvono perfettamente il compito che lui si era proposto: essere carismatico, magnetico, attirare l'attenzione del lettore. Ciò che avviene ancora oggi quando le stesse immagini sono viste in rete, alla tv o riprodotte di nuovo su periodici. Mi sono imbattuto spesso in commenti di persone che sono state attratte dal personaggio a partire dalle foto, e che poi hanno iniziato ad approfondire la sua storia dopo la lettura di qualche episodio della sua vita o del suo pensiero.

A proposito di Mary Poppins

Si è visto che Rol all'inizio dell'articolo scrive che trascorrere una giornata accanto a lui «è come vivere realmente le fantastiche avventure di Mary Poppins», ovvero «è come fare un viaggio nell'impossibile, in un mondo incredibile di fiaba». L'accostamento è più interessante di quanto appaia a prima vista e credo che pochi gli darebbero la giusta attenzione.
Mary Poppins è una governante e *baby sitter* dotata di possibilità magiche analoghe a quelle del mago Merlino (*La spada nella roccia* di Disney era uscito nel 1963, l'anno precedente). La storia è ambientata nel 1906: la famiglia Banks di Londra ha un problema con le governanti: nessuna è in grado di stare dietro ai loro due bambini, un maschio e una femmina, che mancherebbero di disciplina, quella che il loro padre George, funzionario di banca (che il cognome *banks* enfatizza) austero e metodico, pretende. Insofferente verso l'incapacità della moglie – una suffragetta sempre indaffarata col suo attivismo – di trovare la persona giusta, Banks intende mettere un annuncio sul *Times* e risolvere una buona volta la faccenda. I due bambini, volendo esseri utili, ne scrivono uno loro, che leggono cantando ai genitori: «Cercasi tata per due adorabili bambini: che sia buona e sia paziente, sempre allegra divertente, non dovrà gridar, ma solo giocar, dovrà badare a noi bambini, siam vivaci ma carini, molti regali farci e poi, cantar per noi ... se l'offerta ti va ben, fa presto». George reagisce con «basta con queste sciocchezze», «credo sia il caso di smetterla con queste idiozie», manda i bambini in camera loro e poi strappa in tanti pezzetti il foglio, gettandoli nel caminetto, in quel momento spento. Telefona al *Times* per l'annuncio e intanto i pezzetti del foglio si levano magicamente verso l'alto nella canna fumaria, uscendo dal comignolo. Il giorno dopo si presentano alla porta molte candidate, ma vengono spazzate via da un vento improvviso – proveniente da Est (l'Oriente) – e subito dopo, librandosi nell'aria, arriva Mary Poppins, col suo ombrello aperto e la sua borsa che, scopriranno i bambini in seguito, contiene grandi oggetti e molte più cose di quante le sue dimensioni consentano. Mary (Maria, come la madre di Gesù), occhi azzurri come il Cielo (e come quelli di Rol) si presenta con in mano il foglio dei bambini, ricomposto dai suoi pezzettini e inizia a leggerlo. Banks allibito e in stato confusionale le chiede: «Ma questo foglio dove l'ha trovato? Credevo di averlo strappato». Mary non gli dà retta e impone lei le condizioni di impiego: farà un periodo di prova. Questa è una delle prime scene che inevitabilmente fanno pensare a Rol, che faceva spesso strappare i fogli su cui erano apparsi degli scritti e che in alcuni casi potevano

rimaterializzarsi⁴². Lo spaesamento di Banks ricorda quello di molti testimoni di Rol, specialmente quando scettici. Mary poi incontra i bambini, che ovviamente l'adorano subito: la loro "indisciplina" non era che richiesta di attenzioni da parte di genitori assenti o, come nel caso del padre, anche rigidi e *senza alcuna propensione al gioco* (inevitabile fare una associazione col padre di Rol, direttore di banca con un profilo caratteriale probabilmente simile a quello di Banks: nel vedere il film, Rol dovette riconoscersi in parte in Mary e in parte nei figli di Banks). Tra le prime cose che Mary fa, prende l'altezza dei bambini con un metro flessibile, che all'altezza corrispondente invece di mostrare i centimetri mostra un breve commento che descrive il carattere della persona misurata. Quelli dei bambini corrispondono; loro però poi vogliono conoscere anche l'"altezza" di Mary, che acconsente e si misura: alla tacca corrispondente mostra e legge cosa c'è scritto: «Mary Poppins, praticamente perfetta sotto ogni aspetto» («PRACTICALLY PERFECT IN Every way»).

---

⁴² Cfr. per es. Inardi nella versione data su *Esp* nel 1975: «Tra il meravigliato e deluso stupore di tutti Rol fa inesorabilmente strappare tutti i fogli scritti in piccoli pezzettini, ivi compreso quello con l'elenco delle carte, dichiarando che queste non sono cose da tramandare, perché turberebbero l'armonia del mondo (...). Terminata questa operazione ed ammucchiati tutti i pezzetti in un angolo del tavolo, all'improvviso Rol fu preso da una viva agitazione e chiesto ancora una volta il buio, si alzò dalla sua sedia ed, allungando la mano sinistra in alto, la ritrasse con una pallottola di carta bianca nel palmo, che si rivelò essere ancora lo scritto con l'elenco delle carte, elenco che Rol dichiarò essersi rimaterializzato perché evidentemente non distrutto bene la prima volta. Nonostante che tutti pregassimo di conservare almeno quello per ricordo, Rol lo lacerò e ripose i pezzetti nella propria tasca. A mia richiesta, i pezzetti nella tasca di Rol e quelli accumulati sul tavolo furono controllati ed in entrambi i mucchietti si ritrovarono tutti i pezzi di fogli, in modo tale che sarebbe stato possibile ricostruirli entrambi interamente» (1-V-6).

Vi è certo una relazione con il «più alto grado di perfezione» di cui parla Rol poche righe più avanti dopo aver menzionato Mary Poppins e su cui ho commentato in nota.

In seguito, Mary e i bambini vanno a fare una passeggiata e all'ingresso del parco incontrano Bert, uno spazzacamino che è anche un artista di strada, musicista e pittore, che sul selciato del marciapiedi aveva disegnato e stava disegnando a gesso alcuni riquadri con vari soggetti e luoghi. Bert mostra di conoscere Mary, e quando i bambini gli dicono che lei li sta portando al parco, lui risponde: «Al parco? Nooo se conosco Mary Poppins. Le altre portano i bambini al parco. Ma quando siete con Mary Poppins vi trovate sempre in posti che non sognate neppure, e senza il tempo di poter dire "ba" cominciano ad accadere le cose più incredibili». Mary ribatte di non avere la minima idea di cosa lui stesse parlando (come Rol quando minimizza o declina la responsabilità di qualche suo intervento paranormale), e Bert prosegue: «Quello che probabilmente vi prepara è una bella gita in qualche posto strano», poi indica un disegno dal titolo «In barca sul Tamigi» dove c'è una barchetta con una coppia, lui in piedi a far da "gondoliere" e lei con l'ombrellino seduta – allusione a lui con Mary –, e dice: «Qualcosa di questo genere non mi farebbe meraviglia» e inizia a mimare il gondoliere; quindi passa al disegno intitolato «Al circo» e interpreta un acrobata, intanto Mary lo guarda con bonaria sufficienza. Ma Jane, la bambina, indica un altro quadro e dice che vorrebbe andare lì. È un paesaggio della campagna inglese. Michael, il bambino, dice: «Per favore, possiamo andarci Mary Poppins?» e Bert: «È il momento Mary Poppins, non guarda nessuno» e i bambini supplicanti: «Per piacere Mary Poppins, per piacere!», e lei: «Non ho alcuna intenzione di dare spettacolo di me stessa, grazie». Bert allora dice: «D'accordo, allora toccherà farlo a me». Mary: «Che cosa?» «Un po' di magia». Bert allora illustra la "tecnica": riflettere, ammiccare, sbattere le palpebre, chiudere gli occhi e... saltare! e così fa, saltando con i bambini all'interno del disegno. Ma non succede nulla. «Bert, che sciocchezze sono queste?» gli dice Mary che spazientita prosegue: «Perché devi sempre complicare le cose quando sono semplicissime?», si posiziona in piedi di fronte al disegno, prende la mano di Michael e anche gli altri si prendono la mano, conta 1, 2 e... al 3 saltano nel disegno e si ritrovano nell'ambiente che vi era raffigurato, con vestiti diversi più vivaci e colorati. Inizia quindi il loro viaggio, dove interagiscono con cartoni animati di personaggi e animali che vivono "in loco". Per l'epoca il film era innovativo e certo "magico" (infatti ottenne molti premi, tra cui 13 candidature all'Oscar, di cui 5 vinti, uno a Julie Andrews che interpretava Mary). Il momento in cui Mary prende per mano Michael e tutti si prendono per mano prima di "partire" ricorda Rol che prende le

mani di Lorenzo Pellegrino prima di "partire" per l'Australia[43], o quando prende la mano di Giovanna Demeglio per andare a Parigi[44].
Terminato il viaggio, in seguito vanno a trovare lo "zio Albert", il quale a causa di un irrefrenabile sbellicarsi dalle risate volteggia nei pressi del soffitto di casa sua – perché il *ridere*, come il *gioco*, il *canto*, la *musica* e la *pittura*, sono elementi che *elevano* lo spirito[45] – e non riesce a scendere. Il riso è *contagioso*, e prima Bert e poi i bambini raggiungono Albert in aria, ridendo tutti insieme. L'unica rimasta "con i piedi per terra" è l'*apparentemente* seriosa e responsabile Mary – il suo è un livello di padronanza superiore – che comunica ai bambini che devono andare, perché è l'ora del tè. Albert mostra una tavola imbandita dicendo che il tè è già pronto, e poco dopo anche il tavolo levita fino quasi al soffitto, al che Mary si adegua e li raggiunge e tutti iniziano a prendere il tè, in aria[46]. Poi dopo un po' Albert spiega che per poter scendere «bisogna pensare a qualcosa di triste». Dopo altre battute, Mary dice che è ora di andare a casa, e i bambini concordano che quella era certo una cosa triste e tutti iniziano a scendere. Al ritorno a casa, i bambini entusiasti raccontano le loro avventure al padre, e in cambio ne ricevono la solita rigidità, impazienza e poca considerazione. Addirittura li manda nella loro camera e rimprovera Mary, dice di essere deluso di lei perché i bambini passano le giornate in «inutili frivolezze» ed «è il momento che si rendano conto della serietà della vita»... Lui in banca non può permettersi «debolezze», aggiunge cantando, ed esige «quella austerità che porterà un freno al caos, vizio, scandalo, indisciplina, se no non ci si salva più» (insomma, la solita mentalità *talebana*, che delega a regole rigide esterne e dogmi –

---

[43] Cfr. 3-XXIV-10: «"Ma a te... dove ti piacerebbe andare, cosa ti piacerebbe fare?" ... "A me piacerebbe andare una volta in Australia ... "Va bene... allora andiamo subito" ... "Ma... subito? così su due piedi?" "Sì, dammi la mano" poi dice "dammi l'altra che è più sicuro" ... E di colpo ho sentito un caldo tremendo, ancora più caldo di quello che c'era a Torino... ».

[44] Cfr. 1-XXIV-9: «"Allora Giovannina, vieni con me". Io lo guardai negli occhi, mi prese per mano e in men che non si dica mi ritrovai in sua compagnia per le strade di Parigi».

[45] Rol aveva un gran senso dell'umorismo e raccontava spesso e volentieri barzellette. E gli altri elementi che ho citati erano fondamentali caratteristiche/interessi della sua personalità, e in generale rilevanti – anche solo al livello di predisposizione – per poter accedere alla *coscienza sublime*. Se si pensa quanti fondamentalisti religiosi abbiano tentato di soffocare tutte le forme di arte – per una distorta idea di continenza sensuale e sessuale (la cui repressione, invece che assimilazione e naturale padronanza, genera l'effetto diametralmente opposto e l'allontanamento da una autentico *cuore puro*) – si comprenderà anche quanto lontani dall'illuminazione, e quindi da Dio, essi erano e sono.

[46] Cfr. il racconto di Giuditta Miscioscia del tavolo con le sedie che levita, con lei, Rol e altri presenti, fino al soffitto, 1-XIX-1.

indurendo il cuore – invece che alla maturità e sensibilità interiore); Mary gli risponde: «Son d'accordo con lei» (sul principio, naturalmente, non sui modi); Banks prosegue, sempre cantando: «io voglio che i bambini sappian già, che chi non sa lottare non sopravvivrà... In breve, sono seccato di sentire che i miei bambini entrano ed escono dai disegni fatti col gesso sopra il marciapiede, che vanno alle corse dei cavalli e alla caccia alla volpe; cioè, quest'ultima cosa non mi dispiace, in fondo è uno sport tradizionale[47], ma il tè sul soffitto?... la trova normale una cosa simile? ... dovranno invece star quaggiù e per di più imparar...» «...a viver come Lei» termina la frase Mary, e Banks: «Esatto». Mary poi con sottile ironia apparentemente condiscendente incalza (anche lei cantando): «È bon prender gusto a cose come un bel libron con tante cifre tutte in succession»

«Proprio così» concorda Banks.

«E nel vedere un bel diagramma che va in su – prosegue Mary con sarcasmo mascherato – dovranno in cuor gioire sempre più»

«Precisamente» dice Banks soddisfatto.

«Se dovran seguir le Sue impronte, la loro vita occorre programmar... Domani, come Sua intenzion, per lezion, i bambini porterà con sé»

«Perfetto, Lei ha colpito esattamente nel... portarli con me per andar dove?»

«Alla banca no? Secondo la Sua proposta»

«La mia proposta?»

«Ma certo...»

Mary poi interrompe la conversazione e dice che deve mettere a letto i bambini, laciando Banks di nuovo un po' confuso sull'esito della conversazione, che Mary ha preso in mano e poi reindirizzato dove voleva lei, creando una situazione di vita pratica per mettere Banks di fronte ai limiti e alla rigidità delle sue idee, del suo comportamento e del suo... cuore. Mary va quindi dai bambini, che temevano che fosse stata licenziata: «Licenziata? Certo che no! io non vengo mai licenziata», rassicura lei. Poi li informa che l'indomani andranno col papà alla banca, loro sono curiosi e immaginano che il padre gli spiegherà tutto. Mary commenta: «Beh, potrebbe farlo. Ma a volte una persona che amiamo, anche se non per colpa sua, non vede più in là del suo naso... e a volte le cose più piccole sono le più importanti». Intanto ha preso una sferetta di vetro – come quelle di Natale – con dentro la Cattedrale di Londra (St. Paul), «simbol di Amor», canta Mary, presso la quale «c'è una buona vecchietta che chiede al tuo cuor 2 penny per gli uccellin» – capovolge la sfera e tanti "uccellini" si librano al suo interno – che potranno portare del cibo al loro nido per sfamare i loro piccoli, «se qualcosa offri anche tu... bastan 2 penny dati di cuor». Il giorno dopo George accompagna a piedi i

---

[47] La volpe, come i cavalli, erano cartoni animati, e viene salvata da Bert mentre cavalca un cavallo da giostra.

figli alla banca, nel tragitto passano di fronte alla cattedrale, dove sulle scale d'entrata c'è la vecchietta di cui ha parlato Mary, con intorno tanti piccioni e chiede 2 penny per sfamarli. Michael, che ha 2 penny, vuole darli alla vecchietta, ma il padre glielo proibisce: «non ti permetterò di gettar via i tuoi soldi! quando saremo alla mia banca ti mostrerò come impiegare quei 2 penny, e lo troverai estremamente interessante». Il bambino si rassegna. Arrivano alla banca, Banks incrocia alcuni alti funzionari e uno, probabilmente il direttore, gli chiede perché i suoi figli siano con lui: «Desiderano aprire un conto corrente», risponde. Il direttore chiede allora a Michael quanto denaro ha, lui risponde «2 penny», ma con i quali vorrebbe in realtà dare da mangiare ai piccioni. Entra in scena il presidente della banca, padre del direttore, molto anziano e che si sorregge a mala pena ad un bastone, e dice che 2 penny è la somma con cui ha iniziato lui. Michael insiste a voler dare i soldi per i piccioni, il presidente tesse invece le lodi del risparmio, dell'investimento e dei banchieri. Banks fa poi da spalla e cerca di convincere il figlio: «Vedi Michael, sarai azionista di: ferrovie in Africa, dighe in Canadà, flotte sopra i mari, canali che uniscono gli oceani fra loro...», poi il decrepito presidente dice a Michael di dargli i 2 penny, il quale invece oppone un rifiuto, e allora di nuovo il caricaturale gruppetto di banchieri tesse le lodi dell'investimento, del denaro e del potere «che soltanto il credito può dar». Il presidente poi toglie dalla mano di Michael i 2 penny e qui comincia una zuffa, i bambini gridano che rivogliono il loro denaro, clienti agli sportelli sentono quanto sta avvenendo e anche loro chiedono indietro i loro risparmi... i funzionari chiudono gli sportelli e cercano di mettere al sicuro il denaro mentre una folla di clienti tenta di entrare nella banca per prelevare anche il loro, intanto i bambini, ripresi i loro 2 penny, riescono a fuggire, finché non si imbattono in uno spazzacamino, che si rivela essere Bert. I bambini, tristi, raccontano quanto accaduto, e dicono che il loro padre non gli vuole bene. Bert non crede sia possibile e gli dice: «Vi confesso che le mie simpatie vanno a vostro padre, lui sta lì in quella banca fredda e spietata, un giorno dopo l'altro, chiuso in mezzo a montagne di denaro freddo e spietato. Non mi piace vedere la gente chiusa in una gabbia». Jane: «Papà, in una gabbia?» Bert: «Fabbricano gabbie di ogni forma e dimensione, sapete. A forma di banca, perfino coi tappeti e tutto». Poi dice che, mentre di loro, in quanto bambini, si occupano in tanti, nessuno si occupa del loro padre. Il quale potrebbe aver bisogno di aiuto. Bert poi accompagna i bambini a casa e nel tragitto, ballando canta: «Spazzacamin... allegro e felice pensieri non ho... la sorte è con voi se la mano vi do; chi un bacio mi dà, felice sarà. Tu penserai che lo spazzacamin si trovi del mondo al più basso gradin, io sto fra la cenere[48]

---

[48] Śiva «aveva come unico ornamento la cenere di cui tutto il suo corpo era cosparso» è detto nello *Śiva Purāṇa* (*Koṭi Rudra Saṁhitā*, cap. 12, 6-10); e nel *Liṅga Purāṇa* Lui dice che «colui che si è purificato strofinandosi con la cenere,

eppure non c'è nessuno quaggiù più felice di me...». Arrivati a casa, la madre dei bambini sta uscendo, al solito iper-occupata, e chiede a Bert se può continuare a stare con loro, e nel frattempo pulire il camino. Bert non ha scelta, e con i bambini si avvicina al camino e guardano dentro, all'insù. Jane dice: «Oh, è proprio nero da far paura lassù!». Bert: «Ecco, lo vedi come è facile sbagliarsi? Quella lì si potrebbe chiamare benissimo "la soglia di un mondo incantato"», e poi continua cantando: «Là dove il fumo si perde nel ciel, lo spazzacamino ha il suo mondo più bel. Tra la Terra e le Stelle di Londra nel cuor, rischiara la notte un vago chiaror, sopra i tetti di Londra... oh, che splendor». Jane: «Come mi piacerebbe andar lassù», Michael concorda e Bert dice che «un camino è una cosa meravigliosa, è bello alto lassù sul tetto, quando il vento fa il suo dovere, soffia attraverso la cima e tira via il fumo dalla canna fumaria», al che prima Michael, poi Jane, vengono risucchiati verso l'alto – come all'inizio del film lo erano stati i pezzetti di carta del loro foglio – e "atterrano" sul tetto tutti neri di fuliggine. Mary e Bert li raggiungono per la stessa via, quindi la comitiva inizia a camminare sui tetti a passo di marcia. A un certo punto il percorso sulla cresta di un tetto è ostacolato da un comignolo dal quale esce una colonna di fumo, e comunque non ci sono più tetti su cui si possa poi proseguire a piedi. A più o meno una decina di metri c'è un campanile con una guglia, Mary allora col suo ombrello fa deviare il fumo, che da verticale diventa diagonale, dei gradini di fumo nero prendono forma e lei inizia a salirli seguita dagli altri. Qui non posso non ricordare quanto mi raccontò Chiara Bologna, testimoniato da sua nonna, quando mentre erano in un appartamento «Rol ha iniziato a salire dei gradini invisibili, camminava nell'aria» (1-XIX-2), precisamente quanto avviene nella scena del film, anche se i gradini sono visibili, ma pur sempre fatti dell'inconsistenza del fumo. Arrivati in cima al campanile, contemplano il panorama e il tramonto, e Bert dice: «C'è un mondo intero ai nostri piedi. E chi lo vede così? a parte gli uccelli, le stelle e gli spazzacamini?». Poi salgono su una piattaforma-nuvola fatta dello stesso fumo che aveva materializzato i gradini e ridiscendono fino ai tetti più bassi. Qui li raggiungono molti altri spazzacamini amici di Bert, che cominciano a ballare e cantare, fino a quando non vengono dispersi dalle cannonate di un caricaturale ammiraglio in pensione – la cui mentalità militarista e rigida è analoga a quella dei banchieri e di Banks –

---

che ha dominato la sua violenza e gli impulsi dei suoi sensi, non torna più indietro dopo essersi avvicinato a me» (cap. 34,8-10). Alain Danielou spiega: «Solo Siva esiste al di là della morte. È 'vestito di ceneri', il suo corpo è cosparso di cenere. (...) I fedeli del dio si cospargono il corpo di cenere, segno di distacco, perché per essi il mondo illusorio delle apparenze è già distrutto. (...) In India, gli attori che rappresentano il dio nelle processioni sivaite hanno il corpo cosparso di gesso o di cenere» (Danielou, A., *Siva e Dioniso. La religione della natura e dell'eros*, Ubaldini Editore, Roma, 1980, p. 68).

che aveva trasformato il tetto della sua casa in un ponte di nave. Gli spazzacamini fuggono nel camino della casa dei Banks, seguiti dai bambini, da Bert e Mary, e qui continuano a cantare e ballare, coinvolgendo le due domestiche – disperate per la fuliggine da tutte le parti (ancora il "caos" che non dà tregua all'"ordine") – la madre dei bambini e lo stesso Banks che intanto era appena arrivato e ovviamente osservava allibito quanto stava accadendo. Dopo che tutti gli spazzacamini se ne sono andati, dice: «Mary Poppins, cosa significa questa scena oltraggiosa?... vuole avere la cortesia di spiegarmi tutto questo?» e Mary: «Prima di tutto vorrei mettere bene in chiaro una cosa: io non spiego mai niente» e se ne va al piano di sopra, lasciando ancora una volta Banks senza parole, preso in contropiede. Poi squilla il telefono: la banca lo convoca, la situazione è grave. Bert intanto finge di terminare di occuparsi del camino, e cerca con sottigliezza di aprire gli occhi a Banks, poi arrivano i bambini dispiaciuti per quanto acaduto, Michael dà i 2 penny al padre, Jane, innocentemente dice: «Credi che questo sistemerà tutto?», il padre risponde solo «grazie» e si vede che comincia a capire l'errore del suo comportamento. Quindi esce di casa e si incammina pensieroso verso la banca, è notte, passa davanti alla cattedrale, la vecchietta in quel momento non c'è, lui pare sentire rimorso. Arriva in banca e viene accolto dalla presidenza riunita per licenziarlo, viene rimproverato e uno di loro simbolicamente gli strappa il fiore che aveva all'occhiello, gli inverte l'ombrello da passeggio e gli sfonda la bombetta. Ma i semi piantati con accortezza e furbizia da Mary e da Bert alla fine danno frutto, Banks finalmente si libera dalla sua gabbia mentale, sollecitato a dire qualcosa dal presidente dice, cominciando a ridere, «supercalifragilistichespiralidoso» la parola inventata da Mary, quindi racconta una delle barzellette di zio Albert. Gli astanti credono che Banks sia impazzito, lui continuando a ridere se ne va canticchiando e saltellando. Al mattino seguente, in casa Banks sono preoccupati: George ancora non è tornato, temono possa aver fatto qualche gesto sconsiderato, la polizia è attivata, ma intanto lui arriva, cantando la canzone di Mary: «Basta un poco di *zucchero* e la pillola va giù...». È cambiato. Chiama i figli che sono al piano di sopra, quasi non lo riconoscono perché ha anche una voce diversa. Con 2 penny ha deciso di riparare il loro aquilone e glielo mostra. Inizia a cantare e ballare, poi con loro e la moglie escono tutti e vanno al parco. Intanto Mary, rimasta al piano di sopra, dalla finestra li vede allontanarsi, è un po' triste perché ormai è in partenza, ma è anche soddisfatta. Al parco c'è Bert che vende aquiloni e canta: «Se ti lasci un po' trasportar ti parrà con lui di volar, puoi danzar nella brezza e sentirti lassùuuu, per lo spazio padron, col tuo bell'aquilon», anche altri bambini ora giocano con gli aquiloni, ma non ci sono solo loro: gli alti funzionari della banca che la sera prima volevano licenziare Banks sono anche loro lì, ognuno col proprio aquilone; il figlio del presidente dice che nella notte il padre è «morto dal ridere» dopo aver sentito la barzelletta di Banks, e che non lo aveva mai visto così felice in tutta la sua vita, quindi non era dispiaciuto. Poi rimette un fiore all'occhiello a Banks, dicendogli che il padre aveva lasciato un posto per un nuovo socio. Banks ringrazia raggiante. Mary intanto vede tutti felici da lontano, apre l'ombrello e si fa trasportare via dal vento. Missione compiuta[49].

La storia mette in risalto i valori della semplicità, della spontaneità, della purezza di cuore, di cui sono "portavoci" in primo luogo i due bambini, ma poi anche Mary e Bert, quest'ultimo emblema dell'*artista* che è felice con poco a condizione di essere libero, indifferente alle convenzioni, sempre disponibile e pieno di immaginazione e allegria; in contrasto con la mentalità rigida, dogmatica, materialista del "primo" Banks e dei banchieri, che è poi la *forma mentis* che si ritrova anche in molti fondamentalismi religiosi o in teologi e teologie intransigenti che per imporre regole e dogmi spesso arbitrari («dottrine che sono precetti di uomini» (Mc 7, 7) per dirla con Gesù) chiara espressione di un certo ambiente culturale relativo e che ben poco hanno a che vedere con una prospettiva cosmica, quindi davvero "divina", perdono di vista la cosa più importante e che, sarebbe il caso di dire, è l'unica che conti davvero, ovvero appunto la *purezza di cuore*, e quindi la *sensibilità*, l'*empatia*, la *dolcezza* («un poco di zucchero…»), la *compassione*, la *carità*, la *semplicità*, l'*amore disinteressato*. I *talebani* di tutte le epoche e fedi hanno in comune invece la *durezza* di cuore, la quale essendo agli antipodi rispetto alla *purezza*, si colloca anche agli antipodi di Dio, e quindi in associazione al di Lui Avversario. Per questo ho spesso tacciato i *talebani* (ribadisco: di tutte le fedi) di "demoni", cui spetta quel "fuoco della Geenna" che essi si illudono attendano invece i presunti peccatori che condannano sulla base della loro ignoranza, del loro orgoglio e della loro presunzione di sapere quale sia la vera "legge di Dio". La loro è una pseudo-religione che esce dalla bocca, non dal cuore.

---

[49] Al Khidr per esempio, spesso «scompare dopo essersi reso utile» (*Dizionario dei simboli*, cit., vol. II, p. 546). Ciò che ha fatto anche Rol, sia quando era in vita che dopo.

L'incredibile dottor Rol a colloquio con Mozart e Paisiello

(seconda puntata dedicata a Rol, 12 marzo 1977[1])

Occhiello/Sommario
Abbiamo assistito a uno degli straordinari esperimenti di Gustavo Adolfo Rol, durante il quale egli si è messo in contatto con lo "spirito intelligente" di Paisiello.
Appare una poesia su un foglio perfettamente bianco e arriva dal nulla uno spartito del Settecento.
Il grande Mozart racconta come scrisse la "Sonata K310" e regala la prima pagina del manoscritto.

Didascalia della fotografia di Rol (p. 16)
L'UOMO DELL'IMPOSSIBILE Gustavo Adolfo Rol, l'uomo dell'impossibile. Nonostante gli sbalorditivi fenomeni che accadono per suo tramite, egli dice di essere una persona perfettamente comune. Sostiene che tutti possono fare ciò che lui fa. «Non vi sono», egli dice «dimensioni alle quali l'uomo sia precluso od ammesso soltanto attraverso pratiche di magia, se non addirittura dopo la morte».

I fenomeni a cui mi fa assistere il dottor Rol sembrano veramente impossibili. Eppure avvengono, e non si riesce a trovare una ragione per dubitare del loro reale verificarsi. «L'aspetto spettacolare che tanto colpisce», dice Rol «è solo apparente. In realtà sono fatti normali. Il fenomeno è l'indice delle possibilità riservate all'uomo, quando egli sappia riconoscersi nell'immensità dei mezzi di cui dispone oltre ogni legge fisica, ma sempre nel più severo limite della propria coscienza morale».
Rol non ama che si raccontino le cose prodigiose che avvengono per suo tramite, ma non posso non raccontare ciò che ho visto nella seconda serata trascorsa con lui a Torino, in casa di suoi amici[2].
Tra gli ospiti ritrovo il dottor Gaito, già vicepresidente dell'Ordine dei medici di Torino, il professor Carlo Gavosto, un noto professionista, ex cattedratico, appassionato musicologo, con la moglie concertista di pianoforte, e altre persone.
Rol chiede alcuni fogli di carta e li distribuisce[3] a caso tra noi. Li pieghiamo varie volte e li collochiamo sul grande tavolo attorno al quale

---

[1] Rol, G.A., (firmato da Allegri, R.), *L'incredibile dottor Rol a colloquio con Mozart e Paisiello*, 'Gente', n. 11, 12/03/1977, pp. 16-18.
[2] I coniugi Domenica Visca Schierano e Giorgio Visca, venerdì 18 febbraio 1977.
[3] Si veda quanto detto a p. 309 nota 37.

sediamo. Preso un foglio a caso, me lo pongo nella tasca dei pantaloni[4]. Inutile precisare che i fogli erano completamente bianchi su entrambe le facciate, tolti da una risma ancora sigillata.

Come al solito, Rol ci chiede di scegliere un argomento. Ci orientiamo sulla musica e siamo invitati a precisare un'epoca musicale. La maggioranza opta per il Settecento e viene fissata una data: 1773[5].

«Ditemi alcuni nomi di musicisti italiani allora viventi», chiede Rol.

Si fanno i nomi di Boccherini, Paisiello, Salieri e anche quello di Cimarosa. Ricorriamo alla scelta casuale e ne vien fuori il secondo, Giovanni Paisiello.

Che cosa abbia intenzione di fare Rol, nessuno riesce a intuire. Ho notato che porta occhiali da sole, ed egli se ne scusa dicendo che negli ultimi giorni si è molto stancato gli occhi a dipingere. Forse anche per questo chiede che si abbassino un poco le luci, ma questo non è artificio, né serve a favorire la concentrazione del pensiero, come si potrebbe credere. Mi è stato detto che, anzi, egli ama compiere i suoi esperimenti in piena luce[6].

---

[4] In *Rol l'incredibile* (1986, p. 47), così come nel'edizione successiva *Rol il mistero* (1993, p. 47), Allegri altera il testo di Rol e specifica: «Poi furono mescolati e ne venne scelto uno a caso. Rol mi disse di metterlo in tasca. Lo posi nel portafogli nella tasca dei pantaloni».

[5] In *Rol l'incredibile* e *Rol il mistero* Allegri modifica di nuovo il testo ed è più specifico, menzionando la scelta operata attraverso carte, che Rol aveva preferito omettere ben sapendo che chi non aveva visto questi esperimenti avrebbe automaticamente sospettato il gioco di prestigio: «"Bisogna fissare una data precisa", disse Rol. Fece scegliere a caso quattro carte dai vari mazzi che erano sul tavolo. Le carte, nell'ordine, furono: un asso, un sette, un sette, un tre. "La data", disse Rol "è 1773. Ora ditemi alcuni nomi di musicisti italiani che vivevano in quel tempo". Vennero fatti i nomi di Boccherini, Paisiello, Salieri ed anche quello di Cimarosa. Ricorrendo alla scelta casuale, con l'aiuto delle carte si stabilì di fermare l'attenzione su Giovanni Paisiello» (p. 48).

[6] Ciò era certamente vero, tuttavia Rol non spiega di fatto perché le luci vengano abbassate, e la storia della vista affaticata, anche se eventualmente vera, pare più una giustificazione che una spiegazione, per non dover dire di più. Questo perché ci sono altri esperimenti dove fa regolarmente abbassare le luci – e non è plausibile che ogni volta sia perché abbia la vista affaticata – e, nel caso per esempio della *pittura in penombra* o *al buio*, è evidente che le ragioni siano altre, come ho spiegato nel volume precedente (p. 85 nota 13; p. 86 nota 14; p. 138 nota 9; p. 162 nota 30); una di esse – «la luce interferisce, perché ostacola la concentrazione (come ostacolerebbe il sonno), è un fattore di distrazione» – contraddirebbe quanto afferma qui Rol, che l'abbassamento della luce non «serve a favorire la concentrazione del pensiero». Ma tralasciando il fatto che sono esperimenti di tipo diverso, io non ho comunque parlato di «pensiero», e per usare lo stesso esempio che ho fatto, quando desideriamo dormire l'ultima cosa che faremmo è «concentrare il pensiero». Comunque in merito all'abbassamento delle luci in questo esperimento, Allegri nel 2003 puntualizzò: «Rol scrisse che "erano state abbassate le luci". Ricordo bene che la diminuzione era avvenuta, ma

Ci troviamo in una sorta di chiarore diffuso, ove però possiamo controllare agevolmente i movimenti di ciascuno.
Osservo bene Rol, che non è affatto in *trance*. Mi chiedo se egli sappia già che cosa avverrà per suo tramite. Cerco di rendermi conto se l'atmosfera è cambiata o sta cambiando attorno a noi, ma tutto mi sembra perfettamente normale. I suoi amici hanno il viso disteso, quasi soddisfatto perché conoscono bene Rol e sanno che tra poco potranno assistere a un prodigio. Rol comincia a parlare ripetendo le parole, come se cercasse qualche cosa nella memoria. (Più tardi egli mi dirà che ci avevo azzeccato perché, in parte, il meccanismo è questo: «La memoria che si ravviva[7] in un distacco logico dal momento presente; ciò che è stato è tuttora e ancora sarà... La continuità di ogni cosa è attributo dell'eternità stessa, oltre l'apparente mutamento di tutto». Rol ripete spesso queste parole: «La morte non esiste».)
«Paisiello 1773... Che cosa componeva Paisiello in quel periodo? Paisiello, 1773... Suggeritemi il titolo di qualche composizione musicale a cui Paisiello lavorava in quell'anno», ripete Rol. Ma a nessuno viene in mente qualcosa. Forse nel 1773 Paisiello non era ancora diventato famoso.
«Eppure bisogna trovare un aggancio a quel periodo[8]», dice Rol.
Uno dei presenti suggerisce: «Siamo in carnevale, forse Paisiello stava componendo qualche musica per il Carnevale».
«Sta bene», dice Rol. «È una buona cosa e poi mi piace. Paisiello, Carnevale 1773... Paisiello, Carnevale 1773...». Tamburella con le dita

---

era impercettibile, quasi inesistente. Mi sembra che avesse chiesto di spegnere qualche lampadina, di coprire con un panno leggero la lampadina a muro che era vicino a lui, perché gli dava fastidio avendo gli occhi un po' infiammati. Ma tutte le altre lampadine del salone funzionavano perfettamente» (*Rol il grande veggente*, 2003, p. 88)

[7] L'indizio che dà qui Rol è rilevante: il mezzo attraverso il quale si accede agli elementi che faranno parte dell'esperimento è la *memoria*, nella quale *si cerca* come se si trattasse di un archivio, e viene – deve essere – *ravvivata* per trovare quanto cercato, che è di fatto *sempre presente*, perché «ciò che è stato è tuttora». In una lettera del 1° maggio 1951 aveva parlato della *inconsumabilità di Dio*, perché «nulla si distrugge ma tutto si accumula. La mela che Sempronio mangiava il 16 luglio 1329, esiste tuttora, non meno di quando era attaccata ai rami dell'albero e prima ancora che l'albero esistesse né col 16 luglio la sua funzione venne a cessare, poiché nel tutto che si accumula ogni cosa rimane operante, Dio e i suoi pensieri essendo la medesima cosa e non potendo un aspetto separato di questa cosa modificare la natura della cosa stessa. Dio è eterno e inconsumabile...» (*"Io sono la grondaia"*, 2000, p. 145).

[8] *Bisogna trovare un aggancio a quel periodo*. È questa una precisa indicazione su come procedere con l'esperimento, uno degli elementi del "manuale d'istruzioni" di Rol.

sul tavolo quasi a produrre un ritmo che lo aiuti a orientarsi in chissà quale labirinto di fatti, di cose, di persone, di colori, di suoni[9].
«Oh, se avessi una musica in sottofondo, una piccola musica di quel tempo…[10]», dice.
Osservo il suo volto: era calmo, sereno, senza segni di sforzo apparente[11].
«Ecco», dice a un tratto[12] «una donna giovane e bella. Essa canta».
Sembra che abbia una visione nitida dinanzi a sé. Noi non vediamo niente, ma la sua descrizione è minuziosa[13]: la donna ha un abito lungo fino a terra, la gonna larga a pieghe, strettissima alla vita. I capelli biondi, un medaglione al collo, tra i pizzi incrociati sul petto. La donna canta: dice di essere felice perché il suo amante è tornato; il dolore della separazione è stato grande, ma ormai tutto è passato.
Questa volta Rol si rivolge a me: «Lei vive a Milano», mi dice «e mi piace l'idea di un carnevale a Milano. Però dall'accento, lei mi sembra veneto,

---

[9] Altri significativi elementi dal *manuale d'istruzioni*: la produzione di un «ritmo» è utile per «orientarsi» nel «labirinto di fatti, di cose, di persone, di colori, di suoni», ciò che pare analogo al procedimento dei *viaggi nel tempo*, che sono infatti anche inquadrabili come *viaggi nella memoria*; e questa naturalmente non è solo la *memoria individuale*, dalla quale si parte, ma anche il *network* della *memoria collettiva* – accessibile nello stato di *coscienza sublime* e in misura minore, senza "controllo", nella *trance* – che è poi la stessa cosa dell'*Archivio dell'Universo*.

[10] In *Rol l'incredibile* e *Rol il mistero* Allegri al posto dei puntini aggiunge: «questa sera vi farei vedere Paisiello", disse e la sua voce aveva una carica sconvolgente» (p. 49). Probabilmente è quanto Rol dovette dire, testimoniato da Allegri, e che nel suo scritto decise di omettere (forse per ridurre gli eventuali fraintendimenti tra "evocazione di un defunto" e *presa di contatto, resa visibile* di uno *spirito intelligente*). La musica di sottofondo era il tipo di «aggancio» che Rol stava cercando.

[11] *Calmo, sereno, senza segni di sforzo apparente*: non vi sono «segni di sforzo» perché *conditio sine qua non* della *coscienza sublime* sono la *calma* e la *serenità*, come lo specchio limpido e non mosso di un lago di montagna, senza onde perturbatrici (come lo sono, ad esempio, quelle che causano certi scettici…). L'anno dopo nella lettera pubblicata su *La Stampa* Rol scriverà: «Bisogna viverlo quell'istante in cui, *assente ogni forma di energia*, qualcosa di veramente *sublime* si manifesta» (*La Scienza non può ancora analizzare lo Spirito*, 03/09/1978, p. 3).

[12] È il momento in cui Rol dalla *coscienza comune* è passato alla, entrato nella, *coscienza sublime*, è il *cambio di fase*.

[13] La *differenza di coscienza* tra Rol e i presenti determina ciò che ognuno è in grado di vedere. Anche loro potrebbero vedere ciò che vede Rol se avessero accesso alla *coscienza sublime*, o se Rol li mettesse in grado di avere il – ovvero li rendesse partecipi, *per contagio psichico* e per poco tempo del – suo stesso stato di coscienza, quasi come per un principio di *vasi comunicanti*.

non è così? C'era forse uno stampatore di musica a Venezia che, in quel tempo riprodusse musica di Paisiello?[14]».
Né io né gli altri sappiamo rispondere.
«Ora vedo», dice Rol. «Il Marescalchi, fu lui che incise a Venezia questa musica di Paisiello per il carnevale di Milano del 1773».
Tutto avviene nella più grande tranquillità, non c'è nulla di strano attorno a noi. La voce di Rol è normale[15]. Rivolto a me ripete ancora: «Come vede, qui nessuno è in *trance*, siamo tutti perfettamente svegli».
Rol insiste su questo punto: il prodigio, sotto un certo aspetto, è più che normale, poiché fa parte del bagaglio che ogni individuo possiede, e può accedervi se ha saputo mettersi in grado di farlo con una meccanica che non ha nulla a che vedere con sdoppiamenti di personalità, ipnotismo o autosuggestione.
Indubbiamente una certa atmosfera si è formata, non tanto intorno a noi, quanto "dentro di noi"[16], e ciò per una sorta di disponibilità assolutamente normale.
«Ecco, è avvenuto», dice Rol. Si toglie gli occhiali scuri, si asciuga gli occhi, si rimette gli occhiali e fa alzare la luce.
Sono un po' deluso[17]; non ho visto niente e mi guardo intorno per scoprire sul volto delle altre persone qualche segno di meraviglia, ma tutti sembrano tranquilli. Rol mi chiede il foglio che ho in tasca[18]. Mi dice di aprirlo. Lo prendo, lo svolgo con cautela. Rimango esterefatto: al centro, tracciati a lapis con calligrafia nitida, antica, vi sono otto versi: sono le

---

[14] Qui Rol mostra un'altra caratteristica del suo procedimento: servirsi degli elementi "casuali" che *trova sul suo percorso*, o, detto in altri termini, che *il caso gli fornisce*. Quel *caso* che per Rol – lo ha detto tante volte – *non esiste* (ovvero: non è "caso").

[15] Rol evidenzia questo aspetto, qui e nelle righe seguenti, che sancisce e per sancire la distanza da qualunque rituale magico o spiritico. Il che di fatto spazza via entrambi come forme automaticamente *inferiori* (e anche abbastanza *infere*) *e non necessarie* per esprimere certe *possibilità* e per accedere a un livello di conoscenza di ordine superiore. Ciò che per estensione dovebbe in ultima analisi applicarsi anche ai rituali religiosi *tout court* (il giorno in cui gli esseri umani non ne avranno più bisogno quando ciascuno di loro avrà accesso, vorrà accedere e sarà in grado di accedere alla *coscienza sublime*).

[16] Altro elemento del *manuale d'istruzioni*: l'atmosfera chiave non è quella *esterna* – che allude anche a rituali e simili – ma quella *interna*, che si riferisce allo *stato d'animo* dei presenti, ovvero al loro livello e tipo di coscienza.

[17] Non credo che un mistificatore avrebbe messo in bocca al testimone-cronista una tale impressione negativa.

[18] In *Rol l'incredibile* e *Rol il mistero* Allegri aggiunge qui i seguenti particolari non presenti nell'articolo: «Me ne ero dimenticato. Presi il portafogli dalla tasca dei miei pantaloni ed estrassi quel foglio che io stesso avevo più volte piegato e messo in quel posto: era tutto in ordine» (p. 50).

parole della canzone che Rol ha sentito cantare dalla donna vestita di azzurro.
Eccone il testo:

Or che il Cielo a me ti rende,
cara parte del mio cor,
la mia gioia ah non comprende,
chi non sa cos'è amor:
sono all'alma ingrato oggetto
le sue barbare vicende,
e in sé dolce discende
la memoria del dolor.

L'ho detto, rimango esterrefatto, con il foglio in mano, senza riuscire a dir parola. Mi trovo dinanzi a un caso di scrittura "diretta" a distanza: un fenomeno di per sé eccezionale e straordinario, e ottenuto per di più con un'apparente "normalità" e con un procedimento tale da far riflettere che proprio su quella apparente "normalità" si appoggia il sistema di Rol. Egli non cessa di ripetere che all'uomo tutto è possibile e che non vi sono "dimensioni" alle quali l'uomo sia precluso o ammesso soltanto attraverso pratiche di magia, se non addirittura dopo la morte.
«Se ci abituiamo a considerare tutto ciò di cui siamo autori o spettatori sotto un'angolazione squisitamente spirituale», dice Rol «scopriamo in noi, e in quanto ci circonda, la nostra *vera* natura, quella divina; e per questa via possiamo e dobbiamo identificarci in tutte[19] le infinite possibilità della creazione».
Quasi sempre Rol, al termine dei suoi esperimenti, fa distruggere il materiale che gli è servito a realizzarli, ma questa volta mi lascia il foglio come ricordo. Il perché lo comprendo dopo: l'esperimento non era terminato.
«Venga qui dietro di me», chiede. Tiene le braccia allungate sul tavolo, con il palmo delle mani contro il tappeto. «Metta una sua mano sul dorso di una delle mie». Scelgo la sua mano destra. Egli sembra concentrarsi, poi improvvisamente solleva la mano e la punta verso la parete di fondo del salone[20]. «È là», dice.

---

[19] In *Rol l'incredibile* e *Rol il mistero* (p. 51) Allegri scrive erroneamente: «identificare tutte». Il significato ne viene alterato.
[20] In *Rol l'incredibile* (p. 51) e *Rol il mistero* (pp. 51-52) c'è una differenza, e qualche altro particolare di quella che è l'effettiva testimonianza di Allegri, rispetto all'articolo: se qui parla di una sola mano, là parlerà di due: «"Metta le sue mani sul dorso delle mie", disse ancora. Eseguii. Ero piegato sopra di lui. Lo sentivo respirare profondamente come cercasse una forte concentrazione. Poi improvvisamente alzò le braccia. Sentii il suo corpo sussultare contro il mio. "Ci sarà un fenomeno di levitazione" pensai, e allungai la testa per osservare se i

Sento come una scossa partire dalla sua mano[21], e mi sembra che Rol, per due volte, si sollevi con forza dalla sedia premendo contro di me. Poi si alza in piedi e si mette a camminare sulla linea tracciata dal suo dito nella direzione indicata. Guarda fisso verso quel punto. Sembra parlare rivolto verso una persona che non vedo. La ringrazia e dice che saprà conservare "la cosa" in modo degno.

Poiché l'ho seguito (e anche le altre persone si sono accodate a me), mi dice[22]: «Lo prenda, lo prenda», e indica un punto dinanzi a me.

Mi avvicino a quel punto e non vedo niente, tranne un grosso vaso che fa parte dell'arredamento del salone ed è posato su di un tavolino basso.

Improvvisamente, nel collo de vaso scorgo un grosso rotolo di carta. Lo prendo e torno al tavolo, al mio posto[23]. Mi accorgo di avere tra le mani un fascicolo rettangolare, composto da otto pagine di carta da musica stampata, con una bella copertina incisa[24]. Comincio a leggere e resto allibito. C'è scritto: "Rondò del Signor Giovanni Paisiello per la Signora Anna De Amicis nel Sismano in Milano il Carnevale dell'anno 1773". Più sotto: "Musica stampata a spese di Luigi Marescalchi e Carlo Canobbio, in Venezia". Sono nomi, date, particolari di cui abbiamo parlato nella prima fase dell'esperimento.

Nella seconda pagina del fascicolo comincia lo spartito musicale a cinque righe: quattro per l'orchestra di violini e viole e una riga per il canto. Le parole del Rondò sono le stesse che ho trovato nel foglietto piegato e

---

piedi di Rol e la sedia si fossero alzati dal pavimento. Rol aveva puntato le mani verso la parete di fondo del salone». Inoltre nei due libri, come nell'articolo, si trova «di fondo», mentre in *Rol il grande veggente*, p. 81, Allegri ha scritto «di fronte», ciò che è forse un errore. Accoglierei la versione dell'articolo per quanto anche l'altra potrebbe essere corretta.

[21] L'elemento *elettrico* è uno degli indizi rivelatori della presenza di una kuṇḍalinī attiva, *sveglia*.

[22] In *Rol l'incredibile* (p. 51) e *Rol il mistero* (p. 52) Allegri fornisce altri dettagli: «...e tenendo il dito puntato si incamminò verso la parete di fondo invitandomi a seguirlo. Guardava fisso verso quel punto e parlava rivolto a una persona che io non vedevo. La ringraziava di essere venuta e la invitava a farmi un regalo. "Il nostro amico", disse indicandomi allo sconosciuto "lo conserverà degnamente, in ricordo di questo meraviglioso incontro". Era ormai arrivato al punto che indicava con la mano tesa. Io ero sempre dietro di lui. Anche gli altri si erano alzati e ci avevano seguito. "Grazie", disse Rol allo sconosciuto. Poi rivolto a me, aggiunse:....».

[23] Anche in questo caso, in *Rol l'incredibile* (pp. 51-52) e *Rol il mistero* (p. 52) ci sono più particolari: «Ricordo che ebbi subito la percezione, di essere certo che quel rotolo alcuni istanti prima non era nel collo di quel vaso. Inoltre, appena lo presi in mano, avvertii che quel rotolo di carta era molto caldo, come se fosse stato sul calorifero o vicino al fuoco di un caminetto. Con quel rotolo in mano tornai al tavolo, seguito da Rol e dagli altri. "Lo esamini bene", mi disse Rol».

[24] Occorre segnalare che Allegri aveva una certa competenza di musica, è stato critico musicale di *Gente* e collaboratore di riviste musicali.

chiuso nella mia tasca. Anche la scrittura incisa sullo spartito è identica a quella scritta a lapis sul foglio di carta.

Osservo il fascicolo, il foglio scritto a matita, faccio dei confronti, ma non riesco a dire niente. Di fronte a un fenomeno di questo genere, i commenti e le supposizioni sono inutili[25].

A una esperienza di questo genere non ero preparato, ma Rol appare sereno, contento. E anche i suoi amici: per loro, abituati a simili cose e a chissà quali altre, tutto sembra normale.

«È contento?», mi chiede Rol. Nessun segno di vanità per quanto, tramite lui, si è verificato. «L'orgoglio», sono parole che spesso ripete «è l'ostacolo maggiore per adire a queste cose[26]. L'orgoglio e la venalità sono a bandirsi senza remissione. La più alta mercede già si ritrova, ed in larga misura, nella possibilità di donare[27]. Ed è essenziale che il dono avvenga, se necessario, con sacrificio».

A questo punto il professor Gavosto comincia a raccontami un episodio di cui è stato testimone: «Un giorno Rol si mise in contatto con lo "spirito intelligente" di Wolfgang Amadeus Mozart. Immagini la mia gioia, la mia emozione nel poter comunicare con quel grande musicista, il mio preferito… Mozart parlò a lungo della sua vita, della sua famiglia, di sua moglie, e raccontò il viaggio che aveva fatto in Francia nel 1778, quando a Parigi gli morì la madre. Allora Mozart aveva 22 anni. Era molto affezionato alla madre e soffrì terribilmente per quella perdita. Descrisse come trascorse la notte del 3 luglio 1778, in albergo, accanto alla madre morta. Sentiva il bisogno di esprimere in qualche modo il suo dolore e tentò di farlo in musica. Su uno dei suoi quaderni d'appunti tracciò un pentagramma e cominciò a scrivere il tema di una sonata per pianoforte, ma dopo le prime note smise, strappò il foglio e lo gettò via. Continuò a camminare per la stanza, e quel tema musicale gli martellava nella testa. Raccolse il foglio e lo mise tra le sue carte. Due giorni dopo riprese a

---

[25] Per un commento esteso di Allegri su questo esperimento, cfr. 2-XXXIV-34bis.

[26] In *Rol l'incredibile* (p. 52) e *Rol il mistero* (p. 53) Allegri sostituisce, a sua discrezione, «adire» con «raggiungere». Come già facevo osservare ne *Il simbolismo di Rol* (p. 43, 3ª ed.) «i due verbi sono d'altronde molto simili. Ma davvero non si capisce perché Allegri si sia preso la libertà di cambiare le parole di Rol. Chissà, forse ha ritenuto che "adire" era un vocabolo troppo dotto per essere accessibile ai lettori del suo libro…».

[27] La frase è applicabile in generale al "tornaconto" di Rol. Gli scettici superficiali hanno ipotizzato che visto che Rol era benestante e non chiedeva retribuzioni per quello che mostrava, il suo tornaconto fossero la vanità e i vantaggi di frequentare la "gente bene", affascinata dalla sua personalità e dal suo mistero. Ho già spiegato più volte che questo è un mero abbaglio, specchio della personalità di chi fa tali ipotesi… e ignorante della biografia di Rol. Senza farne un approfondimento esauriente, basti per ora la concisa frase di Rol, per la quale il solo fatto di poter donare costituisce il più grande tornaconto. Una prospettiva che certi *duri di cuore e di orecchi* difficilmente saranno in grado di comprendere.

scrivere e compose la *Sonata n. 8 K 310*, che è appunto ispirata alla morte della madre e porta la data: Parigi, 6 luglio 1778.

«Terminato l'incontro con lo "spirito intelligente" di Mozart, il dottor Rol mi invitò a guardare nella tasca interna della mia giacca. Con incredibile meraviglia trovai un foglio identico a quello di cui aveva parlato Mozart: c'era il pentagramma tracciato a mano, le prime note della *Sonata K 310* e una macchia d'inchiostro dove la penna di Mozart si era fermata. In seguito ho fatto esaminare quel foglio, che conservo gelosamente: mi hanno assicurato che è autentico».

Anche il dottor Alfredo Gaito è stato protagonista di un episodio simile.

«Durante una delle tante serate che ho avuto la fortuna di trascorrere accanto al dottor Rol», mi racconta «venne lo "spirito intelligente" di un mio antenato che disse di essere stato medico nel 1500. Mio padre era medico, mio nonno pure, ma non sapevo di aver avuto antenati medici nel Cinquecento. Le conoscenze dell'albero genealogico della mia famiglia non arrivavano così lontano. Comunque, lo "spirito intelligente" di questo mio antenato parlò a lungo e mi diede anche preziosi consigli per la salute. Al termine dell'incontro, disse di volermi regalare un libro di medicina che gli era appartenuto. Improvvisamente, sul tavolo comparve un libriccino di piccole dimensioni, intitolato *Animalium proprietates* e datato 1552. Nella pagina interna del libriccino era scritto a mano: "*Hic liber mihi attinet. A. Gaito med.*". Ho fatto vedere il libro a diversi esperti, e tutti mi hanno detto che si tratta di un'edizione preziosa e rara».

***

Else Totti (Lugli) era presente a questo esperimento in cui fu materializzato il libro dell'antenato di Gaito, riporto qui il suo resoconto riportato dal marito Remo nel suo libro, per confronto e completezza:

«Sera del 3 aprile 1976, in casa Visca, presenti Giorgio e Nuccia Visca, Alfredo e Severina Gaito, i coniugi Madaro, Else Lugli.
La scelta di un argomento, attraverso la solita trafila con l'intervento di tutti i presenti, porta a un libro antico, precisamente del 1500. Rol parla come se fosse un antenato di Gaito, anche quello medico, che gli annuncia che gli regalerà un libro che era stato di altri Gaito, sulle "proprietà degli animali in medicina", edito nel 1552-1559, di cui fu autore Ioanne Ursino, dottore medico e poeta laureato di Alessandria. A un tratto Rol dice ad Alfredo Gaito: "Prendilo, è caduto davanti a te". Ma non fa ancora accendere la luce grande perché sta scrivendo in scrittura automatica. Alla fine si leggerà sul foglio: "Sono lieto di aver potuto salutare il pronipote diletto e onesto e la sua cara ed amabile sposa. Tu fosti labile ora sei abile. Non ti riempir di cibi così smodatamente. Sii continente a tavola che il tuo sangue preme assai forte, se eccedi avrai morte. Da tempo ti veggo e

proteggo. A. Gaito med." Il libro è veramente un pregevole pezzo di antiquariato. In una delle prime pagine c'è una dedica dell'epoca: "Hic liber mihi attinet A. Gaito med. optim aff. 1552". Sono anche indicati altri passaggi di proprietà: 1559, 1602, 1676. Dopo trecento anni il libro è tornato sull'asse ereditario»[28].

Le prime due pagine del secondo articolo su Rol. Nella pagina seguente pubblico degli ingrandimenti da intestazione e corpo dello spartito; il testo che accompagna la notazione può essere confrontato con quello ottenuto da Rol sul foglio in precedenza bianco.

---

[28] Lugli, R., *Gustavo Rol. Una vita di prodigi*, 2008, p. 150. L'episodio di Gaito (ma anche quello di Gavosto) fa riflettere su una cosa: se Rol fosse stato un mistificatore, perché avrebbe dovuto darsi la pena di andare a scovare un libro del '500 di un antenato di cui Gaito ignorava l'esistenza quando avrebbe potuto fare qualcosa di molto più semplice, per esempio la materializzazione di un libro moderno qualsiasi? È inoltre anche difficile immaginare dove potrebbe averlo trovato, non certo a casa di Gaito, al quale non sarebbe sfuggito un libro vecchio di oltre 4 secoli nella libreria di famiglia.

L'UOMO DELL'IMPOSSIBILE Torino. Gustavo Adolfo Rol, l'uomo dell'impossibile. Nonostante gli sbalorditivi fenomeni che accadono per suo tramite, egli dice di essere una persona perfettamente comune. Sostiene che tutti possono fare ciò che lui fa. « Non vi sono », egli dice « "dimensioni" alle quali l'uomo sia precluso od ammesso soltanto attraverso pratiche di magìa, se non addirittura dopo la morte ».

La foto che era stata data da Rol, deluso da quella pubblicata nella puntata precedente.

Il dottor Alfredo Gaito con il libro del 1552 appartenuto al suo antenato e materializzatosi durante un esperimento.

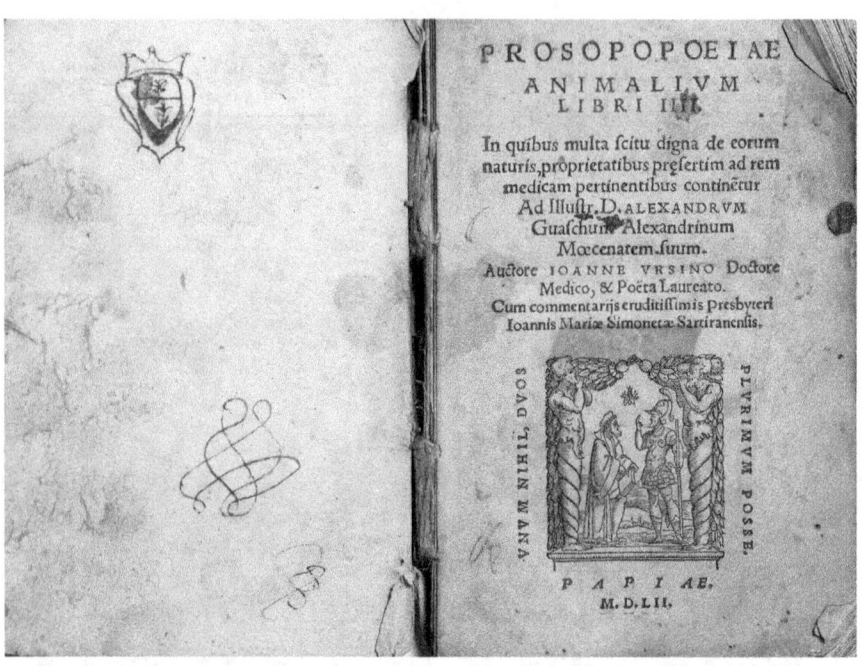

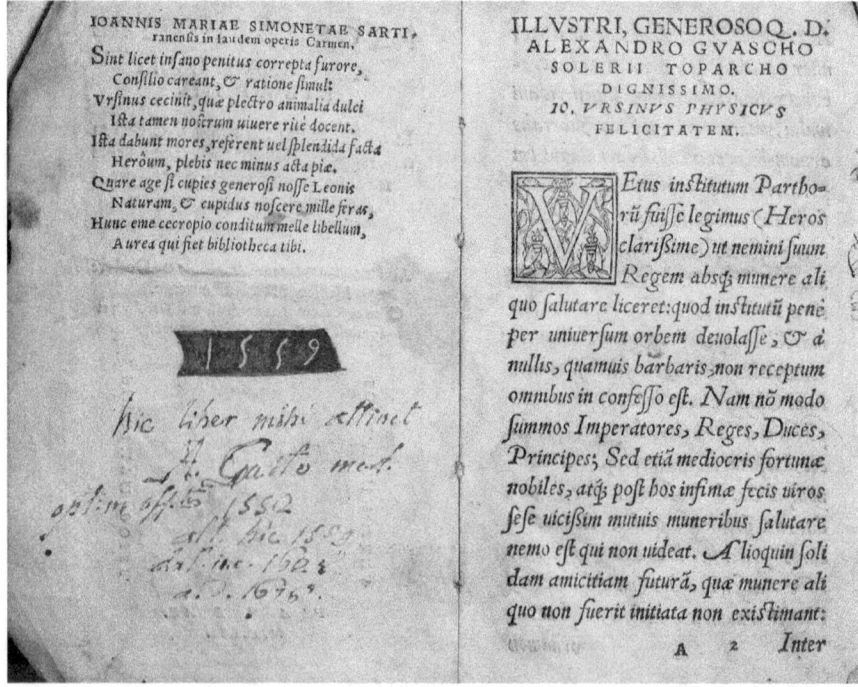

Pagine interne del libro di Gaito, con l'annotazione a mano *hic liber mihi attinet A. Gaito med.* e le date, fotografate da Remo Lugli (© Archivio Franco Rol).

I pennelli si muovono da soli

(terza puntata dedicata a Rol, 19 marzo 1977[1])

Occhiello/Sommario
Durante le straordinarie serate del dottor Rol, lo "spirito intelligente" del pittore francese François Auguste Ravier realizza inspiegabilmente un quadro dopo l'altro – I pennelli operano per conto loro: impastano i colori, si intingono da soli nell'essenza di trementina, trasportano il colore sulla tela – Eleonora Duse consegna l'ultima lettera scritta a D'Annunzio, una lettera che il poeta non ricevette mai

Didascalia della fotografia di Rol (pp. 12-13)
Il dottor Gustavo Adolfo Rol. Notissimo in tutto il mondo per le sue qualità paranormali, è un uomo profondamente semplice, preoccupato soprattutto di rendersi utile al prossimo. (…) A chi gli domanda che cosa prova di fronte ai fenomeni che accadon per suo tramite, Rol risponde: «Una grande solitudine».

Torino, marzo
Nei precedenti articoli su Rol, ricorre spesso un richiamo allo "spirito intelligente" dell'uomo. Può sembrare una contraddizione, dal momento che Rol non condivide i principi tradizionali dello spiritismo e della medianità. Quando gliel'ho fatto notare, mi ha risposto: «Ogni cosa ha il suo "spirito": una pietra, una foglia, un oggetto, anche le cose apparentemente inanimate. Vede questo lapis? Ebbene, la ragione di essere e la funzione di questo lapis rimarranno registrate nella storia dell'universo: sarà scritto come è stato prodotto, venduto e acquistato; chi se ne è servito, le parole che ha tracciato, eccetera. Così, anche quando il lapis non ci sarà più, è come se esistesse una scheda al nome di questo oggetto e su questa scheda fosse registrata la "vita" del lapis. Nella valutazione dell'universo, anche questa matita ha e avrà la sua importanza».
Se ho ben compreso, il punto su cui Rol insiste è questo: tutta la materia, proprio perché è energia, risponde a precise leggi che ne regolano l'attività e il continuo mutamento nel campo chimico e in quello fisico. «È qui che ci è dato di comprendere, o almeno di intuire, che cosa è "l'istinto", questa sorta di "regola" che si rivela in maniera sempre più nobile nelle piante e negli animali in quello straordinario processo che

---

[1] Rol, G.A. (firmato da Allegri, R.), *I pennelli si muovono da soli*, 'Gente', n. 12, 19/03/1977, pp. 12-14.

conduce poi il moto creativo alla realizzazione dell'"uomo", vertice estremo, ove l'istinto si sublima nel divenire "intelligenza"[2].

«Ho definito "spirito intelligente"», dice Rol «l'attributo massimo conferito alla persona umana. Ad essa vengono trasmesse possibilità inimmaginabili per le quali, attraverso un processo di libera scelta, l'uomo è in grado di riconoscersi nella propria natura divina. Agendo in questa atmosfera, ove l'armonia ed il senso morale non possono avere alternative, l'uomo, autentico "procuratore di Dio", è in grado di compiere qualsiasi prodigio. È questo il principio dell'eternità».

Sul come, poi, ci si possa trovare in contatto con uno "spirito intelligente", Rol mi ha fornito delle spiegazioni che ha affidato "alla intuizione più che alla comprensione"[3]. D'altronde, alla vera conoscenza di queste cose si giunge soprattutto attraverso l'intuizione. Non è una questione di concentrazione, di volontà, ma pur sempre di "pensiero", quale mezzo di indagine e di ispirazione. E poi l'argomento sembra più accessibile quando si considera ciò che Rol vuole dimostrare: la possibilità di trovarsi a contatto con lo "spirito intelligente" di persone defunte o viventi che siano[4].

Per quanto riguarda gli "apporti", la scrittura "diretta", la mutazione delle cose, ecc., ho azzardato l'ipotesi di una materializzazione del pensiero. «In parte può essere così», mi ha detto Rol «ma la cosa è assai più complessa o più semplice: sembra un paradosso, eppure è così. Si giunge alla conoscenza di queste cose attraverso una disciplina lunga e severa, impietosa verso qualsiasi sollecitazione peculiare»[5].

---

[2] *L'istinto si sublima nel divenire "intelligenza"*. Frase che da sola già dice moltissimo su uno degli aspetti che occorre considerare per inquadrare correttamente la *coscienza sublime*.

[3] E questo anche perché l'*intuizione* è uno "strumento percettivo" che si avvicina molto alla natura dello *spirito intelligente*. Il riferimento all'intuizione è uno dei tanti "cartelli stradali" che Rol ha piantato lungo il percorso della sua esposizione.

[4] Come già nella prima puntata (*supra*, p. 302) Rol torna a evidenziare che lo *spirito intelligente* può essere tanto di persone viventi quanto defunte, di fatto omologandole. E non parla di "evocazioni", come avviene nello spiritismo o nelle pratiche negromantiche, ma della «possibilità di *trovarsi a contatto con*», che configura l'interazione con gli *spiriti intelligenti* in una maniera alquanto diversa.

[5] La prima parte di questa frase è importante perché Rol intende far capire che «queste cose» non sono "doni del Cielo" ricevuti a un dato momento – magari persino alla nascita – senza aver fatto nulla perché si manifestassero, come se un fulmine ci avesse colpito casualmente... Nella puntata seguente ci terrà a «smentire che io sia nato con delle particolari facoltà sensorie» e a puntualizzare che «fu solamente dopo molti tentativi... che ottenni qualche risultato» (*infra*, p. 359). Non conosco del resto nessun *genio* della storia – ma anche solo nessuna persona di successo in qualsiasi campo – che sia giunto a un qualunque risultato senza una dedizione molto speciale e persistente. La seconda parte della frase non è invece così chiara. La interpreterei nel senso che, per la sua natura di «disciplina

Mi sembra interessante raccontare, a questo punto, un esperimento al quale ho assistito e che mi ha lasciato profondamente colpito[6]. Erano presenti le solite persone, quelle che avevo già incontrate intorno a Rol e che egli predilige per fare i suoi esperimenti.

Come al solito, ognuno (Rol non interviene mai nella scelta), indica un argomento. Quando esso è stato determinato, Rol se ne impossessa con una sorta di avidità, lo sviluppa, ne traccia i dettagli con precisione, e nello stesso tempo con tenerezza, si direbbe quasi con amore. La sua voce passa da un tono all'altro per descrivere ogni particolare, e tutto ciò che descrive è talmente vivo, talmente colorito che la conclusione, quando si manifesta con lo strabiliante risultato che in genere corona l'esperimento, non sembra più la risultante impossibile che i nostri sensi non avrebbero saputo ammettere, ma appare logica, giusta, se non addirittura necessaria.

L'argomento scelto è: "l'arte teatrale". Nessun personaggio appartenente al mondo del teatro viene nominato. La sala è illuminata, abbiamo dinanzi a noi un foglio di carta assolutamente bianco. Come al solito, Rol, che siede a capo del grande tavolo, si mostra sereno e disponibile.

Noi stessi decidiamo la persona che farà "da spalla" a Rol. Viene scelto l'ing. Silvano Innocenti, un uomo molto posato, che ricopre un posto importante in una grande industria[7] e che da anni offre a Rol, con la moglie, la professoressa Doretta Torrini, una valida assistenza. Più avanti si unisce a lui la signora Severina Gaito, moglie del medico dottor Alfredo Gaito.

L'ing. Innocenti si mette in tasca il foglio di carta, e a questo punto Rol comincia a raccontare. È una donna di teatro, quella che parla attraverso di lui, con espressioni alte e talora profonde. Dice molto di sé, fa un lungo riassunto della propria vita, raccontando in modo così vivo, che a noi pare sia presente[8].

Finalmente si rivela: dice di avere follemente amato Gabriele d'Annunzio, di aver bruciato per lui la seconda parte della vita. Ma, nell'esaltazione dell'amore, prima, poi nelle sofferenze dei distacchi, ha trovato la ragione di sopravvivere ad una vicenda che ha sconvolto i suoi sentimenti e la sua fama. Attraverso un costante processo evolutivo, i sensi, la sensibilità e l'arte stessa di questa donna famosa si sono trasformati in un'ansia di carità e di umana disponibilità verso una meta altissima: Dio.

---

lunga e severa», essa non ammette scorciatoie, facili risultati e soluzioni, interessi personali né distrazioni.
[6] Allegri in realtà non era stato presente all'esperimento che Rol stava per raccontare, accaduto quasi un mese prima – il 22 gennaio 1977 – del suo primo incontro con Rol e testimoniato e poi raccontato invece da Remo Lugli nel suo libro (*cit.*, 2008, pp. 78-80).
[7] Era direttore della Fiat Grandi Motori.
[8] Perché infatti lo è (il suo *spirito intelligente*).

A questo punto, Rol si alza in piedi e indicando l'ingegner Innocenti chiede che si legga quanto ritiene sia scritto sul foglio che egli conserva nella tasca inerna della giacca.

Leggiamo, nell'inconfondibile grafia della celeberrima attrice: "Sono Eleonora Duse. Ho qualcosa da rivelare. Brucerete il documento, ma ne tramanderete il contenuto. Quando già si era ritirato al Vittoriale, il Poeta volle riprendere il dialogo con me. Fu un travaglio decidere, ma poi non ebbi dubbio alcuno, avrei ricusato. Vergai allora una lettera che feci recapitare a mano ma che, per uno strano complesso di vicende, non giunse al destinatario. Riposò, sino a questo momento, dietro a uno specchio".

Sempre in piena luce, Rol chiede un piatto fondo e prega la signora Gaito di collocarlo, rovesciato, sul tavolo dinanzi a sé e di coprirlo con entrambe le mani. Tutto ciò dura una breve frazione di tempo. (Subito dopo la signora Gaito ci racconterà che in quegli attimi ha percepito nettamente nell'interno del piatto un movimento convulso, come di "qualcosa" che si andava formando.)

«È fatto», dice Rol. Sollevato il piatto, appare una lettera: un biglietto bianco, ingiallito dal tempo, ancora sigillato. Sul lato frontale c'è l'indirizzo, di pugno di Eleonora Duse: "Al comandante Gabriele d'Annunzio". E nell'interno, su di un doppio foglio, queste poche righe, in un inchiostro ingiallito, sempre di mano della Duse: "Non vi sono rimorsi, non vi sono rimpianti; tutto ciò che è avvenuto è soltanto lode di Dio. Tu ti illumini alla gloria dei tuoi allori, io mi accendo al fuoco della carità. È sempre luce che risplende sull'Universo ed esalta il Signore. È inutile spolverare il passato del quale sopravvive soltanto ciò che è degno di vita eterna"[9].

Copiamo il testo delle lettera che poi, a malincuore, bruciamo. Rol distrugge quasi sempre ciò che rimane dei suoi esperimenti. Dice che "sente" di dover agire così (qualcuno, però, crede che agisca così affinchè di tante cose e documenti non si faccia mercato)[10].

---

[9] Questo brano è molto più di quel che sembra e ha più di un livello di significati. Mi limito a evidenziare l'ultima frase – *sopravvive soltanto ciò che è degno di vita eterna* – che ad uno dei livelli significa quello che spesso Rol ha detto *non esplicitamente*, visto che «la verità non è un bene per l'uomo». Rimando al vol. V, p. 353 nota 17 e a *Il simbolismo di Rol*, p. 351, nota 477 (3ª ed.) e relativi rimandi.

[10] Questa è certo una delle ragioni. Un'altra, che può essere applicata anche agli esperimenti, è quella menzionata da Inardi, ovvero «il suo voler distruggere ogni cosa che per avventura rimanga scritta in mani non degne di utilizzarla a fini buoni» (*supra*, p. 290); Inardi ne aveva menzionata anche un'altra che abbiamo già vista, e che evidenzio nella *fake news* n. 8 del già citato mio approfondimento del 2019 *Le 10 principali fake news degli scettici*.

La signora Nuccia Visca, una signora presente alla serata, mi ha detto: «Qualche volta ci consente di conservare fogli sui quali ha tracciato segni o parole: li firma e dice: "Conservatelo in mio ricordo"».
Ho veduto la figura di Gesù incoronato di spine che il signor Giorgio Visca tiene sul letto matrimoniale. È un disegno molto suggestivo, ottenuto direttamente in pochi secondi, durante una seduta in piena luce nella casa del giornalista scrittore Remo Lugli, e di sua moglie, la professoressa Elsa Totti[11], pittrice e poetessa. L'autore del disegno? El Greco[12].

---

[11] Nell'articolo c'è «Trotti», ma deve trattarsi di un refuso. Potrebbe esserlo anche «Elsa» visto che si chiamava *Else*, ma non si può escludere che Rol l'abbia chiamata così di proposito, come chiamava Nathalie Andronikof «Natalia». Occorrerebbe verificare il manoscritto originale.
[12] Cfr. il resoconto dettagliato di questo esperimento del 1974 in Lugli, R., *Gustavo Rol. Una vita di prodigi*, 2008, pp. 119-121.

(Del resto, mi dicono, che lo "spirito intelligente" di Francisco Goya ha tracciato splendidi disegni, poi distrutti per ordine di Rol)[13].
Remo Lugli, a suo tempo, scrisse per *La Stampa* alcuni articoli su Rol. Anche Dino Buzzati raccontò molto di lui sul *Corriere*, come pure Biondi sul *Resto del Carlino*. Giornali e riviste, in Italia e all'estero si occupano continuamente di Rol, ma egli, e non se ne conosce la ragione[14], non desidera che si parli di lui sui giornali, così come raramente parla di sé nella conversazione. Non tiene in casa libri che parlino della sua persona: indifferenza, pudore, diffidenza?[15]
«Non è giusto», egli dice «suscitare nel prossimo tante speranze che poi sono costretto a deludere. Non sono un medico, e tanto meno un guaritore[16]. È vero che, a volte, sono preso dall'impulso invincibile di fare una determinata cosa, e allora la cosa mi riesce. Allora ne sono io stesso sorpreso. Ma su cento casi in cui vengo interpellato, ben pochi hanno un risultato positivo[17]. Mi occorre sentire una "spinta" che mi viene dal "di dentro", quasi un ordine imperioso. Qualche cosa che poco innanzi non avrei mai immaginato dovesse interessarmi... In questo caso il risultato è sempre positivo. Spesso mi accade di fermare una persona, anche sconosciuta, e di ammonirla, senza nemmeno chiederle scusa per l'intromissione, a non fare questo, a fare piuttosto quest'altro, a non recarsi ove è diretta, a non ripetere un errore appena compiuto. In questi casi il mio intervento è sempre utile, sempre benefico, e non mi rimane

---

[13] Di esperimenti con Goya ci sono poche testimonianze. Ad esempio, Franca Ruscalla aveva raccontato che una volta «sulla tela apparve un dipinto raffigurante un uomo piuttosto anziano intento a camminare. Sul retro era riportata la frase: "Sto ancora imparando", seguito dalla firma di Francisco Goya» (Ternavasio, M., *Gustavo Rol. Esperimenti e testimonianze*, Edizioni L'Età dell'Acquario, Torino, 2003, p. 91). In una mia registrazione inedita, Rol afferma: «Goya mi stordisce».

[14] Frase curiosa, forse per indurre il lettore a prestare maggiore attenzione e a chiedersi quale fosse la ragione di quanto scrive dopo, ovvero il suo comportamento riservato agli antipodi con quello che avrebbe avuto un mistificatore.

[15] Il brano, a partire da «Remo Lugli, a suo tempo...» venne omesso da Allegri sia in *Rol l'incredibile* che in *Rol il mistero*. Gli articoli di Lugli (1972 e 1973) li abbiamo visti in questo volume, quelli di Buzzati (1965) e Biondi (1966 e 1967) in quello precedente. Manca soprattutto la menzione, e non è una dimenticanza, dell'articolo di Furio Fasolo su *Epoca* (1951).

[16] Precisazione per evitare di trovarsi poi la fila sotto casa di persone che avevano bisogno di essere curate. Se è vero che Rol non era «medico» è anche vero che ha spesso dato dimostrazione di saperne più dei medici – che infatti si appoggiavano a lui in casi difficili – e certo era anche guaritore.

[17] Anche qui, Rol mette le mani avanti per non essere poi travolto dalle richieste da tutta Italia e non solo. Occorre però evidenziare di nuovo che nessun mistificatore si esprimerebbe in termini tanto riduttivi della propria attività e del suo tasso di successo.

altro che ringraziare commosso Iddio delle possibilità che Egli mi dona, commosso e confuso, perché indegno di tanta grazia».

Ho chiesto a Rol di parlarmi della pittura che, per suo tramite, "avviene" nella semioscurità, se non addirittura nel buio più assoluto[18]. Ho visto alcuni di questi quadri, indubbiamente notevoli. Qualcuno ha sollevato il dubbio che l'esperimento, poiché non avviene in piena luce, possa essere "truccato". Chi però ha assistito agli esperimenti lo esclude con fermezza. La tavoletta e la tela vengono scelte e preventivamente contrassegnate; il soggetto è indicato dai presenti (per esempio, "Strada di campagna con casa a sinistra e alberi in fondo, all'alba"). Il giornalista-scrittore Remo Lugli può confermarlo: una sera, in casa sua, tramite Rol, vennero realizzati simultaneamente quattro deliziosi paesaggi, proprio come se fossero dipinti dalla mano del francese François Auguste Ravier (1814-1895), il pittore che quasi sempre "ispira" gli esperimenti. La seduta durò appena quindici minuti; gli argomenti erano stati richiesti da quattro persone presenti[19].

Quando si realizzano queste pitture, Rol è seduto tra coloro che gli fanno circolo. La tela, appoggiata ad un cavalletto o ad una sedia, è ad alcuni metri di distanza da lui. I pennelli ed il raschietto operano per conto loro:

---

[18] Frase omessa da Allegri in *Rol l'incredibile* e *Rol il mistero*.
[19] L'esperimento, del 20/10/1974, è descritto nel dettaglio da Lugli nel suo libro a pp. 63-66 (ed. 2008), l'ho riportato anche nel vol. I (XVII-1 e 1bis). Due di quei quattro dipinti li ho ora io (uno lo pubblico qui sopra, nell'articolo non c'era).

impastano il colore a olio sulla tavolozza preventivamente preparata, si intingono da soli nell'essenza di trementina e poi trasportano il colore sulla tela. Tutto questo lavoro è perfettamente percepibile all'udito, e qualche volta non è difficile sentire nell'aria una voce, che non è quella di Rol e che viene attribuita al pittore Ravier[20].

A esperimento avvenuto, Rol corre ad affondare il lapis nel colore ancora molle e scrive sulla tela: *"Hommage à Ravier"*, apponendo, ben chiaramente, la propria sigla e la data. «Così, tra qualche anno», egli dice «a qualcuno non verrà la tentazione di spacciare per autentici questi dipinti»[21].

Oso obiettare: «Ma se è stato lo "spirito intelligente" del Ravier a realizzarli, mi sembra che non ci dovrebbero essere difficoltà a venderli come se fossero autentici». Rol aggrotta la fronte e risponde subito: «Ci provi; ma come farà, poi, a dare questo denaro allo "spirito intelligente" di Ravier? E ammesso che possa farlo, che valore avranno quei soldi là dove lo "spirito intelligente" di Ravier si trova adesso?». È una battuta, ma forse Rol le attribuisce un significato preciso, un'allusione sottile[22].

---

[20] Ecco la parte centrale dell'esperimento raccontato da Lugli: «Nel silenzio si incomincia a sentire un fruscio. Cerchiamo di scrutare nel punto dove c'è il cartoncino e vediamo qualcosa muoversi: è un pennello, quasi orizzontale, con la parte posteriore leggermente più alta, come se fosse guidato da una mano. Il pennello si abbassa, scompare, ne sale un altro, poi è la volta della spatola che produce un suono diverso di raschiatura. Rol è sempre distante dall'improvvisato cavalletto, ogni tanto fa qualche passo verso il camino, poi ritorna, supera le sedie, viene verso di noi, torna ancora indietro. Non più in silenzio, adesso canticchia, bisbiglia qualcosa in francese. Sono trascorsi forse quindici minuti da quando i pennelli hanno cominciato a muoversi da soli e Rol dice: "È fatto, possiamo accendere"».

[21] Tra qualche anno gli *Hommage* di Rol avranno un valore di mercato assai superiore rispetto agli originali. Nell'immagine, il dettaglio del dipinto della pagina precedente (il tipo di cornice molto aderente e finitura non mi ha permesso di fotografarlo senza, col rischio di rovinarlo).

[22] Se poi è lo stesso Rol a scriverlo, si può esserne certi.

Mi dicono che Rol ha avuto contatti a livelli altissimi. Molti personaggi famosi sono ricorsi a lui, e Rol ha deluso soltanto coloro che non gli hanno creduto[23].

Qualcuno afferma addirittura che se gli si fosse dato ascolto, la guerra sarebbe finita prima del '45 e si sarebbero evitate molte sofferenze.

Un giorno fu chiesto a Federico Fellini quale dei personaggi eccezionali incontrati nella sua vita l'avesse più colpito. «Ammiro in modo particolare il dottor Rol di Torino», rispose Fellini. «Lo ammiro per lo sforzo eroico che sostiene nel salvaguardare il proprio io individuale dall'assalto delle forze indefinibili e potenti che insidiano la personalità di certi sensitivi. Certo, è l'uomo più sconcertante che io abbia conosciuto. Sono talmente enormi le sue possibilità da superare anche l'altrui facoltà di stupirsene. Ecco perché il caso di Rol mi commuove: nonostante la potenza delle sue facoltà, riesce a tenere a bada l'orgoglio e si rifugia in una zona di religiosa consapevolezza che ha del meraviglioso»[24].

---

[23] Frase non presente nei due libri di Allegri.

[24] Si veda il brano originale di Fellini su *Pianeta* che ho riportato nel vol. V, p. 67. C'è qualche differenza. Ad esempio, la frase «dall'assalto delle forze indefinibili e potenti che insidiano la personalità di certi sensitivi» su *Pianeta* era «dall'assalto di queste misteriose forze», anche se poco prima di parlare di Rol Fellini aveva detto: «Ho l'impressione che la personalità di certi sensitivi sia insidiata dalle stesse forze indefinibili e potenti di cui sono ricetto». Rol ha quindi ripreso e riformulato quanto detto da Fellini. Qui poi scrive (di se stesso) che è «l'uomo più sconcertante che io abbia conosciuto», su *Pianeta* Fellini aveva detto che era «l'uomo più sconcertante che io abbia incontrato» (e per questo si trovano ogni tanto citazioni in entrambe le forme). Tra l'altro la versione francese di *Planète* è leggermente diversa da quella italiana. Ne do traduzione: «Rol, che certamente è l'uomo oggi più sconcertante, mi è parso il più commovente nel disperato tentativo di salvare il suo proprio io, nei suoi sforzi eroici per arginare dentro di sé una sorta di torrente cosmico, di irruzione di potenze spaventose» («Rol, qui est bien l'homme d'aujourd'hui le plus déroutant, m'a paru le plus émouvant par la tentative désespérée de sauver son propre moi, par ses efforts héroïques pour endiguer en lui une sorte de torrent cosmique, de déferlement de puissances d'épouvante » (*Je suis voluptueusement ouvert à tout*, Planète n. 19, nov.-dic. 1964, p. 78)). Ripeterei per evidenziarla la frase in corsivo, perché rispecchia in maniera ancora più precisa le difficoltà da cui Rol dovette passare soprattutto la prima volta che si trovò al cospetto della *potenza, nel disperato tentativo di salvare il suo proprio io, nei suoi sforzi eroici per arginare dentro di sé una sorta di torrente cosmico, di irruzione di potenze spaventose*. A Giorgio di Simone nel 1970 aveva scritto: «è vero che la contropartita è meravigliosa, però saprebbe chiunque accettare l'annullamento della propria personalità?» (*Oltre l'umano*, cit., 2009, p. 53). Il risveglio di *kuṇḍalinī-śakti* – la *potenza* per l'appunto – è una finestra spalancata improvvisamente su un cosmo meraviglioso e terribile, come terribile sarebbe trovarsi sulla Luna senza un casco con ossigeno per respirare, per quanto mozzafiato sia il panorama.

Vittorio Valletta, l'amministratore delegato della Fiat, gli regalò un libro con questa dedica: "Al dottor Rol, con ammirazione per il suo lavoro ultra-umanitario".
Ho chiesto a Rol che cosa prova di fronte ai fenomeni che succedono per tramite suo.
«Una grande solitudine», mi ha risposto. «Apparentemente tutti sono disponibili a migliorare, ad elevarsi verso mete dove l'egoismo è ignorato, ma poi, in realtà, ognuno pensa a sé e si ricorda del prossimo solo se ha bisogno di lui».
Sono rimasto qualche istante solo nel suo studio e ho gettato lo sguardo sulla sua scrivania. Ho notato un foglietto sul quale Rol aveva scritto questi versi che ho copiato, col suo consenso:

> *Oscuri Dei che tremano*
> *per la loro ingiustizia*
> *o un solo Dio che soffre*
> *per le prove che impone,*
> *l'uomo si trascina*
> *così*
> *attonito*
> *sul deserto di fango*
> *che lo genera*
> *e poi lo inghiotte.*

«È desolante», ho detto. «Allora lei non ha più speranza?».
Rol ha sorriso, poi ha girato il foglietto. La poesia continuava sull'altra pagina, con un solo verso: "Ma tu mi hai confortato"[25].
Rol ha sorriso ancora e ha aggiunto: «C'è sempre un'ancora di salvezza».

---

[25] Una versione di questa poesia è stata pubblicata in: Dembech, G., *Scritti per Alda*, L'Ariete, Settimo Torinese, 1999, pp. 126-127. A differenza del foglio di cui parla Rol la poesia, indirizzata ad "Alda", è su una facciata sola e l'ultimo verso non termina con «Ma tu mi hai confortato», ma continua e termina con «ed in Te/tutto/ho compreso», e la data fittizia del 21/11/1940. Inoltre il secondo verso non è singolare ma plurale («per le loro ingiustizie»). Rol probabilmente ha voluto riusare il contenuto di questa poesia ad uso e consumo dell'articolo. Si veda anche il retroscena (in: 1-I-49) raccontato da Allegri nel 2003 dopo che l'articolo era stato mandato in tipografia ed era pronto per la stampa.

Rispetto alle prime due puntate, l'impatto dell'impaginazione della terza – con la posa carismatica di Rol immortalata da Norberto Zini, a tutta pagina – era assai diverso.

Al Comandante
    Gabriele d'Annunzio

Non vi sono rimorsi né cose rimpianti; tutto ciò che è avvenuto è soltanto lode di Dio. Tu ti illumini alla gloria dei tuoi allori, io mi accendo al fuoco della carità. E' sempre luce che risplende nell'universo ed esalta il Signore.

E' inutile spolverare il cassetto del quale sopravive soltanto ciò che è degno di vita eterna.

La lettera dello *spirito intelligente* di Eleonora Duse, con la data dell'esperimento e la firma di Rol, fotografata da Remo Lugli (inedita - © Archivio Franco Rol)

Finalmente Rol rivela Rol

(quarta puntata dedicata a Rol, 2 aprile 1977[1])

Occhiello/Sommario
«Vorrebbero farmi passare per un "sensitivo", ma io non sono nato con particolari facoltà sensorie», dice lo straordinario personaggio - «Avevo 23 anni quando, quasi per caso, cominciai a scoprire le mie possibilità» - «Continuai ad esercitarmi per anni, senza lasciarmi distrarre dall'indifferenza e dall'ostilità che incontravo» - «Durante i miei esperimenti agisco in uno stato di assoluta normalità» - «Sono convinto che in avvenire le mie possibilità saranno patrimonio di tutti.

Didascalia della fotografia a p. 32
NIENTE DI PARANORMALE Gustavo Adolfo Rol nella sua biblioteca. Nato a Torino da un'antica famiglia piemontese, scoprì le sue straordinarie facoltà a 23 anni, mentre si trovava a Marsiglia per ragioni di lavoro. «Non c'è assolutamente nulla di paranormale in me», sostiene Rol. «Quello che faccio ha una sua precisa spiegazione logica, conseguenza di principi che tutti possono conoscere».

Didascalia della fotografia a p. 33
PITTORE AUTENTICO Il dottor Gustavo Adolfo Rol, pittore di professione, accanto a uno dei suoi quadri. È uno dei dipinti che Rol realizza con il proprio stile e che non hanno nulla a che vedere con i quadri di François Auguste Ravier, il pittore francese dell'Ottocento il cui "spirito intelligente" interviene nelle sedute di Rol. «Il Ravier, maestro ed amico di Fontanesi, è per me solo un immenso sostegno spirituale», dice Rol. I dipinti di Rol sono assai ricercati, ma è difficile trovarne perché egli, lavorando con estremo impegno, ne realizza pochissimi.

Torino, marzo
Il dottor Rol mi viene incontro e mi dice subito: «Non ho richiesto il vostro servizio, ve l'ho accordato nell'intento di dare "un certo carattere" alla vostra inchiesta sul paranormale. Avevo spiegato come i dipinti realizzati tramite lo "spirito intelligente" di François Auguste Ravier debbano essere considerati un fenomeno a parte, del quale avrei anche preferito non parlare. Avevo pregato di indicare piuttosto la Duse nel titolo dell'ultima puntata. Invece leggo, tanto sulla copertina quanto

---

[1] Rol, G.A. (firmato da Allegri, R.), *Finalmente Rol rivela Rol*, 'Gente', n. 13/14, 02/04/1977, pp. 32-39.

all'interno, un titolo inaspettato: "I pennelli si muovono da soli". Ne sono veramente rattristato».
Cerco di tranquillizzarlo, di dargli una spiegazione. Temo che la mia inchiesta con Rol vada in fumo[2]. Non è, infatti, l'episodio Ravier quello che possa illuminare ciò che Rol compie. Egli rifugge da tutto quanto è spettacolare. Mi dice che vorrebbe attenersi scrupolosamente a un discorso ove lo spirito viene esaltato, non turbato da esperimenti dei quali lui non vorrebbe neppure che si parlasse[3].

---

[2] Allegri nel 2003 riferirà quanto segue: «Rol non aveva digerito la scelta del titolo sul giornale che era stata fatta per il suo terzo intervento, e cioè *I pennelli si muovono da soli*. Continuava a rinfacciarmela ogni volta che mi vedeva e quando mi consegnò il suo quarto articolo vidi che il testo iniziava proprio con un solenne rimprovero per quel titolo. Un rimprovero "alla Rol", quando era molto arrabbiato. Quindi, sdegnoso, ti rinfacciava che, oltre allo sgarbo, avevi mancato anche di signorilità, di tatto, rispondendo con meschineria a uno che ti stava facendo un favore. A me la cosa non faceva né caldo né freddo, ma il direttore del giornale, quando lesse quell'attacco, disse: "Telefona a Rol e fagli cambiare l'inizio dell'articolo, altrimenti non lo pubblico". Telefonai, mettendomi, come sempre, in un ginepraio. Rol era irremovibile, e minacciava di ricorrere ai suoi avvocati se avessimo cambiato una sola parola. Il direttore non voleva cedere. "Non possiamo lasciarci insultare da un estraneo" diceva. "Sono io che scelgo i titoli degli articoli e non intendo avere suggerimenti da nessuno, tanto meno da chi non fa parte della redazione. Oltretutto, il titolo si riferisce a un fatto specifico di cui Rol ha scritto nell'articolo". Trascorsi la giornata a fare telefonate e alla fine dovette cedere il giornale. Gli articoli su Rol erano molto seguiti dai lettori, e l'audience, anche allora, dettava legge. Anzi, per ricucire lo strappo, tornai a Torino con il fotografo. Rol aveva preso gusto a farsi fotografare con i suoi dipinti. Posò nella sua biblioteca, accanto a uno dei quadri con rose, quelli tipici della sua produzione professionale, e poi ci condusse in una villa in collina, da suoi amici, dove c'erano diversi quadri di quelli che si erano dipinti da soli» (*Rol il grande veggente*, 2003, pp. 145-146).

[3] Questa parte nei primi due libri su Rol non è stata riportata. Rol considera i suoi esperimenti così come i suoi prodigi molto importanti, ma non fino al punto di esaltarli a detrimento di ciò che è causa e conseguenza della loro manifestazione, ovvero lo «spirito». La gerarchia di ciò che è più importante deve sempre essere rispettata, né certe *possibilità* debbono mai diventare un *fine*, un obbiettivo – pena tra l'altro l'impossibilità di ottenerle – laddove la meta deve invece essere la *coscienza sublime* la quale "dona" poi, come "bonus", queste *possibilità*. Naturalmente, l'ho detto spesso, questo non deve portare a sminuire le *siddhi*, ciò che sarebbe sbagliato tanto quanto l'esaltarle. Il discorso di Rol, occorre sempre tenerlo presente, era rivolto qui al grande pubblico, ed il suo approccio comunicativo doveva essere adeguato a quell'uditorio. Puntualizzare l'importanza dello spirito rispetto agli esperimenti – oltre a quanto Rol spiega nelle righe seguenti – era anche un modo per tenersi lontano e tenere lontani questi articoli dalla volgarizzazione e dal sensazionalismo popolare che si nutre spesso di superstizioni, magia e previsioni astrologiche su riviste di gossip.

«Ma non lo sa che lei ed io, con tutto quanto *Gente* scrive su di me», aggiunge Rol dopo un breve silenzio «illudiamo un sacco di persone che poi in realtà ricevono ben poco?». Gli faccio notare che sotto molti aspetti le cose che riporto su di lui hanno, in ogni caso, un aspetto tonificante perché la speranza, anche se spesso è figlia di un'illusione, è sempre un valido aiuto[4].

«È umano», risponde Rol «che tutto ciò che si distacca dalla realtà venga immediatamente tradotto sul piano delle nostre necessità, fisiche o spirituali che siano. Ed è più logico che ad un individuo che agisce contro le norme consuetudinarie del vivere, a uno che riesce a vincere la legge della gravità, che può sconvolgere la logica della matematica, che è in grado di annullare il tempo e lo spazio, si chieda poi di guarire un male incurabile, di conoscere il futuro, di mandare la pallina della *roulette* nel numero desiderato»[5].

Rol mi mostra alcuni libri che tiene nella sua vasta biblioteca. Quasi tutti hanno delle dediche che impressionano. Ad esempio, lo scrittore Dino Segre (Pitigrilli) su un libro ha scritto: "Al Dr Gustavo Adolfo Rol che, invertendo l'ordine delle mie convinzioni, mi fa dubitare della forza e della materia". Su un altro libro: "A Gustavo Adolfo Rol che cammina come un illuminato sulla geografia dell'inconoscibile". E su un terzo volume: "Al Dr Gustavo Adolfo Rol che, staccandomi dallo spazio ed emancipandomi dal tempo, mi guida verso una luminosa geometria senza dimensioni". E qualche tempo dopo, sullo stesso volume, Pitigrilli ha aggiunto: "Confermo questa dedica. E rimpiango che le dediche non possano essere regolate da calendari perpetui, perché la mia ammirazione per Rol è immutabile nel tempo».

Su un quarto volume leggo: " *À l'incroyable Rol, qui ne sera croyable qu'après demain seulement* ". (All'incredibile Rol, che sarà credibile solamente dopo domani). La firma è quella di uno scrittore famoso, di un artista poliedrico: il francese Jean Cocteau.

Potrei trascriverne moltissime, e di nomi arcinoti che vanno da scienziati come Einstein ed Enrico Fermi a filosofi, letterati, politici.

---

[4] Si noti come Rol stesso, nella sua finzione dialogica, dopo aver esposto una ragione negativa ne espone una positiva.

[5] Anche qui è opportuno ripetere evidenziadola una frase: Rol è *uno che riesce a vincere la legge della gravità, che può sconvolgere la logica della matematica, che è in grado di annullare il tempo e lo spazio*. Parole che sono già una spiegazione. Quanto allo «sconvolgere la logica della matematica» non è il tipo di esempio che ci aspetteremmo, non uno dei primi per lo meno, visto che la «matematica» in se stessa è quasi assente, *esplicitamente*, negli esperimenti di Rol. Per capire la scelta di questo aspetto, così come la formulazione della frase, occorre guardare agli esperimenti Poutet-Stasia, che Mackenzie aveva denominato di *aritmetica trascendente*.

Quel che Rol ha detto, mi fa riflettere. C'è un'infinità di gente in ansia che attende tutto od anche solamente qualcosa. Rol mi fa ancora notare che il mio servizio sull'inconoscibile non è seguito soltanto da chi anela a elevare il proprio spirito ma anche da coloro che hanno un reale bisogno di aiuto. Chi vuole "sapere" per fini speculativi, non interessa[6].

Poi, nelle considerazioni che sviluppiamo, si fanno luce dei concetti, affiorano delle possibilità che prima, certamente, non avevo mai supposto. Se non interessa di fermare la pallina della *roulette* su di un numero, ci convinciamo però che è possibile irrobustirci nel carattere e trovare così i mezzi, con l'ausilio dello spirito, per risolvere i problemi più ardui. Quando l'uomo si convince di possedere uno spirito[7] immortale, appunto per questa sua prerogativa egli scopre di avere in sé i mezzi che lo rendono onnipotente.

E questo è il principio per il quale il meraviglioso si giustifica nel divenire accessibile. Se poi vogliamo attribuire a Dio il verificarsi del miracolo, non è difficile ammetterlo: Dio è presente dappertutto, quindi anche in noi, e il miracolo diviene logico.

Chiedo a Rol che cosa succede a chi non crede in Dio: è forse escluso dal miracolo?

«Niente affatto», risponde Rol «perché il miracolo avviene in virtù dello spirito che sta in quel "qualcuno"».

«Ma se qualcuno non ammette di possedere uno spirito?».

«Non importa, il miracolo avviene lo stesso anche se le possibilità sono più scarse. Per coloro che sono credenti, questa è una prova della misericordia di Dio. Io credo che questo prorompere della verità segua proprio quello stato di grazia che ha la prerogativa di un dono».

«Spalancare le porte sull'infinito, distruggere la malinconia, superare il terrore della morte». Sono parole che Rol ripete spesso. Adagio, adagio, ho l'impressione di intuire. Ciò che avviene in presenza di Rol non mi sembra più impossibile o almeno mi sembra giustificabile[8]. La forza

---

[6] E questo si applicava anche al tipo di persone che volevano conoscere Rol: «chi [voleva] "sapere" per fini speculativi» difficilmente poteva fare la sua conoscenza, e se aveva la fortuna di farla non poteva poi però sperare in una frequentazione.

[7] In *Rol l'incredibile* (p. 80) e *Rol il mistero* (p. 89), da «per risolvere» fino a «immortale», la frase è stata omessa, forse saltata (consta così: «con l'ausilio dello spirito immortale, appunto») a causa della ripetizione della parola «spirito». Quanto al significato (manuale di istruzioni): occorre dunque che l'uomo *si convinca di possedere uno spirito immortale*, che non è tanto nel suo aspetto di *spirito intelligente*, quanto nel suo aspetto *potenza*, śakti, che è "immortale". Per convincersene, l'uomo deve arrivare a riconoscerlo e per riconoscerlo deve arrivare a trovarlo, ovviamente in se stesso.

[8] Ecco che Rol illustra quale sarebbe lo stato d'animo che avrebbe un "apprendista", ovvero un collaboratore, che lo seguisse passo a passo. Non dimostrazioni fredde per essere giudicate da una commissione-inquisizione di

tremenda che agisce dentro di lui è la stessa che può operare in ognuno di noi, perché è la forza dello spirito[9].

Il travaglio e le forze oscure, cui alludeva Federico Fellini nel suo giudizio su Rol, sarebbero il "magma" della creazione ancora allo stato primordiale. Lo spirito potrebbe quindi essere l'essenza stessa della creazione filtrata nell'eterno processo che segna lo sforzo continuo della Luce in antitesi con le tenebre del male. Il meccanismo per il quale il prodigio si compie, ha una dinamica che è soltanto una conseguenza di una virtù essenziale. Conferendo allo spirito il valore di una prerogativa assoluta[10], ciò che avviene con Rol non sbalordisce più, diviene una cosa logica, possibile a chiunque. Ma tutto ciò è già stato detto. Rol prende il libro del Vangelo e mi mostra col dito queste parole: «È la fede che smuove i monti». E aggiunge: «Non si allarmi, non si fermi al concetto di fede religiosa. Sostituisca pure alla parola "fede" quella di "fiducia incrollabile". È la stessa cosa». E aggiunge: «Questa "fiducia incrollabile" la si ottiene in modo naturale. Ma ispirandosi a Dio la cosa è assai più facile».

Rol insiste: «Anche coloro che non credono in Dio possono avere una "fiducia incrollabile". Intanto, Dio, essendo dappertutto, è presente anche in chi non crede in Lui. Ma se pur ammettessimo che Dio non esiste, nessuno saprebbe sottrarsi alle armoniche leggi che regolano l'universo e respingere[11] i doni che gliene provengono».

«Avrà notato», riprende Rol «che molto raramente io cito nomi di filosofi, di scienziati o di santi perché ognuno di noi ha i mezzi per intuire da solo. Questa è la vera strada della conoscenza. È vero che i maestri agevolano il cammino, ma forse il loro passo è più lento del nostro, il loro sguardo meno acuto, la loro resistenza meno grande. La mia non è presunzione e

---

controllo, ma una partecipazione *lenta* («adagio, adagio») e progressiva, fino al punto in cui tutto il processo finisca per essere percepito come *normale*, *logico*.

[9] Altra frase fondamentale: la «forza tremenda» è sempre e ancora *śakti*, la *potenza* che fece paura a Rol quando scoprì la legge che definì appunto «tremenda» (si vedano le mie considerazioni su questo termine in relazione all'esperienza del risveglio di *kuṇḍalinī* da parte di Gopi Krishna che ho fatte nella postfazione al libro di Paola Giovetti, *Gustavo Adolfo Rol. L'uomo oltre l'uomo*); questa *potenza* è appunto lo *spirito*, sono *la stessa cosa*. Alla luce di questa omologazione, si potrà comprendere in un senso molto meno apparentemente speculativo quello che Rol scrive poco dopo: lo spirito è «l'essenza stessa della creazione»; la specificazione che è «filtrata nell'eterno processo che segna lo sforzo continuo della Luce...» meriterebbe una lunga spiegazione e analisi che rimando ad altro lavoro.

[10] Prerogativa *assoluta*, virtù *essenziale* in quanto *essenza stessa della creazione*.

[11] Nei primi due libri di Allegri è scritto erroneamente «respinge».

neppure mancanza di umiltà. Riconoscendoci in ciò che è possibile, compiamo un atto di fede e allora non manchiamo certamente la meta»[12].
Parliamo in piedi, uno accanto all'altro, nella sua biblioteca. Non mi sono neppure tolto il soprabito, Rol non me ne ha ancora dato il tempo.
Gli dico: «Scriverò queste cose, è utile che si conoscano *questi concetti*».
Rol mi fissa, come se qualcosa fosse improvvisamente scattato in lui: «Sì», dice «*questi concetti*»[13], sottolineando le due parole. Poi aggiunge: «Quanti bottoni ha sul soprabito?».
«Non so», rispondo. Tocco con le dita e mi accorgo per la prima volta come sono disposti i bottoni del mio soprabito. Sono tre coppie di due bottoni molto ravvicinati.
«Due, due, due», dice Rol. Poi ripete di nuovo: «*Questi concetti*», marcando le parole e invitandomi a prendere un libro. Ne prendo uno a caso, sulla sua scrivania.

---

[12] Quello che Rol vuole mettere in evidenza è che *ciò che abbiamo in noi* sarebbe più che sufficiente per raggiungere la *coscienza sublime*, senza appoggiarsi ad alcun maestro. Questo è certamente vero – è, di fatto, la prevalenza della "dottrina" del *Maestro Interiore* rispetto a quella dei Maestri esteriori – ma occorre stare attenti a non fraintendere e a non strumentalizzare questa prospettiva, negando che i Maestri abbiano un qualche valore o negando la validità e utilità di quei pochi lignaggi autentici. Anche in questo caso è questione di gerarchia: il *Maestro Interiore* è più importante di quelli esteriori, ma quelli esteriori sono comunque importanti quando ci sono, quando sono autentici e quando non pretendono di essere l'unica verità rivelata né di imporla agli altri. Il Maestro è principalmente colui che dà l'esempio e fornisce indicazioni sul percorso, per indirizzare l'apprendista/allievo, che può accompagnare per un tratto del tragitto e che a un certo punto deve lasciare andare per conto suo, perché la meta si raggiunge *sempre e solo in solitaria*. Chi, del resto, negherebbe che Rol sia un Maestro e non seguirebbe le sue indicazioni, una volta riconosciute come valide? Ma dopo aver preso nota, è al *Maestro Interiore* – che la tradizione sufica conosce come *Al Khidr, Il Verde* – che si fa appello per proseguire. Il porre in risalto il fatto che «ognuno di noi ha i mezzi per intuire da solo» è implicitamente anche un riferimento autobiografico di Rol, che nonostante le vane speculazioni dei poco informati, *non ha avuto maestri effettivi* (fatta eccezione per quelle persone da lui riconosciute come *esempi* o *aiuti* – vive o morte, da Padre Righini a Victor Hugo, da Michelangelo Billia a Mozart o Leonardo, ecc. – che ha trovato lungo il suo cammino di vita).
[13] È questo l'istante in cui Rol trova un primo «aggancio» (cfr. *supra*, p. 327), casuale, che collega subito dopo con un secondo, ovvero con la prima cosa qualsiasi – quindi di nuovo *casuale, non premeditata, impulsiva* – che gli viene in mente e che non c'entra assolutamente nulla con tenore e contenuto di quanto si stava dicendo. Questo *improvviso escludere dal gioco* la mente razionale, o, meglio ancora, *lineare*, è uno degli elementi fondamentali che prendono parte al processo di estrinsecazione delle sue *possibilità*.

«Due, due, due», insiste Rol. «Mi legga alla pagina 222». Sfoglio il volume. A pagina 222, leggo, sbalordito, le parole che stanno all'inizio della prima riga: *"questi concetti"*.
Più tardi, rifletto su questo episodio.
Sembrerebbe strano che dopo l'elevata esposizione di principi tanto impegnativi, Rol si sia lasciato andare a compiere quell'esperimento scatenato dalle tre coppie di bottoni sul mio soprabito[14]. Egli appariva divertito del mio stupore, ma questo suo atteggiamento si confà con la sua natura quasi fanciullesca, per la quale non lo si vede mai immusonito, anzi facilmente propenso allo scherzo. È già abbastanza sconvolgente ciò che avviene con lui ed è un bene che queste cose si manifestino in un'atmosfera di serena letizia. Rol sa essere freddo e severo, ma questi momenti sono rari. Certamente le tre coppie di bottoni sono state solo un pretesto per indurmi a scrivere i concetti sui quali poggia non soltanto la filosofia di Rol ma attraverso i quali si intravede il meccanismo che agisce e anima i suoi esperimenti.
«A un certo momento», egli precisa «le espressioni convenzionali diventano inadatte a definire il perché e il come delle cose che faccio. Io ci sono arrivato mettendomi per questa strada e non lasciandomi distrarre dall'indifferenza del prossimo. Confesso che la mia disponibilità per il prossimo si formò in me più tardi, forse proprio a causa della solitudine e dell'ostilità che avevo incontrato[15]. Le ingiustizie alle quali andai incontro, mi furono, anzi, di sprone. Ho già detto che l'essere giunto a non sentire il peso dell'ingiustizia è l'unica forma di orgoglio che sopravvive in me, ma la giustifico considerandola una forma di difesa».
«Ma com'è», chiedo a Rol «che lei cominciò a fare i suoi esperimenti, come si accorse di possedere certi poteri?».
«Quando incominciai non possedevo proprio nulla», risponde. «Eppoi, i miei non sono "poteri", sono "possibilità" solamente. Il potere cessa di essere tale quando non è esercitato con fini autoritari[16]. Tutto ciò che si

---

[14] L'esperimento originale, accaduto in altro momento, Allegri lo racconta in *Rol il grande veggente*, pp. 104-105.

[15] Nel volume di scritti autografi pubblicati postumi *"Io sono la grondaia"*, si trovano numerosi passaggi che confermano la solitudine, le incomprensioni e le difficoltà incontrate da Rol, soprattutto da giovane. Ma ancora nel 1975, due anni prima degli articoli su *Gente*, Rol attraverso il suo *spirito intelligente* scriveva rivolgendosi a coloro che lo frequentavano: «... voi rimanete immobili ed immoti anche se vi tendo le braccia, se vi grido col cuore lacerato la mia solitudine ed il vostro assenteismo. Dopo tanto tempo non ho costruito nulla in voi... Le mie parole cadono nel vuoto del nulla... almeno un piccolo tentativo avreste pur potuto farlo, quello di muovervi verso di me od almeno verso le cose altissime che mostro a voi ciechi, egoisti ed indifferenti di quel che succede» (cfr. brano completo nel vol. IV, p. 93, nota 8).

[16] Ovvero, il potere in quanto tale, umano, è esercitato con fini autoritari, tuttavia quello di Rol non è potere, ma *possibilità*. Ne consegue che per "esercitare"

può fare per gli altri presuppone l'esistenza degli "altri". Se dare qualcosa a qualcuno ci procura una gioia, quel qualcuno diviene logicamente nostro creditore. Ci sarebbe quasi da credere che il vero "potere" lo esercita colui che riceve, non colui che dona».

Nulla da obiettare: ma insisto: «Ci sarà stato pure un momento in cui lei cominciò a fare certe cose».

«Cominciai in modo molto banale», risponde Rol. «Era un pomeriggio di sabato. Avevo ventitré anni e mi trovavo a Marsiglia perché lavoravo in quella città. Notai nella vetrina di un tabaccaio una scatola contenente due mazzi di carte da gioco; la scatola era scivolata e un mazzo, uscendo da essa, si era rovesciato in maniera che non se ne scorgeva il dorso. Sull'altro mazzo era visibile il dorso di colore verde. Incuriosito, cercai di immaginare il colore dell'altro mazzo. Allontanandomi, non potevo distogliere il pensiero da quei mazzi di carte: la mia curiosità diveniva sempre più grande: quale colore aveva accostato al verde il fabbricante delle carte? Azzurro non mi sembrava possibile, rosso sarebbe stato banale, giallo... forse il giallo... ecco, il giallo mi pareva adatto ad accostarsi al verde.

«Ritornai sui miei passi e riguardai nella vetrina. I mazzi di carte erano ancora lì e poiché la mia curiosità era sempre maggiore, entrai nel negozio ed acquistai quelle carte. Rimasi molto deluso perché il mazzo rovesciato aveva il dorso nero[17].

---

questa *possibilità* non possono sussistere «fini autoritari», ovvero di imposizione, controllo, dominio. È invece grazie alla *spontaneità* e all'altruismo che la *possibilità* si concretizza.

[17] Questo racconto di Rol potrebbe essere vero anche nei dettagli, oppuro no. Potrebbe averli adattati a un certo simbolismo, riferendo ancora una volta un episodio *costruito* dove gli elementi reali e quelli simbolici si sovrappongono, come già aveva fatto col racconto del "Polacco". Dal punto di vista storico così come dei risultati poi conseguiti è forse irrilevante quale fosse il colore dei dorsi dei mazzi. Il fatto quindi potrebbe essersi svolto così, ma Rol potrebbe qui aver di proposito cambiato i colori, *per dire qualcosa di più*. "Casualmente" il dorso del mazzo visibile era verde, il "suo" colore. Quale colore si potrebbe accostare al verde e, nel caso, perché? Lui scrive di aver pensato al giallo, colore dell'oro, del Sole e quindi della luce e del giorno. E invece scopre che è il nero, che è il suo opposto (anche del bianco, ma a parte che bianco e giallo simbolicamente possono equivalersi oppure no a seconda dei casi, non sarebbe stato credibile un dorso di carte bianco), quello dell'oscurità, delle tenebre, della notte. Il nero rappresenta però anche la verginità primordiale, è il simbolo della non manifestazione, precede la creazione; è «il mondo ctonio, ciò che sta sotto la realtà apparente, è anche il ventre della terra in cui si opera la rigenerazione del mondo diurno. "Colore di lutto in occidente, il nero è all'origine il simbolo della fecondità, come nell'antico Egitto o in Africa del nord: il colore della terra fertile e delle nubi gonfie di pioggia". È nero come le acque profonde perché contiene il capitale di vita latente, perché è la grande riserva di tutte le cose: Omero vede l'Oceano nero. Le grandi dee della fecondità, le antiche dee-madri, sono spesso

«Per alcuni giorni la vista di quei mazzi mi infastidì. Non sapevo che farne e intanto mi dicevo: "Se fossi stato in grado di 'indovinare' quel colore, tutto questo non avrebbe avuto senso". Ad un tratto, e fu il lampo che accese la mia fantasia, pensai: "Perché non *avevo saputo indovinare*? Possibile che non vi sia un mezzo per mettersi in grado di farlo?".

«Una sera, dopo cena, mi sedetti al tavolino. Presi due carte, una col dorso verde, l'altra col dorso nero. Chiusi gli occhi e cominciai a pensare, stabilendo che passando la mano sul dorso delle due carte, quella col dorso verde mi avrebbe trasmesso un certo senso di calore[18].

«Confesso che i miei tentativi rimasero sterili: indovinavo quale era la carta verde, ma non più di quanto il calcolo delle probabilità me lo potesse concedere. Fu solamente dopo molti tentativi, che durarono quasi due anni, che ottenni qualche risultato[19].

«Un giorno ebbi finalmente la certezza di avere acquisito "una sensazione verde profonda e leggera" (così ricordo di averla definita nel mio diario), "suscettibile di ottenere risultati ancora modesti ma determinanti per i futuri sviluppi della mia sensibilità"[20].

---

nere in virtù della loro origine ctonia: le Vergini nere si collegano così a Iside, a Athon, a Demetra, a Cibele, ad Afrodite nera. Orfeo dice, secondo Portal: "Canterò la notte, madre degli dei e degli uomini, la notte, origine di tutte le cose create, che noi chiameremo Venere"» (Chevalier, J., e Gheerbrant, A., *Dizionario dei Simboli*, Bur, Milano, 1997, vol. II, pp. 123-124). «L'opera al nero ermetico, che è una morte e un ritorno al caos indifferenziato, si conclude nell'opera al bianco ed infine *nell'opera al rosso* della liberazione spirituale. E l'embriologia simbolica del taoismo fa salire il principio umido dal nero dell'abisso *(k'an)* per unirlo al principio igneo, in vista dell'apertura del *Fiore d'Oro*: il colore dell'oro è il bianco» (*ib.*, p. 125) «Quale immagine della morte, della terra, della sepoltura, della *traversata notturna* dei mistici, il Nero si collega anche alla promessa di una vita rinnovata, come la notte contiene la promessa dell'aurora e l'inverno quella della primavera». (*ib.,* p. 126)

[18] Si noti che Rol parla solo di quella *verde*, l'unica quindi che gli «avrebbe trasmesso un certo senso di calore». Perché il calore, *rosso*, è associato alla *vita* (il sangue per esempio è rosso), che però è *verde* (colore predominante della Natura). La carta nera, invece, era *natura morta*...

[19] Intanto nell'aprile del 1927, 3 mesi prima di indovinare tutte le carte di un mazzo, Rol aveva dato l'esame di *statistica* alla Facoltà di Legge/Giurisprudenza dell'Università di Torino (con voto 26/30, si veda a p. 421).

[20] Quindi Rol mette in relazione l'acquisizione di *una sensazione verde profonda e leggera* dopo quasi due anni di tentativi nel cercare di percepire il *verde* del dorso della carta. Sta riferendo veramente quanto accaduto? O sta dicendo (anche) *qualcosa di più*? Se la carta non fosse stata verde ma per esempio azzurra, cosa sarebbe successo? Avrebbe acquisito *una sensazione azzurra profonda e leggera*...? e quali conseguenze ci sarebbero state sulla «tremenda legge» con base verde? È stata allora una singolare coincidenza che il verde fosse il colore chiave proprio come il dorso della carta? Tendo a non crederlo. Non nel senso un po' banale che "le coincidenze non esistono", ma nel senso che Rol, ai

«Da quella prima conquista alla percezione dello "spirito intelligente" il passo sarebbe stato veramente esiguo[21]. Per intanto, durante quei due anni, avevo stabilito, nelle mie ricerche, che esisteva un rapporto essenziale fra i colori ed i suoni, atto a favorire quella particolare sensazione psichica offerta dalle vibrazioni provocate appunto dai colori e dai suoni;

---

fini di questo racconto, avesse deciso che il dorso della carta *doveva essere* verde. E va precisato che nella narrazione multipla di Rol sui suoi inizi, data frammentaria e simbolica in momenti diversi a persone diverse, la comparsa del colore verde non è mai associata a questo mazzo dal presunto dorso verde – ovvero Rol non ha mai detto che, partendo dal dorso verde del mazzo giunse a fare del verde uno dei pilastri della sua scoperta – bensì al colore centrale dell'*arcobaleno* che aveva visto a Marsiglia nel 1925, colore che gli era rimasto impresso e sul quale aveva fatto riflessioni e ricerche, come riferisce nel racconto che ho pubblicato nel mio articolo del 2021, *Rol, un Buddha occidentale del XX secolo* (si veda vol. IV, p. 387), tratto da una conversazione a braccio del 1975, dove Rol fornisce altri elementi che è opportuno mettere a confronto con quelli del testo di *Gente* di due anni dopo: «"Dia un pacchetto di carte anche a me". Ritorno, vado a casa, e mi ricordo sempre ho tirato fuori i quattro dieci... E poi dico: "Sono due nere e due rosse. Teniamo le due nere, pigliamo il più rosso. Vediamo un po'... mescolo. Allora io immagino..." – prima ho fatto: "Rosso, il rosso è caldissimo, è rosso! Queste son nere, son morte!" – Stabilito quello, le mescolo e dico: "Adesso io immagino di sentire la quinta musicale, di vedere il colore verde, percepire un calore determinato...", guardo, era nera! Ho provato dei mesi, non ci riuscivo... » (*ib.*, pp. 388-389).
Rol aveva visto dal tabaccaio un vecchietto al quale era stato chiesto se voleva un mazzo di carte rosse o blu (i colori forse più diffusi), e questi aveva scelto il rosso. Rol non dice quale colore scelse lui (il rosso?) e rispetto a *Gente* parla di un mazzo solo e non di due. Le prove poi non sarebbero state tentate sui dorsi (verde e nero) ma sui colori dei semi (rossi e neri). Alla fine degli anni '80 anche a Giuditta Dembech darà la versione delle carte rosse e nere: «Io era due anni che mi stavo dicendo... Vorrei sapere il colore della carta, se è rossa o nera? Perché non posso arrivare a organizzare il mio cervello in maniera da potere stabilire se è rossa o nera questa carta? E allora mi appoggiavo ad una cosa, al colore verde, perché avevo notato in un arcobaleno a Marsiglia... [che] è il colore di metà dell'arcobaleno» (trascrizione dal brano n. 9 del CD associato al volume di G. Dembech, *Gustavo Adolfo Rol. Il grande precursore*). Curiosamente, nel testo che ho pubblicato io, dopo aver parlato di Padre Righini, Rol si confonde e ricorda – parte che nell'articolo ho omesso – di aver scritto sul suo diario la tremenda legge che «lega il colore *rosso* e la quinta musicale ed al calore»; un *lapsus* che però potrebbe rivelare una importanza del colore rosso più di quanto appaia a prima vista. Comunque, considerati i due discorsi a voce del 1975 e 1989 *vs.* lo scritto di *Gente* del 1977, quest'ultimo pare *costruito ad hoc*.
[21] Altra frase molto più significativa di quanto sembri: tra la *senzazione verde* e lo *spirito intelligente* non vi è che un *passo veramente esiguo*, io direi non più ampio di quello che separa le due "gambe" di *Al Khidr*...

sensazione che avrebbe potuto benissimo tradursi in una sorta di "calore"[22].

«Sono indicazioni vaghe, queste, ma ho voluto fornirle egualmente per smentire che io sia nato con delle particolari facoltà sensorie[23], per le quali, oggi, mi si vorrebbe indicare quale "sensitivo" agli studiosi di parapsicologia.

«Un giorno ricevetti la visita del conte Galateri di Genola[24], eminente studioso del paranormale, accompagnato dal professor Tenhaeff, olandese. Mi sforzai di convincerli che ciò che avviene con me non ha nulla a che vedere con la parapsicologia, quale oggi la si intende. E questo perché ho la presunzione di agire, durante i miei esperimenti, in stato di assoluta normalità, in anticipazione certamente di quelle possibilità che l'avvenire riserva a tutti gli uomini».

---

[22] *Verde* e *quinta musicale*, elementi dell'esercizio meditativo psico-fisiologico, quando assimilati correttamente sarebbero in grado di facilitare e determinare l'innesco del *calore interno* (*tapas* della tradizione indiana, *gtum-mo* di quella tibetana) che favorisce, o connatura il, o segue immediatamente o corrisponde proprio al, risveglio di *kuṇḍalinī* (rimando ad altro studio una analisi dettagliata di tutte le fasi); questo, nella sintesi che ne dà Stefano Piano, «mette a disposizione del praticante quell'energia che è presente come pura potenzialità in ogni essere, ed è alla base di tutti i poteri. Si tratta di energia ignea, come mettono in rilievo i *Tantra* buddhisti e i miti hindū. Il suo risveglio infatti "provoca un calore particolarmente intenso e il suo passaggio attraverso i *cakra* è manifestato dal fatto che la parte inferiore del corpo diventa fredda e inerte come un cadavere, mentre quella attraversata da *Kuṇḍalinī* diventa ardente" (A. Avalon). Non siamo molto lontani dalla "produzione del calore interno", tipica non solo dell'ascesi yoghica (si pensi al *tapas*) ma anche dello sciamanesimo e della tradizione magica universale, per la quale il mago è innanzitutto "signore del fuoco"» (Piano, S., *Enciclopedia dello yoga*, Promolibri Magnanelli, Torino, 1999, p. 172).

[23] Altra frase importante: Rol, dopo aver fatto capire che lui non ha avuto veri maestri e che in noi abbiamo già *Il Maestro*, nega anche – giustamente – che sia nato con le sue *possibilità* (il che non esclude, però, *predisposizioni*): due aspetti che stroncano, per l'appunto "sul nascere", certe tipiche speculazioni, fonti inesauribili per gli approfittatori e i ciarlatani, intese o a favorire la dipendenza da altri e quindi forme (non di rado oppressive) di potere religioso, o la pretesa di certi "sensitivi" di essere nati con certe possibilità e quindi di essere intrinsecamente "speciali", diversi dalla "moltitudine". Una cattiva notizia per loro: le cose stanno diversamente, sono molto più "normali" di quanto si immagini – e Rol lo sottolinea nel finale – e sono destinate a diventare patrimonio della scienza di domani e quindi di tutti gli esseri umani, senza privilegi, usurpazioni teologiche, snobismi o rivendicazioni di qualunque genere.

[24] Nello stampato di *Gente* è scritto «Genova», ma si tratta di un errore. Galateri era intervenuto al dibattito su Rol del 1970, cfr. vol. V, p. 288.

Continua l'inchiesta sugli esperimenti

FINALMENTE ROL RIVELA ROL

« Vorrebbero farmi passare per un "sensitivo", ma io non sono nato con particolari facoltà sensorie », dice lo straordinario personaggio - « Avevo 23 anni quando, quasi per caso, cominciai a scoprire le mie possibilità » - « Continuai ad esercitarmi per anni, senza lasciarmi distrarre dall'indifferenza e dall'ostilità che incontravo » - « Durante i miei esperimenti agisco in uno stato di assoluta normalità » - « Sono convinto che in avvenire le mie possibilità saranno patrimonio di tutti »

di RENZO ALLEGRI
★ OTTAVA PUNTATA ★

del dottor Rol, l'uomo dell'impossibile

PITTORE AUTENTICO Torino. Il dottor Gustavo Adolfo Rol, pittore di professione, accanto a uno dei suoi quadri. È uno dei dipinti che Rol realizza con il proprio stile e che non hanno nulla a che vedere con i quadri di François Auguste Ravier, il pittore francese dell'Ottocento il cui "spirito intelligente" interviene nelle sedute di Rol. «Il Ravier, maestro ed amico di Antonio Fontanesi, è per me solo un immenso sostegno spirituale», dice Rol. I dipinti di Rol sono assai ricercati, ma è difficile trovarne perché egli, lavorando con estremo impegno, ne realizza pochissimi.

Sul foglio bianco appaiono tante piccole figure

(quinta ed ultima puntata dedicata a Rol, 9 aprile 1977[1])

Occhiello/Sommario
Il disegno, realizzato in pochissimi secondi per "scrittura diretta a distanza", doveva illustrare un tema prefissato: la vita.
«Tutti avete collaborato a questo prodotto di pura armonia», dice Rol. Parla lo "spirito intelligente" del soldato che morì accanto al Milite Ignoto, e porta in dono un oggetto appartenuto al re d'Italia.

Torino, marzo
Dovremmo, stando a quanto dice il dottor Gustavo Rol, possedere tutti, in futuro, i mezzi per agire ad un livello spirituale così alto da superare difficoltà e carenze di ogni genere. Il sogno dei filosofi e degli scienziati si realizzerà: l'uomo avrà ragione del male, che è la sua distruzione morale e fisica. Egli è destinato a essere libero di creare in un universo che gli appartiene e in spontanea collaborazione non solamente con i propri simili, ma con tutto ciò che esiste. Anche contro ogni apparenza, a causa di tremende paure, questo processo è in atto da sempre in uno sforzo poderoso. C'è da riflettere sulla lentezza di un movimento evolutivo durato cinque millenni e sull'incalzare degli eventi nell'ultimo secolo in

---

[1] Rol, G.A. (firmato da Allegri, R.), *Sul foglio bianco appaiono tante piccole figure*, 'Gente', n. 15, 09/04/1977, pp. 64-70. Le didascalie delle foto sono riproduzioni di quanto già si trova nel testo. Questa è l'ultima puntata dedicata a Rol. Le puntate sarebbero dovute continuare, ma il direttore di *Gente* Antonio Terzi decise di sospenderle al seguito di una serata di esperimenti alla quale aveva partecipato anche lui per la prima volta, e dove Rol lo prese di mira dopo che Terzi aveva mostrato un certo scetticismo (chiedendo di sostituire il foglio dell'esperimento con uno di carta intestata portato dal giornale, cfr. vol. 1/2, XXXV-42). Dopo che Rol conclude lo stesso l'esperimento con successo, decise di "vendicarsi" e iniziò a raccontare molti fatti della vita privata di Terzi (inclusa – Allegri non lo scrisse ma lo disse a me – la relazione che aveva con una giornalista di *Gente*), ciò che, pur senza manifestarlo, offese molto Terzi, che sospese gli articoli. L'anno successivo, nel periodo o subito dopo in cui Piero Angela conduceva la sua inchiesta sulla parapsicologia trasmessa dalla RAI, Rol attraverso Gaito entrò di nuovo in contatto con Allegri per proporre un nuovo articolo (scritto poi tra aprile e luglio, come è possibile stabilire sulla base del contenuto e altri elementi, visto che Allegri non informa il mese) che però non fu pubblicato. Per meglio collocarlo temporalmente, lo riprodurrò nel prossimo volume dove l'anno 1978, un *anno critico* per Rol, sarà analizzato nel dettaglio.

cui, è inutile negarlo, la scienza e la filosofia vanno insieme e anche dove sembrano ignorarsi si trovano invece indissolubilmente legate[2].

Il corpo di Cristo, che pende dalla croce, e quello dell'operaio, fulminato sul traliccio dai fili dell'alta tensione, sono vittime che poi, nella sublimazione del loro spirito, assurgono all'immortalità propria di tutto ciò che il Bene nobilita[3].

Questo è il punto che riassume tutta la filosofia di Rol e che i suoi esperimenti stanno ad indicare: la liberazione dello spirito.

Rol mi ha detto: «Lei è il cronista di un giornale molto diffuso, e il suo dovere è quello di intrattenere i lettori con notizie nuove ed interessanti. Lei mi chiede quindi di mostrarle cose suscettibili di stupire e di soddisfare l'ansia di chi vuole rendersi conto che un "meraviglioso" esiste e che è accessibile. Ma come e perché a questo "meraviglioso" si possa accedere, è estremamente difficile spiegarlo con le parole.

«Primo ostacolo è la fretta di chi vuol sapere e ottenere cose (spesso assurde) scavalcando ogni forma di iniziazione, che in realtà non è altro che un tirocinio paziente e perseverante, sovente sino al dubbio e alla sfiducia. Poi occorre escludere qualsiasi pratica magica e di occultismo. La nostra disponibilità deve essere ben conscia che tutto ciò fa parte delle prerogative umane e che va ottenuto con mezzi perfettamente naturali, quindi normali».

---

[2] Brano molto importante oltreché ottimista: ogni essere umano avrà *in futuro, i mezzi per agire ad un livello spirituale così alto da superare difficoltà e carenze di ogni genere.* Non si tratta di un *wishful thinking* o di una visione utopica: Rol sa che una volta che si comprenderà la *sua scienza*, tutti si metteranno sulla strada dell'illuminazione, e quando molti cominceranno ad essere come lui, il processo si accelererà per diventarlo tutti. A quel punto, in *quella condizione di coscienza* non vi saranno difficoltà che non potranno essere risolte, e l'essere umano limiterà se non proprio abolirà, spontaneamente e naturalmente, l'emergere e proliferazione di quei problemi di cui è il principale responsabile (guerre, violenze, discriminazioni, ecc.). L'ultima frase, ovvero che «nell'ultimo secolo... la scienza e la filosofia vanno insieme» si riferisce sia alla "nuova fisica" rappresentata soprattutto da relatività, meccanica quantistica (si pensi per esempio, tra i tanti, al testo di Werner Heisenberg, *Fisica e filosofia*) e complessità, che a una certa corrente di studi in biologia che l'antropologo Lidio Cipriani e altri chiamavano *psicobiologia*. Quando Rol scriveva, negli Usa era uscito da due anni l'ormai classico *Il Tao della fisica* di Fritjof Capra.

[3] Il paragone inconsueto naturalmente non è casuale: esiste una precisa relazione tra la *folgorazione* e la morte in croce di Gesù: entrambe sono collegate al simbolismo di *kuṇḍalinī*, grazie all'azione della quale sia Gesù che l'operaio, «*nella sublimazione del loro spirito, assurgono all'immortalità*». Rol ha probabilmente preso spunto da un fatto di cronaca di qualche anno prima, avvenuto il 09/05/1972, quando «sei operai sono rimasti uccisi in una sciagura nei pressi di Catania: mentre installavano un traliccio dell'Enel, sono rimasti folgorati dalla corrente elettrica a 70 mila volt» (s.l.p., *Sei operai muoiono folgorati in un campo mentre sistemano un traliccio della luce*, La Stampa, 10/05/1972, p. 13).

Ho chiesto a Rol di farmi assistere a un esperimento e di spiegarmene dettagliatamente il funzionamento. Cercherò di illustrare non soltanto i lati spettacolari, ma il significato più "intimo" dell'esperimento stesso[4].

Sono presenti le solite persone, già nominate nelle precedenti puntate, per un totale di otto, oltre a Rol. Difficilmente Rol gradisce un numero maggiore[5]. Nella stanza non c'è oscurità e neppure penombra. Ogni persona è invitata a scegliere un argomento che Rol riporta numerato, su di un foglio:

1) La politica. 2) L'arte. 3) Il sentimento. 4) La vita. 5) L'amore. 6) Dio. 7) Viaggiare. 8) Il pensiero.

Attraverso una votazione viene scelto il quarto argomento: "La vita". Rol dice allora: «Animate tutti, dentro di voi, uno o più pensieri che abbiano attinenza con l'argomento. Immaginate, con tutta la forza della vostra fantasia, ciò che la vita può rappresentare. Non vi do suggerimenti per non influenzare quel "processo creativo" che deve essere in voi assolutamente libero e consono alla vostra mentalità. Se fra le tante cose che immaginerete ve n'è una che maggiormente vi interessa, soffermatevi su quella e pensatela intensamente, magari a occhi chiusi».

Trascorrono una decina di minuti.

«Ora», dice Rol «ciascuno di voi mi dica che cosa ha immaginato sull'argomento "Vita". Riassuma il suo pensiero in un frase breve e concisa». Vengono annotate e distinte con delle lettere le seguenti immagini:

A) Nascita di un bimbo. B) Un giardino pieno di fiori. C) Bambini che giocano chiassosamente. D) Volo d'uccelli nel cielo azzurro. E) Gara nello stadio olimpico. F) La folla. G) Madre che allatta. H) Sorgere del sole.

A questo punto è sorteggiata una persona, che è invitata a mettersi in tasca un foglio di carta bianco. Poi, sempre per votazione segreta, viene sorteggiato l'argomento f), corrispondente a «La folla».

Siamo sempre in piena luce. Ora tutto si svolge rapidamente, come se ciò che dovrebbe avvenire «sia già nell'aria», se non (come è stato detto), già

---

[4] L'esperimento che segue, avvenuto il 27 novembre 1976, è descritto anche da Remo Lugli che era presente (cfr. *Gustavo Rol. Una vita di prodigi*, pp. 117-119). I due racconti sono complementari e si integrano a vicenda. Naturalmente Rol ha fornito "elementi tra le righe" che non si trovano in Lugli. Allegri invece non vi ha assistito (infatti conobbe Rol quasi tre mesi dopo).

[5] Questa puntualizzazione non è, come sempre, casuale: 8+1=9, come 9 sarebbero i "Grandi Iniziati". Ovviamente, non è propriamente – anche se alcune ragioni vi sono – il caso dei presenti (che erano: Silvano Innocenti e Doretta Torrini, Severina e Alfredo Gaito, Giorgio e Domenica Visca Schierano, Carlo Gavosto e moglie; quattro coppie più Rol, 5 maschi e 4 femmine) ma l'allusione è trasparente. «Siamo in nove», aveva detto Rol a chi gli aveva chiesto «quante persone, a suo avviso, disponevano di capacità analoghe alle sue» (cfr. vol. V, pp. 25-26).

avvenuto. Rol è il catalizzatore dei nostri pensieri. Forse di più ancora: *è lo "spirito intelligente" di Rol che si armonizza con il nostro "spirito intelligente"*[6].
Rol tiene in mano una matita: un lapis corto di bambù, carissimo ricordo di un suo amico, ora scomparso, il marchese Gianfelice Ponti di Varese, eccelso umanista. Che cosa avvenga in Rol, in noi, nell'aria intorno a noi, è difficile dirlo, ma qualcosa avviene certamente[7]. L'atmosfera è cambiata: non è tesa, al contrario, ma è certo un'atmosfera particolare.
«La vita, la vita», dice Rol «questa è la vita, la folla...»
Siamo noi, in questo momento, in grado di concentrarci su questo pensiero, sulla vita, immaginare una folla od altro? Non lo credo proprio.
Quel che mi sembra di percepire è che un'"unità" si è formata tra di noi, un qualcosa di omogeneo, in senso astratto però. Il concetto di vita e di folla assurge[8], nella nostra percezione, a un livello certamente psichico, una realtà indefinibile, forse perché troppo rapidamente realizzata o perché siamo chiamati a parteciparvi con una insufficiente preparazione.
Rol balza in piedi e punta il suo lapis di bambù verso la persona che si è messa in tasca il foglio di carta. «La vita», dice «la folla... Ecco, è fatto!».
Il nostro compagno estrae dalla tasca il foglio di carta e lo spiega, visibilmente emozionato. Per abitudine sappiamo tutti che "qualcosa" di straordinario è avvenuto e siamo curiosi di vedere.
Sul foglio, che era bianco, appare ora, disegnata minuziosamente, una grande quantità di minuscole figure: donne, uomini e bambini in svariati

---

[6] Rol qui fornisce una indicazione davvero molto precisa! Sarà oggetto di analisi dettagliata in un mio prossimo lavoro. Il corsivo è così nello stampato, quindi Rol forse aveva sottolineato la frase. Come gli altri corsivi-sottolineati, si sono poi persi tutti quando Allegri ha riproposto i testi degli articoli in *Rol il grande veggente*, appiattendo tutto con un corsivo generale... Se c'è una cosa che personalmente mi dà *molto* fastidio è quando in miei scritti consegnati a qualche editore, come accaduto già più di una volta, saltano i corsivi, ai quali attribuisco un valore aggiuntivo essenziale. Se Rol avesse visto i testi dei suoi articoli – che già erano stati strapazzati per bene nei due libri precedenti di Allegri – ulteriormente adulterati rispetto a come li aveva concepiti, non ne sarebbe stato per niente contento.
[7] In *Rol l'incredibile/Rol il mistero* (p. 85/p. 93) Allegri sostituisce a sua discrezione e senza ragione «avviene certamente» con «c'era»; ne *Il simbolismo di Rol* (p. 42) avevo già commentato: «La differenza, pur se sottile, esiste: qualcosa che avviene implica infatti una trasformazione in atto, un processo in corso, mentre qualcosa che c'era indica staticità, fissità così come antecedenza. Inoltre l'avverbio "certamente" non lascia spazio ad ambiguità, mentre non si può dire lo stesso per un semplice "c'era"».
[8] In *Rol l'incredibile/Rol il mistero* (p. 85/p. 94) Allegri sostituisce, di nuovo a sua discrezione e sbagliando, «assurge» con «aveva assunto»; ma *assurgere* e *assumere* sono due verbi diversi con significato diverso; si veda la mia analisi anche su questo, e su cosa voleva dire Rol, ne *Il simbolismo di Rol*, pp. 42-43.

atteggiamenti. C'è chi giunge di corsa, chi fugge, chi si picchia, chi s'abbraccia. Una folla di gente che vive, che si agita.
Non è un disegno fatto rispettando leggi volumetriche o di prospettiva. Il tutto è estremamente semplice, ma così efficace che piace e non ci si stanca di guardare. Nell'angolo in alto, a sinistra, le figure, forse le prime a essere realizzate, sono un po' goffe, forse stentate; ma sono poche. Tutte le altre sono espresse con una facilità che rivela la condizione di assoluta libertà con la quale il disegno è stato concepito.
Sappiamo che dovremmo chiedere a Rol delle spiegazioni, eppure ci asteniamo dal farlo perché già "sentiamo" dentro di noi quel che Rol ci direbbe.
Quel disegno è un prodotto puro di armonia: è una sensazione che tutti noi abbiamo certamente avuta e voluta esprimere, anche se non conoscevamo il mezzo per farlo.
Sapevamo benissimo che, Rol assente, nulla sarebbe avvenuto. Eravamo però anche certi di aver dato a Rol un contributo determinante per la riuscita dell'esperimento. «Attori ed autori in sincronia perfetta», dice Rol: «è questo il momento magico della nostra prestazione per una finalità che trascende i limiti che apparentemente condizionano le nostre possibilità. Il nostro "spirito intelligente" esiste solamente per una dimensione che non ne ammette altre, perché la dimensione umana è già quella divina[9], anche sul banco di prova della vita».
«Ma perché», gli chiedo «non scrive tutte queste cose? Dal momento che è in grado, con i suoi esperimenti, di mostrare e dimostrare la validità delle sue affermazioni[10], un suo libro potrebbe essere di immenso

---

[9] Altra frase fondamentale da evidenziare in corsivo: *il nostro "spirito intelligente" esiste solamente per una dimensione che non ne ammette altre, perché la dimensione umana è già quella divina*. Stando a questa affermazione, Rol sembra dire che non esisterebbero altre dimensioni. E ciò è vero quando ci si ponga dal punto di vista della *coscienza sublime*, che Rol aveva definito essere «l'unione con l'Assoluto, un Tutto, un'interezza senza separazione alcuna» (cit. in: Giordano, M. L., *L'uomo che si fa medicina*, L'Età dell'Acquario, Torino, 2004, p. 135). Si cfr. l'affermazione di Gesù: «Il regno di Dio non viene in modo da attirare l'attenzione, e nessuno dirà: Eccolo qui, o: eccolo là. Perché il regno di Dio è in mezzo a voi!» (Lc 17, 21); più avanti nell'articolo (qui a p. 371) Rol ribadisce lo stesso punto. Si cfr. anche l'affermazione di Olof Jonsson sull'ipotetica "altra dimensione": «"Dimensione" può essere una parola inesatta … mi capita più spesso di sentire la "condizione" che la dimensione» (Steiger, B., *cit.*, p. 207); quindi potrebbe essere più opportuno parlare, invece che di altra/e "dimensione/i", di *altra condizione della coscienza*.
[10] *Rol è in grado, con i suoi esperimenti, di mostrare e dimostrare la validità delle sue affermazioni*: ecco la differenza sostanziale tra i filosofi speculativi, i teologi, i maestri non illuminati e quindi incapaci di esprimere le *siddhi*, e un Maestro Illuminato come Rol. Ciò che fa – espressione di chi sia andato oltre la materia, lo spazio, il tempo e la morte mantenendosi cosciente e apparentemente

giovamento, di valido orientamento per superare meglio la prova della vita».

«Avrei dovuto farlo prima», mi risponde Rol «ma ho sempre aborrito la notorietà, ho temuto che mi si giudicasse interessato a cose materiali. E poi non mi sono ancora giudicato idoneo a fondare una scuola, a creare una disciplina. Dovrei migliorare nel carattere, invece sono un uomo qualunque, ho i difetti di tutti; non mi sento proprio di assumere la veste di un maestro. Lo sono ancora troppo poco di me stesso[11]. Eppure so che di me, della mia dottrina, sopravviveranno le cose essenziali. Le assicuro che non andranno perdute. Una scintilla è sufficiente ad accendere il fuoco, e questa scintilla non si spegnerà con me: ho motivo di crederlo»[12].

Rol ama parlare spesso di Dio e della preghiera, come mezzo per comunicare con Dio. «Anche per chi non crede in Dio», dice «una preghiera è indispensabile. Si invochi il proprio spirito, si risvegli quella forza di Bontà, di Fiducia e di Speranza che è in ognuno di noi. Far tutto da soli sarebbe impossibile»[13].

«Ma perché», chiedo a Rol «c'è tanta gente che ha fede e non ottiene niente? Perché esistono vittime dell'ingiustizia e tanti soffrono anche se non lo meritano? E che cosa sono i martiri, gli eroi, anche se il loro olocausto non è stato il prezzo di un ideale?».

«Tutto questo è l'inevitabile travaglio che compone il tessuto della vita», dice Rol. «Lo spirito si sublima nella gioia come nella sofferenza: entrambe fanno parte di quella "prova" che è la ragione della vita stessa. Certamente esistono vittime dell'ingiustizia. La loro qualifica di martiri e di eroi innalza il loro spirito alle vette più eccelse. Il loro sacrificio ha un

---

normale – serve anche a dimostrare la validità di ciò che dice. «Se non vedete segni e prodigi, voi non credete» (Gv 4, 48).

[11] «Assumere la veste di un maestro» avrebbe corrisposto ad "istituzionalizzare" la sua attività, ciò che sarebbe stata l'ultima cosa che avrebbe voluto fare, soprattutto in una epoca che non è, per dire, quella di Pitagora, Socrate o Platone. Ma un Maestro Illuminato non è tale perché dichiara di esserlo, e anzi il fatto di sminuirsi, ridimensionarsi, evitare di porsi a un livello superiore agli altri è proprio una caratteristica del suo *status*, e ciò che identifica qualcuno come Maestro è in primo luogo il fatto di essere *riconosciuto come tale dagli altri* – anche un grande artista viene di norma chiamato "Maestro" – e poi sono l'*esempio*, l'*insegnamento*, il *comportamento* e le *possibilità*. Un discorso simile ho già avuto occasione di farlo riguardo alla qualifica di *Santo*, cfr. vol. V, p. 188 nota 19.

[12] I fatti gli hanno dato ancora una volta ragione.

[13] *Si invochi il proprio spirito... far tutto da soli sarebbe impossibile*: altra frase rivelatrice: se non si crede in Dio, in "sostituzione" va bene anche il proprio spirito. Si ricorderà che a Riccardi che chiedeva a Rol «un sinonimo» di *spirito intelligente*, Rol rispondeva: «*Come si fa a dare un sinonimo di Dio?*» (vol. V, p. 301). E si ricorderà anche il «Lui» di cui aveva riferito Pitigrilli e su cui ho spesso commentato nei miei libri; cfr. in particolare il vol. V, p. 272, nota 10.

significato formidabile in questa fucina di sofferenze che è il nostro pianeta, ove l'esempio è la forma più alta di solidarietà»[14].

A questo punto mi sembra opportuno riferire di un esperimento recentissimo, che colpisce per il profondo senso di umanità e di purezza che ha lasciato fra le poche persone che hanno avuto il privilegio di assistervi.

Come al solito, alcune persone si radunano intorno a un grande tavolo, in casa di amici di Rol[15]. La stanza è in piena luce. Con la procedura ormai nota, si stabilisce di trattare un argomento scaturito da una scelta dei presenti, e che riguarda gli anni della Grande Guerra. Con una successiva scelta, a votazione mentale (procedimento questo che esclude qualsiasi interferenza esterna o suggestione collettiva[16]), si decide di parlare di un personaggio storico di quel periodo, un personaggio veramente eccezionale, da brivido: il Milite Ignoto.

Prima ancora che l'argomento fosse scelto, era stata indicata una persona che doveva tenere le mani su di un piatto rovesciato, sotto il quale era stato posto un foglio di carta assolutamente bianco. Questa persona era la signora Severina Gaito, moglie del medico Alfredo Gaito, già ricordato in altre parti del mio servizio.

Tutti tacciono. Solamente Rol chiede se qualcuno ha domande da fare. «Sì», dice uno dei presenti. «Qual è il "servizio", se così si può definirlo, dello "spirito intelligente" del militare le cui spoglie riposano nel sacrario della Patria?».

---

[14] La vita è un *travaglio* inevitabile, e si può affermare che se non fosse così, essa mai si sarebbe sviluppata... Prendere o lasciare. Già solo il fatto di essere nati è un miracolo straordinario, una eccezionalità in un universo dove la vita è prevalentemente assente. *Lo spirito si sublima nella gioia come nella sofferenza*: la portata di questa frase è notevole: a parte l'inquadramento nell'ambito della *sublimazione* (sia in senso freudiano che alchemico) che è uno dei riferimenti e aspetti principali che partecipa della qualifica di *sublime* dato da Rol alla coscienza illuminata, vi è in pratica una equiparazione tra gioia e sofferenza, entrambi mezzi potenziali per giungere a quella coscienza; *l'esempio è la forma più alta di solidarietà*: è uno degli aforismi di Rol che preferisco.

[15] Da Giorgio e Nuccia Visca. L'esperimento, del 01/01/1977, anche in questo caso è descritto da Lugli (*cit.*, pp. 145-146) che era presente, e anche in questo caso Allegri non c'era, avendo conosciuto Rol solo un mese e mezzo dopo. E anche in questo caso, il racconto di Rol ha una forma diversa, sicuramente *basato su fatti reali* ma con elementi aggiuntivi, comunque complementare e integrativo di quello di Lugli.

[16] Lugli non riferisce questa fase preliminare dell'esperimento. Non è dato capire che cosa Rol intenda esattamente con «votazione mentale»: se essa è mentale, come fanno poi i presenti a conoscerne l'esito? Mi pare che Rol qui stia fornendo un indizio per comprendere parte del meccanismo della dinamica dell'esperimento.

Forse sembra irriverente un esperimento di questo genere, e non soltanto verso la figura ideale del Milite ignoto italiano, ma verso tutti quegli altri ignoti eroi che tante nazioni onorano nell'olocausto dei loro caduti per la patria. Dopo qualche perplessità, si decide di compiere ugualmente l'esperimento. In nessuno dei presenti, intanto, verrebbero mai meno il profondo affetto, l'ammirazione, la venerazione quasi religiosa per i soldati caduti.

Rol, come sempre, non è in *trance*. Rimane anzi perfettamente lucido e cosciente e prega, come d'abitudine, i presenti, di rivolgergli banali domande a prova della sua normale disponibilità e a conferma che nessun'altra dimensione è indispensabile nel rapporto tra lo "spirito intelligente" di un vivente con quello di una persona defunta[17].

«Qual è il pensiero del Milite Ignoto?», dice Rol come se parlasse con qualcuno che nessuno vede. (Ma questa è solo una mia supposizione)[18]. L'atmosfera si è fatta particolare. Evocare una figura così grande non è di tutti i giorni (e poi, in genere, Rol non evoca mai nessuno, ma lascia che le cose avvengano indipendentemente dalla sua volontà: è un meccanismo sottile che lo spazio non mi consente di illustrare)[19]. Certo, l'emozione è grande: la statura di quel soldato supera tutti i gradi della gerarchia militare e si pone tra quei personaggi che il sentimento colloca tra l'umiltà del povero e la maestà di un monarca.

«Il Milite ignoto», continua Rol «il pensiero del Milite ignoto...», e la sua voce diviene strana: forse cambia di tono solamente, forse è l'esaltata

---

[17] *Nessun'altra dimensione è indispensabile nel rapporto tra lo "spirito intelligente" di un vivente con quello di una persona defunta*: Rol ribadisce quello che già aveva detto in precedenza (si veda la nota 9) e al tempo stesso chiarisce che chi si relaziona con lo *spirito intelligente* di un defunto non è propriamente l'individuo "esteriore", bensì il suo *spirito intelligente*, che diventa come una sorta di delegato o segretario al quale demandare questo speciale tipo di rapporto.

[18] Nei suoi primi due libri Allegri ha omesso la frase tra parentesi. Eppure ha un significato. E non è quello apparente, ovvero che la supposizione sarebbe che Rol stesse dando l'impressione di parlare «con qualcuno che nessuno vede»; questo infatti era consueto negli esperimenti di Rol, ed era chiaro sia dalla dinamica che dall'esito che stesse appunto parlando «con qualcuno che nessuno vede»; non avrebbe senso che fosse questa, la supposizione. Piuttosto, essa riguarda il fatto che «nessuno vede»: i presenti cioè non vedrebbero l'interlocutore di Rol, ma in realtà, su di un piano diverso – quello dello *spirito intelligente*, ovvero della *coscienza sublime* – lo vedono benissimo, solo che non lo sanno e non lo percepiscono consciamente, perché la percezione/comunicazione non passa dalla mente cosciente. "Basterebbe" che si mettessero *in modalità spirito intelligente* e anche loro lo vedrebbero chiaramente.

[19] *Lascia che le cose avvengano indipendentemente dalla sua volontà*: infatti lascia che sia il suo *spirito intelligente* ad occuparsene, e il meccanismo è certo «*sottile*».

immaginazione dei presenti a "creare" l'ambiente adatto per una simile circostanza. È certamente questa la via per la quale uno "spirito intelligente" viene in contatto con altri, affinchè il prodigio si manifesti in tutta la sua chiara bellezza[20].

Se così stanno le cose, allora Rol non mente: egli «orchestra» la sensibilità di coloro che lo assistono e la traduce in un risultato armonico, accessibile a chiunque[21].

La voce di Rol[22] incomincia a raccontare di un maestro che insegnava in una scuola rurale e che, chiamato alle armi, si trovava al fronte nello stesso reparto del Milite ignoto. Era un mattino d'aprile, ma anche nella squalida atmosfera del fronte, la primavera si sentiva nell'aria. I due commilitoni vennero colpiti dalla schegge di una granata. Così morirono uno accanto all'altro.

L'anno, la località, il reggimento non vengono rivelati; la ragione è facilmente intuibile.

Il soldato ignoto deve rimanere tale. Il corpo che riposa nel sacrario della Patria se non ha un nome per nessuno, ne ha uno per tutti. Lo "spirito intelligente" dello sconosciuto eroe nazionale tace, né potrebbe essere altrimenti. Ma parla l'amico suo, il modesto insegnante rurale si fa interprete del commilitone col quale condivise chissà per quanto tempo i disagi della trincea. Egli esprime con parole semplici, ma profondamente umane (versificandole nel tentativo di nobilitarle), lo stato d'animo dell'eroe, quale noi certamente già conoscevamo ma non osavamo dircelo. «Esisteva, di quel periodo», racconta il maestro di scuola «un piccolo ciondolo in oro con l'effigie di re Vittorio Emanuele III. Nel colletto della camicia del re erano state incastonate tre minuscole pietre, simbolo della bandiera italiana: un rubino, un brillante ed uno smeraldo. L'oggetto andò perduto, ma voi qui lo troverete. Non è stato sottratto a nessuno».

Il dottor Rol si rivolge ora alla signora Gaito e le chiede di mostrarci il foglio di carta che essa stessa aveva collocato sotto il piatto rovesciato, all'inizio dell'esperimento, e sul quale, durante tutto questo tempo, aveva tenuto, ben ferme, le mani. La signora è visibilmente emozionata. Dice che, a un certo momento, ha sentito il piatto vibrare e muoversi, come se qualcosa si agitasse sotto.

---

[20] *La via per la quale uno "spirito intelligente" viene in contatto con altri* passa dall'*esaltata immaginazione dei presenti*, che *crea l'ambiente adatto*.
[21] Rol *«orchestra» la sensibilità di coloro che lo assistono e la traduce in un risultato armonico*. Su questo punto fondamentale, tornerò in altro studio.
[22] Si noti che Rol non mette come soggetto della frase «Rol», ma «la voce di Rol»: questo perché è lo *spirito intelligente* a parlare. Potremmo parlare di *voce automatica* così come si parla di *scrittura automatica*, il principio è lo stesso: in un caso lo strumento è il sistema bocca-lingua-gola-corde vocali, nell'altro è quello braccio-mano. In entrambi i casi è lo *spirito intelligente* ad agire, bypassando la mente cosciente.

La signora aggiunge: «Ho chiuso gli occhi, vedevo come in un sogno le cose che Rol diceva e la stessa voce di Rol non era più la sua. Mi controllavo scrupolosamente: la mia non era illusione. Sono certa che il mio "spirito intelligente" era in stretto contatto con quello del maestro di scuola»[23].

Severina Gaito solleva le mani e alza il piatto. Sul foglio c'è il ciondolo d'oro del quale ha parlato lo "spirito intelligente" del compagno del Milite ignoto. Inoltre, quel foglio che era stato collocato sotto il piatto perfettamente bianco, ora è tutto scritto. C'è questa poesia:

Io sono il Milite Ignoto
Evviva l'Italia.
Non amavo la Patria
Talmente
Da morire in battaglia.
La Patria per me era Clara,
La famiglia, gli amici,
Le piante, le case,
La gente che mi conosceva.
Sono il Milite Ignoto,
Sono morto in battaglia.
Evviva l'Italia.

Un commosso silenzio scende su di noi. Il dottor Rol dice alla signora Gaito che può tenere per sé il foglio e il ciondolo.

---

[23] *Vedevo come in un sogno le cose che Rol diceva ... non era illusione... il mio "spirito intelligente" era in stretto contatto con quello* del maestro di scuola.

Il foglio originale dell'esperimento del Milite Ignoto con il ciondolo che si è materializzato insieme (foto di Norberto Zini, © Archivio Franco Rol).

Sopra: dettaglio della poesia del Milite Ignoto.
Sotto: annotazione laterale di Rol: «Il pensiero è quello del milite ignoto, le parole sono quelle di un amico maestro di scuola morto vicino a lui nel 1917» (ingrandimenti da uno scatto di Remo Lugli, più nitido di quello di Zini - © Archivio Franco Rol).

Severina Gaito mostra il foglio dell'esperimento del Milite Ignoto
(foto di Norberto Zini, © Archivio Franco Rol).

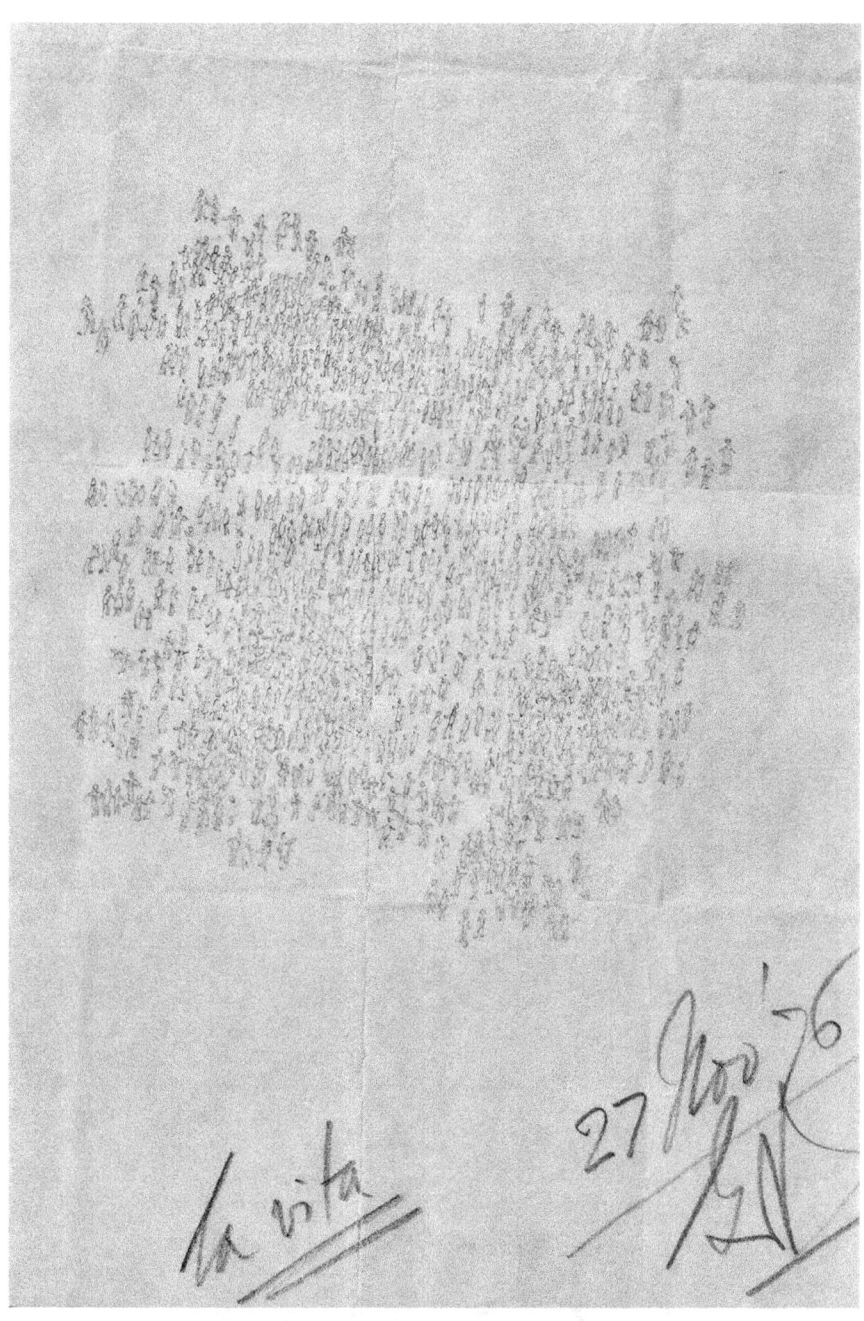

Esperimento "La vita", 27 novembre 1976
(foto di Remo Lugli, © Archivio Franco Rol)

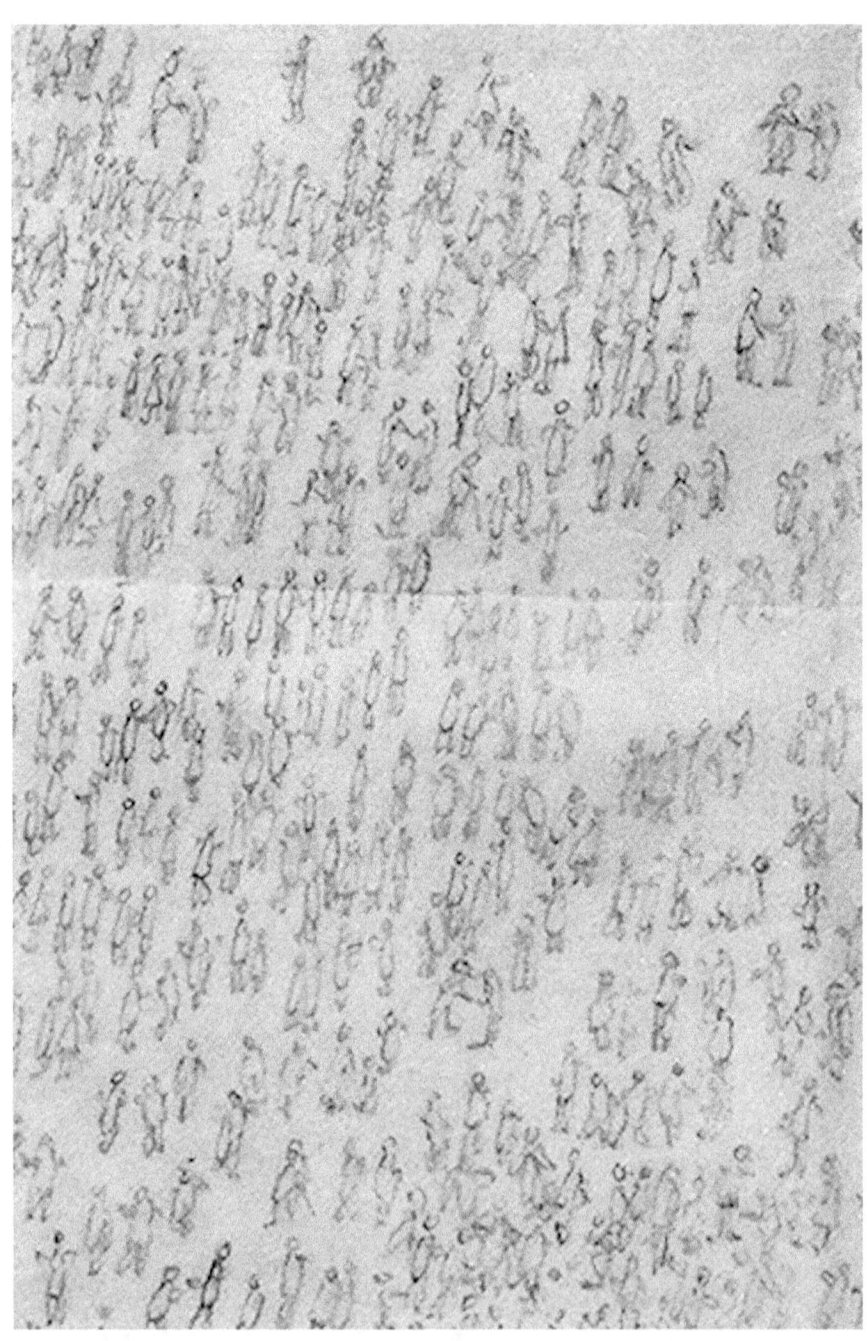

Continua la nostra inchiesta sugli esperimenti del dottor Rol

SUL FOGLIO BIANCO APPAIONO TANTE PICCOLE FIGURE

Il disegno, realizzato in pochissimi secondi per "scrittura diretta a distanza", doveva illustrare un tema prefissato: la vita ● «Tutti avete collaborato a questo prodotto di pura armonia», dice Rol ● Parla lo "spirito intelligente" del soldato che morì accanto al Milite Ignoto, e porta in dono un oggetto appartenuto al re d'Italia

Rol, il supermago di Torino

di Eleonora Minotto

Settembre 1977[1]

Gustavo Adolfo Rol, 74 anni, citato in tutti testi di parapsicologia. Riceve giornalmente invocazioni di persone che chiedono il suo aiuto, ha avuto contatti non richiesti da lui con capi di governo, re, regine e persino con un papa; tuttavia continua a dire di no a nove giornalisti su dieci e a rifiutare offerte da capogiro. Chi è e che cosa fa Rol? Vive a Torino e appartiene a un'antica famiglia piemontese. Possiede tre lauree (una in biologia), di professione fa il pittore, è sposato senza figli con una donna di origine norvegese, Rol può predire il futuro, leggere un libro chiuso, scrivere a distanza, scomporre e ricomporre la materia[2]. Ha scoperto queste straordinarie facoltà all'età di 27 [*24*] anni a Marsiglia [*Parigi*], dove si trovava per ragioni di lavoro[3].
Un alto funzionario Fiat che assiste regolarmente ai suoi esperimenti[4] ha raccontato: «*Rol non crede negli spiriti, è un cattolico praticante anche se*

---

[1] Minotto, E., *Rol, il supermago di Torino*, IllustratoFiat (periodico mensile del gruppo Fiat), anno XXV, n. 9, settembre 1977, p. 21. Nello stesso numero c'è un altro articolo (*Parliamo con il fantasma*, p. 20) che parla di Giuditta Miscioscia, senza alcuna relazione con Rol, presentata solo come «Miscioscia», «medium veggente», che va in *trance* e risponde con la voce maschile di un marinaio di nome Matteo... Miscioscia iniziò a frequentare Rol negli anni '70, presentata da mia nonna Elda Rol. C'è chi ha fatto negli anni 2000 dei parallelismi del tutto indebiti tra lei e Rol, o addirittura l'ha qualificata come "allieva" se non "erede spirituale", non sapendo assolutamente, è proprio il caso di ribadirlo, di che cosa stesse parlando. Come già ho scritto più volte, anche lei, come molti di coloro che hanno potuto frequentare Rol, ha potuto trarne un beneficio per la propria evoluzione personale. Certe basiche possibilità medianiche – che in se stesse non sono l'indice di alcuna elevazione spirituale – le aveva prima di conoscerlo, ma la *trance* è qualcosa che può essere raggiunta in maniera non difficile da chiunque, anche da analfabeti o persone di dubbia moralità, e comunque non ha nulla a che vedere con la *coscienza sublime*.
[2] Fino a qui l'articolo è più o meno plagiato da Lugli, cfr. *supra*, p. 54 e sgg.. I corsivi presenti più avanti sono come nell'originale.
[3] C'è qui una confusione abbastanza frequente tra i giornalisti, tra Marsiglia e Parigi e l'anno e l'età in cui Rol fece la sua scoperta. L'autrice dovette scrivere 27 anni confondendosi con l'anno 1927, quando Rol nel mese di luglio fece la sua scoperta e aveva 24 anni, ed era a Parigi, non a Marsiglia, dove aveva risieduto invece nel 1925 e parte del 1926.
[4] Ho supposto (cfr. vol. III, nota 35 a p. 364) che possa trattarsi dell'ing. Silvano Innocenti, all'epoca direttore della Fiat Grandi Motori.

non esclude l'ipotesi della reincarnazione[5]*, ed è convinto di usare un'energia che tutti gli uomini possiedono»*[6].
Per quali scopi Rol si serve delle straordinarie capacità che è riuscito a sviluppare e a controllare?
«*A fini umanitari e a scopi scientifici* – ha risposto l'intervistato senza esitare – *sovente i medici ricorrono a Rol per una diagnosi. Rol vede con i propri occhi quello che noi vediamo servendoci di un apparecchio a raggi X. Per esempio: ha saputo dirmi a quale tipo di intervento chirurgico ero stato sottoposto senza affatto conoscermi. È in grado mi dicono, ma a questo esperimento non ho assistito, di passare attraverso un muro. Però ho visto qualcosa di simile, anche se meno spettacolare. Dopo aver fatto distribuire un mazzo di carte (Rol non tocca mai le cose con le quali realizza i suoi esperimenti) vi ha fatto posare sopra un piatto ed ha chiesto a uno dei presenti di muovere il piatto con una mano e di indicargli una carta. Dopo qualche secondo abbiamo udito come il rumore di una sega che taglia il legno e da sotto il tavolo in noce e spesso diversi centimetri Rol ha estratto la carta che gli era stata indicata. Abbiamo contato e controllato le carte rimanenti: mancava effettivamente quella che Rol aveva fatto passare attraverso il tavolo.*
«*Un altro esperimento veramente eccezionale, che ho visto con i miei occhi, è la riproduzione di un quadro di Picasso. Rol ha messo in mano a uno dei presenti una tela bianca. Ha fatto disporre su un tavolo colori e pennelli. Poi si è concentrato. Comandato dalla sua volontà in qualche minuto, il pennello ha dipinto il quadro che noi avevamo richiesto. L'aspetto più straordinario non è soltanto la capacità di realizzare fedelmente un quadro d'autore senza prendere un pennello in mano ma il fatto che, sottoposto ai raggi X, questo quadro è risultato essere, in tutto e per tutto, come l'originale»* (è noto che una delle moderne tecniche per verificare l'autenticità di un'opera d'arte è quella di sottoporla ai raggi X).
«*Rol legge a distanza libri che non conosce neppure, dirige con la sola forza del pensiero carte lanciate in aria da altre persone: una sera ha conficcato le carte di un mazzo nel vetro di un quadro appeso al muro.*

---

[5] Frase che mostra una delle solite incomprensioni di chi fraintendeva il pensiero di Rol, il quale è pur vero che non si spingeva a spiegare nel dettaglio le sue conoscenze, preferendo fare allusioni e lasciare indizi per quelli che in futuro lo avrebbero capito… Ciò di cui Rol parla non è mai reincarnazione e con essa non ha alcuna parentela effettiva. Non occorre che qui ritorni su quanto ho già più volte scritto. Lo stesso per la questione dell'essere cattolico, considerato da alcuni testimoni come impedimento a dire o a "credere" a qualcosa di diverso, laddove invece Rol non era condizionato da questi conformismi superficiali e poteva essere in accordo con la dottrina cattolica oppure no sulla base delle sue conoscenze e della sua esperienza di *illuminato*.

[6] Per questa e altre frasi che seguono, si veda la già citata nota 35, p. 364, vol. III.

Sono rimaste lì durante tutta la seduta. Siamo stati noi a levarle, prima di andarcene. Sul vetro non c'era nessuna traccia, neppure un graffio».
In che misura l'hanno influenzata gli esperimenti cui ha assistito?
«Cerco di non lasciarmi influenzare. È fin troppo facile, dopo avere conosciuto un personaggio come Rol, dipendere esclusivamente da lui per ogni decisione grave da prendere, per ogni dubbio che assale. Lui però rifiuta di rivelare le cose che 'vede'. Del resto, se sapessimo con certezza quello che ci attende vivremmo immersi in uno stato d'ansia umanamente insostenibile».

APPENDICE I

Il messaggio di Gustavo Rol

di Lorenzo Rappelli

11 novembre 2003[1]

In occasione del centenario della nascita di Gustavo Rol sono state pubblicate lettere di persone che lo hanno conosciuto e frequentato e che affermano la veridicità degli esperimenti di cui sono stati testimoni e, al tempo stesso, articoli di persone scettiche, che non hanno conosciuto Rol, e che lo considerano come un illusionista o peggio un ciarlatano.
Diversi libri sono stati pubblicati sulla vita e sugli esperimenti di quest'Uomo che rimangono per molti un mistero inesplicabile.
Vivo all'estero da molti anni[2] ed ho avuto conoscenza dei libri e degli articoli grazie ad amici torinesi che me li hanno inviati.
Ho conosciuto Gustavo nel 1965, avevo allora 30 anni, e per dodici anni, fino alla mia partenza dall'Italia per il Costa Rica, con mia moglie Giuliana, l'ho frequentato quotidianamente.
Non passava giorno senza avere con lui almeno una comunicazione telefonica, abbiamo partecipato a migliaia di riunioni, molte delle quali si

---

[1] Avevo rintracciato Rappelli all'epoca del centenario della nascita di Rol (giugno 2003) e lo avevo informato della polemica degli scettici, chiedendogli se poteva scrivere una sua testimonianza di difesa che avrei pubblicato in un libro che credevo prossimo. Lui me la mandò l'11/11/2003. Quel libro però non si concretizzò in quel periodo e mi risolsi a pubblicarla nel settembre 2005 sul mio sito *gustavorol.org* (da altri poi ripresa, spesso senza fonte). Ora ho deciso di pubblicarla in questa sede, sembrandomi nel contesto giusto in collegamento alle due conferenze-dibattito del 1969-1970 viste nel vol. V e gli ulteriori rimandi di Jacopo Comin in questo volume.

[2] All'epoca in cui scriveva, Rappelli (che ora preferisce il nome Lorenzo a Pierlorenzo), nato nel 1935, viveva in Francia vicino a Limoges (Nuova Aquitania), dove poi andai nel 2005 con Nicolò Bongiorno a intervistarlo per il documentario *Rol. Un mondo dietro al mondo* trasmesso in seguito da History Channel. Si è poi trasferito per alcuni anni a Lourdes, e in seguito a Prudhomat (Occitania). Avvocato in Torino all'epoca in cui conobbe e frequentò Rol, trasferitosi per alcuni anni in Costa Rica con l'allora moglie, anche lei avvocata e amica di Rol, Giuliana Ferreri, ha poi vissuto in Francia, dove si è dedicato all'agriturismo scrivendo guide in francese, e alla pittura, poi diventata la sua attività a tempo pieno, autore di libri su pittura paesaggistica e tecnica di pittura (si veda il suo profilo: *facebook.com/lorenzo.rappelli*).

sono tenute in casa nostra in via Giolitti[3], abbiamo assistito a migliaia di esperimenti. Frequentando Gustavo abbiamo avuto innumerevoli occasioni di essere soli con lui, di parlargli, di ascoltarlo, e di assistere a fenomeni o avvenimenti che non sono conosciuti e che ai nostri occhi rendono assurde le congetture di trucchi avanzate dagli scettici su quanto Egli faceva.

Ma soprattutto ho conosciuto come pochi Gustavo come uomo, ho apprezzato la sua sensibilità, la sua bontà, ho visto il suo amore disinteressato per il prossimo, il suo rispetto per le persone umili, la sua dirittura morale, la sua fede in Dio.

Gustavo mi considerava come un figlio, mi aveva designato come suo esecutore testamentario e spesso ripeteva che sarei stato il suo successore.

Purtroppo la vita ha voluto altrimenti.

La mia partenza per il Centro America nel '77 lo addolorò moltissimo anche se per il grande pudore che lo contraddistingueva non volle dimostrarlo.

Se oggi prendo la penna non è certo per cercare di convincere gli "scettici", che in ogni caso rimarranno tali, ma per rendere un omaggio affettuoso a un Uomo che ha dedicato la sua lunga vita ad aiutare il suo prossimo non solo materialmente e moralmente, ma che ha cercato soprattutto di dimostrare a coloro che lo avvicinavano che esisteva un'altra dimensione più alta alla quale tutti potevano avere accesso.

Devo a Gustavo Rol di avermi aperto orizzonti immensi, di avermi insegnato che il miracolo è un fatto normale la cui spiegazione non è ancora trovata, di non aver più paura della morte, di aver potuto, anche negli anni che hanno seguito la nostra separazione, continuare il mio cammino spirituale.

Ed è con infinita tristezza che vedo oggi un certo numero di persone che non Lo hanno conosciuto denigrarlo e definirlo come un imbroglione che, con dei trucchi, avrebbe per decenni approfittato dell'ingenuità dei suoi amici.

Ho dovuto sforzarmi per leggere le pagine che Lo offendono perché per me scrivere, come certi si permettono di fare, che avrebbe fatto trucchi per pura vanagloria, è altrettanto assurdo e scandaloso che affermare che il Papa vende le indulgenze in un chiosco di Piazza San Pietro o che Suor Teresa di Calcutta sfruttava i poveri della città per ottenere il premio Nobel!

Ma purtroppo non poteva essere altrimenti.

---

[3] Una delle tante conferme che Rol faceva esperimenti più a casa di altri che a casa sua, narrazione portata avanti dagli scettici che hanno voluto fare passare l'idea che Rol a casa sua poteva "montare lo spettacolo" e gestire al meglio i suoi "trucchi". I fatti dicono l'opposto. E se negli anni '60, inizio '70 era soprattutto dai Rappelli e poi dai Gàzzera, nei restanti '70 era dai Visca o dai Lugli, negli '80 da Provera e da altri.

Coloro che seguono un cammino verso l'evoluzione e che operano nell'Amore per la Luce, sanno che le forze opposte mettono loro il bastone nelle ruote e fanno di tutto per distoglierli dalla loro vocazione. Se non l'ottengono, cercano di rendere la loro vita impossibile perché non è facile dedicarsi alla vita spirituale e ad aiutare gli altri quando si hanno dei grossi problemi.
Coloro che sono stati vicini a Gustavo sanno che la sua vita è stata tutt'altro che facile e che ha dovuto superare moltissime prove dolorose.
Oggi che non è più fisicamente con noi, la reazione avversa non cessa, anzi si fa virulenta.
Per me questa è una prova di più dell'autenticità del messaggio di Gustavo Rol.
Gli "scettici" che lo denigrano, hanno punti di vista, convinzioni e riferimenti diametralmente opposti a quelli di Gustavo e di coloro che hanno creduto in Lui.
Per i primi, ciò che esiste e che per loro è la verità, è ciò che essi stessi conoscono, producono o possono riprodurre, verificare per mezzo dei cinque sensi o attraverso strumenti che, a loro volta, inviano informazioni ai sensi fisici.
Questa è la loro unica verità che è in relazione al loro stadio di evoluzione e di comprensione dell'Universo e delle sue leggi. Spesso coloro che hanno un tale punto di vista sono atei o fanno totalmente astrazione dell'idea di Dio e del rapporto di Dio con l'uomo.
Partendo da tali basi, si propongono di esaminare i fenomeni che definiscono "paranormali", (dal momento che considerano normale solo ciò che loro accettano), e di verificare se corrispondono alle loro conoscenze.
Non trovando ovviamente la corrispondenza, detti "scettici" hanno solo due soluzioni: o negare puramente il fenomeno, o spiegarlo alla luce delle loro conoscenze.
Per il caso di Gustavo, non potendo negare l'esistenza degli esperimenti, hanno optato per la seconda soluzione. Nulla di strano, quindi, che un giovane illusionista spieghi i fenomeni attraverso i trucchi che lui conosce e pratica[4].
Ma ciò facendo l'autore non solo diffama la memoria di un Uomo che non è più qui per difendersi, ma insulta l'intelligenza di tutti coloro, ed erano migliaia, che hanno frequentato o incontrato Rol e che hanno creduto ai suoi esperimenti.
È mai possibile che queste persone siano tutti degli ingenui facilmente manipolabili?
Inoltre, posso affermare che quando le serate si svolgevano in casa nostra e che Gustavo iniziava gli esperimenti con le carte (se fra i partecipanti vi

---

[4] A Rappelli avevo mandato una copia del libro-gioco-di-prestigio di Mariano Tomatis, *Rol. Realtà o Leggenda*, Avverbi, Roma, maggio 2003.

erano dei novizi), i mazzi di carte, una decina, erano i miei, li tiravo fuori io da una scatola in un cassetto e li disponevo sulla tavola quando tutti erano seduti.

Gustavo non aveva alcuna possibilità di manipolarli o di prepararli prima, a meno che non si abbia la spudoratezza di dire che io ero il suo complice. Ma vi sono limiti che l'indecenza non ha il diritto di superare.

Gli "scettici" hanno creato il Comitato Italiano per il Controllo delle Affermazioni sul Paranormale; iniziativa lodevole laddove si tratti di smascherare un ciarlatano che pretenda fare dei miracoli. Ma allorquando ci si trova di fronte ad un vero iniziato, con quali mezzi o conoscenze fare detto controllo?

Il Cicap si ritrova a dover misurare un lago con un bicchiere.

Ora, ciò che è inaccettabile è che nella nostra società, una certa categoria di persone si sia appropriata della scienza e che, in nome di tale scienza si attribuisca il diritto di chiedere spiegazioni, di esigere dei controlli, ed infine, di giudicare un Uomo che non conoscevano e che non potevano capire.

Ma questo si è sempre verificato nella storia. Basti pensare alla Santa Inquisizione che obbligò Galileo Galilei a rinnegare la teoria di Copernico secondo la quale la terra gira intorno al sole, e a Giordano Bruno che fu bruciato sul rogo per la stessa ragione.

Se Gustavo avesse vissuto a quell'epoca avrebbe subito una sorte analoga. Ma chi ha dato a questi "scientifici"[5] il loro potere? Quale Alta Autorità li ha investiti di tale missione? In nome di quale "scienza" agiscono?

Scientia viene da *scire* (conoscere). Gustavo Rol ha acquisito delle conoscenze alle quali i suoi detrattori non hanno accesso. La sua è quindi una "scienza" altrettanto rispettabile che la loro.

La differenza è che Gustavo non ha mai mostrato dell'agressività, disprezzo o denigrato persone che non avevano la sua sensibilità.

L'unico atteggiamento dignitoso e corretto da parte di coloro che non lo hanno conosciuto sarebbe stato di dire: non mi posso pronunciare perchè non ne ho gli elementi[6].

Noto invece una violenza nel voler distruggere il mito Rol, come se inconsciamente i suoi detrattori gliene volessero di non aver loro dato in pasto le sue conoscenze[7].

---

[5] Scienziati, in francese *scientifiques*.
[6] Era la posizione che, Rol in vita, aveva il fisico Tullio Regge («Non possiedo... elementi di giudizio tali da poter criticare o avallare gli esperimenti del dottor Rol», aveva scritto nel 1986, in: Rol, G.A., *Scienziati e sensitivi, perché così nemici?*, La Stampa, 11/07/1986 p. 3) ma che dopo la morte di Rol ha cambiato, cercando di convincere se stesso e gli altri che non potevano non essere trucchi.
[7] Sicuramente, una delle principali ragioni.

Mi ricordano i tre scellerati Compagni che uccisero il Maestro Hiram[8] che rifiutava loro la parola di passo di Maestro perchè non ne erano ancora degni.

Negli anni che ho frequentato Gustavo credo di essere stato la persona che gli era la più vicina e alla quale Egli non aveva più nulla da dimostrare. Ciò che ho visto e vissuto con Lui è talmente meraviglioso e straordinario che mi pare ridicolo che ancora oggi tante persone insistano a parlare degli esperimenti con le carte[9].

Desidero richiamare qui l'attenzione non sugli esperimenti ma sull'Uomo Rol.

Sugli esperimenti esistono i libri di Maria Luisa Giordano, di Renzo Allegri e di Remo Lugli[10].

Se ne descrivessi qui altri ai quali ho assistito mi darebbe l'impressione di voler ancora cercare di convincere gli scettici. Sarebbe come entrare nel loro gioco riconoscendo che hanno diritto ad una spiegazione e sulla quale potranno dare il loro giudizio.

Gustavo non aveva niente da giustificare o da spiegare a nessuno[11].

---

[8] Nella versione di progettista e sovrintendente della costruzione del Tempio di Re Salomone.

[9] Nel senso che gli scettici si fermano a parlare quasi solo di quelli, come presunta pistola fumante che avessero a che vedere con i giochi di prestigio. Essi sono comunque essenziali tanto quanto – se non persino di più, per la struttura armonico-matematica sottostante che suggeriscono – il resto della fenomenologia.

[10] Quelli di cui Rappelli era a conoscenza nel 2003. C'erano però anche quelli di Di Simone, Frassati, Dembech e soprattutto *"Io sono la grondaia"*. Rappelli vivendo in Francia non li conosceva tutti.

[11] Posso capire il sentimento di Lorenzo. Io però la penso diversamente. I primi tre volumi (per il momento) di questa antologia stanno a dimostrare l'importanza anche *quantitativa* delle testimonianze, le quali non solo aggiungono ognuna frammenti biografici, fenomenologici e filosofici spesso inediti, ma consentono una comparazione che conferisce all'insieme il carattere dell'*oggettività*, base per qualunque autentica comprensione scientifica (e, come conseguenza secondaria, anche di identificare testimonianze non attendibili perché incompatibili con l'insieme, con il modo di agire di Rol e col suo *status* di *illuminato*). Quante più testimonianze, tanto meglio. Non è esatto che «Gustavo non aveva niente da giustificare o da spiegare a nessuno», perché è quello che ha fatto tutta la vita, anche se è vero che *non era in obbligo* di giustificare o spiegare. Lo faceva, quando, come e dove lo riteneva opportuno, *sua sponte*. A me personalmente, *che non sono Gustavo* e quindi ho più libertà di azione (oltre al fatto che ogni epoca necessita di una azione calibrata per quella epoca) interessa invece *convincere gli scettici*, ma non sulla base di una *fede*, quanto sulla base dei *fatti*, perché se non avessi conosciuto Gustavo nulla escluderebbe che io stesso avrei potuto trovarmi dalla loro parte (anche se non credo, essendo un "seguace" del *fact-checking*, però non si può escludere completamente, almeno in un primo momento). Avendo avuto una fortuna – quella di conoscerlo – che non ho cercato e che non ha alcun merito, trovo giusto andare incontro a (o anche allo scontro con, quando è il caso)

Lo ha detto e scritto molte volte che "non vi è un segreto da insegnare o da tradamandare perchè è una verità che bisogna intuire da soli".
È un sentimento che ho risentito moltissime volte vicino a Gustavo. Non era il numero o la straordinarietà degli esperimenti che contava, ma il messaggio che contenevano.
Una volta che vedendo uno solo o più esperimenti si è ricevuto il messaggio sta a noi di lavorarci su per vedere come riuscire ad integrarlo[12].

---

chi non l'ha avuta, con argomenti razionali, precisi e non banali, unico terreno possibile per un confronto su un piano di ordine scientifico, ovvero di conoscenza oggettiva. Non è certo con la *fede* o l'*ideologia* che si giungerà a comprendere queste cose, ma con la ragione (passando, *ça va sans dire*, dall'intuizione).

[12] Rappelli ha ragione, però occorre evitare un malinteso, ricorrente nella storia delle religioni. Certamente ciò che sta a monte degli esperimenti e dei prodigi è gerarchicamente preminente rispetto ai prodigi stessi. Ma senza gli esperimenti/prodigi sarebbero solo chiacchiere, speculazioni, parole che, per quanto d'effetto o toccanti, chiunque può fare (le teologie di tutti i continenti hanno prodotto centinaia di migliaia di pagine di parole, spesso contraddittorie quando messe a confronto). Senza i miracoli di Gesù non avremmo il Cristianesimo (e anche Rappelli più avanti lo dice) che sarebbe al massimo una filosofia come le altre. La credibilità di un Maestro, l'ho già detto, è data anche, e soprattutto, dalle *possibilità* di ordine superiore che è in grado di esprimere. Con esse egli *dimostra* di essere andato oltre il tempo, lo spazio e la materia. Non parla quindi sulla base di esperienze sensoriali e razionali grazie alle quali tutti gli altri esseri umani pensano, parlano e agiscono. Parla sulla base di una esperienza *oggettivamente diversa*, della quale le sue *possibilità* sono dimostrazione. C'è spesso il malinteso – in India è abbastanza comune, visto che è il luogo che ha prodotto più Maestri – di quelli che sminuiscono i miracoli sostenendo che essi siano solo una distrazione. In genere chi fa queste affermazioni sono coloro che i miracoli non li hanno mai saputi esprimere, che non hanno nessun "potere", che corrisponde a dire che non hanno nessuna *potenza*. È pieno di *paṇḍit* istruiti che sono spiritualmente molto piccoli, nonostante le apparenze. È vero che il *sādhaka* non deve farsi abbagliare da essi *come meta*, perché andrebbe fuori strada; ed è vero che l'Illuminato che li abbia acquisiti (senza averli cercati, *conditio sine qua non*) potrebbe "precipitare" dalle altezze conseguite se ne diventasse orgoglioso e se se ne ammantasse vanitosamente. Il prezzo da pagare sarebbe non solo la perdita dei poteri, delle *siddhi* (è una condizione neuropsicologica, non un decreto divino) ma anche quella della sua "anima", perché finirebbe ancora più in basso rispetto a dove era partito (ovvero, vittima degli istinti più bassi, che potrebbero non avere più freno). Ma se questi aspetti sono veri, essi non devono portare all'errata conclusione che l'accesso a determinate *possibilità* e il loro uso mirato nelle giuste circostanze, non sia tanto importante quanto la causa che le produce e lo strumento che se ne fa interprete-esecutore (il Maestro). In verità, questi elementi sono indissolubili e così andrebbero considerati. Rol non avrebbe passato la vita intera a mostrare queste cose solo per dire che non sono importanti! Esse vanno semplicemente collocate al loro giusto posto, inscindibili dalle ragioni per cui si manifestano.

Ma questo pochi lo hanno capito. Molti cercavano nella ripetizione degli esperimenti di percepire come questi potevano riuscire.

Era la stessa cosa che fotografare i bulloni che fissano l'ala di un aereo per capire le leggi dell'aerodinamica[13].

Chi era in realtà Gustavo Rol? Tutti sanno, e molti lo hanno scritto, che era un gran signore, un uomo colto, buono, sensibile, disinteressato, profondo credente e di un rigore morale assoluto.

Ma chi era veramente Gustavo? Mi sono posto varie volte la domanda avendo conosciuto aspetti della sua personalità che forse altri ignorano e avendo raccolto confidenze che non so se ha rivelato ad altri.

Oggi, a trent'anni di distanza, e alla luce di quanto ho imparato nella vita, posso tentare una risposta, puramente personale e che non pretende di essere la verità.

Per me Gustavo era una "vecchia anima", un Essere che essendosi già incarnato molteplici volte, aveva percorso un lungo cammino verso la presa di coscienza della nostra vera natura, la natura divina.

A questo stadio gli Esseri conservano un livello di coscienza più evoluto della media, spesso si ricordano di vite anteriori (Gustavo diceva di avere 2000 anni), e soprattutto accettano di operare per l'evoluzione dell'umanità[14].

---

[13] In questo, perfettamente d'accordo, analogia davvero pregnante.

[14] Io non credo a questa interpretazione, non solo perché contesto – con Guénon e altri – la teoria della reincarnazione, ma anche perché non è necessario postulare uno spirito che abbia passato molteplici incarnazioni per arrivare al livello di Rol. Mi pare una idea influenzata da idee abbastanza popolari, "ragionevoli", ma che non per questo sono vere. Basterebbero predisposizioni genetiche + educazione + circostanze ambientali particolari + sistema neurologico "configurato" in maniera favorevole (ne parlerò in uno studio futuro). Il Genio è il prodotto della somma delle circostanze (il *vero* karma, che nulla ha a che vedere con la reincarnazione), non di uno "spirito" che arriva da lontano, a meno che non si voglia identificare lo spirito con la somma dei fattori che ho appena menzionati. E se tutti in futuro saranno come Rol – lo ha affermato lui stesso, cosa alla quale "credo" assolutamente – lo saranno non in virtù di uno spirito che arrivi da lontano, ma in virtù di una evoluzione naturale della coscienza dell'uomo e della ricerca scientifica su di essa, prendendo profitto dalle conoscenze sulle trasformazioni psicofisiologiche del corpo-mente accumulate in migliaia di anni dalle tradizioni spirituali, e riconducibili, quale che sia la "religione", alla *Scienza dello Yoga*. Quanto ai «2000 anni», si tratta di numero eminentemente simbolico – piuttosto facile da identificare –, anche perché Rol, in altra circostanza ha detto di avere «1000 anni» (con riferimento simbolico diverso), e in altra ancora di aver «creduto di impazzire quando scoprii che esistevano in me le memorie di uomini vissuti 4000 anni fa». In noi ci sono le «memorie», non gli "spiriti", e già questo dovrebbe chiarire di che cosa realmente stiamo parlando.

È quindi possibile che Gustavo abbia accettato di portare il messaggio della Presenza di Dio nell'uomo servendosi delle facoltà inerenti a questo livello di coscienza sublime attraverso i suoi esperimenti.
Senza di essi il messaggio non avrebbe avuto impatto alcuno, come l'insegnamento di Gesù se non avesse compiuto alcun miracolo e la sua Ascensione[15].
Nelle nostre conversazioni mi ha sempre ripetuto che coloro che chiedevano di controllarlo o cercavano il segreto dei suoi esperimenti[16] erano orientati in una dinamica di fare o di come fare, mentre i suoi esperimenti erano spiegabili solo in un certo modo di Essere[17].
Mi ha sempre detto che l'ego, il mentale, la coscienza umana non solo non avevano niente a che vedere con la realizzazione dei fenomeni ma che, ove intervenivano, li impedivano.
Così penso che quando si concentrava in occasione di un esperimento, contrariamente a quanto si poteva credere, non era sulla riuscita, ma sull'annullamento della sua personalità umana e sulla Presenza Divina[18]. Il semplice fatto di chiedergli un esperimento, anche il più banale gli creava uno stato di coscienza umana che lo impediva. Mi è successo che mi rispondesse: peccato che tu me lo abbia chiesto, adesso non posso più farlo.
Ed è per questa ragione e non per altre[19] che si è sempre rifiutato di sottoporsi ai controlli che gli venivano richiesti. Lo ha spiegato, con la signorilità che gli era propria nella lettera scritta al Prof. Tullio Regge[20].
Gustavo ha sempre affermato che tutti, un giorno, saranno in grado di fare le stesse cose, a condizione che raggiungano quello stadio di cocienza

---

[15] E qui coincide con quanto ho scritto anche io più sopra. Il punto però è che il Messaggio, da solo, non sarebbe diverso da quello di 2000 anni fa, o di 2400 (Platone). In realtà non c'è nulla nel *pensiero di Rol* che non sia già stato detto da altri, se non nella volontà di coinvolgere la scienza, cosa però compatibile con l'epoca in cui Rol ha vissuto. Nella Palestina del I° sec., per esempio, la "scienza" era ben altra cosa e un Gesù che si fosse appellato alla scienza sarebbe stato senza senso. Di nuovo, l'originalità di Rol è la sintesi che lui rappresenta, la sua modernità, la sua apertura al quotidiano, al paranormale che diventa normale, al divino che "ridiscende" negli esseri umani, non che rimane lontano "nell'alto dei Cieli", espressione, al solito, vera solo dal punto di vista simbolico.
[16] Si riferisce, in particolare, ai parapsicologi degli anni '60 e '70, come i partecipanti al dibattito dell'AISM.
[17] Qui e di seguito, condivido pienamente.
[18] In parte è certamente così.
[19] In realtà, vi è almeno un'altra *macro* ragione, ovvero il rispetto di basilari principi iniziatici, cioè di apprendistato, per i candidati esaminatori. Ne ho già parlato più volte e quindi non mi ripeto.
[20] Pubblicata in originale in Giordano, M.L., *Rol oltre il prodigio*, Gribaudo Editore, Torino, 1995, pp. 85-88.

sublime nel quale, per usare un'espressione di Gesù, "Non sono io che agisco ma il Padre che agisce in me"[21].
Gustavo diceva la stessa cosa quando affermava "Io sono la grondaia".
Affermazione non nuova perchè già Gesù aveva detto: Tutto quello che faccio voi lo farete ed anche più perchè IO SONO con voi.
Ora, si è sempre presa alla lettera questa affermazione comprendendo: io, Gesù, sono con voi.
Ma se si considera che lo IO SONO è l'affermazione della Presenza Divina, il CRISTO nell'UOMO, la nostra vera natura, la frase prende un tutt'altro significato.
Se si legge il Vangelo comprendendo l'IO o il IO SONO in questo senso ogni volta che Gesù lo pronunciò il suo messaggio prende un'ampiezza straordinaria.
Leggete nel Vangelo Giovanni 10,34-38 e nei Sami 82-6, troverete: voi siete degli dèi.
È evidente che lo scettico e il non credente sorriderà di queste affermazioni. È il suo diritto e fa parte del suo libero arbitrio di non crederci.
Non ha invece il diritto di giudicare o di condannare coloro che credono in ciò che non conosce o non capisce.
Così facendo rischia una responsabilità karmica di cui dovrà rispondere un giorno, tanto più grave se la diffamazione è fatta con la coscienza di voler distrarre il pubblico dal messaggio intrinseco degli esperimenti di Rol: Prendete coscienza di Dio in voi e lasciateLo agire.
Come l'uomo possa integrare la Presenza di Dio è un cammino personale che dura non solo anni ma molte vite[22]. La comprensione non è a livello mentale o emotivo ma qualche cosa di più profondo e di definitivo.
È un MODO DI ESSERE che si vive ad ogni giorno ed ad ogni momento.
Ognuno di noi ha il proprio bagaglio di preparazione che dipende dalle esperienze fatte in questa e in vite anteriori[23], dalla sua educazione, dalla sua condizione sociale e famigliare, dalle sue credenze etc.
Ogni alpinista nell'ascensione verso la cima usa i suoi mezzi e sceglie il suo itinerario, affronta a modo suo le difficoltà. Può decidere di progredire, di sedersi o di ridiscendere a valle.

---

[21] Precisamente.
[22] Io direi: molte generazioni, ovvero se non ci riusciamo noi, ci riusciranno i nostri figli, o nipoti, o bisnipoti... ecc. Escludo che sia il nostro "spirito", che di fatto viene inteso dai più come la nostra individualità, la nostra personalità – un'altra forma per non riuscire a rinunciare al proprio ego... – nella consolante e per me illusoria idea che se in questa vita non ci riusciremo, avremo un'altra possibilità. Vedo piuttosto che solo una strettissima minoranza continuerà direttamente nel "mondo dello spirito", solo chi, avendo imparato a nuotare su questa Terra, rimarrà a galla quando si troverà nel bel mezzo dell'Oceano.
[23] Io direi: dalle generazioni che ci hanno preceduti.

Come Gesù, Gustavo ci ha indicato la cima. A noi di fare la nostra Ascensione o di rinunciare. È il nostro libero arbitrio.
Come si vede, l'abisso fra gli scettici e coloro che credono in ciò che Gustavo Rol faceva e al suo messaggio è incolmabile.
Ogni dibattito o discussione fra loro è impossibile e si trasforma in un discorso fra sordi che parlano due lingue diverse[24].
Ma per il rispetto dovuto ai morti e per la dignità umana sarebbe opportuno che i due campi, pur mantenendo le loro posizioni si astengano dal giudicare o aggredire.
La tolleranza è la virtù di accettare che altri siano o pensino diversamente da noi[25].

---

[24] Senz'altro, soprattutto se da una parte abbiamo i cultori della *new age* allergici ai fatti e alla mentalità scientifica, e dall'altra gli altezzosi ideologi di una scienza preconfezionata allergici a tutto ciò che è spirituale, per non aver mai avuto la possibilità (e la fortuna) di entrare in contatto con qualcosa di *valido* e *autentico* e avendo sviluppato radicati pregiudizi al riguardo. Per questo occorrono degli "interpreti", ruolo che mi sono proposto di svolgere io nei limiti delle mie possibilità.

[25] Ma Galileo alla fine ha avuto ragione, e i suoi oppositori torto. Questo perché la scienza non è una opinione, il miglior metodo trovato dall'*homo sapiens* per giungere alla Verità (o meglio: *a gradini crescenti di Verità*). Insieme allo Yoga.

Il messaggio di Gustavo Rol

Rol con Lorenzo Rappelli a casa di quest'ultimo, a Torino, nel 1973.

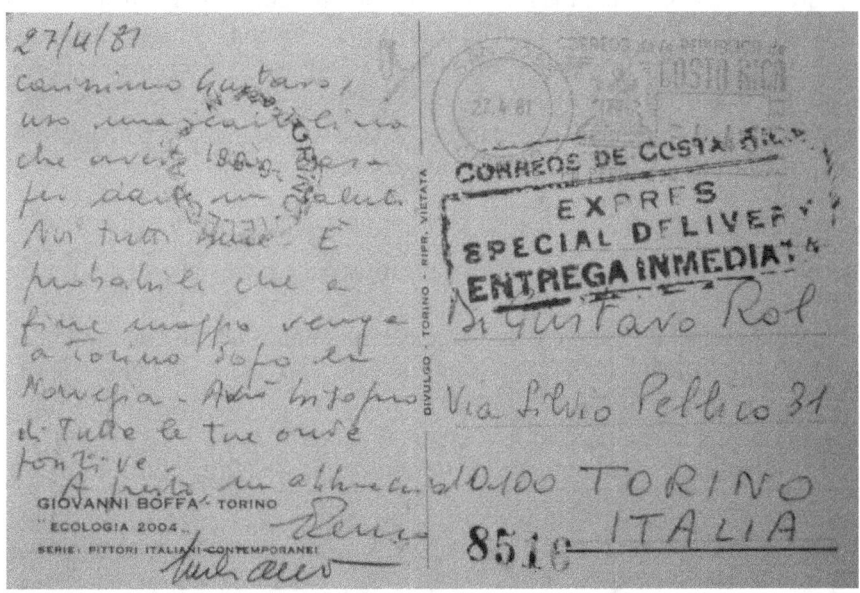

Cartolina inviata da Rappelli a Rol dal Costa Rica il 27 aprile 1981: «Carissimo Gustavo, uso una cartolina che avevo in casa per darti un saluto. Noi tutti bene. È probabile che a fine maggio venga a Torino dopo la Norvegia. Avrò bisogno di tutte le tue onde positive. A presto, un abbraccio. Renzo / Giuliana» (Ferreri, all'epoca moglie di Rappelli).

APPENDICE II

Memorie su Gustavo Adolfo Rol

di Luigi Gazzera[1]

All'inizio degli anni trenta l'Ing. Premoli e il Cav. Storero fecero un investimento edilizio su una villa a due piani in Via Silvio Pellico 31 angolo Corso Massimo d'Azeglio, sopraelevandola fino a 6 piani. I Bauchiero (famiglia di mia madre) comprarono un grande alloggio al 1° piano, e Gustavo Rol al 4° Piano. La mia famiglia è stata condomina con Gustavo da allora finché è vissuto, e perciò si tratta di una conoscenza di ben lunga durata.
Io personalmente ho quasi sempre abitato in quell'alloggio, tranne dal 1948 al 1956 e nel 1965/66.
I miei familiari ed io per molti anni abbiamo frequentato ben poco Gustavo; ricordo che i miei Nonni mi raccontavano quando, durante la guerra, per i bombardamenti si scendeva nel rifugio, e in tali occasioni talvolta Gustavo intratteneva tutti quanti con qualche "esperimento".
Ho un ricordo diretto, intorno al 1947: una volta in cui mia madre, come spesso capitava, accompagnò me e mio fratello, allora bambini al Valentino, e mentre noi giocavamo lei passò il tempo su una panchina, studiando inglese (fu sempre un hobby della sua vita); tornando a casa, incontrammo Rol; egli ci salutò con cordialità, e disse: "Signora Elda, vedo con piacere che Lei ha ripreso a studiare inglese, e con profitto; infatti nell'ultimo esercizio, Lei ha fatto solo 2 errori scrivendo ... al posto di ...., e .... al posto di...".
Ovviamente io non ricordo quali fossero gli errori, ma grande fu la sorpresa di mia madre quando, entrata in casa, verificò che quanto detto da Rol era esatto.
Ricordo ancora che mia nonna, partecipando a una riunione condominiale, ci disse che Rol a un certo punto sembrava cresciuto, e stava per sollevarsi da terra, e chiedeva che lo trattenessero (un episodio simile lo vedemmo con i nostri occhi a casa nostra, molti anni dopo)[2].

---

[1] «Scritto a Banengo, il 24/10/2022».
La testimonianza, integralmente inedita, è stata messa per iscritto dopo mia diretta richiesta da Luigi Gàzzera, dottore commercialista, che negli anni in cui conobbe Rol era amministratore di società nel campo dell'esercizio cinematografico. Le note sono tutte mie. Sulla famiglia Gàzzera menzionata in altre fonti relative a Rol, cfr. *supra*, pp. 40, 50, 83.
[2] Quando gli ho chiesto dettagli su questo episodio, mi ha scritto: «La "levitazione" di Gustavo, così come altra volta il suo apparente rimpicciolimento per adattarsi alle fattezze di un vecchietto, quando venne lo *spirito intelligente* di

Giacomo Casanova da vecchio, sono cose molto difficili da raccontare, e ognuno di noi ha dei ricordi leggermente diversi. Dato che molte persone, come ho letto anche su altri libri su Rol, hanno vissuto queste esperienze, evidentemente non era autosuggestione; ricordo benissimo quando diceva, con voce quasi spaventata, a tutti noi: "tenetemi, tenetemi, non lasciatemi andare più in alto"; ma descrivere nei dettagli quei momenti mi è impossibile». A colmare difficoltà esplicative e vuoti di memoria ci pensa almeno in parte l'analisi comparata delle testimonianze. Ad esempio, la signora Amalia Pisapia, commentando il 09/02/2023 sulla mia pagina *facebook.com/Gustavo.A.Rol* la testimonianza di Tinto Vitta sugli esperimenti di carte di Rol da lui visti (cfr. 3-V-151, 151bis), ha scritto: «Io ricordo che fece la stessa cosa con il mio papà, nel salottino della pasticceria che [*Rol*] era solito frequentare [*la pasticceria Pisapia in via Madama Cristina 11/1, angolo via Galliari, a Torino*], mandò a comprare un mazzo di carte nuove, che non maneggiò mai, chiese a mio padre di pensare ad una carta, ricordo esattamente il seme, asso di cuori, era l'unica carta girata al contrario! E assistemmo anche ad un esperimento di levitazione, cominciò concentrandosi sulla respirazione, ricordo che gonfiò il suo addome come un pallone, e si alzò da terra di 20 cm! poi allo stesso modo, lentamente ritoccò terra!». Questa testimonianza, unita a quella di Gàzzera, è assai importante, e conferma e completa altre testimonianze analoghe. È sorprendente che Rol per ottenere questo tipo di levitazione avesse bisogno di gonfiarsi proprio «come un pallone». C'è da chiedersi se non sia solo una messa in scena al tempo stesso divertente e scherzosa – per non impressionare troppo i presenti, tra cui una ragazzina di 12 anni, età della testimone, e per "minimizzare" il prodigio – e allusiva su dove guardare per comprendere meglio il fenomeno, e non una vera necessità "tecnica"; ovvero Rol avrebbe potuto levitare anche senza gonfiarsi (cfr. per es. quanto mi raccontò Chiara Bologna, 1-XIX-2, dove non compare nulla del genere). Rilevante che nei due casi di Gàzzera, Rol dovette addirittura essere trattenuto, ciò che indica una dinamica vigorosa oltre il necessario, per eccesso, non qualcosa che si riesca a fare a mala pena. Ho naturalmente chiesto a Pisapia ulteriori particolari e mi ha fornito per iscritto la seguente versione estesa: «Era un pomeriggio, penso il 1978, io e il mio papà trovammo il dott. Rol nella pasticceria Pisapia di via Bernardino Galliari, angolo via Madama Cristina di proprietà dei mie zii, ove lui amava passare spesso in compagnia di amici, e spesso con la sua consorte, lo conoscevamo bene perché lui non frequentava quel luogo solo per il piacere del palato, ma anche per il rapporto di stima e amicizia che nutriva nei riguardi della famiglia, infatti per quanto io fossi piccola percepii che non si lasciava andare in esperimenti se l'ambiente non fosse stato famigliare, e lui amava stupire chi gli era caro, e ricordo che chiamò mio padre nella saletta della pasticceria e gli chiese di comperare un mazzo di carte dalla tabaccheria di piazza Madama Cristina, un mazzo da poker; prese le mani di mio papà tra le sue senza scartare il mazzo, tenendolo tra le mani del mio papà e le sue e gli disse di pensare ad una carta, poi gli chiese di scartare il mazzo e di cercare la carta che aveva pensato, era l'asso di cuori, l'unica al contrario! Fu allora che volle stupirlo ancor di più, si concentrò e comincio a inspirare aria nei polmoni fino a gonfiare il suo stomaco come un pallone, e si sollevò da terra di circa 20 cm, credo che il tutto durò pochi secondi, cominciò a tirar fuori l'aria che aveva incamerato e lentamente poggiò i piedi a terra! Certamente per me che ero bambina fu

Per molti anni non avemmo altri contatti se non occasionali incontri sulle scale, e alle riunioni di condominio, finché, all'inizio del 1970, non ricordo per "intercessione" di chi, riuscimmo a farci invitare per una serata di "esperimenti" a casa sua. Ne fummo tutti entusiasti, e chiedemmo di potere ripetere queste serate; il problema era che in genere lui ce lo faceva sapere all'ultimo momento, e molte volte avevamo già degli impegni. Dopo una seconda serata a casa sua, avemmo la sfrontatezza di chiedergli di rendere periodiche queste riunioni, e lui ebbe la cortesia di accontentarci; per quasi 5 anni avemmo il privilegio di avere Gustavo a casa nostra tutti i venerdì sera, eccezion fatta per il periodo estivo e le festività invernali; perciò come ordine di grandezza ho visto Rol a casa nostra ben più di un centinaio di volte. Fu entusiasmante; fin dall'inizio ci trattò da amici, tutti ci davamo del tu, dopo un po' di rodaggio i presenti fissi erano i miei genitori, mia moglie e io, mio fratello e sua moglie, due coppie di nostri amici, Mustorgi e Iozzelli (questi ultimi anch'essi condomini), e poi, invitati da Rol, in un primo tempo i De Coster, e successivaente il Dott. Gaito e i Sigg. Remo Lugli (giornalista) e moglie. In casi eccezionali Gustavo chiedeva di portare anche suoi ospiti importanti di passaggio a Torino, e così conoscemmo, nel 1974, una volta Vittorio Gassman, e una volta Fellini e Masina.

Lui scendeva a casa nostra non prima delle 10, si chiacchierava di argomenti vari (anche condominiali) per circa un'ora, e poi ci sedevamo intorno al grande tavolo da pranzo per gli "esperimenti". Questi si svolgevano quasi sempre in piena luce, talvolta a luce molto ribassata, mai al buio completo, ed erano intervallati da abbondanti mangiate di panini e bevute di bibite e di alcolici; perciò non un ambiente ascetico che inviti a meditazioni o a ipnotizzazioni. Inoltre gli oggetti più usati, la carta normale (formato A/4), e i mazzi di carte da gioco, erano sempre

---

sbalorditivo, ma mio papà reagì in maniera compiaciuta ma con la consapevolezza che quell'episodio sarebbe stato uno dei tanti ai quali avrebbe potuto assistere, certo delle grandi capacità di quell'uomo!». Ha poi anche aggiunto: «Credo fosse un pomeriggio primaverile, perché ricordo perfettamente che il dott. Rol indossava un completo chiaro, precisamente beige»; «avevo all'incirca 12 anni e non c'era nessun altro oltre me e mio padre, Rol era una persona molto riservata e credo che abbia scelto accuratamente le persone alle quali mostrare le sue doti, non era per tutti! Qualche volta, ora che ho 57 anni, ho anche pensato che quello che era in grado di fare fosse qualcosa di imprevedibile anche per lui». Tornando a Gàzzera, significativo anche l'episodio in cui Rol si «rimpicciolisce» – e sappiamo che poteva fare proprio questo, così come ingrandirsi o allungarsi, si veda il cap. XXXII dei voll. 1/2 e 3 – «per adattarsi alle fattezze di un vecchietto, quando venne lo *spirito intelligente* di Giacomo Casanova da vecchio», il che oltre ad indicare un fenomeno di *plasticità*, ne indicherebbe anche uno di *trasfigurazione* (integrati in un fenomeno solo, e indizio che abbiano dinamica comune, ovvero che siano *varianti sul tema dello stesso fenomeno*).

comprate da noi, e usavamo spesso risme e mazzi di carte ancora sigillati. Per moltissimi esperimenti Gustavo non toccava nemmeno i fogli di carta, o i mazzi di carte utilizzati.
Si andava avanti fin verso le 2,30 – 3 di notte; e i primi tempi, dopo che lui era andato via, stavamo ancora a lungo a commentare tra di noi le cose incredibili cui avevamo assistito.
Anche quando faceva degli esperimenti con dei libri, erano sempre libri nostri, e non portati da lui.
Con queste premesse, è evidente che non posso elencare tutti gli esperimenti cui ho assistito; alcuni di essi erano certamente alla portata di un abile prestidigitatore[3]; parlerò perciò solo delle cose che più mi colpirono, cercando di narrare con la massima oggettività (so che mi manca un esperimento che fece spesso con altri, e cioè la pittura al buio, con lo stile di Ravier; con noi non la fece mai).

a) Con carte da gioco – uno degli esperimenti visti molte volte era di metter un mazzo di carte sul tavolo; Gustavo non le toccava, ma si vedeva questo mazzo che si gonfiava leggermente, aumentando di volume; dopodiché le carte erano tutte alternate, una con il dorso in su, e la successiva in giù, tutto il mazzo. Altro, frequentissimo, scegliere in modi vari una o più carte, dopodiché lui lanciava sul tavolo il mazzo in modo che le carte si disponessero in fila, e le

---

[3] Io discordo normalmente da queste affermazioni generiche, o anche solo dal fatto di farle, e anche per quanto riguarda gli esperimenti di base (carte, biblioscopia e materializzazioni di scritte/dipinti/oggetti) che *apparentemente*, ovvero senza una analisi più precisa, si crede possano essere riprodotti: ma se manca la manipolazione diretta, come di regola avveniva e come lo stesso Gàzzera conferma, non si può affermare che l'esperimento sia «alla portata di un abile prestidigitatore», perché *nessun prestigiatore al mondo può riprodurre questi esperimenti senza manipolazione*. Una delle condizioni – non l'unica – perché un esperimento di Rol sia qualificato come tale, è che sia *senza manipolazione*. Se i prestigiatori non la rispettano, allora non si tratta della riproduzione di un esperimento di Rol. In alcuni esperimenti, in alcune fasi, Rol può toccare il "materiale" dell'esperimento. Anche in questi, risulta chiaro quanto la sua azione sia ininfluente sulla potenziale truccabilità dell'esperimento, dal momento che la sua previa *non-manipolazione* aveva già determinato il corso dell'azione, dove lui non è più che un mero esecutore *lineare*. Vi sono infine altri casi, come quelli che più avanti lo stesso Gàzzera riferisce, dove Rol materializza oggetti nella propria mano: qui sicuramente si potrebbe affermare che un prestigiatore potrebbe *simulare* questo esperimento, tuttavia lo stesso prestigiatore dovrebbe però poi anche saper *simulare* il resto dello spettro di condizioni in cui Rol è in grado di materializzare oggetti: nelle mani altrui, a metri da lui o in case altrui a centinaia di chilometri di distanza. Troppo facile scegliere *ad libitum* una piccola selezione dove si riesca ad effettuare la simulazione, e poi tralasciare tutto il resto. Questo è l'ennesimo inganno degli illusionisti.

carte prescelte erano scoperte[4]. Ancora, una volta sola, ma ho ancora le carte interessate: messi 4 mazzi nuovi di carte sul tavolo, se ne scelse una, che era il 7 di cuori; lui si fece dare un ago e del filo, mise il filo nella cruna dell'ago, poi li lanciò in aria, e caddero per terra i quattro 7 di cuori, tutti bucati e legati col filo e l'ago[5].

b) Trasporto di sostanze. Una volta vide sul tavolo un mazzo di carte col dorso giallo, e notò che era un colore poco frequente nelle carte da gioco. Disse che però anche lui aveva un mazzo giallo a casa sua, ma non ricordava se era uguale al nostro. Con spirito servile, mi offrii di salire a casa sua, se mi indicava dove potessi trovarlo; lui ripose: "non importa, ecco una carta del mio mazzo"

---

[4] Gli esperimenti in cui lancia (e quindi tocca) le carte, Rol li ha fatti fare anche ad altri senza che lui toccasse nulla dall'inizio alla fine e anche per telefono. E per il principio che se in questi ultimi qualsiasi trucco è impossibile non essendovi alcuna possibile manipolazione (in questo caso, il mero *prendere in mano*) ne consegue che anche in quelli in cui è lui a fare il lancio non possa esservi alcuna manipolazione (nel senso invece di *alterare tramite destrezza di mano*). Questo è un principio investigativo fondamentale che non si può eludere e che gli scettici e gli illusionisti in malafede regolarmente invece eludono, nell'analizzare il caso Rol, applicabile anche alle altre *possibilità*.

[5] Chiesti in seguito più dettagli, Gàzzera mi ha scritto: «Eravamo come al solito nella camera da pranzo dei miei genitori, un tavolo di circa 1,20 x 2.40, con la tovaglia; sicuramente c'eravamo i miei genitori, mia moglie ed io, e i nostri amici Mustorgi; quasi certamente Celso e Anna Iozzelli; e probabilmente il Dott Gaito, e/o il giornalista Lugli e moglie. Sul tavolo, allineati, i nostri mazzi di carte. Gustavo dice: vediamo di fare l'esperimento delle carte cucite. Ho bisogno di un ago e un filo. Mia madre va a prenderlo, qualcuno, non ricordo chi, infila il filo nella cruna, e Gustavo mette la punta dell'ago col suo filo nella tovaglia, in modo che l'ago sia obliquo. Poi dice che dobbiamo determinare una carta, coi soliti sistemi del tutto casuali. Determinammo il 7 di cuori; a questo punto, a luci attenuate, Gustavo prende l'ago, lo lancia per aria, e sentiamo un rumore di carte cadute verso un angolo della stanza; lì troviamo le carte "cucite" tra di loro, così come sono rimaste fino ad oggi [*si vedano le immagini che Gàzzera mi ha mandato a pp. 416-417*]. Non occorre dire che a quei 4 mazzi mancavano i 7 di cuori, finiti per terra e cuciti». Gàzzera, per confermare i suoi ricordi, ha anche sentito telefonicamente l'amico Antonio Mustorgi, il quale gli «ha detto che anche lui ricorda queste cose, e in più ha aggiunto che lui ha sentito il rumore delle carte che passavano sopra la sua testa, prima di cadere per terra, verso la finestra». In un'altra comunicazione, Gàzzera mi ha detto: «Quattro mazzi di carte, nostri, non portati da lui, determinare poi il 7 di cuori; buttare un ago con un filo infilato dentro, per aria, e cascano per terra le 4 carte, 7 di cuori dei 4 mazzi insieme, è veramente una di quelle cose che ti lasciano allibito e che secondo me nessun prestidigitatore sarebbe in grado di fare». L'affermazione finale bilancia quella generica vista in precedenza, ovvero che secondo Gàzzera alcuni degli esperimenti «erano certamente alla portata di un abile prestidigitatore»: non è però questo il caso e il testimone intende sottolinearlo.

e nella sua mano si materializzò una carta; il dorso era un po' diverso da quello del nostro mazzo. Altra volta si parlava di cioccolatini, e lui disse che gliene avevano regalato una scatola di ottima qualità; stessa sceneggiata di offrirsi di andare a prenderla a casa sua, mentre invece tra le sue dita si materializza un cioccolatino. Non entro nei dettagli di fiori, e di mazzi di chiavi che, gettati verso una parte, venivano trovati nella stanza accanto. Quello che personalmente mi affascinò di più fu quando, mentre mia moglie faceva un "viaggio nel tempo" (non dico altro su questi viaggi, perché troppo difficile da spiegare) disse che vedeva delle pecore su un prato verde; la stanza era semi scura, in quanto illuminata solo dai lampioni di Corso Massimo; sentimmo un gran rumore, e, accesa la luce, sul tavolo c'era un campanello da pecora, di quelli metallici, sferici, con la sfera vuota e una sferetta dentro. Questo campanello rimase a casa nostra, lo conservai con la massima cura, data la sua incredibile origine, finché un giorno non lo trovai più, e da allora non l'ho mai più trovato. Nessuno mi toglie dalla testa che Gustavo ne abbia avuto bisogno per un esperimento altrove....

c) Previsioni e sensazioni che sembrano paranormali. Una nostra carissima amica del gruppo all'età di 36 anni si ammalò di cancro al seno, con successiva ricaduta per l'altro seno; le speranze di sopravvivenza erano ridotte quasi a zero. Una sera, che lei era giustamente preoccupata, Gustavo le disse: "Ma stai tranquilla che arriverai a 80 anni!"; sembrava un augurio, non una previsione; ebbene, seppure con una vita un po' da invalida ma comunque anche ricca di soddisfazioni, e con cure di ogni tipo, raggiunse gli 80 anni così bene, che li festeggiò con un bellissimo invito di molti amici; però si ammalò poco dopo, e entro due mesi purtroppo morì. Mi accorsi allora che tutti ricordavamo le parole di Rol, anche se per quarant'anni non ne avevamo mai fatto cenno tra di noi[6]. Altro fatto inspiegabile: un'unica volta accadde che verso mezzanotte Gustavo apparve turbato, e disse che sentiva odore di fumo, di bruciato; ci agitammo tutti moltissimo, anche perché la stanza in cui dormivano i miei figli, allora bambini, era piuttosto lontana da quella degli esperimenti, e perciò temevamo molto un incendio. Appena finite le ricerche, ed era ormai notte tarda, suona il telefono; a quei tempi mi occupavo di una società di esercizio cinematografico; era il Cinema Lux, che mi avvisava che c'era un principio di incendio, ma erano già sul posto i Vigili

---

[6] Il dott. Gàzzera mi ha comunicato in seguito che la loro amica si chiamava Giorgina Sciolla, moglie del suo amico Antonio Mustorgi, «la coppia di amici più stretti che mia moglie e io abbiamo avuto; amicizia che veramente è durata tutta la vita».

del fuoco; mi recai subito là, era stata una bomba incendiaria, messa da estremisti di sinistra perché la domenica mattina al Lux era previsto un comizio di Almirante[7]; spento l'incendio, mentre i VVFF stavano andando via, scoppiò un altro ordigno incendiario, a orologeria, ma fortunatamente l'intervento immediato dei vigili salvò il Cinema. Non posso credere che la sensazione del fuoco di Gustavo non sia in correlazione con il tentato incendio del Lux, e anche lui ne era convinto[8].

d) Scritte che compaiono su fogli bianchi. Esperimento visto più volte, veramente incredibile, che talvolta coinvolse la mia persona, talvolta altri. Rol era un grande ammiratore di Napoleone, e talvolta si metteva in contatto con il suo "spirito intelligente". Cominciava sempre con un annuncio di Berthier, generale napoleonico, che annunciava "Monsieur l'Empereur va venir". Uno di noi prendeva un foglio di carta dalla risma che Gustavo non aveva mai toccato, lo piegava in 4 o in 8, e se lo metteva in tasca, o nel portafoglio. Poi qualcuno dei presenti, o lui stesso, poteva fare una domanda; Rol, con la sua amata matita col contenitore a forma di bambù, tracciava un segno per aria; dopodiché chi aveva preso il foglio lo tirava fuori da dove l'aveva messo, lo apriva, e trovava una scritta con la risposta, e con una firma di Napoleone, uguale a quella che si trova su internet (ho

---

[7] Ho trovato per esempio un articolo (*Almirante ha parlato in stato d'assedio*, La Stampa, martedì 15 giugno 1976, p. 4), anche se non si parla del principio di incendio al *Lux*. Gàzzera mi ha detto di non ricordare l'anno preciso e non è sicuro che fosse quella l'occasione, spiegando: «Bisognerebbe trovare un elenco dei comizi di Almirante a Torino (quelli al chiuso erano quasi sempre al *Lux*) per vedere se altri quadrano meglio. A favore di quello dell'articolo potrebbe esserci proprio il fatto che esso si tenne nel pomeriggio del lunedì, e non, come spesso avveniva, nella mattinata della domenica; e ciò potrebbe essere stato causato dal fatto che il Lux necessitò di qualche piccola opera di "restauro", e che perciò non fosse utilizzabile nella mattinata (prevista) di domenica». Tuttavia ho poi trovato un articolo di domenica 13 giugno (*Comizio di Almirante requisito un cinema*, p. 4) dove si afferma, come anche da notizie anteriori, che il comizio era già previsto per lunedì pomeriggio in Piazza San Carlo, ma che per questioni di ordine pubblico e politiche era stato spostato al cinema Lux, requisito dalla prefettura. Non vi è quindi influenza di un eventuale attentato e deve trattarsi di altra occasione. Lo stesso Gàzzera aveva anche considerato, contro l'ipotesi del 1976, che i suoi «figli più grandi avevano 9 e 10 anni, e il terzo figlio era già nato; mentre ho la sensazione (non un preciso ricordo) che, dato che andammo più volte a verificare che non ci fosse incendio in camera loro (prima perciò della telefonata notturna dal Cine Lux) i figli fossero allora solo 2, e che fossero più piccoli».

[8] Si cfr. Rol che «sentiva odore di fumo, di bruciato» con la stessa sensazione che ebbe nel 1949 all'Hotel du Cap ad Antibes, così come riferito dalla testimone oculare Yolande Sella (*supra*, p. 141 nota 14).

controllato ora, ma allora non avevo potuto farlo, dato che internet non esisteva). In genere dopo questi esperimenti pretendeva che i fogli scritti venissero distrutti; ma il 3 giugno 1970, compleanno di mio fratello, come regalo gli lasciò (e tutt'ora esiste) la risposta, con scritto "il est très difficile" e la firma di Napoleone; poi la data di allora, e la firma di Gustavo. La domanda era se l'Italia avrebbe vinto i campionati del mondo in Messico, ove invece arrivò seconda[9].

e) Esperimenti con libri – Anche qui numerosissimi, conservo molti fogli A/4 in mezzo a volumi della Treccani, o anche di altri libri; si individuava a caso una pagina di un qualsiasi volume, e o direttamente Rol, o senza il suo intervento, sulla carta bianca, compariva la frase iniziale di quella pagina, o l'impostazione della pagina intera, con l'abbozzo di eventuali fotografie. È vero che un abile prestidigitatore può prepararsi su una certa pagina, e fare in modo che venga scelta proprio quella, dato che la Treccani l'aveva anche a casa sua; ben più arduo se era un libro (ricordo uno di Lidia Storoni Mazzolani) che quella sera era lì per puro caso[10].

f) Il pensiero di Rol. Lui diceva che i suoi poteri li abbiamo tutti, ma non sappiamo sfruttarli. Lui diceva di avere cominciato a parlare con grande ritardo, e che la prima parola pronunciata fu "Napoléon", davanti a un busto che avevano in casa. Intorno ai 25 anni prese coscienza dei suoi poteri, si identificava col numero 5 e col colore verde, diceva che ognuno di noi ha uno spirito intelligente, e che lui riusciva a entrare in contatto con gli spiriti intelligenti di molte persone. Diceva che alle volte aveva delle percezioni su fatti futuri (tutti i giornali dell'epoca ne parlarono per la clamorosa tragedia del conte Cini, partito da Cannes in aereo, e precipitato poco dopo il decollo; Rol l'aveva scongiurato di non partire in aereo!! Ma già molti libri su Rol la hanno descritta nei dettagli[11]); poteva prevedere tutti i numeri che uscivano alla roulette, ma solo se nessuno ne poteva trarre utilità economica, e perciò dopo il "rien ne va plus". Invece era riuscito

---

[9] Ho in seguito chiesto a Gàzzera se poteva mandarmi una immagine dell'esperimento, che pubblico a p. 415.

[10] Gli illusionisti non sono in grado di ripetere esperimenti in cui sia contemplato l'*imprevisto*, qualcosa che prenda loro di sorpresa e che non gli abbia consentito di *preparare prima* il gioco e la scena. È questa un'altra delle condizioni che essi non possono soddisfare, insieme all'assenza di manipolazione. È invece uno degli elementi che compaiono spesso negli esperimenti di Rol.

[11] Gàzzera non conosceva i miei dove si trova l'unico dossier completo del "caso Cini", altrimenti si sarebbe lui stesso accorto della analogia del «bruciato» – la testimonianza di Yolande Sella l'ho raccolta io direttamente – di cui alla nota 8.

a salvare la vita di prigionieri italiani nel 44/45, in cambio dei suoi esperimenti davanti a un ufficiale tedesco che ne era molto interessato. Altro punto interessante della "dottrina Rol" riguarda l'aura. Essa è una specie di aureola che circonda la nostra testa, e lui la vedeva; quando una persona era in buona salute l'aura era bella rotonda, e completa, di colore piacevole; in caso contrario, essa appariva con delle fratture, o con un brutto colore, e lui attraverso quella diagnosticava i mali, fisici o psichici, che ci colpivano; secondo lui l'aureola dei quadri dei Santi venne originariamente dipinta da qualcuno che, come lui, era in grado di vedere l'aura del prossimo[12].

g) La persona di Gustavo Rol: potrei dire due persone in una; l'uomo di mondo, alto, occhi azzurri, affascinante, adorato dalle donne, con cui si parlava di tutto, di arte come di politica (poco) e di misere beghe condominiali; aveva lavorato in banca, poi si era dedicato all'antiquariato; dipingeva, specialmente rose (conservo un quadretto che regalò una sera a mia madre). E poi c'era "il mago" (guai a chiamarlo così) che faceva i suoi "esperimenti" e ci lasciava a bocca aperta. Posso testimoniare con certezza che, con tutto il tempo che ci ha dedicato, non ha mai voluto da noi una lira, né ci ha mai chiesto di comprare i suoi quadri; lo considero un grande amico, e sono ben lieto che il destino mi abbia offerto la possibilità di conoscerlo così a fondo. Lo ricorderò sempre con grande affetto.

***

Questa testimonianza di Luigi Gàzzera è molto significativa: quanti volumi si sarebbero potuti e ancora si potrebbero fare se tutti i testimoni dedicassero qualche decina di minuti o qualche ora del loro tempo a mettere per iscritto le cose che ricordano!
Nella parte terminale del suo scritto, Gàzzera conferma quanto anche altri hanno riferito: ovvero di "due Rol", quello "mondano", grande conversatore, che aveva avuto professioni più o meno "normali" (bancario, antiquario, pittore), ecc.; e il "mago" in grado di compiere le cose più prodigiose.
La cosa però non dovrebbe sorprendere, intanto perché questa "duplicità" è tale solo per questa generazione che ancora non ha fatto sue le conoscenze e possibilità di Rol, e quindi ciò che ancora non le appartiene è percepito come "alieno", altro, tanto più se poi, nella sua

---

[12] È sicuramente così. In genere l'aureola del Santi o di Maestri di altre tradizioni, è bianca o dorata, luminosa come il sole, perché esprime uno stato di illuminazione. Colori diversi in queste raffigurazioni possono avere invece altri significati esoterici. Si veda anche *Il simbolismo di Rol*, p. 430 nota 751.

eccezionalità, questo "altro" ha anche l'ardire di sembrare "normale", naturale, spontaneo, come camminare o parlare, elemento della quotidianità; poi perché la tradizione più o meno simbolica dei fumetti di supereroi del XX secolo, che molto devono a spunti esoterici, è solita presentarci proprio «due persone in una», quella pubblica "mondana" (Clark Kent, Peter Parker, Bruce Wayne, ecc.) e quella segreta che in genere viene nascosta ai più (Superman, Spiderman, Batman, ecc.). Nel caso di Rol, il Rol mondano e il Rol "segreto" non sono separati – anche se però spesso Rol ha agito nell'anonimato senza che i suoi interlocutori sapessero chi fosse, e anche se ha vissuto una vita tenendosi lontano dai riflettori, salvo mirate eccezioni – e tuttavia una forma di duplicità emerge comunque. Chi forse meglio ne ha messa in luce una angolatura è stato Nicola Riccardi nel 1970 (si veda il vol. V, pp. 297-298).

Vorrei ora soffermarmi un attimo su uno degli esperimenti riferiti da Gàzzera, quello di «viaggio nel tempo» vissuto da sua moglie Luisita, la quale

> «vedeva delle pecore su un prato verde ... sentimmo un gran rumore, e, accesa la luce, sul tavolo c'era un campanello da pecora, di quelli metallici, sferici, con la sfera vuota e una sferetta dentro. Questo campanello rimase a casa nostra, lo conservai con la massima cura, data la sua incredibile origine, finché un giorno non lo trovai più, e da allora non l'ho mai più trovato».

Luigi Gàzzera mi ha poi detto che l'esperimento era stato fatto «dopo l'estate 1975». In un anno purtroppo imprecisato Rol aveva detto a Giuditta Dembech:

> «Una volta abbiamo fatto un bellissimo esperimento con la famiglia Gazzera, abitano qui nella stessa casa al piano terreno. Al termine, sentivamo suonare un campanellino e ci chiedevamo da dove giungesse. Poi, lo abbiamo visto tutti: fluttuava intorno a noi a mezz'aria e venne a depositarsi sul tavolo. Nel corso dell'esperimento, qualcuno vide Maria Antonietta in veste da contadinella, accanto a lei c'era una capretta, quel sonaglio d'argento, era appeso al collo della bestiola ... Ora è in casa Gazzera»[13].

Dembech poco prima aveva fornito altri dettagli dell'esperimento, citando sempre quello che Rol le avrebbe detto, ma confondendo Luigi Gàzzera con un noto pittore piemontese dal cognome omonimo:

---

[13] Dembech, G., *Gustavo Adolfo Rol. Il grande precursore*, cit., pp. 94-95.

> «...un giorno [Rol] mi raccontò di un esperimento che aveva compiuto qualche tempo prima in casa di Romano Gazzera, famosissimo pittore e suo vicino di casa.
> "I partecipanti si erano proiettati in Francia, nel periodo del massimo splendore alla corte del Re Sole. Per l'esattezza si erano ritrovati nel grande parco della reggia. Qui, non visti, poterono osservare Maria Antonietta, bella e giovane, assorta nei suoi ozi dorati. Vestita da contadinella, giocava nel giardino cosparso di arbusti di rose. Accanto a lei c'era una capretta bianca con un sonaglio d'argento al collare.
> Tutti ebbero l'occasione di osservare la scena fino nei minimi dettagli, i movimenti della regina, i suoi spostamenti nel parco, i domestici ... Al termine dell'esperimento, quando tutti erano ormai tornati nel presente, udirono nella stanza, un leggero tintinnio provenire da qualche parte nell'aria; dopo qualche minuto guardando verso l'alto, videro che un campanellino si era materializzato nel presente, come fosse privo di peso volteggiava leggero sopra le loro teste e finì per posarsi sul tavolo. Era proprio quel campanellino che la capretta di Maria Antonietta portava appeso al collo ..."»[14].

Nel libro di Renzo Allegri Rol l'incredibile, *1986, l'autore riferisce di una lettera mandatagli da Alfredo Gaito nel quale il medico ricorda lo stesso esperimento*:

> «Nella casa di Rol abita una famiglia dove avvenne un singolare episodio. Per un 'viaggio nel tempo' Rol chiese di scegliere una data e un luogo. I presenti indicarono un anno ed un giorno estivo a Versailles. Trascorse una decina di minuti e finalmente una persona disse: 'Eccola là la regina Maria Antonietta, con una sua amica'. 'Le vedo, le vedo anch'io', disse un'altra persona, e cominciarono a descrivere l'abbigliamento delle due signore. Una di esse, pur elegantissima, sembrava essere una pastorella. 'Che bella capretta ha con sé, la vede?', 'Ma certo, e che bella campanella porta appesa al collo!'. In quel momento udimmo il suono della campanella come vagasse al soffitto. Poco dopo, una campanella cadde nel centro del lungo tavolo, in mezzo a noi. Come avrebbe potuto Rol orchestrare l'episodio dal momento che ignorava che in quell'esperimento sarebbe stata descritta una capretta con una campanella al collo? Quell'oggetto è tuttora conservato preziosamente»[15].

---

[14] *Ibidem*, pp. 93-94.
[15] Cit., p. 120.

L'episodio raccontato da Gaito parrebbe lo stesso di quello riferito da Dembech. Ho quindi chiesto a Gàzzera se questi resoconti erano corretti e mi ha risposto che nel loro esperimento il «viaggio» non era stato a Versailles, non videro Maria Antonietta, non c'era solo una capra, ma delle pecore, e il campanello era di metallo «comune», non di argento, poi donato alla signora Gàzzera (e in seguito andato perduto).
Abbiamo visto a p. 279 che anche Massimo Inardi, nel 1975, aveva parlato di un esperimento simile:

> «Una signora, che fu l'ospite della terza riunione torinese, ha precisato che nel corso di uno dei cennati "viaggi nel tempo", fatto insieme ad una sua amica, ambedue videro improvvisamente accanto a loro una capra e sentirono, oltre al belato dell'animale, anche il suono di un campanaccio di un gregge. Mentre provavano queste sensazioni, apportato da chissà dove, cadde sul tavolo della seduta un campanaccio da capra perfettamente formato che, nel cadere, fece un forte e caratteristico rumore».

A complicare le cose vi è infine anche il seguente resoconto di Remo Lugli:

> «Sera del 29 novembre 1975, in casa Visca, presenti Giorgio e Nuccia Visca, Silvano e Doretta Innocenti, la signora Maria Vittoria Trio, Remo ed Else Lugli.
> Rol manifesta l'intenzione di fare un "viaggio". Chiede carta per scrivere in scrittura automatica. Vengono attenuate le luci e dopo pochi secondi egli incomincia a scrivere. Il testo è all'incirca questo: "Io amo quel paese perché dà un senso di pulizia e di ... (qui due parole risultano sovrapposte e non si decifrano) anche se sotto sotto c'è molto infingimento. Non so come la gente possa vivere in quest'aria purissima. Ma che barba!" Dopo la lettura di queste frasi qualcuno chiede se quel paese è il Tibet. La risposta, ancora scritta, con lettere altissime, è: "Ma nooo. È qui vicino". Doretta Innocenti dice che vorrebbe andare a vedere quel luogo. La risposta in scrittura è: "L'accompagno io". Rol ritiene quindi che la scelta per il viaggio possa cadere su Doretta. Si spegne la luce, c'è qualche secondo di attesa, poi Doretta incomincia a parlare: "Vedo un paesaggio con dei pendii verdi, in una giornata splendida, una contadina con il fazzoletto sulla testa...". Rol interviene: "Sì, una contandina, la vedo anch'io". In questo momento si sente, fortissimo, sulle nostre teste, uno scampanio. Un campanello sta titntinnando e il tintinnio si sposta, fa il giro sopra di noi. Dopo cinque o sei secondi di questo suono, l'oggetto cade sul tavolo. Si fa luce e si guarda con stupore quello che è

"piovuto". È un campanello a sfera di bronzo, con patina antica, del diametro di sei centimetri. Nella parte inferiore presenta una spaccatura, decorativa e funzionale al tempo stesso, che termina alle due estremità con due fori di un diametro leggermente maggiore della larghezza della fessura, ma inferiore a quello della sfera che è all'interno e che funziona da batocchio (la sfera, al momento della costruzione del campanello, deve essere stata immessa dopo un opportuno allargamento della spaccatura a fuoco che aveva determinato così anche una maggiore ampiezza dei due fori). Altri due fori, più piccoli, sono nella parte alta, vicini al nasello che serviva per appendere il campanello e il cui foro si è allungato per la consunzione dovuta al lungo uso, fino a tagliare lo stesso nasello (nel momento conclusivo di questo logoramento, quando cioè si è prodotto il taglio, il campanello deve essersi staccato dalla corda o dal filo metallico cui era appeso e così essersi perduto). Gli spazi di bronzo liberi dai fori e dalla spaccatura reca degli ornamenti in rilievo: una foglia d'edera e delle foglie presumibilmente di vite; c'è anche un numero, 4. L'oggetto, che forse era al collo di un animale, una pecora o più verosimilmente un cavallo, quindi un campanaccio, è consumato in un punto della linea dell'equatore, dove forse sfregava contro un finimento. Si può ritenere che questo oggetto risalga al '500 o al '600. Rol, nel suo commento, afferma che è venuto da un luogo dove non apparteneva a nessuno; il suo trasferimento non ha turbato alcun equilibrio, alcuna armonia; se ci fosse stato questo pericolo, il fenomeno non si sarebbe verificato. Il dott. Rol lascia il campanaccio in dono a Doretta Innocenti»[16].

L'esperimento di Lugli è l'unico datato precisamente: 29 novembre 1975. Non è in casa Gàzzera, ma in casa Visca. Tra i presenti non ci sono né i Gàzzera né Alfredo Gaito. Il campanaccio viene donato a Doretta Torrini Innocenti, mentre nel racconto di Gàzzera e Dembech/Rol viene donato ai Gàzzera; questi elementi chiari indicano che non si tratta dello stesso esperimento; in quello di Gaito viene fatto «nella casa di Rol», ovvero nel suo palazzo, dove «abita una famiglia» e che «quell'oggetto è tuttora conservato preziosamente», senza dire da chi; saremmo indotti a pensare che la famiglia è quella Gàzzera se non fosse che Luigi Gàzzera ha detto che l'esperimento era diverso, non c'era Maria Antonietta (un dettaglio non certo irrilevante e che difficilmente potrebbe essere confuso o dimenticato), non era Versailles, ecc.
L'impressione è che siamo di fronte a due se non tre esperimenti simili, avvenuti in momenti diversi, in luoghi diversi e con persone diverse o in

---

[16] *Gustavo Rol. Una vita di prodigi,*, pp. 72-74.

parte diverse, e che hanno finito per sovrapporsi e confondersi uno con l'altro. In sé non sarebbe una novità perché Rol poteva fare più volte un esperimento simile (come poteva dipingere più volte lo stesso soggetto, magari con piccoli particolari di differenza, ovvero "variazioni sul tema").

Quanto riportato da Dembech, non essendo riferito direttamente da Rol, potrebbe anche non essere preciso, però Gàzzera, Gaito e Lugli sono testimoni che hanno potuto riferire direttamente, per iscritto, la propria testimonianza.

Se nel racconto di Luigi Gàzzera a fare il viaggio è la moglie Luisita, in quello di Lugli è Doretta Innocenti, che però vede solo una contadina e non l'animale (che Lugli ipotizza possa essere una pecora o un cavallo), anche se a un certo punto si sente il suono del campanaccio/campanello che poi cade sul tavolo. È di bronzo e viene stimato del 1500/1600.

È l'unico di cui abbiamo l'immagine, pubblicata nel libro di Lugli (p. 73, ed. 2008), che ripubblico qui di seguito, aggiungendo altri due scatti inediti dal suo archivio fotografico su Rol che ho rilevato nel 2006.

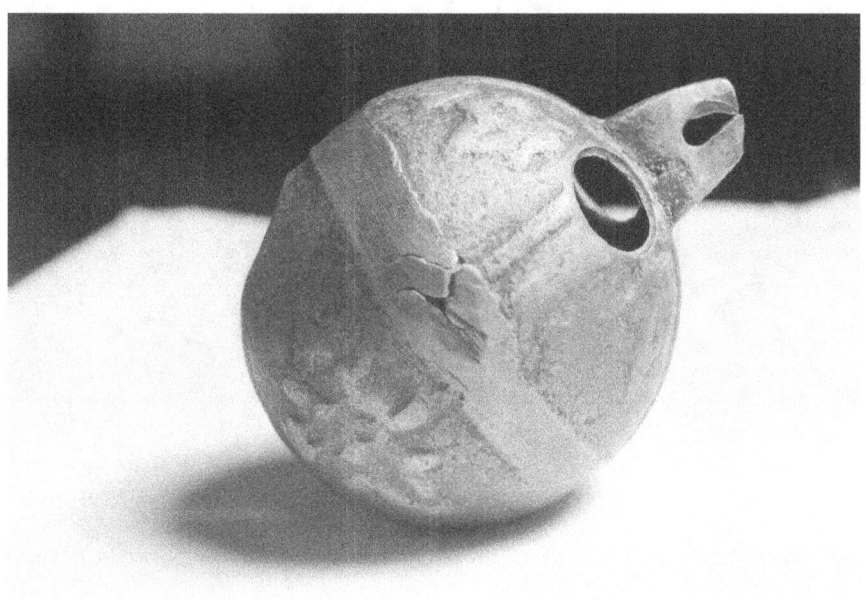

Ho mandato la prima immagine a Gàzzera, che mi ha risposto quanto segue:

> «Il campanaccio era certamente del tipo (sferico) della fotografia. Pare sia una forma di campana tipica della Val Sesia (allego esemplare che ho trovato su Internet, simile a quello del nostro esperimento)».

Quella qui sopra è l'immagine che mi ha mandato Gàzzera, tratta da un sito di e-commerce: è evidente che si tratta di un modello analogo. Quindi possiamo stabilire che i campanacci degli esperimenti di Doretta Innocenti e Luisita Gàzzera erano simili, e come vedremo probabilmente uguali, nel primo caso descritto come di bronzo, nel secondo come di «lega vile» (la differenza potrebbe essere dovuta però solo a una valutazione imprecisa), mentre quello di Gaito viene descritto come un «sonaglio di argento».
Luigi Gàzzera, dopo che gli ho segnalato le descrizioni degli altri esperimenti, che non conosceva, mi ha scritto:

> «Secondo me c'è una sovrapposizione di due fatti diversi, ma che hanno qualcosa in comune, e che nella memoria si sono confusi.

Noi Gazzera abitiamo al 1° piano, non a piano terreno, e non siamo parenti con Romano Gazzera[17], di cui sappiamo solo che, come noi, è originario di Benevagienna. Mia moglie si chiama Luisita Vacca[18], e ho ora chiesto anche a lei cosa ricorda.

Rol decise di fare un viaggio nel tempo; fece spegnere le luci, rimanendo la stanza sufficientemente illuminata dai lampioni di Corso Massimo d'Azeglio.

Mia moglie Luisita cominciò a dire che vedeva dei prati, scena bucolica, ma non Versailles né Maria Antonietta. Nei prati pascolavano delle pecore; Luisita disse che sentiva il suono delle campane degli animali, e improvvisamente sentimmo un rumore molto forte, tipico di un oggetto pesante che cade sul tavolo. Accendemmo immediatamente la luce, e in centro al tavolo c'era il campanello che già descrissi, non certamente d'argento, ma di un metallo, o lega, vile, tipica degli oggetti dei pastori.

Non sono sicuro dei presenti; certamente i miei genitori Ettore ed Elda, i nostri amici Antonio e Giorgina Mustorgi e Celso e Anna Iozzelli[19], quasi certamente il Dott. Gaito, probabilmente Remo Lugli e Signora (mi pare si chiamasse Elsa).

Non ricordiamo in quella occasione, ripeto, alcun riferimento a Versailles e/o Maria Antonietta».

Ci fossero stati Remo Lugli e Alfredo Gaito però, entrambi avrebbero dovuto presenziare almeno due volte un esperimento analogo, e nessuno dei due lo ha affermato. E il fatto che Gàzzera rimarchi che non c'era

---

[17] Due errori che si trovano nel racconto di Dembech (che è quindi il resoconto meno preciso) oltretutto messi in bocca a Rol, ciò che appare improbabile. Al piano terreno abitava per esempio la famiglia Elter, come mi ha specificato Barbara Tutino Elter: «mia mamma, mia nonna, io e Hanna Baier fino al 1977. Poi noi ci siamo trasferite ed è subentrato mio zio, fratello di mia mamma, con la sua famiglia. Mio nonno Franz Elter aveva comprato la casa subito dopo la guerra su suggerimento di Luigi Fresia, caro amico di entrambi (lui, e Gustavo Rol). Nell'appartamento vicino, col giardino piccolo c'era – se non sbaglio – la signorina Premoli. C'erano quindi due appartamenti: quello che faceva angolo via Silvio Pellico / corso Massimo d'Azeglio e il nostro che era enorme e dava tutto su corso Massimo d'Azeglio, con un grande giardino. Dopo il '77, mia zia vendette la parte finale dell'alloggio, dalla parte opposta a via Silvio Pellico, in direzione via Galliari e gli appartamenti al piano terra diventarono tre».

[18] Si noti la coincidenza del cognome da nubile col fatto di essere protagonista di un esperimento dove viene materializzato un campanaccio di animale da pascolo, che nel suo caso era di pecora (viene visto un gregge), in quello di Gaito/Dembech di capra (che viene vista) e in quello di Lugli «pecora o cavallo» (che non viene vista/o).

[19] Gli Iozzelli erano anche loro condomini di Via Silvio Pellico, allo stesso piano di Rol (quarto).

nessuna Maria Antonietta, deve significare che quello di Gaito (e Dembech) era proprio un altro.
Inardi intanto aveva scritto che il «viaggio nel tempo» gli fu raccontato da «una signora, che fu l'ospite della terza riunione torinese» tra lui e Rol, ovvero il 1° giugno 1975 a casa di Lugli; che questa signora lo aveva «fatto insieme ad una sua amica» e che «ambedue videro improvvisamente accanto a loro una capra».
Si deve escludere che si tratti di quello di Doretta Innocenti, 1) perché è posteriore all'incontro con Inardi (assumendo che la data annotata da Lugli, 29 novembre 1975, sia corretta); 2) perché lei non vide nessun animale vicino, ma un generico «pecore» e la contadina; 3) perché non si dice che altri fecero il viaggio con lei, e Lugli in genere è piuttosto preciso.
E dovrebbe escludersi anche quello con Maria Antonietta, elemento che difficilmente avrebbe potuto essere omesso dal racconto, essendone la protagonista principale.
Quindi dovrebbe trattarsi di quello di casa Gàzzera e se così fosse la signora presente alla serata con Inardi era presente anche a quella di Gàzzera, anche se però si dice che solo Luisita fece il viaggio.
Chi era la signora che ha raccontato ad Inardi l'esperimento? Alla serata con lui, sulla base del resoconto che fornisce Lugli[20], erano presenti: Else Totti, Bettina Petracchini, Nuccia Visca, Marisa Lolli e la «signora Thaon di Revel»[21].
Di queste, Nuccia Visca ed Else Totti sarebbero poi state presenti all'esperimento del campanaccio di 5 mesi dopo. Tra le registrazioni inedite del mio archivio audio, in un incontro del 1977, forse gennaio, presenti Nuccia, Else, Severina Gaito e un'altra signora, oltre a Remo Lugli e naturalmente Rol, vengono rievocati alcuni viaggi nel tempo. Visca, riferito a due delle signore presenti, una sicuramente Severina, dice:

> «Loro due sono eccezionali» (a fare i viaggi nel tempo), «una volta hanno viaggiato, in casa Gàzzera, c'eri? Ma non c'eri tu [*non è dato capire a chi si rivolga*]. E hanno visto lei e ... Gàzzera, hanno descritto un luogo, c'era una signora, che aveva... vicino una bestia, un cane...
> "No no no non è un cane, è una capra, che c'ha una campana al collo"

---

[20] Cit., p. 70, 3ª ed.
[21] Poteva trattarsi di Annamaria, moglie di Maurizio Thaon di Revel (all'Archivio Storico di Torino consta una cartolina a Rol di loro due del 1973, dal Canada) o la sorella di questi Paola Thaon di Revel, che Carlo Buffa di Perrero mi ha detto aver frequentato abbastanza Rol.

e sente din dan, din dan... questa campana ha incominciato a girare e poi è arrivata lì».

Else dice, in probabile riferimento all'esperimento di Doretta Innocenti:

«Un'altra volta abbiamo avuto una campana che ha girato anche quella intorno, poi io mi sono chinata, avevo paura che mi arrivasse in testa ... Ma il bello è che l'han descritta prima di sentirla! Sì, l'han vista! Poi si è materializzata».

Qui è chiaro che si parla di due esperimenti diversi. Remo nel suo resoconto non dice comunque che la «campana» era stata vista ed è impossibile sapere chi ricordi meglio.
Dell'esperimento in casa Gàzzera, sembrerebbe che Luisita non fu l'unica a fare il viaggio e che con lei ci fosse una delle presenti alle quali Visca si sta rivolgendo. Questo corrisponderebbe a quanto riferisce Inardi, che la signora che lo aveva informato del viaggio, lo aveva «fatto insieme ad una sua amica», e quindi questa amica dovrebbe essere Luisita Gàzzera. Luigi Gàzzera però mi ha poi scritto: «Non credo che altri abbiano avuto le sensazioni/percezioni di mia moglie Luisita; io sicuramente non le ebbi affatto». L'incertezza permane.
Inoltre, mentre Luisita dice di aver visto delle «pecore», qui di nuovo si parla di capra, ma potrebbe essere mera confusione.
Gàzzera ipotizza che al suo esperimento possano aver partecipato anche i Lugli, e infatti Else potrebbe essere quella che ha fatto il viaggio con Luisita, è però strano che Remo nel suo libro non menzioni l'esperimento e nel menzionare quello di Doretta Innocenti non dica che ce era stato un altro simile pochi mesi prima al quale avrebbe partecipato la moglie.
Difficile quindi possa essere lei quella che ha raccontato a Inardi l'esperimento o che sia stata la madre Bettina, suocera di Remo. Stando all'audio del 1977, parrebbe che Visca fosse presente in casa Gàzzera, anche se come "spettatrice" e non come "viaggiatrice", e quindi se non è lei ad aver viaggiato, non può neanche essere quella che ha raccontato ad Inardi l'episodio (sempre che Inardi sia preciso). La candidata più probabile pare essere quindi Severina Gaito (o l'altra signora di cui non si conosce il nome).
A fronte dell'elemento comune a quelli che ormai appaiono come tre esperimenti differenti, ovvero il campanaccio/campanello/campana/ sonaglio che suona e si materializza sul tavolo, abbiamo luoghi, date e particolari diversi. Quello di cui parla Gaito, e da cui Dembech potrebbe aver preso spunto, anche solo per completare alcuni elementi, e che sarebbe avvenuto nel palazzo di Rol, forse potrebbe essersi svolto in una riunione non dai Gàzzera, ma da qualche altro condomino, visto che Rol

non andava solo dai Gàzzera, ad esempio dagli Elter o dalla signora Premoli che stavano al piano terreno.
Un ultimo aspetto che va rilevato è che il campanello dei Gàzzera a un certo punto viene perso:

> «Questo campanello rimase a casa nostra, lo conservai con la massima cura, data la sua incredibile origine, finché un giorno non lo trovai più, e da allora non l'ho mai più trovato. Nessuno mi toglie dalla testa che Gustavo ne abbia avuto bisogno per un esperimento altrove».

La frase finale può essere una intuizione: Gàzzera non era a conoscenza che ci fossero stati altri esperimenti analoghi e quando gli ho chiesto quando si fosse accorto della sparizione mi ha risposto che «la scomparsa avvenne dopo che avevamo smesso la frequentazione settimanale con Rol, e cioè dopo l'estate 1975»; e quando gli ho segnalato l'esperimento fatto con Doretta Innocenti il 29 novembre 1975 e descritto da Lugli, ha commentato che «come data potrebbe forse essere compatibile con quando non trovai più il nostro in casa». È quindi inevitabile pensare che il campanaccio materializzatosi nell'esperimento di Innocenti sia lo stesso che già si era materializzato in quello di Gàzzera tempo prima (non è dato sapere quando, se l'anno precedente o qualche anno prima, Gàzzera non lo ricorda), da cui si può ragionevolmente concludere – perché è difficile pensare a una "coincidenza" – che nel momento stesso in cui si materializzava a casa Visca il 29/11/1975, si era appena smaterializzato da casa Gàzzera. Quel giorno, scrive Lugli, Rol aveva affermato che il campanello era:

> «venuto da un luogo dove non apparteneva a nessuno; il suo trasferimento non ha turbato alcun equilibrio, alcuna armonia; se ci fosse stato questo pericolo, il fenomeno non si sarebbe verificato».

Si potrebbe obbiettare, se la mia ipotesi è corretta, che in realtà appartenesse ormai ai Gàzzera; tuttavia si potrebbero fare anche due contro-obiezioni: a loro era probabilmente ed effettivamente «venuto da un luogo dove non apparteneva a nessuno» e in fondo non ne furono mai i proprietari, ma lo ebbero solo "in prestito" per un certo tempo (il che del resto è vero per chiunque e per qualunque bene materiale: nulla ci appartiene davvero e siamo destinati a lasciarlo a qualcun altro); la concomitanza con la sospensione degli incontri a casa Gàzzera per le serate di esperimenti è un indizio che ci porta alle probabili ragioni della decisione di Rol, ovvero al movente: Gustavo se l'era presa forse per qualche cosa e infatti quando ho indagato più in profondità Gàzzera mi ha detto:

> «Ogni tanto Gustavo cambiava "pubblico", si stufava un po' di certa gente e ne trovava altra. L'occasione[22] è stata sicuramente una riunione di condominio cui era andato mio padre (Ettore Gàzzera), c'era anche Rol e avevano discusso sulla questione del riscaldamento e Rol se l'era un po' presa; ci siamo ancora visti una volta o due ma con un po' di freddezza, e poi dopo abbiamo cessato.
> Ma era normale: Rol quando abbiamo cominciato a frequentarlo, frequentava spesso gente come, mi pare, i Rappelli, e altri, che poi dopo un po' di tempo, frequentando noi, non aveva più frequentato».

In seguito il rapporto è comunque continuato «sempre con saluti cordiali quando ci si incontrava» nel palazzo o per caso, ovvero in una normale relazione di buon vicinato.
Quella che fu una delle «misere beghe condominiali», come Gàzzera aveva già scritto nel suo racconto, potrebbe quindi aver influito sulla decisione di Rol di togliere ai Gàzzera e dare agli Innocenti[23]. Rol poteva agire anche così, lo ha fatto in altre occasioni ad esempio per "punire" qualcuno (si pensi alla dedica su di un dipinto fatta sparire dopo aver litigato al telefono con la persona alla quale lo aveva donato[24]).

---

[22] Ovvero la "goccia che ha fatto traboccare il vaso", realmente motivata o solo per fornirgli un pretesto.

[23] Altro elemento che accomuna i due campanelli/campanacci è che in entrambi gli esperimenti si parla di «pecore» (o si ipotizza che sia di pecora) e non di capra.

[24] Cfr. 2-XXXV-40, 40bis (vol. II, p. 499). Potrebbe rientrare in questo ordine di cose anche l'episodio riferito dal giornalista e scrittore Gabriele Romagnoli nel 2005, ovvero che «Maurizio Costanzo rievocò la storia di un "quadruccio" che Rol gli aveva spedito in regalo per riconoscenza ("avevo fatto scrivere di lui sulla Domenica del Corriere") ed era misteriosamente scomparso» (2-XXXIV-33). Forse Rol se l'era presa per qualche cosa? O aveva deciso che doveva averlo qualcun altro? O c'era una sorta di "data di scadenza"? Si confronti anche l'episodio riferito da Fellini (3-XXXIII-37), che aveva avuto da Rol uno dei dipinti ottenuti in una seduta di *pittura al buio* e che si era portato a Roma: «Lo tenni a Fregene, ma dopo otto mesi il quadro una mattina non c'era più. Lo dissi a Rol, e lui mi rispose: "Te l'avevo detto che te lo potevo dare solo per un po'"». Mina Balsamo, moglie del pittore Renato Balsamo, ha dichiarato nel febbraio 2023 che «Rol ci diceva che questi apporti quando non hanno più scopo scompaiono». Sono questi interessanti tasselli di uno dei modi dell'agire di Rol che finora non era ancora stato messo a fuoco. E questo è stato possibile grazie alla *quantità* delle testimonianze e all'analisi comparata.

La bega condominiale potrebbe essere stata anche solo il pretesto, come ho scritto sopra, ovvero la scusa per terminare "il corso" di quella "classe" di "apprendisti". Ormai aveva mostrato loro più che a sufficienza (Gàzzera aveva parlato di «ben più di un centinaio di volte») ed era il momento di porre termine alle dimostrazioni e dedicare tempo ad altri gruppi (e contestualmente, evitare anche l'assuefazione, cfr. vol. V p. 253 e 298), gli serviva solo prendere, o anche creare le condizioni per, una palla al balzo.

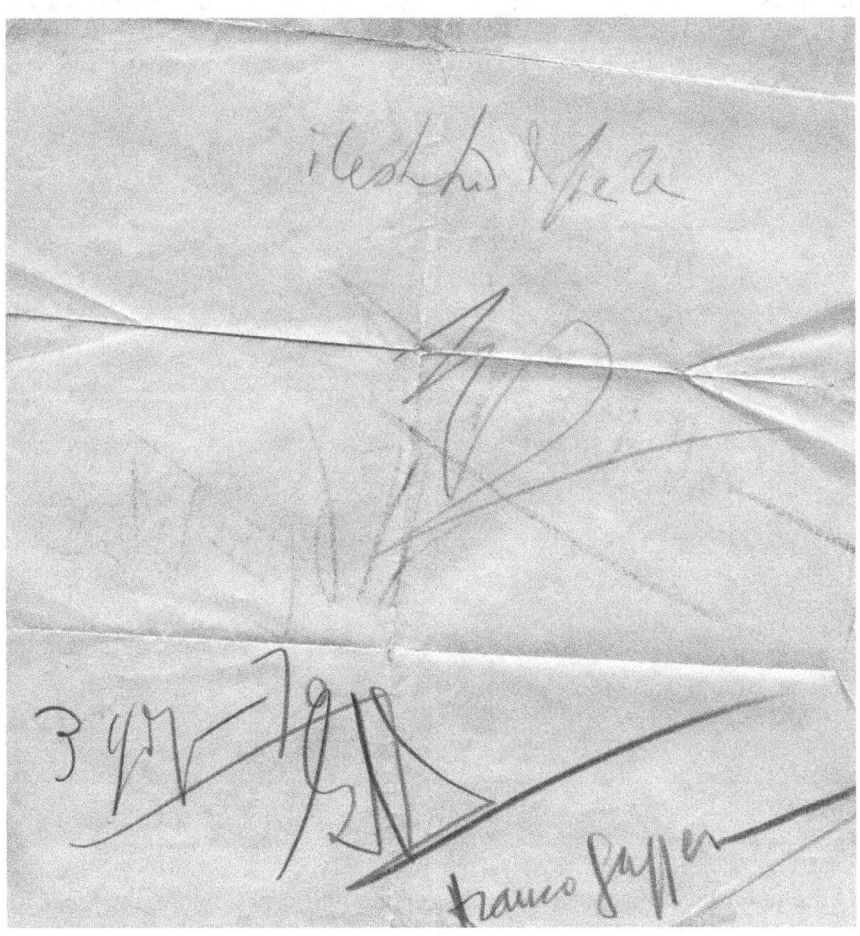

Esperimento fatto a Franco Gàzzera, fratello di Luigi, il 3 giugno 1970. Nella metà superiore compare la scritta «*il est très difficile*», sotto la quale è apposta la firma-sigla di Napoleone. Nella metà inferiore la data, la firma-sigla di Rol e il nome del testimone. Al centro si può notare che parte della grafite usata da Rol per la sua annotazione si è depositata, impressa specularmente al seguito della chiusura del foglio.

Qui e nella pagina seguente le carte cucite dell'esperimento che Gàzzera racconta a p. 398.

APPENDICE III

I voti universitari di Rol

Nel 2012 avevo pubblicato inedita, in appendice al primo volume dell'antologia, la tesi di Laurea in Giurisprudenza di Rol[1].
Nel 2021 ho mostrato in sintesi il suo percorso universitario, anche questo inedito, sottolineando come al seguito della scoperta della *tremenda legge* nel luglio 1927 passò da un lungo periodo di crisi durato 6 anni nel quale non diede più esami – tranne tre a metà del periodo (1930) dati nell'arco di 11 giorni – ad un altro brevissimo nel 1933 in cui ne diede 11, ovvero più della metà di quelli previsti dall'intero corso di studi (20). Nello specifico scrivo che dall'immatricolazione nell'ottobre 1923 a luglio 1927, quando si trovava a Parigi,

> «aveva dato solo 6 esami (di cui 2 ripetuti), l'ultimo di statistica (con voto 26/30) ad aprile 1927, ciò che a posteriori appare piuttosto significativo.
> Poi più nessun esame per tre anni fino a giugno-luglio 1930, quando ne darà tre (diritto di processo civile, amministrativo, comparato). Nel frattempo, dopo Parigi si era trasferito a Londra, all'ufficio cambi della filiale Comit e in seguito alla Clydesdale Bank di Edimburgo. Passeranno altri tre anni senza esami, nei quali intanto era tornato in Italia, presso le filiali prima di Genova e poi di Torino. Nel maggio 1933 entra in aspettativa per la preparazione delle tesi di laurea, ma ancora deve dare gran parte degli esami, quasi un decennio dopo l'immatricolazione. Recupererà in una maniera fuori dall'ordinario, dando 11 esami in tre settimane, tra il 22 giugno e il 12 luglio 1933 con una votazione media di 21/30, non passandone uno che ridarà a novembre. A dicembre si laurea con 90/110»[2].

Qui di seguito pubblico per la prima volta una tabella con i voti e le date di tutti i suoi esami, e fotografie che ho scattate nel 2006 al registro dei suoi voti presso l'Archivio Storico dell'Università degli Studi di Torino.
Va segnalato che nel settembre 1923 Rol entrò anche nel corso allievi ufficiali di complemento e nel 1924 prestò servizio nel 2° e poi 3° reggimento Alpini, quindi nel battaglione *Exilles*, fino al novembre 1924.

---

[1] Ora nel vol. II, 2015, pp. 765-783.
[2] Vol. IV, p. 383, dal mio articolo *Rol, un Buddha occidentale del XX secolo* pubblicato nell'agosto 2021 sulla rivista *Mistero*.

All'inizio del 1925 partì per Marsiglia iniziando il suo apprendistato presso filiali e partecipate della Banca Commerciale in giro per l'Europa, quindi il tempo per studiare non era e non sarebbe stato comunque molto.

22/10/1923	Immatricolazione (n. 9218)	
03/07/1924	Storia del diritto romano	6/30 respinto
04/07/1924	Economia politica	30/30 e lode
18/11/1924	Storia del diritto romano	29/30
08/07/1925	Istituzioni di diritto privato	28/30
03/11/1925	Istituzioni di diritto romano	10/30 respinto
03/07/1926	Istituzioni di diritto romano	21/30
16/03/1927	Diritto ecclesiastico	26/30
05/04/1927	Statistica	26/30
26/06/1930	Diritto di processo civile	21/30
04/07/1930	Diritto amministrativo	27/30
07/07/1930	Diritto comparato	27/30
22/06/1933	Storia del diritto italiano	24/30
22/06/1933	Diritto commerciale	24/30
23/06/1933	Scienza delle finanze	25/30
24/06/1933	Diritto industriale	10/30 respinto
26/06/1933	Diritto civile	24/30
26/06/1933	Filosofia del diritto	21/30
04/07/1933	Diritto costituzionale	20/30
05/07/1933	Diritto internazionale	18/30
06/07/1933	Diritto di procedura penale	18/30
10/07/1933	Diritto amministrativo	18/30
12/07/1933	Diritto romano	18/30
26/11/1933	Diritto industriale	21/30
06/12/1933	Laureato	90/110

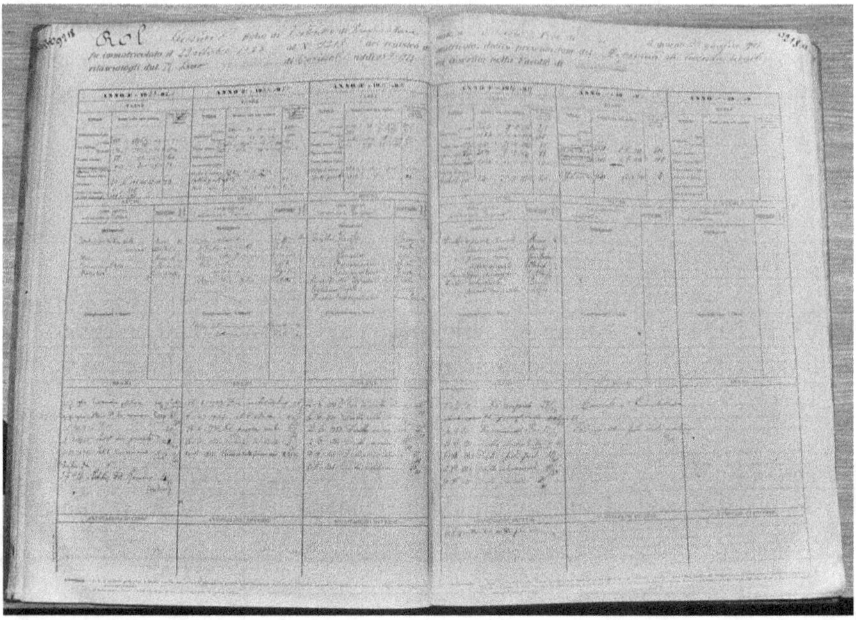

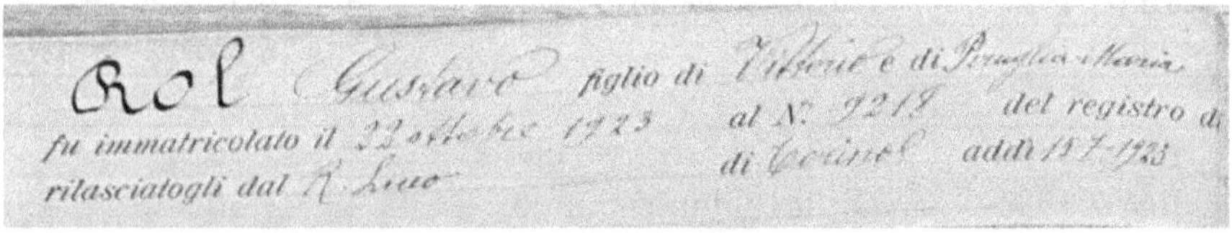
Rol Gustavo figlio di Vittorio e di Perughia Maria
fu immatricolato il 22 ottobre 1923 al N. 9218 del registro di
rilasciatogli dal R. Liceo di Torino addì 15-7-1923

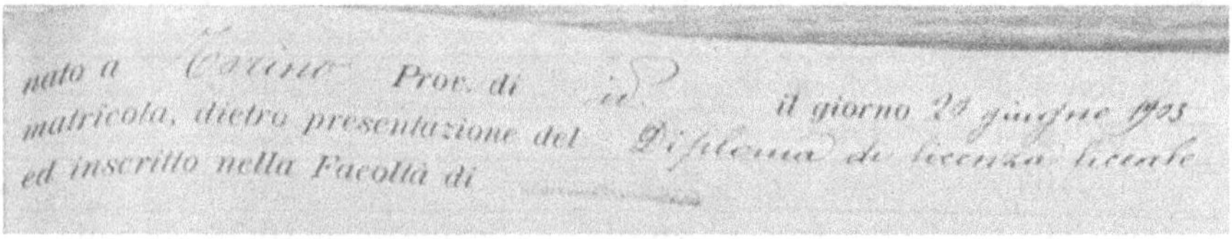
nato a Torino Prov. di id.
matricola, dietro presentazione del Diploma di licenza liceale il giorno 24 giugno 1903
ed inscritto nella Facoltà di

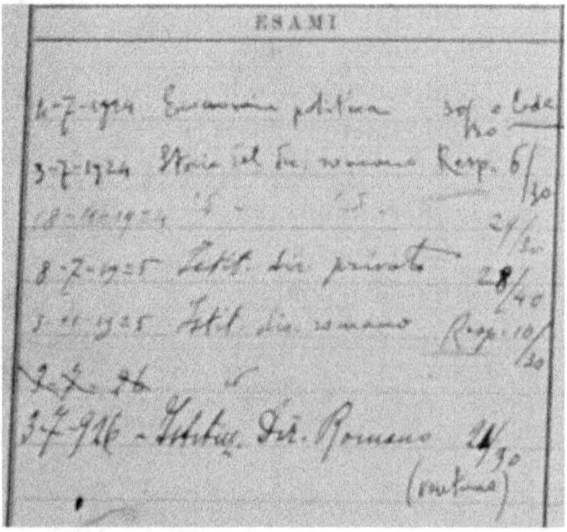
ESAMI

1-7-1924	Economia politica	
3-7-1924	Storia del dir. romano	Resp. 6/30
8-7-1925	Istit. dir. privato	28/40
3-11-1925	Istit. dir. romano	Resp. 10/30
3-7-926	Istituz. Dir. Romano	24/30 (ventiquattro)

ESAMI

26 - 3 - 1927 Dir. ecclesiastico 26/30

5 - 4 - 1927 Statistica 26/30

26 - 6 - 1930 Dir. process. civile 21/30

26 - VI 1933 Filosofia del diritto 21/30

23 - VI - 1933 Scienza delle finanze 25/30

ESAMI

22 - VI 1933 Storia del diritto italiano 24/30

16 - VI 1933 - Diritto civile - 24/30

22 - VI 1933 - Diritto commerciale 24/30

12 - VII 1933 - Diritto romano - 18/30

10 - VII 1933 - Diritto amministrativo - 18/30

4 - VII 1933 - Diritto costituzionale - 23/30

ESAMI		
7-7-30 –	Dir. comparato –	27/30
~~26-6-1930 Dir. pross. civile~~		~~24/30~~
4-7-30 –	Dir. amminist. e Sc.	27/30
22 VI 1933	Diritto industriale *Esaurito*	18/30
6 VII 1933 –	Diritto e proced. penale	18/30
5 VII 1933 –	Diritto internazionale	18/30
26 VI 1933	Diritto industriale	27/30

ESAMI
Laureato in Giurisprudenza
(1)
il 6 Dicembre 1933 con punti novanta su centodieci
92/110

(foto © Franco Rol – Archivio Storico dell'Università di Torino)

APPENDICE IV

Due racconti di Donato Piantanida
(estratti)

Il brano seguente è tratto dal racconto Nulla di nuovo sotto il sole *(1959)*[1] *di Donato Piantanida, che come sappiamo incontrò in seguito Rol, nel 1963.*
In esso vi si trovano alcuni principi tradizionali fondamentali relativi ai criteri di "selezione" e idoneità per la formazione e la preparazione di apprendisti, alunni, discepoli e in generale esseri umani maturi per qualche compito o per la vita.

[In merito] alla pretesa uguaglianza fra gli uomini.
Chiunque, anche se imbevuto di dottrine materialiste, deve riconoscere che una selezione è sempre in atto.
«Non da qualunque legno si può trarre un Mercurio».
Sentenziò Pitagora[2] e questa sua constatazione, essendo stata dettata dalla saggezza, è valida in ogni tempo. È proprio il sistema adottato per la scelta dei 'legni' quello che fu sempre ed ancora lo è, completamente errato. Nessuno, oggi, si preoccupa di scrutare l'animo del giovane che domani potrà divenire un reggitore di popoli e disporre della vita di milioni e milioni d'individui.
Perciò, in ogni tempo, al governo delle nazioni hanno partecipato uomini che per la loro indegnità ci rifiuteremmo di ricevere nella nostra casa.
Attualmente null'altro si richiede al lavoratore che una preparazione più o meno seria nella propria specializzazione. La tecnica essendo progredita vertiginosamente, in questi ultimi tempi, ha reso indispensabile questa selezione. Se ciò è sufficiente per coloro che intendono praticare un'arte od un mestiere non lo è per i componenti dell'*élite* che si dedica alle scienze. Chi esamina la loro idoneità, oltre ad accertarsi, come effettivamente avviene, se i candidati possiedono una particolare attitudine nell'interpretare certe discipline dovrebbero, innanzi tutto, preoccuparsi a quali principi etici si sono formati, quali sentimenti coltivano nei loro cuori.
La gerarchia sociale che si è determinata attualmente … differisce totalmente da quella esistente, un tempo, in Egitto.

---

[1] in: Piantanida, D., *La chiave perduta. Magia degli antichi egizi*, Atanòr, Roma, 2004, pp. 275–277.
[2] *Nota dell'autore*: Non ex omni ligno Mercurius, in *Apologia* di Apuleio.

Poiché essa si erige soltanto sull'eccessivo valore da noi attribuito a tutto ciò che ha attinenza con la Materia mentre, al contrario, abbiamo negletto quello effettivo che possiede lo Spirito. Vano sarebbe quindi ricercare oggi fra gli scienziati un altro Leonardo da Vinci disposto a rinunciare alla gloria derivantegli da una prodigiosa scoperta unicamente perchè, conoscendo gli uomini, intuirebbe a quali scopi esecrandi verrebbe impiegata[3].

Nessun maestro attualmente esamina quale senso morale abbiano della vita i suoi alunni prima di spezzare ad essi il pane della scienza.

A nessun docente, a qualsiasi università appartenga, si fa obbligo di saper scrutare nel cuore dei candidati prima di ammetterli al cimento degli esami in cui verrà incoronata dal rettore magnifico la loro maturità intellettuale. Un tempo, dipendeva dall'insindacabile giudizio del Grande Gerofante, che si sapeva illuminato dalla dea Maat, incarnazione della Verità Giustizia, ogni ulteriore avanzamento. Il Sommo Sacerdote metteva quindi in pratica quanto Gesù avrebbe in seguito esplicitamente dichiarato:

«A chi ha, sarà dato nell'abbondanza, ma a chi non ha, sarà tolto anche quello che ha»[4]

Così anticamente, a chi veniva riconosciuta purità d'intenti si spalancavano le porte della conoscenza ed aumentando gradatamente le sue possibilità, anche l'autorità che gli era stata conferita si elevava in proporzione.

Mentre per coloro che risultavano privi di ogni virtù, ogni possibilità di servirsi del proprio genio per fini necessariamente tenebrosi, veniva inesorabilmente stroncata.

Questa suprema regola agli epigoni dell'Antico Impero[5] venne negletta ed in seguito a sconvolgimenti sociali, politici e religiosi i Grandi Misteri furono profanati.

Per qualche tempo indegni sacerdoti ebbero il sopravvento sugli illuminati Maestri ed allora furono avvertiti i primi sintomi delle forze disgregatrici che, a distanza di diciassette secoli, avrebbero distrutto quella fiorente civiltà.

***

---

[3] Cfr. Rol: «Meglio rimanere ignorato da una Scienza ufficiale che non è in grado, per ora, di comprendermi, piuttosto che venire meno a quei principi ai quali mi sono sempre ispirato e con i risultati che tutti conoscono» (Rol, G.A., *La Scienza non può ancora analizzare lo Spirito*, La Stampa, 03/09/1978, p. 3); si veda anche quanto riferisce Inardi sul «tesoro che – diffondendolo a chi non è pronto a riceverlo – potrebbe essere incompreso o malcompreso» (*supra*, p. 268).

[4] *Nota dell'a.*: S. Marco IV § 11

[5] *Nota dell'a.*: 2.270 anni circa a. C.

Riporto qui di seguito parte di un racconto di Piantanida pubblicato all'inizio del 1963 e scritto, come il precedente, prima di incontrare Rol. È incluso nel volumetto Racconti dell'al di là[6], *che ne contiene quattro, e che l'autore aveva inviato a Rol come consta dalla sua lettera del 20 giugno 1963 che ho pubblicato nel volume V (p. 127), dove scrive*:
«Ti accludo l'ultimo libro che ho scritto, recentemente edito che ti offro con profondo affetto e gratitudine».
Esso ha una particolare attinenza col soggetto da me trattato nel volume Resuscitazioni, *che avevo già terminato di scrivere quando ho avuto occasione di leggerlo. Mi sono chiesto se Piantanida conoscesse la storia della resuscitazione di mio nonno – avvenuta dieci anni prima – magari raccontatagli da Fellini; e se il regista a sua volta avesse letto questo racconto di Piantanida, come ritengo probabile.*
Vi si troveranno anche punti di contatto con i «viaggi nel tempo» di Rol.

Una strabiliante avventura

Al mio ritorno a Torino in quella fredda sera di novembre, non vi poteva quindi essere nessuno ad attendermi. Solo una vaga nostalgia di rivedere i luoghi dove avevo trascorso la mia giovinezza mi aveva fatto preferire quella città ad un'altra per trascorrervi le mie vacanze. Sapevo che la guerra l'aveva duramente colpita; parecchie strade avevano mutato d'aspetto e non corrispondevano più all'immagine di cui avevo conservato il ricordo, ma la ricostruzione era stata talmente precisa ed accurata che tutto appariva nitido ed armonioso nella sobria eleganza di un tempo. Questi mutamenti mi ricordarono che interi quartieri della bella via Po erano stati distrutti e volli sincerarmi se anche il vecchio Caffè da me frequentato fosse stato risparmiato dalla devastazione. Quando vi giunsi, inoltrandomi lungo i portici, mi apparve tal quale lo avevo lasciato. (...) Rimasi piacevolmente sorpreso nell'essere accolto con premura dallo stesso cameriere d'allora [Antonio].
Ad un certo punto Antonio mi chiese:
– Ricorda il suo più temibile avversario a scacchi, il professor Guidi? – E dopo un mio cenno affermativo, riprese:
– È diventato molto vecchio e vive ancora nel suo palazzo, solo con i suoi libri. Non si è più visto qui dopo l'incredibile avventura che gli è capitata. Ne avrà sentito parlare vero?
– Sono appena arrivato e non ho ancora visto nessuno, – replicai. Poi gli chiesi di che cosa si trattava.

---

[6] Piantanida, D., *Racconti dell'al di là*, Associazione Internazionale di Cultura, Foggia, 1963, pp. 61–76; 114–118.

– Lei sa che il professor Guidi soffriva di cuore fin da quando divenne nostro cliente abituale. Due anni fa l'inverno fu molto rigido ed egli si buscò una bronchite. Il cuore non resistette e pochi giorni dopo si seppe che il professore era morto. Quella sera, i suoi amici tennero qui una specie di conferenza e il suo collega Rossi venne incaricato di fare il discorso al funerale. Io naturalmente non fui presente all'esequie e perciò non assistetti alla scena nella camera ardente, ma ne hanno parlato tutti i giornali.
– Insomma, che cosa è successo? – Lo interruppi.
– Oh, niente! – esclamò Antonio – È semplicemente risuscitato.
– Che cosa?!
– Si. Il professore rivestito nella grande uniforme di colonnello degli alpini, giaceva nella cassa disposta sul catafalco fra candele e corone nel salone del palazzo. Ad un certo punto, quando i becchini rimossero il feretro, aprì gli occhi, battè ripetutamente le palpebre, sbadigliò e poi starnutì. Quindi si alzò a sedere. Può immaginare cosa succedette là dentro.
– Accidenti! – Non potei trattenermi di esclamare.
– Proprio così! – commentò Antonio ridendo, – E il più bello fu che dopo quattro mesi il professor Guidi completamente ristabilito andò a pronunciare nientemeno che il discorso funebre proprio al collega Rossi! Che gliene pare?
– E come spiegarono i medici la faccenda?
– Mah! Parlarono di catalessi, morte apparente, o che so io. Le solite parolone. Ma è certo che se al professore non avesse dato noia il puzzo dei fiori e delle candele, oppure la debole scossa nel rimuovere la cassa, non si sarebbe risvegliato o peggio si sarebbe risvegliato sotto terra. Beh, comunque, gli è andata bene.
– Certo, – replicai – e ne sono contento per lui.
Antonio mi guardò per un certo tempo in un modo che mi parve strano, tanto che gli chiesi:
– E poi, è successo qualche cosa d'altro?
– Uhm! In un certo senso sì, – rispose tentennando il capo.
Quindi, visto che io non replicavo riprese: – Una quindicina di giorni dopo la risurrezione il professore venne qui e una sera si trovò a discutere con i suoi amici. Ricorda l'ingegnere? L'ingegnere Marchi?
– Certo, – risposi – ed infatti lo ricordavo se non altro perchè mi era stato sempre cordialmente antipatico. Materialista ad oltranza di quel cieco materialismo imperante alla fine del secolo con Haekel, Darwin, Renan ecc. sul verbo dei quali l'ingegnere pontificava quasi ogni sera contro l'opinione del professor Guidi e di altri. Antonio riprese:
– Bene, Fu proprio l'ingegnere Marchi, quella sera, a far uscire dai gangheri il professor Guidi. Lo prese in giro pretendendo che raccontasse

come si stava nel mondo di là, dato che lui vi era stato almeno per un paio di giorni.
– Me lo immagino, – dissi. – Il professore non è mai stato un tipo arrendevole, nè disposto a tollerare scherzi.
« Che cosa disse all'ingegnere?
– Oh, parecchie cose, ma io non posso ricordare tutte le loro parolone. Però il succo del discorso fu che il professore disse di essere proprio stato nell'altro mondo e di ricordarsene perfettamente[7]. Poi si infuriò e aggiunse che non avrebbe detto nulla a certa gente poichè era come gettare perle ai porci.
« Si, disse proprio così.
Non potei fare a meno di ridere perchè non mi era difficile ricostruire la scena.
– Beh, – conclusi – credo che andrò a trovarlo, oppure lo aspetterò qui.
– Qui non viene più, le ho già detto, dopo la scenata di due anni fa, – replicò Antonio – se vuole vederlo deve andare a trovarlo nella sua tana. Vive solo con una vecchia serva e non esce quasi mai. I maligni dicono che faccia conversazione con i morti e anche con il diavolo che ha incontrato "di là". Però sono scemenze, naturalmente! – Conclse ridendo Antonio.
– Andrò proprio a trovarlo, – ripetei. E poco dopo uscii dal Caffè dove non c'era più nessuno dei miei amici all'infuori del vecchio cameriere.

Il giorno dopo varcai la soglia del portone dell'antico palazzo dove era rintanato il mio vecchio amico.
La donna che mi ricevette nell'atrio mi era sconosciuta e perciò le diedi il mio biglietto da visita. Poco dopo venni introdotto nella biblioteca dove il calore era eccessivo. Vicino al monumentale camino dove ardeva un gran ceppo, il professore era raggomitolato in una ampia poltrona che lo faceva apparire ancor più mingherlino.
– Scusi se non mi alzo, – disse. – S'accomodi, caro amico. Sono lieto di rivederla, come sta?
Rimasi un po' interdetto, il professore non dimostrava alcuna sorpresa nel rivedermi dopo tanti anni. Sembrava ci fossimo lasciati il giorno prima. Dopo i convenevoli d'uso, mi accomodai di fronte a lui incerto se continuare a parlare degli amici del vecchio Caffè oppure accennare alla sua incredibile avventura. Ma egli mi tolse d'imbarazzo:
– Non dubito che avrà saputo della mia "risurrezione" – disse sorridendo e vorrà conoscerne i particolari.
Mi schermii alla meno peggio ma egli riprese: – Non posso biasimarla. Al suo posto sarei stato ancor più curioso di quanto lei non sembra esserlo.

---

[7] Il racconto di Piantanida potrebbe forse annoverarsi tra gli spunti di Fellini per la sceneggiatura de *Il viaggio di G. Mastorna*, alcuni dei quali già ho segnalato in *Fellini & Rol*.

«Antonio, od altri, lo avranno certamente informato come, miracolosamente redivivo, dopo la mia presunta morte in modo poco simpatico troncai l'abitudine contratta da molti anni di frequentare il Caffè. Ciò avvenne in seguito ad una spiacevole discussione con l'ingegner Marchi ed alla mal celata ironia che credetti scorgere nei presenti al nostro battibecco.

A distanza di tempo mi resi conto della reazione eccessiva e del mio gesto inconsulto perciò desiderai sinceramente di rimediare alla mia manchevolezza, ma non avevo altra possibilità per farlo che raccontare quella che io considero come la mia più straordinaria avventura. Francamente non potevo giungere a tanto. Forse lei ancora ricorda il carattere dell'ingegnere? Feci un cenno di assenso e il professore riprese a dire: – Confesso che questo signore mi è sempre stato antipatico, il suo agnosticismo dommatico, il suo atteggiarsi a persona superiore che costruisce le sue elocubrazioni "esclusivamente sulla scienza po–si–ti–va", come aveva l'abitudine di scandire le sillabe di questa parola, sprizzando da ogni poro la contenuta sopportazione nell'ascoltare quelli che riteneva vaniloqui indegni di una sua dotta confutazione, creava una atmosfera tutt'altro che serena nelle discussioni e più di una volta, riconosco, che ci accalorammo eccessivamente. La sua opinione nei miei confronti non mi era ignota, sapevo che mi aveva relegato nel numero degli utopisti, degli esaltati; se non addirittura dei pazzi giudicandomi, bontà sua, innocuo. A lui, proprio a lui! Avrei dovuto confidare quanto di più geloso avevo nel cuore? Sarebbe stato come gettare le mie perle più preziose innanzi ai porci. Il suo sorriso sprezzante che, scoprendo i lunghi denti giallastri, lo rendevano del tutto simile anche per il timbro ad un nitrito di un cavallo, il tentennare ironico del capo, finirono per farmi smarrire il lume della ragione...

«Naturalmente, appena rientrato a casa subii le conseguenze del mio comportamento inconsulto. Il medico non ebbe peli sulla lingua, mi dichiarò esplicitamente che pur non avendo la pretesa di modificare il mio carattere alla bella età che avevo raggiunta, se desideravo proprio sperimentare una forma di suicidio potevo escogitarne una migliore e non rischiare la vita, così miracolosamente riacquistata, con atti inconsulti dettati dall'ira. Meglio avrei fatto a vivere in compagnia dei miei libri e con persone disposte a sopportare il mio non edificante carattere se volevo allontanare la spada di Damocle perennemente sospesa sul mio capo. Ecco il motivo per cui ho cessato di frequentare il Caffè, rinunciando agli amici di un tempo.

«Non ho dimenticato con quale sincero interessamento, fra una partita e l'altra di scacchi, lei ascoltava la descrizione di alcuni eventi con manifestazioni di fenomeni metapsichici dei quali ero stato testimone. La sua aspettativa non rimarrà quindi delusa e sarà il solo a conoscere ciò che mi avvenne durante i due giorni trascorsi nell'«inesplorato paese» che si estende oltre i cancelli della morte.

Ringraziai vivamente il professore per avermi ritenuto degno delle sue confidenze. Solamente, gli espressi il timore di non essere in grado di apprezzare nel giusto valore il racconto che stava per farmi poiché mancavo di una preparazione adeguata nelle scienze che egli prediligeva, le sole che potevano gettare un po' di luce su un avvenimento così straordinario. Aggiunsi che avevo letto qualche libro riguardante la simbologia dei sogni ai lumi della psicoanalisi, ma francamente riconoscevo di averne compreso ben poco.

Mentre mi ascoltava il mio dotto amico si era chinato a riattizzare il fuoco e proseguendo in quella occupazione mi rispose:

– La prego credere che la mia avventura non avvenne come in sogno; almeno non secondo lo stretto significato che noi attribuiamo a quella parola. Cioè non si svolse in una successione disordinata ed automatica di illusioni ed allucinazioni. Al contrario, tutto si svolse ordinatamente, in modo facile e piano e non vi è nulla nella mia singolare esperienza che lei non possa facilmente comprendere.

Il professore ristette per alcuni istanti meditabondo, poi riprese a dire:

– Tutto si susseguì così realisticamente che ancor oggi, quando ci penso, mi trovo nella stessa situazione di un grande discepolo di Lao–Tzu il quale dopo aver «sognato» in modo altrettanto reale, al suo risveglio scrisse testualmente: «Ora io non so se sono Duang–Tzu che sognava di essere una farfalla, o se sono una farfalla che sogna di essere Duang–Tzu». A mia volta non sono ancora riuscito a convincermi se sono un vivo che ha sognato di essere morto, oppure un morto che sogna ancora di essere vivo...

...se non ha altri impegni, la rivedrò volentieri questa sera e così avrò modo di rivivere, narrandola, la mia avventura.

Accettai con piacere l'invito e il suo racconto mi parve talmente interessante che, nel timore di scordarne qualche particolare, lo scrissi la stessa notte nella quale mi fu narrato.

Diversi anni sono trascorsi da quella serata per me indimenticabile, ed il professor Guidi ha varcato da tempo, senza far più ritorno questa volta, i cancelli della Morte. Per mero caso, ritornatomi tra le mani lo scritto ho deciso di pubblicarlo integralmente e l'unica variante apportata è il nome del narratore, sostituito con altro immaginario, non essendo stato autorizzato a divulgarlo.

Ed ecco il racconto di come si svolse il mio ultimo incontro con il protagonista della singolare avventura.

Quando, puntuale all'appuntamento, mi ritrovai nella vasta biblioteca, vidi che un'invitante poltrona mi attendeva al lato opposto del caminetto dove

era collocata quella del professore. A portata di mano vi era pure un tavolino sul quale oltre una catasta, di libri vi erano sigarette e liquori.
Dopo essermi accomodato e scambiato alcuni convenevoli, il professore iniziò il suo racconto:
– Credo superfluo precisare che il medico nel redigere il mio certificato di morte era ovviamente certo di trovarsi alla presenza di un cadavere. Da tempo l'ansito affannoso affievolendosi gradatamente si era completamente estinto e impercettibili erano divenute le pulsazioni. Dopo di che il mio corpo giacque immobile in rigidità cadaverica e tale rimase per oltre due giorni.
«Le dirò ora quali furono le mie impressioni negli ultimi istanti di lucidità. Innanzi tutto non mi ero neppur lontanamente immaginato la mia prossima fine; troppe volte avevo superato quelle crisi dolorose per attribuirvi eccessiva importanza. Lottavo disperatamente per reprimere la tosse convulsa che, malgrado i calmanti somministrati molto attenuati in vero a cagione del mio difetto cardiaco, non mi lasciava pace. L'impressione più penosa era provocata dall'insufficienza delle inalazioni. Per quanto giacessi sotto un cumulo di coperte avevo le estremità inferiori agghiacciate e, all'opposto, un cerchio infocato mi serrava la testa. Ero indicibilmente stanco e avrei dato qualsiasi cosa per riposare alcuni istanti. Quasi inavvertito all'inizio, il freddo cominciò a propagarsi raggiungendo l'addome e contemporaneamente rallentò il ritmo delle faticose respirazioni. Quando il gelo raggiunse il cuore, caddi in una specie di torpore riprendendo coscienza solo saltuariamente e per brevi istanti. Ricordo che l'impressione penosa alla testa era del tutto scomparsa e oltre a non soffrire più per l'insufficienza dell'aria inalata, non avvertivo alcuna difficoltà a respirare. Tutta la mia volontà era tesa nello sforzo spasmodico di mantenermi immobile nel timore che la quiete, finalmente raggiunta, dovesse mancare distrutta da un irrefrenabile scoppio di tosse e, con questo pensiero fitto in capo, da quel torpore caddi nell'incoscienza assoluta...
Il mio vecchio amico sembrava rivivere, mentre li descriveva, quei momenti angosciosi. Dopo una breve pausa, durante la quale con sguardo assorto sembrava seguire il guizzante arabesco tracciato dalle fiamme sul grosso ceppo, riprese a dire:
– I Discepoli di Gesù non hanno tramandato quale ricordo serbò Lazzaro dopo la risurrezione, della sua strabiliante avventura, se pure ne rimase traccia nella sua memoria. Per inciso le dirò che Marchi, seguendo le orme del Renan e di altri scrittori, giudicava questo strepitoso miracolo, come altri similari compiuti da taumaturghi di fede e paesi diversi, tutti alla stessa stregua, cioè fantasmagorie di menti esaltate. E, come il noto autore della «Vita di Gesù», l'ingegnere affastellava assurde teorie che le risparmio. Se a questo proposito il mio antagonista non avesse deliberatamente ignorato quanto non collimava con la sua opinione, gli

sarebbe bastato leggere con attenzione l'episodio della donna guarita dal flusso di sangue per convincersi di quali fattori e quale tecnica, se così possiamo definirla, erano messi in opera per compiere cose tanto mirabili. Quando lo stesso ingegnere mi interrogò per sapere quali ricordi conservavo della mia escursione nell'al di là, sempre con mal celata ironia, mi aveva citato il nome di Etalide[8] la cui anima sarebbe poi trasmigrata nel corpo di Pitagora, di Timarco[9], di Tespesio[10], di Eurino di Nicopoli[11], di Er[12] i quali, dopo essere risuscitati, e ciò avvenne senza l'intervento di alcun taumaturgo, non si erano fatti pregare, come io facevo, per narrare quanto ricordavano delle loro straordinarie esperienze. Tengo a precisarle, inoltre, che al dire di Platone, Er sarebbe risorto dieci giorni dopo la sua morte ed Eurino di Nicopoli, come racconta Proclo, nientemeno che quindici giorni dopo! Lei vede che i due giorni durante i quali rimasi inconsciente furono abbondantemente superati.

«Tutte fantasmagorie? Tutti sogni di allucinati gli eventi che questi personaggi sperimentarono? Ma le visioni di Tespesio e di Timarco fra le altre diffusamente descritte da Plutarco, sono documenti notevoli che il grande storico ci ha tramandato. Documenti che depongono in favore del raziocinio degli sperimentatori e non del contrario! L'ingegnere Marchi, se fosse stato obiettivo nell'esprimere il suo giudizio avrebbe dovuto convenire che morire, conoscere l'Ade e risuscitare non era cosa tanto straordinaria in quegli antichi tempi poichè diffusamente ne parlano anche i poeti. Non solo, ma ogni Iniziato ai Grandi Misteri, oltrepassati i cancelli della Morte, sperimentava se non le stesse esperienze, altre molto similari a quelle attribuite ai personaggi che le ho citati.

Etalide, Timarco, Er... Nomi che mi giungevano del tutto nuovi e il professor Guidi dovette rendersi conto di quanto io fossi perplesso e sconcertato. Con un gesto della mano mi indicò sul tavolo diversi volumi.

– Se vorrà prendersi il disturbo di leggere, troverà tutto documentato e per facilitarle la ricerca ho posto un segno tra le pagine.

– Come le ho detto, – risposi, – le mie poche conoscenze di storia e filosofia si limitano alle vaghe reminiscenze di ciò che ho appreso a scuola. La mia ignoranza supera quindi e di molto, quella che lei attribuisce all'ingegner Marchi, ma pur non essendomi noti i personaggi e gli avvenimenti ai quali ha accennato non dubito punto della loro autenticità. – Tanto più, pensai, che mi sarebbe occorso non poco tempo per esaminare quei volumi.

– Così facendo, lei si comporta ragionevolmente, – convenne soddisfatto il professore, – con il buon senso guidato dalla ragione. Non con la mente

---

[8] *Nota dell'autore*: SchoL Ap, Rhod. I – 645
[9] *Nota dell'a.*: Plutarco De genio Socr, 22 s 590 b III p. 526 Bern
[10] *Nota dell'a.*: id. De sera num. vind. 526 B III p. 454 Bern
[11] *Nota dell'a.*: Proclo in Plat. Remp, II p. 115 Kroll
[12] *Nota dell'a.*: Platone Phaed., 62 p, 113 A s

offuscata da assurde teorie alle quali anche la scienza positivistica ha dovuto rinunciare da quando Einstein con la legge della relatività ha mutato il concetto della materia, come era universalmente intesa sul finire del secolo scorso. Senza volermi atteggiare a profeta, quando gli uomini si decideranno ad affrontare i problemi dello spirito con la stessa fermezza e serietà di intenti con la quale seppero affrontare quelli riguardanti la materia, si renderanno conto che i preziosi frammenti delle conoscenze che ci sono pervenuti, da chi molto ci aveva sorpassato su questo cammino, non sono vaniloqui di menti esaltate, «assurdità ed insensatezze» come, ad esempio, uno dei più rinomati egittologi: Adolfo Erman (e la sua opinione fu pienamente condivisa dai suoi colleghi), definì il contenuto del così detto «Libro dei Morti». Rituale magico le cui origini si perdono nella buia notte dei tempi, che ha per argomento: «L'uscita dell'anima verso la piena luce del giorno», la sua risurrezione nello spirito, il suo ingresso e i suoi viaggi nelle regioni dell'al di là[13].

Possibile che durante millenni intere civiltà si siano formate ed abbiano prosperato guidate da una combutta d'impostori, solo desiderosi d'ingannare sè stessi e gli altri in merito al nostro avvenire post–mortem? I milioni di uomini che si sono susseguiti nel corso delle generazioni come armento sempre rinnovato avrebbero seguito costantemente dei mandriani folli senza neppure pensare di scuoterne il giogo? Ciò è assurdo e ancor più assurdo è volerlo credere. Perchè non dobbiamo supporre, come dice Platone in un suo luogo notevole, che effettivamente l'anima poteva distaccarsi dal corpo e per coloro che erano Iniziati «in quella iniziazione che si deve fra tutte avventurosissima dimandare... fruivano di intere e schiette e costanti e beate parvenze fattine spettatori, puri come eravamo in pura luce e non sepolti in questo che ora corpo chiamiamo, conducendolo attorno a guisa d'ostriche fatte in esso prigioni»[14].

---

[13] *Nota di P.*: Op. cit. Interpretazione del testo geroglifico di G. Kelpahtcky versione di D Piantanida – Edizione Ceschina – Milano 1956 – Non tutti i cosidetti «capitoli» del Libro dei Morti risalgono alla stessa epoca. Nella «rubrica» che segue il capitolo LXIV, senza dubbio il più importante di tutti, è scritto testualmente: «Questo capitolo venne trovato durante il regno del faraone Men Kau Rà nella citta di Khemenu, ai piedi di una statua del dio (Thot). Era inciso sopra un blocco di bronzo e l'iscrizione era incrostata di veri lapislazzuli. Il ritrovamento venne effettuato dal principe Herutataf durante un viaggio d'ispezione ai templi. Un certo Nekht, che lo accompagnava riuscì ad interpretare il recondito significato. In seguito, il Principe essendosi accorto del grande mistero contenuto nell'iscrizione, che nessun occhio umano aveva contemplato prima, la fece vedere al Re». Il faraone Men Kau Rà essendo vissuto circa 2.700 anni a. C. ne consegue che in quei lontani tempi il contenuto del «capitolo» al quale si riferisce era già così antico d'averne persino perduto la memoria della sua esistenza e ritenere, come fu scritto, che «nessun occhio umano lo avesse contemplato prima».

[14] *Nota dell'a.*: Plat. Phaedr. I p, 50 B

Nuovamente il professore dovette rendersi conto della mia perplessità perchè precisò:
– In altre parole, perchè non credere che raggiunto un certo grado iniziatico nell'Ellade come in Egitto, a Babilonia come a Ninive, a Roma come nelle Gallie, in Cina come in India, il Grande Iniziatore poteva liberare l'anima dal corpo del Neofito lasciandola rivestita soltanto da un altro corpo di superiore natura perchè forma determinante l'individualità e strumento dell'attività di questa su altri piani dell'esistenza? Corpo che per la minor densità della materia della quale è composto venne designato: «corpo sottile», «corpo etereo», *Khaibit* dagli Egizi *Linga çarira* dagli Indu, *Tzelem* dai kabbalisti ebrei, tanto per citare alcuni nomi con i quali venne distinto nei diversi paesi.
«Dopo questo reale passaggio da uno stato ad un altro, dopo una simile esperienza, nella quale l'anima si separava temporaneamente dal corpo fisico, era naturale che gli Iniziati riguardassero la Morte con altri occhi, cioè come la celebrazione di un «Mistero» più duraturo, se non definitivo e chi aveva la fortuna di averlo sperimentato, ben a ragione poteva proclamarsi «due volte nato» e «appartenente ad una stirpe beata», come abbiamo trovato inciso su alcune laminette Orfiche. Dobbiamo per questo considerarli dei folli, o non sarebbe più ragionevole assumere un altro atteggiamento nei loro confronti e tentare di conseguire almeno lo stesso risultato al quale erano pervenuti?
– Scusi se l'interrompo, – intervenni a questo punto poichè avevo la impressione che il mio vecchio amico divagasse trascinato dal suo ardore polemico, forse supponendo che io condividessi l'opinione del suo antagonista – Dopo le sue precisazioni, convalidate da così autorevoli citazioni, sono convinto che l'ingegner Marchi pronunciò avventatamente il suo giudizio e sono ansioso di conoscere il seguito della sua avventura.
– L'accontento subito, – mi rassicurò il professore, – ma non ritengo superflua la mia digressione poichè spero averle dimostrata l'effettiva possibilità che realmente accada ciò che, in effetti a me avvenne e, soddisfatto che il suo interessamento non sia venuto meno malgrado la mia lunga dissertazione, riprendo il mio racconto:
«Per quanto tempo durò la mia incoscienza? Per quanto tempo rimasi come perduto in un sonno senza sogni? Pur non avendo alcuna importanza l'effettiva durata, non sarei in grado di precisarlo. Il tempo non scorre in quelle circostanze con lo stesso ritmo abituale. È possibile, come lei sa avendo certo provato esperienze analoghe, sperimentare in sogno avvenimenti di una durata infinitamente maggiore in pochi secondi.
«Riacquistai completamente la conoscenza nell'attimo in cui mi sentii toccare leggermente sulla spalla e una voce melodiosa sussurrarmi: «Svegliati! È l'ora».

«S'immagini il mio stupore – poichè subito mi ritornò alla mente la mia precaria situazione – ritrovarmi anzichè in un letto, comodamente assiso sopra un ricco scanno.

Il sedile da me occupato era addossato alla parete di un immenso salone in perfetto stato di conservazione vagamente simile nella struttura a quello minato di Karnak. Un chiarore dorato, filtrando dalle strette e lunghe aperture al sommo delle pareti, creava un mirabile giuoco di ombre e di luci fra le innumerevoli colonne. In quella foresta pietrificata si aggiravano, con infinita grazia, creature di straordinaria bellezza. Ricoperte da tuniche di colori smaglianti contrastavano in modo stridente con il sobrio abito oscuro che indossavo abitualmente durante le lezioni, abito che mi trovavo inspiegabilmente indosso. Trasecolato balzai in piedi e fissai lo sguardo sullo aggraziato efebo che mi aveva destato. A sua volta, la bellissima creatura stava osservandomi con un sorriso divertito sul volto lievemente inclinato.

«Ma cosa succede?» Domandai. «Dove mi trovo? Quale magico filtro ha provocato questa mia incredibile trastormazione?».

«Poichè dimenticavo dirle che mi sentivo colmo di uno strano, indefinibile benessere e nell'alzarmi avevo constatato che i miei muscoli avevano riacquistato l'elasticità della giovinezza. Osservando le mie mani notai che non erano più incartapecorite, ridotte pelle ed ossa tanto da lasciar trasparire il più lieve movimento dei tendini, ma fresche, rosee ed in carne come quando avevo vent'anni. Macchinalmente le passai sul volto e mi resi conto che erano scomparse le pieghe amare che dalla radice del naso scendevano fin al mento, pure le mie gote erano tornate piene e rotondette. Spostando le dita verso la fronte, anche le molte rughe che la solcavano erano sparite e, proseguendo nel mio esame, non avvertivo più al tatto la fitta rete che sapevo esistere al lato degli occhi. Solo chi per molti anni ha sofferto per l'attività ridotta dei suoi polmoni può comprendere la gioia che provavo non avvertendo più l'insufficienza del respiro. Ancora un particolare non voglio omettere, pur sapendo che la farà sorridere, poichè solo chi sopporta da tempo un'incomoda dentiera può immaginare la mia soddisfazione nel rendermi conto che possedevo una dentatura perfetta...

«Riferendomi a quanto comunemente si crede, l'anima abbandonando il corpo si rifugerebbe in un alcunchè di inconsistente, d'impalpabile, di evanescente, come in una forma ritagliata nella fitta nebbia, mentre, al contrario, io avevo l'impressione nettissima di esistere in carne ed ossa come ora, o più precisamente come desidererei, essere attualmente.

Inoltre, ricordo perfettamente nella sala in cui mi trovavo il pavimento terso e levigato formato da grandi lastre di marmo chiaro alternate con altre venate in colori oscuri. La scranna, dalla quale mi ero prontamente levato, era un leggiadro mobile in legno mirabilmente scolpito e rammento che sullo schienale erano raffigurati dei devoti che in un

costume arcaico ed in posa ieratica adoravano un sole radiante riprodotto al centro del pannello. Credo superfluo aggiungere che al tatto il legno aveva la consistenza di un vero legno, mentre la sensazione provata nel muovermi sul pavimento sdrucciolevole fu talmente intensa e reale da temere d'incorrere in uno scivolone.
– Ma pure nei sogni abbiamo la certezza delle nostre impressioni. – Non potei trattenermi dall'obiettare a questo punto.
– Ed appunto perciò vi è il detto: «Un sogno sussiste fin che dura», – proseguì il mio interlocutore. – Ma nel mio caso l'impressione fu diversa. Il mio sogno, se così vogliamo chiamarlo, è ormai un ricordo che risale ad oltre due anni eppure in me permane nitida come al primo giorno la certezza di essermi realmente seduto su quella scranna, di aver camminato su quel pavimento e non di averlo soltanto sognato, come ci accade per il sogno anche più veritiero al nostro risveglio.
Il professore tacque un momento, evidentemente assorto nella ricerca di espressioni adatte a descrivere ciò che certamente sentiva e desiderava parteciparmi. Poi, scrollando la testa disse:
– È inutile, per quanto mi lambicchi il cervello non saprei descrivere con maggior efficacia ciò che io sento. Il concetto è difficilissimo da esporsi e mi rendo conto di quanto sia inadeguato il mio tentativo, non mi resta quindi che fare appello alla sua comprensione...
«Ora che ci penso! Forse l'unico confronto efficace può essere tratto dal Vangelo. Ricorda quando Gesù risorto, pur varcando muri e porte serrate, fece notare all'incredulo Tommaso come il Suo corpo avesse la consistenza di un vero corpo?[15]
Ed in altra occasione, come Egli spartì persino il cibo con Pietro ed alcuni Apostoli?[16] Naturalmente conoscevo gli episodi citati ed a un mio cenno d'assenso il professore proseguì:
– È possibile che il mio corpo godesse allora di prerogative simili, ma essendo convinto e la prego voler scusare la mia insistenza nel ripeterlo, di possedere sempre quello attuale sia pure misteriosamente ringiovanito, lei comprende che non mi passò neppure per il capo di tentare il passaggio attraverso i battenti di bronzo del portale che era al mio lato, oppure dello altro che nell'opposta parete gli stava a fronte. Tanto più che, in quel momento, desideravo soltanto di ottenere una risposta agli interrogativi che avevo posto all'affascinante personaggio.
«Malgrado l'impazienza con la quale lei attende di conoscere il seguito della mia avventura, spero vorrà convenire che queste precisazioni, come le precedenti, non sono superflue per una esatta comprensione di ciò che mi è accaduto.
Essendo vero quanto aveva intuito non mi restava che assentire.

---

[15] *Nota dell'a.*: Giovanni XX § 26
[16] *Nota dell'a.*: Gv XXI § 12 e segg.

– Ma è tempo di ritornare al mio bellissimo interlocutore, proseguì il professore, – «Quante domande mi rivolgi?» a sua volta mi chiese. «Non ti rendi conto di aver varcato la Grande Soglia? La parola fine è stata scritta sul libro delle tue esperienze terrene. Ora è giunto il momento di raccogliere quanto hai seminato e dovresti già trovarti alla presenza del Supremo Giudice, se non fosse il ritardo provocato dall'inspiegabile assenza del mio e tuo Avversario».
«Ma allora io sono morto! Esclamai sbalordito ed anche, ovviamente, colto da viva apprensione.
«Effettivamente, come si depone una veste logora per indossarne una nuova, abbandonata la massa di materia di cui era composto il tuo corpo fisico, l'energia immateriale e permanente che ne aveva plasmata la sostanza si esercita ora su un'altra materia molto superiore alla precedente e con essa ha composto il tuo nuovo corpo.
– Scusi se la interrompo, – dissi a questo punto – ma necessito di ulteriori spiegazioni. Se ho ben compreso, l'anima al momento della morte abbandonerebbe il corpo fisico, avvenimento questo presupposto da tutti gli spiritualisti e ciò avverrebbe, a detta del suo interlocutore, per assumerne immediatamente un altro. Se così fosse realmente, sarebbe proprio necessario l'atroce esperienza del trapasso?
– Come mi disse l'Angelo, – rispose il professore – il nuovo corpo di cui l'anima si riveste non può essere considerato alla stessa stregua di quello fisico che ha abbandonato. Come il bruco deve subire una metamorfosi completa e morire in un certo senso, alla vita di crisalide per rinascere a quella del cielo, così noi dobbiamo abbandonare il corpo fisico, la nostra crisalide terrena, per varcare gli spaventosi cancelli della Morte e rinunciare ad esso per assumere quello che ci consentirà di proseguire la nostra esistenza oltre la Grande Soglia. (…)

Guidi proseguì il racconto del suo "viaggio" fino al momento del Giudizio, ma una bella donna, che si rivelerà essere Maat, «la Dèa della Verità-Giustizia», lo viene a prendere perché ancora non era la sua ora:

'Non disperare!' Mi esortò la Dèa, quando esaurito il tuo compito sulla Terra farai ritorno in questa sala molte cose che ora ignori (…) ti saranno note e allora comprenderai che malgrado ogni apparenza contraria, tutto diviene nel migliore dei modi possibili. Non dimenticare che l'atto creativo è perfetto, come la Mente che lo ha ideato e perciò tutta la creazione dovrà conseguire la perfezione relativa che le si addice. Altro non posso dirti ora, ma non dubitare che Dio tiene conto di tutte le lacrime versate dalle Sue creature sull'impervio sentiero che conduce alla dimora del Padre. Ciò non avviene senza motivo e l'unico scopo, se ben rifletti, che l'Infinito Amore può avere, pur soddisfacendo alle esigenze della più imparziale Giustizia, è l'eterna beatitudine di tutti i Suoi figli, quale compenso per il lavoro compiuto conformemente ai voleri del Padre. Così dicendo la bellissima creatura si era avvicinata tanto da proseguire in un sussurro: «Per quanto si riferisce al giudizio che vi attende ad ogni tappa sul lungo sentiero che state salendo per riconquistare la vetta della vostra perfezione, vetta dalla quale siete miseramente «caduti» quando, con libera scelta tra il Bene e il Male, a voi fu dato di convertire in atto la perfezione che vi era stata conferita di potenza, «In verità, la bilancia che peserà le vostre parole, è nei vostri cuori che dovete cercarla.»[17] E chinantosi all'altezza della mia fronte, la sfiorò con le sue vellutate labbra. «Rimasi talmente inebriato a quel fuggevole contatto che persi la conoscenza e quando rinvenni, lei conosce il seguito o più precisamente la fine della mia avventura: Mi ritrovai in questo decrepito mondo, ancora rinchiuso in questa vecchia carcassa». Concluse il mio amico con un gesto di scoraggiamento.

Pensieroso, il professore aggiunse altra legna al fuoco quasi estinto e mentre lo aiutavo a riattizzare la fiamma commentai: – Veramente, se potessi avere la certezza di rivivere la sua avventura, sarei il primo ad augurarmi la morte!

– Se non identica, certo una molto similare debbono averla sperimentata alcuni fra gli antichi saggi. Eraclito, il «filosofo oscuro», così definito poichè tale realmente appare alle nostre menti ottenebrate, disse: 'L'uomo accende a sè stesso la Luce nella notte morendo»[18].

Cosa intendeva per quella Luce egli stesso lo rivela in un altro frammento che ci è pervenuto: 'Gli uomini morti attendono cose che nè sperano, nè pensano»[19].

Queste «cose» impensate ed insperate evidentemente non possono essere altro che una grande consolazione, un supremo bene che li ricompenserà di tutte le pene sofferte. Che così sia realmente lo apprendiamo da un notevole passo di Plutarco, tramandatoci da Stobeo, con una graziosa similitudine egli conferma quanto scrisse il filosofo di Efeso e tanto mi è piaciuto il frammento, che posso ripeterlo parola per parola: «Come Odisseo si tiene stretto al caprifico, non per amore di esso ma per timore di Cariddi, così l'anima è vincolata al corpo non perchè lo ami, ma per timore dell'ignoto contenuto della morte. Gli Dèi, infatti, non tengono avvinta l'anima al corpo con vincoli carnali, ma con un solo ed unico legame: l'ignoranza di ciò che sarà dopo la morte, la quale fa si che essa, temendo l'ignoto, resti vincolata al corpo. Che se l'anima sapesse con certezza ciò che attende gli uomini dopo la morte, secondo Eraclito, «Nulla la potrebbe trattenere»[20].

---

[17] *Nota dell'a.*: Libro dei Morti Capitolo CXXV
[18] *Nota dell'a.*: Fr. 26
[19] *Nota dell'a.*: Fr. 27
[20] *Nota dell'a.*: Plut. De animo VI (IV p. 213 M. Berardakis) ap, Stob. FIor. xx, 28 pag. 106–108 Meineke.)

«Per me non sussistono dubbi, – prosegui il mio amico, – come gli antichi Iniziati posso dire di essermi intrattenuto con gli Dèi, di aver vissuto, sia pure per breve tempo, la loro vita. La certezza che non è stato un sogno il mio, ma un'esperienza realmente vissuta sussiste incrollabile ed è la stessa certezza che cinquemila anni or sono ispirò gli ignoti autori del così detto, «Libro dei Morti». Pur non essendo suffragata da prove, la esistenza del bello Amenti e del tenebroso Duat, che all'incirca corrispondono alle nostre concezioni del Paradiso e dell'Inferno, appare con la massima evidenza nel magico rituale. Nell'allucinante realismo della narrazione le ignote contrade dell' «inesplorato paese», come lo definisce Shakespeare, sembra siano state percorse palmo a palmo da viandanti che contrariamente a quanto asserisce il grande drammaturgo avrebbero fatto ancora ritorno fra noi. Il guaio è che il nostro *habitus mentis,* è completamente mutato, ha perso ogni contatto con quegli antichi saggi e la chiave per interpretare quanto essi ci hanno tramandato è andata smarrita. Ciò era apparso evidente sin dai tempi in cui visse san Paolo. Infatti, nella seconda lettera ai Corinti l'Apostolo dei gentili, scrisse che le menti degli uomini si erano corrotte e il triplice velo posto da Mosè sulla sua cosmogonia non poteva essere rimosso se non dagli illuminati dalla Luce del Logos[21]. Ammettendo l'assurda ipotesi che un gerofante egiziano si ridestasse dal suo sonno millenario, levatosi dal sarcofago e sciolto dalle bende potesse interrogarci in merito alle opere da noi compiute è certo che, pur apprezzando le invenzioni e scoperte delle quali andiamo tanto fieri rimarrebbe sommamente stupito nel constatare che non abbiamo progredito di un solo passo nello studio delle scienze dell'anima, non solo, ma che abbiamo persino obliato le conoscenze un tempo acquisite...

Ascoltavo distrattamente la disquisizione del mio amico poiché riflettevo sull'inattesa conclusione della sua avventura e in particolar modo sul significato che poteva attribuirsi all'intervento della bellissima Dèa. Possibile che il Professore non avesse qualche immagine della fanciulla che tanto l'aveva colpito? Così, invece di seguire il suo ragionamento, improvvisamente gli chiesi se poteva soddisfare la mia curiosità.

– Anche questo suo desiderio era stato previsto, – rispose con un lieve sorriso il protagonista della singolare avventura e porgendomi una fotografia proseguì: – Volutamente ho tardato a mostrarle questa immagine della Dèa perchè nella forma stilizzata nella quale venne raffigurata dagli artisti Egizi, ad eccezione delle vesti e dell'acconciatura, nulla corrisponde alla realtà indimenticabile che io vidi. Non volevo quindi causarle innanzi tempo una delusione.

La fotografia che stavo esaminando riproduceva un disegno tracciato su papiro posto ad illustrare il capitolo CXXV del «Libro dei Morti». In esso

---

[21] *Nota dell'a.*: II A' Corinti III v. 14

Maat era raffigurata due volte, sempre nell'identico atteggiamento. Seduta in trono, nella posa ieratico–sacrale prescritta dal gran rituale magico e comunemente adottata nel rappresentare gli Dèi e i personaggi regali, la giovane donna mi apparve precisamente come il mio amico l'aveva descritta. Non mancava neppure la croce ansata e il lungo bastone sormontato dalla candida piuma. Solamente il volto, ritratto di profilo e con l'occhio disegnato come se fosse visto di fronte, determinava, è vero, un suggestivo e singolare contrasto non privo di fascino, ma non esprimeva la sovrumana bellezza che il professore gli attribuiva.
– Perchè proprio a me doveva capitare un'esperienza così straordinaria? Si chiedeva il mio amico mentre ero assorto nell'esaminare la fotografia. – Ho l'impressione che mi sia stata prospettata la soluzione di un problema, oppure affidato qualcosa che potrebbe anche essere un messaggio, ma non riesco a comprendere il vero significato. Purtroppo mi trovo nella identica situazione di uno Spartano che, smarrita la scitala, non possedendo il bastone adatto sul quale avvolgere spiralmente la lista che gli è pervenuta non riesce ad interpretare i caratteri che su di essa sono stati tracciati...
Intanto le ore erano inavvertitamente trascorse e la notte essendo molto inoltrata temendo inoltre di aver eccessivamente stancato il professore, presi quindi commiato ringraziando il vecchio amico per avermi stimato degno di ascoltare le sue confidenze.
Così si concluse quella serata, per me, memorabile.

Non senza matura riflessione ho scelto la parola «avventura» per definire il caso strabiliante occorso al mio amico, professor Guidi. Infatti, il termine generico posto quale titolo al racconto mi consente di non azzardare alcuna ipotesi, specificando la natura del caso narrato.
Fu un sogno, una visione, oppure un'esperienza realmente vissuta la sua? Quest'ultima supposizione non è completamente da escludersi per chi, come i teosofi, gli spiritisti e gli occultisti in genere, attribuisce all'uomo diversi «corpi» oltre quello fisico. Se così fosse, il corpo eterico, il Ka o doppio degli antichi Egiziani, per cause rimaste ignote allo stesso mio amico, si sarebbe momentaneamente separato dal corpo fisico, permettendogli una fugace irruzione oltre i cancelli della Morte o, se si preferisce, su un «piano» diverso da quello in cui si svolge la nostra attuale esistenza.
Questa è appunto l'opinione sostenuta dal protagonista della strabiliante avventura.
Il Lettore è ora in grado di scegliere, tra le ipotesi prospettate, quella che Egli stesso reputa più soddisfacente.

APPENDICE V

Sulla resuscitazione di Franco Rol
(elementi nuovi e considerazioni aggiuntive)

Mentre scrivo questo capitolo, a conclusione del volume, è stato pubblicato da poche settimane il mio studio *Resuscitazioni*, dove metto a confronto questa *possibilità*/fenomeno nella storia dei popoli partendo dal caso di mio nonno Franco Rol resuscitato da Gustavo Adolfo.
Nella prima metà di febbraio 2023 è emersa una interessante testimonianza di Umberto Barbera, amico/conoscente di gioventù di mia madre e del quale avevo già pubblicato un racconto nel volume III (pp. 267-269, XLI-45[a]).
Quando me l'ha riferita, Barbera non conosceva ancora i contenuti del mio libro, di cui era appena stata annunciata la pubblicazione. Questo lo preciso perché è rilevante ai fini di collocare correttamente la testimonianza, non influenzata da quello che scrivo nel libro, e nemmeno da conversazioni avute con lui, col quale non parlavo da mesi e mai si era parlato di mio nonno se non per brevi cenni.
Lo spunto del nuovo contatto non è stato dovuto alla pubblicazione del mio libro, ma ad una segnalazione che mi è stata fatta che in un libro di Barbera stampato in proprio nel 1994, *Il mistero del papa nero*, che io sapevo avesse scritto ma che non avevo letto[1], si trovava una presentazione di mia mamma[2] e una foto degli anni '40 di mio nonno con

---

[1] Nel vol. III ho scritto che Umberto è «uno straordinario cantastorie, è un appassionato di arte e di enigmi lasciati dai pittori» (p. 469) e a voce in quegli anni mi aveva raccontato abbondantemente di strane coincidenze, suoi ritrovamenti di dipinti di pittori famosi nei luoghi più improbabili, di cui chiedeva a chi di competenza di autenticare, e del "gioco" simbolico, enigmatico, che avevano codificato nelle loro opere. In queste strane e rocambolesche avventure riteneva – e ancora ritiene – che a guidarlo fosse G.A. Rol. Probabilmente mi diede anche copia del suo libro (se così è, deve essere rimasto in Italia in un magazzino) che non lessi proprio perché a voce me ne aveva tanto parlato.

[2] Che non ho mai saputo avesse scritta, e che infatti non scrisse: si tratta di una paginetta scritta da Barbera, come lui stesso mi ha poi informato, con in calce al fondo il nome di mia mamma, Raffaella Rol, sulla base di quella che lui afferma essere stata una conversazione telefonica avuta con lei – dove lei avrebbe apprezzato il suo libro – di cui poi le avrebbe fatto leggere il sunto messo per iscritto e ottenuto la sua approvazione a pubblicarla come se l'avesse scritta lei. Io non ho potuto verificare questa informazione, mia mamma non essendo in grado di ricordare. Di certo lo stile non è il suo, né si sarebbe riferita a Gustavo Adolfo come a «mio cugino, il sensitivo Gustavo Rol», questa essendo una definizione aggiunta da Barbera (e ovviamente non corretta). L'eccessivo (auto)elogio del libro mi suona anche un po' stonato, comunque non si tratta di nulla che meriti di

l'amico e collaboratore Silvio Barbera, padre di Umberto, che mio nonno conosceva dal 1927.
Ecco quello che mi ha scritto:

> «Franco ed Elda furono testimoni di nozze dei miei genitori. Bellissimi ricordi! Franco un giorno mi invitò al Castello dei Sogni di Rapallo[3] – era l'inizio dell'estate 1970 – e facemmo un giro in mare sull'Aquarama Riva[4], da soli io e lui.
> Non disse una parola. Mi guardava sorridendo e mi mise un braccio sulla spalla guidando il motoscafo. Io avevo vent'anni ed ero inebriato e non capivo perché non parlasse. Probabilmente non c'era nulla da dire».
>
> «In quello stesso anno, in un'altra precedente occasione, mi ero recato nell'ufficio di Franco (via Gen.le Govone) in Crocetta[5], dove ricordo il suo studio al 1° piano.
> Franco mi mostrò la sua Maserati scoperta con la quale mi portò a Villa Ero[6], in strada Santa Margherita appena dopo Villa Genero, a conoscere Elda. Ricordo che lungo il tragitto Franco non disse una parola.
> La cosa mi parve surreale.
> Arrivati in villa, Franco si ritirò subito in camera.
> Elda, dopo un breve colloquio, mi disse che la mia visita era inaspettata e che Raffaella era a Torino con sua zia[7].
> Elda mi invitò ad andarli a trovare a Rapallo. Elda voleva chiamare un taxi ma io preferii salutarla e scendere a piedi. Dissi ad Elda di salutare Franco da parte mia poiché credevo fosse andato a riposare.
> Anche quando andai a trovarli a Rapallo e Franco volle provare i motori del motoscafo Riva Aquarama (erano stati revisionati),

---

essere citato. Mia mamma, tra parentesi, non ha mai concesso interviste né scritto nulla su Gustavo, pur avendo potuto farlo molto più di certi che non vedevano l'ora di comparire sui rotocalchi. Il rapporto affettuoso e familiare che aveva con lui sin da quando era nata non le faceva sentire la necessità di parlarne in pubblico. E poi dal 2000 sono stato io a svolgere questo compito anche in vece sua.

[3] Questo era il nome del complesso condominiale con porticciolo privato dove i miei nonni avevano una villetta sul mare. Cfr. *Resuscitazioni*, p. 37 e sgg.

[4] Mio nonno ha avuto diversi motoscafi sin dagli anni '50, forse anche prima; nel 1970 aveva l'Aquarama – conosciuta come «la Ferrari del mare» o «lo Stradivari delle barche» – poi acquistò uno yacht Baglietto 20 metri, che chiamò "Duna".

[5] Quartiere centrale di Torino.

[6] Così mio nonno aveva chiamato la sua dimora sulla collina di Torino (Strada Santa Margherita n. 150) in onore di uno dei suoi tre cani "Ero" (gli altri due erano "Sono" e "Sarò").

[7] Maria Teresa Belluso, sorella di Elda.

> Franco non parlò quasi mai, come se avesse una difficoltà post traumatica».

È davvero significativo che Umberto scriva che Franco si comportasse «*come se avesse una difficoltà post traumatica*», perché di questo certamente si trattava, e stiamo parlando di 17 anni dopo l'incidente alla Targa Florio (12 aprile 1953), dopo il quale Franco, come scrive nella lettera ad Elda il 18 giugno 1977, giorno del suo suicidio,

> «ho tentato per 24 anni di ritornare quello che ero, l'incidente al Giro di Sicilia mi ha distrutto. In questi interminabili 24 anni ho subito le più cocenti umiliazioni, le più oceaniche impressioni di inutilità, ho tentato, ritentato ma non sono riuscito a essere quello di ante incidente»[8].

Nel libro analizzo le probabili ragioni multiple del suicidio, sia di carattere neurologico – negli ultimi anni aveva emicranie sempre più forti, e forse un tumore al cervello – sia psicologico/esistenziale.
Difficile collocare nettamente in uno dei due ambiti questo insolito comportamento taciturno, e ormai impossibile sapere con precisione se prima del 1953 era una persona loquace e in seguito non lo è più stata.
Ne ho parlato con mia cugina Elena Belluso, figlia di Maria Teresa, che mi ha detto alcune cose interessanti che vanno anch'esse a integrazione e completamento di quanto scrivo nel libro:

> «Ricordo che mia mamma mi diceva che prima dell'incidente Franco era estremamente dolce e gentile con lei. Dopo l'incidente, ma anche dopo molto tempo, aveva cambiato carattere. Era diventato ombroso.
> D'altra parte aveva perso molto: non vedeva più di lato, ovvero non aveva più la visione laterale e tantomeno la cosiddetta "coda dell'occhio", non poteva più fare corse e gli avevano ritirato il brevetto da pilota di aereo. Sicuramente molte cose erano cambiate in peggio per lui e si sentiva menomato, almeno in parte».

È lecito supporre quindi che prima del 1953 fosse una persona più estroversa e quindi loquace, e in seguito più introversa, solitaria, «ombrosa» e quindi taciturna. Elena ha aggiunto: «era di poche parole. E aveva un sorriso magnetico».
Il problema neurologico ha contribuito – con altri – a determinare quello psicologico e di conseguenza il mutamento caratteriale.

---

[8] *Resuscitazioni*, pp. 33-34.

Ciò che Barbera testimoniò non doveva quindi essere una eccezione, ma la regola (mia nonna però nelle interviste a *La Stampa* del 1977 non ne fa cenno: a mio avviso per voler occultare questo aspetto che non desiderava rendere pubblico).

Tuttavia lo strano «mutismo» potrebbe sì includere, ma anche oltrepassare la "normale" interpretazione appena data (neuro-psicologica e caratteriale) e fornirci degli agganci a quell'altro tipo di mutismo di cui parlo nel libro, associato al comportamento di quei resuscitati, diciamo così, "parziali", testimoniati dalla tradizione afro-caraibica degli *zombi*, da quella ebraica del *golem* o da quella tibetana del *tulpa*.

Il che apre ulteriori riflessioni e linee di indagine[9].

Franco Rol negli anni '40 con una Lancia Aprilia versione a metano.

---

[9] Una di queste, per esempio, inquadrerebbe in maniera diversa e anche un po' sinistra la frase riferita da Marina Ceratto Boratto che negli anni successivi all'incidente Franco «era completamente sfuggito alla... vista e al... potere» di Gustavo Adolfo (cfr. *Resuscitazioni*, pp. 32-33 e 59, per interpretazioni "normali"). Sinistra perché non può non ricordare una delle caratteristiche di *zombi*, *golem* e *tulpa* che è proprio quella di tentare di sfuggire al potere dello stregone-mago ecc. che li ha creati/resuscitati, per rendersi indipendenti da lui. Certo magari si tratta solo di una coincidenza e di speculazioni, ma potrebbe invece essere un elemento pertinente, che merita essere segnalato.

Altri due scatti della stessa serie, in basso con Silvio Barbera.
Secondo il figlio Umberto, le foto vennero scattate da Elda Rol.

Resuscitazione di Franco Rol

In alto: Franco Rol a Rapallo a metà degli anni '50, su uno dei suoi motoscafi con mia mamma Raffaella bambina; in basso: Raffaella a metà degli anni '70 sullo yacht Baglietto 20M "Duna".

Una rara foto in cui sono con mio nonno, sul "Duna", estate 1976
(ad ottobre avrei compiuto 4 anni)

www.ingramcontent.com/pod-product-compliance
Lightning Source LLC
Chambersburg PA
CBHW071223230426
43668CB00011B/1277